DER MENSCH
DES BAROCK

DER MENSCH
DES BAROCK

Herausgegeben von
Rosario Villari

Magnus Verlag

Die Originalausgabe L'UOMO BAROCCO
erschien 1991 bei Editori Laterza, Rom
© 1992 by Gius. Laterza & Figli Spa, Roma-Bari

Im Einverständnis mit dem Herausgeber wurden die Beiträge »Il segretario« und »Il predicatore«
nicht in die deutsche Ausgabe aufgenommen.
Die deutsche Ausgabe wurde um das Kapitel »Hausmutter und Landesfürstin« von Claudia
Opitz erweitert.
Copyright © Campus Verlag GmbH, Frankfurt/Main

Übersetzungen: Aus dem Italienischen (Einführung, Kapitel 4, 5, 6, 8 und 9) von Andrea
Simon; aus dem Englischen (Kapitel 1 und 10) von Rolf Schubert und (Kapitel 2 und 7) von
Christoph Münz; aus dem Französischen (Kapitel 3) von Susanne Edel.

Dieses Buch erscheint im Rahmen eines 1985 getroffenen Abkommens zwischen der Wissen-
schaftsstiftung Maison des Scienes de l'Homme und dem Campus Verlag. Das Abkommen
beinhaltet die Übersetzung und gemeinsame Publikation deutscher und französischer geistes-
und sozialwissenschaftlicher Werke, die in enger Zusammenarbeit mit Forschungseinrichtungen
beider Länder ausgewählt werden.

Cet ouvrage est publié dans le cadre d'un accord passé en 1985 entre la Fondation de la
Maison des Sciences de l'Homme et le Campus Verlag. Ce accord comprend la traduction
et la publication en commun d'ouvrages allemands et français dans de domaine des sciences
sociales et humaines. Ils seront choisis en collaboration avec des institutions de recherche des
deux pays.

Schutzumschlag: Atelier Warminski, Büdingen
Umschlagmotiv: Dirk Hals (1591–1656), »Festmahl in einem Saal«, 1628. Akademie der
Bildenden Künste, Wien.

Lizenzausgabe mit freundlicher Genehmigung der Campus Verlag GmbH, Frankfurt/Main

© 1997. Alle deutschsprachigen Rechte bei Campus Verlag GmbH, Frankfurt/Main
© dieser Ausgabe: Magnus Verlag GmbH, Essen, 2004
    Alle Rechte vorbehalten

ISBN 3-88400-409-3

Inhalt

Einführung
Der Mensch des Barock
Rosario Villari
7

Kapitel 1
Der Staatsmann
Henry Kamen
16

Kapitel 2
Der Soldat
Geoffrey Parker
47

Kapitel 3
Der Finanzier
Daniel Dessert
82

Kapitel 4
Der Rebell
Rosario Villari
114

Kapitel 5
Der Missionar
Adriano Prosperi
142

Kapitel 6
Die Ordensschwester
Mario Rosa
181

Kapitel 7
Die Hexe
Brian P. Levack
232

Kapitel 8
Der Wissenschaftler
Paolo Rossi
264

Kapitel 9
Der Künstler
Giovanni Careri
296

Kapitel 10
Der Bürger
James S. Amelang
321

Kapitel 11
Hausmutter und Landesfürstin
Caudia Opitz
344

Literaturhinweise
371

Autorinnen und Autoren
395

Einführung
Der Mensch des Barock

Rosario Villari

Der »Mensch des Barock« ist ein ungewöhnlicher, wenn nicht gar völlig neuer Ausdruck. Vor nicht allzu langer Zeit hätte man den Terminus »Barock« allenfalls für künstlerische und literarische Strömungen akzeptiert, nicht aber, wie es in diesem Band geschieht, um Erfahrungen und allgemeine (d. h. kulturelle, religiöse, politische) Bedingungen eines Zeitabschnitts der europäischen Geschichte zu bezeichnen, der ungefähr vom Ende des 16. Jahrhunderts bis zur zweiten Hälfte des folgenden Jahrhunderts reicht. In der ersten Ausgabe von Roberto Longhis Zeitschrift *Paragone* (Januar 1950) zögerte Giuliano Briganti nicht, den Begriff als bloß abstrakten und allgemeinen Stilbegriff auch für die Kunstgeschichte abzulehnen, da er unterschiedliche und historisch unbestimmte Zeitabschnitte und Umstände beschreibe: Barock, so schrieb er, sei ein »seltsames Wort, so angenehm auszusprechen, so mysteriös anspielungsreich, so offenkundig definitorisch (...). Liest man in einem kunstgeschichtlichen Werk den Begriff ›Barock‹, weiß man nicht, was hier eigentlich genau gemeint sein soll, und die Mißverständnisse, die aus dieser Verwirrung entstehen, wollen nicht enden.« Benedetto Croce hatte jedoch bereits vom »Barockzeitalter« gesprochen, gab dem Wort aber seinen traditionell negativen Sinn zurück und weitete ihn über seine Definition als Kunststil hinaus zu einem genau umschriebenen Arbeitsgebiet und einer klar umrissenen Epoche aus: auf die Wesenszüge einer Kultur, die für ihn Ausdruck von Dekadenz und moralischer Krise waren.

Es ist an dieser Stelle nicht erforderlich, eine Begriffsgeschichte aufzurollen, die sich mit ihren jüngsten Zeugnissen beinahe über ein Jahrhundert erstreckt und sicherlich nicht nur unter kunst- und literaturge-

schichtlichen Gesichtspunkten interessant und bedeutsam ist. Ebensowenig ist es möglich zu versuchen, bis ins einzelne die Gründe nachzuzeichnen, die den einen oder anderen Historiker dazu bewegt haben, das
Wort »Barock« in seiner allgemeinsten Bedeutung zu verwenden (ein
überzeugendes Beispiel scheint mir die Einleitung zu *La cultura del barocco* von José Antonio Maravall zu sein) oder die Probleme und eventu-
ellen Mißverständnisse zu beleuchten, die eine solche Ausweitung mit
sich bringt. Es genügt hier, so meine ich, darauf hinzuweisen, daß sich
der Begriff »barock« seit den 60er Jahren ungeachtet der anfänglichen
Ablehnung und Mißverständnisse verbreitet und behauptet hat; dabei
hat er sich von seiner ursprünglichen Bedeutung und seiner Begrenzung
auf das Feld der Kunst und Literatur teilweise gelöst und sich sogar über
den mediterranen und gegenreformatorischen Raum hinaus ausgedehnt.

Heute wundert es niemanden, wenn sich hinter einem Buch über den
Staat im Zeitalter des Barock eine Sammlung von Aufsätzen verbirgt, die
sich spezifisch mit dem Frankreich Ludwigs XIII. befassen und auf ana-
loge Probleme verweisen, die in verschiedenen Ländern ganz West- und
Mitteleuropas – wenn auch mit markanten Unterschieden – in einer
Phase des Ancien régime gleichzeitig auftraten. In diesem Fall über-
nimmt der Herausgeber Henry Méchoulan die Definition der Académie
française von 1740: »unregelmäßig, bizarr, ungleichmäßig«. Welcher andere Begriff, so fragt Méchoulan,

»könnte die Eigentümlichkeit der französischen Politik zu Beginn des 17. Jahrhunderts, als eine neue, in keinem Wörterbuch aufgeführte Form der Macht entsteht, kennzeichnen? Der wundertätige König regiert mit einem Kardinal (Richelieu), der sich von der Staatsräson leiten läßt, die er inmitten von Widersprüchen,
Spannungen und Revolten zusammenschmiedet (...). Aus diesen vielfältigen Antagonismen erhebt sich ein Staat, dessen beeindruckende und dominierende
Größe wie ein Werk von Bernini erstaunt und überrascht.«

Eigentümlichkeit und Neuheit, Widerspruch, Revolte, Verwunderung,
Bizarrheit, Größe: das sind Wörter, die auf halbem Weg zwischen einem
etwas vagen Stilbegriff und dem Versuch liegen, eine Epoche der Geschichte, des Staates, der Politik, der gesamten kollektiven und individuellen Realität eines bestimmten Abschnitts der europäischen Geschichte
allgemein zu kennzeichnen.

Die Neigung, diesem Abschnitt eigene Merkmale zuzuweisen, einen
spezifischen Stil des Denkens, Fühlens und Handelns, ist also in der heutigen Geschichtsschreibung deutlich spürbar, trotz der notwendigen Vor-

sicht und ohne den Anspruch, in der gesamten Welt des 17. Jahrhunderts eine kompakte spirituelle und intellektuelle Einheit entdecken zu wollen. Vielleicht gerade wegen seiner Ambiguität und Bedeutungsvielfalt scheint sich nunmehr das Etikett »Barock« besonders für diese Epoche zu eignen. Tatsächlich gilt das 17. Jahrhundert als »verworrenes Geflecht von unterschiedlichen Tendenzen« (Alberto Tenenti), als Jahrhundert der Krise (Roland Mousnier), als eine Epoche zerbrechender Ordnung (Pierre Chaunu), in der die Gesellschaft von einem Gefühl der Bedrohung und Instabilität beherrscht wird und deshalb eine konservative und repressive Kultur schafft (José Antonio Maravall). Américo Castro zog aus dieser Einschätzung eine drastische Konsequenz: »Mir scheint«, schrieb er gerade in Erörterung Maravalls, »daß ›Barock‹ ein Agens oder ein Katalysator von Geschichte ist.« Diesem Barock, der im Laufe fast eines ganzen Jahrhunderts entsteht und sich ausbreitet, stellen sich gegenläufige und schließlich siegreiche Tendenzen in den Weg: der Absolutismus in der Politik und der Klassizismus auf dem Gebiet des Denkens, der Kunst und des spirituellen Lebens.

Die Europäer des 17. Jahrhunderts hatten selbst eine besonders dramatische Vorstellung von ihrer Zeit, die sie erfolgreich an die Nachwelt weitergaben: ein Jahrhundert aus Eisen, *mundus furiosus,* ein Zeitalter der Aufstände und Unruhen, der Unterdrückung und Intrigen, in dem »die Menschen Wölfe geworden sind und sich gegenseitig auffressen«, eine Epoche der Unordnung, des Umsturzes, der Umkehrung der Hierarchie, der Phantastereien; kurz, eine Periode großer Spannungen, die häufig nur negativ beurteilt wurden, statt als notwendige Etappen zur Erlangung eines höheren sozialen und politischen Gleichgewichts und einer tieferen und umfassenderen Kreativität.

Die Intensität, Ausweitung und Auswirkung dieser »barocken« Konflikte auf das Denken und Handeln hat Historiker verblüfft. Das Aufeinanderprallen politischer und religiöser Ideen, die Dauer und das Ausmaß der Kriege, die wachsenden sozialen Antagonismen, die Revolten, die Empfindlichkeiten in der Frage des Vorrangs von Verwaltung und Kirche in den alltäglichen Ritualen und die Häufigkeit von Duellen erschienen ihnen als typische Merkmale dieses Zeitalters – eine weitverbreitete Vorstellung, auch wenn ein strenger und systematischer Vergleich mit anderen turbulenten und unruhigen geschichtlichen Epochen Europas nie angestellt wurde. Vor einigen Jahren hat John Elliott die These vertreten, daß man auch im Hinblick auf die Religionskriege des 16. Jahrhunderts von allgemeinen krisenhaften Umwälzungen sprechen könne. Die Zweifel, die Elliott nährte, haben jedoch die mittlerweile traditionelle Idee nicht auslöschen können, daß die erste Hälfte des 17. Jahrhunderts in dieser Hinsicht einzigartig war.

Die Diskussion muß allerdings auch noch auf einer anderen Ebene geführt werden: Die Besonderheit der Konflikte im Barockzeitalter liegt nämlich nicht so sehr im Kontrast zwischen den verschiedenen Akteuren, sondern vielmehr in der Präsenz scheinbar unvereinbarer oder offenkundig widersprüchlicher Haltungen bei ein und derselben geschichtlichen Persönlichkeit. Das Nebeneinander von Traditionalismus und Suche nach dem Neuen, von Konservativismus und Rebellion, von Wahrheitsliebe und Verstellungskult, von Weisheit und Torheit, von Sinnlichkeit und Mystizismus, von Aberglaube und Rationalität, von Sittenstrenge und »Konsumismus«, der Bekräftigung des Naturrechts und der Verherrlichung der absoluten Macht: für all dies lassen sich zahllose Beispiele aus der Kultur und Lebensrealität des Barock anführen.

Angesichts der Schwierigkeiten, das Geheimnis dieser strukturellen und inneren Widersprüche zu durchdringen, und beeinflußt durch das negative Bild, das die Barockzeit selbst von sich weitergab, ging die Geschichtsschreibung lange wie selbstverständlich davon aus, daß in dieser Periode die Fähigkeit, durch große Ideale und kollektive Anstrengung zum Fortschritt der Zivilisation beizutragen, gewissermaßen getrübt gewesen sei. Die Widersprüche und Konflikte wurden lange als Zeichen einer Hemmung und Stockung der Triebkräfte betrachtet. Typisch und lange Zeit vorherrschend war zum Beispiel die Idee, daß die Veränderungen des Staates allein dem Willen des Souveräns zu verdanken waren, während die Gesellschaft protestierte und die Entwicklung bremste, ohne daß es ihr gelang, sich der zentralisierenden Dynamik der Monarchie anzupassen oder das Joch der Unterdrückung von ihren Schultern zu werfen. Im Hintergrund stand dabei die Darstellung einiger außergewöhnlicher Persönlichkeiten eher als Vorläufer denn als authentische Vertreter ihrer Zeit: Bruno, Galilei, Bodin, Bacon, Descartes, Harvey, Sarpi, Spinoza ...

Das 17. Jahrhundert war mit seiner sehr dramatischen Sicht der sozialen Realität und ihrer Konflikte besonders darum bemüht, in Kultur und Mentalität strenge soziale Modelle, formelhafte, feste Interpretationskriterien und »vorbildliche« Urteile über Ereignisse und Personen zu schaffen und zu suchen. Dieses grandiose Unterfangen fand seinen Ausdruck in einer wahren Flut von Chroniken und Werken über zeitgenössische Ereignisse, in der großen Verbreitung der religiösen Volkspredigten und in den Anfängen einer politischen Massenpropaganda, in Journalismus, Pamphleten, Flugblättern und Anschlägen. Diese Anstrengung ergab sich aus der Notwendigkeit, der staatlichen Machtausübung, die gerade damals ihren Einfluß auf die Gesellschaft zu verstärken begann und Partikularismus und traditionelle Strukturen bis zu einem gewissen Grad zerstören konnte, eine politische, moralische und ideelle Legitimation zu geben; oder sie entsprang im Gegenteil aus dem Erfordernis, Widerstand und Opposition zu rechtfertigen. Zweifellos übte diese Entwicklung einen großen Einfluß auf die Zeitgenossen aus, sie prägte aber gleichzeitig auch die Kultur und Geschichtsschreibung der nachfolgenden Epochen und vermittelte so Bilder und Stereotypen, die häufig nur zum Teil mit der Wirklichkeit übereinstimmen.

Es ist sicher schwierig, dem allgemeinen Eindruck einer von sozialen und politischen Konflikten gequälten und vom Krieg mit allen seinen Konsequenzen zerfleischten Welt seine Gültigkeit abzusprechen. Besonders zu betonen ist vor allem, daß in bestimmten Phasen des 17. Jahrhunderts Revolten und Kriege Dimensionen annahmen, die in den vorangehenden Jahrhunderten unbekannt waren. Das bedeutet jedoch nicht, daß die örtliche Begrenztheit des Protests, die elementaren Formen der Konflikte oder die Unordnung, das Rebellentum und die Anarchie, die der Staat nur mühsam im Zaum halten konnte, ein ausschließliches, herausragendes und universelles Merkmal des 17. Jahrhunderts gewesen wären.

Die Gesellschaft des Barock ist ein sozialer Organismus, in dem jedes Glied nicht nur seinen Platz und seine genau bestimmte Funktion hat, sondern auch selbst Träger akzeptierter hierarchischer Vorstellungen ist. Unordnung und Verwirrung nehmen im Barockzeitalter unzweifelhaft zu: Es genügt, an die Ausdehnung der Städte zu denken, die häufig die Wellen von Neuankömmlingen nicht mehr in ihre traditionellen Organisationsstrukturen eingliedern konnten. Die Randgruppen vergrößern sich beunruhigend und lösen verschiedene (nicht nur restriktive und repressive) Reaktionen und Vorkehrungen aus, aber insgesamt bleiben solche Erscheinungen offenbar hinreichend unter Kontrolle. In jedem Fall prägen sie das allgemeine Klima nicht ausschließlich und bringen das verbreitete Organisationsprinzip der städtischen und in gewissem Maße auch der ländlichen Barockgesellschaft nicht zu Fall.

Prinzipiell steht die Durchsetzung der neuen Macht des Königtums nicht im Gegensatz zu dieser partikularistischen und vielgliedrigen Gesellschaftsformation: Statt sie zu zerstören, bedient sich die Zentralmacht normalerweise ihrer Strukturen bei der Steuererhebung, der Organisation des Militärs und der öffentlichen Ordnung. Die Macht des Staates im Barock setzt sich auf der Basis einer Allianz zwischen Zentralmacht, Gemeinden, korporativen Institutionen, Lokalherrschaften etc. durch; sie unterdrückt die Partikularmächte, wo sie sich dem »Dienst am König« entgegenstellen oder ihn behindern, aber vor allem versucht sie, sie für ihre Zwecke einzuspannen, sie in das Gesamtgefüge und die Politik der Monarchie einzubinden, und konsolidiert sie damit in gewisser Weise.

Die militärischen »Einquartierungen« waren einer der großen Konflikt- und Reibungspunkte zwischen der Zentralmacht einerseits und den örtlichen Gemeinden, die sie häufig zu erdulden hatten, andererseits. Doch wie hätte der Souverän vor Einführung von Kasernen und einer modernen Heeresorganisation – also auch noch im Barockzeitalter – seine Truppen ohne minimale Zustimmung der Gemeinden unterhalten können? Die gewaltsame Aufnötigung, die Mißbräuche und die daraus folgenden Proteste waren ohne Zweifel entscheidende Momente bei den Einquartierungen, wie literarische Werke (das naheliegendste Beispiel ist sicher Calderóns *El alcalde de Zalamea* – *Der Richter von Zalamea*), unzählige historische Quellen und bedeutende Ereignisse bezeugen. Aber es gab auch die Zusammenarbeit auf der Basis von Normen, Statuten und Traditionen oder das schlichtende Einschreiten des Souveräns, wenn die Normen nicht befolgt wurden.

Dasselbe läßt sich vom Steuersystem sagen. Die Auflehnung gegen Besteuerung ist die endemische Krankheit des 17. Jahrhunderts: Überall in Europa nehmen Steuerrevolten überhand. Es hat den Anschein, als sei der Bruch zwischen der Bevölkerung und dem Souverän tief und unüberwindlich, auch wenn den Aufständischen und Protestierenden politische Perspektiven fehlen. Dennoch erschallt auch in den gewalttätigsten Momenten des Widerstands der Ruf »Es lebe der König«. War dies ein schlichter und naiver Täuschungsversuch, eine Tarnung, primitive Heuchelei? Das galt sicherlich in vielen Fällen, und in den höchsten sozialen Schichten offenbaren solche Versuche manchmal ein außerordentliches politisches und kulturelles Raffinement. Aber es ist auch wahr, daß es gerade im Zeitalter des Barock eine weitverbreitete und leidenschaftliche

Hingabe an den König, die Idee oder den Mythos des Königtums im Volk gab. Selbst ein noch so mißhandeltes und ausgepreßtes Land wie das Königreich Neapel wollte den König, bevor sich der tiefe Wunsch der Landbevölkerung, Teil des Königreichs zu sein (statt zum Lehen eines Barons zu werden), abkühlte und sich die alte Verehrung des Königs in Haß verwandelte.»Eine Haßliebe«, so hat Le Roy Ladurie zu Recht bemerkt,»entwickelte sich zwischen dem monarchischen Staat und der Gesellschaft.« Offensichtlich war diese Beziehung nicht einseitig: Sie bestand nicht nur im Nehmen ohne Gegenleistung. Letztlich pendelte sich hier ein Gleichgewicht ein, auch wenn es besonders in Zeiten des Krieges schwer aufrechtzuerhalten war.

Es gibt folglich, so sei noch einmal wiederholt, eine gewisse, manchmal durchaus bedeutsame Differenz zwischen der historischen Realität und den Bildern, die das Jahrhundert von sich selbst und seinen Besonderheiten zeichnete, durchsetzte und weitergab, ein Unterschied, der vielleicht größer und akzentuierter ist als in anderen Phasen der europäischen Geschichte. Nach den Gründen für die besonderen Dimensionen dieser Abweichung zu forschen wäre sicherlich interessant. Die Frage betrifft die Mechanismen, die damals den Konsens und den sozialen Zusammenhalt herstellen und Störfaktoren an den Rand drängen sollten; die Mentalität; die Beziehung zwischen sozialen Gruppeninteressen und Ideologien. Historiker bemühen sich bereits seit einiger Zeit, Licht auf diese Faktoren zu werfen, und beschäftigen sich dabei auch mit den Konflikten und Widersprüchen (im oben angesprochenen Sinne), die als Besonderheiten des Barock gelten. Auch die in diesem Band versammelten Aufsätze belegen das Bemühen um eine Neubestimmung und Korrektur einiger typologischer Züge, die dem Menschen des Barock und einigen Persönlichkeiten der Zeit zugeschrieben wurden.

Im vorliegenden Buch nehmen ohne Frage Institutionen, Ideologien, soziale Strukturen und Mentalitäten einen breiteren Raum ein als Literatur und Kunst. Die hier umrissenen Menschentypen dienen, anders gesagt, eher dazu, ein Gesamtbild aus diesen Elementen als von der besonderen und allgemeinen ästhetischen Sensibilität der Zeit zu präsentieren. Aber auch in diesem Rahmen ist das Bild alles andere als vollständig. Es war nicht unsere Absicht, ein vollständiges historisches Panorama des Jahrhunderts zu rekonstruieren, sondern einige Aspekte und besondere Menschentypen zu beschreiben. Es sollte im übrigen nicht vergessen werden, daß das 17. Jahrhundert, auch wenn es ein sehr kreatives Jahrhundert war und nicht nur negative Neuerungen hervorbrachte, vieles vom vorangehenden Jahrhundert und dem Spätmittelalter übernahm. Einige soziale Gruppen führten frühere Lebensweisen fort, zweifellos mit bedeutsamen Variationen, aber nicht in einem Maße, das eine eigene Behandlung rechtfertigen würde: Ich denke etwa an die Situation der Bauern und Handwerker, die nur zum Broterwerb arbeiteten, oder an die Mentalität der Feudalherren. Um einige Lücken zu schließen, aber auch, um neue Entwicklungen besser zu erkennen, sollte der Band zusammen mit seinen beiden vorangehenden Büchern gelesen werden, die wir in dieser Reihe dem Mittelalter und der Aufklärung gewidmet haben. Dieses Buch befaßt sich mit dem Staat, der Kirche, der Wissenschaft und der besonderen Kultur spezieller Gesellschaftsbereiche sowie mit den in ihnen erkennbaren Strömungen und Tendenzen. Das Barockzeitalter wird dabei nicht als ein Gefüge statischer Merkmale betrachtet, sondern als eine historische Phase, in der sich die Probleme, die Situation und auch die Charakteristika sozialer Gruppen verändern. Die Wandlungen zwischen dem Beginn des Barock und der zweiten Hälfte des Jahrhunderts sind mitunter erstaunlich: In ihrer Gesamtheit war die Epoche eine Periode beschleunigter Veränderung. Auch unter diesem Gesichtspunkt betrachtet ist das 17. Jahrhundert in gewissem Maße – trotz der großen und offensichtlichen inhaltlichen Unterschiede – unserer Zeit ähnlich.

Größere Geschlossenheit erhält dieser Band durch die Tatsache, daß sämtliche Beiträge einen grundlegenden Wandel im historischen Urteil über das 17. Jahrhundert reflektieren. So findet sich hier ein Bild des Staatsmannes oder zumindest einiger für die Barockzeit besonders typischer Staatsmänner wie etwa Mazarin, das im Hinblick auf die konventionelle und weitverbreitete Vorstellung nahezu vollständig andere Züge trägt: ein Politiker mit großer Vorliebe für das Allgemeininteresse, der das Wohl des Staates und der Monarchie manchmal zwanghaft verfolgt. Das Klientelsystem, das im 17. Jahrhundert besonders üppig blühte, erscheint hier in einem neuen Licht, d. h. als ein System, das in einer bestimmten Phase dazu dient, Kräfte für die Errichtung und Stärkung des Staates zu sammeln, die andernfalls verstreut und unorganisiert geblieben wären.

Die Beziehung zwischen Krieg und Barock war sehr eng, vor allem was Verwüstungen und Katastrophen, Erhöhung der Destruktivität und die blinde Gewalt des Soldaten anging, im Hinblick also auf das Hereinbrechen sämtlicher Übel des Krieges über die Gesellschaft, die Bauern, die Frauen und die wehrlose Stadtbevölkerung. Während Geoffrey Parkers Aufsatz all dies aufzeigt, beweist er gleichzeitig die Kontinuität und die Entwicklung der militärischen Revolution, die in der Renaissance begann, d. h. einen Prozeß, der in der Erhöhung der Offensiv-, Defensiv- und Zerstörungskraft der Heere bestand, der aber auch zu einer Rationalisierung der Beziehung zwischen Streitkräften und Zivilbevölkerung führte. Die Last des militärischen Apparates bleibt drückend und erhöht sich noch, aber bereits gegen Ende des Barockzeitalters wird diese Beziehung im Hinblick auf die Proviantversorgung, die Stationierung, die Besoldung der Soldaten, die Verbindung von Heer und Nation etc. weniger brutal und willkürlich.

Im Falle des Finanziers ist die Wandlung noch deutlicher und ausgeprägter. Daniel Dessert zeigt, daß das »Modell«, das im 17. Jahrhundert entsteht und sich in Kultur und Mentalität allgemein durchsetzt (und das in beträchtlichem Maße von den Historikern der folgenden Jahrhunderte übernommen wurde), nur in sehr geringem Umfang mit der historischen Wirklichkeit übereinstimmt. Dessert bezieht sich fast ausschließlich auf Frankreich, aber die Probleme, mit denen er sich befaßt, gelten – einschließlich der verzerrenden Darstellungen des Finanziers – auch für den Rest Europas.

Der Bürger, dem James Amelang nachspürt, weicht ebenfalls deutlich von dem Bild ab, das eine lange Tradition und besonders Fernand Braudel geprägt haben: Statt als »Verräter« seiner historischen Aufgabe zeigt Amelang den Bürger als Träger von Vernunft und Klugheit, Vorläufer eines Genußmenschen, der sicher nicht im Einklang mit der erzwungenen Strenge einer vorindustriellen Gesellschaft stand. Solche Divergenzen finden sich in vielen Bereichen des Barockzeitalters: im Hinblick auf die Organisation der Macht, die Beziehung zwischen Regierung und Untertanen, die Religiosität und die Kirche, die Konzeption sozialer Werte, die politische Kultur, die Beziehung zwischen künstlerischer Produktion und Auftraggebern und zwischen der Entwicklung der Wissenschaft und den öffentlichen Institutionen. Folglich ließe sich auch die Illustration der neuen Erkenntnisse und Deutungsansätze in diesem Band noch weit über die bereits erwähnten Beispiele hinaus fortsetzen. Aber ich möchte mich auf diese wenigen, wie ich hoffe, hilfreichen Andeutungen beschränken und alles übrige der Neugier und dem Urteil der Leser überlassen.

Kapitel 1

Der Staatsmann

Henry Kamen

»Wenn jetzo diese Zeiten sind, dann braucht es eines solchen Mannes«, schrieb der Dichter Andrew Marvell in einem Preisgedicht zum ersten Jahrestag von Oliver Cromwells Protektorat in England. Mittlerweile ist es üblich, große Staatsmänner entweder so darzustellen, als seien sie von ihrer Zeit erst zum Leben erweckt worden, oder aber als hätten sie ihrer Zeit ein neues Gepräge gegeben, so als ob sie eine Rolle gespielt hätten, die sie weit über die gewöhnlichen Menschen hinausragen ließ. Eine solche Auffassung vermittelt indessen ein verzerrtes Bild der Vergangenheit, da sie nicht berücksichtigt, wie politische Macht tatsächlich ausgeübt wurde, und daher die Möglichkeiten, die den Menschen in der Politik zur Verfügung standen, überschätzt. Letztlich waren Staatsmänner wie Cromwell, Richelieu, Mazarin, Olivares oder de Witt das Produkt ihres eigenen Gesellschaftssystems und konnten auch nur innerhalb der Grenzen dieses Systems tätig werden. Das galt zumal dann, wenn, wie im 17. Jahrhundert, traditionelle Machtstrukturen – Bindungen an die Provinz, ständische Interessengruppen – Mühe hatten, sich gegen die wachsende Autorität der Zentralmacht des Königs zu behaupten.

Obwohl der Begriff von der Kunst des Regierens eigentlich aus der Renaissance stammt und damals auch weit verbreitet war, hatte er noch bis in die Mitte des 17. Jahrhunderts hinein eine unverändert zentrale Bedeutung. Staatskunst wurde für eine Wissenschaft gehalten, zu der Fürsten herangebildet und in die Minister eingewiesen werden sollten. Einschlägige Handbücher wurden verfaßt. Darunter sind als eines der frühesten und auch bekanntesten Machiavellis *Il Principe* (*Der Fürst*) und vermutlich als eines der letzten die *Mémoires* Ludwigs XIV., die für den

Kronprinzen bestimmt waren, zu erwähnen. Deren Prämisse, daß den Staatsmännern die Mittel zu Gebote stünden, das Schicksal der Bewohner ihrer Staatsgebiete zu bestimmen, galt vielleicht noch für Machiavelli, aber nicht mehr für den französischen Monarchen. Sie setzte voraus, daß die Entscheidungen des Staatsmanns innerhalb eines relativ kleinen geographischen und politischen Raums durchgesetzt werden konnten und daß auftretende Mängel allein seine Schuld waren. Aber schon das weltumspannende Königreich Philipps II. hatte gezeigt, daß räumliche und zeitliche Hemmnisse jede Regierungsentscheidung ins Leere laufen lassen können. Dementsprechend muß das von Staatsmännern dargestellte Führungsideal in seinem tatsächlichen Kontext gesehen werden: Was sie entwarfen, war nicht die Praxis, sondern das Ideal der Machtausübung. Und sie stellten moralische Ideale auf, die sie vielleicht in ehrlicher Absicht anstrebten, die aber nicht als Darstellung der Wirklichkeit angesehen werden können, worauf schon Machiavelli mit Nachdruck hingewiesen hat.

Daraus folgt, daß die Prinzipien, nach denen sie angeblich ihr Handwerk ausübten, oft eher Ausdruck einer gelehrten Fingerübung waren, als daß sich in ihnen ihr tatsächliches Handeln dokumentierte. Es ist verbürgt, daß sowohl Richelieu wie Olivares pflichtschuldig die Vernunft als grundlegendes Handlungsprinzip beschworen haben und daß speziell Richelieu behauptete, »alles aus Vernunftgründen zu tun«. Es ist erstaunlich, daß die meisten jener hehren Wahrheiten, die Politiker von sich gaben, unkritisch aufgezeichnet wurden, da es an sich recht unwahrscheinlich ist, daß Staatsmänner je von sich behaupten, ihr Handeln stehe im Widerspruch zur Vernunft. In Wirklichkeit verfuhren auch die Staatsmänner des Barock unbeirrt nach Prinzipien, die im wesentlichen aus dem Mittelalter überkommen waren. Der Raum für die Entfaltung ihrer politischen Talente war so eng begrenzt, daß es nicht verwunderlich ist, wenn sie sich als Handwerker oder Fachleute beschrieben, als Fachleute, die mit wenigen grundlegenden Rohmaterialien arbeiten und ein erkennbares Endprodukt herstellen. In dieser Hinsicht ist es legitim, vom »Handwerk« des Regierens zu sprechen. In der Bildersprache jener Zeit wurde dies zum Beispiel dadurch zum Ausdruck gebracht, daß bei der Darstellung der Regierungskunst medizinische oder nautische Vorstellungen eine Rolle spielten: Der Staat wurde als Körper angesehen, der vor Krankheit bewahrt werden müsse, oder als Schiff, das vom Übel wegzusteuern sei. In jedem Fall galt der Staatsmann als ein versierter Fachmann, der gewisse Grundregeln, die bei richtiger Anwendung zu einer Kunst werden, zu erlernen und in die Praxis umzusetzen hat.

Bei den Autoren der Barockzeit wimmelt es von diesen Vorstellungen. Im 16. Jahrhundert waren Handbücher der Staatskunst für den Herrscher geschrieben worden. Im Laufe des 17. Jahrhunderts hatte sich die Auffassung von Macht erweitert: Ratschläge wurden fortan nicht nur den nominellen, sondern auch den faktischen Machthabern erteilt, mit dem Ergebnis, daß die Staatsmänner nunmehr schriftliche Empfehlungen für ihr Tun erhielten oder – was von größerem Gewicht ist – sie selbst anfingen zu schreiben und ihre Staatskunst darstellten. So liegen uns mit Richelieus *Mémoires* und seinem *Testament politique (Politisches Testament)* oder mit Johan de Witts Programm, das Pieter de la Court in *Het Interest van Holland (Interest Von Holland/Oder: Grundfäste der Holländischen Wolfahrt)* darstellt, aufschlußreiche Hinweise dazu vor, welche Auffassung Staatsmänner vom Regieren hatten. Zusammen mit scharfsichtigen Kommentaren finden sich darin immer auch rituelle Beschwörungen: Im Bereich der Theorie wird die Notwendigkeit der »Gerechtigkeit« beteuert, oder im Bereich der auswärtigen Angelegenheiten werden die Feinde der Krone verurteilt. Wie jeder andere Handwerker brauchte auch der Staatsmann eine ungefähre Richtlinie für die Praxis in einer Zeit, in der Parteiprogramme unbekannt waren. Aus diesem Grund bezahlten Staatslenker gern Autoren, die sich bereit fanden, Ideen für sie zu entwickeln. Auch Olivares, dem es keineswegs an Ideen zur Staatskunst mangelte, ordnete sein Leben nach Maximen, die er zumeist antiken Autoren entlehnt hatte und die er – manchmal an unpassender Stelle – in jeder Krise erneut anführte. Es läßt sich schwer sagen, inwieweit er diese Redensarten selbst ernst nahm, denn er war offen für die Realität und sah durchaus, daß »die Kunst des Regierens nicht darin besteht, scharfsinnig zu sein, sondern moralisch und praktisch«. Olivares' Kastilien war der einzige europäische Staat, der eine große Zahl von Autoren, die legendären *arbitristas*, ermutigte, der jeweiligen Regierung ihre Empfehlungen zu unterbreiten.

Leider kann der Historiker – wie immer bei Politikern, die ihre Memoiren schreiben – dem Augenschein nicht einfach trauen, sondern muß tiefer blicken. Und je mehr man sich in die europäische Politik des 17. Jahrhunderts vertieft, desto deutlicher wird, daß der tatsächliche Einfluß der »großen Männer« sehr begrenzt war. Dies hat Braudel schon vor vielen Jahren an Philipp II. deutlich gemacht, der »ein Gefangener seines Schicksals war, an dem er wenig ändern konnte, weil er in eine Landschaft eingebunden war, in der sich die unendlichen Perspektiven der *longue durée* in die Vergangenheit und Zukunft erstrecken«.

Die Rolle des Staatsmanns setzt eigentlich den Nationalstaat voraus, doch den modernen Staat gab es im Europa zur Zeit des Barock noch kaum. Machiavellis Bezugsrahmen war der Stadtstaat, und die Umsetzung der Politik war für ein Italien gedacht, das aus zahllosen Fürstentümern bestand, in denen der Wille des Fürsten problemlos durchzusetzen war. Wie demgegenüber größere Einheiten zu regieren waren, die es ja noch gar nicht gab, dafür fehlte jegliches Wissen. Zwar war England eine erkennbare Einheit, die sich aus seinem Charakter als Teil einer Insel ergab, aber die anderen Staaten besaßen keineswegs schon die Identität, die ihr Name verhieß: Frankreich, Spanien, Italien und Deutschland waren Vorstellungen, keine Realität; sie wurden durch kaum mehr als eine vage geographische Grenze definiert. Die drei letztgenannten Länder waren nur eine Ansammlung autonomer Staaten, aber auch in Frankreich waren die Gesetze, die Verwaltung, die Rechtsprechung, das Steuerwesen und die Sprache erstaunlich uneinheitlich. Wenn ein Pariser in den Süden reiste, brauchte er einen Dolmetscher für seine einfachsten Bedürfnisse. Zwangsläufig befaßte sich daher ein Großteil der theoretischen Erörterungen im frühen 17. Jahrhundert mit dem Versuch, die Grundzüge einer nationalen Identität festzulegen. Aber wie sollte das geschehen? Wie konnte der Nationalstaat ein Gegenstand des Interesses werden, wenn er nicht einmal existierte? Zwar gab es das Wort Nation, aber was bedeutete es? Bei Ronsard finden sich folgende Zeilen:

> »L'espagnol l'Espagne chantera,
> L'italien les Italies fertiles,
> Mais moy, françoys, la France aux belles villes.«

Ihnen läßt sich entnehmen, daß die Nation nicht viel mehr als ein Gegenstand patriotischer Gefühle ist, was vielleicht das Höchste war, was das Zeitalter, in Ermangelung konkreter politischer Strukturen, erreichen konnte. Auch waren die Gefühle nicht immer mit Treue zum Vaterland gleichzusetzen, was Richelieu in seinem *Testament* zu der Klage veranlaßte, daß »kein Krieg gegen Frankreich geführt wird, bei dem nicht Franzosen auf der Seite des Feindes stehen«. Für den Staatsmann des Barock war dieses patriotische Gefühl von weniger praktischem Wert als die feste Treue zur Monarchie; so behauptete etwa Olivares: »Ich bin kein *nacional*, das ist etwas für Kinder«, und meinte damit, daß die Einheit des Landes auf die Krone und nicht auf ein bloßes Gefühl zurückzuführen sei. Allerdings hatte auch bei ihm das Gefühl seinen Platz; im Jahre 1635, als der Patriotismus als Parole gegenüber Frankreich, das gerade den Krieg erklärt hatte, zu einer Notwendigkeit wurde, gestand er: »Ich setze mein Vertrauen in die Nation.«

Die »Nation« stand für ein Gefühl für das eigene Land im Kontrast zu anderen Ländern und paßte nicht gut in eine normale politische Theorie. Die Staatsmänner fanden es angemessener, mit einer Vorstellung vom Staat zu arbeiten, die ihn als ein Gebilde ansieht, das »das Volk« vertritt, wobei sie darauf achteten, daß dieser Begriff innerhalb enger Grenzen verblieb. Olivares war der Ansicht, daß »es grundsätzlich wichtig ist, auf die Stimme des Volkes zu hören«, aber dies galt nur für den Bereich der Theorie. Ansonsten war er als *Condeduque* bekannt für seine Gegnerschaft repräsentativer Körperschaften. Richelieu hatte eine noch dezidiertere Meinung: »Alle, die Politik studieren, stimmen darin überein, daß das gemeine Volk unmöglich ruhig gehalten werden kann, wenn es ihm zu gut geht.« Der in dieser Hinsicht konservativste Staatsmann jener Zeit war womöglich Cromwell, der Revolutionär; er war ein unbeugsamer Gegner jeglicher Mitsprache des Volkes, zumindest all der Menschen ohne Eigentum, »die ohne Interesse sind, außer dem Interesse am Atmen«. Die Praktiker der Politik nahmen es hin, dem Volk dienen zu müssen, waren sich aber auch darin einig, daß es in der Politik nichts zu sagen haben dürfe.

Wesentliches Kennzeichen aller bedeutenden Staatsmänner des Barock war, daß ihre Interessen mit denen des *Fürsten*, der für sie den Staat verkörperte, identisch waren. Ausgehend von der Überzeugung, daß der Fürst das einzige Zentrum der Macht war, galt er als Grundlage des Staates. Daraus folgte, daß der Staatsmann in erster Linie nur ein Diener des Fürsten war. Nach der vor der Renaissance vorherrschenden Auffassung war der Staatsmann kein Demiurg, sondern nur der Diener des Gemeinwesens. Nach Machiavelli darf »ein Mann, der mit der Regierung betraut ist, nie an sich selbst denken und sich nur mit den Angelegenheiten des Fürsten befassen«. Noch im Barock hatte das Wort »Staat« für viele keinerlei Bedeutung, wenn es ohne Bezug auf den Fürsten benutzt wurde. Im Sinne von »Regierung« tauchte es in Olivares' Wortschatz nicht auf, und auch Richelieu verwendete es im Sinne von »Herrschaft«

oder »feste Ordnung von Befehl und Gehorsam«. Am Vorabend der Neuzeit lagen alle Staatsfunktionen beim Fürsten. Seine persönlichen Finanzen (die in England im späten Mittelalter *household government* genannt wurden) waren die des Staates, seine Kriegserklärungen betrafen den Staat als solchen. Er verkörperte die Macht und war somit der Mann des Staates par excellence, und die, die ihm beim Regieren halfen, seine »Minister«, waren seine Diener, die nur von seinem Willen abhingen. Diese vollständig an eine Person gebundene Vorstellung von der Macht galt auch noch während des ganzen 17. Jahrhunderts, ja, sie gelangte dank der Lehre des Absolutismus zu neuer Blüte. Gewiß waren mit dem Begriff der persönlichen Macht des Fürsten implizit einige Einschränkungen verbunden, aber noch diese trugen letztlich zur Stärkung seiner absoluten Autorität bei.

Der Fürst war für jeden hohen Minister einer Monarchie die höchste Autorität, der er zur Treue verpflichtet war. Deutlichstes Beispiel dafür war Mazarin. Denn obgleich er nur das Werk Richelieus vollendete und völlig dem eigenen Überleben und Fortkommen verschrieben war, verfolgte er während seiner gesamten Karriere nur das Ziel, die Monarchie zu stärken, und ironischerweise gipfelten die Ratschläge für seinen Zögling Ludwig XIV. darin, daß ein Herrscher sein eigener Staatsmann sein und ohne die Dienste eines obersten Ministers auskommen müsse. Die größte Leistung eines Staatsmanns bestand demnach darin, festzustellen, daß Staatsmänner überflüssig sind, wenn der Staat seine Ziele erreichen soll.

Soweit es eine Staatskunst, eine Wissenschaft über das Regieren gab, hatte der Fürst sie zu erlernen. Daraus folgte, daß der Staatsmann der Tutor des Herrschers zu sein hatte. Richelieu wie Olivares sahen die Beratung und Erziehung des Königs als Teil ihrer Pflicht an. Zumal für Olivares war es eine Befriedigung zu sehen, daß Philipp IV. unter seiner Ägide zu einem ausgezeichneten Reiter und ordentlichen Sprachwissenschaftler (in französischer Sprache) wurde. Am erfolgreichsten erfüllte Mazarin diese Aufgabe durch die politische Erziehung des jungen Ludwig XIV. in den Jahren 1653 bis 1661. Er tat indessen noch mehr, indem er dem späteren Sonnenkönig den gesamten Stab der Zentralregierung, namentlich Le Tellier, Fouquet, Lionne und Colbert, hinterließ, die die Voraussetzungen für die Modernisierung seines Staates schufen.

Die Beziehung zwischen Diener und Herrn war personengebunden und durch die Tradition nicht anerkannt. Daher war sie in Frankreich zur Zeit der Fronde Zielscheibe heftiger Animositäten von seiten der Pamphletisten. In Spanien wurde im Verlauf des 17. Jahrhunderts das Amt des obersten Ministers durch das System der *válidos* offiziell geregelt. Olivares und Lerma waren beide *válidos*, ihr politischer Einfluß hing unmittelbar vom Willen des Königs ab. Die Minister waren der Person des Königs absolut ergeben und stellten ihre Loyalität über alle anderen politischen Interessen, wobei jedes wünschenswerte politische Interesse logischerweise grundsätzlich das Interesse des Königs war. Es war Olivares' Überzeugung, daß »der Minister, sobald der Fürst seine Meinung gebildet hat, die zuvor von ihm selbst vertretene Ansicht vollständig vergessen und anerkennen muß, daß er im Irrtum war«. Richelieu behauptete, daß »das einzige Ziel des Fürsten und seiner Berater das öffentliche Interesse sein muß«, aber in der Praxis wurden diese drei Interessen gleichgesetzt. Die Hingabe dieser Minister bei der Stärkung der persönlichen Rolle des Königs läßt sich am besten an Olivares' Förderung der Pläne zum Bau von Philipps luxuriösem Palast mit seinen verschwenderischen Gärten in Buen Retiro erkennen, ein Vorhaben, das von Zeitgenossen als »eine Marotte des *Condeduque*« kritisiert wurde. Und Richelieus herausragender Beitrag zur Verschönerung des königlichen Paris war sein eigener prachtvoller Kardinalspalast, über den Corneille schrieb:

> »L'univers entier ne peut rien avoir d'égal
> Aux superbes dehors du Palais-Cardinal.«

Die Bekundungen der Aufopferung im Dienste des Staates waren keine politischen Aussagen, denn grundsätzlich betrieben die Staatsmänner keine Politik, die nicht schon die des Staates war. Richelieus berühmter Ausspruch in seinem *Testament*, er habe vor der dreifachen Notwendigkeit gestanden, das Ansehen des Königs zu heben, den Adel zu zerschlagen und die Protestanten zu bändigen, ist eher eine rückblickende Betrachtung als eine Aussage über seine Intentionen. Mittlerweile wird anerkannt, daß faktisch kein Aspekt der von den Staatsmännern jener Zeit betriebenen Politik eigenständig war oder sein sollte. Richelieu etwa übernahm alle Elemente seiner Innen- und Außenpolitik von seinen Vorgängern. So war zum Beispiel das Bündnis mit den Protestanten jenseits der Grenzen Frankreichs bereits von Franz I. angebahnt worden. Auch Olivares war kaum mehr als der Erbe der *arbitristas* sowie einer langen Reformtradition in Kastilien.

DER STAATSMANN

Angesichts dieser persönlichen Voraussetzung für das politische Amt war es auch selbstverständlich, daß die Minister im Prinzip nicht mit programmatischen Reformvorstellungen an die Macht kamen. Dennoch hatten sie in der Praxis klare Prioritäten im Kopf, auch wenn sie nach außen hin die Absicht zeigten, das bestehende politische System zu bewahren. Diese Staatsdiener waren in der Regel als »erste« Minister bekannt und hatten praktisch keinen Titel, der ihren Funktionen entsprach. Richelieu wurde ab 1629 als *ministre principal* bezeichnet, aber diesen Titel gab es schon zuvor. Olivares nannte sich selbst des Königs »treuer Minister«. Und Johan de Witt galt zwar bloß als Ratspensionär von Holland, eine Art Sekretär der Niederländischen Generalstände, doch er kontrollierte praktisch die politischen Angelegenheiten sowohl Hollands als auch der Vereinigten Provinzen und wirkte darüber hinaus führend bei der Außenpolitik mit. Die Rolle, die diese drei Staatsmänner spielten, war in der jeweiligen Landesverfassung offiziell gar nicht vorgesehen. Von daher ist es nicht erstaunlich, wenn sie der Ansicht waren, eine außerordentliche Funktion übernommen zu haben, die sie gegenüber dem gesamten Staat verpflichtete; in ihren Augen galt denn auch die Feindseligkeit, die sie weckten, lediglich ihrer Rolle. So konnte Richelieu im Jahre 1630 sagen: »Nie habe ich persönliche Feinde gehabt, nie habe ich irgend jemanden beleidigt, außer im Dienste des Staates.«

Ganz außergewöhnlich ist diese Aufopferung für die Krone im Falle Mazarins, dessen Treue zum König stets unvergleichlich war, der allerdings in seinen ersten Jahren als Minister (und noch als Laie, trotz seiner Kardinalswürde, die er für seine Dienste gegenüber Rom erhalten hatte) eine zu innige Aufopferung für die Königinmutter an den Tag legte, die mit 43 Jahren, beim Tode Ludwigs XIII., eine immer noch bezaubernde und attraktive spanische Dame war. Schon 1644 hatte es bei einer Erkrankung Mazarins geheißen: »La reine allait visiter tous les jours le cardinal plusieurs fois avec tant de soin que chacun prenait occasion d'en mal parler.« (Jeden Tag besuchte die Königin den Kardinal mehrmals mit so großer Fürsorglichkeit, daß jeder dies zum Anlaß nahm, ihr Übles nachzusagen.) Und so blieb es nicht aus, daß ihre Beziehung, die niemals intim geworden zu sein scheint, die gewagtesten der *Mazarinades* genannten Pamphlete gegen den Kardinal hervorrief.

Es ist angemessen, zu fragen, ob die Staatsmänner überhaupt die Vorbildung besaßen, um politische Vorstellungen zu entwickeln. Sie hatten alle eine gute Erziehung, sogar ein Bürgerlicher wie Cromwell, der auf eine Dorfschule ging und ein Jahr in Cambridge verbrachte, wo er sich bei den Geisteswissenschaften langweilte und der Mathematik den Vorzug gab. Olivares war darin eine Ausnahme, daß er zwei Jahre die Universität von Salamanca besucht hat, auch wenn es keinen Beleg über irgendwelche akademischen Arbeiten dort von ihm gibt. Jedenfalls verließ er die Universität, als ihn sein Vater zurückrief, um die Rolle zu übernehmen, die durch den Tod seines älteren Bruders vakant geworden war. Andere hatten, über die bloße Erziehung hinaus, den Vorteil, Erfahrungen durch Reisen zu machen. Hier ist vor allem de Witt zu nennen, der 1645 seinen Vater nach Skandinavien begleitete und im entscheidenden Jahre 1648 mit seinem Bruder Cornelis eine Rundreise durch Frankreich und England machte, wo er das kuriose Privileg hatte, Karl I. zu sehen, während dieser sich im Gewahrsam des Parlaments befand. Richelieu bagatellisierte die Bedeutung der Bildung und tat politische Handlungsmaximen (die ja Olivares' Rüstzeug waren) damit ab, daß sie nur dem »pedantischen Geist« angemessen seien. Nach seiner Überzeugung benötigte der Staatsmann »Entschiedenheit im Denken, ein klares Urteilsvermögen, eine angemessene Vertrautheit mit der Literatur, eine allgemeine Kenntnis der Geschichte und des Aufbaus der Staaten auf der Welt, besonders des eigenen Landes«.

Das theoretische Modell, dem die Staatsmänner des Barock verpflichtet waren, war das des Absolutismus. Die Doktrin des Absolutismus triumphierte in der einen oder anderen Form in ganz Europa, und ihr Einfluß zeigte sich sowohl in den politischen Vorstellungen wie in den Institutionen. Im wesentlichen lief der Absolutismus darauf hinaus, daß der Herrscher keine Macht auf Erden über sich habe. Er konnte entstehen, weil das späte 16. Jahrhundert von politischer Instabilität und sozialen Krisen gekennzeichnet war. Das Problem bestand darin, daß es verschiedene Formen der Herrschaft gab, auf die die Doktrin angewendet wurde. Und außerdem gab es ständig Debatten über den Herrschaftsbegriff an sich. Einige katholische Theoretiker meinten zum Beispiel, daß die Fürsten zwar absolut seien, daß ihre Macht aber allein auf die Zustimmung des Volkes zurückzuführen sei. Auf diese Weise schufen sie einen Konflikt zwischen den Rechten der Untertanen und den Pflichten der Regierenden, und sogar in Frankreich, wo der Absolutismus als Theorie am erfolgreichsten war, insistierten die Staatstheoretiker darauf, daß die

Macht des absoluten Fürsten durch Religions- und Eigentums- sowie durch Grundrechte eingeschränkt sei.

Ursprünglich war der Absolutismus eine Theorie von der Macht des Herrschers und daher ohne Bedeutung für die Staatsminister. In der Praxis allerdings wurde die Macht von den Ministern getragen. Trotz der Staatskrisen während der ersten Jahrhunderthälfte wurde im Verlauf des frühen 17. Jahrhunderts das Vertrauen in die Macht der Monarchen wiederhergestellt und wurden ihre Machtbefugnisse erweitert. Richelieus Leistung als Minister bestand darin, eine Autorität und Initiativkraft für die Krone zu erringen, die sie nie zuvor innegehabt hatte. Der stetige Aufstieg des Absolutismus in Frankreich löste bei vielen in England und den Vereinigten Niederlanden zwar eine heftige Abwehr aus, aber im Grunde gab es keine Unterschiede in den Auffassungen über die Herrschaftsform. Als etwa das englische Parlament die Herrschaft der Stuarts beendete, weil es sie als absolutistische Herrschaftsform ansah, setzte es ein wesentlich absolutistischeres Regierungssystem an deren Stelle, indem es (in der Erklärung des Rumpfparlaments von 1649) für sich unbegrenzte Vollmachten sowie das Recht forderte, Gesetze auch ohne Zustimmung des Volkes erlassen zu können.

Auch republiktreuen Staatsmännern waren Sympathien für die Monarchie keineswegs fremd. Cromwell beispielsweise war in den 50er Jahren des 17. Jahrhunderts der Meinung, daß eine Verfassung mit »einem gewissen Maß an monarchischen Machtbefugnissen« das beste für England wäre. Als die Debatte über das Staatsoberhaupt im Jahr 1652 in einer Sackgasse steckte, schrieb er nachdenklich an Whitelock: »Was, wenn ein Mann es auf sich nehmen sollte, König zu sein?« Sogar in den Vereinigten Niederlanden, denen republikanischer Geist nachgesagt wird, war die Vorstellung des Königtums lebendig und bildete den Nährboden für die Interessen des Hauses Oranien. Und auch dessen großer Widersacher Johan de Witt stand der Monarchie an sich nicht ablehnend gegenüber. »Republikaner« war er nur in dem Sinne, daß er der Republik treu diente und ein strikter Gegner der Partei der Oranier war, wäre er jedoch in einer Monarchie geboren, hätte er auch ihr die gleiche Loyalität erwiesen. Dementsprechend wies er einen englischen Freund zurecht, der die Monarchie in England schlechtgemacht hatte. Überdies hatte de Witt unverblümt oligarchische und – soweit er Pieter de la Courts Ansichten teilte, dessen berühmte Abhandlung *Het Interest van Holland* (1662) er förderte – auch eindeutig antidemokratische Neigungen. De la Court schloß in seinem Werk alle Frauen und Diener, Krüppel und Arme »zusammen mit all jenen, die irgendeinen Handel ausgeübt oder in irgend jemandes Diensten für einen Tageslohn gearbeitet haben«, von der Teilnahme an der Politik aus und beschränkte mit dieser Kategorisierung Bürgerrechte und politisches Handeln auf die winzige Minderheit der in ökonomischer Unabhängigkeit lebenden Männer.

Angesichts des begrifflichen Durcheinanders waren die Staatsmänner entschlossen, einfach dafür zu sorgen, daß die Autorität des Staates nicht erschüttert wurde, und ihnen waren die verschiedenen Theorien oft gleichgültig. Besonders Cromwell behauptete, daß er keinem der diversen theoretisch zur Verfügung stehenden Systeme den Vorrang gebe; konsequent war er nur in seiner Feindschaft gegenüber der Demokratie. Auch wenn für ihn im übrigen alle Regierungsformen nichts als »Schmutz und Unrat im Vergleich mit Christus« waren, befürwortete er in der politischen Praxis jedoch den Absolutismus der Einmannherrschaft, und nicht zufällig entstand Thomas Hobbes' Konzept des *Leviathan* (1651) aus den Erfahrungen, die er im England der Jahrhundertmitte machte.

Bedeutet diese Tendenz zum Absolutismus während des Barock, daß ein Verfall des Konstitutionalismus und ein Verlust an Freiheit eintraten? Augenscheinlich war dies gewiß der Fall. Oberflächlich betrachtet gingen die Initiativen des Staates auf Kosten jener Interessen, die bis dahin an der Macht des Staates teilhatten. Was England betrifft, sei etwa auf die periodisch wiederkehrenden Konflikte hingewiesen, die, als sie das erste Mal im Parlament aufbrachen, von untergeordneter Bedeutung gewesen sein mögen, dann allerdings an Heftigkeit zunahmen und im Verlauf der elfjährigen Tyrannis den Grund für die unüberbrückbaren Differenzen legten. Dies galt insbesondere bei religiösen Fragen, die dann den Bürgerkrieg heraufbeschworen. In Spanien folgte auf das Aufflammen des Konstitutionalismus in Kastilien zu Beginn des 17. Jahrhunderts die autoritärere Herrschaftsform des *Condeduque*, an die sich dann Versuche anschlossen, die Vorrechte der Provinzen zu schmälern. Und in Frankreich traten die Generalstände nach 1614 nicht mehr zusammen. Gleichwohl läßt sich, ungeachtet all dieser Tatsachen, feststellen, daß es keine gezielte Absicht gab, die Vertretungskörperschaften vor den Kopf zu stoßen. Richelieu immerhin gab sich alle Mühe, die Notabelnversammlung zu Rate zu ziehen, und Olivares ließ sich in die Cortes (Ständeversammlung) von Kastilien wählen, um unmittelbar mit der

Opposition verhandeln zu können. Staatsmänner wie diese mögen zwar liberale Neigungen gehabt haben, doch der allgemeine Trend des Zeitalters kehrte sich gegen die Parlamente. Die vielleicht deutlichste Ablehnung zeigte sich in Cromwells Ausfall bei der Auflösung des Langen Parlaments im Jahre 1653: »Ihr seid kein Parlament. Ich sage, ihr seid kein Parlament. Ich werde euren Sitzungen ein Ende machen!« Es war ein Jahrzehnt, das in ganz Europa das Ende einer Epoche anzeigte: Der Landtag von Brandenburg verlor nach 1653 seine Rechte; im gleichen Jahr trat der russische Zjemskij Ssabór, die Ständeversammlung, zum letzten Mal zusammen; das dänische Parlament versammelte sich 1660 zum letzten Mal und trat anschließend seine Befugnisse ab; das Parlament von Paris wurde in den 60er Jahren zum Schweigen gebracht, und im Kastilien der Habsburger gab es nach 1665 keine Cortes mehr.

Grundsätzlich bedeutete die Einschränkung ihres politischen Gewichts natürlich keine Bedrohung für die politische Elite, da sie in ihren gesellschaftlichen Privilegien bestätigt wurde. Cromwell erinnerte eines seiner Parlamente daran, daß sie, die Elite, das Rückgrat der Stabilität sei: »Adliger, Gentleman und Freisasse sind das Fundament der Nation.« Sein Eid als Lordprotektor erlegte ihm als höchste Pflicht die »Sicherung des Eigentums« auf. Ironischerweise war Cromwell unter den bedeutenden europäischen Staatsmännern des 17. Jahrhunderts der einzige von »bürgerlicher« Abstammung. Alle anderen, auch Johan de Witt, entstammten dem Kleinadel. (De Witt kam aus der Klasse der *Regenten*, die zwar keine Adligen, aber bestimmt auch keine Bürgerlichen waren. Im Jahre 1660 festigte er seine Oberschichtzugehörigkeit dadurch, daß er aufgrund seines lehnsherrlichen Landbesitzes den Rechtsstatus eines *heer* – Baron – erlangte.) Man muß sich immer vor Augen halten, daß für alle führenden Staatsmänner die Stärkung des Staates gleichbedeutend war mit der Stärkung der sozialen Ordnung, so daß tatsächlich kein Widerspruch zwischen dem Absolutismus und den Interessen der herrschenden Elite bestand; vielmehr wurde ihr durch den Absolutismus der Rücken gestärkt. Natürlich mußten gebührende Rücksichten genommen werden: So betonte etwa Axel Oxenstierna, der schwedische Reichskanzler, 1636 vor dem Thronrat, daß »wir als Mittler zwischen dem König und den Untertanen stehen und nicht nur für die Rechte der Krone, sondern auch für das Landesrecht und die rechtmäßigen Freiheiten des Landes sprechen müssen«. Diese so vehement verteidigten »Freiheiten« wurden schließlich mit der Einsetzung einer absolutistisch herrschenden Regierung im Jahre 1680 abgesichert. Damit wurde eine Entscheidung getroffen, die in Dänemark bereits 1660 gefallen war.

Als Konservative hatten alle europäischen Staatsmänner eine sehr verkürzte Vorstellung von Rechten und Freiheiten, und sie würden gewiß nicht wohlwollend betrachten, was heute alles unter politischer Freiheit verstanden wird. Cromwell war womöglich derjenige, der am meisten von der Freiheit redete, der aber auch am meisten über ihren »Mißbrauch« klagte. Jedesmal, wenn er das Wort verwendete, hatte es eine besondere Bedeutung. So verkündete er in Irland: »Wir kommen, um den Ruhm der Freiheit Englands zu bewahren«, und forderte die Iren auf, »von den Freiheiten und den Vermögen den gleichen Gebrauch zu machen wie die Engländer«. Wie immer in der Politik bedeutete ein und dasselbe Wort sehr verschiedene Dinge für unterschiedliche Personen, und dies vielleicht nirgendwo deutlicher als im Katalonien der 30er Jahre des 17. Jahrhunderts, wo die Katalanen den vom *Condeduque* dargebotenen neuen Freiheiten mißtrauten: Es war natürlich nicht im Sinne der Katalanen, wenn durch die Freiheit die herkömmlichen Rechte angetastet werden sollten. Eines der dringlichsten Probleme der Staatsmänner war daher, einen öffentlichen Konsens für ihre Politik herbeizuführen. Doch keinem gelang dies, nicht einmal Richelieu, dessen Politik in den Schmähschriften der Fronde heftig befehdet wurde. Auch der Bedeutendste unter ihnen, Cromwell, scheiterte kläglich bei dem Versuch, sich mit Elite oder Volk zu verbünden: Von einem politischen Experiment zum nächsten stolpernd, gelang es ihm nie, eine Verständigungsgrundlage zu finden, und am Ende sah er sich, wie Hill schreibt, »auf Bajonetten sitzend und auf sonst nichts«.

Schriften wie das *Testament politique* von Richelieu legen die Vorstellung nahe, der Staatsmann sei lediglich eine Kreatur des Königs gewesen. In der Theorie richtete sich Richelieu grundsätzlich nach dem Souverän und gaukelte ihm daher das Bild vor, im Staat hänge alles und jedes von seinem Willen ab. In Wirklichkeit aber existierten entscheidende Interessen und Machtmechanismen, die dazu beitrugen, den Staatsmann erst hervorzubringen und dann in der einmal erlangten Position zu halten.

Das erste und wichtigste Instrument war in diesem Zusammenhang die Anwendung des Patronatsrechts, das die uneingeschränkte Nutzung der Vorteile einschloß, die das Amt mit sich brachte. Bevor es so etwas wie politische Parteien gab, war die Ämterbesetzung das einzige Mittel, die politischen Kräfte sinnvoll einzubinden, und um sich selbst an der Macht zu halten, war jeder Staatsmann genötigt, von diesem Mittel Gebrauch zu machen. Minister wie Richelieu oder Olivares hingen nicht allein von der Gnade des Königs ab, vielmehr waren sie ebensosehr auf das Wohlwollen der politischen Elite angewiesen. Wäre das ausgeblieben, dann wäre ihre Karriere wohl rasch zu Ende gewesen. Leider liegt keine Untersuchung über die politischen Beziehungen vor, die Olivares unterhielt, wohingegen wir wissen, daß sich Richelieu und nach ihm auch Mazarin ein einflußreiches System von Gefolgsleuten schufen.

Die Bande politischer Loyalität waren stets die Grundlage der Macht, aber sie waren in einem kleinen Staat wie England leichter zu knüpfen als etwa im völlig anders strukturierten Frankreich. Allerdings stand allgemein fest, daß »der Umgang mit den Großen und Mächtigen gepflegt werden muß, ohne deren Unterstützung keine Gruppe unterhalten werden kann« – wie es ein provenzalischer Adliger des 17. Jahrhunderts ausdrückte. Daher gab es in Frankreich Bemühungen zur Schaffung von Interessenverflechtungen, die das Zentrum an die Provinzen binden sollten. Ein solches System kam den Provinzeliten zupaß, da sie auf diesem Wege zugleich ihren Einfluß beim Zentrum geltend machen konnten. Grundlage jedes Klientelwesens war zwangsläufig die Verwandtschaftszugehörigkeit, die im wesentlichen durch Heiraten gefestigt wurde. Aber ebensosehr beruhte es auf Einfluß und Geld, durch die regelrechte Beziehungsgeflechte geschaffen wurden, die gleichzeitig den Bedürfnissen der Eliten der Provinzen und denen des Zentralstaats dienten. Zudem war der Einsatz finanzieller Mittel in der Politik (»Bestechung«) allgemein üblich und galt in der Regel nicht als verwerflich. Daß man sich des Klientelwesens bediente, bedeutete indessen nicht, daß die bestehenden Institutionen umgangen wurden; sie waren im Gegenteil ein Teil des Systems. In Frankreich waren zum Beispiel die *intendants*, die höchsten Provinzbeamten, ein ganz entscheidendes Glied in der Kette. So schreibt etwa der Intendant von Burgund, Bouchu, 1656 in einem Bericht an Mazarin: »Mit aller nur denkbaren Umsicht mache ich in dieser Versammlung (der Stände) von meinem und dem Einfluß meiner Freunde und Verwandten Gebrauch, um des Königs Absichten zum Erfolg zu führen.«

Richelieus und Mazarins Netz von Gefolgsleuten gehörte dem Staat ebenso wie ihnen persönlich. Die Vermischung des privaten und öffentlichen Interesses war strenggenommen Korruption, doch im Barockzeitalter wurde kein Widerspruch zwischen beiden wahrgenommen, da der Staatsmann ganz offensichtlich dem Staat diente. Nur wenn das Privatinteresse mit dem des Staates in Konkurrenz zu treten schien, wie zum Beispiel im Falle von Fouquets Prachtbesitztum Vaux-le-Vicomte, wurden von seiten des öffentlichen Interesses (das heißt der Krone) Einwände geltend gemacht.

Das Patronatssystem kannte viele Formen und Anwendungsmodalitäten, die wir im Zusammenhang mit drei Aspekten erörtern wollen, nämlich Reichtum, Familie und Gefolgschaft.

Die Anhäufung von Reichtum wurde von Kritikern als Beleg für den Geiz des Betreffenden verurteilt, und wir haben allen Grund, diese Ansicht zu teilen. Das unaufhörliche Zusammenraffen von Reichtümern durch Richelieu und Mazarin kann nur mit einer persönlichen Obsession erklärt werden, mit einem maßlosen Hunger nach Gütern. Jeder der beiden Kardinäle war bei seinem Tod mühelos die zweitreichste Person nach dem König. So schreibt Bergin: »Richelieus zentrale Überzeugung scheint gewesen zu sein, daß die Macht des Prunks bedürfe.« Seit Beginn seiner Laufbahn vermischte er vorsätzlich das private mit dem öffentlichen Interesse. Als wichtigster Berater der Königinmutter und als Verwalter ihrer politischen und privaten Angelegenheiten ab etwa 1620 bediente er sich der ihr zugeordneten Beamten, um den eigenen Interessen Geltung zu verschaffen, und brachte seine sogenannten *créatures* in ihrem Machtgefüge unter, so daß er im Anschluß an die Journées des Dupes von 1630 keine Mühe hatte, den zuvor von ihr ausgeübten Einfluß kurzerhand auf sich zu übertragen. Und ebenso benutzte er, nachdem er erst einmal eine Machtposition im Dienste des Königs errungen hatte, die Regierungsbeamten zur Förderung seiner Privatinteressen. Infolgedessen war es ihm zusammen mit dem ungehinderten Zugang zu sämtlichen Quellen, die dem Staat Profit brachten, möglich, ein unglaubliches Vermögen anzusammeln.

Ein Großteil davon war Bareinkommen, ein gleich großer Teil stammte aus dem Landbesitz. Das Land hatte er rasch und systematisch während seiner Amtszeit durch Kauf an sich gebracht. Es waren sowohl zu Investitionszwecken erworbene Ländereien, die in ganz Frankreich verstreut waren, als auch hochwertiger Landbesitz in Fontainebleau und St. Germain – besonders lukrativen Gegenden von Paris –, und sie beliefen sich auf einen Gesamtwert von mehr als fünf Millionen Livres. Das war die größte Konzentration von Landbesitz, die je von einer einzigen Person in der gesamten Geschichte des Ancien régime erreicht wurde. Die wirklich herausragende Leistung war indessen, daß Richelieus Ländereien im Gegensatz zum sonstigen, vom Hochadel zusammengerafften Land, welches Einkommen zur Ablösung drückender Schulden erbringen sollte, völlig schuldenfrei waren und damit Reinerlös brachten. Als Mann der Kirche konnte der Kardinal auch aus dieser Institution Kapital schlagen. In einer Zeit, in der die Gegenreformation zumindest theoretisch den Versuch unternahm, die Pfründenvielfalt zu reformieren und abzuschaffen, konnte Richelieu (neben seinen Einkünften aus dem Bischofsamt in Luçon, das er 1623 an einen Gefolgsmann abtrat) am Ende fünfzehn Klöster (einschließlich des berühmten Klosters von Cluny) sowie vier Priorate sein eigen nennen. Bei seinem Tod war sein Besitz, der zu einem Viertel aus Ländereien bestand, an die zwanzig Millionen Livres wert, nicht gerechnet die prachtvolle Anlage des Palais-Cardinal in Paris. Dazu hatte er ein Jahreseinkommen von ungefähr einer Million Livres.

Nach seinem Tod folgte ihm Mazarin, der seit Dezember 1641 Kardinal und Mitglied des Thronrats war, an die Spitze der Ratsversammlung und des Haushalts der Königin und erhielt die Patronatsrechte, die mit beiden Positionen verbunden waren. In der Folgezeit vereinigte er eine erstaunliche Zahl von Ämtern auf sich: Gouverneur von Fontainebleau, La Rochelle, Le Havre, der Auvergne, von Breisach und dem Elsaß, Abt von siebzehn Klöstern, darunter das Kloster von Cluny, Herzog von Nevers und Mayenne. Ein immenses Vermögen, das er aus unzähligen öffentlichen und geheimen Quellen bezog, erlaubte ihm, eine ganze Reihe von Besitztümern in Paris und Rom anzusammeln, insbesondere den Palais Mazarin, die spätere Nationalbibliothek. Bei seinem Tod hinterließ er seinen ganzen Besitz dem König und brachte damit, mehr als Richelieu, zum Ausdruck, daß das, was ihm gehörte, auch dem Staat zustand, und das, was dem Staat gehörte, ebenso ihm zustand. Wie schon Richelieu verwendete auch Mazarin einen großen Teil seines Reichtums zur Förderung der Künste. So gründete er 1648 die Kunstakademie und holte den Komponisten Lully aus Italien.

Auch im republikanischen Holland konnte ein Staatsmann reich werden. Nach seiner Wahl zum Ratspensionär von Holland im Jahre 1653 wuchs de Witts Vermögen, das er großenteils in Papieren und Land angelegt hatte, in beträchtlichem Maße. Dank seiner Stellung fand er eine reiche Frau (er war erst 30 Jahre, als er heiratete). So kam er durch Einfluß und Heirat zu einem ansehnlichen Vermögen, das er jedoch nie benutzte, um es zur Schau zu stellen. Dementsprechend erinnert Sir William Temple, als er einige Jahre später über die Vereinigten Niederlanden schreibt, an die »Schlichtheit und Bescheidenheit in der Lebensführung ihrer Minister« und merkt in bezug auf de Witt an, daß »der ganze Troß und Aufwand seines Hauses sehr dem der gewöhnlichen Staatsminister glich. Sein Auftreten war ernst, schlicht und volkstümlich. Bei Tisch ließ er nur auftragen, was auch seiner Familie oder einem Freund vorgesetzt wurde«; in der Öffentlichkeit »sah man ihn für gewöhnlich zu Fuß und allein auf den Straßen, ganz wie den gewöhnlichsten Bürger der Stadt«. Darin war er Cromwell vergleichbar, der es vom bescheidenen Landbesitzer zum Nutznießer eines jährlichen Einkommens von 70000 Pfund Sterling brachte, das ihm 1654 als Lordprotektor für seine Familie und seine Ausgaben bewilligt wurde. Neben diesem Einkommen verfügte er über bereits beträchtliche Einnahmen aus dem Landbesitz (1651 hatte ihm das Parlament Grund und Boden zukommen lassen, der 4000 Pfund Sterling im Jahr abwarf). Gleichwohl rühmte der Botschafter Venedigs das anspruchslose Leben des Lordprotektors, das sich fern aller Protzerei und Prunksucht von den bisherigen Gepflogenheiten des englischen Herrscherhauses abhob. In seinen letzten Jahren wurde sein Lebensstil jedoch etwas prunkvoller; so sagte man im Jahre 1658, daß »Cromwell die spanische Mode eingeführt« habe, was darauf hinweist, daß Cromwell ein liberaler Mann war, der nicht dogmatisch an puritanischen Vorurteilen festhielt.

Als Olivares die Straße zum Reichtum betrat, hatte er bereits den Vorteil, aus einem der mächtigsten und edelsten Häuser Andalusiens zu stammen, aus der Familie der Guzmán. Die rasche Anhäufung von Ehrentiteln war bezeichnend für alle aufsteigenden Staatsmänner: Am Hof erlangte Olivares strategisch wichtige Positionen wie die des Stallmeisters und Großkämmerers, er erhielt aber auch nominelle Würden in großer Zahl, darunter die eines Kavalleriegenerals. Da Ehrentitel als solche noch nicht zum Reichtum führten, war es notwendig, Ländereien zu erwerben, und das machte er mit verbissenem Eifer. Er kaufte Güter und Städte, um in der Umgebung von Sevilla das Großherzogtum von Sanlúcar für sich zu schaffen – mit der Stadt gleichen Namens als dessen

Zentrum. Auf diese Weise erhob Olivares seine Familie in den Rang des kastilischen Hochadels.

Auf die Erlangung der politischen Macht folgte automatisch die Unterbringung der Familienmitglieder. Sofern sie nicht gerade von außergewöhnlichem Pech verfolgt wurden oder, wie Cromwell, unter unsicheren Verhältnissen lebten, gelang es allen Staatsmännern der Barockzeit, Familiendynastien zu begründen, die denen der Königshäuser nur wenig nachstanden. Kaum waren sie gewählt, hatten sie nichts Eiligeres zu tun, als sämtliche Mitglieder der Familie zu begünstigen und in Amt und Würden zu setzen. Gleich nach seinem Amtsantritt war es de Witts oberstes Ziel, sein »ausgedehntes Netz von Verwandten« und Freunden mit Posten zu versorgen; das war das mindeste, was er dank des ihm zustehenden Patronatsrechts bewirken konnte. Er selbst hatte als Ratspensionär und Vertreter Hollands bei den Generalständen die Kontrolle über etliche wichtige Funktionen. Der ausnehmend oligarchische Zug der Politik in den protestantischen Ländern Nordeuropas brachte es jedoch mit sich, daß Heirat oder Postenvergabe an Familienmitglieder nur selten effektive Mittel der Machtkontrolle waren. Demgegenüber galt es in Frankreich und in Südeuropa als zulässig, die Verwandten in Schlüsselpositionen unterzubringen, und auch dafür ist Richelieu ein hervorragendes Beispiel. Richelieus Bruder Alphonse wurde Erzbischof von Lyon, sein Vetter Charles de la Porte Befehlshaber der Artillerie und Marschall, andere Verwandte aus der weitläufigen Familie erhielten Positionen in der Armee, der Marine, der Verwaltung und den Steuerbehörden. Eine Nichte heiratete in die königliche Familie ein und wurde Herzogin von Enghien, andere wurden durch ihre Verehelichung zu Herzoginnen und Gräfinnen. Die durch Vetternwirtschaft geknüpften Familienbande bildeten nicht bloß eine Dynastie, sondern wurden auch zu einem zentralen Bestandteil des politischen Systems, das vom Kardinal geschaffen und nach dessen Tod von Mazarin fortgeführt wurde. Mazarin hatte als Ausländer und Junggeselle nur einen kleineren Familienanhang zu versorgen, aber er stand seinem Vorgänger kaum nach. Seine Verwandten wurden in hohem Maße begünstigt und stiegen zusammen mit ihrem Gönner in die höchsten Ränge des Königreichs auf. Seine sieben Nichten, die *Mazarinettes*, wurden Gräfin von Soissons, Herzogin von Mercœur, Prinzessin von Conti, Herzogin von Modena, Herzogin von Mazarin, Herzogin von Bouillon beziehungsweise Prinzessin von Colonna (letztere hieß Marie und hatte eine romantische

Affäre mit dem jungen Ludwig XIV., die »zum Besten des Reichs« 1658 vom Kardinal abrupt beendet wurde).

Auch Olivares versicherte sich weitgehend des Beistands seiner Familie, des vornehmen Geschlechts der Guzmán, für den er sich entsprechend revanchierte. In Anbetracht der engen Heiratsbeziehungen zwischen den Mitgliedern der kastilischen Aristokratie bestand das Entgelt für den Familienklan – die *parentela* – darin, daß lukrative Posten an eine ganze Gruppe von Aristokraten fielen, in Olivares' Fall an die miteinander verbundenen Sippen der Häuser Zuñiga, Guzmán und Haro. Zu denen, die es unter der Herrschaft des *Condeduque* zu etwas brachten, gehörte auch dessen Schwager, der Graf von Monterrey, der nacheinander zum Granden, Botschafter in Rom und Vizekönig von Neapel gemacht wurde. Und ebenso Olivares' Neffe Don Luis de Haro, der ihm später im Amt des obersten Ministers folgte. Das Einschleusen von Familienmitgliedern war in all diesen Systemen von Nepotismus eine sichere Gewähr für ein festes Netz von Loyalitäten, das aus den allerengsten Banden bestand (denen des Blutes) und sich nicht nur auf den Königspalast erstreckte, sondern in strategischen Bereichen auch auf dem Lande geknüpft war. Unglücklicherweise war die Familie im Falle von Olivares nicht immer verläßlich, denn zentrale Mitglieder seines Klans hatten späterhin durchaus Anteil daran, daß es zum Sturz des obersten Ministers kam.

Die interessanteste, aber womöglich unzuverlässigste Methode der eigenen Machtsicherung war für einen Staatsmann das Klientelwesen. Strenggenommen gab es das nicht, solange es nicht in die bestehenden Strukturen politischer Loyalität eingebunden war und sie ausnutzte, so daß der Klient seine früheren Treueverpflichtungen nicht verriet, wenn er sich an ein neues Treueverhältnis band. In neueren Zeiten mag dies als »Machtbasis« bezeichnet werden. Das Klientelwesen konnte natürlich einfach auf Freundschaft beruhen, aber diese Freundschaft konnte ebensogut einen politischen Charakter haben, wenn sie zum Beispiel auf der Zusammenarbeit in lokalen Verwaltungskörperschaften basierte. Ersichtliche Grundlage dieses Verhältnisses war das Eigeninteresse der Beteiligten. Menschen wurden im allgemeinen nur dann in ein derartiges Netz hineingezogen, wenn es ihnen in Form von Geld oder gesellschaftlichem Status einen Vorteil verhieß, und darum mußte der Gönner einen beträchtlichen Fundus an Geschenken und gesellschaftlichen Auszeichnungen zu seiner Verfügung haben (was in Kastilien *mercedes* genannt wurde).

Die Notwendigkeit des Klientelwesens erwuchs aus den Unzulänglichkeiten des Staates der Barockzeit. Keine Regierung in Europa verfügte damals über einen bürokratischen Apparat, der das Interesse der Provinzen an das Zentrum zu binden vermocht hätte, und aus diesem Grund mußten die Staatsmänner aus dem bestehenden Gesellschaftssystem heraus einen solchen Zusammenhang herstellen, ohne die lokalen Vorrechte zu brüskieren. Nur wenigen Staatsmännern war bei dieser Aufgabe Erfolg beschieden. Besonders in Nordeuropa – in England, Schweden und den Vereinigten Niederlanden – sperrten sich die Gesellschaftssysteme gegen diese Form der Kontrolle. In Spanien gelang es Olivares bezeichnenderweise gerade dort nicht, Klienten zu gewinnen, wo er sie am dringendsten benötigte, nämlich in den Kronlanden von Aragon und in Portugal. So mußte er sich auf die recht schmale Machtbasis von Andalusien beschränken. Nur in Frankreich konnten die Historiker Staatsmänner mit einer soliden Gefolgschaft ausmachen.

Wenngleich Richelieu gewöhnlich als der Mann gilt, der seine Macht vom Zentrum her ausübte, so muß doch betont werden, daß seine Stellung zwangsläufig von sicheren Bastionen in der Provinz abhing, was sich schon daran zeigt, daß er die Kontrolle über strategisch wichtige Statthalterposten hatte. Bergin hat deutlich machen können, daß »jeder bedeutende Statthalterposten in den Küstenprovinzen Frankreichs, von der unteren Normandie bis an die Gironde, in seiner Hand war«, eingeschlossen Städte wie Le Havre, Nantes und La Rochelle. Und über die restlichen machtentscheidenden Positionen in diesem Gebiet verfügten seine Verwandten, ein Vetter zum Beispiel über Brest. Aber das Netz des Klientelwesens war nicht nur auf die genannten Landesteile beschränkt. Kettering hat sehr anschaulich gezeigt, wie Richelieu es verstand, den Einfluß der Zentralregierung auch in der Provence zu erweitern, indem er ein Netz schuf, das durch Verwandtschafts-, Heirats- und Freundschaftsbeziehungen sowie Klientelverhältnisse und Ämtervergabe geknüpft war und über die Provinz hinaus bis nach Versailles und Paris reichte. Nicht die Granden waren an diesem Netz beteiligt, sondern der niedere Adel, dank dessen Kooperationsbereitschaft Frankreich als politische Einheit handeln konnte. So war es denn auch ein provenzalischer Edelmann, der sich 1633 mit folgenden Worten an Richelieu wandte: »Ich habe keinen größeren Ehrgeiz in der Welt, als Eure Kreatur zu sein.«

Bei der Betrachtung der Formen, in denen sich die Zusammenarbeit zwischen den Provinzen und dem Zentrum abspielte, sollte nicht außer acht gelassen werden, daß im Grunde alle von uns angeführten Staatsmänner von den Provinzen zu Fall gebracht wurden. Obwohl die Europäer so etwas wie ein Nationalgefühl entwickelt haben, war die Bindung an ihre jeweilige Provinz stärker, und die lokalen Eliten folgten den politischen Vorgaben der Hauptstadt nur sehr ungern. Daß es de Witt nicht gelang, die Eliten dazu zu bringen, ein gemeinsames Interesse zu verfolgen, beschleunigte seinen Sturz. Cromwells Unvermögen, eine Einigung herbeizuführen, ist dabei vielleicht in besonderem Maße bemerkenswert: Von Anfang an hatte er keine Aussicht auf Unterstützung in den peripheren Landesteilen, in Schottland und Irland, aber seine größte Niederlage erlebte er mit der englischen Provinzelite, so daß er schließlich nur auf die nackte Gewalt zurückgreifen konnte. Olivares brachte die nichtkastilischen Eliten gegen sich auf, und es ist nicht verwunderlich, daß auch die kastilischen Eliten ihn am Ende mit dem Verrat von Medina Sidonia in Andalusien – Olivares' Heimatprovinz – im Stich ließen. Dies war eine bittere Pille für einen Mann, dessen Ehrgeiz nie vor den Grenzen einer einzigen Provinz haltmachte.

Aus dem gleichen Grund scheiterten auch Richelieu – trotz seiner Klientel – und Mazarin. Die Fronde war der schlagende Beweis für die Unfähigkeit der beiden Staatsmänner, die Interessen des Staates denen der Provinz überzuordnen. Um die Mitte des 17. Jahrhunderts war die grundlegende politische Einheit Europas noch die autonome Provinz – Holland, die Provence oder Katalonien. Die Nation begann sich herauszubilden, war aber noch längst nicht in Sicht. Noch im Jahre 1660 mußte Ludwig XIV. mit seiner Armee die rebellische Stadt Marseille belagern, die vergeblich Spanien um Hilfe gerufen hatte.

Ein Betätigungsfeld gab es, das Könige und Minister gleichermaßen als ihr ureigenstes Spezialgebiet ansahen: die Außenpolitik. Alle Staatsmänner waren überzeugte Imperialisten. Politik bedeutete Ausübung von Macht. Außenpolitik aber war die Ausübung von Macht in ihrer Vollendung. Hatte nicht schon Machiavelli verkündet, daß »vom Herrscher nichts anderes erwartet wird als die Kunst, Krieg zu führen«? So wurden im Barockzeitalter normalerweise mehr als drei Viertel der staatlichen Einnahmen für den Krieg oder dessen Vorbereitung ausgegeben, und zwangsläufig galt der Außenpolitik das Hauptinteresse eines jeden Staatsmanns.

DER STAATSMANN 37

Die Politiker jener Zeit drückten ihre aggressiven Absichten in der Formulierung aus, daß die Würde des Königs gewahrt werden müsse. So verkündete Olivares im Jahre 1625: »Stets habe ich gewünscht, daß das Ansehen Eurer Majestät in der Welt Eurer Größe und Euren Tugenden entspreche«; und Richelieu äußerte gegenüber seinem König, daß eine seiner Hauptzielsetzungen darin bestehe, »Euer Ansehen unter den fremden Nationen wieder in den Rang zu erheben, der ihm zukommt«. Allerdings bemerkte derselbe Richelieu im Jahre 1629, daß »es schwer ist für einen Fürsten, großes Ansehen zu erlangen und auf Dauer unbehelligt zu bleiben, da die Achtung der Welt nur durch große Taten gewonnen wird«. Zu jener Zeit stritten die Könige schon nicht mehr höchstpersönlich für ihr Renommee, obgleich Ludwig XIII. ohne Zweifel aktiv an den Feldzügen der 20er Jahre des 17. Jahrhunderts gegen seine Mutter und anschließend gegen die Hugenotten teilgenommen hatte, wohingegen das Auftreten Philipps IV. unter seinen Soldaten eine bloße Formalität war. Das beste Gegenbeispiel für die schwindende Bedeutung der Könige in militärischen Dingen war jedoch der achtunggebietende Protestant und »Löwe des Nordens« Gustav Adolf von Schweden.

Wie ihre Herren waren auch die Staatsmänner der Ansicht, daß sie ihre Ehre im Felde zu erringen hätten. De Witt war in den Künsten des Friedens ausgebildet und muß daher als Ausnahme gelten. Es ist allerdings erstaunlich, daß einem spanischen Edelmann wie Olivares die praktische Erfahrung der Kriegführung völlig fremd gewesen sein soll. Der schwedische Reichskanzler Axel Oxenstierna war mehr Administrator als Soldat; dennoch stand er seinem König zur Seite und traf viele Entscheidungen in militärischen Angelegenheiten, so daß er auf dem Kriegsfeld unmittelbare und umfassende praktische Erfahrungen hatte. Von Richelieu als einem Mann der Kirche wurde nichts Soldatisches erwartet, allerdings verdient der Umstand, daß er 1628 höchstpersönlich die Belagerung von La Rochelle in glänzender Manier leitete, fraglos Anerkennung. Und Cromwell war in jeder Hinsicht der herausragende Soldat seiner Zeit.

Innenpolitik war im 17. Jahrhundert weitgehend auf die Aufrechterhaltung von Recht und Ordnung beschränkt, so daß die Staatsmänner den größeren Teil ihrer Energien auf die Außenpolitik verwenden konnten. So ist es kein Zufall, daß sich in den Standardbiographien de Witts, Olivares' und Richelieus Rollen in der internationalen Arena größter Aufmerksamkeit erfreuten. Diese Rolle war per definitionem aggressiv.

De Witts Handeln mag zwar nicht so bellizistisch erscheinen, da die Republik unter seiner Leitung den Krieg zu vermeiden trachtete, um ihr Überleben zu sichern. Doch seine diplomatischen Aktivitäten waren deutlich aggressiv und entsprachen damit dem gängigen Muster. Trotz seines eigenen friedfertigen Temperaments und seiner umsichtigen Politik sah sich die Republik gerade während seiner Amtszeit einer Unzahl von Bedrohungen ausgesetzt, und so trug wohl auch die Außenpolitik – nämlich die Bedrohung von seiten Frankreichs – wesentlich zu seinem Sturz bei.

Die Tatsache, daß die Staatsmänner ihren Ruf in der Außenpolitik aufs Spiel setzten, hat spätere Historiker veranlaßt, sie danach zu beurteilen. Entsprechend finden sich nur wenige, deren Ansehen nicht gelitten hat. Ganz verheerend steht es dabei um Olivares, dessen Bemühen, Spaniens Reputation zu verteidigen, 1628 im Erbfolgestreit um Mantua den Verlust des eigenen Renommees zur Folge hatte. Olivares' Fiasko war gewissermaßen zugleich das Scheitern von Spaniens imperialem Unternehmen: Zerrissen zwischen gewaltigen Verpflichtungen und unzulänglichen Ressourcen, erlebte die Monarchie nicht ihren »Niedergang«, sondern versagte einfach vor der Herausforderung. Überdies besannen sich die einzelnen Teile der Monarchie wieder mehr und mehr auf ihre eigene Identität – wie etwa Katalonien im Jahre 1640 oder das Königreich Neapel 1647 –, so daß dadurch Olivares' politische Prämisse, daß alle Kronländer enger mit Kastilien zusammenarbeiten sollten, brüchig wurde. So beschleunigte ein Fehlschlag in der Außenpolitik das Scheitern im eigenen Land. Hier mag sich eine Parallele mit Schweden ergeben, das in jenen Jahren ebenfalls den Traum vom Weltreich zu verwirklichen suchte, der allerdings bei den beschränkten Mitteln, die der Regierung zur Verfügung standen, unmöglich zu rechtfertigen war. Als Oxenstierna 1632 verkündete, daß die einzige Lösung, die er für Deutschland ins Auge fasse, darin bestehe, »unseren Fuß in seinen Nacken und ein Messer an seine Kehle« zu setzen, da benutzte er eine Sprache, die in Schweden auch bei allen nachfolgenden Politikern gängig war, die allerdings den Zusammenbruch des Reichs gegen Ende des Jahrhunderts zur Folge hatte.

Im Gegensatz dazu war das Scheitern Cromwells auf der Bühne der Weltpolitik eher scheinbar als real, und so war von allen Aspekten seiner Herrschaft nur die Außenpolitik derjenige, dessen man sich zustimmend erinnerte. Samuel Pepys vermerkte im Jahre 1667, daß die Zeitgenossen »an ihm rühmten, welche mutigen Taten er vollbrachte und daß er die Fürsten der Nachbarländer das Fürchten lehrte«. Der holländische Botschafter äußerte gegenüber Karl II. im Jahre 1672: »Cromwell war ein großer Mann, gefürchtet zu Lande und zu Wasser.« Den Engländern gab Cromwell mit der wiederentdeckten Macht sowohl ihrer Armeen (gegen die Schotten bei Dunbar und die Spanier bei Dünkirchen) als auch ihrer Flotte (der Sieg über die Holländer, die Inbesitznahme Jamaikas im Zuge der ansonsten verhängnisvollen Expedition in die Karibik, die Beschlagnahme der Silberflotte durch Robert Blake im Jahre 1657) einen gewissen Stolz und bot ihnen eine Strategie im Weltmaßstab, mit der sie sowohl ihren Handelskonkurrenten, den Holländern, als auch ihrem ideologischen Feind Spanien die Stirn bieten konnten. In dieser Hinsicht wurden die Grundlagen für das kommende britische Weltreich gelegt. Cromwells imperiale Leistung erscheint um so glänzender, als sie von kurzer Dauer war und seine Nachfolger die Außenpolitik dilettantisch fortführten.

Von allen Staatsmännern jener Zeit kann allein Richelieu sich glücklich schätzen, von Zeitgenossen und Historikern gleichermaßen günstig beurteilt zu werden, und dies fast ausschließlich wegen seiner Aggression, mit anderen Worten wegen seines Beitrags zur Größe Frankreichs. Das Ergebnis steht außer Frage. So heißt es etwa bei Le Tapié:

»Das Frankreich von 1643 ist weitaus größer als das von 1610, es reicht weit über das Tal der Somme hinaus bis an die Ebenen des Artois. Es beherrscht Lothringen und das Elsaß, Metz, Nancy, Colmar und die Brücken über den Oberrhein. Es verfügt über einen Brückenkopf in Italien, hält das Roussillon besetzt und ist Schutzmacht Kataloniens. Durch das Bündnis mit Portugal hat es einen Keil in die Iberische Halbinsel getrieben. Das Wiedererstarken der französischen Seemacht ermöglicht den Handel in Mittelmeer, Atlantik und den Nordmeeren. Frankreich verfügt über Kolonien in Kanada und der Karibik. Es gibt französische Handelsposten entlang der senegalesischen Küste und auf Madagaskar. In kaum zwanzig Jahren ist Frankreich zu einem Land von größerer Bedeutung in der Welt geworden.«

Diese Erfolgsgeschichte war nur der Anfang, denn die Gewinne waren gering im Vergleich zu dem, was Frankreich in einem weiteren halben Jahrhundert zustande bringen sollte. Wer – damals wie heute – in alldem die bewußte Tat eines einzelnen Mannes sieht, für den scheint Richelieus Stellung als herausragender Staatsmann seiner Epoche unanfechtbar.

Allerdings hatte das Weltmachtabenteuer seinen Preis, und zweifels-
ohne trugen die Staatsmänner die Verantwortung für die wachsende Last
der Steuern und Schulden. Unter Richelieu nahm die staatliche Besteuerung ungefähr um das Vierfache zu, in Kastilien unter Olivares um das
Doppelte. Schwedens Kriegsausgaben ruinierten die Staatskasse. Das faktische Ergebnis der Triumphe in der Außenpolitik war die galoppierende
Verelendung, die sich nirgendwo deutlicher zeigte als in den regelmäßigen Volksaufständen der französischen Landbevölkerung während der
Jahre, in denen beide Kardinäle ihre Kriege führten. Das Elend des Volkes war indessen kein Begriff, der im Wortschatz der Staatsmänner hätte
Verwirrung stiften können, vielmehr wurde der Krieg als ein Beitrag
zum Ruhme des Staates verehrt – ungeachtet seiner Bürde für diejenigen,
die ihn mit ihren Steuern und ihrem Leben bezahlen mußten. Zu einem
späteren Zeitpunkt rief Ludwig XIV. aus, daß »nichts mein Herz und
meine Seele tiefer gerührt hat als die Erkenntnis des völligen Ausblutens
der Völker meines Reichs durch die unermeßliche Steuerlast«. Dies hatten Richelieus triumphale Siege bewirkt, aber der König ließ die Belastung des französischen Steuerzahlers noch weiter anwachsen.

Da die Staatsmänner des Barock, anders als heutige Politiker, nicht Teil
einer Struktur waren, die eine bestimmte Meinung zum Ausdruck
brachte oder sich mit Anhängern besprach, waren sie von den Alltags-
mühen der Gesamtgesellschaft völlig abgeschnitten und stützten sich
nur auf einen winzigen Kreis von Beratern. Sie hatten nicht das Gefühl,
sich vor einem Wahlvolk rechtfertigen zu müssen, allein der Geschichte
wollten sie sich stellen. Das hatte allerdings auch zur Folge, daß sich niemand einer der mächtigsten Waffen des modernen Staates bediente, der
Propaganda, der in der Politik noch keine allgemein anerkannte Rolle
zukam. Instrumente sozialer Kontrolle wie etwa die Kanzel waren als
solche anerkannt und spielten auch die gebührende Rolle, die geschriebene Presse indessen war noch kein Instrument des Staates.
Merkwürdig ist allerdings, daß Propaganda bereits zur Rechtfertigung von Kriegen eingesetzt wurde, was seinen Höhepunkt in der umfangreichen Flugblattliteratur des Dreißigjährigen Krieges fand. Etliche Staaten Europas versuchten sich an der Organisierung einer Pro-
pagandapresse in exakt der gleichen Ausrichtung auf Krieg. Richelieus
berüchtigte *Gazette de France* von 1631 wandte sich mehr an die öffentliche Meinung Europas als die Frankreichs. Ihr Hauptgebiet war die

Außenpolitik, und die Tatsache, daß ihr Herausgeber Renaudot Protestant war, hatte Einfluß auf die vielen lutherischen Verbündeten des Kardinals. Im England Cromwells wurde die Presse weitgehend von Minister Thurloe kontrolliert, in dessen Kompetenzbereich bezeichnenderweise die auswärtigen Angelegenheiten gehörten. Um die Mitte des Jahrhunderts waren nur noch zwei Zeitungen übrig, beide Sprachrohre der Regierung. So unterentwickelt die Funktion der Propaganda auch war, so gab es doch während der revolutionären Unruhen der Jahrhundertmitte in London, Paris und Barcelona eine bedeutsame Ausnahme, als oppositionelle Gruppierungen zum ersten Mal in der europäischen Geschichte die Presse nutzten, um die Politik des Staates zu attackieren. Damit steht den Historikern eine der umfangreichsten Sammlungen von Meinungsäußerungen zur Verfügung. Gegen Ende des 17. Jahrhunderts wurde die Bedeutung der Propaganda allmählich erkannt. In Holland zum Beispiel sah sich de Witt genötigt, das gedruckte Wort gegen eine mächtige Opposition einzusetzen, und de la Courts Werk *Het Interest van Holland* sollte dazu dienen, »die Vorzüglichkeit der Regierung der Generalstände gegenüber dem verabscheuungswürdigen Treiben der Regierung der Stadhouders« – also des Hauses Oranien – hervorzuheben.

Damit begann das Volk in die geheiligten Mysterien der Macht einzudringen, auch wenn das Zeitalter noch vordemokratisch war. So blickten die Staatsmänner, in Zeiten der Bedrängnis und Fehlschläge, in Wirklichkeit weniger auf das Volk als vielmehr nur zu Gott, vor dem allein sie glaubten sich rechtfertigen zu müssen. Die Bindung der katholischen Staatsmänner an Gott war aufrichtig, erscheint aber etwas leidenschaftslos verglichen mit der Innerlichkeit, die die protestantischen Staatsmänner bekundeten. Niemand zeigte womöglich ein engeres Verhältnis zu Gott als Oliver Cromwell. So sagte im Jahre 1649 John Lilburne, als *Leveller* einer seiner Gegner, über ihn: »Kaum gibt man Cromwell irgendein Zeichen, schon legt er die Hand auf seine Brust, hebt die Augen gen Himmel und ruft Gott zum Zeugen an; er weint, schreit und bereut und sticht dir gleichzeitig ins Herz.« Gott und die Vorsehung kommen in allen seinen Reden und Schriften vor. Das ist zwar ein charakteristischer Zug in der puritanischen Tradition Englands, ist aber besonders im Verhalten des Lordprotektors auffällig, der seine ganze Politik als Ausdruck Gottes betrachtete und in seinen Siegen lauter »Gunsterweise« Gottes sah. 1654 eröffnete er eine Versammlung des Staatsrats mit den

Worten: »Gott hat uns nur hierhergeführt, damit wir über das Werk nachdenken, das wir in der Welt ausrichten können.«

Worin bestanden also die Erfolge der großen Staatsmänner jener Zeit? Alle mußten sie gegen starke Oppositionskräfte ankämpfen, und man kann sagen, daß es nur Richelieu und Oxenstierna gelang, ihr Programm auch durchzusetzen. Der Widerstand war nicht nur heftig und anhaltend, sondern er war auch ad personam gerichtet (gegen de Witt gab es während seiner Amtszeit einen Mordversuch, und Richelieu vereitelte wenigstens acht ernsthafte Anschläge auf sein Leben). Trotzdem behauptete Richelieu, daß die einzigen Feinde, die er habe, die Staatsfeinde seien. Es wäre naiv anzunehmen, daß die persönlichen Charakterschwächen der Staatsmänner keine Rolle bei der Entstehung der Oppositionsbewegungen gespielt hätten. Und viele, die die Ansichten von Cromwell teilten, beschuldigten ihn dennoch der Doppelzüngigkeit. So nannte ihn etwa ein Schotte einen »grobschlächtigen Heuchler und Lügner«. Ein Großteil der Attacken auf Mazarin erklärt sich aus einer persönlichen Antipathie gegen ihn, und so waren die *Mazarinades* häufig sehr unverblümt auf seine Person gemünzt.

> »Un vent de fronde
> a soufflé ce matin;
> Je crois qu'il gronde
> contre le Mazarin.«

Die große Zahl der *Mazarinades* (mehr als fünftausend davon sind überliefert) stellt eine wertvolle Quelle von Urteilen über die den Staatsmännern unterstellten Schurkereien dar, zumal viele mit ihren Angriffen auf Mazarin auch ausdrücklich Richelieu treffen wollten. Wessen wurde Mazarin beschuldigt? Daß er Ausländer sei, Italiener dazu; daß er französisch mit einem fürchterlichen Akzent spreche; daß er italienische Moden (die Oper) und italienische Laster eingeführt habe (einhellig wurde er in obszönen Schmähschriften der Homosexualität bezichtigt); daß er wie Richelieu ein Tyrann sei; daß er sich zu seinen Gunsten der öffentlichen Finanzen bedient und sich wie Richelieu bereichert habe.

Die damaligen Politiker mußten breite Schultern haben, um die Kritik zu ertragen, und eben darum mußten sie auch von Natur aus tolerant sein. In Frankreich hatte der Staat selbst die Hugenotten zu tolerieren, und Richelieu formulierte mit seiner Bemerkung im *Testament*, daß »die

Vorsicht gebietet, sich nicht einer solchen Kühnheit zu erdreisten, daß man Gefahr läuft, mit dem Unkraut das Korn auszureißen«, lediglich elegant neu, was viele berühmte Franzosen vor ihm erklärt hatten. Das Bündnis mit protestantischen Staaten lieferte offenkundig zusätzliche Gründe, Toleranz zu üben. Indessen ging der Kardinal über eine passive Toleranz weit hinaus, indem er hugenottische Intellektuelle wie Conrart um sich scharte, dem er die Gründung der Académie française anvertraute. Es mag befremden, aber selbst Olivares muß zu denen gerechnet werden, die zu einer toleranten Einstellung neigten. Die Protestanten zu tolerieren war für ihn kein Problem: es gab keine; aber der *Condeduque* übersah keineswegs das Unrecht, unter dem Personen jüdischer Abstammung zu leiden hatten, und bei vielen Gelegenheiten machte er seinen Einspruch deutlich, wenn es zu kulturellen oder anderen Diskriminierungen kam. In England und Holland standen die herkömmlichen Verhaltensweisen der Frömmelei in Konkurrenz zu einer freiheitlichen Gesinnung, aber sowohl Cromwell als auch de Witt standen auf seiten der Freiheit. Trotz der grausamen Unterdrückung der irischen Katholiken erklärte der Lordprotektor wiederholt seine Gegnerschaft gegen jeden religiösen Zwang. »Ich mische mich nicht in das Gewissen irgendeines Menschen ein«, so verkündete er, »aber nur wenn Ihr unter der Gewissensfreiheit jene Freiheit versteht, Euch zur Messe in der Kirche zu versammeln.« Dieses Zugeständnis bekräftigte sowohl den Grundsatz wie dessen Grenzen. Er hatte kein Verständnis für die beschränkten Ansichten der Protestanten, und so drängte er die schottischen Kalvinisten in einem berühmten Appell, sie möchten »die Möglichkeit bedenken, im Irrtum zu sein«. Im Jahre 1654 klagte er über die Schwierigkeit, die Freiheit der Religion durchzusetzen: »Jeder wünscht die Freiheit, aber keiner will sie zugestehen.«

De Witt, so schreibt ein Biograph, »wollte keinen Fanatismus und konnte nicht verstehen, warum Theorien die Menschen derart aufregen müssen«. Obwohl er nicht für Meinungsvielfalt war, zeigte er gegenüber Katholiken, Mennoniten und Juden, jenen Minderheiten, mit denen er in seinem politischen Leben am meisten zu tun hatte, praktische Toleranz. Die holländische Republik hatte das kalvinistische Glaubensbekenntnis, zu dem sich nur eine Minderheit bekannte, einer Bevölkerung verordnet, die mehrheitlich katholisch war, aber de Witt, der die intoleranten, antikatholischen Gesetze zwar guthieß, tat nichts, um sie durchzusetzen. Von fanatischen Kalvinisten wurde er deswegen des Doppelspiels bezichtigt. Zu der Zeit, als de Witt Ratspensionär war, machte der englische Diplomat Sir William Temple jene unvergeßliche Bemerkung, daß »die Religion vielleicht andernorts mehr Gutes bewirkt, aber nirgendwo weniger Schaden angerichtet hat als hier«, und er schrieb der generellen Toleranz der Holländer »das außerordentliche Wachstum ihres Handels und Reichtums und folglich auch die Macht und Größe ihres Staates« zu.

Versucht man eine Bewertung der Staatsmänner jener Epoche, dann ist ihr Arbeitseifer hervorzuheben. Ohne Unterstützung durch einen verläßlichen Verwaltungsapparat waren sie gezwungen, sich um die nebensächlichsten Regierungsangelegenheiten zu kümmern. Sie litten daher unter ständiger Arbeitsüberlastung. Führte die Verantwortung für den Staat zu Depressionen und Wahn? Christopher Hill zögert zum Beispiel nicht, Cromwell als manisch-depressiv zu bezeichnen, und genauso äußert sich auch Gregorio Marañon über Olivares. Zeitgenossen stellten bei Cromwell Phasen fest, in denen sich Melancholie und Hysterie abwechselten. Der Puritaner Richard Baxter berichtet von ihm, daß er Zustände von Fröhlichkeit zeigte, »wie wenn ein anderer Mann einen Becher zuviel getrunken hat«. Wenn ihn dagegen schlechte politische Nachrichten zermürbten, wurde er krank und zog sich ins Bett zurück. Auch bei Olivares deuten viele Äußerungen öffentlicher und privater Natur – und dies bereits in den 20er Jahren (als der Tod seiner Tochter ihn wiederholt in Depressionen stürzte) – auf eine extreme mentale Anspannung hin, die sich dann tatsächlich auf seinem Sterbebett bis zum Wahnsinn steigerte. Olivares' Natur scheint von einer rastlosen Energie gekennzeichnet gewesen zu sein, in der eine innere Verzweiflung zum Ausdruck kam, die er allerdings nach außen, in eine nahezu fanatische Aufopferung für den König wendete. Unterscheidet sich dies etwa von Temples Urteil über de Witt? Er sei »ein Mann von unermüdlichem Fleiß, unbeugsamer Ausdauer, einem gesunden, klaren und tiefen Verstand und makelloser Rechtschaffenheit; wann immer er verblendet war, dann durch die Leidenschaft, die er für das empfand, was er für das Wohl und Interesse das Staates erachtete«.

Müssen wir also die Staatsmänner des Barock, angesichts dieser Anwandlungen von Furcht, am Ende als Versager verabschieden? Olivares' Pläne endeten in einem Desaster, Cromwells politische Ordnung verschwand, die Herrschaft der *Regenten* in Holland mündete im blutigen Mord an den Brüdern de Witt, Oxenstiernas Bemühungen um eine Stabilisierung Schwedens hatten ihren Schlußpunkt in der Abdankung Königin Christines, und Mazarins Amtszeit beschwor einen Bürgerkrieg herauf. In gewisser Hinsicht sind die unumwunden düsteren Farben dieses Bildes ungerecht. Nur Olivares kann eigentlich zu Recht als Versager dargestellt werden, da die von ihm verfolgte Politik undurchführbar war und zusätzliche Probleme schuf. Alle anderen aber leisteten, in größerem oder geringerem Maße, einen wertvollen Beitrag für ihr Volk, der auch von Dauer war. Die durch Johan de Witt im öffentlichen Leben der Vereinigten Provinzen hergestellte Stabilität erleichterte die Machtübernahme durch Wilhelm III. von Oranien. Ohne Oxenstiernas umsichtige Lenkung des schwedischen Staatsschiffs in der Zeit der Minderjährigkeit der Thronfolgerin nach Gustav Adolfs Tod im Jahre 1632 wären Monarchie und Reich untergegangen. Cromwells und Richelieus Platz in der vordersten Front der Geschichte ist das Maß für ihren großen Beitrag zum schließlichen Aufstieg ihrer Nationen zur Weltgeltung. Und auch der vielgeschmähte und verkannte Mazarin muß als Präzeptor und Architekt der absoluten Herrschaft des Sonnenkönigs an dieser Stelle erwähnt werden.

»Tatsächlich ist es so«, meinte Olivares im Jahre 1634, »daß wir viele Dinge übersehen und nicht zuletzt die Geschichte.« Um seine Reputation für die Nachwelt zu bewahren, ließ er einen Italiener als offiziellen Geschichtsschreiber an den Hof kommen. Zu Recht besorgt um das Schicksal, das die Geschichte ihm bereiten würde, trug Richelieu eine große Zahl von Dokumenten, Notizen und Kommentaren zusammen. Deren Lektüre überantwortete er der Nachwelt. Aber da er sie nicht mehr selbst zur Veröffentlichung vorbereiten konnte, wurden sie nach seinem Tod von seinen Bewunderern herausgegeben. Indessen endet auch absolute Macht am Grabe, und so schwankte das Ansehen der Staatsmänner von Generation zu Generation, je nach der Gunst der öffentlichen Meinung oder den Bemühungen der Historiker. So wurde 1660, nach der Restauration, Oliver Cromwells Leichnam ausgegraben und in Tyburn öffentlich am Galgen aufgehängt. Kein Schicksal hätte schmählicher und gemeiner sein können. Doch kaum sechs Jahre später sprach man von ihm als von einem großen Mann, und der Romancier Henry Fielding schrieb, daß »Cromwell den Ruhm Englands in einer Weise gemehrt hat, wie es ihn nie zuvor besessen«. Im 19. Jahrhundert schließlich sah ein prominenter Historiker in ihm »den größten Engländer aller Zeiten«.

Die Könige waren bekanntermaßen undankbare Herren, wie auch Olivares, Fouquet und viele andere zu ihrem Leidwesen erfahren mußten. Es ist darum erfreulich, wenn man das letzte Wort einem König geben kann, der die richtigen Worte fand, um einem der größten Staatsmänner jener Epoche seine Dankbarkeit zu bezeugen. Im Dezember 1630, zu Beginn seines kurzen, aber beachtlichen Feldzugs in Deutschland, schrieb Gustav Adolf an Reichskanzler Oxenstierna:

»Angenommen wir kommen mit dem Leben davon, dann haben Eure Pläne gute Aussicht auf Erfolg, und Ihr könnt damit rechnen, den Beifall der Welt zu erhalten, insonderheit, wenn Ihr Eurem guten Rat durch Euren gewohnten Eifer und Tatendrang bei der Umsetzung Nachdruck verleiht. Ich wünsche mir, daß es noch andere gäbe, die sich unserer Angelegenheiten mit der gleichen Besonnenheit, dem gleichen Pflichtbewußtsein und Wissen annähmen; gäbe es sie, so bin ich gewiß, daß der Nutzen des Landes und das Wohlergehen unser aller sicherer wäre als bisher.

Ich bitte Euch dringend und flehe Euch an, um Christi willen, nicht den Mut zu verlieren, wenn der Ausgang ein anderer ist, als wir möchten (…) Sollte mir irgend etwas zustoßen, wird meine Familie ein Gegenstand des Mitgefühls werden. Eine echte Zuneigung nötigt mir diese Zeilen aus der Feder, um Euch auf das, was eintreten mag, vorzubereiten, Euch, die Ihr ein mir von Gott gesandtes Werkzeug seid, mir manch dunklen Ort zu erleuchten.«

Welcher Fürst gedachte sonst noch seines Staatsministers als eines Lichts, das ihm im Dunkeln scheint?

Kapitel 2

Der Soldat[1]

Geoffrey Parker

»Dies ist«, so schrieb der italienische Poet und Militärbefehlshaber Fulvio Testi im Jahre 1641, »das Jahrhundert des Soldaten.« Er hatte recht. Denn zum einen gab es in Europa mehr Feindseligkeiten als je zuvor, und zum anderen war eine beispiellose Zahl militärischer Verbände an ihnen beteiligt. Das gesamte 17. Jahrhundert hatte nur vier Jahre vollständigen Friedens zu verzeichnen; der osmanische, österreichische und schwedische Staat befanden sich von drei Jahren jeweils zwei im Krieg, die spanische Monarchie von vier Jahren drei und Polen sowie Rußland von fünf Jahren jeweils vier. Im Jahre 1600, als Spanien gegen England und die Niederlande kämpfte und Frankreich gegen Savoyen, lag die Gesamtgröße aller in Marsch befindlichen Armeen Europas vermutlich unter 250 000 Mann. Bis zum Jahre 1645 hatte sich diese Zahl mit Sicherheit verdoppelt, denn allein mehr als 200 000 Soldaten kämpften um den Sieg im Dreißigjährigen Krieg (1618-1648) in Deutschland und den Niederlanden, weitere 100 000 Mann waren an den Bürgerkriegen auf den Britischen Inseln beteiligt, und noch mehr Soldaten waren in die Auseinandersetzungen zwischen Frankreich und Spanien, Dänemark und Schweden sowie dem Osmanischen Reich und der Republik Venedig verwickelt. Mit der vollen Entfaltung des Spanischen Erbfolgekrieges (1702-1713/14) und den großen Kriegen im Norden Europas waren vermutlich 1,3 Millionen Soldaten mobilisiert – davon fast 400 000 allein in

---

1 Ich bin John A. Lynn, Jane H. Ohlmeyer und J. Scott Wheeler zu großem Dank dafür verpflichtet, daß sie mir wichtiges, unpubliziertes Material für diesen Aufsatz zur Verfügung gestellt haben.

Frankreich. Es scheint, daß im Laufe des 17. Jahrhunderts in beispielloser Weise insgesamt zwischen 10 und 12 Millionen Europäer zu Soldaten wurden. Aber wer genau waren diese Kämpfer? Wo kamen sie her? Wie wurden sie versorgt? Und was war ihr Schicksal?

Die Aufstellung einer Armee

Nahezu alle Soldaten im Zeitalter des Barock waren – wie auch während der Renaissance – Freiwillige, die sich aus freiem Willen verpflichtet hatten. Der Vorgang lief in ganz Europa bemerkenswert ähnlich ab. Der maßgeblich mit der Rekrutierung befaßte Offizier war üblicherweise ein Hauptmann, und die Einheit, der er vorstand, war die Kompanie. Jeder von der Regierung ernannte Hauptmann wurde damit beauftragt, in einem bestimmten Gebiet eine Kompanie aufzustellen. Dabei ernannte er zunächst einige rangniedere Offiziere und ordnete an, ein Banner herzustellen. Dann suchte er, ausgestattet mit Fahnen und begleitet von einem Trommler und seinen Offizieren, die verschiedenen Orte seiner Region auf. An jedem Ort erwartete man von den lokalen Behörden, daß dem Hauptmann eine Herberge oder ein leerstehendes Haus als Hauptquartier zur Verfügung gestellt wurde, an dem er die Regimentsfahnen anbringen ließ und vor dem der Trommler einen Zapfenstreich schlagen konnte, um Freiwillige anzulocken. Von denjenigen, die kamen, um ihre Dienste anzubieten, wählte der Hauptmann Männer aus, die körperlich und geistig gesund, zwischen 16 und 40 Jahre alt und nach Möglichkeit »weder verheiratet noch Einzelkinder waren, da deren Verlust für ihre Eltern oder ihre Dörfer einen großen Schaden bedeuten würde«. Daraufhin wurden die Namen der Rekrutierten in die Regimentsliste eingetragen (sie wurden »eingeschrieben«), und sie erhielten einen Sold und vielleicht einen Satz Kleidung, freie Kost und Logis, während sie darauf warteten, daß die Einberufungsaktion abgeschlossen würde. Zu diesem Zeitpunkt (gewöhnlich nach zwei oder drei Wochen) wurden der Truppe die Kriegsartikel verlesen, in denen die Strafen aufgeführt waren, die jegliches unkorrekte Verhalten zukünftig nach sich ziehen würde; die Männer mußten ihre rechte Hand heben und schwören, daß sie diesen Verfügungen zustimmten. Die wichtigste davon lag – unter Androhung der Todesstrafe – in der Pflicht des Soldaten, jeden Befehl fraglos auszuführen und seinem Dienst so lange nachzukommen, bis er offiziell entlassen sein würde. Durch diesen Akt trat er formell in die Dienste des Staates ein, von dem er rekrutiert wurde, und als Zeichen dafür erhielt er seinen ersten Monatslohn (obgleich das Geld eigentlich dem Hauptmann ausgehändigt wurde, der zunächst alle bereits erfolgten Vergünstigungen – Verpflegung, Taschengeld oder Kleidung – abzog, bevor er jedem seinen Teil gab). Danach setzte sich das Regiment entweder direkt zum Schauplatz des Geschehens in Bewegung oder aber zu einem Hafen, wo die Einschiffung erfolgte.

Auch die geographische Herkunft der Rekrutierten war in ganz Europa von bemerkenswerter Ähnlichkeit. Die hochgelegenen ländlichen Dörfer stellten traditionell die Hauptquelle zur Rekrutierung von Soldaten dar – besonders in den voralpinen Regionen Süddeutschlands, Österreichs und der Schweiz –, und das 17. Jahrhundert war hier keine Ausnahme. Aber die meisten Soldaten fast aller Armeen während des Barockzeitalters stammten aus zwei anderen Bereichen: aus den Städten und den Kriegsgebieten selbst. So zeigt eine Studie über die Rekrutierung französischer Soldaten in der Mitte des 17. Jahrhunderts, daß 52 Prozent der Soldaten aus den Städten kamen, in denen jedoch weniger als 15 Prozent der französischen Gesamtbevölkerung lebten. Die Gründe hierfür waren sehr einfach: Zunächst einmal gab es in den Städten eine beachtliche Fluktuation der Bevölkerung. Besonders in Zeiten ökonomischer Krisen konnte der Dienst in der Armee eine willkommene Alternative zum daheim herrschenden Hunger darstellen; und zweitens kam der Großteil der Landbevölkerung in regelmäßigen Abständen zum Markt in die Stadt und trug die Neuigkeiten bezüglich der in der Umgebung rekrutierenden Offiziere zurück in Dörfer. In beiderlei Hinsicht gab es also für den Hauptmann gute Gründe, seine Anstrengungen auf die städtischen Zentren zu konzentrieren. Ebenso war es vernünftig, die Rekrutierung möglichst nahe den Kriegsgebieten durchzuführen: erstens aufgrund der wachsenden Verwirrungen vor Ort und zweitens, weil die zurückzulegende Entfernung zur »Front« entsprechend kürzer war. Obwohl im 17. Jahrhundert nur wenige Armeen systematisch Berichte über ihre Truppen erstellten, zeigen die erhaltenen Fragmente klar, daß das Durchschnittsalter der eingeschriebenen Soldaten bei 24 Jahren lag und daß fast ein Viertel von ihnen seit ihrer Jugendzeit dazugehörte.

Diese nüchternen Fakten liefern einen wesentlichen Anhaltspunkt für das Motiv derer, die sich freiwillig dem Militärdienst unterstellten:

Not. Die meisten von ihnen hätten in den Refrain jenes Soldaten in Cervantes' *Don Quijote* (Teil II, Buch 24) eingestimmt:

>»Mich zwingt Soldat zu werden
>die arge, harte Not;
>Denn wär' mir Geld zu eigen,
>ich äß' daheim mein Brot.«

Einige von ihnen waren »soziale Versager«: diejenigen, die bereits ihre Dörfer verlassen und erfolglos versucht hatten, in den Städten Fuß zu fassen; diejenigen, die nicht die Nachfolge des Gewerbes oder Berufes ihres Vaters antreten konnten (oder wollten); diejenigen, bei denen es sich – in den unfreundlichen Worten der irischen Regierung aus dem Jahre 1641 – »um Männer handelt, die zur Landwirtschaft oder zum Handwerk nicht taugen und ebensosehr in Trägheit und Müßiggang aufgewachsen waren, wie sie nun unbeholfen sind und tatsächlich keine Neigung zeigen, im Gewerbe nützliche Arbeit zu leisten, was eine der Ursachen für ihre Bedürftigkeit und Armut darstellt, weshalb sie sich jetzt veranlaßt sehen, ihr Glück im Ausland zu suchen«.[2] Dieser Aufzählung wurden oft noch jene hinzugefügt, die aufgrund der Rezession ihre Arbeit verloren hatten, sowie diejenigen, deren Ernte durch naturbedingte Vorgänge oder menschliches Tun zerstört worden war. Alle Rekrutierungsoffiziere bemerkten, daß es weitaus leichter war, Männer zu verpflichten, wenn die Preise hoch waren oder das Angebot an Arbeit spärlich war, wobei der Geldbetrag, der als »Einschreibungsprämie« entrichtet wurde, entsprechend variierte. Im Winter des Jahres 1706/07 bestand in Frankreich die gezahlte Prämie aus 50 Livres, da die Preise relativ niedrig waren; als 1707/08 die Preise stiegen, fiel die Prämie auf 30 Livres und 1708/09 gar auf nur 20; und zur Jahreswende 1709/10, nach dem strengsten Winter seit einem Jahrhundert, schrieben sich die Männer ein, ohne überhaupt nach einer Prämie zu fragen – der Preis für Brot war so hoch, daß die Einschreibung den Hungerleidenden eine der wenigen Chancen zum Überleben bot.

Aber keineswegs alle Freiwilligen wurden durch die schlechte wirtschaftliche Lage motiviert. Eine zweite, etwas kleinere Gruppe umfaßte jene, die sich nach einem »Tapetenwechsel« sehnten. Bei einigen war in der Tat eine zeitweilige häusliche Krise der Anlaß – etwa die Bedrohun-

---

2 British Library, *Egerton Ms* 2533, f. 121. Der Lordrichter von Dublin an Staatssekretär Vane, 3. August 1641.

DER SOLDAT   51

gen eines zornigen Vaters (oder potentiellen Schwiegervaters!) oder die
Gefahr, wegen gewisser krimineller oder moralischer Vergehen vor Gericht erscheinen zu müssen. Andere sehnten sich schlicht danach, etwas
von der Welt zu sehen oder ihre allgemeine Bildung durch militärische
Erfahrungen zu erweitern: Beispielsweise war es unter englischen
Gentlemen im Rahmen ihrer »Grand Tour«[3] während der 1620er und
1630er Jahre üblich, einige Wochen in den Zelten einer Belagerungsar-
mee in den Niederlanden zu verbringen. Andere wurden schlicht von
den Abenteuern und Gefahren eines militärischen Unternehmens angezogen, verbunden mit der Aussicht auf Ruhm und der erregenden Vorstellung der Zugehörigkeit zu einer exklusiven »in-group« (was in
Deutschland sogar zur Entstehung eines eigenständigen Vokabulars, des
Rotwelsch, führte[4]). Sir James Turner, ein Schotte, der in den 1630er Jahren sowohl für Dänemark wie auch Schweden kämpfte, bekannte, daß
er an den Kriegen teilnahm, weil »mein Geist von der ruhelosen Sehnsucht ergriffen war, wenn schon nicht ein Handelnder, so doch wenigstens ein Beobachter dieser Kriege zu sein, die zu jener Zeit für so viel
Aufsehen in der ganzen Welt sorgten« (Turner 1829, S. 3). Robert
Monro (ein anderer Schotte, der in schwedischen Diensten stand und
die erste Regimentsgeschichte der englischen Literatur verfaßte: *Monro,
his expedition with the worthy Scots regiment call'd Mackays*), der ebenfalls eine Sehnsucht nach Reisen und Abenteuern sowie nach militärischen Erfahrungen unter einem berühmten Befehlshaber eingestand,
stellte aber über diese Beweggründe zum Kampf auf dem Kontinent den
Wunsch, den protestantischen Glauben und die Ansprüche und Ehre
von Elizabeth Stuart zu verteidigen, der Schwester seines Königs und
Witwe des geschlagenen »Winterkönigs« von Böhmen.

Allerdings war Monro ein Offizier und konnte daher frei entscheiden, für welche Sache er kämpfen wollte; die meisten seiner Männer hatten andere Motive – ihnen wurde die Teilnahme von dem Anführer ihrer
Sippe befohlen, denn die meisten der Soldaten in Mackays Regiment hörten auf den Namen Mackay! Ähnlich war es bei den meisten der schottischen Truppen, die James Marquis von Hamilton 1631 den Diensten Gu-

---

3 Ausgedehnte Rundreise durch Europa, die Teil der aristokratischen Erziehung in England war. (A. d. Ü.)
4 Ein neunseitiges »Sprach-Büchlein« der zeitgenössischen Soldatensprache ist in H. M.
   Moscheroschs *Wunderliche und warhafftige Gesichte Philanders von Sittewald* (2 Bde.,
   Straßburg 1640-42) enthalten: »Sechster Gesicht: Soldaten Leben«.

stav Adolfs zuführte; sie trugen den gleichen Namen wie ihr Oberst. Und genauso war es in Frankreich. Selbst als die Armeen Ludwigs XIV. auf 400 000 Mann anwuchsen, spielte die von den Offizieren durchgeführte Rekrutierung unter Verwandten und »Lehnsmännern« eine wichtige Rolle, um eine genügende Zahl von Freiwilligen sicherzustellen. Den üblichen militärischen Verpflichtungen noch eine »familiäre« oder »feudale« Bindung hinzuzufügen konnte offensichtlich den Zusammenhalt der Einheiten nur verstärken, und daher machte ein Oberst, wo immer es möglich war, eher Männer aus dem Kreis der Verwandtschaft oder Nachbarschaft zu seinen Offizieren; und diese rekrutierten so viele ihrer Vasallen, wie sie konnten.

Schließlich wurde im Lauf des voranschreitenden Jahrhunderts noch ein weiteres Motiv zur Einschreibung sichtbar: Eine wachsende Zahl Freiwilliger wählte das Militär als Ort ihrer Karriere, weil sie buchstäblich dazu geboren wurden. Die Heiratsregister, die von den Garnisonsgeistlichen geführt wurden, offenbaren, daß sowohl Braut wie Bräutigam oftmals *huius castri filia* (oder *filius*) waren; und die gegen Ende des Dreißigjährigen Krieges entstandenen Musterungslisten vieler Einheiten beinhalteten in wachsender Zahl Soldaten, die – ähnlich den Kindern der Mutter Courage – nie etwas anderes gemacht hatten, als in einer Armee zu dienen. So war es sicher, daß diese Männer, um ihrer Profession nachgehen zu können, nach dem Ende eines Krieges bald nach einem anderen Konflikt Ausschau hielten. Es ist daher kaum verwunderlich, daß nach dem Ende des Dreißigjährigen Krieges im Jahre 1648 Deutschland zum Hauptrekrutierungsgebiet für andere Staaten wurde.

Allerdings ist darin keineswegs eine neue Entwicklung zu sehen, denn in den meisten frühen modernen Armeen war es eine normale Sache, daß sie zu einem wesentlichen Anteil aus Fremden bestanden. So umfaßte die spanische Armee von Flandern, das erste große stehende Heer Europas, spanische, italienische, burgundische und niederländische Truppenteile, die alle der Herrschaft des Königs von Spanien unterstanden; allerdings stammte vermutlich ein Drittel der Armee aus England, Irland und (vor allem) Deutschland. Es gab eine Reihe guter Gründe für diese Multinationalität. Zunächst einmal war es einem Staat im 17. Jahrhundert keineswegs ohne weiteres möglich, eine große Armee vollständig aus den Reihen der eigenen Untergebenen zusammenzustellen. In den Worten von Blaise de Vigenère, einem scharfsinnigen französischen Militärschreiber: »Was die Spanier betrifft, so kann man kaum leugnen, daß sie die besten

DER SOLDAT   53

Soldaten der Welt sind; aber ihrer gibt es so wenige, daß man zur Zeit wohl kaum fünf- oder sechstausend von ihnen zusammenbekommen kann.« (Vigenère 1605, f. 170 v) Das gleiche galt für die französische Armee: Kardinal Richelieu notierte in seinem *Testament politique* (1642), daß es »nahezu unmöglich ist, einen großen Krieg allein mit französischen Truppen erfolgreich durchzuführen« (Richelieu 1947, S. 394 f.). Mindestens ein Fünftel sowohl der Armeen Ludwigs XIII. wie auch Ludwigs XIV. wurden im Ausland rekrutiert: Man nimmt an, daß zwischen 1635 und 1664 neben zahlreichen deutschen und Schweizer Regimenten, die in katholischen wie protestantischen Staaten rekrutiert wurden, 25 000 irische Soldaten für Frankreich gekämpft haben. Ein zweiter guter Grund, ausländische statt lokale Truppen aufzustellen, lag darin, das Risiko der Desertion zu verringern. Wie etwa ein Kommandeur der spanischen Armee von Flandern 1630 beobachtete: »Wenn es Krieg in Italien geben sollte, wäre es besser, Niederländer zu entsenden und die Italiener hierher [in die Niederlande] zu bringen, denn die Truppen, die aus dem Land stammen, wo der Kampf ausgetragen wird, lösen sich sehr rasch auf, und es gibt keine zuverlässigere Stärke als die der ausländischen Soldaten.« Kurze Zeit später fügte er hinzu: »Zum gegenwärtigen Zeitpunkt kann kein Krieg geführt werden (...) es sei denn mit ausländischen Truppen, denn die lokalen Einheiten zerfallen auf der Stelle.«[5] Die spanische Monarchie verfolgte daher einen Weg, der auf ein militärisches Ausbürgerungssystem hinauslief, indem Truppen ganz bewußt zum Dienst ins Ausland entsandt wurden. Auch wenn kein anderer Staat so weit ging, stützten sich doch die holländischen, polnischen, russischen, kaiserlichen und schwedischen Armeen das ganze 17. Jahrhundert hindurch maßgeblich auf Formationen, die aus Ausländern gebildet wurden.

Diese »Fremden-Truppen« konnten allerdings – obwohl auch sie weitgehend aus Freiwilligen bestanden – nicht unmittelbar per Auftrag rekrutiert werden, da sie Untertanen anderer Staaten waren. Statt dessen wurden sie von unabhängigen Militäragenten oder Vermittlern angeworben. Die Bedingungen waren leicht auszuhandeln: Es wurde ein Vertrag unterschrieben, der die Regierung dazu verpflichtete, dem Vermittler vorab einen gewissen Geldbetrag auszubezahlen, ihm nach Beendigung seiner Dienste einen festgesetzten Lohn zu entrichten sowie das Recht

---

5 Bibliothèque Royale, Brüssel, *Ms.* 16149, f. 41v-45 und 53v-54v. Marquis von Aytona an Philipp IV. von Spanien, 19. Dezember 1630 und 2. April 1631.

einzuräumen, alle seine Offiziere selbst zu benennen; im Gegenzug sagte der Vermittler zu, die ihm in Auftrag gestellte Zahl von Männern innerhalb einer bestimmten Zeit an einem gemeinsam vereinbarten Ort zu übergeben. Die meisten Vermittler verstanden es, sehr schnell zu arbeiten, da sie äußerst professionell vorgingen: Sie hielten für gewöhnlich eine Stammbesetzung aus Offizieren und Unteroffizieren permanent auf Abruf bereit, die fähig waren, innerhalb weniger Tage den nötigen Rest zusammenzutreiben.

Dieses System erreichte während des Dreißigjährigen Krieges seinen Höhepunkt, als etwa 1 500 Personen damit beschäftigt waren, Truppen in ganz Europa, von Schottland bis nach Rußland, aufzustellen und für einen oder mehrere Kriegsherren unter Vertrag zu nehmen. Zwischen 1630 und 1635 waren möglicherweise 400 Militärvermittler aktiv und hielten voll ausgerüstete Kompanien, Regimenter und Brigaden auf Abruf bereit. Ebenso gab es mehrere erfolgreiche Versuche, auf die gleiche Art und Weise eine ganze Armee zusammenzustellen, indem ein »Generalbevollmächtigter« sich dafür verbürgte, für einen Staat ein Korps von vielen Regimentern zu rekrutieren. Obwohl Albrecht von Wallenstein, der in zwei Fällen (1625 und 1631-32) jeweils eine komplette kaiserliche Armee zusammenstellte, das berühmteste Beispiel dieser extremen Form militärischer Delegation darstellt, gab es neben ihm auch andere: Graf Ernst von Mansfeld, der in den 1620er Jahren für die Holländer tätig war; den Marquis von Hamilton im Auftrag der Schweden und Herzog Bernhard von Sachsen-Weimar, der für Frankreich in den 1630er Jahren entsprechend aktiv war.

Die grundlegende Qualifikation eines Militärunternehmers, der Truppen vermittelte, bestand in seinen Managementfertigkeiten. Ein militärischer Sieg war dabei überraschenderweise nicht unbedingt erforderlich, denn einige dieser Befehlshaber (wie etwa Mansfeld und Dodo von Knyphausen in den 1620er Jahren) schienen ihre Armeen von einer Niederlage zur anderen zu führen, während sie es gleichwohl verstanden, durch einfallsreichen und geschickten Umgang mit den nur begrenzt zur Verfügung stehenden Ressourcen ihre Truppen zusammenzuhalten. Allerdings war Reichtum eine wesentliche Voraussetzung für den Erfolg. Wallenstein mußte zwischen 1621 und 1628 dem Kaiser über 6 000 000 Taler vorlegen, um jene Armee zusammenstellen zu können, die die gegen ihn gerichtete protestantische Koalition besiegte und Norddeutschland sowie die Halbinsel Jütland überrannte. Bernhard von Sachsen-Weimar, dessen Erbe als jüngerer Sohn äußerst bescheiden war, schätzte 1637 sein persönliches Vermögen auf 450 000 Taler (knapp ein Drittel davon in bar, ein Drittel in Form von Wechseln und ein Drittel auf einer Pariser Bank), womit er in der Lage war, seine Streitkräfte beisammenzuhalten und im nachfolgenden Jahr Breisach, Frankreichs wertvollen Brückenkopf über den Rhein, zu erobern.

Im großen und ganzen genügte für gewöhnlich das Ansehen dieser Befehlshaber, um Freiwillige anzuziehen; und war dies nicht der Fall, erhielten sie manchmal von den örtlichen Autoritäten Unterstützung, die sehnlichst darauf aus waren, »unerwünschte Elemente« wie beispielsweise Kriminelle oder »arme Faulenzer« loszuwerden. Daher wurden 1626 die Klan-Angehörigen, die in Mackays Regiment in Dänemark dienten, um einige Inhaftierte der örtlichen Gefängnisse ergänzt und unter schwerer Bewachung zu den Ablegehäfen geführt, wo sie schwören mußten, »daß sie unter Androhung der Todesstrafe niemals mehr in dieses Königreich zurückkehren werden«. Und im nachfolgenden Jahr wurde ein anderer schottischer Oberst dazu ermächtigt, alle »starken und robusten Bettler und Vagabunden, herrenlose Männer und Müßiggänger, die keinem Gewerbe nachgehen und über keine hinreichenden Mittel zum Leben verfügen«, seinem Regiment für den Dienst in Deutschland einzuverleiben. Die Regierung verteidigte diese anmaßende Haltung gegenüber den Arbeitslosen mit der Behauptung, daß diese »ihre Zeit in Spelunken vertun und somit dem Land eine unrentable Last aufbürden; dem entgegen könnten sie recht gut dazu nützlich sein, Kriegsdienste zu leisten und sind auf diese Weise besser beschäftigt, anstatt nutzlos zu Hause herumzulungern« (Masson 1899, S. 385, 542 f.).

Im Grunde handelte es sich – und so war es auch gemeint – um eine Form von Einberufung, die manchmal sogar zum Zwecke »nationaler Aushebungen« benutzt wurde. So führte beispielsweise 1646 das spanische Kriegsministerium eine Razzia in den Bordellen und Tavernen Madrids durch: Allen geeigneten Männern, die man vorfand, wurden Handfesseln angelegt, um sie anschließend in Pferdekarren zu pferchen und zum Kampf für den König nach Katalonien zu verschleppen. Im darauffolgenden Jahr wurde den spanischen Rekrutierungsoffizieren mitgeteilt, was sie zu tun hätten, falls es nicht gelänge, Truppen auf einem anderen Wege auszuheben: »Falls es in den Gefängnissen des Königreichs irgendwelche Männer angemessenen Alters gibt, die zum Dienst taugen, mögen sie – vorausgesetzt sie haben keine abscheuliche Verbrechen (*delictos atroces*) begangen – freigelassen werden, indem man ihre Strafe in einen zeitlich begrenzten Dienst in diesen Kompanien umwandelt.«[6] Aber solche verzweifelten Maßnahmen blieben in nahezu allen Ländern auf Zeiten extremen militärischen Drucks und auf soziale Gruppen, die allgemein als »entbehrlich« erachtet wurden, begrenzt. Die einzige dauerhafte Form militärischer Zwangsverpflichtung, die es im frühneuzeitlichen Europa gab, war das *indelningsverk* (oder »Zuteilungssystem«), das im ersten Viertel des 17. Jahrhunderts in Finnland und den großen Städten Schwedens eingeführt wurde. Den ersten Plan eines allgemeinen Zwangs versuchte man um 1600 umzusetzen, als Registrierlisten mit allen Männern, die über 15 Jahre alt waren, erstellt wurden. Dann, in der Zeit nach 1620, wurde ein fixes Verhältnis festgesetzt, dem zufolge von zehn geeigneten männlichen Gemeindemitgliedern jeweils eines als Soldat bereitgestellt, ausgerüstet und mit Proviant versorgt werden mußte. Jedoch war die Wahrscheinlichkeit, eingezogen zu werden, für bestimmte soziale Gruppen größer als für andere: Diejenigen, die der Versammlung zum Zweck der Auswahl der Soldaten fernblieben, waren – wie abzusehen – unter den ersten, die einberufen wurden, während jene, die dem Adel oder dem Klerus angehörten, als Bergbauarbeiter oder Waffenhersteller arbeiteten oder aber der einzige Sohn einer Witwe waren, in der Regel unberücksichtigt blieben. In dieser überwiegend ländlichen Gesellschaft waren die meisten schwedischen Soldaten Kleinbauern: In den umfangreichen (aber bis jetzt kaum analysierten) Berichten der nationalen Streitkräfte, die Schwedens kontinentale Vorherrschaft im 17. Jahrhundert begründeten, ist *bonde* (Kleinbauer) der am häufigsten auftauchende Eintrag in den Einberufungslisten. Jedes Jahr setzte die Regierung die Gesamtzahl der benötigten Rekruten fest und teilte jeder Provinz und Gemeinde eine bestimmte Quote zu. Die Gesamtzahlen mögen klein erscheinen – 11 000 im Jahr 1628, 8 000 1629, 9 000 1630 usw. –, aber man muß sich vor Augen halten, daß Schweden ein kleines Land mit einer männlichen Bevölkerung von insgesamt weniger als 500 000 Mann war.

Paradoxerweise lag ein Grund, warum so viele Männer aufgetrieben werden mußten – sei es per Anordnung, Vertrag oder Einberufung –, darin,

---

6 Archivo General de Simancas, *Guerra Antigua* 1616, unfol., Verordnung des Kriegsrates, 2. Oktober 1647.

daß eine beachtliche Zahl der neu Rekrutierten schon bald ihre Entscheidung, sich einschreiben zu lassen, bereuten. Vor allem während der ersten Hälfte des Jahrhunderts war die Desertion – obgleich sie die Todesstrafe zur Folge hatte – in allen Armeen ein großes Problem, besonders in Zeiten langer Belagerungen, welche die verbreiteteste militärische Aktion des Barockzeitalters darstellten. So gingen etwa der spanischen Armee von Flandern bei der Belagerung von Bergen-op-Zoom im Jahre 1622 fast 40 Prozent ihrer 20 600 Soldaten, die in Feldlagern um die Stadt verteilt waren, meistenteils durch Desertion verloren. Von den Mauern der Stadt Bergen aus sahen die Wachen, wie ihre Gegner heimlich ihre Posten verließen. Vorgeblich um nach Holz oder Gemüse zu suchen, bewegten sie sich schrittweise immer weiter und weiter von ihren Zelten weg, bis sie schließlich einen Ausbruch in die Freiheit wagten. Andere, mindestens 2 500 Männer (ein Drittel des Gesamtverlusts), griffen zu dem verzweifelten Hilfsmittel, zur belagerten Stadt überzulaufen. »Von der Abenddämmerung bis zum Morgengrauen konnte man Soldaten beobachten, die ihre Zelte verließen, wie die Hasen aus ihren Löchern heraus, hinter Hecken, aus dem Dickicht und den Gräben, wo sie sich versteckt hatten, hervorkrochen, um atemlos zur Stadt zu laufen.« In einem beinahe unglaublichen Fall streckte eine Gruppe von Angreifern inmitten des Angriffs die Waffen nieder und lief auf die Gegenseite über, um sich zu retten. Einige der Deserteure waren soeben in den Niederlanden angekommene Italiener; alles, worum sie in Bergen baten, war »ein kleines Stück Brot und ein wenig Geld« und – wenn möglich – ein Schutzbrief, um nach Hause gehen zu können. Einer von ihnen vermittelte einen vielsagenden Eindruck über die Zustände auf seiten der Belagerer: »Woher kommst du?« fragten die Wachen. »Aus der Hölle«, antwortete er (Campan 1867, S. 132 f., 255, 321 f., 407).

In der französischen Armee ging man während der ersten Hälfte des Jahrhunderts ganz selbstverständlich davon aus, daß es nötig war, 2 000 Männer zu rekrutieren, um mit 1 000 Männern die Front zu erreichen, da während der ersten Monate normalerweise 40 Prozent der Eingezogenen durch Desertion und Krankheit ausfielen. Deshalb wies man im ersten Jahr des offenen Krieges mit Spanien die Offiziere an, 145 000 Männer zu rekrutieren, um sicherzustellen, über eine effektive Stärke von gerade mal 69 000 Mann an der Front verfügen zu können. Die Hinrichtung einer Handvoll wieder eingefangener Deserteure vermochte nicht abschreckend zu wirken, denn das Problem hatte seine Ursache nicht in der Angst, sondern in der Verzweiflung. Der Hauptmann der spanischen Armee von Flandern faßte es 1635 in folgende Worte:

»Die Mehrheit der Soldaten, die in jenen Provinzen ihren Dienst absolvieren, tut dies in großer Unzufriedenheit und Not. Unter den vier- oder fünftausend Männern, deren Anträge auf Entlassung zur Entscheidung anstehen, sagt die große Mehrheit, daß sie glücklich sein werde, als Lohn für ihre Dienste allein die Erlaubnis zum Gehen zu erhalten. Das hat seinen Grund darin, daß der Kampf hier sehr erbittert, von langer Dauer und großer Härte ist, während der ausbleibende Sold großes Elend hervorruft; so daß diejenigen, die hier eintreffen, über all das und im Angesicht des Zustandes, in dem sich ihre Landsmänner befinden, nachdenklich werden und bald schon bereuen, daß sie überhaupt gekommen sind.«[7]

Die Desertionsrate würde daher wahrscheinlich nur dann zurückgehen, wenn die Bedingungen des Dienstes sich verbesserten – wenn regelmäßig entlohnt würde, die Nahrungsversorgung gewährleistet und irgendein System, das die Entlassung aus dem Dienst regelte, eingeführt wäre. Dieses Kunststück wurde erstmals in Frankreich vollbracht, wo der mächtige Kriegsminister von Ludwig XIV., der Marquis von Louvois, sehr viel unternahm, um das Los der französischen Soldaten zu verbessern. Dank seiner Anstrengungen und aufgrund drakonischer Strafen nicht nur für Deserteure, sondern auch für alle, die ihnen halfen oder sie verbargen, bekam man die Desertion langsam unter Kontrolle. Nichtsdestotrotz brachte man zwischen 1684 und 1714 etwa 16500 Armeeflüchtlinge als Strafgefangene in Ketten nach Marseille, um sie auf den Galeeren einzusetzen.

Die Finanzierung eines Krieges

Wie auch immer, die Mehrheit der während des Barockzeitalters in Europa ausgehobenen Truppen, ob sie nun durch Anordnung, Vertrag oder Einberufung rekrutiert wurden, desertierten nicht. Sie akzeptierten die militärische Disziplin und die in den Kriegsartikeln enthaltenen Bedingungen in der Erwartung auf Sold, Nahrung und (unter bestimmten Bedingungen) der Möglichkeit zu Plünderungen. Das Versprechen war eine Sache, es einzuhalten freilich eine andere. Die ganze erste

---

7 Archives Générales du Royaume, Brüssel, *Secrétairerie d'Etat et de Guerre*, 213 f., 157 f. Kardinal Infant Don Fernando an König Philipp IV., 11. Oktober 1635.

DER SOLDAT   59

Hälfte des Jahrhunderts hindurch, und in einigen Ländern noch viel länger, stellte tatsächlich keine Regierung genügend Finanzen zur Verfügung, um all ihre Streitkräfte zu unterhalten. Obwohl Steuern erhoben,
Darlehen aufgenommen und Vermögen veräußert wurden, überstiegen
die Kosten der Kriegführung regelmäßig die vorhandenen Geldmittel.
Anstatt nun jedem einzelnen Mann den ihm zustehenden Sold in bar auszuzahlen, wurden die meisten Armeen durch ein kompliziertes System
»alternativer Finanzierung« unterhalten. Dieses System der Devolution
wurde in einem zeitgenössischen Roman über den Dreißigjährigen
Krieg verbittert und satirisch karikiert: *Der abentheurliche Simplicissimus Teutsch*. Sein Autor, Hans Jakob Christoffel von Grimmelshausen,
widmete dem Thema ein treffendes Gleichnis, das die Armeehierarchie
an Zahltagen mit einer Schar Vögel in einem Baum verglich. Jenen, die
auf den höchsten Ästen saßen, so behauptete er, gefiel es am besten,

»wann ein *Commisarius* daher kam, und eine Wanne voll Geld über den Baum
abschüttete, solchen zu erquicken, daß sie das beste von oben herab aufffiengen,
und den untersten so viel als nichts zukommen liessen; dahero pflegten von den
untersten mehr Hungers zu sterben, als ihrer vom Feind umbkamen ...« (Grimmelshausen 1989, S. 62)

In Wirklichkeit war Grimmelshausens Vision ein wenig verzerrt, weil
sich die Vögel auf den niedrigsten Ästen – die Mannschaften und Unteroffiziere der Armee – einen beachtlichen Unterhalt auf anderem Wege
verschaffen konnten. An erster Stelle stand dabei die Plünderung. Jeder
Soldat träumte davon, an einem erfolgreichen Angriff auf eine Stadt teilzunehmen, die es ablehnte, sich kampflos zu übergeben, weil dann
gemäß zeitgenössischem Kriegsrecht die Stadt geplündert und ihren Einwohnern rechtmäßig Freiheit, Besitz und sogar das Leben genommen
werden konnten. Das Lösegeld und die Güter, die man sich durch die
Plünderung einer reichen Stadt aneignete, konnten jeden siegreichen Soldaten in einen Prinzen verwandeln. So kehrten die kaiserlichen Truppen, die 1630 Mantua plünderten, oder die französische Armee, die
1688-89 die Pfalz verwüstete, mit Tonnen von Raubgütern nach Hause
zurück; und die Beute, die Cromwells *Ironsides*[8] während ihres erfolgreichen Kampfes gegen die Schotten in der Schlacht von Dunbar 1650 bis
hin zur Verwüstung von Dundee ein Jahr später anhäuften, reichte aus,
um sechzig Schiffe zu beladen. Aber auch geringfügigere Ziele konnten

---

8 »Gottselige Eisenseiten«, von Cromwell geformte Elitetruppe der Puritaner. (A. d. Ü.)

eine beachtliche Bereicherung bedeuten. Man konnte Händlerkonvois auflauern und sie entweder ausrauben oder ein Lösegeld von ihnen erpressen; unbefestigte Dörfer oder alleinstehende Bauernhöfe konnten geplündert und ungestraft niedergebrannt werden. Die Gewalt richtete sich nicht allein gegen Besitztümer: Männer, Frauen und Kinder wurden gefoltert, wenn die Soldaten versteckt gehaltene Vorräte vermuteten; Frauen wurden regelmäßig vergewaltigt, oft mehrfach. Eine geflügelte Redewendung während des Dreißigjährigen Krieges lautete:»Jeder Soldat benötigt drei Bauern: Einen, der ihm seine Unterkunft übergibt, einen, der ihm die Frau überläßt, und einen, der den eigenen Platz in der Hölle einnimmt.«

Ein solches Verhalten war freilich nicht nur grausam, sondern auch »unproduktiv« – weil Vorräte und Arbeitskräfte, die anderen Armee-Einheiten von Nutzen hätten sein können, entzogen, zerstört oder beseitigt wurden und weil das Risiko eines Schaden stiftenden, zivilen Gegenangriffs heraufbeschworen wurde. Als die Armee unter der Führung Gustav Adolfs im Sommer 1632 in Bayern eindrang, trug sich laut Hauptmann Robert Monros Bericht beispielsweise Folgendes zu:

»Auf dem Marsch wurden unsere Soldaten (die sich abseits des Weges auf Raubzug begaben) von den Bauern in grausamer Weise behandelt, indem ihnen ihre Nasen und Ohren, Hände und Füße abgeschnitten, die Augen ausgestoßen und verschiedene andere Greueltaten an ihnen begangen wurden; die Soldaten zahlten es ihnen gerechterweise heim und brannten auf ihrem Marsch viele Dörfer nieder und töteten die Bauern, wo immer sie ihrer habhaft wurden.« (Monro 1637, II, S. 122)

Um solche mutwilligen Zerstörungen zu vermeiden, wurden Soldaten, die Zivilpersonen terrorisierten, streng bestraft. Mindestens fünf Männer in Monros Regiment wurden von einem Exekutionskommando hingerichtet, und mehrere andere wurden von einem Militärkommandeur zum Tode verurteilt, weil sie die Zivilbevölkerung mißhandelt hatten.

Im Zuge andauernder Kriege wurde es wichtig, ein rationaleres System der Ausbeutung lokaler Ressourcen zu entwickeln, an dessen Beginn die Versorgung mit freier Unterkunft stand. In Staaten, die über ein stehendes Heer verfügten, wie etwa das spanische Mailand, war dies bereits eine übliche Praxis, und die Archive von Garnisonsstädten wie Alexandria sind voller Dokumente (Briefe, Befehle, Rechnungen, Erklärungen), die sich mit den Unterkunftskosten der Garnison in Privathäusern befassen und auf deren Versorgung mit Betten, Bettwäsche, Ker-

DER SOLDAT   61

zen, Feuerholz, Geschirr, Zimmerservice und sogar Huren Bezug nehmen.[9] Selbst wenn vier oder fünf Männer zusammengedrängt ein Bett
teilen mußten, rechnete man damit, daß ungeachtet des Verlustes an Disziplin die Soldaten die Unterbringung in Privathäusern besser überste-
hen würden, als wenn man sie in Baracken einquartierte. Wie Michel Le
Tellier, seinerzeit Aufsichtsbeamter der französischen Armee in Italien,
im Jahre 1642 schrieb: »Zwei Monate Miete und Unterkunft bei den
Bauern in [Frankreich] sind [für die Truppen] mehr wert als drei Monate Miete und Baracken in Turin.« (Zit. in André 1906, S. 73) .
    Aber diese behaglichen (und für den Staat ökonomischen) Arrange-
ments waren nur für eine Garnison von bescheidenem Ausmaß realisier-
bar. Nur wenige Städte im Europa des 17. Jahrhunderts konnten sich rühmen, in ihren Mauern mehr als 10 000 Einwohner zu zählen: Ihnen war
es schlicht unmöglich – ganz zu schweigen von ländlichen Gebieten –,
Nahrung und Unterkunft für 20 000 oder 30 000 und manchmal sogar
(gegen Ende des Jahrhunderts) 100 000 Soldaten über einen längeren Zeitraum hin zur Verfügung zu stellen. Die wachsende Größe und Beständig-
keit der Armeen gab daher Anlaß zur Entwicklung von Alternativen
zum »freien Quartier«. Zunehmend erwartete man von den Soldaten, sofern sie nicht im aktiven Dienst standen, daß sie sich zu mehreren ein
Bett teilten, in zweckmäßig erbauten Baracken und unterwegs in Zelten
lebten. Was andere wesentliche Dinge betraf – vor allem Nahrung, Kleidung und Transport –, suchte man einen Ausweg durch »Spendenabgaben«: Jede Gemeinde in der Umgebung, in der sich eine Armee aufhielt,
wurde auf direktem Wege mit Steuererhebungen belegt, die entweder
durch Entrichten von Bargeld oder in Form von Sachmitteln, die die
Truppe benötigte, abgegolten werden mußten. Im schlimmsten Falle
wurden diese »Spendenabgaben« schlicht durch Drohungen herausge-
preßt: das Dorf würde bis auf die Grundmauern niedergebrannt werden,
wenn man den Forderungen der Truppe nicht entspräche. Allerdings
taugte diese Technik wenig, wenn eine Armee für längere Zeit in einem
Gebiet zu bleiben beabsichtigte, denn schließlich konnte man einen Ort
nur einmal abbrennen. Deshalb entstand ein neues System, das sich unter
der Anleitung des genuesischen Militärvermittlers Ambrogio Spinola,

---

9 Siehe beispielsweise im Archivio di Stato, Alexandria, die mehrbändigen *Alloggia-
   menti*. Band 4, f. 133 enthält eine Anweisung an die Magistrate, acht Huren für jede
   Kompanie der Garnison zur Verfügung zu stellen.

der die Armee von Flandern zwischen 1603 und 1628 befehligte, in den Niederlanden durchzusetzen begann. Er wurde darauf hingewiesen, »daß, wenn er seine Feinde schlagen und überwältigen würde (...) er seine Zuneigung eher dem Volk als seinen Soldaten zukommen lassen sollte. Denn (...) obwohl ihr Lohn eine Goldmine in Peru ist, könnten deine Soldaten in Flandern verhungern; aber wenn du dich sehr um das Volk kümmerst, wird es dir Brot und seinen Segen dazu geben.«[10] Daher wurde im Laufe der Zeit ein Abgabenplan zwischen den Regiments- und Kompanieangestellten einerseits und den örtlichen Magistraten andererseits ausgearbeitet. Für alle Sachmittel, die man der Truppe zur Verfügung stellte, wurde eine Quittung ausgestellt und der Gesamtbetrag mit allen zukünftigen Kosten und Steuerpflichten der Gemeinde gegenüber der Regierung verrechnet. Darüber hinaus händigte der örtliche Hauptmann der Gemeinde einen Schutzbrief aus, in dem ihr (zumindest theoretisch) garantiert wurde, daß sie gegenüber anderen Militäreinheiten in der Region keine Beitragspflichten mehr habe. Wenn sich eine Armee auf einen Feldzug begab, kam folgendes Muster zum Tragen: Entlang der angenommenen Marschroute einer Armee bildete sich unter den loyalen Gemeinden ein »Frühwarnsystem«, so daß die notwendigen Vorräte für die Truppen rechtzeitig beschafft werden konnten. Und erneut wurden die Kosten für alle zur Verfügung gestellten Sachmittel mit den entsprechenden Steuerpflichten verrechnet.

Vom Staat benötigte man allerdings immer noch einen bestimmten Geldbetrag, aber dabei handelte es sich lediglich um einen Bruchteil der Kosten, die insgesamt für die Armee anfielen. In einem Brief vom Januar 1626 schrieb Wallenstein zu Beginn seines ersten Kommandos an den kaiserlichen Finanzminister, daß er »mehrere Millionen Taler jährlich« benötige, »um den lang andauernden Krieg weiterführen zu können«. Allerdings wurde dies zu einer Zeit geschrieben, als die »Friedlandsche Armada« 110 000 Mann umfaßte und mindestens das Fünffache an Kosten verursachte. Hinzu kam, daß nichts von den kaiserlichen Geldern direkt an die Truppen ausgezahlt wurde: Statt dessen wurden die Gelder von Wallenstein dazu genutzt, sein persönliches Guthaben aufzustokken und seine Offiziere und Soldaten mit den Gütern und Diensten zu

---

10 Cambridge University Library, *Additional Manuscript* 4352, f. 7: »Bezüglich der Angelegenheiten Irlands« (c. 1645), nimmt Bezug auf eine Unterredung zwischen Spinola und Jean Richardot.

DER SOLDAT 63

versorgen, die für ihren Fortbestand als wirkungsvolle Kampftruppe unabdingbar waren. Dieses Vorgehen und die Spendenabgaben ermöglichten es, die Ausbezahlung der Löhne bis zum Ende des Krieges hinauszu-
zögern.

In den 1640er Jahren rechneten alle Militärverwaltungen damit, die
Hälfte bzw. bis zu zwei Drittel ihrer Truppenlöhne in Form von Sachmitteln bzw. Naturalien auszuzahlen – zum Vorteil der Soldaten wie
auch der Regierung. Denn, wie Miguel de Cervantes schrieb, der Krieg
macht den Geizhals großmütig und den großzügigen Menschen ver-
schwenderisch: die Soldaten neigten dazu, ihr Geld, kaum daß sie es in
den Händen hielten, auszugeben. Michel Le Tellier, der französische
Kriegsminister, stimmte zu: »Weit davon entfernt, mit ihren Mitteln
hauszuhalten«, schrieb er etwas später, »geben die Truppen oft innerhalb eines Tages alles aus, was ihnen für zehn Tage reichen sollte, so daß
sie niemals etwas in der Tasche haben, womit sie Kleidung und Schuhe
kaufen könnten.« (Zit. in André 1906, S. 341) Diese wesentlichen Dinge
unmittelbar bereitzuhalten machte demzufolge sowohl für die Soldaten
wie auch für ihre Zahlmeister ökonomisch durchaus Sinn. Allerdings ist
es zweifelhaft, ob viele Zivilisten in diesem alternativen System etwas
Gutes entdecken konnten. Auch wenn man zugeben muß, daß die exak-
ten »Kosten«, die die Spendenabgaben verursachten, nie berechnet werden können, da nicht alle hierfür relevanten Berichte erhalten geblieben
sind, stellten sie aber mit Sicherheit eine ernsthafte und bisweilen schädliche Bürde für die betroffene Zivilbevölkerung dar, besonders während
des Dreißigjährigen Krieges. Es ist beispielsweise geschätzt worden, daß
die schwedische Armee zwischen 1631 und 1648 zehn- bis zwölfmal soviel durch Spendeneintreibung erwirtschaften konnte, wie sie vom Finanzminister in Stockholm erhielt. Dörfer, Gemeinden und selbst
Städte konnten durch die Ankunft von Truppen in ihrer Gegend vollständig ruiniert werden.

In der zweiten Hälfte des Jahrhunderts waren die Spendenabgaben
allerdings nicht mehr die Hauptquelle militärischer Finanzierung. Im
Falle Frankreichs beispielsweise machten sie in den 1690er Jahren wahrscheinlich nicht mehr als 20 Prozent der Armee-Einkünfte aus – und
ihre Eintreibung ging um ein Vielfaches geordneter vonstatten. Jetzt
wurden die Dörfer und Städte von der Höhe der Abgaben, die man von
ihnen verlangte, schriftlich unterrichtet, indem man ihnen per Post For-
mulare mit Leerstellen zusandte, die individuell auszufüllen waren.

Aber selbst wenn nur ein Fünftel der Kosten, die die Armeen Ludwig XIV. verschlangen, direkt von den Gemeinden erpreßt wurden, wog diese Belastung schwer und ist häufig nur im Angesicht der Drohung, aufsässige Dörfer in Brand zu legen, aufgebracht worden. Im Jahre 1691 beobachtete selbst der König: »Obwohl es schrecklich ist, Dörfer niederbrennen zu müssen, um die Menschen zu zwingen, ihre Spendenabgaben zu entrichten, da man sie weder durch Drohung allein noch durch Milde zahlungswillig machen kann, ist es notwendig, mit der Anwendung extremer Mittel fortzufahren.«[11]

Einer der Gründe für die rückläufige Abhängigkeit von Spendenabgaben zur Finanzierung des Krieges lag in dem Wunsch nach einer besseren Qualität der Ausrüstung und vor allem nach größerer Uniformität. Urteilt man auf Grundlage zeitgenössischer Gemälde und Militärkleidungen, die in verschiedenen Museen aufbewahrt werden, hat es – was die ersten Jahrzehnte des Jahrhunderts betrifft – den Anschein, daß es den Soldaten üblicherweise erlaubt war, sich nach eigenem Gutdünken zu kleiden. Allerdings gab es auch in einigen Quartieren Bemühungen, die Kleidung zu standardisieren und »Uniformen« zu entwerfen. So etwa als der Herzog von Neuburg in Süddeutschland im Jahre 1605 eine Bürgermiliz ins Leben rief und alle Männer mit »gleicher militärischer Tracht« ausstatten ließ. Ähnlich wurden auch alle 1619 eingerichteten Wachmannschaften der Stadt Nürnberg mit der gleichen Kleidung versehen; und die zwei neuen Regimenter des Herzogs von Braunschweig-Wolfenbüttel wurden ein Jahr später alle in Blau gekleidet. Aber hier handelte es sich um Ausnahmen. Obwohl auch Gustav Adolf von Schweden Regimenter befehligte, deren Kennzeichen bestimmte Farben waren (»die Roten«, »die Blauen« usw.), so scheint dies lediglich einen Bezug auf die Regimentsfahnen bedeutet zu haben, unter deren Banner sie kämpften.

Der Züricher Bürger Hans Conrad Lavater hat seinem 1651 veröffentlichten *Kriegs-Büchlein* einige Seiten über militärische Kleidungssitten hinzugefügt; aber er beschränkte seine Ausführungen auf Fragen des Schnitts und der Qualität, ohne dabei auf die Farben der Kleidung einzugehen. Vor allem aber gab er dem zukünftigen Soldaten den Rat, »ver-

---

11 Archives de guerre, Paris, A^1 1041, f. 303. Ludwig XIV. an Marschall Catinat, 21. Juli 1690.

nünftig« zu sein: festes Schuhwerk, kräftige Kniehosen und dicke Strümpfe; zwei schwere Hemden; ein lederner Mantel zum Schutz vor Regen; ein breiter Filzhut, der Regenschauer wie Sonne abhält. Die Gewänder, so fügte er hinzu, sollten großzügig geschnitten sein, um zusätzlich für Wärme zu sorgen, aber sollten nicht mit Pelz besetzt sein und nur wenige Nähte aufweisen, um dem Ungeziefer keine Brutstätten zu bieten. Ganz offensichtlich lag der Gedanke an irgendeine Art von »Uniform« weit entfernt; und es läßt sich sehr einfach sagen, warum das so war. Zunächst einmal unterstanden im frühen 17. Jahrhundert keineswegs alle Truppenteile einer Armee dem gleichen Kriegsherrn. Unter den Kaiserlichen befanden sich während der 1640er Jahre sächsische, bayrische, westfälische und spanische Einheiten ebenso wie österreichische Regimenter. Darüber hinaus gehörten selbst zu einer einzigen Formation Männer, die zu unterschiedlichen Zeiten und an weitverstreuten Orten angeheuert wurden. Ein bayrisches Regiment des Jahres 1641, dessen detaillierte Berichte erhalten geblieben sind, konnte sich rühmen, in seinen Reihen nicht weniger als 16 nationale Gruppen zu zählen, wobei die Deutschen (534 Soldaten) und die Italiener (217) den größten Anteil ausmachten, neben kleineren Gruppen von Polen, Slowenen, Kroaten, Ungarn, Griechen, Dalmatinern, Burgundern, Franzosen, Tschechen, Spaniern, Schotten und Iren. Auch gab es 14 Türken. Selbst wenn man alle diese Männer aufgrund ihrer Zugehörigkeit zu einem Regiment mit der gleichen Kleidung ausgestattet hätte, wäre diese Kleidung doch schnell abgetragen gewesen und hätte durch Stücke ersetzt werden müssen, in deren Besitz man entweder durch Plünderung der Zivilbevölkerung, Entkleiden der Toten oder durch Kauf während der seltenen Augenblicke verschwenderischen Reichtums gelangt wäre. Und auch wenn die Regimentsbekleidung für eine Weile durch einen bestimmten Farbton dominiert gewesen sein mochte, dauerte es sicher nicht lange, bis die Männer den Eindruck entweder von abgetakelten und verschmutzten Veteranen oder andernfalls von regenbogenfarbenen Harlekins hinterließen, wie sie die Militärzeichner der Zeit porträtiert haben.

Viele der jeweils auf einer Seite kämpfenden Truppen des 17. Jahrhunderts waren demzufolge durch den Mangel einer Uniform genötigt, sich andere Unterscheidungsmerkmale anzueignen – gewöhnlich waren dies eine Schärpe, Streifen oder ein Federbusch in einer bestimmten Farbe. So trugen etwa die Soldaten der österreichischen wie auch spanischen Habsburger immer ein rotes Zeichen, die der Schweden ein gelbes (oder gelbes und blaues), die französischen ein blaues, und die niederländischen Soldaten trugen ein orangefarbenes Zeichen. Wenn zwei getrennte Armeen der gleichen Streitmacht angehörten, war ein weiteres Kennzeichen nötig: Als beispielsweise 1690 die verschiedenen Einheiten an der Seite Wilhelms III. – von denen viele unterschiedliche Regimentsuniformen trugen – kurz vor der Schlacht am Fluß Boyne im Nordosten Irlands vereinigt wurden, befestigten alle Truppensoldaten ein grünes Zeichen (oftmals ein belaubter Zweig oder ein auf ihrem Marsch gepflückter Farn) an ihren Hüten.

Mit der Zeit wurde eine solche Vorsichtsmaßnahme unüblich. In den 1640er Jahren ordnete das französische Kriegsministerium immer noch an, Armeekleidung in drei Größen herzustellen – eine Hälfte »normal«, ein Viertel »groß« und ein Viertel »klein« –, machte aber keine Angaben über Qualität und Farbe. Als allerdings Graf Gallas (der kaiserliche Oberbefehlshaber) österreichischen Schneidern 1645 den Auftrag erteilte, 600 Uniformen für sein Regiment anzufertigen, ließ er ihnen ein Muster zukommen, das präzise Aufschluß über Qualität und Farbe (blaßgrau) gab. Auch sandte er Musterstücke von Pulverhörnern und Patronengürteln, die von den örtlichen Herstellern massenweise angefertigt werden sollten. Aufgrund ähnlicher Maßnahmen wurde gegen Ende des Jahrhunderts das gleiche Maß an Uniformität auf nationaler Ebene verwirklicht, so daß alle Truppen im Rahmen einer Armee mit Mänteln und Kniehosen der gleichen Farbe und einer einheitlich gestalteten Waffenausrüstung ausgestattet waren.

Die Schwierigkeiten, die diesem Unterfangen innewohnten, sollten nicht unterschätzt werden. Zunächst ging es um die Waffen. Zu Beginn des 17. Jahrhunderts benötigte ungefähr die Hälfte der Infanterie dreizehn Fuß große Spieße und Rüstungen; der Rest brauchte fünf Fuß große, passend befestigte Musketen samt den dazugehörigen gespaltenen Stützgabeln (oder andernfalls die kürzere und leichtere Arkebuse oder Hakenbüchse), dazu Pulverflaschen, Schrot und Lunte; die Truppen der Kavallerie benötigten Halbrüstungen und Pistolen oder Lanzen; und alle Truppen brauchten Schwerter und Helme. Im Laufe des fortschreitenden Jahrhunderts wuchs der Anteil an Feuerwaffen – und damit die Anzahl der Soldaten, die Munition und entsprechende Ausrüstung benötigten – um etwa zwei Drittel. Obgleich diese Waffen nicht absolut identisch sein mußten (selbst noch in den 1690er Jahren erwartete man von jedem Soldaten, daß er sich seine Kugeln aus seinem eigenen Vorrat an Blei goß), bestand dennoch das Bedürfnis nach einem beachtlichen Maß an Standardisierung. Daß solche Gegenstände in der Tat Massenprodukte sein konnten, mag man an der Sammlung von Waffen und Rüstungen aus dem 17. Jahrhundert im Arsenal im österreichischen Graz erkennen: Tausende von Waffen samt ihrem Zubehör – alle in hohem Maße standardisiert, obgleich sie in unterschiedlichen Werkstätten hergestellt wurden – lagen dort zum sofortigen Gebrauch bereit. Achttausend Männer konnten auf Befehl innerhalb eines Tages ausgerüstet werden.

Weniger gut bestückt war man mit Pferden. Tatsächlich machte während der ersten Jahrzehnte des Jahrhunderts in den meisten Armeen Westeuropas der Anteil der Kavallerie weniger als 10 Prozent aus: Als Frankreich 1635 gegen Spanien in den Krieg zog, wurde die Order ausgegeben, 132 000 Infanteristen, aber nur 12 400 Kavalleristen zu rekrutieren. Aber sogar eine solch relativ kleine Gesamtzahl hatte immer noch Versorgungsprobleme zur Folge, da jeder Kavallerist im Laufe des Feldzuges mindestens drei Reitpferde benötigte (und manchmal noch mehr: bei der Schlacht von Breitenfeld im Jahre 1631 wurden dem toskanischen Offizier Ottavio Piccolomini binnen eines Tages sieben Pferde erschossen), ganz zu schweigen von den Pferden, die der Generalstab, die Offiziere, die Artillerie und der Versorgungstroß in Anspruch nahmen. Als die Größe der Armeen in Europa anwuchs und als der Anteil ihrer Kavallerien gegen Ende des Jahrhunderts um etwa 20 Prozent anstieg, fanden die Pferdezüchter einen lebhaften Markt. Natürlich gab es gelegentlich Engpässe – nach einer blutigen Schlacht oder einem überraschenden Aufruf zur Mobilisierung –, aber schlicht weil die militärische Nachfrage während des Barockzeitalters konstant anhielt, war es den meisten Armeen in der zweiten Hälfte des Jahrhunderts möglich, nach und nach genug Pferde aufzutreiben, um alle Bedürfnisse zu befriedigen.

Mit der Ernährung war das freilich eine andere Sache. Keine der frühen modernen Armeen setzte sich nur aus Kämpfern zusammen. Viele der Soldaten wurden von ihren Frauen oder Mätressen begleitet; und noch mehr führten Diener oder Lakaien mit sich. Als 1622 die spanische Armee Flanderns zur Belagerung von Bergen-op-Zoom aufbrach, berichteten drei kalvinistische Pastoren aus der belagerten Stadt, daß »an einem so kleinen Körper noch niemals ein so langer Schwanz gesehen wurde: ... eine so kleine Armee mit so vielen Wagen, Lastpferden, Gäulen, Marketendern, Lakaien, Frauen, Kindern und einem Pöbel, der zahlenmäßig weit größer war als die Armee selbst« (Campan 1867, S. 247).

68 GEOFFREY PARKER

Diese Beobachtung mag durchaus der Wahrheit entsprechen, obwohl die Archive der Armee von Flandern aussagen, daß die Zahl der Mitzügler während der Kriege in den Niederlanden im 17. Jahrhundert kaum über 50 Prozent der Gesamtzahl der Soldaten gelegen habe; zwei bayrische Armeen, die 1646 in Deutschland kämpften, bestanden aus 480 Infanteristen, die begleitet wurden von 74 Dienern, 314 Frauen und Kindern, drei Marketendern und 160 Pferden sowie aus 481 Kavalleristen mit 236 Dienern, neun Marketendern, 102 Frauen und Kindern und 912 Pferden.

Sie alle brauchten Nahrung und Getränke. Die täglich zugestandene Menge von 0,75 Kilogramm Brot, 0,5 Kilogramm Fleisch oder Käse und zwei Litern Bier (was die theoretisch jedem Soldaten zugewiesene Ration war) klingt vernünftig genug, aber mit der Gesamtzahl an Mäulern multipliziert, die es in einer Armee zu stopfen galt, ergaben sich Probleme, mit denen sich normalerweise nur große Städte, die über eine schon lange etablierte Versorgungsinfrastruktur verfügten, konfrontiert sahen. Eine Armee von 30 000 Soldaten hatte vermutlich 45 000 Menschen zu ernähren: um die jedermann täglich zugemessene Brotration herstellen zu können, benötigte man 80 000 Kilogramm Mehl, die jeden Tag gemahlen und gebacken werden mußten; um die notwendigen 22 500 Kilogramm Fleisch liefern zu können, waren täglich 2 500 Schafe oder 250 Bullen (in Anbetracht des relativ geringen Viehbestandes in der frühen Neuzeit eine überraschend hohe Ziffer) zu schlachten und zuzubereiten; und die vorgesehene Ration Bier bedurfte Tag für Tag des Brauens und Verteilens von 90 000 Litern. Darüber hinaus brauchte man Öfen (von denen ein jeder aus 500 Ziegelsteinen bestand), um das Brot zu backen, Holz, um die Öfen zu befeuern, und Wagen zum Transport der Öfen, des Mehls, des Holzes ... Schließlich verbrauchten die Pferde, die man hierfür, aber auch für die Kavallerie, die Artillerie, die Offiziere und zum Ziehen der Gepäckwagen benötigte – eine Gesamtmenge von vielleicht 20 000 Tieren, die mit einer großen Feldarmee zogen –, etwa 90 Doppelzentner Futter bzw. etwa 4 000 Quadratmeter Weideland, und dies alles jeden Tag.

Als in der zweiten Hälfte des 17. Jahrhunderts die Größe der Armee zunahm, veranlaßte die Herausforderung, eine derartige Konzentration militärischer Ausrüstung im Rahmen längerer Operationen zu organisieren, einen Staat nach dem anderen dazu, die hiermit verbundenen, vormals an Militärunternehmer delegierten Aufgaben erneut in die eigenen

DER SOLDAT   69

Hände zu nehmen. So war es denn vielleicht kein Zufall, daß die Nation, die auf diesem Gebiet zum Pionier wurde, die einzige im Europa des Barockzeitalters war, die von einem Soldaten regiert wurde: die britische Republik. Kaum war Karl I. im Januar 1649 hingerichtet worden, entschied die neue republikanische Regierung, nach Irland einzudringen und es zu erobern. Aufgrund von Irlands Rückständigkeit und Armut war man sich von Beginn an darüber im klaren, daß dieses Gewaltunternehmen nicht mit den Ressourcen des Landes vor Ort zu versorgen war; im Gegenteil, allen Proviant hatte man selbst mitzunehmen. Da England jedoch seit 1642 Krieg führte, befanden sich auch die Schlüsselindustrien bereits im Kriegszustand und konnten sehr schnell auf die neuen Anforderungen reagieren. Dementsprechend wurden zwischen Juni 1649 und Februar 1650 etwa sechs Millionen Kilogramm Weizen und Roggen, 250 000 Kilogramm Käse, 150 000 Kilogramm Kekse, 500 000 Liter Bier (und kleinere Mengen an Salz, Lachs, Schinken, Reis und Rosinen) nach Dublin verschifft. Es hat den Anschein, daß die Republik ihre 16 000 Soldaten in Irland mit 90 Prozent ihres täglichen Brotbedarfes, 50 Prozent ihres täglichen Käse- und 40 Prozent ihres täglichen Bierverbrauchs (deren Kosten vom Sold abgezogen wurden) versorgte: eine bemerkenswerte Leistung. Aber es ging noch darüber hinaus. Die von Oliver Cromwell befehligte Armee führte ebenfalls eine beachtliche Summe Bargeld mit sich, um sowohl den Soldaten ihren Sold auszuzahlen als auch zusätzlich benötigte Güter vor Ort kaufen zu können. Es wurde eine Proklamation erlassen, die garantierte, daß es »jedermann freisteht und rechtens ist (...), jede Art von Vorrat der Armee zu übergeben (...) und für alle Arten von Gütern und Waren, die sie bringen und verkaufen, Bargeld zu erhalten«. Alle Soldaten, die in Plünderungen verwickelt waren, wurden gehenkt (Abbott 1940, S. 111 ff.). Während des Winters 1649-50, als sich Cromwells Armee im Winterlager befand, organisierte die Londoner Regierung eine Sendung von 17 950 Kleidungsgarnituren (Schuhe, Strümpfe, Hemden und Kniehosen) zusammen mit 17 000 Metern Webstoff zur Herstellung von Mänteln und 19 000 Metern Zeltleinwand, um Zelte für den nächsten Feldzug zu fertigen. Diese logistische Höchstleistung verhalf England dazu, Irland in erstaunlich kurzer Zeit zu erobern, eine Leistung, die 1650-51 in Schottland wiederholt werden konnte.

Innerhalb von drei Jahren gelang es Cromwell auf diese Weise, die Britischen Inseln erstmals zu vereinen: Die Anweisungen der Regierung in

London erreichten jeden Winkel des Archipels und wurden befolgt. Die durch die Bürgerkriege in England geschulte, wirkungsvolle Kampfkraft von Cromwells Armee war für diese Leistung sicherlich von ausschlaggebender Bedeutung, aber der Erfolg seiner Truppen, die oftmals in abgelegenen Gebieten, in die nie zuvor eine Armee eingedrungen war, kämpften, war nur aufgrund eines hervorragenden Versorgungssystems möglich. Wie einer der Beteiligten sich später erinnerte: »Nichts ist sicherer als dies: in den späten Kriegen wurde die Eroberung sowohl Schottlands wie auch Irlands durch die rechtzeitige Versorgung [der Truppen] mit Cheshire-Käse und Zwieback sichergestellt.« (Zit. in Firth 1962, S. 222-225)

Das britische Beispiel wurde im Ausland mit großer Aufmerksamkeit verfolgt, insbesondere von Frankreich (das mit Cromwell eine kurze Allianz einging, so daß die beiden Armeen für einige Jahre auf dem Kontinent zusammen kämpften). Der junge König Ludwig XIV. erkannte sehr schnell den Wert einer stehenden Armee und war überzeugt, daß zu ihrer Unterstützung ein Netzwerk regulärer Lieferanten und Militärmagazine nötig wären. Bei einer in Friedenszeiten 150000 Mann starken Armee gab es einen beständigen und vorhersagbaren Bedarf, der – wie es auch in England der Fall gewesen war – bald schon eine dauerhafte, spezialisierte Infrastruktur schuf, mit deren Hilfe auch in plötzlichen militärischen Notlagen die Versorgung der neuen Truppen mit Nahrung, Kleidung und Ausrüstung gewährleistet war. Von dieser Zentralisierung war es dann nur noch ein kleiner Schritt zur Uniformierung; und im Laufe der 1680er Jahre war die französische Armee bereits mit dem »nationalen Blau« bekleidet und wurde mit einheitlich gefertigten Waffen ausgerüstet. Natürlich, die Kosten waren horrend – Ludwig XIV. gab in den 1690er Jahren 75 Prozent der Staatseinnahmen für Kriegszwecke aus (Cromwell hatte während der 1650er Jahre 90 Prozent zum gleichen Zweck verwendet!) –, die Erfolge allerdings beeindruckend: Die Grenzen Frankreichs wurden in alle Richtungen hin ausgedehnt und die Macht des Staates über seine Untergebenen gefestigt. Die neuen vorbildhaften Armeen hatten ihren Wert unter Beweis gestellt; die von Cromwell und Ludwig XIV. pionierhaft eingeführten Methoden wurden rasch in ganz Europa nachgeahmt.

Das Schicksal des Soldaten

Im Jahre 1601 erlaubte Lord Mountjoy (der in Irland erfolgreiche Befehlshaber der englischen Königin Elizabeth) seinen geschlagenen Feinden, sich fremden Armeen anzuschließen, weil (so behauptete er) »es sich stets gezeigt hat, daß drei von vieren dieser Männer, die sich einmal auf eine solche Reise begeben haben, niemals mehr wiederkehren« (Mountjoy an den englischen Staatsrat, 1. Mai 1601, zit. in Fitzsimon 1969-70, S. 22). Jüngste Forschungen haben diese Schreckensarithmetik bestätigt. Die Gemeinde Bygdea im Norden Schwedens stellte beispielsweise zwischen 1621 und 1639 230 junge Männer zum Dienst in Polen und Deutschland zur Verfügung, von denen 215 den Tod fanden und weitere fünf als Krüppel heimkehrten. Obwohl die übrigen zehn Männer 1639 noch im Dienst waren, ist es unwahrscheinlich, daß auch nur einer von ihnen das Ende des Krieges neun Jahre später erlebt hat, denn von den 27 im Jahre 1638 einberufenen Wehrpflichtigen aus Bygdea waren nach ihrem Aufbruch nach Deutschland innerhalb eines Jahres alle bis auf einen tot. Die Einschreibung kam letztendlich einem Todesurteil gleich. Kaum überraschend schrumpfte die Zahl der männlichen Erwachsenen in Bygdea von 468 im Jahre 1621 um 40 Prozent auf 288 im Jahre 1639; und das Alter der Einberufenen sank nach und nach, als immer mehr Jugendliche eingezogen wurden, die niemals mehr zurückkehrten. Von den 1639 in die Fremde entsandten Soldaten war die Hälfte gerade einmal 15 und alle anderen bis auf zwei unter 18 Jahre alt. 1640 war in der Gemeinde die Zahl der Haushalte, die allein von einer Frau bestritten wurden, um das Siebenfache angestiegen. Die Gesamtzahl der Verluste der schwedischen Armee zwischen 1621 und 1632 ist auf 50 000 bis 55 000 geschätzt worden; die Verlustzahl zwischen 1633 und dem Ende des Krieges im Jahre 1648 war vermutlich mindestens doppelt so hoch.

Diese außerordentlich hohe Todesrate bei Soldaten war keineswegs auf Schweden begrenzt. Es ist geschätzt worden, daß überall in den Armeen des europäischen Barockzeitalters wahrscheinlich jedes Jahr einer von vier oder fünf eingeschriebenen Soldaten während des aktiven Dienstes den Tod fand, wobei die Todesrate im Zuge des voranschreitenden Jahrhunderts noch anstieg. So starben etwa 600 000 Soldaten während des Dreißigjährigen Krieges (1618-48: ein Durchschnitt von 20 000 pro Jahr) und 700 000 während des Spanischen Erbfolgekrieges (1702-13: ein Durchschnitt von 64 000 pro Jahr).

Wie können diese hohe Zahlen erklärt werden? Eine der entscheidenden taktischen Neuerungen des 17. Jahrhunderts, die das Risiko, im
Kampf zu sterben, erhöhten, bestand in dem unbarmherzigen Siegeszug
immer wirkungsvollerer Schußwaffen. Sicher, das Feldgewehr, die Muskete und die Pistole waren alle vorher bereits in Gebrauch gewesen; aber
sie wurden selten mit einer derart tödlichen Wirkung benutzt. Nach
1600 führten Verbesserungen in der Eisengußtechnik dazu, das Gewicht
der meisten Feuerwaffen zu reduzieren und damit ihren Transport wie
auch ihre Handhabung zu erleichtern; ausgereiftere Schießmethoden –
vor allem der in den 1630er Jahren aufkommende Mechanismus des
Steinschloßgewehrs – machten sie treffsicherer; und die Erfindung des
Steckbajonetts in den 1670er Jahren erlaubte es, die Muskete sowohl
zum Stechen und Stoßen wie auch zum Feuern zu nutzen.

Aber die wohl wichtigste Verbesserung im Gebrauch der Feuerwaffen lag im Bereich der Taktik. Den Anfangspunkt setzte die von Moritz
von Nassau ausgearbeitete Militärreform innerhalb der holländischen
Armee. Inspiriert von den Methoden des kaiserlichen Rom und Byzanz,
wie sie von Aelian und Leo VI. beschrieben wurden, entwickelte Moritz
um 1600 neue Konzeptionen zum Einsatz seiner Truppen. Anstatt eine
Phalanx aus 40 bis 50 Reihen mit Spießen bewaffneter Männer (Pike-
niere) aufzustellen, wie es im 16. Jahrhundert üblich gewesen war, reduzierte er die Zahl auf zehn Reihen. Seine Formationen waren kleiner
und erreichten ihre Schlagkraft eher durch den Gebrauch von Feuerwaffen als durch Spieße. Nicht weniger als die Hälfte der Soldaten in Moritz' Armee bestand aus Musketieren. Diese Veränderungen klingen sim-
pel, aber sie erwiesen sich für die notwendige militärische Organisation
als tiefgreifende Anpassungen. Einerseits bedeutete die Verringerung
der Zahl der Schlachtreihen unvermeidlich ihre Verbreiterung, was zur
Folge hatte, daß mehr Männer dem Nahkampf und dem Beschuß durch
den Feind ausgesetzt waren; andererseits wurden von jedermann, da die
Linien nun dünner waren, mehr Disziplin und Koordination gefordert.
Vor allem aber perfektionierte die holländische Armee die Technik von
Geschoßsalven, was bedeutete, daß jede Reihe ihre Musketen gleichzeitig auf den Feind abfeuerte, sich dann zum erneuten Laden zurückzog,
während die anderen neun Reihen schnell nachrückten, so daß ein unauf-
hörliches Trommelfeuer in Gang war. Um dieses Manöver im Angesicht
des Feindes durchzuführen, bedurfte es einer beachtlichen Tapferkeit,
perfekter Abstimmung und großer Vertrautheit mit allen dazugehöri-

DER SOLDAT 73

gen Abläufen. Deshalb führte Moritz jenen Drill, für den die römische
Armee berühmt war, wieder ein.

In Moritz' Beharrlichkeit in Sachen Präzision und Übereinstimmung
während des Krieges spiegelt sich die allgemeine Leidenschaft des Barockzeitalters für geometrische Formen wider – sei es in der Architektur, dem Reiten, Tanzen, Malen, der Gartengestaltung oder im Kampf –,
und seine Vorstellungen fanden weitverbreitete Bewunderung und
Nachahmung. Bereits im Jahre 1603 widmete ein französisches Militär-
buch ein ganzes Kapitel der »Ausbildung der holländischen Armee«,
und 1608 wurde das erste bebilderte Militärhandbuch Westeuropas, von
Moritz' Vetter Johann von Nassau zusammengestellt, in Den Haag mit
dem Titel *Waffenhandlung von den Rören, Musquetten, und Spiessen*
unter dem Namen von Jacob de Gheyne, einem sehr bekannten Kupfer-
stecher, veröffentlicht. Viele andere Arbeiten imitierten de Gheynes
Technik, numerierte Sequenzen von Bildern zu entwerfen, um präzise
die Abläufe darzustellen, die für den Umgang mit militärischen Waffen
und die Organisation von Truppen im Krieg notwendig waren. Schließlich gründete Graf Johann im Jahre 1616 an seinem Hauptsitz in Siegen
eine Militärakademie (die erste Europas), mit dem ausdrücklichen Ziel,
ein professionelles Offizierskorps zu schaffen. Der erste Leiter dieser
schola militaris, Johann Jacob von Wallhausen, veröffentlichte mehrere
Handbücher zur Kriegführung nach dem holländischen Modell, das die
Grundlage der gesamten Ausbildung in Siegen (die sechs Monate dauerte und für deren Unterricht Waffen, Rüstung, Karten und Modelle
durch die Schule zur Verfügung gestellt wurden) darstellte.

Die Verbreitung der neuen Taktiken vollzog sich freilich nicht allein
mittels Publikationen und Unterricht: Moritz wurde auch von auswärtigen Staaten um Unterstützung durch Entsendung von Militärausbildern
gebeten. 1610 wünschte und erhielt Brandenburg zwei von ihnen; und
im Laufe der nächsten zehn Jahre gingen weitere Ausbilder in die Pfalz,
nach Baden, Württemberg, Hessen, Braunschweig, Sachsen und Holstein. Sogar die traditionsbewußte Schweiz, die im 15. Jahrhundert in
ihrem Kampf gegen Burgund erstmals die Schlagkraft von Piken demon-
striert hatte, sah sich gezwungen, von den Neuerungen Kenntnis zu nehmen: 1628 wurde das Berner Militär kurzerhand auf Grundlage des holländischen Vorbilds mit kleineren Einheiten und größerer Feuerkraft
neu organisiert. Der zweifellos einflußreichste Schüler von Moritz war
jedoch Gustav Adolf von Schweden. Auf seiner Deutschlandreise 1620

sah Gustav Adolf viele verschiedene Formen militärischer Organisation sowie Festungsanlagen, und er las alle wichtigen Bücher zum Thema. Nach seiner Rückkehr setzte er Moritz' Reformen leicht weiterentwikkelt um, indem er die Anzahl der mit Musketieren versehenen Reihen in der schwedischen Armee noch einmal von zehn auf sechs reduzierte und ihre Feuerkraft durch die zusätzliche Bestückung jedes Regiments mit vier leichten Feldgeschützen erhöhte. Jedermann wurde zur Erfüllung seiner Aufgaben einem harten Training durch die Offiziere und Unteroffiziere unterzogen. Es wurden alle Anstrengungen unternommen, um die Truppen ständig in Bewegung zu halten, sei es, daß sie Wälle ausgruben, auf Kundschaft gingen oder schlicht exerzieren mußten. Bisweilen gab der König seinen Truppen eine persönliche Einweisung in die neuen Disziplinen: er selbst führte den neuen Rekruten vor, wie man eine Muskete im Stehen, in Knielage und im Liegen abfeuerte. Im Ausland rekrutierte Einheiten mußten den Übungen im Rahmen der »Schwedischen Ordnung der Disziplin« zusehen, einschließlich der von drei Reihen durchgeführten doppelten Salve, bei der eine Reihe kniete, die zweite in geduckter und die dritte Reihe in aufrechter Haltung stand, um »über dem Schoß des Feindes zur gleichen Zeit soviel Blei [wie möglich] auszugießen (...) und ihnen auf diese Weise mehr Schaden zuzufügen (...) denn für die Sterblichen ist eine einzige lange und anhaltende Reihe von Donnerschlägen weitaus furchtbarer und schrecklicher als zehn unterbrochene einzelne Geschoßsalven« (wie es Sir James Turner [1683, S. 237] berichtete, der der Ausführung dieser tödlichen Taktik als Augenzeuge beiwohnte).

Der wichtigste Unterschied zwischen den schwedischen und holländischen »militärischen Revolutionierungen« lag nicht in der Technik, sondern in der Anwendung und im Umfang. Moritz von Nassau trug selten eine offene Feldschlacht aus (und wenn doch, so bestand seine Armee aus kaum 10000 Mann), weil das Terrain, in dem er operierte, von einem Netzwerk befestigter Städte durchzogen war, was offene Schlachten weitgehend irrelevant machte: die Städte mußten belagert werden. Aber Gustav Adolf bewegte sich in einem Gebiet, das bisher vom Krieg – ja sogar von jeglicher Kriegsgefahr – über einen Zeitraum von 70 Jahren und manchmal noch länger verschont geblieben war. Daher gab es hier bei den Städten weit weniger gutbefestigte Verteidigungsanlagen – obgleich dort, wo es sie gab, ebenfalls eine Belagerung vonnöten war –, und die Kontrolle weiträumiger Gebiete hing demzufolge vom Ergebnis einer offenen Schlacht ab. Die wohl größte öffentliche Bekanntheit, die das neue Militärsystem erlangen konnte, gewann es durch den Sieg Gustav Adolfs in der Schlacht von Breitenfeld im Jahre 1631. Es handelte sich hier um die klassische Konfrontation zwischen der traditionellen Schlachtordnung, wie sie seit den italienischen Kriegen der Renaissance üblich war, und dem neuen System: Das kaiserliche Heer, rechtwinklig in 30 Reihen zu je 50 Männern aufgestellt und mit Piken bewaffnet, sah sich einer schwedischen Armee gegenüber, die sich sechs Reihen tief mit Musketieren und in fünf Reihen mit Pikenieren sowie doppelt so vielen Feldgewehren organisiert hatte. Die Überlegenheit an Feuerkraft war überwältigend. Die schwedische Artillerie konnte alle sechs Minuten eine neun Kilogramm schwere Eisenkugel ungefähr 1 700 Meter weit abfeuern; Gustavs Musketiere – deren Gesamtzahl gut die Hälfte der Armee ausmachte – konnten wiederholt Salven von durchschnittlich 20 Millimeter großen Bleikugeln abfeuern, die bis auf eine Entfernung von 50 Metern über eine beachtliche Treffgenauigkeit verfügten (und auf eine Distanz von 75 Metern immer noch eine Trefferquote von 50 Prozent aufwiesen).

Diese verschiedenen Entwicklungen bedeuteten für eine große Zahl von Soldaten den Tod, denn obwohl die medizinische Praxis im frühneuzeitlichen Europa viele »saubere« Wunden, die durch Schwerter und Spieße verursacht wurden, zu heilen wußte, stand sie doch machtlos vor den durch Musketen und Kanonenkugeln zertrümmerten Knochen. 7 600 Mann – über ein Fünftel der geschlagenen Kaiserlichen – wurden in der Schlacht von Breitenfeld getötet; und in dem Maße, wie sich im Laufe des Jahrhunderts die Anzahl der Musketiere und die Zahl der Feldgewehre erhöhten, stieg die Zahl der Opfer einer Schlacht entsprechend an. So verloren in der Schlacht von Malplaquet 1709 beide Seiten etwa 25 Prozent ihrer Gesamtstärke, was in Zahlen ungefähr 50 000 Tote an einem einzigen Tag bedeutete. Die Verluste in Schlachten scheinen üblicherweise groß gewesen zu sein, ganz gleich wie lange die Auseinandersetzung selbst andauerte. Wenn die zwei Seiten, wie in Malplaquet, einander ebenbürtig waren, nahm das Gemetzel auf dem Feld schreckliche Dimensionen an. Wenn andererseits die Chancen ungleich verteilt waren, konnte nach der Niederlage des Schwächeren eine hitzige Verfolgungsjagd mit einem noch größeren Blutbad einsetzen, und viele der Flüchtigen und manchmal ganze Einheiten konnten von ihren Gegnern (nicht selten unterstützt von ortsansässigen Bauern) kaltblütig niedergemacht werden. Selbst bei einem geordneten Rückzug war mitunter ein hoher Blutzoll zu entrichten. So war etwa die französische Armee unter Turenne nach ihrer Niederlage bei Tuttlingen (in Württemberg) im November 1643 gezwungen, ihre gesamte Ausrüstung preiszugeben und sich mitten im Winter an den Rhein zurückzuziehen: Von den 16 000 Männern, die die Schlacht überstanden hatten, überlebte kaum ein Drittel den Rückzug. Im darauffolgenden Jahr wurde eine kaiserliche Armee, die in Holstein eingefallen war, von ihren Gegnern geschickt gezwungen, den Rückzug durch derart verwüstete Gebiete anzutreten, daß die meisten der Soldaten verhungerten. Gemäß einem zeitgenössischen Berichterstatter erreichten von den 18 000 Männern zu Beginn des Rückzugs kaum mehr als 1 000 ihre Heimat, so daß »man wohl kaum ein ähnliches Beispiel finden könnte, wo eine Armee, ohne in eine Schlacht verwickelt zu sein, in so kurzer Zeit zugrunde gegangen wäre« (Chemnitz 1859, S. 168). Treffend hat exakt zur gleichen Zeit Kardinal Richelieu in seinem *Testament politique* vermerkt: »In den Geschichtsbüchern kann man lesen, daß weit mehr Armeen durch den Mangel an Nahrung und durch unzureichende Ordnung vernichtet wurden als durch feindliche Handlungen.« (Richelieu 1947, S. 480)

Belagerungen – die in den meisten Kriegen weitaus üblicher waren als Schlachten – zeitigten die gleiche zerstörerische Wirkung für die Menschen. So gingen etwa 1628 von den 7 833 englischen Soldaten, die in Portsmouth zum Entsatz nach La Rochelle in Frankreich eingeschifft wurden, auf einen Schlag 409 Männer bei der Landung, 100 in den Gräben und 120 durch die Ruhr verloren; 3 895 weitere fielen durch fehlgeschlagene Angriffe auf die französischen Feldschanzen oder während des endgültigen Rückzugs; und weitere 320 Männer galten als vermißt. Nur 2 989 Männer überlebten, um im Oktober zum Hafen von Portsmouth zurückzukehren: ein Verlust von 62 Prozent in drei Monaten. Während der Blockade von Stralsund im gleichen Jahr befand sich Mackays schottisches Regiment mit einer Stärke von 900 Mann für sechs Wochen ununterbrochen unter den Verteidigern im Einsatz. Laut ihrem Obersten wurde ihnen sogar das Essen an die Kampforte gebracht, und »es wurde uns nicht erlaubt, unsere Posten für eine Erholungspause zu verlassen oder gar zu schlafen ... [und] wir hatten keine Gelegenheit, einmal aus unserer Kleidung herauszukommen, es sei denn, um ein Stück auszuwechseln«. Es ist kaum überraschend, daß während der vierzig Tage intensiven Dienstes nicht weniger als 500

Männer des Regiments ihr Leben ließen und weitere 300 (einschließlich des Obersten) verletzt wurden. Dennoch war den Schotten selbst klar, daß sie noch Glück hatten, denn wäre Stralsund erobert worden, hätten sie möglicherweise alle den Tod gefunden – wie es der Garnison in Frankfurt/Oder 1631 erging, die nach ihrer Niederlage auf der Stelle niedergemetzelt wurde. Es brauchte sechs Tage, um die 3 000 Verteidiger des kaiserlichen Heeres zusammen mit den 800 während des Angriffs getöteten Soldaten zu beerdigen, bis »sie schlußendlich haufenweise in große Gräben geworfen wurden, über 100 in jedes Grab« (Monro 1637, I, S. 62, 67, 79 f.; II, S. 35).

Es ist kaum nötig zu erwähnen, daß viele Soldaten nicht allein an Verwundungen starben. Denn, wie Sir James Turner beobachtete, sogar ohne die Gefahr des Kampfes war das Soldatenleben hart, besonders für neue Rekruten, »die vorher nicht ahnten, was es hieß, keine zwei oder drei Mahlzeiten pro Tag zu bekommen und am Abend nicht zu einer vernünftigen Zeit ins Bett zu gehen«, denn jetzt mußten sie »ohne Dach über dem Kopf unablässig auf den Feldern liegen, immer marschieren und konnten nur Wasser trinken« (Turner 1829, S. 4, 6). Eine Armee von Italienern, die 1620 von der Lombardei kam und durch Piemont zum Krieg in die Niederlande marschierte, wurde von einem Militärbeobachter zurückgewiesen, da es sich um »Männer handelte, mit denen man nicht rechnen kann: diejenigen in den ersten beiden Reihen waren gut genug und hatten einen kriegerischen Geist, aber der Rest bestand aus armen Jungen, zwischen 16 und 20 Jahren alt, krank und schlecht gekleidet, die Mehrheit von ihnen ohne Hüte und Schuhe. Obwohl gerade erst fünf Tage unterwegs, waren die Wagen voll kranker Männer, und ich bin fest davon überzeugt, daß (...) die Hälfte von ihnen am Wegrand liegen bleiben wird.«[12] Der Weg von Mailand nach Brüssel bedeutete, einen Marsch von 1 000 Kilometer einschließlich der Überquerung der Alpen (üblicherweise über den Bergpaß des Mont Cenis) zurückzulegen; aber immerhin war dies noch eine Reise durch ein vergleichbar freundliches Territorium. Anderen Armeen erging es schlechter. Zwischen 1630 und 1633 marschierte die schwedische Armee 5 000 Kilometer durch Deutschland – von Peenemünde an der Ostseeküste über Mainz am Rhein und München zurück nach Brandenburg, die meiste Zeit kämp-

---

12 Archives de l'État, Genf, Portefeuille Historique 2651. Dr. Isaac Wake an die Ratsversammlung in Genf. Turin, 4. Juli 1620.

fend. Im Jahre 1654 legte die auf einem Eroberungszug befindliche englische Armee während eines dreimonatigen Feldzugs durch die unwirtlichen Bergschluchten und Pässe des schottischen Hochlands etwa 1600 Kilometer zurück. Es überrascht wenig, daß mehr Männer an Erschöpfung als durch Feindeshand starben.

Außer an Verwundungen oder vor Erschöpfung und Hunger starben viele Soldaten durch Krankheiten. In der schottischen Brigade, die zwischen 1626 und 1633 in Deutschland diente, litten zu jeder Zeit zehn Prozent des Regiments an Krankheiten, eine Rate, die bisweilen durch Epidemien dramatisch anstieg. Das kaiserliche Heer, das 1630-31 in Italien einfiel, um am Mantuanischen Erbfolgekrieg teilzunehmen, brachte die Beulenpest mit, die nicht nur die eigenen Kräfte dezimierte, sondern auch eine breite Todesschneise in der Bevölkerung der Lombardei hinterließ (und Alessandro Manzoni den unvergeßlichen Hintergrund für sein Werk *I promessi sposi* [*Die Verlobten*] lieferte).

Wie aber stand es um die Soldaten, die nicht im Dienst starben? Einige kamen zumindest zeitweise durch Gefangenschaft davon. Während der ersten Hälfte des Jahrhunderts wurden gewöhnliche Soldaten, nachdem sie geschworen hatten, für eine geraume Zeit die Waffen nicht mehr gegen den Sieger zu erheben, üblicherweise freigelassen oder andernfalls ermutigt, der Armee beizutreten, der sie sich ergeben hatten. 1631 wurden sogar die Italiener, die von Gustav Adolf in seinem Rheinland-Feldzug gefangen wurden, bereitwillig in die schwedische Armee aufgenommen (auch wenn sie im Sommer, kaum daß sie die Voralpen erreicht hatten, desertierten). Nach dem großartigen parlamentarischen Sieg von Naseby im England des Jahres 1645 überzeugte man viele der königlichen Soldaten (die entweder während des Kampfes oder im Rahmen der anschließenden Verfolgung der Garnisonen gefangengenommen wurden), sich der Armee Cromwells anzuschließen. Aber natürlich war diese Praxis der Umkehrung ehemaliger Feinde in künftige Leibwächter eine potentiell gefährliche Angelegenheit, und mit dem Fortschreiten des Jahrhunderts erhob man eine Reihe von Alternativen zur Norm. Der durch Lösegeld bewirkte Freikauf von Kriegsgefangenen wurde so zur Regel. Nach der Schlacht von Jankow (1645) boten beispielsweise die Sieger den gesamten Generalstab der besiegten kaiserlichen Armee für ein Lösegeld von 120000 Talern zum Freikauf an. Aber das war eine Ausnahme. Normalerweise einigte man sich im Vorfeld einer Schlacht auf einen bestimmten Lösegeldtarif – soundso viel für

DER SOLDAT

einen General, soundso viel für einen Obersten, und so ging es herab bis zu den niedrigsten Rängen –, und die Gefangenen wurden dann nach Beendigung der Auseinandersetzung gemäß ihrem »Wert« ausgetauscht. In der Zwischenzeit erhielten die Soldaten während ihrer Kriegsgefangenschaft den vollen Sold, und ihre Frauen bekamen kostenlose Brotrationen.

Auch den Verwundeten und Gefangenen ließ man eine bessere Behandlung angedeihen. Im Laufe des 17. Jahrhunderts wurden im Auftrag der meisten Regierungen entsprechende zweckgebundene Militärhospitäler errichtet. Auf diesem Gebiet erwies sich die spanische Armee von Flandern als Vorreiter, die in Mechelen ein Hospital (1585 gegründet, mit 330 Betten und einem 49 Mann starken Personal ausgestattet) erbaute, in dem Soldaten von allen möglichen Krankheiten wie Syphilis und Malaria über Kriegsverletzungen bis hin zu psychischen Schäden und Kriegstraumata (in den Quellen als *mal de corazón* bezeichnet) mit bemerkenswertem Erfolg geheilt wurden. Die Truppen unterstützten diese Dienstleistung finanziell, indem sie monatlich einen Real[13] ihres Monatssoldes abführten, ergänzt durch den Betrag an Strafgeldern, den Offiziere und andere für blasphemische Vergehen zu entrichten hatten. Die Armee von Flandern erbaute in Brabant auch ein spezielles Haus für ihre verkrüppelten Veteranen (die »Garnison der Schwarzen Madonna von Hal«), das 1640 346 Männer beherbergte: Im Gegenzug für äußerst leichte Wachdienste erhielten diese Soldaten freie Unterkunft und Verpflegung sowie einen Sold. Bis in die 1650er Jahre hinein blieben diese humanen Einrichtungen in den Südlichen Niederlanden allerdings einzigartig. Die meisten Befehlshaber hatten scheinbar nur wenig Zeit zur Verfügung, sich um die Verwundeten zu kümmern, es sei denn zu besonderen Gelegenheiten – so etwa 1632 auf dem Höhepunkt des schwedischen Angriffs auf die Alte Veste nahe Nürnberg, als Wallenstein durch die Reihen seiner Verteidiger lief und eine Handvoll Münzen in den Schoß der Verwundeten warf, um dem Rest der Soldaten neuen Mut einzuflößen. Früher oder später folgten allerdings weitere Staaten dem Vorbild der Spanier: Frankreich im Jahre 1670 mit dem Hôtel des Invalides (sowohl für verletzte wie auch alte Soldaten), England mit den Militärhospitälern in Kilmainham (Dublin) 1681 und Chelsea (London) 1684, und so weiter.

---

13 Frühere spanische Währungseinheit. (A. d. Ü.)

Natürlich wurden nicht alle Soldaten des Barockzeitalters in Ausübung ihres Dienstes von Tod, Verletzungen oder Altersgebrechen heim-
gesucht. Eine bemerkenswerte Anzahl führte ein durch ihre Gewinne
reiches und zurückgezogenes Leben. So kehrte etwa der kaiserliche Befehlshaber Henrik Holck, einst ein armer Mann, im Jahre 1627 reich
genug in seine dänische Heimat zurück, um für ein Landgut auf Fünen
50 000 Taler in bar auf den Tisch zu legen; der schwedische General Kö-
nigsmarck, der seine Militärlaufbahn als einfacher Soldat begonnen
hatte, hinterließ bei seinem Tod 1663 ein Vermögen von fast zwei Millionen Talern (183 000 in bar, 1,14 Millionen in Pfandbriefen, 406 000 in
Grund und Boden); und John Churchill, Englands vielleicht erfolgreich-
ster General, setzte sich mit dem Titel eines Herzogs von Marlborough
zur Ruhe und erhielt von der Nation eine beträchtliche »Abfindung«,
die ihm den Bau einer aufwendigen Residenz ermöglichte (Blenheim Pa-
lace außerhalb Oxfords). Titel und Land waren im 17. Jahrhundert vermutlich die gängigste Form der Belohnung für militärische Führungs-
personen – insbesondere für jene, die als Auftragnehmer für ein oder
mehrere Regimenter tätig waren. Sie mögen nicht immer den vollen,
noch ausstehenden Betrag ihres Solds erhalten haben, aber mit Sicherheit hatten sie reichlich Gelegenheit, sich aus alternativen Quellen zu bedienen. In der Region rund um Stralsund in Pommern, die 1648 durch
den Westfälischen Frieden an Schweden fiel, gelangten 40 Prozent aller
Landgüter in die Hände vormaliger Armeeoffiziere (wobei der durchschnittliche Besitz aus 14 Bauernhöfen bestand), und nach der Eroberung Irlands durch Cromwell 1649-50 wurde der noch ausstehende Sold
sowohl der Offiziere wie der Soldaten durch konfisziertes Land abgegolten (wobei jeder im Durchschnitt 60 000 Quadratmeter Land erhielt).
Kompanieoffiziere konnten auch durch den Erwerb von Häusern in besetzten Städten zu Reichtum gelangen, indem sie diese zu einem späteren Zeitpunkt mit Gewinn verkauften; des weiteren durch die Annahme
von Bestechungsgeldern, die von ausgewählten Haushalten für die Befreiung von anderen Zahlungsleistungen gezahlt wurden; und durch
eine künstlich hochgetriebene Inflationsrate, um für ihre Einheiten
mehr Nahrung und Kriegslohn zu erhalten, als ihnen zustand. Und alle
vermochten ihren Profit durch Plünderungen zu steigern.

Das wirkliche Problem lag freilich weniger darin, reich zu werden, als
reich zu bleiben. Sydnam Poyntz, ein englischer Offizier von niedriger
Herkunft, der im Dreißigjährigen Krieg diente, war nicht der einzige,

DER SOLDAT 81

der mehrmals sein Glück machte, um es sogleich durch Mißgeschick oder Sorglosigkeit wieder zu verlieren. Wie ein französischer Moralist 1623 bemerkte, könne man für einen Soldaten, der durch den Krieg reich geworden war, »fünfzig andere finden, die nichts als Verletzungen und unheilbare Krankheiten davontrugen« (Crucé 1623, S. 13). Aber vielleicht war diese Äußerung, die natürlich nicht verifiziert werden kann, etwas zu zynisch; denn Verletzungen und unheilbare Krankheiten beschränkten sich schließlich keinesfalls allein auf Soldaten. Wie Thomas Hobbes schrieb, war das Leben aller Männer und Frauen im 17. Jahrhundert »einsam, armselig, ekelhaft, tierisch und kurz« (Hobbes 1651, S. 99, zit. nach der dt. Ausg. 1984, S. 96). Im Europa des Barock, wo Tod, Krankheit und Not zu den allgemeinen Begleiterscheinungen des Krieges gehörten, war es oftmals innerhalb der Armee sicherer als außerhalb von ihr. Diejenigen, die es – ähnlich dem Soldaten in *Don Quijote* – aus Not in den Krieg trieb, mögen nicht in jedem Fall die schlechteste Wahl getroffen haben. Denn nach allem war es, wie Fulvio Testi gesagt hatte, das »Jahrhundert des Soldaten«.

Kapitel 3

Der Finanzier

Daniel Dessert

Das Zeitalter des Barock ist nicht nur das »Jahrhundert der Heiligen«.
Auf allen Kontinenten machen sich vielmehr Auswirkungen der siegreichen Gegenreformation bemerkbar. Sie lassen sich auf Maßnahmen der
katholischen Kirche, wie Seelsorge, Reform oder Mission, zurückfüh-
ren, die darauf angelegt sind, vorübergehend an den Protestantismus ver-
lorenes Terrain zurückzugewinnen. Die rasante Wiederbelebung des mi-
litanten Katholizismus beschränkt sich nicht auf den religiösen Bereich.
Auch auf anderen Gebieten wirkt sie sich je nach den Gegebenheiten ver-
schiedenartig, stets aber fundamental aus. Dabei spielen finanzielle Fragen eine ebenso große Rolle wie die Dispute über die Gnade oder den
Eifer der Missionare. Der »katholische Kreuzzug« wird als direkte und
bewaffnete Auseinandersetzung mit den protestantischen Kräften geführt. Die Religionskriege sind Ausdruck und in mancher Hinsicht
auch Ursache nationalstaatlicher Konflikte. Das Auftauchen nationaler,
auf Einheit bedachter Monarchien wird durch die politischen Rivalitäten zwischen den imperialistischen Herrscherhäusern, insbesondere zwischen dem Hause Habsburg und seinem jeweiligen Gegenüber in Frankreich, England und den Niederlanden, hervorgerufen und verstärkt. Auf
diese Weise gewinnt der Staat an Gewicht in einem europäischen Universum, das sich nach und nach seinem mittelalterlichen festen Gefüge ent-
zieht. Der damit verbundene relative Triumph der monarchischen
Mächte über die feudale Gesellschaft läßt sowohl in Frankreich und England als auch in Spanien eine judikativ und fiskalisch zentralistische Verwaltung entstehen, die es den europäischen Monarchien erlaubt, ihre
Macht bis zu den Grenzen ihres Territoriums wirksam werden zu las-

sen. Parallel hierzu ergibt sich die Notwendigkeit, ein stehendes, besoldetes Heer zu unterhalten. Durch eine unmerkliche Verlagerung verwandeln sich die Religionskriege in nationale Auseinandersetzungen, wobei das hugenottische – mit der »Allerchristlichsten Majestät« alliierte – Europa dem katholischen König und dem Reich siegreich die Spitze bietet. So geht das Goldene Zeitalter zu Ende, das 16. Jahrhundert, das Spanien im Genuß aller Reichtümer Indiens gesehen hatte, Reichtümer, aus denen ganz Europa durch eine großzügige Umverteilung Nutzen gezogen hatte.

Das 17. Jahrhundert steht aufgrund dieser Konfliktsituationen im Zeichen des Kriegsgottes Mars. Die Feindseligkeiten kennen so gut wie keine Atempause. Der Krieg tobt durch den ganzen Kontinent, als Bürgerkrieg und Religionskrieg in Frankreich und England, als nationaler Krieg bei der Erhebung der Vereinigten Niederlande. Die Bildung regulärer Armeen mit Einheiten aus manchmal über hunderttausend ständig unter Waffen stehenden Männern bringt unversehens schwere finanzielle Probleme mit sich, Probleme, die zur Zeit der mittelalterlichen Kriegshaufen mit einigen tausend vorübergehend zusammengezogenen Männern unbekannt waren. Das gleiche gilt für die Seestreitkräfte, spielen sie doch für das Schicksal der Nationen eine wachsende Rolle. Dies illustriert das Los der »Unbesiegbaren Armada« ebenso wie die Entstehung und spätere Konsolidierung der Vereinigten Niederlande. Hätten sie ohne Kriegsmarine ihre Unabhängigkeit gegen die mächtigen Nachbarn und die spanische Herrschaft durchsetzen können? Kurz gesagt, Heer und Marine beanspruchen im Zuge verbesserter militärischer Techniken ständig mehr Waffen, Ausrüstung und Munitionsnachschub. Was den Sold angeht, so hängt die Strategie von der pünktlichen Zahlung ab: kein Geld, keine Truppe. Montecuccoli faßt das Problem in einem berühmten Aphorismus zusammen: »Für den Krieg braucht man drei Dinge: 1. Geld; 2. Geld; 3. Geld.« Zu dieser Gier nach Metall kommt jene hinzu, die aus den Bedürfnissen für die Verwaltung und Diplomatie eines zentralisierten Staates erwächst. Darum ist es auch nicht verwunderlich, daß die finanzielle Frage im Zeitalter des Barock eine besondere Brisanz erhält – so, daß man bei allen Regierungen von einer Art Besessenheit sprechen kann.

Die Natur des monetären Instrumentariums vergrößert zudem das Problem. In dem damaligen Europa kennt man nur ein einziges universelles Zahlungsmittel: die Metallmünze, aus Gold natürlich, vor allem aber aus Silber, für das alltägliche Leben schließlich die billige Scheidemünze aus Kupfer. Seit Ende des 15. Jahrhunderts zieht Europa den Nutzen aus der Anhäufung der Metalle der Neuen Welt. Unstreitig vereinfacht diese »Himmelsgabe« die Expansion der Staaten und den Aufschwung ihrer Politik. Daraus zieht der Krieg zunächst seine Nahrung, aber auf lange Sicht erfordert er durch seine Dauer mehr, als die Regierungen für ihn beschaffen können. In der Tat reicht das im Umlauf befindliche Metall nicht mehr aus für die Deckung des gesamten Bedarfs, weder der alltäglichen Wirtschaft noch des unersättlichen Kriegs. Diese Kluft zwischen Angebot und Nachfrage stellt die hauptsächliche Herausforderung dar, mit der es jetzt alle europäischen Staaten aufzunehmen haben. Von der erfolgreichen Gewinnung des wertvollen gelben oder weißen Metalls hängen Glück oder Unglück der großen Nationen des alten Kontinents ab. Die gewöhnlichen Einnahmequellen der Fürsten würden in dieser Kriegslage ihre Ausgaben nicht decken können, insbesondere nicht die Kriegsausgaben. Je mehr sich der Gott des Krieges am Spiel beteiligt, desto größer wird für jeden Staat der Abgrund, in welchem seine Ziele unterzugehen drohen, wenn er ihn nicht zuzuschütten versteht. Unvermeidbar nimmt so der Kampf zwischen Spanien und Frankreich, für die Bevölkerung ebenso wie für die Politiker, die Form eines unerbittlichen Geldkrieges an. In einem solchen Kontext wird jedem Individuum, das in der Lage ist, den Regierungen in ihrer finanziellen Not (und sei es nur durch eine geringfügige Erleichterung) zu helfen, ein gewichtiger Platz auf der nationalen Bühne eingeräumt.

Vor diesem Hintergrund ist die Figur des Finanziers zu sehen, einer zentralen Gestalt der Gesellschaft im Barock. Besitzt er nicht ein außergewöhnliches Privileg, auf geheimnisvolle, beinahe wundersame Weise Geld vergeben zu können – während doch jedermann daran Mangel leidet, allen voran die Staaten? Diese Fähigkeit, die er entweder seiner persönlichen Geldbörse oder einem Kredit dritter Personen verdankt, macht den Finanzmann zu einem besonderen Individuum, sehr umschmeichelt aufgrund seines Geschicks, aber ebenso auch beneidet und folglich in Verruf gebracht durch all jene, die diese befremdliche Fähigkeit fasziniert, herausfordert oder stört. Sein stolzes Äußeres, sein zur Schau gestellter Reichtum umgeben ihn mit einer zweifelhaften Aura, die die Zeitgenossen mit polemischen Stereotypen und prosaischen Fakten vermischen. Im übrigen wird die Bezeichnung »Finanzier« recht willkürlich gehandhabt. Je nach nationaler Eigenart und je nach Laune der Historiker wird sie unterschiedlichen Erscheinungen zugeordnet. Für die einen sind damit die Bankiers gemeint, die den Herrscher beleihen und die Bezahlung der Truppen garantieren, indem sie sich auf ihr über ganz Europa geknüpftes Korrespondentennetz stützen. Für die anderen kommt sie Privatmännern zu, die Barmittel aus zweifelhaften Quellen besitzen und diese den in Notlage befindlichen Fürsten zu eigenem, in der Tat beträchtlichem materiellem Vorteil vorstrecken. Im ersten Fall bietet das Großkapital, kaufmännisches wie bankgeschäftliches, die ausschlaggebenden Lösungen für die monetären Krisen, die die europäischen Mächte des 17. Jahrhunderts erschüttern. Aus der Welt des Handels mit seinen gewinnorientierten Unternehmungen erklärt sich die Vormachtstellung der italienischen und deutschen Bankiers im modernen Staat. Auf dieser Grundlage entwickelt sich die von den Spezialisten des Geldtausches – den Bankiers, Kaufleuten oder Fabrikanten – beherrschte Wirtschaftswelt, die Fernand Braudel so teuer war. Im zweiten Fall muß man eine rigorosere Definition des Finanzmannes einführen, die seiner spezifischen Arbeit, seiner soziologischen Analyse und seinen tieferen Motivationen Rechnung trägt. Denn wir haben es in diesem Fall keineswegs mit einer Person mit berechenbaren Motiven zu tun, wie bei dem Bankier oder dem Kaufmann. Der Finanzier hat stets eine Überraschung auf Lager. Gerade weil er im geschäftlichen Alltag anonym bleibt, geht es darum, ihn zu demaskieren, seinen Vorsichtsmaßnahmen zum Trotz, die er ergreift, um die diskreten Kreisläufe, die er in Schwung bringt, vor den Augen des Laien zu verbergen.

Gemeinhin versteht man unter dem Finanzier eine Person, die mit dem Geld des Fürsten umgeht. Das ist ein ziemlich vager Ausdruck, weil demnach alles in allem genommen – trägt man dem hoheitlichen Privileg, das der Krone das Monopol zum Inumlaufsetzen des Geldes verleiht, Rechnung – *jeder* Untertan, der in den laufenden Transaktionen das metallene Instrumentarium benutzt, den Namen »Finanzier« verdient. Eigentlich kommt die Bezeichnung aber nur demjenigen zu, der, aus welchem Grund auch immer, dem Prinzen die Gelder verschafft, die diesem erlauben, seinen Verpflichtungen nachzukommen. In einem Wort, der Finanzier ist eine Art Goldsucher. Auch kann man strenggenommen nicht alle dazuzählen, die nach gängiger Meinung als dazugehörig gelten, so Bankiers und »Geldhändler« aller Art. Die Summen, die sie hin und her überweisen, sind durch die Staatseinkünfte als Pfand gesichert. Was den Kredit angeht, den sie dem Staatsoberhaupt gewähren, so handelt es sich um einen falschen Vorschuß, um einen einfachen Zahlungsaufschub, nicht um eine Finanzierung im strikten Sinne. Der Finanzier dagegen, der eigenes Kapital einbringt, ist ein wesentliches Zahnrad in der Staatsmaschinerie und wird dort, wo die Probleme der Finanzierung extreme Ausmaße annehmen, zum sozialen Archetypus. Nirgendwo sonst gedieh die Sippe der Finanziers so wie in der Monarchie der Bourbonen.

Frankreich stellt mit seinen 18 bis 20 Millionen Einwohnern und seinen höchst verschiedenartigen und ertragreichen Regionen, durch die hohe Geburtenziffer und das große Produktionsangebot die reichste westliche Monarchie dar. Auch ist es das Land, in dem die Macht den geringsten Schwankungen unterliegt, konzentriert sie sich doch in der Hand des Staatsoberhauptes, selbst wenn man noch von dem entfernt ist, was man für gewöhnlich unter dem Konzept des »Absolutismus« versteht. Diese Festigung der Herrschaft wird begleitet von der Entfaltung einer kompletten rechtlichen und administrativen Infrastruktur, die ungeachtet der Oppositionen das ganze Königreich erfaßt. Die Verwaltungsbeamten verdanken dieser Tatsache eine beachtliche Stellung, um so mehr, als durch das Prinzip der Käuflichkeit der Ämter auf Lebenszeit diese Positionen vererbt werden können. Sie beeinträchtigen hingegen nicht – auch wenn dies nach dem eben Gesagten so scheinen mag – die Macht der Aristokratie. Diese bleibt nämlich durch die Grundrente die erste wirtschaftliche und soziale Macht im Land, und der älteste Teil des Adels behält seine Führungsposition in Kriegsangelegenheiten. Der König von Frankreich, der über Menschen und Güter herrscht, kann es sich überdies erlauben, eine angriffslustige Politik zu führen, die darauf abzielt, seine Vormachtstellung in Europa auszubauen. Auf dem Weg zur Verwirklichung dieses Zieles bildet der Kampf gegen die Dynastie Habsburg nur eine Etappe. Die Monarchie der Bourbonen versteht sich, in Übereinstimmung mit einer jahrhundertealten Tradition, als Militärstaat. In der Tat ist allein Frankreich dazu in der Lage, in weniger als fünfzig Jahren den Bestand seiner Truppen von einigen zehntausend Mann auf nahezu 400 000 Mann zu erhöhen, eine Zahl, die für jene Zeit ohne Beispiel ist. Das hindert es allerdings nicht daran, sich darüber hinaus unter der Regie von Richelieu und später Colbert mit einer Seestreitkraft und einer maritimen Infrastruktur auszustatten, die es ihm erlauben, Spanien zu besiegen und für kurze Zeit mit den Vereinigten Niederlanden und England zu rivalisieren.

Unter diesen Bedingungen ist eine Situation, in der Feindseligkeiten ausbrechen können, nicht länger außergewöhnlich, sondern wird zur Normalität. Zwischen 1610 und 1715 führt Frankreich alle zwei Jahre eine kriegerische Auseinandersetzung, und wenn es gerade keine Schlacht zu schlagen gibt, bereitet es sich auf die nächste vor. Aus diesem Grund gewinnen die finanziellen Anforderungen den Vorrang vor allem anderen. Schon chronisch zu nennen sind die Situationen, in denen die Lage des Königs von Frankreich ausweglos erscheint: Die Kassen tönen hohl. Jedesmal aber entkommt er den Risiken zum Trotz mit Hilfe der nicht abflauenden Unterstützung der Geldmächte einer Katastrophe. Die Finanziers bilden eine besondere Gruppe im Königreich, von der der Staat mehr als überall sonst abhängt. Durch seine soziale Position, seinen Stellenwert in der Wirtschaft, seine Rolle an der Seite der Machthaber vereinigt der *französische* Finanzier alles in seiner Person, womit der Finanzmann im Barockzeitalter zu tun hat. Auf ihn wird sich unsere Aufmerksamkeit richten, nicht aufgrund einer chauvinistisch beeinflußten Entscheidung, sondern weil er der Prototyp des Genres ist.

Se mettre dans les finances, ins Finanzwesen gehen, wie ein zeitgenössischer Ausdruck lautet, bedeutet mehr als nur die gewöhnliche Wahl einer Laufbahn. Wer diesen Weg einschlägt, läßt sich auf einen tückischen Werdegang ein, denn er entscheidet sich angesichts der Gesellschaft und ihrer Vorurteile für ein Dasein als Außenseiter, der allen möglichen Anfeindungen ausgesetzt ist. In gewisser Hinsicht kommt diese Wahl der religiösen Berufung recht nahe. In beiden Fällen willigt man ein, mit der Welt zu brechen, das eine Mal in der Hingabe an den Gott geweihten Dienst, das andere Mal, um – ein verachtenswertes Geschäft! – das Goldene Kalb anzubeten. Der in Geldgeschäften vor allem angestrebte und selbstverständlich nicht ausbleibende Profit stellt den Kandidaten ins Kreuzfeuer aller Auseinandersetzungen, die die Gesellschaft stets durchläuft, wenn es um finanzielle Händel geht. In einem durch das heiße Klima der Gegenreformation neubelebten, zutiefst christlichen Universum, in einer Gesellschaft, in der die Eliten aus moralischen Beweggründen alles, was mit handwerklichem Gewerbe, Handel und natürlich auch finanziellen Aktivitäten zu tun hat, als ihrer unwürdig verachten – oder zumindest zu verachten vorgeben –, in einer Gesellschaft, die zum großen Teil aus Bauern besteht, die vom Fiskus ausgebeutet werden – wie sollte da der Finanzier nicht zum gemeinsamen Feind erklärt werden, zum Gesindel, das dazu verdammt ist, angeprangert und erbittert verfolgt zu werden? Um so mehr, als der offenkundige soziale und materielle Aufstieg, den der Beruf mit sich zu bringen scheint, den Haß verstärkt, der aus Verdruß und Neid insgeheim seine Nahrung zieht. Man könnte den Finanzier auf den ersten Blick und im Sinne einer Annäherung von außen als eine Person bezeichnen, die sich gegen die Gesellschaft wendet und nicht nur deren geheiligte moralische, sondern auch ihre politischen Gesetze mißachtet. Eine wahrlich unbequeme Position. Der Beobachter, der ihn nicht von nahem besieht, macht sich also ein fast gänzlich negatives und von Widersprüchen durchsetztes Bild vom Finanzier.

Von Natur aus spottet der Finanzier der Lehre der Kirche, die von jeher das verzinsliche Darlehen verbot und es praktisch dem Wucher gleichstellte. Die Gegenreformation hat in keiner Weise die Gültigkeit der Botschaft des Evangeliums eingeschränkt, ganz im Gegenteil. Der selige Alain de Solminihac, Bischof von Cahors, das vollkommene Beispiel eines reformerischen Prälaten im Königreich Frankreich, fällt ein erschreckendes und unwiderrufliches Urteil: »Der Wucher, eine der Sünden, die am meisten dem Seelenheil im Wege stehen«, sei von Übel, weil er sich im Gegensatz zum Naturrecht, zum göttlichen und zum kanonischen Recht befinde. Sein Kollege und Freund Etienne Pavillon, der überaus sittenstrenge jansenistische Bischof von Alet, vertritt die gleiche Unnachgiebigkeit in seinem Rituale. Somit muß der Finanzier hinnehmen, daß man ihn aufgrund seines Standes aus der christlichen Gesellschaft ausschließt; durch seine Tätigkeit ist er den Flammen der Hölle geweiht. In einer so religiösen Welt wie der des 17. Jahrhunderts erscheint es unbegreiflich, daß ein Individuum – und es sind schließlich deren eine ganze Reihe – aus freien Stücken in Kauf nimmt, gewissermaßen auf den Index gesetzt zu werden. Hier stößt man auf einen ersten Widerspruch. Daß eine von sakralen Dingen umgebene Gesellschaft so viele Übertreter ihrer so strengen und eindeutigen Prinzipien hervorbringt, offenbart eine auffallende Paradoxie. Von Anfang an hat der Finanzier etwas von einem Ausgestoßenen an sich, und seine Beziehungen zu seinen Mitbürgern erleichtern ihm gewiß nicht seinen in jeder Hinsicht schwierigen Stand.

Unter den Untertanen des französischen Königs gibt es keinen, der nicht den Finanzier der Schmach preisgäbe. Er ist schließlich für die Staatseinnahmen und ihre Eintreibung verantwortlich und läßt das Volk seine Gegenwart durch eine ganze Anzahl von Mittelsmännern, ihrerseits als Verfolger angesehen, spüren. Im Krieg wird die Steuerlast für die Bauern zunehmend drückender. Auf ihnen lasten die direkte Steuer, die *taille* (regelmäßige Abgabe, die von Adel und Klerus nicht entrichtet werden mußte), und zudem die indirekten Steuern, die auf den Warenverkehr und den Konsum von landwirtschaftlichen Nahrungsmitteln und Getränken, auf Salz und auf Gebrauchsartikel erhoben werden. Diese Steuerlast steigt in einem einzigen Jahrzehnt, im Zeitraum von 1630 bis 1640, etwa auf das Dreifache. Die Politik Richelieus, mit der er die Dynastie Habsburg zu stürzen trachtet, impliziert einen Geldkrieg Frankreichs, als des reichsten Staates der Christenheit, gegen die Krone, die die Reichtümer der Neuen Welt besitzt. Es handelt sich hierbei um eine Kraftprobe, um deren Entscheidung willen jeder seine kompletten Ressourcen in die Schlacht wirft. Die Untertanen werden geschröpft und, wenn es sein muß, gar der Vernichtung preisgegeben, um den endgültigen Sieg zu ertrotzen.

Ein solches Programm erfordert, daß man den Gesellschaftskörper gut zu handhaben versteht: Trotz der absolutistischen Ambitionen des Monarchen bleibt die Steuererhebung unübersichtlich. Die *taille* – eine Repartitionssteuer – und vor allem die indirekten Steuern, wie z. B. die äußerst unbeliebte Salzsteuer, werden durch einen Verwaltungsapparat erhoben, der zum Teil in der Hand des Königs liegt (etwa bei der *taille*) und zum Teil privat ist (wenn es um die Generalpacht geht). Hinzu kommt, daß die Beziehungen zwischen dem einfachen Volk und den Finanziers sich schnell konfliktreich gestalten, da sie ausschließlich auf Zwang beruhen. Die Auseinandersetzung zwischen den Bürgern und den Agenten der Finanziers gewinnt dadurch dramatischen Charakter. In dem Maße, wie der Krieg sich hinzieht, nimmt das einfache Volk die zahlreichen Steuererhebungen mit wachsender Ungeduld hin. Das Gefühl des Beraubtwerdens, das die erzwungene Entrichtung begleitet, mündet unausbleiblich in Wut, sobald die schlechten Ernten die landwirtschaftliche Lage noch prekärer gestalten.

Im ganzen Königreich wird der Finanzier als personifizierte Habgier angesehen, als Mensch, der dem Leid der armen Leute sein Herz verschließt und der sein niederträchtiges Gewerbe vermittels seiner Faktoten ausübt. Damit wird er zum Symbol für eine Unterdrückung, die die Grenzen der Belastbarkeit übersteigt. Die Wut, die die Eintreiber der Salzsteuer ernten, gilt ihren Meistern. Zahlreich sind die Attentate, die in den Dörfern gegen die Beamten der Steuerbehörde verübt werden. Wie viele mögen wohl überfallen und mißhandelt, wie viele umgebracht worden sein? Die mehr oder weniger offene Komplizenschaft, die die Bauern von den kleinen Landjunkern erhalten (wenn nicht gar aus dem Milieu der großen Grundherren), bestärkt sie auf ihrem aufrührerischen Weg. Der Adel bedient sich dieser andauernden Unruhe, um seine Position in den Provinzen zu behaupten, auf einfachstem Wege seine Beliebtheit zu vergrößern und vor allem die zentralistischen Bestrebungen des Monarchen zu durchkreuzen, der sich anschickt, seine Vorrangstellung auf den Trümmern der einstigen Pracht des zweiten Standes zu begründen.

Der Gesamtbestand an Zwangsmaßnahmen, die an den Krieg geknüpft sind, erklärt, daß zwischen 1635 und 1675 im ganzen Königreich des öfteren *émotions* ausbrechen, bewaffnete Erhebungen, die durchgängig einen gegen den Fiskus gerichteten Charakter erkennen lassen. Das gilt für die Bauern im Angoumois und im Poitou (1636), für die *nu-pieds* (»Barfüßigen«) aus der Normandie (1639) und für die Revolte gegen das Stempelpapier in der Auvergne im Sommer 1675. Der Ruf, der von einer Provinz zur anderen erschallt, »Es lebe der König ohne die Salzsteuer«, läßt sowohl den Konflikt mit dem Fiskus als auch die Ablehnung gegenüber dem Finanzier erkennen. Der Zorn des Volkes richtet sich gegen eine ferne Persönlichkeit, auf die man keinen Zugriff hat und die man nur über ihre Vertreter kennt. Ihr Auftraggeber ist um so verhaßter, als er im Nebel bleibt. Auf ihn kann man die gesamte Verbitterung abladen. Nun ist aber diese Verurteilung ohne mildernde Umstände nicht nur den unteren Klassen eigen. Man begegnet ihr auch aus dem Munde der Herrschenden, eine furchtbare Ächtung, da sie ja von jenen ausgeht, die das Land regieren und diesem als Vorbild dienen.

Je länger sich der Krieg hinzieht, ohne daß die gewöhnlichen Einnahmen Schritt hielten, um so mehr muß die Monarchie sich fortgesetzt neue Notlösungen ausdenken – und die Phantasie ist in diesen Dingen produktiv! –, die unter dem vielsagenden Etikett »außerordentliche Angelegenheiten« zusammengefaßt werden. In Wirklichkeit handelt es sich um eine Vielzahl von Finanzgeschäften, die von der Vergabe von Renten bis hin zur Staatsanleihe, die durch Hypotheken auf Ländereien und deren Veräußerung abgedeckt ist, und dem Verkauf von Ämtern auf Lebenszeit reichen. Dieses letztgenannte Verfahren verzeichnet im Laufe des 17. Jahrhunderts einen beträchtlichen Aufschwung. Käuflich ist sowohl das richterliche als auch das administrative Amt. So konnte im Prinzip jeder ausreichend wohlhabende Untertan des französischen Königs ein hoher Beamter werden. Die Monarchie macht aus der Not eine Tugend und nutzt ohne die mindesten Skrupel die Erleichterungen, die jene »außerordentlichen« Mittel mit sich bringen. Renten, Darlehen, Verkauf von Ämtern und Rechtsübertragungen sorgen für einen vom Staat kontrollierten Handel, der im Einvernehmen mit Privatleuten abgeschlossen wird, denen es obliegt, diese Geschäfte in der Öffentlichkeit an den Mann zu bringen. Man nennt diese Verträge *traités* (Abkommen) oder *partis* (Vereinbarungen), und bald taucht auch das Substantiv auf, um jene zu bezeichnen, die darum Sorge tragen. *Traitants* (»Verhandelnde«, zugleich ein Wortspiel mit *traitre*, »Verräter«) und *partisans* (»Beschlußfassende«, aber auch »Parteigänger«) erhalten auf diese Weise Eingang in die kleine Welt der Finanzen. Die ihnen zugeschriebene Bezeichnung symbolisiert all das, was die Finanzwelt verabscheuenswert macht. Diese Geldleute, angetrieben durch die dringenden Erfordernisse der Monarchie, ziehen sie – mit deren Einverständnis – in eine Spirale ohne Ende hinein. Die Leichtigkeit der Prozedur verbirgt ihre bedenklichen Seiten. Die Steuerpächter schlagen den Mächtigen, um deren Appetit auf das wertvolle Metall zu stillen, immer neue Geschäfte vor, die ihnen selbst einträgliche Gewinne versprechen. Und diesmal sind es nicht die »kleinen Leute«, auf die sich ihre Aktivitäten richten, sondern die reichsten Schichten der Gesellschaft, und diese sind zudem noch sehr bereitwillige Opfer!

In diesem Frankreich des 17. Jahrhunderts gibt es für die wohlhabenden Randgruppen der Agrarwelt und das kaufmännische Bürgertum kein besseres Mittel des Aufstiegs als das Beamtentum. Der kleine Teil der Macht, ob administrativ oder richterlich, den der Amtsinhaber ausübt, hinterläßt auf ihm durchaus seinen Glanz, und das um so mehr, als am Ende einer Laufbahn des Müßiggangs die Möglichkeit zur Aufnahme in die herrschenden Klassen besteht. Die Ausübung eines seinen Träger in den Amtsadel erhebenden Amtes, wie das der Angestellten der Rechnungskammern, oder gar eines erstrangigen, wie das der Kronräte, bietet einen nicht geringen Anreiz für die Leute, deren höchstes Ziel in der Zugehörigkeit zum zweiten Stand besteht. Außerdem steigt mit der Käuflichkeit der Ämter der Wert derjenigen, die besonders hochgeschätzt sind; dies aber zieht die Bereicherung jener, die sie besitzen, nach sich, eine Bereicherung, die mit der Politik der adligen Schichten im Ein-

klang steht. So läßt sich sagen, daß alles, was Ämter und Verwaltung angeht, in gleichem Maße die Sache von Bürgertum und Amtsadel ist.
Ebenso verhält es sich mit der Staatsanleihe. Sie ist eine bequeme Fi-
nanzierungsquelle für den Staat, als dessen Bürge – allerdings nur auf
dem Papier, als Strohmann gewissermaßen – das Rathaus von Paris fungiert. Somit trägt die Staatsanleihe neben der Grundrente zur Begründung und Konsolidierung des Vermögens des begüterten Franzosen bei.
Alles, was damit im Zusammenhang steht, vor allem die Pünktlichkeit
der Zahlungen, erweist sich als hochbrisant. Man scherzt nicht über solche Themen. Die Verwaltung der außerordentlichen Angelegenheiten
wird also mit Leidenschaft verfolgt. In so einer Lage ruft die geringfügig-
ste Aktion der spekulierfreudigen Finanziers Unruhe hervor: Die vielfältigen Schwankungen unterliegenden sozialen und politischen Auswirkungen beschränken sich somit nicht auf die Privatsphäre, sondern
beeinflussen direkt das öffentliche Leben. Nun können aber diese Angelegenheiten unter dem Druck der Steuerpächter eine Wendung annehmen, die sie auf verschiedene Art außer Kontrolle geraten läßt, und jedesmal wächst die Anspannung auf den Geldmärkten.

Die Erfordernisse des Krieges zwingen den Staat, sich Barmittel zu
verschaffen, indem er die Grundrenten aufstockt, die Zahl der Ämter
vermehrt und mit Ländereien spekuliert, die zunächst verkauft werden,
um anschließend einen vorteilhaften Rückkauf zu erzwingen und weiteren Veräußerungen zuvorzukommen. Das Aufblühen dieser »außerordentlichen« Maßnahmen zielt im wesentlichen darauf ab, die angepaßte-
sten Schichten des Bürgertums, ja sogar des Adels zu schröpfen, die ihrerseits durch das Übermaß solcher Notlösungen mit Sorge erfüllt sind.
Indem man zu viele Ämter schafft, wertet man sie ab. Hinzu kommt, daß
man durch eine zunehmende Verschuldung die Renten aufbläht und zugleich die Zahlung erschwert. Angesichts der Bedrohlichkeit des Übels,
das sich dank der diabolischen Erfindungsgabe der Steuerpächter noch
verschlimmert, erklären sich die Amtsinhaber zu Feinden der Sondersteuern (*maltôte*). Diese Reaktion geht von den sehr einflußreichen Mitgliedern des Parlaments aus und erobert alle Klassen. Die Herren im Parlament befürchten nicht nur den materiellen Nachteil, sondern sehen im
Finanzier auch das Symbol des absolutistischen Staates. Zur ökonomischen Streitsache zwischen ihnen und der Krone kommt also eine politische Gegnerschaft hinzu.

Angesichts des Machtzuwachses der Monarchie und deren Absicht, das Parlament auf eine Registrierungsbehörde zu reduzieren, beschließt der Amtsadel (*robins*), die komfortable Rolle der Väter des unterdrückten Volkes zu bekleiden. Der Vorwand ist ausgezeichnet: Sie nehmen ihre eigene Institution in Schutz, indem sie jene Vertreter der öffentlichen Macht verantwortlich machen, die die ehrgeizigen Absichten und Ansprüche des Amtsadels zu beschränken suchen.

In einem solchen Klima ist es nicht erstaunlich, daß man den Finanzier als Teil eines Staatsmolochs betrachtet, der seine Kinder grausam verschlingt. Unter der abschätzigen Bezeichnung des Gelderpressers (*maltôtier*) oder des Unterhändlers (*traitant*) ist er die Zielscheibe, die man anvisiert und gegen die sich das ganze Gewitter an Bitterkeit eines Mikrokosmos entlädt, der sich plötzlich aufgrund gemeinsamer wirtschaftlicher, politischer und sozialer Interessen gebildet hat. Im gesamten Königreich hallen die rachedurstigen Kampfreden wider. In diesem Sinne schöpft die Fronde des Parlaments ihre Kraft aus dem quasi antifiskalischen Ressentiment gegen den Finanzier, von dem das einfache Volk beseelt ist. Die alte Aristokratie steht dem nicht nach. Aus ähnlichen Gründen wie die Beamten stimmt sie in das Konzert der Wehklagen ein. Im übrigen kommt die Moral, die sie in alle Winde ausruft, auf diesem Gebiet sehr gut zur Geltung. Für den alten Adel gilt es, eine soziale und moralische Integrität zu verteidigen: Keineswegs darf es dahin kommen, sich durch diese steinreichen Emporkömmlinge verdrängen zu lassen, die im Vertrauen auf ihren Wohlstand die Tugend einer gesellschaftlichen Gruppe in den Schmutz ziehen, die ja selbst durch den Aufstieg und den Ehrgeiz der monarchischen Macht bedroht ist. Kurz gesagt, alles trägt dazu bei, den Finanzier zum öffentlichen Feind zu stempeln.

Es ist ein erstaunliches Paradox, daß ausgerechnet derjenige, der den Staat und seinen absolutistischen Willen verkörpert und deshalb selbst mit Argwohn bedacht wird, nämlich Richelieu höchstpersönlich, die Angelegenheit folgendermaßen kurz und bündig zusammenfaßt: »Die Finanziers sind ein Übel, aber ein notwendiges Übel.« Zwar sind die Finanziers insofern die unentbehrlichsten Gehilfen des Staates, als der Staat ohne ihr Amt nicht bestehen, geschweige denn handeln könnte, doch gleichzeitig beunruhigt die Machthaber ihre wachsende Bedeutung. Richelieu ist sich dessen bewußt, wie sehr er auf die Geschäftsleute angewiesen ist, eine Abhängigkeit, die ihm unerträglich ist. Aus dem überhöhten und fast unerschwinglichen Preis für ihre Dienste leitet er die Rechtfertigung für seine Zornesausbrüche gegen sie ab. Die Monarchie, die die Kosten für einen Krieg mit unabsehbarem Ende auf möglichst erträgliche Weise zu decken hat, weiß sich in einem Wahnsinnssystem von nicht rückzahlbaren Anleihen gefangen. Weil das Geld knapp wird, müssen die Steuerpächter es teurer vergüten, und ihre Amtsausübung wird desto kostspieliger. Der den Finanziers zugebilligte Zins wächst auf diese Weise endlos weiter an: Der Steuernachlaß, den ihnen der Staat zu genehmigen gezwungen ist, steigt erst auf 25 Prozent an, dann auf 30 Prozent und erreicht schließlich in bestimmten Fällen 50 Prozent. Wie sollte man sie da nicht als Räuber ansehen, die sich an staatlicher Beute bereichern? Die bei den Franzosen gegen die Finanziers vorherrschende Grundstimmung steht auf seiten der verbitterten monarchischen Machthaber, die doch selbst die Spezies der Finanziers hervorgebracht haben.

Das damit gekennzeichnete Verhalten der Monarchie gewinnt in dem Maße an Folgerichtigkeit, als ihr die Höhe ihrer Zahlungsverpflichtungen den Bankrott aufzwingt. So kommt es ganz wie von selbst zu der Idee, ihre Schulden auf dem Rücken der Finanziers, ihrer hauptsächlichen Gläubiger, zu tilgen. Diese Vorgehensweise gäbe ihr zudem die Gelegenheit, ihre schon angeschlagene Beliebtheit wiederherzustellen sowie ihre wankende Autorität zu festigen. Also denunziert sie die in Frankreich unbeliebteste Gruppe und macht sie zum Feind. So kommt es, daß die außerordentlichen Gerichte, die zu den prägendsten Faktoren des Jahrhunderts gehören – sie tagten seit 1601 und traten 1605, 1607, 1624, 1648, 1662 wieder zusammen –, zugunsten des Staates ein zweifaches Ziel realisieren: die Verschuldung versiegen zu lassen und die Herzen wiederzugewinnen. Eine ausgezeichnete Taktik, um die Koalition der Gegner, der Bürger, Amtsinhaber und Adligen, zu entwaffnen. Zuletzt findet sich der Finanzier in jeder Hinsicht aus der Gesellschaft ausgestoßen. Hier liegt die Quelle der antipathischen Auffassung, die sich die Menschen des 17. Jahrhunderts von diesem Typus bilden.

Das Bild vom Finanzier variiert zu seiner Zeit fast gar nicht, ob man nun die Literatur oder direktere Zeugnisse zu Rate zieht, welche in Form von genealogischen Dokumenten oder zeitgenössischen Memoiren überliefert sind. In den Pamphleten, etwa dem *Bréviaire des Financiers*, ebenso wie in den *Historiettes* von Tallemant des Réaux und den *Caractères* von La Bruyère, zirkuliert – unendlich reproduziert – das gleiche an Platitüde grenzende karikaturistische Porträt. So zeigt diese wundersame Übereinstimmung zumindest, mag das Porträt auch falsch sein, daß die Franzosen der Barockzeit es für wahrheitsgemäß halten. Jeder Autor hebt nach Lust und Laune bestimmte Züge hervor, die allesamt weitestgehend mit den Vorurteilen des Jahrhunderts aufs äußerste übereinstimmen. Allen Autoren gemeinsam ist die Verspottung der unbekannten, wenn nicht gar (im engeren Sinne des Wortes) gemeinen Herkunft eines jeden Finanziers. Will man ihnen Glauben schenken, so handelt es sich durchgehend um Söhne von Stallburschen, von Dienstboten, die dank der Sondersteuer aus niederen Schichten emporkamen und die durch den Reichtum in die Aristokratie eingeführt wurden: auf dem Umweg adelnder Ämter, besonders jener der königlichen Sekretäre – volkstümlich als »Toilettenseife für Bauern« bezeichnet –, oder auch dank skandalöser Verheiratungen ihrer Sprößlinge mit Kindern des Amtsadels oder des Schwertadels. Der »Lakai«, der zum Finanzier wird, ist ein Allgemeinglaube, eine Binsenweisheit, die niemand anzuzweifeln dächte.

Abgesehen von der Dreistigkeit einer solchen für die Vorstellungen des Ancien régime unerhörten »Verwandlung« wird auch die Persönlichkeit des Finanziers selbst in Frage gestellt. Er wird als verachtenswert angesehen, weil er moralisch und physisch verdorben ist. Spricht nicht La Bruyère von seiner »aus Abfall und Schmutz« geformten Seele? Man prangert seine Geldgier und seine Niedertracht an, dazu seine Ausschweifungen und seine Sitten ebenso wie seinen Dünkel und seine Naivität, die ihn dazu verleiten, inmitten der allgemeinen Misere der ehrbaren Leute einen unverschämten Luxus, prunkvollen und mannigfaltigen Besitz und einen unerhörten Lebensstil zur Schau zu tragen. Er äfft den Hochadel nach, dessen Ehre er beschmutzt, indem er behauptet, adlige Vorfahren zu haben. In den Pamphleten gegen Mazarin, den *Mazarinades*, schreckt man nicht vor den niedrigsten und verleumderischsten Unterstellungen zurück. Alle Mittel sind recht, um zu erniedrigen. In heftigem und diffamierendem Gerede entladen sich lautstark der Haß und der Neid, die Mazarin in seinem glanzvollen Glück erregt.

Diese Schwarzweißmalerei, die alle von der Aristokratie geschätzten Werte, wie Ehre, Rechtschaffenheit, Uneigennützigkeit oder Geburt, in ihr Gegenteil verkehrt, festigt einen sozialen Mythos, den »Lakai-Finanzier«, und hinter diesem Archetypus ist eine ganze politische Philosophie verborgen, die glauben macht, im Königreich werde die ganze Nation durch diesen Halunken ausgenommen, weil sowohl die Eliten als auch das einfache Volk Opfer dieses sozialen Abschaums seien, dieses

Auswuchses der verachtenswertesten Schichten der Gesellschaft. Eine sonderbare Sichtweise, die es gestattet, sich zu rehabilitieren: Die herrschenden Gruppen spielen sich zu Advokaten der kleinen Leute auf – eine wirksame Methode, die eigene Position zu stärken. Dieses Unternehmen wird von einer kaum verschleierten Kritik an der zentralistischen monarchischen Macht begleitet, die die besagten Karrieren, die den Grundlagen der Gesellschaft des Ancien régime widersprechen, zuließ. Eine politische Kritik, die zugleich mehr ist, denn oft wird der Finanzier als der spitzbübische Mitverschwörer eines korrupten Ministers dargestellt. Dieser Vorwurf wird z. B. gegen den Finanzminister (*surintendant des finances*) Fouquet oder gegen verabscheute Ausländer, wie Concini oder Mazarin, erhoben, und die Polemik erhält dadurch einen Beigeschmack von Fremdenhaß.

Nun ist aber aus der Sicht der Zeitgenossen der Finanzier eine sehr merkwürdige Figur. Wie kann man sich in der streng hierarchisierten Gesellschaft des 17. Jahrhunderts vorstellen, daß ein Individuum aus dem Nichts so weit emporkommt, wie läßt sich eine derartige »Verwandlung« denken, die sich mehrere hundertmal wiederholt? Und wahrhaftig, die Kluft zwischen dem weithin verbreiteten Bild vom Finanzier und seinem wirklichen Profil, das die soziologische Untersuchung ergibt, offenbart einen Sachverhalt, der verschleiert werden mußte, um das fundamentale Gleichgewicht im Königreich zu erhalten. In Wahrheit findet dieser Widerspruch vor allem in einer Zweideutigkeit seine Begründung.

Eine prosopographische Untersuchung über etwa 1 000 bis 1 200 französische Großfinanziers des 17. Jahrhunderts, die sich auf notarielle Archive, Archive des königlichen Finanzrates und Schriftstücke der außerordentlichen Gerichte stützt, zeichnet ein von den literarischen Quellen stark abweichendes Porträt vom Finanzier. Die Finanziers kommen nicht aus der Gosse: Dies ist eine falsche Vorstellung, wie die Untersuchungsergebnisse beweisen. Ein anderes Vorurteil zeigt die Finanziers als Fremdlinge. Aber auch das trifft in keiner Weise zu. Trotz der Berühmtheit mancher ausländischer Geschäftsleute, Italiener – wie Sébastien Zamet, die Lumagues, die Mascranys – oder Deutsche, wie Hervart, ist die überwältigende Mehrheit unter ihnen – mehr als 75 Prozent – im mittleren Norden Frankreichs geboren. Ihre Familien kommen hauptsächlich aus Paris und der Île de France, oder aber aus den Grenzprovinzen im Osten, der Champagne und Burgund und aus der Gegend der Loire, aus der Touraine, Anjou oder Orléans. Eine Minderheit von 25 Prozent kommt aus dem Süden, und dort hauptsächlich aus Lyon und Umgebung oder aus dem Languedoc. Diese Verteilung ist nachvollziehbar. Sie zeugt von den engen Verbindungen zwischen der Macht und dem Geld. Paris, als traditionelle Hauptstadt der Monarchie, die Île de France, als ihre Wiege, die Gegenden der Loire, als ihr Schwerpunkt zwischen dem Ende des 15. und dem Ende des 16. Jahrhunderts, bieten den Familien – in der Nähe des Sitzes der Monarchie – mehr bequeme Möglichkeiten, an der Nutzung der königlichen Finanzen teilzuhaben. Die Tatsache, daß die Champagne und Burgund vertreten sind, erklärt sich daraus, daß diese beiden Provinzen die Basis für militärische Operationen darstellten. Der Einsatz der Streitkräfte erfordert Versorgung und Ausrüstung der Truppen, wofür in ausreichendem Maße Handelsaktivitäten und Bankbewegungen vorzusehen sind. Von der Munitionslieferung für den Krieg bis hin zu seiner Finanzierung ist nur ein Schritt, für den sich die Wagemutigsten entscheiden. Aus dem gleichen Grund bringt Lyon, die große Bankmetropole des Königreiches, so viele Steuerpächter im Verein mit Familien von jenseits der Alpen hervor, die seit langem in der Rhônemetropole tätig waren.

Das zweite grundlegende Merkmal: Der Finanzier ist Katholik. Die Protestanten bilden nur eine winzige Fraktion (5 Prozent), die weit überschätzt wird. Diese Fehleinschätzung hängt mit einigen berühmten Gestalten zusammen (Rambouillet, Tallemant, Hervart oder Samuel Bernard), die immer wieder zitiert werden, um das polemische Bild einer hugenottischen Finanz glaubwürdig zu machen. Dabei denkt man, nebenbei bemerkt, wieder einmal an die von Max Weber erkannten Zusammenhänge zwischen Kapitalismus und Protestantismus. Im Frankreich des 17. Jahrhunderts, daran muß festgehalten werden, besteht eine klare Trennung zwischen dem ausschließlich katholischen Finanzwesen (die meisten hugenottischen Familien haben sich schnell davon losgesagt ...) und dem Bankwesen, das – wenn immer in der Hand der Protestanten – ganz weltoffen ist, wie Herbert Luethy gezeigt hat. Diese Dichotomie, die sich teilweise auf die Verschiedenartigkeit der Tätigkeitsbereiche gründet (auch wenn diese sich ergänzen), erklärt sich weiterhin aus der dritten Charakteristik des Finanziers: Er hat gemeinhin ein Amt inne.

In immerhin ungefähr 80 Prozent der Fälle bekleiden die Finanziers ein Amt, manchmal sogar mehrere, die sie gleichzeitig ausüben. Es erstaunt nicht, daß sie sich in erster Linie für die Ämter der Rechnungsbeamten interessieren, die die Gelder der Monarchie verwalten. So die Obersteuereinnehmer – die für einen Steuerbezirk (*généralité*) zuständig sind –, die unter dem Finanzgeneral stehenden *trésoriers généraux* der Hauptkassen der Monarchie (Aufseher der königlichen Staatskasse, Rechnungsführer für Nebeneinkünfte oder für Anteile an Goldmark, Rechnungsführer für ordentliche und außerordentliche Angelegenheiten im Kriege, Rechnungsführer der Marine oder Rechnungsführer der Provinzetats der Provence, des Languedoc oder der Bretagne). Die Ämter in der Zentralverwaltung, vor allem in der Behörde des Justizministeriums, stehen denen im Finanzwesen indessen kaum nach. Insbesondere sind die Ämter der zentralen Finanzverwaltung, des Finanzintendanten und des Sekretärs des Finanzrates, sehr häufig den Steuerpächtern vorbehalten, ebenso wie das Amt des Schreiber des *Conseil privé*, der richterlichen Sektion im Königlichen Rat. Vergleicht man das Milieu, in dem die Finanziers geboren sind, mit jenem, in dem sie arbeiten, stellt man fest, daß der Beamtenstatus weder eine Neuerung bedeutet noch dem erfolgreichen Umgang mit öffentlichen Geldern zu verdanken ist.

Die Untersuchung der sozialen Verhältnisse der Väter und väterlichen Vorfahren zeigt den Finanzier als Sproß eines homogenen Milieus: 75 Prozent der Väter der Finanziers, 65 Prozent ihrer Vorfahren gehören selbst der Beamtenwelt an. Häufig waren sie Finanzbeamte, Buchhalter oder Verwaltungsbeamte. Manche waren Justizbeamte, und hier ist das Spektrum sehr breit, es reicht von Juristen und Gerichtsbeamten bis hin zur fürstlichen Hofbeamtenschaft. Das soziale Milieu der Schwiegerväter der Steuerpächter weicht von dem der Väter nicht ab. Alle gehören derselben Welt der Verwaltungsbeamten, der Buchhalter und Juristen an; Beamte sind sie wohlgemerkt zu 74 Prozent. Das beweist, daß die Geschäftsleute, ganz im Trend des 17. Jahrhunderts, eine strikte Endogamie praktizieren. Dadurch verschaffen sie sich dort, wo die Entscheidungen getroffen werden, einen festen Sitz und erhalten in ihrem Amt maßgebliche Unterstützung. Jene, die als einfache Privatpersonen auftreten, sind zum Großteil entweder in einem Anwaltsberuf oder als Personal der großen offiziellen oder privaten Finanzverwaltungen tätig: Angestellte von Hauptbuchhaltern, Verwaltungsangestellte der Generalpachtämter oder für die »außerordentlichen Angelegenheiten«. Diese Fakten bringen um so mehr den geringen Anteil an Finanziers zur Geltung (um die 10 Prozent), die aus dem Bankwesen oder gar aus der Welt des Handels kommen. Wahrscheinlich liegt der Prozentsatz zu Anfang des Jahrhunderts etwas höher. Daraus erhellt ein grundlegender Punkt in der sozioökonomischen Geschichte Frankreichs. Im Gegensatz zu den überkommenen Vorstellungen bezieht die Finanz ihre Grundlagen nicht aus dem Handel – auch nicht im weiteren Sinne. Zwischen der Welt des Handels und der Welt der Finanz besteht eine tiefe Kluft. Es gab zwar Bankiers (und darunter auch sehr angesehene), die sich im Geldwesen engagierten – beispielsweise Zamet, Hervart oder Particelli d'Héméry. Es handelt sich bei ihnen jedoch in der Tat um untypische Fälle. Gewiß fällt die Zuordnung manchmal schwer, so, wenn es sich um gemeinschaftliche Aktivitäten handelt – um die eines Armeelieferanten, eines Reeders, eines Gewerbetreibenden oder eines Kolonisten. Dies hebt jedoch den Unterschied nicht auf. Das Finanzwesen siedelt sich in seinen wesentlichen Bestandteilen außerhalb des Wirtschaftskreislaufes an. Im übrigen zwingt diese Stellung den Finanzmann zu einer besonderen Methode.

Das letzte – für die französische Gesellschaft des 17. Jahrhunderts grundlegende – Charakteristikum des Finanziers ist gerade die Tatsache, daß er adlig ist. Natürlich handelt es sich nicht um althergebrachten Adel, denn fast jeder zweite Finanzier ist frisch nobilitiert – durch das Amt, das er ausübt, oder durch den Adelsbrief, der manchmal auffallend nach Begünstigung schmeckt. Nebenbei gesagt sind es nur wenige, die von diesen Privilegien ausschließlich persönlich profitieren, deren Angehörige also nicht nobilitiert werden. Noch bemerkenswerter als diese familiäre Expansion ist die Tatsache, daß ein gut Teil der Finanziers – darunter Sekretäre des Königs – dem zweiten Stand angehört, und zwar seit mindestens zwei oder drei Generationen. Nun sind aber unter den Ämtern des Justizministeriums die berühmten »Toilettenseifen für Bauern« deswegen so begehrt, weil sie die Erhebung in die *noblesse* nach zwanzig Dienstjahren oder dem Tod während der Dienstzeit mit sich bringen. Warum aber strebten die Finanziers nun mit Vorliebe ein solches Amt an, obwohl ihre Väter es bereits versehen hatten und ausreichend lange besetzt hielten, um den Adelstitel zu erwerben? Die Hoffnung auf einen sozialen Aufstieg kann für diese Finanziers nicht die Motivation gewesen sein, das Amt als Sekretär des Königs zu erlangen. Zweifellos stellen die mit diesem Amt verbundenen steuerlichen Vorteile für Vermögen aus Grundbesitz einen Anreiz dar, bedenkt man dazu, daß die Amtsinhaber von dem Recht des Fürsten, einen Beamten innerhalb der belehnten Ländereien zu versetzen, ausgenommen sind. Mehr noch als an diesen Privilegien ist den Finanziers allerdings an der Möglichkeit gelegen, in den Mikrokosmos zu gelangen, der die Machthaber umgibt. Dort werden nämlich die großen Geschäfte ausgeklügelt und eingefädelt. Das Amt stellt gewissermaßen den Passierschein dar, der seinen Inhaber in jene exklusiven Kreise einführt, in denen die Alchimie der Finanzen betrieben wird. Wie dem auch sei, man kann nicht leugnen, daß der Finanzier des Barockzeitalters der sozialen Elite angehört. Dazu kommt ein wohlbekanntes Phänomen, das eine starke Minderheit auszeichnet: Diese gerissenen Finanziers gehören Familien an, die sich in Ermangelung eines ruhmreichen Namens auf einen »alten« Namen berufen. Zu diesem Punkt Stellung zu nehmen ist heikel. Die Zuverlässigkeit gerade der genealogischen Quellen ist oft zweifelhaft. Es wimmelt von Fälschungen und Usurpationen, und die Genealogen des Königs decken sie unbarmherzig auf, wenn auch nicht ohne Sinn für Humor. Davon abgesehen gibt es in vielen Fällen keine Mittel, die Ansprüche a priori zurückzuweisen. Wenn die Zugehörigkeit zum Adel seit hundert oder hundertfünfzig Jahren nachgewiesen wird, ist in der Tat Vorsicht geboten. Die Brüder Bauyn, Mathé de Vitry-la-Ville, die Lacroix sind Adlige seit der ersten Hälfte des 16. Jahrhunderts; die Duflos und die Rioults d'Ouilly seit Ende des 15. Jahrhunderts; die Le Courtois d'Averly wie die Lelays seit Ende des 14. Jahrhunderts ...

Ein Blick auf die Vermögens- und Besitzverhältnisse der Finanziers vervollständigt ihr Porträt und das Bild ihrer Beziehungen zur Gesamtgesellschaft. Die Inventaraufstellungen nach dem Tod und die Papiere der außerordentlichen Gerichte bilden wertvolle Quellen, auch wenn sie von Natur aus ein Quantum Ungewißheit enthalten. Im Zuge regelmäßiger strafrechtlicher Verfolgungen – von der Monarchie gegen ihre Finanziers eingeleitet – wird ihr Vermögen von den Machthabern gepfändet. Dieses Vorgehen erlaubt einen Einblick in die Vermögenswerte, die die Finanzmänner vor ihrem Fall besitzen. Ein Guthaben ergibt sich schon aus Folgendem: Man ist über ihre Schulden sehr schlecht unterrichtet, weil sie sie angesichts fallender Konjunktur nur allzu gerne aufbauschen. Zudem verschleiern die Vorsichtsmaßnahmen, die die Finanziers bei den ersten Alarmzeichen ergreifen, den wahren Umfang ihres Vermögens. Die Finanziers beeilen sich dann nämlich, einen Teil ihrer Habe in Sicherheit zu bringen, insbesondere die Barmittel.

Behält man diese Einschränkungen im Auge, so wird es möglich, auf Grund der erwähnten Unterlagen das durchschnittliche Guthaben der Steuerpächter zu schätzen – und darüber hinaus die Zusammensetzung ihres Vermögens, die noch aussagekräftiger als seine Höhe ist. Auf diese Weise wird man gewahr, daß nahezu 60 Prozent von ihnen keine Millionäre sind, trotz ihrer prunkvollen Erscheinung bzw. ihrer marktschreierischen Erklärungen: Dieses Großtun, das der Stärkung ihrer Reputation dient, entspricht keineswegs der Realität. Das Einkommen der Finanziers hält sich, verglichen mit anderen sozialen Gruppen, in etwa die Waage mit dem der höheren Gerichtsbeamten, des mittleren Adels oder der Spitzengroßhändler und Bankiers. Ausgenommen sind nur wenige Einzelpersonen, wie Maynon, Boylesve oder Bernard, die mit dem Hochadel und den Ministern rivalisieren können, jedoch ohne daß je einer von ihnen an den schwindelerregenden Reichtum eines Richelieu heranreichen könnte, dessen Nachlaß an die zwanzig Millionen Livres betrug, oder gar eines Mazarin, der ungefähr das Doppelte hinterließ!

Die Gesamtsumme ist also interessant. Ihre Aufgliederung allerdings noch mehr. Denn charakteristisch für diese Vermögen ist die Zweigleisigkeit. Einerseits die traditionellen Güter (Häuser, Ländereien, Ämter), die üblichen Kapitalanlagen der herrschenden Gruppen der französischen Gesellschaft, die bei den Geschäftsleuten als Reserve, zur Sicherung ihrer Anleihen dienen. Diese Güter stellen bei der Mehrzahl der Steuerpächter weniger als 40 Prozent ihrer Vermögenswerte dar; dieser Prozentsatz verringert sich noch im Laufe des Jahrhunderts. Andererseits existiert ein Wertpapierbestand, der mehr als die Hälfte der Summe ausmacht und im Extremfall 82 Prozent erreichen kann – wie bei dem Zentralverwalter der Finanzen, Jeannin de Castille – oder 95 Prozent – wie bei dem Obersteuereinnehmer Oursin. Es handelt sich hierbei um eine Anhäufung von Papieren – Schuldscheine der königlichen Kasse, Staatsschuldscheine, Anweisungen, gesamtschuldnerische Schuldscheine von Gesellschaften, auf den Inhaber ausgestellte Schuldscheine oder Anteilscheine und Renten, deren Umfang die Inflation widerspiegelt, die das königliche Finanzwesen in Krisenzeiten, d. h. in der Belastungsprobe eines langen Krieges, zu verzeichnen hat. Natürlich ist ein gut Teil dieser Wertpapiere von dürftigem Wert: Im Falle der privaten Wertpapiere machen diejenigen, die sie ausschreiben, häufig Konkurs, die öffentlichen Wertpapiere wiederum stehen weitgehend in Verruf, da der Staat chronisch unfähig ist, seinen Zahlungsverpflichtungen nachzukommen. Wenn eine Nachfolgeschaft ansteht oder die außerordentlichen Gerichte einberufen werden, stellt man sehr häufig fest, daß die Welt der Sondersteuern ständig am Rande des Bankrotts steht. Dieses Berufsrisiko ist in einem System säumiger Zahler so präsent, daß ihm ungefähr ein Fünftel bis ein Viertel der Finanziers zum Opfer fällt, die den Lebensabend zahlungsunfähig zubringen. Man wird also nicht erstaunt sein zu erfahren, welch geringen Platz die Statussymbole (Mobiliar, Goldschmiedearbeiten, Silbergeschirr, Kunstgegenstände) einnehmen, die normalerweise die Ausstattung eines jeden guten Finanziers vervollständigen und ihm sein steinreiches Image verleihen. Sie beeindrucken den Zeitgenossen enorm und provozieren ihn gleichzeitig sehr stark. Im ganzen hingegen haben sie kein großes Gewicht: 1 bis maximal 5 Prozent.

Ein weiteres bemerkenswertes Phänomen betrifft den Umfang der Barmittel. Ausgerechnet diese Leute, die sich unter allen anderen durch das einzigartige Vermögen hervortun, dem König von Frankreich jederzeit metallene Ressourcen vorstrecken zu können, besitzen selbst fast keine Barmittel, wenn man ihr Vermögen pfändet oder sich ihr Leben dem Ende zuneigt. Schlimmer noch: 40 Prozent hinterlassen den Erben keinen Heller Bargeld und 29 Prozent weniger als 5 000 Livres. Unwillkürlich denkt man an eine zu niedrige Registrierung bei der Vermögensaufstellung aufgrund einer Unterschlagung von Bargeld durch die Familien. Man denkt auch daran, daß sie – angesichts drohender strafrechtlicher Verfolgung – Vorsichtsmaßnahmen ergriffen und ihre Gelder an einem sicheren Ort untergebracht haben. In vielen Fällen trifft das zweifellos zu. Man muß indessen wissen, daß Geldstücke zum Großteil nicht so leicht zu verbergen sind, allein schon von ihrem Gewicht her. Eine Gewinnbeteiligung des Generalpächters (*fermier général*) zum Beispiel umfaßt an die 450 000 Livres bzw. 150 000 Silbertaler. Gesamtgewicht: 4 050 Kilogramm! Außerdem scheiterten die Durchsuchungen in allen Fällen, da in diesen unruhigen Zeiten ein Finanzier angezeigt wurde, weil er angeblich in irgendwelchen Verstecken Berge von Geld verborgen habe: Alle Denunzianten hatten lediglich boshafte Unterstellungen verbreitet. Bleibt die Schlußfolgerung, daß die Finanziers weit weniger reich sind, als sie vorgeben, als sie erscheinen und als die Öffentlichkeit glaubt. Hier besteht eine Ambiguität oder, genauer gesagt, ein Widerspruch zu all dem, was man schreiben oder erzählen mochte. Das Paradox löst sich auf, wenn man den Finanzier an der Gesellschaft mißt, in der er lebt.

In den Verhältnissen des 17. Jahrhunderts hätte ein »Lakai-Finanzier«, wie man sich ihn damals vorstellte, gar nicht existieren können. Entgegen allen Aussagen seiner Zeitgenossen ist der Finanzier nie ein Emporkömmling, sondern das Produkt eines Milieus, das Ergebnis eines generationenwährenden Prozesses. Tatsächlich stehen zu viele Hindernisse einer solchen Metamorphose im Wege. Zum Finanzmann wird man nicht von heute auf morgen.

Diese äußerst schwierige Tätigkeit erfordert eine sehr gründliche Schulung. Wie sollte aber ein unbedeutender Diener, ein armer Bauer – von jeher nur in einem dürftigen oder mittelmäßigen intellektuellen Umfeld zu Hause – die Kenntnisse und die Praxis eines der schwierigsten Berufe beherrschen? Es ist denkbar, daß manche dieses Wunder vollbringen, und dennoch werden sie – angesichts der sozialen Erschwernisse – ihrer Isolation nicht entkommen. Es braucht lange Zeit, in die Geheimnisse der königlichen Finanzen vorzudringen, die Mysterien des Kredits und des Wechsels zu verstehen. Auch muß man sich die juristischen Kenntnisse aneignen, die unabdingbar sind, um sich im Dickicht der an die Finanzgeschäfte gebundenen Gesetzgebung zurechtzufinden, um die zahlreichen und unentwirrbaren Rechtsstreitigkeiten, die sie begleiten, optimal zu regeln. Aus diesen Gründen verlangt dieser Beruf eine langwierige und vielseitige Ausbildung. Jene, die sich darauf vorbereiten, setzen sich mit dem Handel und seinen Gebräuchen auseinander, machen sich mit den Techniken der Wechselmakler vertraut, verbringen eine gewisse Vorbereitungszeit in der Verwaltung der Steuerpacht und der »außerordentlichen Angelegenheiten« und studieren die entsprechende Gesetzgebung. All das zusammengenommen erfordert, daß der Finanzier von jungen Jahren an von dem kulturellen Erbe seines Umfeldes profitiert. Ein Lakai, mag er noch so talentiert sein, könnte allenfalls ein einsames Transplantat sein, implantiert in ein Terrain, das ihm von Natur aus fremd, wenn nicht gar feindselig ist.

Zu dieser Schwierigkeit in kultureller Hinsicht gesellt sich nun auch jene, die an den sozialen Kontext gebunden ist. Im Ancien régime ist der Selfmademan eine Ungehörigkeit. Jedes Reüssieren auf höchstem Niveau leitet sich von stetiger Arbeit vieler Generationen ab und ist unabdingbar an den Nachweis der Herkunft gebunden. Der Finanzier, der – wie zu sehen war – ein wichtiger Beamter ist, ist also durch die Familie geprägt. Alle seine Angehörigen, seine ganze Verwandtschaft gehört derselben sozialen Schicht an, und sein Fortkommen in der Welt ist mehr an das Emporkommen des Klans gebunden als an den Erfolgsweg seiner Persönlichkeit, und sei er noch so beachtlich. Das wurde zur Genüge veranschaulicht an der Person Jean Baptiste Colberts, eines Kindes der Sondersteuer, dessen Leistungen durch ein familiäres, weitverzweigtes und mächtiges Geflecht vorbereitet und begünstigt wurden. Im 17. Jahrhundert ist ausnahmslos jeder Finanzier untrennbar verbunden mit dem ererbten Kapital, das seine Familie darstellt, indem er den Einfluß der angeheirateten Verwandten mit der Erfahrung seiner Vorgänger vereinigt. Alle erfolgversprechenden Ämter und Funktionen werden über verwandtschaftliche Beziehungen übertragen. Das Amt des Obersteuereinnehmers, der Posten des Generalpächters werden vermittels dieses Geflechtes von Inhaber zu Inhaber weitergereicht. Dank dieser internen Solidarität hält sich das familiäre Agglomerat der Bonneau-Pallu-Milons, an das sich die La Portes anhängen, im Generalpachtamt seit 1632 über mehr als hundert Jahre. Diese Beziehungen – die nicht immer sichtbar sind und die lediglich durch eine genaue genealogische Nachforschung geklärt werden können – werden durch die Frauen aufrechterhalten. Auf indirektem Wege sichern sie auf Dauer der Familie oder verschwägerten Familienkreisen die bedeutenden Funktionen im Finanzgeschäft.

In diesem geschlossenen Universum verfügt ein armseliger Lakai, der sein Debüt ohne Unterstützung, ohne verwandtschaftliche Beziehungen gibt, über keinen einzigen der Trümpfe, die notwendig sind, um in dem Spiel zugelassen zu sein. Keine Ausbildung. Keine Verbindungen. Und folglich kein Mittel, sich Kredit zu verschaffen. Auf diese Weise stößt er auf das letzte Hindernis, welchem jeder Kandidat in seiner Karriere begegnet: die Mauer des Geldes. Er hat überhaupt keine Chance, Finanzier zu werden, wenn er nicht wesentliche Geldmittel beschaffen kann oder in deren Besitz ist. Nun sind es aber natürlich die Familien von Großhändlern und wohlhabenden Beamten, in denen ein junger Mann diese erhalten kann; darüber hinaus kann er das Defizit seines Geldbeutels nur ausgleichen, wenn er die Aristokratie, im Umkreis des Amtsadels oder der hohen Verwaltung, frequentiert. Aber man gibt nur gutsituierten, das heißt zahlungsfähigen Leuten Kredit. Die Finanzmänner können sich nur aus der Beamtenschicht, der Justiz, dem Finanzwesen oder der Verwaltung rekrutieren, und mit dieser Abstammung sind sie Teil eines mächtigen Mikrokosmos – in der Nähe der Machthaber und der Räte, wo die Finanzpolitik des Staates beschlossen wird. Nein,

ein Selfmademan – ohne Protektion – ist von vornherein aus diesem Universum ausgeschlossen.

Entgegen dem Anschein, den die Zeit vermittelt, hat der Finanzier weder mit dem sozialen Korpus noch mit dem politischen System gebrochen, nicht einmal mit den moralischen Werten des Königreiches. Durch seine Familie, durch seine Karriere, durch seinen Status gehört er zur Elite und unterscheidet sich von ihr allein durch einen Beruf, der ein hohes Risiko und ein widriges Renommee mit sich bringt. Freilich bietet ihm die Legende über seine ungeklärte, wenn nicht gar gemeine Herkunft und seine vorgeblichen maßlosen Reichtümer eher Schutz. Der »Finanzier-Lakai« – Held von Komödien und mythische Gestalt – kanalisiert die Klage des einfachen Volkes, das glücklich ist, ein Ventil für seine Misere gefunden zu haben. Er ist ein sozialer Blitzableiter, der die soziologische Identität jener verschleiert, die im Finanzwesen und dessen Umfeld ihre Kreise ziehen. Zum großen Teil ist die Mißachtung der Rolle des Finanziers im 17. Jahrhundert diesem Mythos zu verdanken. Er scheint das wesentliche Rädchen im Getriebe des Staates zu sein und gleichzeitig der Hauptverantwortliche für dessen Fehlfunktionen, also für die Übel, die die Bevölkerung bedrücken. Ob Adliger oder Beamter, er scheint insgesamt darauf auszusein, seine Artgenossen auszunehmen, indem er Maßnahmen und Erhebungen, die als »außerordentliche Angelegenheiten« bezeichnet werden und die die Bevölkerung besonders belasten, vervielfacht. Auch in diesen Dingen liegt eine Zweideutigkeit, ein Widerspruch zwischen seinen Handlungen und seinem Status. Stellt er sich also gegen die Interessen seiner Mitmenschen? Die Zweideutigkeit verschwindet, sobald man den Ort des Finanziers innerhalb des Steuerfinanzsystems der Monarchie neu bestimmt. Der Widerspruch ist nur scheinbar. Er schafft Raum für die wahre Realität dieser Persönlichkeit: eine ihrem Wesen immanente Ambivalenz.

Seinem Wesen nach ist der Finanzier weder Gegner des Staates noch der Eliten. Er nimmt an ihrer Seite eine unentbehrliche Rolle ein. Zuerst einmal bringt er das Schöpfrad der Finanzen in Gang: eine Voraussetzung für das Funktionieren des Steuerfinanzsystems der Monarchie. Mehr noch als die Komplexität und die Verschiedenartigkeit der Ressourcen der Monarchie ist es der Modus der Beitreibung der Einkünfte des Fürsten, der dem Finanzmann sakralen Charakter verleiht. Ob es um die *taille,* die indirekten verpachteten Steuern oder die »außerordentlichen

Angelegenheiten« geht, alle diese Ressourcen münden durch ein raffiniertes und gigantisches Kreditsystem in die diversen öffentlichen Kassen, die von denselben Personen eingerichtet wurden, die aus ihnen schöpfen. Der Finanzier erweist sich also als Partner der Krone. Er ist es, der die finanzielle Pumpe in Gang bringt, indem er – unter Einsatz eines Anfangskapitals – die Gelder um sich herum zusammenzieht.

Das Hauptproblem, das es zu lösen gilt, ist natürlich die permanente Verfügung über Bargeld. Nun hat aber der Finanzier keine ausreichende Menge an metallenen Reserven in der Hand. Er muß sie also dort holen, wo sie zu finden sind, das heißt bei reichen und mächtigen Kreditgebern – genauer gesagt bei der Elite, die darum besorgt ist, ihr Kapital gewinnbringend und doch anonym (also den guten Ruf wahrend) anzulegen. Das Finanzministerium kommt als Unterstützung also nur in Betracht, wenn es gewinnbeteiligt und diskret ist. Auf diese Weise gleitet der Steuerpächter unmerklich in die Rolle eines Mittelsmannes zwischen der Monarchie und ihren potentiellen Geldgebern. So erscheint er nicht mehr als die negative Persönlichkeit, die gegen den guten sozialen Ton verstößt, sondern als ein sehr nützlicher Vertreter und eine Stütze der Monarchie, die den Mächtigen die Sicherheit gibt, ihr Geld ohne nachteilige Folgen anzulegen. Bei gleichbleibenden Fakten erleben wir eine eigentümliche Umkehrung dessen, was von der öffentlichen Meinung wahrgenommen wird: Der Finanzier opponiert nicht mehr gegen eine Welt, sondern er setzt sich vielmehr in den Dienst eines Systems und einer Gesellschaft. Seine zweifache Funktion als Diener sowohl der Macht als auch der begüterten Öffentlichkeit ist der Grund für die Zweideutigkeit, die ihn umgibt. Dieses Phänomen erklärt sich aus der Zirkulation des öffentlichen Kredits, einer höchst komplizierten Prozedur.

Wie der Finanzier selbst zugibt, stammt ein Großteil seiner Vorschüsse nicht so sehr aus eigener Tasche als vielmehr aus den Börsen Dritter. Diese Beteiligung vollzieht sich auf zwei verschiedene Arten. Entweder durch eine Übertragung von Anteilen in einer Finanzgesellschaft, in welcher der Gesellschafter – in der Rolle eines stillen Teilhabers – einen von der Höhe seiner Beteiligung abhängenden Anteil an allen Gewinnen (oder an allen Verlusten!) erhält, ohne in der Gesellschaft Einfluß zu nehmen. Oder aber durch ein einfaches Darlehen, mit einem im voraus festgelegten Zinssatz – der in der Regel laut Vorschrift um die 5 Prozent beträgt – ohne weitere Geschäftsbeteiligung. In gewisser Weise dient der Finanzier im ersten Fall als Strohmann, im zweiten als Kreditinstrument. In dieser Funktion stellt er, um seine Anleihen in Umlauf zu bringen, Wechsel oder Anteilscheine aus, zahlbar an den Inhaber, der sich jedoch hinter einem Strohmann versteckt – es sei denn, es handelt sich um nominelle Papiere oder harmlose Rentenpapiere.

Diese Wertpapiere sind nicht durch Staatsgelder gedeckt – ist doch die Kreditwürdigkeit des Staates gering –, sondern über die privaten Güter des oder der vertragschließenden Finanziers. Es handelt sich natürlich um ihren Besitz an Grundstücken, um Immobilien oder Ämter, die in diesen finanziellen Operationen als Sicherheit dienen. Sind das nicht, in den Augen der Gläubiger, sichere Geldanlagen? Mit diesen Gütern als Garantie beruhigen sich die Darlehnsgeber. Diese Finanzpapiere bieten außerdem den Vorzug, moralische und religiöse Skrupel zu mindern. Auf den Anteilscheinen und Obligationen ist kein Zinssatz vermerkt, sondern nur der Einlösungstermin, während die Rentenpapiere den vorgeschriebenen Zinssatz zugrunde legen. Ist das nicht Heuchelei? könnte man einwenden. Nicht ganz. Es steht fest, daß die Wechsel und Anteilscheine in Wahrheit das Kapital zuzüglich Zinsen enthalten und daß die vom Kreditgeber tatsächlich ausgezahlte Summe niedriger ist als die angegebene. Diese raffinierte Handlungsweise – in einer Gesellschaft, in der die Form zum Inhalt gehört und ebensoviel zählt wie dieser – ist im (bereits erwähnten) Widerspruch des Zeitgeistes begründet. Der Finanzier sorgt auf diese Weise für den moralischen Seelenfrieden, indem er auf sich und seine Funktion das ganze schlechte Gewissen, das vom Geldgeschäft ausgelöst wird, vereinigt. Er wird zu einer Art sozialem Lückenbüßer. Von seiner Vermittlung geht das ganze öffentliche Finanzleben aus, insofern er die Möglichkeit bietet, eine niemals offen ausgesprochene Gewinnsucht zu befriedigen: Die Gesellschaft wirft darüber den Schleier der Sittsamkeit und Tugendhaftigkeit.

Die Dienste des Finanziers sind unentbehrlich. Vertritt er nicht die finanziellen genauso wie die umfangreichen sozialen und politischen Interessen? Trotz aller aufgewendeten Finessen ist es möglich, die versteckte Seite des Finanzwesens ans Licht zu bringen: die Identität der Kreditgeber, die auf ihre Weise, diskret und profitgierig, am offiziellen Spiel der Finanzwelt teilnehmen. Der Finanzier ähnelt den russischen Puppen: Er birgt in sich eine Unmenge von Profitjägern. Sie zu erkennen heißt, die Finanzwelt in ein schonungsloseres Licht zu stellen, das die spezifischen Ambiguitäten des Metiers erhellt. In dieser Hinsicht ist das Beispiel, das der Generalpächter Thomas Bonneau und seine Gefolgsmänner, Pierre Aubert, Claude Chatelain, Germain Rolland und Marc-Antoine Scarron, liefern, außerordentlich lehrreich. Diese kleine Gruppe sehr bedeutender Finanzmänner hat die Generalpacht tatsächlich für den Zeitraum zwischen 1632 und 1661 in ihrer Hand. Sie bringen ihr Geschäft in Gang, indem sie öffentliche Anleihen tätigen, nach dem Verfahren, das wir schon kennen und das zahlreiche archivalische, insbesondere notarielle, Spuren hinterläßt. Eine systematische Prüfung, ausgehend von repräsentativen Statistiken, enthüllt uns die soziologische Welt dieser reichen Geschäftemacher, die den Finanzier in all seinen Unternehmungen unterstützen. Auch sie sind im Grunde genommen Gelderpresser, die dem Finanzier überdies darin überlegen sind, daß sie seine ganz offenkundigen Risiken nicht teilen müssen.

Anhand einer Untersuchung der Beteiligung von 185 Kreditgebern wird ersichtlich, wer der »andere Finanzier« des Königreiches ist. Er ist adlig – wobei drei Viertel dieser Adligen aus dem zweiten Stand aufgestiegen sind – und/oder Beamter: 65 Prozent bekleiden ein Amt. Das sehr breite Spektrum reicht somit vom Justizbeamten bis hin zum Zahlmeister, über die Sekretäre des Königs und die Parlamentarier, welche ihrerseits 40 Prozent der Teilhaber stellen. Diese Beamten, die zwar zum großen Teil, aber nicht durchweg Adlige sind, treffen mit einem relativ wichtigen Kern (16 Prozent) aus Mitgliedern des alten und mächtigen Geburts- oder Schwertadels zusammen. Schließlich ist zu beobachten, welch aktiven Anteil die Frauen ausmachen, ungefähr ein Fünftel der Darlehnsgeber. Die meisten davon sind Witwen und Frauen, deren Männer zu alt oder zu krank sind, um den Erhalt des Familienbesitzes zu sichern. Das widerlegt einmal mehr die in diversen Schilderungen falsch übernommenen Vorstellungen von der Eigentumsübertragung zwischen den Geschlechtern im Ancien régime. Dank des durch den Ehevertrag peinlich genau definierten Eheabkommens zeigen sich die Frauen klar als Übermittler und Erhalter des familiären Vermögens im alten Frankreich. Sie sind oftmals versierte Geschäftsfrauen und üben eine intensive Finanztätigkeit aus.

Eine genealogische Untersuchung dieser Familien zeigt, daß auch sie sich zu Atomen und Molekülen gruppieren. Das geht so weit, daß in diesen Kreisen alle mehr oder weniger miteinander verwandt und verschwägert sind. Eine Welt, die spiegelgleich zu jener der Steuerpächter ist. Durch ihren adligen Hintergrund, ihren Beamtenstatus, das Geflecht von Verschwägerungen handelt es sich hier um das gleiche facettenreiche Milieu, das ein einziges Bild reflektiert, nämlich das der Kapitalisten des Königreiches.

Die bekanntesten Namen des Amtsadels – jene, die die wichtigsten Ämter der Monarchie innehatten –, die Phélypeaux, die Mesmes, finden sich Seite an Seite mit den ältesten Häusern, denen der La Trémoilles, La Rochefoucaulds, Lavals. Trotz der Vorurteile haben weder die einen noch die anderen den kleinen Abstecher in die Sondersteuer als ihrer unwürdig erachtet, da ihr Ansehen ja unangetastet bleibt. Darüber hinaus handelt es sich nur um eine von vielen Investitionen, denn man legt seine Gelder in vielfältiger Weise an. Interessant ist die Feststellung, daß sich diese Familien, um ihr Vermögen zu mehren, ohne Zögern an einem Spiel beteiligen, in dem sie langfristig Angehörige der eigenen Klasse oder gar Geschäftspartner ausplündern oder sich, im Falle der Beamten, letztlich selbst schaden könnten. Leichtsinn? Mangel an Logik? Nicht eigentlich. Doch es ist gewiß amüsant, inmitten der größten Anleger unter den Parlamentariern, wie den d'Aligres und den Turquants, den Präsidenten Tambonneau oder den Präsidenten Violle anzutreffen, der gleichzeitig Anhänger der Fronde und damit (in der Theorie) Gegner der Finanziers ist!

Tatsächlich wirft die Verlockung des Geldes alle Konventionen, alle Gruppeninteressen, alle Ideale über den Haufen. Zumindest dann, wenn der Gewinn sicher und gewiß ist. Wenn aber das Finanzsystem schlecht funktioniert und die Hoffnungen jener, die sich darin zu entfalten trachten, enttäuscht werden, erlebt man einen allgemeinen Umschwung. Angesichts drohender Gefahren wechseln die indirekten Akteure der Finanzwelt zu den Feinden der Sondersteuern über, um sie gemeinsam mit ihnen lautstark zu kritisieren. Der Protest der Opfer des Systems vermischt sich über Nacht mit dem seiner heimlichen Väter, die ihrerseits dem verlorenen Gewinn nachtrauern. Die Entwicklung des Steuerfinanzsystems im Verlauf des Krieges, der – weil kostspielig und langwierig – alle sozialen und politischen Implikationen des Finanzwesens enthüllt, verweist den Finanzier in seine Schranken. Er ist nur ein Rädchen – nach allem völlig zweitrangig – in einer riesigen Maschinerie, die zu blockieren droht.

In äußerster Bedrängnis greift der Staat zu immer neuen Maßnahmen, bis sie ihre Wirksamkeit einbüßen, da der Kredit erschöpft ist: Das Geld liegt fest und wartet auf ruhigere Tage. Die Machthaber bekunden de facto ihren Bankrott, und die Finanziers, die das Schreckgespenst der Sanierung voraussehen, suchen sich davor in Sicherheit zu bringen. Sie wissen nämlich, daß sie es sind, die früher oder später die Kosten zu tragen haben. Also ergreifen sie die klassischen Vorsichtsmaßnahmen: Gütertrennung zwischen den Ehegatten, Verwahrung von Wertpapieren und selbstverständlich von Barmitteln in religiösen Einrichtungen, Rekrutierung von Strohmännern und dergleichen mehr.

Für die außerordentlichen Gerichte wird es Zeit zu tagen. Allerdings geht es weniger darum, im System einmal richtig aufzuräumen, als vielmehr darum, die Auswirkungen des Bankrotts und die damit verbundene Propaganda einzudämmen. So wird der Finanzier vor ein Sondergericht gestellt, dessen Richter durch einen Ausschuß nominiert werden. Sie sind beauftragt, strafrechtlich vorzugehen, Fall für Fall, Angelegenheit für Angelegenheit, und zwar in letzter Instanz. Der Finanzier muß Rechenschaft ablegen und die Summen, die er sich, wie unterstellt wird, widerrechtlich angeeignet habe, zurückzahlen. Was noch schlimmer ist, man ermittelt auch bezüglich aller Betrügereien, deren er sich in der Ausübung seiner Funktion schuldig gemacht haben konnte: Betrügereien, die allesamt auf den Tatbestand der Unterschlagung öffentlicher Gelder hinauslaufen. Des Diebstahls zum Schaden des Fürsten überführt zu werden ist eine der gravierendsten Anschuldigungen. Das nachgewiesene Verbrechen der Unterschlagung führt zum Todesurteil. In Hülle und Fülle werden Erkundigungen über den Angeschuldigten eingeholt. Die Bevölkerung wird regelrecht dazu aufgerufen, gegen das ehrlose Subjekt auszusagen, und die Denunziation wird großzügig entlohnt ...

Der in die Enge getriebene Finanzier bleibt nicht tatenlos. Er verteidigt sich, indem er sich die Winkelzüge des Rechts zunutze macht. Die Epoche beherrscht von Grund auf die Kunst der Rechtsverdrehung. So beruft er sich auf die von der Monarchie nach Gutdünken eigens gebilligten Bestimmungen, um die Berechtigung seiner Schuldforderungen gegenüber dem Staat zu beweisen. Nun wird ein umfangreicher Prozeß eingeleitet, der die Gerichtsverhandlungen in die Länge zieht und – wie man sich denken kann – der Effektivität der Arbeit der außerordentlichen Gerichte sehr zum Schaden gereicht. Der Staat, der sich zum privilegierten Gläubiger ernannt hat, kann sich – in dem Maß, wie es Verurteilungen hagelt – Güter widerrechtlich aneignen und sie öffentlich ausschreiben. Ämter, Ländereien und Wohnungen, die schwerlich zu verheimlichen waren, bringen dem König Gewinn ein. Er bereichert sich auf Kosten seines ehemaligen Zulieferers.

Diese Eintreibung durch den Staat läßt die diskreten Kreditgeber nicht gleichgültig, die ihre Taler zum Finanzier getragen hatten. Die zunächst noch verhaltenen Reaktionen werden lautstarker, sobald ein glücklicher Ausgang ganz ausgeschlossen erscheint. Anfangs ziehen sie es noch vor abzuwarten. Sobald sie jedoch gewahr werden, daß sie der Güter, die ihnen als Garantie für ihre Darlehen an den Steuerpächter gedient hatten, verlustig gehen sollen, geben sie sich zu erkennen, um ihre Rechte anzumelden. Die Monarchie tue ihnen großes Unrecht an, wiewohl sie als ihr Fürsprecher auftrete. Sie begehe eine furchtbare Ungerechtigkeit. Ihre Vorgehensweise sei ganz und gar unbillig. Da eben diese Kreditgeber die herrschenden Gruppen der Gesellschaft und treuesten Stützen des Systems darstellen, riskiert der Staat mit ihrer Brüskierung einen soziopolitischen Konflikt. Jede finanzielle Krise unter dem Ancien régime kann also in letzter Konsequenz die Fundamente der Monarchie in Frage stellen.

Gewiß weiß der Staat, wie weit er zu seinem Vorteil gehen kann. Natürlich liegt ihm daran, seine Schulden ad acta zu legen, aber nicht um den Preis einer Krise, deren Verlauf ihm eventuell entgleitet. Er entscheidet sich also für den Weg des Kompromisses. Dieser Kompromiß folgt in der Regel auf die Einberufung der außerordentlichen Gerichte und kommt gemäß einer festgelegten Prozedur zustande.

Die Machthaber sehen von der Vollstreckung der Urteile ab und bieten den Verurteilten gegen eine Geldstrafe Amnestie an. Die Höhe derselben und die Zahlungsmodalitäten werden vom Finanzministerium festgelegt. Meistens handelt es sich um diverse Papiere in Höhe der Schuldforderungen, die der Finanzier dem Staat gegenüber stellt. Auf diese Weise kann der Staat seinen Bankrott verschweigen und läßt gleichzeitig das Kapital an Ländereien, das als Garantie für die Darlehen der Geschäftsmänner gedient hatte, unangetastet. Diese Maßnahme versetzt die Kreditgeber in die Lage, einen gut Teil ihrer Investitionen beizutreiben. Also haben sie keine Einbußen. Auf diesem Weg stellt sich ein neues Gleichgewicht ein; das Geld, das festgelegen hatte, ist von neuem in Umlauf gesetzt – dank des wiedereingekehrten Friedens und (letztlich) der Übervorteilung der Finanziers: Endlich ist der Markt wieder entsorgt von all den Papieren, die ihn überflutet hatten. Im Vergleich zu den Androhungen der Machthaber kommen die Steuerpächter bei dieser Prozedur noch glimpflich davon. Immerhin hatte sich der Himmel über ihren Köpfen düster zusammengezogen, insbesondere während der Fronde, als nicht wenige den Kerker zu Gesicht bekamen. Dennoch hat es niemanden den Kopf gekostet. Ein Psychodrama geht zu Ende, das mit Rücksicht auf das Volk inszeniert worden war. Man hatte einiges bieten wollen. Die Finanzwelt sollte hart bestraft werden. Nachdem diese Großsprecherei jedoch einmal laut geworden war, passierte nichts. Die Gerichte ließen sich besänftigen, sobald es daranging, zur Tat zu schreiten. Die Kompromisse vertuschten die eigentlichen, durch das Steuerfinanzsystem der Monarchie vorgegebenen Arbitragen.

Von diesem Punkt aus hat man schließlich alle Dimensionen des Finanziers vor Augen. Sozialer Vermittler und politischer Funktionsträger, mit allen Wechselfällen, die dies mit sich bringt, ist er auch der Mann der aufbegehrenden Partei. Um sich Zugang zu den Geschäften des Königs zu verschaffen, brauchte er die Unterstützung des Finanzministers und seiner Mitarbeiter sowie der Ministerialen. Auch seine reichen und mächtigen Kreditgeber stehen wie er in Verbindung mit dieser oberen Schicht der Gesellschaft, die den Staat unterstützt oder gar mit diesem gleichzusetzen ist. Diese Ambivalenz des Finanzmannes wird ganz deutlich bei der Entrichtung der Steuern. In diesem kritischen Moment ist es in der Tat für eine finanzpolitisch aufbegehrende Gruppe einfach, die gegnerischen Lobbies auszuschalten, indem sie in bestimmten Fällen die Abgaben noch erhöht. Dieses Phänomen eskaliert in aufsehenerregender Weise im Jahre 1665.

In seinem Kampf gegen den Finanzminister Fouquet behauptete Colbert, daß dieser sich an der Spitze einer ganzen Gruppe von Steuerpächtern befinde, die dank seiner Komplizenschaft völlig straffrei die öffentlichen Kassen plünderten. Der junge Ludwig XIV. – darum besorgt, die monarchische Autorität wiederherzustellen – nimmt die Behauptung ohne Überprüfung hin. Colbert macht sich das zunutze, um das Finanzpersonal des Königreiches seinen Vorstellungen entsprechend umzustrukturieren. Der ehemalige Bedienstete des Kardinals Mazarin geht mit Hilfe des außerordentlichen Gerichts von 1661 aus der Angelegenheit mit weißer Weste hervor. Man sieht ihn gestreng, gehüllt in seine Amtsrobe, wie er einige der ehemaligen Tischgenossen des untergetauchten Premierministers schwer belastet. Und doch hatten sie alle an seiner Seite dazu beigetragen, dem Prälaten ein ebenso horrendes wie zweifelhaftes Vermögen zu verschaffen! Indem er mit der Höhe der Geldstrafen spielt, richtet Colbert diejenigen unter den Finanziers zugrunde, die er ausschalten will: unter dem Vorwand, sie hätten mit dem Finanzminister unter einer Decke gesteckt. Für sie hat er ungeheure Geldstrafen bereit: So muß der Finanzintendant, Boylesve, zusehen, wie die Geldstrafe von 1 576 000 Livres, zu der ihn das außerordentliche Gericht verurteilt hatte, auf 6 000 000 ansteigt; der Zentralverwalter der Finanzen, Jeannin de Castille, ein Vetter von Fouquet, verurteilt zu 1 117 800 Livres, wird »moderiert« auf 8 000 000; die Brüder Monnerot, die 6 350 000 Livres zu tragen hatten, zahlen letztendlich 10 000 000 Livres. Für sie reicht es nicht aus, ihren ganzen Wertpapierbestand zu verkaufen, sie müssen noch zusätzlich ihr Grundvermögen und Ämter von Rang aufgeben. Der Zusammenbruch sollte total sein.

Colbert verteilte durch diesen Winkelzug die Karten neu. Nunmehr setzt er eine Lobby an getreuen Finanziers in Bewegung, die zum gut Teil aus Verwandten und Freunden besteht: Marin, Berryer, Berthelot, Daliez monopolisieren die zentrale Finanzverwaltung und besitzen die großen Einnahmestellen für die direkten und indirekten Steuern. Auf diese Weise taucht – aus der Asche der alten – eine neue aufbegehrende Gruppe auf, die den Staat aufkauft und bald – vom Minister abgesegnet – die ganze Wirtschaft des Königreichs mit Beschlag belegt. Das sogenannte colbertistische System nimmt den Platz ein. Es sind stets die gleichen Finanzleute, die die Seehandelsgesellschaften bevormunden – seien es die des Nordens, von Ostindien, von Westindien oder vom Mittelmeer –, die Manufakturbewegung des Languedoc anheizen und die Industrien um die entstehende königliche Marine herum aufbauen. Nimmt man den Finanzier so eingehend unter die Lupe, wird deutlich, daß er von dem Bild, das sich die Zeitgenossen von ihm machen, deutlich abweicht. Weit davon entfernt, der gesellschaftliche Außenseiter zu sein, der mit allen Konventionen gebrochen hat, ist er gänzlich in das politische und soziale Leben des Barockzeitalters integriert, ein wichtiges Rädchen in der Staatsmaschinerie und derjenige, der, wenn es darum geht, Rechnungen zu begleichen, das Nachsehen hat: Hinter den prachtvollen Erscheinungen, die zur Verunglimpfung Anlaß geben, entdeckt man gänzlich andersartige Realitäten, ernster, unerquicklicher und manchmal auch bitter.

Kapitel 4
Der Rebell

Rosario Villari

Verurteilung und Verachtung der Rebellion wurden zu einem derart
grundlegenden Bestandteil der Kultur und des kollektiven Bewußtseins
des Barockzeitalters, daß hier das Ideal des Widerstandes gegen Unterdrückung und Tyrannei, das in anderen historischen Epochen akzeptiert und verherrlicht wurde, lange Zeit übersehen werden konnte. Im
Laufe eines Jahrhunderts entstand, angefangen von *Vindiciae contra tyrannos* (*Strafgericht gegen die Tyrannen*, 1579) von Junius Stephanus
Brutus (wahrscheinlich der Hugenotte Philippe Duplessis-Mornay) bis
zu *Behemoth* (1679) von Thomas Hobbes, über das Thema eine ausgedehnte Literatur, in der die Legitimität von Rebellionen bekräftigt oder
verneint, verteidigt oder bekämpft wurde, in der Ursachen und Aspekte
von Rebellionen analysiert und Berichte und historische Darstellungen
einzelner Aufstände verfaßt wurden. Im Verlauf dieses Jahrhunderts
läßt sich mit Blick auf das gesamte Material – dessen bloße Auflistung
schon einen eigenen Band sprengen würde – eine Spanne von ungefähr
fünfzig Jahren (1590-1640) unterscheiden, in der im Meinungsstreit die
Ablehnung von Rebellion deutlich gegenüber der Rechtfertigung über-
wiegt.

Diese nicht nur in Staatsdoktrin und Regierungspraxis, sondern im
Geist der Epoche vorherrschende Haltung war besonders rigoros, aber
nicht ohne offenkundige Widersprüche und Ambiguitäten. Zu diesen
Widersprüchen zählen nicht nur die Versuche aller Regierungen, Rebellionen (Aufstände, Verschwörungen und Terrorakte) im Lager des Feindes zu schüren. Es ist nicht verwunderlich, daß England und Frankreich
die Republik der Vereinigten Niederlande unterstützten oder daß Papst

Urban VIII. nach der portugiesischen Revolte von 1640 den Gesandten des Rebellen Bragança, den Bischof von Lamego, nicht mit der Bereitwilligkeit und Entschlossenheit zurückwies, die sich die spanische Regierung gewünscht hätte. Fragen dagegen wirft die Tatsache auf, daß eine ideologisch derart konservative Phase, in der es keinen Raum für die ideelle Vorbereitung einer Veränderung der Staatsmacht oder für einen formal legitimen Kampf gegen sie zu geben schien, mit dem Jahrzehnt von 1640-50 in eine nahezu allgemeine revolutionäre Krise mündete. Das Zeitalter des Barock ist zudem durch die Erhebung der Niederlande und die Unabhängigkeit Portugals geprägt. Lange Jahre wurden die Herren der neuen, unabhängigen Staaten, Wilhelm von Oranien und der Herzog von Bragança, in diplomatischen Noten und Regierungsakten Spaniens regelmäßig zusammen mit ihren Nationen als Rebellen bezeichnet. Für die Zeitgenossen außerhalb des Habsburger Herrschaftsbereichs waren diese beiden Ereignisse jedoch alles andere als negativ. Einigen von ihnen entging nicht, daß die Bezeichnung »Rebellen« für ganze Nationen einer Anerkennung der Legitimität ihrer Rebellion gleichkam, da sie ja vom allgemeinen Konsens getragen wurde.

Dennoch ist wahr, daß in der Kultur und Mentalität am Ende des 16. und zu Beginn des 17. Jahrhunderts die Verurteilung der Rebellion ein beherrschender Zug war. José Antonio Maravall hat die Auffassung vertreten, daß die Kultur des Barock in ihrer Gesamtheit eine Antwort der herrschenden Schichten und Regierungen auf die Bedrohung durch Aufstände und sozialen Protest war. Die stark vermehrte Einflußnahme auf die unteren Schichten würde sich so aus der Notwendigkeit einer langfristigen Prävention und einer entsprechenden Formung der Volksmentalität erklären. So erscheint die Kultur des Barock als Regierungskultur im Dienste politischer Stabilität und öffentlicher Ruhe, die sich durchsetzen konnte, einen prägenden Einfluß auf das allgemeine Bewußtsein gewann und mehr als in allen vorangehenden Epochen die Ideen von Opposition, Protest und mehr oder weniger verdeckten umstürzlerischen Vorhaben entschieden an den Rand drängte. Eine derart radikale These über eine große, einheitliche, aber nicht eingleisige kulturelle Bewegung muß heute auf Zweifel und Vorbehalte stoßen, auch wenn sie von der traditionellen Auffassung des Barock als Zeitalter eines allgemeinen Konformismus und autoritärer Restauration gestützt wird. Der starke Druck von oben und die verbreitete Überzeugung, in einer Zeit außergewöhnlicher Unruhe und Wirrnis zu leben, die vom

Wachstum der Stadtbevölkerung, der wirtschaftlichen Krise, von sozialen Auseinandersetzungen und von einem allgemeinen Gefühl der Instabilität genährt wurde, erklären nur zum Teil oder nur ganz generell die Tendenz zu einer strengen kulturellen Uniformität und die nahezu allseitige Akzeptanz von Prinzipien, die jeden Gedanken an Widerstand gegen die Staatsgewalt ausschlossen. Typisch für die Zeit war die verbreitete und dringliche Forderung, die »Art und Weise« herauszufinden, »das Volk zu unterhalten«, mit dem besonderen Ziel, »Aufruhr und Aufstände zu vermeiden«. Giovanni Botero, ein im Hinblick auf die politische Kultur des Barock unverzichtbarer Autor, bekräftigt dies 1589 ausdrücklich:

»Da das Volk seinem Wesen nach unbeständig ist und nach Neuheiten verlangt, muß es mit verschiedentlichen Mitteln von seinem Fürsten unterhalten werden, andernfalls es solchermaßen auch den Staat und die Herrschaft zu ändern trachtet. So haben alle weisen Fürsten volkstümliche Vergnügungen eingeführt, welche um so mehr dem Zwecke dienen, als sie tugendhafter Sinnesart und Körperertüchtigung zur Förderung gereichen (…).«

Botero führte als besonders bedeutsames Beispiel die Zeremonien, Feste und Feiern an, mit denen Kardinal Borromeo »das riesige Mailänder Volk unterhalten« hatte, »dergestalt, daß die Kirchen von morgens bis abends gefüllt waren und es nie ein Volk gab, das heiterer, zufriedener oder ruhiger war als das Volk von Mailand zu jenen Zeiten«. Die Förderung einer solchen Kultur des Spektakels sollte für Botero über religiöse Veranstaltungen hinaus bis hin zu Theatervorführungen gehen, wobei er dem Ernst der Tragödie gegenüber der Frivolität der Komödie den Vorzug gab. Die Unterhaltung des Volkes zu erzieherischen und präventiven Zwecken beruhte jedoch nicht immer auf Zerstreuung und angenehmen Phantasien. Neben der unablässigen Wiederholung von vorgeprägten Urteilen, Bildern und Formeln, die der Rebellion ein unheilvolles Gesicht geben sollten, schrieb man vor allem der Grausamkeit und spektakulären öffentlichen Wirkung von Bestrafung und Repression eine gewisse Überzeugungskraft zu. In dieser Hinsicht spielte für die Suche nach Möglichkeiten, »das Volk zu unterhalten«, das Zusammenwirken von Rechtskultur und Macht keine unerhebliche Rolle. Wo es um die möglichst grausame Bestrafung von Rebellen und abschreckende Beispiele ging, fehlte es in der öffentlichen Meinung dabei nicht an Ermutigung und allgemeiner Zustimmung.

Der Konservativismus der Regierungen und Führungsschichten und die daraus folgenden allgemeinen kulturellen und propagandistischen Anstrengungen erklären jedoch nicht hinreichend das Grauen vor jeder Veränderung und Neuerung, das so sehr der Epoche seinen Stempel aufdrückte: Es bestimmte noch die Ideen oder die Psychologie wirklicher Oppositioneller und das Denken von Geistern, deren unabhängiges Urteil außer Zweifel steht. Das Recht, *armata manu* (»mit der Waffe in der Hand«) Standpunkte, Interessen, Freiheit und Privilegien sozialer Gruppen oder einer Gemeinschaft zu verteidigen, wurde zuweilen auch im Barock gefordert. Die Begründung stützte sich jedoch eher auf die Gehorsamspflicht und Treue gegenüber dem Souverän, weniger auf Lehren, die das Widerstandsrecht gegen Tyrannen vertraten, wie es zu früheren Zeiten häufig der Fall gewesen war. Dies war eine der paradoxen Konsequenzen des neuen politischen Kurses des Barock. Wer dieser Entwicklung nicht folgte und weiterhin gegen die Majestät und Autorität des Königs opponierte, erschien als – und war es manchmal wirklich – ein Schatten der Vergangenheit.

Der Begriff »Rebell« ist in gewisser Weise zweideutig. Obwohl er speziell im 16. und 17. Jahrhundert einen Verfechter des politischen Wandels (und, in unmittelbarer Gleichsetzung, einen Ketzer) bezeichnete, wurde er für jede Form des Protests und der Insubordination benutzt und auch für Kriminelle, Banditen und jede Art von auffälligen Personen verwendet, die mit politischem Umsturz und Häresie nicht das geringste zu tun hatten. Der Grund, das Bildnis des Rebellen in die Galerie des Barock aufzunehmen, liegt jedoch nicht in der Obsession der Zeit, in jedem Winkel der Gesellschaft Aufrührer zu wittern. Wie Chiliasmus und Gleichheitsutopien waren elementare Formen des Protests bis hin zu »sozialem« Banditentum und Hungeraufständen im Barock sehr ausgeprägt und verbreitet, doch hatten sie im Vergleich zu vorangehenden und folgenden Epochen keine grundlegend anderen Merkmale. Die Entscheidung, auch den Rebellen in die Reihe typischer Barockmenschen aufzunehmen, setzt vielmehr, wenn schon keine Umkehrung, so doch eine Distanzierung von der verbreiteten und verallgemeinernden (d. h. irreführenden) Sicht dieses Zeitalters voraus. Trotz der Vielgestaltigkeit ihrer Aspekte, Ziele, Tendenzen und Ergebnisse gelang es der Rebellion hier in manchen Fällen, die hohe Schwelle zur Politik zu überschreiten und damit Einfluß auf die Dynamik der Gesellschaft und ihrer Institutionen zu nehmen. In Ausnahmefällen trug sie so zu ihrer Erneuerung und Entwicklung bei. Es ist daher möglich und notwendig, aus der Fülle der Rebellionen im ersten modernen Zeitalter Beispiele herauszugreifen, die zumindest tendenziell einen politischen Inhalt hatten. Trotz des Bestrebens höchster Repräsentanten der Macht, zu unmittelbar politischen Zwecken und zum Schutz der »Reputation« von Regierungen und führenden Schichten diesen wichtigen Sachverhalt zu verdunkeln, finden sich in der Kultur des Barock und ihrer reichhaltigen Kasuistik der Rebellion angemessene Differenzierungen. Der rein soziale Protest, vom Aufstand in der Stadt bis zum Bauernaufstand und mehr oder weniger sozial motivierten Brigantentum, hatte in quantitativer Hinsicht in der europäischen Geschichte am Ende des 16. und während der ersten Hälfte des 17. Jahrhunderts eine herausragende Bedeutung. Im Urteil der Zeit trug er jedoch für sich genommen nicht das Risiko einer »Änderung des Staates« in sich. Ungeachtet der Aufmerksamkeit, die die elementaren Formen des Protests, abweichendem Verhalten, lokal begrenzten Unruhen und ihrer Häufung zuteil wurde, stand auch damals die zentrale, zugleich verleugnete und gefürchtete Gestalt des politischen Rebellen im Mittelpunkt des Interesses. Auf ihn bezog sich die Furcht vor Veränderung und Neuerung, die im Zeitalter des Barock die Kultur und Mentalität prägte.

Langfristig war es das Staatsgebilde der spanischen Monarchie, das am stärksten von inneren Unruhen und Verwerfungen in Mitleidenschaft gezogen wurde. Aber es war nicht die spanische Kultur, in der eine neue Phase der Dämonisierung des Rebellen eingeleitet wurde. Das Epizentrum war am Ende des 16. Jahrhunderts vielmehr Frankreich, und dies mit gutem Grund. Frankreich hatte eine mit Blick auf die anderen großen Monarchien Europas gänzlich einzigartige katastrophale Erfahrung gemacht: 30 Jahre Revolten und Bürgerkrieg hatten das Herz der Nation erschüttert, sie an den Rand des Ruins und der Auflösung gebracht und in der Politik des Landes tiefe Risse hinterlassen. »Die Zeichen unseres Unglücks werden in Frankreich auf immer sichtbar bleiben«, schrieb 1595 der künftige Erzieher von Ludwig XIII., David Rivault. Bei der politischen und religiösen Neuorientierung, die der Ermordung Heinrichs III. folgte und den Beginn der Regentschaft Heinrichs IV. begleitete, nahm die Verurteilung der Rebellion einen zentralen Platz ein. Wie sehr diese Verurteilung Einfluß auf das übrige Europa gewann, ist bisher noch kaum untersucht worden, aber es ist nicht schwer, in den politischen Schriften anderer europäischer Länder aus jenen Jahren (angefangen bei Justus Lipsius und Botero) den fortwährenden, expliziten oder impliziten Bezug auf die Revolten in Frankreich zu erkennen und die Wirkung zu spüren, die von der Interpretation dieser Aufstände durch die Verfechter der wiedererstarkten und erneuerten französischen Monarchie ausging. Deren Ziel war es, die Religionskriege zu beenden, den Weg für die politische und moralische Erneuerung der Nation zu ebnen, neue Formen des Zusammenlebens verschiedener Kirchen zu finden und die Beziehung zwischen dem Souverän und seinen Untertanen auf eine neue Grundlage zu stellen. Diese große, ideelle und politische Anstrengung setzte die radikale Kritik und möglichst vollständige Entwertung jener Lehren voraus, die ein idealer Deckmantel der Gewalt und der Rebellionen gewesen waren, mit denen im Verlauf von 30 Jahren die Macht und Autorität des Souveräns aus den Angeln gehoben worden war.

Die Idee, daß die Rebellion gegen einen Tyrannen legitim sei, war im Verlauf des 16. Jahrhunderts auf der Basis einer starken mittelalterlichen und humanistischen Tradition ausformuliert worden und in ihren verschiedenen Ausprägungen theokratischen Ursprungs. In Frankreich wurde sie auf breiter Ebene von den Hugenotten nach dem Blutbad der Bartholomäusnacht (1572) übernommen und im *Strafgericht gegen die Tyrannen* von Junius Stephanus Brutus bis zum äußersten zugespitzt. Aber von ihrem Ursprung her stand sie auch mit dem katholischen Extremismus im Einklang. Jean Boucher, Guillaume Rose und andere politisch aktive katholische Theologen hatten keine Schwierigkeiten, sie für die Heilige Liga von Péronne und die erbitterten Feinde Heinrichs IV. in Anspruch zu nehmen. Mit der Publikation *De Rege et Regis Institutione* (*Vom Könige und des Königs Erziehung*) von Juan de Mariana (1599) wurde sie später in modifizierter Form fast zur offiziellen Doktrin der Jesuiten.

Nachdem Heinrich von Navarra die Thronfolge zugefallen war, verfochten die namhaftesten hugenottischen Monarchomachen (etwa »Monarchenbekämpfer«) nun das Erbrecht und bekehrten sich zu einem absolutistischen Souveränitätsverständnis. Aber ihre Lehren hatten tiefe Gräben aufgeworfen, die sich nicht leicht aufschütten ließen. Der Autor des *Strafgerichts* hatte sich ebenso wie François Hotman in seinem Buch *Franco Gallia* (1573) bemüht, der religiösen Rechtfertigung ein eigenständiges juristisches und politisches Fundament der Rebellion zur Seite zu stellen und hatte die These einer ursprünglichen Wahlmonarchie und des Vorrangs der Generalstände gegenüber dem Souverän vertreten. Die katholischen Theoretiker ihrerseits hatten die strenge Beschränkung des Widerstandsrechts auf die Aristokratie, die es geschaffen und nur für sich in Anspruch genommen hatte, abgemildert. Das mögliche Anwendungsfeld der Theorie hatte sich somit über ihren ursprünglichen Geltungsbereich hinaus vergrößert.

Die große Kampagne gegen die Revolte, die sich in Frankreich als Reaktion auf die verheerenden Folgen der religiösen Bürgerkriege entspann, wurde vor allem von der Bewegung der sogenannten Partei der Politiker getragen. Sie bietet ein interessantes Beispiel für das Zusammenwirken von politischer Macht und Kultur, für die Konvergenz unterschiedlicher Positionen und Erfahrungen in einem gemeinsamen Ziel. Die Liste ihrer Protagonisten umfaßt unter anderem: Pierre Charron, einen Freund Montaignes und Verfasser eines berühmten Traktats über die Weisheit; Daniel Drouin, dessen *Miroir des Rebelles* in der Literatur des Barock vielleicht als die erste spezifische und systematische Behandlung der Rebellion gelten kann; die Gruppe der Pariser »Politiker«, die aus Anlaß der Einberufung der Generalstände durch die katholische Liga 1593 die berühmte *Satyre Ménippée* schrieben; den bereits erwähnten Rivault; Gabriel Chappuys, Sekretär und Spanischdolmetscher Heinrichs IV., Übersetzer von Boccaccio und Ariost, Castiglione und Niccolò Franco; den Doktor der Theologie und Domherrn der Metropolitankirche von Toulouse, Jean de Baricave, der eine tausendseitige Abhandlung veröffentlichte. Michel Roussel, Sprecher der Sorbonne, und der nach Frankreich eingewanderte Schotte William Barclay, Professor der Rechtswissenschaft an der Universität von Angers, der den Begriff »Monarchomachen« prägte, stellten die Kampagne auf eine breitere theoretische Grundlage, indem sie die Autoren George Buchanan und Juan de Mariana in die politische Diskussion in Frankreich einführten.

Die Beweisführung, daß sich die Texte der Monarchomachen auf eine falsche Interpretation der Heiligen Schrift stützten, mußte in der Kampagne offenkundig eine große Rolle spielen. Aber der wirkliche Kern der Argumentation war die Zwietracht und Verwüstung, die die Rebellion hinterlassen hatten, sowie die mehr oder weniger deutliche Ähnlichkeit, die man zwischen den Ereignissen in Frankreich und den Rebellionen in anderen europäischen Ländern im Verlauf des 16. Jahrhunderts erkannte.

Mit der Ermordung Heinrichs III. im Jahre 1589 und Heinrichs IV. im Jahre 1610 spitzte sich die Polemik in besonderer Weise zu. Die

DER REBELL   121

Hauptmotive der gegenrevolutionären Offensive waren bereits um 1590
deutlich ausgeprägt und erkennbar. Im Gegensatz zur Ermordung seines Nachfolgers war die Ermordung Heinrichs III. kein isoliertes Ereignis. Sie erfolgte vielmehr auf dem Höhepunkt der rebellischen Agitation
direkt nach dem von der Heiligen Liga im Mai 1588 betriebenen Aufstand von Paris und nachdem das Prestige und die Autorität des Souveräns, der aus der Hauptstadt fliehen mußte, ihren Tiefpunkt erreicht hatten. Die *Satyre Ménippée* präsentierte 1594 einen Katalog der namhaftesten Rebellen, von Vertretern des Adels, der Kirchenhierarchie und
anderen Protagonisten der Endphase der Bürgerkriege. Der Herzog von
Mayenne, der Erzbischof von Lyon, der Rektor der Sorbonne, der berüchtigte Gouverneur von Pierrefonds, halb Adliger, halb Räuber, der
Legat des Papstes: alle erscheinen in der *Satyre* in beeindruckenden Porträts, erfüllt von brutalem Egoismus, vom Geist der Gewalttätigkeit, der
Ungerechtigkeit, der Demagogie und des Verrats an der Nation. Der Erfolg beruhte nicht nur auf der literarischen Begabung der Autoren dieses »Königs der Pamphlete« (*roi des pamphlets*), wie das Buch im 19.
Jahrhundert genannt wurde. Seine Überzeugungskraft verdankte es
auch dem Zustand des Landes und den Folgen der Rebellionen selbst,
dem unverkennbaren Verlust von Idealen und religiösen Werten, der Anarchie, dem Terror, der Präsenz der spanischen Milizen in der Hauptstadt: »O Paris, das nicht mehr Paris ist, sondern eine Spelunke voll wilder Tiere, eine Festung der Spanier, Brabanter und Neapolitaner, Zuflucht und sicheres Asyl von Räubern, Mördern und Missetätern, willst
du deine Würde nie zurückerlangen und dich erinnern, was du einmal
warst?«
    Die patriotische Entrüstung und der leidenschaftliche Bürgersinn, die
aus der *Satyre* einen Klassiker der politischen Literatur und einen Bezugspunkt des französischen Nationalbewußtseins gemacht haben, zielen mehr noch auf die Demaskierung einzelner Rebellen als auf die Verurteilung des Anfangs der Rebellion. Deutlich werden soll der Widerspruch zwischen den Prinzipien, zu denen sie sich bekannt hatten, und
ihrem tatsächlichen Verhalten, zwischen ihren erklärten Zielen und den
Ergebnissen ihrer Aktionen. Anders dagegen der Ansatz des *Miroir des
Rebelles* von Daniel Drouin, der seine Überzeugungskraft aus der Absicht des Autors gewinnt, allgemeine Folgerungen aus den besonderen
Erfahrungen in Frankreich zu ziehen oder, besser gesagt, eine strikte Beziehung zwischen der Einschätzung der Ereignisse in Frankreich und

der allgemeinen theoretischen Verurteilung der Rebellion herzustellen. Drouin betrachtet das Phänomen vor dem Hintergrund eines Panoramas, das von der hebräischen Geschichte über die Welt der Griechen, die Perserreiche und das Römische und Osmanische Reich bis zur christlichen Welt des mittelalterlichen und modernen Europa reicht. Diese universalgeschichtliche Dimension macht dem Leser die volle Bedeutung der dreißigjährigen Kämpfe in Frankreich anschaulich, mit denen das Panorama schließt:

»Du bist es, mein Volk von Frankreich, mit dem ich hier zu sprechen begehrte (…), warum ist heute kein Volk der Erde mehr als du dem Aufruhr verfallen (…). Höret mich an, elende Rebellen und Schänder eurer eigenen Nation (…). Mit welchem Grund, mit welchem Vorwande wollt ihr weiter eure Waffen gegen die Krone erheben? In Wahrheit könnt ihr keinerlei Rechtfertigung anführen, und nie gab es auf dieser Welt eine grundlosere Rebellion als die eure.«

Der universalgeschichtliche Überblick und die Rekonstruktion der jüngeren Ereignisse werden von der Überzeugung getragen, daß alle Rebellionen unweigerlich das Schicksal ereilt, zu scheitern und bestraft zu werden. Für Drouin liegt in dieser zwingenden und beständigen Konsequenz das Zeichen des göttlichen Willens, die legitime Herrschaft aufrechtzuerhalten, selbst wenn sie von heidnischen und götzendienerischen Königen ausgeübt wird: »Wenn die ungläubigen Rebellen, denen der Weg der Erlösung unbekannt war, nicht von der strafenden Hand des Allmächtigen verschonet blieben, dem es gefiel, heidnische und götzendienerische Souveräne in ihren Reichen ihre Herrschaft zu erhalten, was wird aus den Christen, die sich gegen ihre Herren frech erheben?« Und: »Gott steht immer auf der Seite der Rechtmäßigkeit.« Durch die Thematisierung des Scheiterns will das Buch historisch belegen, daß die Königsherrschaft göttlichen Ursprungs ist, eine Theorie, die den gemeinsamen Bezugspunkt und das positive theoretische Fundament der gesamten Kampagne gegen die Rebellion darstellte. Den Menschen des 16. Jahrhunderts erschien dieses Argument weniger abstrakt und apriorisch als uns Heutigen. Das Tragische des Rebellen im Zeitalter des Barock, sein Wille, diesen Makel selbst gegen die eigenen Gesten und Ziele von sich abzustreifen, das Bemühen, sich um jeden Preis mit konstitutioneller Legalität und einer konsolidierten Tradition in Verbindung zu bringen, beruhten weitgehend auf der Überzeugung, daß die Rebellion nur schwerlich dem Schicksal des Scheiterns entgehen konnte. Die protestantische Reformation mochte wohl die Möglichkeit einer siegreichen Revolution nahelegen, aber auf der im engeren Sinne politischen und sozialen Ebene war Erfolglosigkeit die Regel.

Drouin schrieb das schicksalhafte Scheitern dem göttlichen Willen zu, doch er beschrieb auch die tatsächlichen Ereignisse, die dem schließlichen Mißlingen und der Bestrafung ein Höchstmaß an Wahrscheinlichkeit und den Anschein einer nahezu mechanischen Notwendigkeit gaben. In seiner komplexen Typologie der Rebellionen läßt er weder die großen Bauernbewegungen aus, die »keine anderen Anführer [hatten] als Räuber und Diebe«, noch die städtischen Volkserhebungen, besonders in Paris. Dabei wird sehr deutlich, daß die eigentliche Gefahr für Drouin von den Granden ausgeht. Volkserhebungen auf dem Land und in der Stadt, rein soziale Proteste oder Hungerrevolten haben als solche keinen Einfluß auf die Stabilität des Staates. Sie werden erst dann gefährlich, wenn die Granden sich ihrer bedienen, um ihre eigenen Zwecke zu verfolgen. Das war es, was Drouin zufolge im Verlauf der religiösen - Bürgerkriege geschah: »Die Großen tragen die größte Schuld.« Er hält es daher für erforderlich, das rebellierende Volk mit größter Härte zu bestrafen, um so zu vermeiden, daß es sich mitziehen läßt und zur Manövriermasse politischer Ziele wird, die aus den obersten Schichten kommen. (»Würde man heute eine derart beispielhafte Bestrafung der Rebellen durchführen«, so Drouin nach einer Aufzählung von schrecklichen Hinrichtungen, die auf eine versuchte Rebellion folgten, »so gäbe es ohne Zweifel nicht so eine große Zahl von ihnen, weil der Schrecken solcher Torturen sie dahin treiben würde, die Partei der Aufständischen zu verlassen.«) Aber der eigentliche Zorn des Fürsten

»muß die Granden treffen, die gemeiniglich die Ursache der vielen Unruhen und Aufstände sind (...), eingedenk auch der Tatsache, daß die Bestrafung großer Herren, so sie in der Öffentlichkeit stattfindet, den Geringen größere Angst einflößt und mehr als Beispiel dient, als tausend aus dem minderen Volke zu henken. Die Hinrichtung eines Granden erschreckt die größte Zahl von Geringen.«

Als Aktion, die von Adligen und vor allem von den Granden angestiftet wurde (deren Verachtung für den Rest der Welt und den »niedrigen« Untertan Bürgerliche, Intellektuelle, Beamte und Geschäftsleute empfindlich verletzte, wie auch aus der Rede des Repräsentanten des dritten Standes in der *Satyre Ménippée* deutlich wird), erschien die Rebellion folglich als partikularistische Gewalt, als ungerechte Verteidigung von archaischen Privilegien gegen das Gemeinwohl der Nation und gegen das von der Monarchie garantierte politische und soziale Gleichgewicht. Diese Rückschrittlichkeit war es, die ihre zentrale Schwäche darstellte. Jedwede Erhebung konnte zudem nur dann eine gewisse Schlagkraft erreichen, wenn sie die Unterstützung des Volkes hatte, und diese war tatsächlich von den rebellischen Granden im Verlauf der Bürgerkriege hemmungslos angestachelt und organisiert worden. Solche Demagogie galt als das schändlichste Attentat auf das Zivilleben und die Gesellschaft, bedeutete sie doch, brutale Instinkte und Grausamkeiten zu entfesseln. Gleichzeitig war sie ein Zeichen von Unbesonnenheit und Phantasterei, da nichts brüchiger und illusorischer sein konnte als die Unterstützung des Volkes, die in kurzer Zeit unweigerlich schwächer werden mußte.

Es finden sich hier alle Elemente des Interpretationsmodells, das sich in der Kultur des Barock durchsetzte. Es war durchaus nicht neu, aus dem komplexen Beziehungsgeflecht religiöser Bewegungen, aristokratischer Opposition und sozialer Agitation die umstürzlerischen Tendenzen des Adels herauszulösen und die Instrumentalisierung der Religion anzuprangern. Dieser Deutungsansatz wurde vielmehr häufig benutzt. So hatte sich etwa der Botschafter der Republik von Venedig seiner bedient, als er erklärte, die französischen Bürgerkriege seien dem Unwillen des Kardinals von Lothringen zu verdanken, Gleiche neben sich zu dulden, und dem Unmut des Admirals Gaspard de Coligny und des Hauses Montmorency, Höherstehende zu akzeptieren. Die Partei der Politiker bemühte sich in ihrer Kampagne um eine systematische Analyse der verschiedenen Ereignisse in Frankreich, versuchte, die Vergleichbarkeit mit anderen historischen Fällen zu belegen und so eine allgemeine Verurteilung der Rebellion in der zeitgenössischen Gesellschaft zu erreichen. Die Betrachtung der Ereignisse in Frankreich beeinflußte ohne Zweifel, wie bereits angedeutet, die theoretische Reflexion von Botero und Justus Lipsius. Ersterer verweist häufig auf Frankreich: »die großen Gerüchte, die wir bis hierher vernommen haben«; das »Reich, zu andern Zeiten in höchster Blüte, nun in tiefstes Elend gestürzt«; »das Land verwüstet und ruiniert sich selbst«. Es ist nicht auszuschließen, daß sein Urteil über die umstürzlerischen Tendenzen der Aristokratie und über die italienischen Erfahrungen mit Adelsrebellionen in direkter Beziehung zu den Positionen stand, die sich bei den »Politikern« abzeichneten:

»Bei den Lokalherren eines Reiches gibt es Gutes und Schlechtes. Das Übel ist die Autorität und die Macht, insofern sie dem souveränen Fürsten gefährlich wird, denn sie ist beinahe ein Halt, eine bereitstehende Zuflucht für alle, die aufwiegeln und sich erheben oder Krieg schüren und den Staat angreifen wollen, wie es in den Fürstentümern von Taranto, Salerno, den Herzogtümern von Sessa und Rossano im Königreich Neapel sich zugetragen.«

Auch Lipsius betrachtet »die Parteiungen der Adligen«, »die Zwietracht unter den strahlenden und mächtigen Männern« und ihre Neigung, »die Welt auf den Kopf zu stellen und ihre Wunden mit dem Leid der Republik zu heilen«, als Quelle des »allgemeinen Ruins« und der größten Übel des Staates. Sein italienischer Übersetzer, der Adlige Ercole Cati aus Ferrara, schreibt dazu 1618:

»Ohne andere Beispiele zum Wesen und den Auswirkungen des Parteienstreits anzuführen, reicht es, an diesem Orte die merkwürdigen Begebenheiten zu betrachten, die sich in Frankreich und den Niederlanden durch Konspiration und feindliche Wendung jener Völker gegen ihre wahren und legitimen Fürsten ereignet haben, unter dem Vorwande der Gewissens- und Religionsfreiheit, in Wirklichkeit aber bei den meisten, höchsten und mächtigsten Herren aus Neid, Haß und besonderer Mißgunst des einen Hauses, um ein anderes der Autorität und Macht zu berauben (…) und schließlich, als sie sich in einem Interregnum wähnten, des einen, um einen Teil des Reiches selbst zu besetzen (…), der anderen, um andere Teile zu besetzen, und wiederum anderer, um sich der Krone vollständig zu bemächtigen.«

Die Haltung von Lipsius zur Frage der Tyrannei lag auf einer Linie mit der Kampagne der französischen »Politiker«. Obwohl er anerkannte, daß die Erhebung gegen die Tyrannei und ihre Beseitigung eine Sache der »tapfersten Herzen« war und daß »die Griechen göttliche Ehren jenen zuteil werden ließen, die Tyrannen getötet« hatten, vertrat er die Auffassung, daß die bessere und der Klugheit gemäßere Lösung ihre Erduldung sei: Die Herrschaft kommt von Gott, der Bürgerkrieg ist schlechter als die Tyrannei, die Unterwerfung besänftigt das Wesen des Herrschers, und Veränderung kann zu großen Übeln führen: »Ich folgere demnach, daß das Wesen des Fürsten ertragen werden muß.«

Die Wiederbelebung der Kampagne gegen die Rebellion im Jahre 1610 war vornehmlich doktrinärer Natur und fügte den bereits etablierten Ideen nur wenig Neues hinzu. In der emotional stark aufgeladenen Atmosphäre nach der Ermordung Heinrichs IV. diente die Assoziation von Vatermord und Rebellion der zusätzlichen Bestätigung eines Urteils, das in der öffentlichen Meinung und im nationalen Bewußtsein mittlerweile auf breiten Konsens gestoßen und nun zu einem Leitmotiv der politischen Kultur Europas geworden war. Juan de Marianas *De*

Rege et Regis Institutione (*Vom Könige und des Königs Erziehung*) wurde auf Initiative des Parlaments von Paris und der Sorbonne verurteilt und öffentlich verbrannt. Als Beleg der vielfältigen Stimmen und Richtungen zum Thema des Tyrannenmordes wurde bei dieser Gelegenheit auch das *Strafgericht gegen die Tyrannen* erwähnt. De Baricave war überzeugt, daß die gutwilligen Franzosen noch nicht alles Notwendige getan hatten, um die Wurzeln dieser giftigen Pflanze auszureißen. Seiner Meinung nach konnte nur die radikale Widerlegung der Prinzipien, auf die sich die Theorie stützte, wirksam sein. Die tausend Seiten seiner Abhandlung sind daher eine genaue und ausführliche Gegenüberstellung sämtlicher Argumente des *Strafgerichts* mit der Heiligen Schrift und enthalten daneben einige Angriffe auf die klassische Literatur. Tatsächlich übertrieb de Baricave nicht nur mit der Weitschweifigkeit seiner Argumentation, sondern auch mit seinem Anspruch auf Originalität. Richtig war jedoch, daß in der Polemik der Jahre zuvor Prinzipien und Fakten in der Diskussion weit stärker aufeinander bezogen wurden als noch in den Dekreten und Verlautbarungen des Parlaments von Paris und der Sorbonne nach dem Königsmord von Ravaillac. In seinen kurzen, 1589 verfaßten und 1606 veröffentlichten Betrachtungen hatte etwa Charron auf seine konkreten Erfahrungen aus seiner Beteiligung an politischen Ereignissen Bezug genommen. So schilderte er zum Beispiel, daß ihn die Liga in Versuchung geführt und er halb eingewilligt hatte (wie übrigens auch Jean Bodin, der große Theoretiker des Absolutismus). Charron beschrieb auch seinen Gemütszustand als Rebell und stellte ihm eine geistige Verfassung gegenüber, die zum Verständnis der Realität und zur Weisheit nötig sei: »Ich war ständig wütend, in einem fiebrigen Zustand unablässiger Gefühlsaufwallung, und so lernte ich auf eigene Kosten, daß es unmöglich ist, zugleich aufgewühlt und weise zu sein.« Auch Gabriel Chappuys' Verteidigung der Monarchie von 1602 – Heinrich IV. hatte nun seine Herrschaft konsolidiert, die beiden Parteien der Rebellion waren besiegt – spiegelt deutlich die konkreten Erfahrungen des Autors wider. Seine Analyse legte ein Deutungskriterium nahe, das sich in der Kultur des Humanismus gewandelt und auch in der *Satyre* eine zentrale Stellung eingenommen hatte. Es zielte auf die Entwertung sowohl der religiösen wie der politischen Ziele der Revolte und gewann im Barockzeitalter große Bedeutung. Danach ist das verderbliche »Idol« der Rebellion der Ehrgeiz, dessen natürliche Werkzeuge die Instinkte des Pöbels und seine Neigung zu Aufruhr und Gewalt sind. Die Idee der

Volkssouveränität wird als Werkzeug dieses Idols angesehen, weil es der Ehrgeiz ist, der dazu anstachelt, »dem Volk zu schmeicheln und es gegen jede Vernunft zu überzeugen, es falle ihm zu, die Könige niederzuwerfen, sie in Reih und Glied aufzustellen und ihnen das Gesetz zu verkünden«. Gerade in bezug auf die Volkssouveränität wies Chappuys auf Widersprüche und Unsicherheiten im *Strafgericht gegen die Tyrannen* hin. Wem, so fragt er sich, falle denn nach dem berühmten Traktat die Aufgabe zu, den Staat vom Tyrannen zu befreien, dem Volk oder den Granden?

»Am Anfang, auf den Seiten 103 und 106 seines Buches, spricht Brutus dem Volke alle Macht sowohl über die Könige wie über die Granden zu; indes, auf den Seiten 210, 212 und 213, nimmt er sie ihm fort und verleiht sie den Granden, indem er beteuert, das Volk dürfe nichts aus eigenem Antriebe tun, und dies auch nicht im Falle offener Tyrannei, wenn die Granden nicht mit dem König übereinstimmen.«

Die Frage war heikel, denn die katholische Überarbeitung der Theorie hatte diesem Punkt besondere Aufmerksamkeit geschenkt und neigte zur Überwindung der Zweideutigkeit zugunsten der politisch-religiösen Gemeinschaft und sogar des einzelnen Untertanen. Eines der bekanntesten Werke der katholischen Verteidigung der Rebellion war die *Apologie pour Jean Chastel*, ein Buch über den Studenten, der 1594 den Versuch unternommen hatte, Heinrich IV. zu ermorden. Bei einem anderen Punkt griff Chappuys, wie bereits Charron im *Discours*, geschickt auf das Naturrecht zurück. Das Volk dürfe den Souverän nicht verletzen, aber es könne sich gegen eine von ihm begangene Ungerechtigkeit verteidigen; es könne sich nicht »der Untertänigkeit und Ehrerbietung, die es dem König schuldet, entziehen«, aber es dürfe sich gegen eine Rechtsverletzung wehren. Es sei »gegen die Natur«, daß sich der Geringe am Höherstehenden räche und ihn bestrafe, aber das Recht auf Verteidigung sei Teil der Naturordnung. Etliche Jahrzehnte später sollte Thomas Hobbes wirkungsvoll die Inkonsistenz des passiven Widerstandsrechts mit der Feststellung demonstrieren, daß ähnliche Ambiguitäten und Konzessionen, die in der »offiziellen« Kultur und bei den Anhängern des Absolutismus akzeptiert worden waren, in England dazu beigetragen hatten, der Rebellion erneut den Weg zu bahnen.

Chappuys hatte dies mit Sicherheit nicht beabsichtigt und war nicht der Meinung, dem Gegner Konzessionen zu machen. Seine Unterscheidungen reflektieren vielmehr die Schwierigkeiten, auf die der Versuch stieß, der Verurteilung der Rebellion die notwendige universelle Dimension zu geben, um ihre Gültigkeit zu verbürgen. Die Erhebung der Niederlande zur gleichen Zeit war ein anders gelagerter Fall, so groß die Ähnlichkeiten mit den religiösen Bürgerkriegen in Frankreich sein mochten, besonders im Hinblick auf die Rolle, die innerhalb des Landes der religiöse und politische Extremismus und die zentrifugalen und partikularistischen Kräfte spielten. Die französischen »Politiker« konnten die Zweckmäßigkeit des Mittels der Rebellion bestreiten und die ideelle Nähe übersehen, die ihre Positionen zu denen Wilhelms von Oranien aufwiesen, aber sie konnten die Ereignisse in Frankreich und den Niederlanden nicht gänzlich auf der gleichen Ebene behandeln. Drouin beurteilt die niederländische Erhebung als Religionskrieg, beschreibt das Unheil und die Massaker, die ihm folgten, und – der Text wurde im Jahre 1592 verfaßt – er meint, daß auch dieser Versuch unausweichlich scheitern müsse. Mit der schrecklichen Repression des Herzogs von Alba hatten die Niederlande seiner Meinung nach »sehr zu Recht« die härteste Bestrafung erfahren, da sie keine Lehren aus dem Schicksal ihrer Nachbarn und »vor allem unseres unglücklichen Frankreich« gezogen hätten. Doch nach und nach wird die Argumentation durch seine anti-spanische Haltung brüchig. Drouin erkennt nämlich an, daß der Grund der Unzufriedenheit im Stolz und der Tyrannei der Spanier lag, »die wahrhaftig roh und anmaßend gegen jene sind, die sie unterworfen haben«. Zudem unterstreicht die Schilderung der Grausamkeiten die Unmenschlichkeit der Repression des Herzogs von Alba, und der Autor räumt schließlich sogar ein, daß »selbst Gott über die Spanier erzürnt war« und deshalb dem niederländischen Bund erlaubte, einige wichtige Siege zu erringen. Chappuys seinerseits schrieb nach dem Vertrag von 1602 eine *Histoire générale de la guerre de Flandres* in zwei Bänden (Paris 1611), in der er dieser Frage besondere Aufmerksamkeit schenkt. Darin nimmt er vor allem den Erfolg zur Kenntnis, den die »Rebellen« mit dem Waffenstillstand von Antwerpen errungen hatten, und vermerkt den Beitrag, den der »selige und vielgeliebte« Heinrich IV. dazu leistete.

Die Partei der Politiker in Frankreich blieb in ihrem Urteil über die niederländische Revolution unsicher und zögernd. Ein volles Verständnis der jüngsten Entwicklungen (das zu Anfang, nebenbei bemerkt, auch in anderen Teilen Europas nicht vorhanden war) hätte zu einer Schwächung der Kampagne gegen die Rebellion geführt. Auch später noch, am Vorabend der englischen und portugiesischen Erhebungen, wurde Wilhelm von Oranien noch als Ausnahme angesehen, die die Regel bestätigte. 1638, vor dem Hintergrund der politischen Situation in Europa, sollte Henri de Rohan dann die bedeutsame Bemerkung machen, daß Wilhelm »der einzige in einem ganzen Jahrhundert [war], der die Ehre der Gründung eines Staates hatte«.

Wilhelm von Oranien veröffentlichte seine *Apologie* als Antwort auf die Ächtung, mit der Philipp II. ihn zum Rebellen erklärt hatte, zum »Störer des Friedens der Christenheit und insonderheit der Niederlande«. Philipp hatte darin demjenigen, der ihn wie eine »öffentliche Pest« von der Erde tilge, eine beträchtliche Summe und sogar einen Adelstitel versprochen. Auch Wilhelm hatte in der Zurückweisung der Anklage an die konstitutionellen Traditionen der Länder appelliert, aus denen die Niederlande bestanden (an den ursprünglichen Vertrag zwischen dem Souverän und den Untertanen), also ohne zu einer universellen Idee von Unabhängigkeit und Nationalität zu gelangen. Während jedoch die anderen Verteidigungsschriften der Rebellion im 16. Jahrhundert die konstitutionellen Traditionen mit den Privilegien und der Macht des Adelsstandes gleichsetzten, der als Interpret und alleiniger Repräsentant der politischen Nation angesehen wurde, faßte Wilhelm diese Traditionen weiter, als Rechte und Freiheiten der gesamten Gemeinschaft. Auch auf religiösem Gebiet sollte die Forderung nach Freiheit nicht bedeuten, daß nur noch die Konfession seiner Mitgläubigen erlaubt sei. Im Namen dieses Patriotismus verweigerte Wilhelm die »absolute Sklaverei«, die Spanien den Niederlanden aufzwingen wollte, und auf derselben Grundlage wies er auch den Versuch in der Bannschrift Philipps II. zurück, seinen politischen Aufstieg der Demagogie und Instrumentalisierung des öffentlichen Aufruhrs zuzuschreiben und seine Handlungen in den Rahmen der anarchischen und partikularistischen Tradition der Adelsrebellion zu stellen.

»Spanien«, so schrieb Wilhelm an die Generalstaaten der Vereinigten Niederlande, »will Euch gänzlich Eurer alten Privilegien und Eurer Freiheit berauben, um frei über Euch zu verfügen, über Eure Frauen und Eure Kinder, wie ihre Minister es mit den armen Indianern tun, oder wenigstens mit den Kalabriern, Sizilianern, Neapolitanern und Mailändern, ohne sich daran zu erinnern, daß unsere Länder keine Länder der Conquista, sondern größtenteils ererbt sind oder sich freiwillig und zu guten Bedingungen unter die Vorfahren Philipps II. begeben haben.«

»Rebellen, Ungläubige und Eidbrüchige«, fuhr Wilhelm mit seinem Angriff auf einen Teil der niederländischen Adligen fort, »sind folglich jene Herren, die im Besitz des politischen Vorrechts und der Aufgabe des militärischen Kommandos sind und sich nicht denen entgegenstellen, die die Rechte und die Konstitutionen ihrer Länder niedertrampeln.«

»Man wirft mir das große Vertrauen vor, in dem ich beim Volke stehe (…). Ich bekenne, daß ich mein Leben lang volkstümlich war und sein werde, das heißt, daß ich Eure Freiheit und Eure Rechte aufrechterhalten und verteidigen werde (…). Es ist wahr, daß es fünf oder sechs unbesonnene Köpfe gibt, Feinde der Freiheit (…), deren Tyrannei noch schlimmer wäre als diejenige Spaniens (…). Aber was anderes ist das öffentliche Wohl, wenn nicht das Wohl des Volkes?«

Die von Wilhelm vertretene Konzeption der politischen Nationalgemeinschaft war folglich sowohl in humanistisch-patriotischer wie in politisch-religiöser Hinsicht anders und weiter gefaßt als die Tradition des 16. Jahrhunderts. Das Projekt der politischen Beteiligung des Volkes nahm vorweg, was sich in der Krise der Umstürze Mitte des 17. Jahrhunderts mit Schwierigkeiten und Widersprüchen herausschälte. Das Neue daran wird bei einem Vergleich mit einer anderen bekannten Apologie aus der Tradition des laizistisch-humanistischen Tyrannenmordes noch deutlicher, jener, die Lorenzino de' Medici, der Mörder des Herzogs von Florenz, 1537 verfaßt hatte. Giacomo Leopardi fügte Teile davon als wichtiges Zeugnis der politischen Rhetorik des 16. Jahrhunderts in seine *Crestomazia della prosa italiana* ein und stellte Lorenzino und Wilhelm von Oranien in seinem Aufruf, die Völker von den Tyrannen zu befreien, nebeneinander:

> »Meraviglia è colà che s'appresenti
> Maurizio di Sassonia alla tua vista,
> Che con mille vergogne e tradimenti
> Gran parte a' suoi di libertade acquista,
> Egmont, Orange a lor grandezza intenti
> Lor patria liberando oppressa e trista,
> E quel miglior che invia con braccio forte
> Il primo duca di Firenze a morte.«
> (*Paralipomeni della Batracomiomachia*, III. Gesang, Strophe 27)[1]

---

1 »Es ist bereits ein großes Wunder, daß sich hier [im 16. Jahrhundert] / Moritz von Sachsen dem Auge präsentiert, / der nach tausenderlei Schande und Verrat / den Seinen einen Großteil ihrer Freiheit sicherte [Moritz von Sachsen kämpfte erst für Kaiser Karl V., wandte sich dann aber in Verteidigung der Protestanten gegen ihn und erreichte ihre Duldung]; / [Wie auch Graf] Egmont und [Wilhelm von] Oranien, die, auf ihre Größe bedacht, ihre unterdrückten und traurigen Vaterländer befreiten, / Sowie jener Vortreffliche [Lorenzino de' Medici], der mit starkem Arm / Den ersten Herzog von Florenz [Alessandro] in den Tod schickte.« (A. d. Ü.)

Tatsächlich ist die Ähnlichkeit beider nur äußerlich. Der erbitterte Individualismus, die literarische und intellektualistische Konzeption des Vaterlandes, die aristokratische Exklusivität und der Geist der Verschwörung geben Lorenzinos Rechtfertigungsschrift ein Gepräge, das dem feudalen Rebellentum (in der städtisch-aristokratischen Version) ideell und politisch nähersteht als der Konzeption Wilhelms. Für Lorenzino steht die Edelmütigkeit der individuellen Geste im Vordergrund. Er zögert nicht, die ausbleibenden Resultate und fehlenden politischen Konsequenzen seines Unternehmens der Feigheit des Volkes von Florenz zuzuschreiben: Unter so außergewöhnlichen Umständen wie der Ermordung des Herzogs Alessandro, so Lorenzino, habe es in Florenz niemanden gegeben, »der sich, ich sage nicht, wie ein guter Bürger, sondern wie ein Mann betragen hätte, abgesehen von zweien oder dreien«.

Aus vielerlei Gründen fand dennoch der neue Patriotismus von Wilhelms *Apologie* zunächst keine weite Verbreitung. Er wurde eher als Polemik gegen den spanischen »Imperialismus« angesehen denn als tendenzielle Erweiterung der Idee des Vaterlandes, die nicht nur für Länder unter Fremdherrschaft galt. Die in seiner Apologie angelegten Ideen fanden aufgrund des religiösen Extremismus und des politischen Partikularismus, die so großen Anteil an der niederländischen Rebellion gehabt hatten, in der konkreten Wirklichkeit eine eher unsichere Entsprechung. Darüber hinaus waren die vielfältigen Territorien der Niederlande, die besonderen Traditionen und der unabhängige Geist der verschiedenen Städte und Provinzen in der zweiten Hälfte des 16. Jahrhunderts mit der Idee einer einheitlichen nationalen Gemeinschaft nur schwer zu versöhnen. Der allgemeine juristisch-politische Formalismus verhinderte außerdem, wie bereits erwähnt, daß Wilhelms Unabhängigkeitsverständnis in den Rang eines universellen Wertes aufstieg: Was für die Niederlande dank eines dort entstandenen Bündnisses galt, konnte möglicherweise oder auch einfach tatsächlich nicht in gleicher Weise für Neapel, Portugal oder die Indios in Amerika gelten. Der »Mythos« der niederländischen Revolution sollte erst später mit der ökonomischen und politischen Konsolidierung und der internationalen Rolle Hollands entstehen. Seine Anfänge gehen wohl auf den Beginn des Dreißigjährigen Krieges und die Wiederaufnahme des Krieges mit Spanien zurück. Analogien zu den Ideen Wilhelms finden sich in der neuen *Apologie* (sie war nicht zufällig Moritz von Nassau gewidmet, dem Sohn und Nachfolger Wilhelms), die die böhmischen Rebellen nach dem Fenstersturz zu Prag veröffentlichten.

Das französische »Modell« der Rebellion fand dagegen Ende des 16. Jahrhunderts größere Entsprechungen in den Erfahrungen anderer westeuropäischer Länder, wenn auch in unterschiedlicher Intensität und Ausprägung. In England und Schottland, in Spanien und seinen italienischen Domänen war es zu politischen Spannungen gekommen, in denen der anarchische und mittelalterlich-rückständige Geist des Hochadels mit und ohne die Unterstützung durch Protestbewegungen des Volkes zu den vorrangigsten Problemen der Krone bei der Behauptung ihrer Macht gezählt hatte. Die ideologische Offensive gegen die Rebellion erreichte daher weitgehend ihr Ziel und wurde zu einem wesentlichen Bestandteil der europäischen Kultur im Zeitalter des Barock. Die Figur des Brutus verlor die nahezu ausschließlich positive Wertung, die sie in der humanistischen Kultur erhalten hatte. Statt als Ausdruck von Freiheit galt der Tyrannenmord nun als Attentat auf die Grundwerte der politischen und bürgerlichen Gemeinschaft. Stolz, finsterer Ehrgeiz, Verachtung der Gemeinschaft, Mangel an Vertrauenswürdigkeit und Bruch des Ehrenkodex auch in persönlichen Beziehungen: dies war es, was der Rebell auf der Basis konkreter Erfahrungen nun verkörperte. Die ihm feindliche Propaganda bemühte sich, den realen Gehalt dieser Eigenschaften zu überhöhen und auch auf Fälle auszudehnen, die sich nicht für solche Urteile und Definitionen eigneten. Zuweilen dienten Amoralität und sexuelle Hemmungslosigkeit, wie sie damals verstanden wurde (Libertinage, Homosexualität), sowie religiöse Gleichgültigkeit dazu, das Bild zu komplettieren. Bei jeder sich bietenden Gelegenheit wurde die öffentliche Meinung angehalten, mit dem Rebellen die größtmögliche Anzahl negativer Eigenschaften zu verbinden, die oft gänzlich außerhalb des Politischen lagen. Das Ziel war, politische Motivationen von Opposition und Gegensätze zu übertönen oder verschwinden zu lassen und das Bild des Rebellen in die Nähe des gemeinen Räubers zu rücken, der aus rein persönlichen Gründen außerhalb der Gesellschaft stand und von den allgemein akzeptierten universellen Verhaltensnormen abwich. Solche Vorwürfe, die im Kern schon in der Ächtung enthalten waren, die Philipp II. gegen Wilhelm ausgesprochen hatte, finden sich im folgenden Jahrhundert offen und ausführlich in verschiedenen Kombinationen, wo Rebellion angeprangert oder der Verdacht auf Rebellion geäußert wird. Ein Hauch von Verständnis (das aber nahezu keine Auswirkungen auf die »rigorosen« Repressionsmethoden hatte) blieb allein dem Protest der Elenden und Hungernden vorbehalten, wenn die Gewißheit bestand, daß verborgene Absichten oder die Möglichkeit einer politischen Ausnutzung des Protests fehlten. »Er ist ein armer Hungerleider«: mit diesem Ausspruch, so vermerkt der neapolitanische Chronist Scipione Guerra, befreite ein Höfling einen Mann aus den Händen der Häscher, der den Vizekönig in unverschämter Weise beleidigt hatte. Kein Leitfaden der Regierungskunst im 17. Jahrhundert, in dem nicht die moralische Pflicht der Regierenden Erwähnung findet, sich um das »Fett« zu kümmern, die Versorgung mit Grundnahrungsmitteln sicherzustellen und die Spekulation und Teuerung zu bekämpfen, um dem »Groll« und der »Verzweiflung« des Pöbels vorzubeugen.

»Das Wort des Verrats und der Rebellion bringt Schande und Haß mit sich.« Diese Feststellung stammt von Tommaso Campanella, der offensichtlich auch aus seiner persönlichen Erfahrung schöpfte. In seinem Werk findet sich nirgendwo ein Prinzip, das den Tyrannenmord rechtfertigen könnte, auch wenn er den göttlichen Ursprung der königlichen Herrschaft für eine Zweckbehauptung hielt (»sie sagen, daß dem König zu gehorchen Gottes Wille sei und Schmerzen zu erleiden von Gott belohnt werde, sie predigen Demut, indem sie den Mördern und Räubern, den Unzüchtigen, den Aufständischen und Rebellen mit der göttlichen und menschlichen Gerechtigkeit drohen, und sie finden Glauben bei den meisten«). Sehr häufig erscheinen bei ihm dagegen Reflexionen über die Art und Weise, Rebellionen zuvorzukommen oder niederzuwerfen, Anregungen zur Unterdrückung der Ketzerei und Ratschläge an den König von Spanien, wie sich die Niederlande zurückgewinnen ließen. Sein Urteil über Wilhelm von Oranien, das er wortwörtlich aus Boteros *Ragion di Stato* entnahm, scheint nicht positiv zu sein, auch wenn es eine verdrehte Anerkennung seiner politischen Fähigkeiten implizieren könnte: »Ein Mann noch ängstlicher als ein Schaf, aber noch arglistiger als ein Fuchs.« Trotzdem sind Campanellas Widersprüche in bezug auf die niederländische Frage offenkundiger als die der französischen »Politiker«. Die Ratschläge und Ermahnungen an den König von Spanien sind von Feststellungen begleitet, die harten Urteilen gleichkommen: »Die Spanier sind unter allen Nationen verhaßt (...). Die Niederländer hassen die spanische Knechtschaft mehr, als sie ihr Leben lieben (...) höchst feindselige spanische Hauptmänner, die mit dem Stock und nicht mit milder Sprache kommandieren.« Schließlich findet sich in seinem Buch *De Monarchia Hispanica discursus* (*Von der spanischen*

Monarchy erst und ander Theyl) im Kapitel »Flandern und Niedergermanien« eine Erklärung, die über die reine Spanien-Phobie hinausgeht und Wilhelms *Apologie* anklingen läßt. »So habe ich dargelegt (...), daß jene, die in ihrem Land für die Religion, für das Vaterland und für Kinder und Ehefrauen kämpfen, immer stärker sind als jene, die in fremden Landen die Herrschaft erringen wollen.«

Auch Bacon bewies eine besondere Sensibilität für das Thema regionaler oder nationaler Rechte und Traditionen, als er im Unterhaus (*House of Commons*) die Auffassung vertrat, daß die Schotten naturalisiert werden (d. h. gleiche politische und zivile Rechte erhalten) sollten, und es für notwendig hielt, nach der dynastischen Vereinigung Schottlands und Englands die schottischen Gesetze und Traditionen zu respektieren. Er erinnerte an die Revolte von Antonio Pérez in Aragonien, um zu unterstreichen, wie leicht sich ein Volk um Autonomieforderungen scharen ließ. »Es genügte die Stimme eines Verurteilten, der durch die Gefängnisgitter *fueros* (gleichbedeutend mit Freiheit oder Privilegien) auf die Straße rief, um eine gefährliche Rebellion zu entfesseln, die nur mit Mühe vom Heer des Königs unterdrückt werden konnte (...).« Weder Campanella noch Bacon (der mit Antonio Pérez freundschaftlich verbunden war und zusammenarbeitete) leisteten einen Beitrag, um das Prinzip der Legitimität der Rebellion auf eine neue theoretische Basis zu stellen. Dennoch bewiesen beide zu Beginn des Jahrhunderts eine besondere Aufmerksamkeit für die einheitsstiftende Kraft eines Patriotismus, der zwischen partikularistischem Geist und der modernen Verteidigung von Identität und nationalen Interessen schwankte, sich aber bereits vom konservativen und exklusiven Konstitutionalismus der Aristokratie zu lösen begann.

In einem geheimen Bericht an den König sprach der Graf von Olivares im Jahre 1624 von den rebellischen Tendenzen der Granden wie von einem Phänomen, das einen Großteil seiner Aktualität verloren hatte. Die Vorgänger Philipps IV. hatten dafür gesorgt, daß die Granden niedergedrückt und in eine Lage gebracht wurden, in der sie nicht mehr »den Kopf heben« konnten. Zeichen der ernsten Schwierigkeiten, die sie in der Vergangenheit bereitet hatten, waren nur noch in jenen Provinzen erkennbar, in denen die Hochadligen noch *poderosos* (mächtig) waren. Die Probleme stellten sich nicht mehr in traditioneller Weise. Olivares fürchtete vor allem, daß die Vertreter des Adels oder der Mittelschicht »volkstümlich« würden und daß sie dem Widerstand von Städten und Provinzen gegen die Direktiven der Zentralregierung eine politische und organisatorische Richtung geben und so verschiedene soziale Kräfte hinter gemeinsamen Interessen und Zielen vereinigen könnten. Der Schaden, den sie anrichten könnten, sagte er, wäre irreparabel. Daher »wäre es höchst angebracht, in den Städten jene strengstens zu bestrafen, die solches zum ernsten Schaden Eurer Majestät versuchen (...). Ich vermag nicht zu sagen, auf welcherlei vielfältige Weise sie ihr Tun verhohlen haben und noch heute verhehlen; sicher ist jedoch, daß sie öffentlich zu verstehen geben, Verteidiger des Volkes Eurer Majestät zu sein.« Der Graf hatte hier konkrete Ereignisse und reale Figuren einer Opposition im Sinn, mit denen er bei den Maßnahmen seiner Regierung rechnen mußte. Wahrscheinlich dachte er unter anderem an eine Persönlichkeit, die aktiven Anteil an der Opposition in den Ständeversammlungen (*Cortes*) von 1621 und 1623 gehabt und ihm auch in den folgenden Jahren Schwierigkeiten bereitet hatte: das Mitglied der Cortes Mateo de Lisón y Viedma. Vor einigen Jahren hat Jean Vilar, der sich mit dem politischen Denken im Spanien des 17. Jahrhunderts befaßt hat, den von Lisón selbst verfaßten Bericht einer Unterredung veröffentlicht, die dieser mit Olivares im Jahre 1627 hatte. Im hier zitierten Auszug läßt sich über den besonderen Fall hinaus erkennen, wie langwierig die Bemühungen im Hochbarock waren, die Würde von Widerstand und Opposition wiederherzustellen:

»(...) Und so wandte er [Olivares] sich an mich und sagte: ›Euer Gnaden scheinen zu glauben, alles zu wissen und von allem ein Verständnis zu haben. Doch Ihr wißt nichts und versteht nichts. Ein Mann, der sich gegen die Entschlüsse Seiner Majestät und die Meinung seiner äußerst klugen Berater und Minister stellt, muß niedriger Herkunft sein.‹
Ich erwiderte ihm: ›Ich ersuche Eure Exzellenz, mich gut zu behandeln. Kein anderer auf dieser Welt würde es wagen, mir solches zu sagen. Ich stamme von Vorfahren ab, die Städte und Länder für unsere Könige erobert haben, die ihre Reiche verteidigt, ihr eigenes Blut verschüttet und ihr Leben in ihren Diensten geopfert haben. In dem, was ich tue, denke ich allein Seiner Majestät zu dienen.‹
Er entgegnete mir, mein Tun sei weder Dienst am König noch Verteidigung von irgend etwas, sondern allgemeine Zerstörung, und daß die Feinde der Monarchie nicht mehr Schaden anrichten könnten, wenn sie mit einem Heer ins Reich fallen würden, als ich, indem ich den Dienst am König störte und behinderte, daß ich meine Aufgaben weit überschritt, indem ich leichtfertig über so große Regierungsangelegenheiten und Minister schrieb und redete wie diejeni-

gen Seiner Majestät, daß ich die Bestrafung erfahren würde, die ich verdiente
und daß Seine Majestät bereits Anweisung gegeben habe, Material gegen mich
zu sammeln, und Beratungen des Staatsrates und des Präsidenten Francisco de
Contreras abgehalten worden seien, um mich aus der Ständeversammlung zu
jagen.

Ich erwiderte, daß es für eine Ameise wie mich nicht der Mühe lohne, sich so
zu sorgen, noch so viele Papiere zu sammeln, denn um mich zu bestrafen reiche
der niedrigste Türsteher des Hofes.

Er sagte mir, daß ich nicht einmal eine Ameise sei oder eine halbe Ameise,
aber wohl verstehen könne, daß man mich bestrafen müsse, weil meine Bestrafung ein Beispiel und Schrecken für viele wäre.

Ich gab zur Antwort, daß jegliche gegen mich verhängte Strafe eine Auszeich-
nung für mich wäre, da man sie ausspräche, weil ich mein Vaterland verteidigt
und meine Pflicht getan habe.

Er entgegnete, es sei meine Pflicht, ein Ehrenmann zu sein.

Ich sagte, daß ich meine Plicht kennen würde, seit ich denken könne, und ich
ihr nachkäme, wie es geboten sei. Seine Exzellenz könne sagen, was Ihr beliebe,
aber es sei nicht gerecht, auf diese Weise jene zu behandeln, die Reich und Städte
verteidigten, da dies ja bedeute, ihnen die Möglichkeit zu nehmen, sich selbst zu
verteidigen, denn niemand, der auf diese Weise behandelt würde, wage noch, den
Mund aufzumachen (...).«

Ideen und Sprache teilte Lisón y Viedma mit allen Oppositionsgruppen
und -bewegungen in Europa, von Spanien bis Böhmen, von Katalonien
bis Portugal, Italien, Frankreich und England. Er verteidigte die »konstitutionellen« Rechte, verwies auf den Bruch der vertraglichen Beziehung
zwischen den Untertanen und der Krone, vertrat den Standpunkt, daß
die Regierung nicht das Recht habe, Steuern zu erheben, ohne die Zustimmung der Untertanen und ihrer Repräsentationsorgane einzuholen,
und er setzte sich für die Würde und generelle Nützlichkeit einer Opposition ein, die sich am Gemeinwohl orientierte. Anscheinend betraf die
Veränderung im Hinblick auf das vorangehende Jahrhundert nur den
Umstand, daß – mit der auffallenden Ausnahme Englands – die religiöse
Rechtfertigung von Opposition ihren kämpferischen Geist eingebüßt
hatte und weit weniger verbreitet war, während nun eher die Hochachtung vor dem Gesetz betont wurde, der Respekt vor den Prinzipien der
Gerechtigkeit und »Gleichheit«, deren Wahrung Aufgabe der Monarchie war. In Wirklichkeit markierte die Neigung Lisón y Viedmas und
vieler anderer »volkstümlicher« Oppositioneller zu einer einheitliche-
ren und »demokratischeren« Konzeption der Gemeinschaften, denen
sie angehörten, einen substantiellen Unterschied zur traditionellen ari-

stokratischen Opposition. Ihre Beschränkung lag in vielen Fällen in der Unfähigkeit, den lokalen Horizont zu überschreiten und zu einer grundlegenden Auseinandersetzung mit den großen Entscheidungen und Zielen des Souveräns zu gelangen. Wenn ihr Verweis auf die öffentliche Nützlichkeit ihres Protests und das Allgemeinwohl unter diesem Gesichtspunkt auch fragwürdig erscheinen mag, so war er dennoch kein Mittel zum Zweck und konnte so in den Rebellionen der 40er Jahre zur Grundlage einer wirklich neuen politischen Situation und Gemengelage werden.

Das alte und anachronistische Rebellentum des Adels verschwand im Zeitalter des Barock nicht von der politischen Bildfläche: In Frankreich blieb es, wie Rivault vorhergesagt hatte, eines der »Unglücke«, das die Bürgerkriege des 16. Jahrhunderts an das nachfolgende Jahrhundert vererbten. Dieses Rebellentum lebte in der Fronde mit besonderer Heftigkeit wieder auf. Ebenso blieben der religiöse Extremismus, der in Frankreich und den Niederlanden so große Bedeutung gehabt hatte, und der soziale Egalitarismus mit seinen tiefen und mächtigen mittelalterlichen Wurzeln lebendig und aktiv, wenn auch auf dem Kontinent in relativ schwacher Ausprägung. Es war jedoch eine neue historische Gestalt, die der Rebellion wieder Würde verlieh, ihre vor-absolutistische Form veränderte und sie zu einem Bestandteil der internen Dialektik des Absolutismus machte. Lisón y Viedma ist dafür ein Beispiel im kleinen und auf lokaler Ebene. Unter diese neue Kategorie fallen Persönlichkeiten wie der Katalane Pau Claris, der Schotte Argyll, der Böhme Matthias Thurn und der Herzog von Bragança. Rückblickend auf zwanzig Jahre *civil wars* in England, fand Thomas Hobbes für diesen Typus eine angemessene Definition (auch wenn sie der Absicht nach negativ war), die mit den gebotenen Unterschieden ebenso für andere Länder gelten konnte: *democratic gentlemen.* Hobbes war überzeugt, daß die Rebellion in England durch die Wiederbelebung der Doktrinen der Monarchomachen verursacht worden war und daß die Universitäten eine zentrale Rolle bei ihrer Ausbreitung gespielt hatten. Er übersah dabei weder den Einfluß der griechischen und lateinischen Literatur, in der »die Verherrlichung der Volksherrschaft und die Verachtung der Monarchie als Tyrannei« sehr verbreitet war, noch den Einfluß von Denkströmungen zugunsten religiöser Freiheit oder die Bewunderung für den Wohlstand, den die niederländische Republik nach der Revolte gegen Spanien erreicht hatte. Dem klassischen Kanon folgend, betrachtete er den Ehrgeiz als treibende Kraft des gesamten Konflikts: »Zweifellos waren die wichtigsten Köpfe ehrgeizige geistliche Würdenträger und ambitionierte Herren; die Geistlichen aus Neid auf die Autorität der Bischöfe, die sie für weniger gebildet hielten als sich selbst; die weltlichen Herren aus Neid auf die persönlichen Berater der Krone und die wichtigsten Höflinge, die sie für weniger weise hielten als sich selbst«. Auch in psychologischer Hinsicht waren die Universitäten für die Krise verantwortlich, »weil sich schwerlich Männer, die eine hohe Meinung von sich haben und auf der Universität waren, davon überzeugen, daß ihnen das Nötige für die Regierung des Staates abgeht, besonders, nachdem sie die glorreichen Geschichten und sentenzenreichen politischen Unternehmungen der alten Volksregierungen bei den Griechen und Römern gelesen haben«. Die Universitäten, das »Herz der Rebellion«, waren Hobbes zufolge für England gewesen, »was das hölzerne Pferd für die Trojaner gewesen war«. Da sie nicht zu beseitigen waren, mußten sie grundlegend reformiert werden, und unter Reform verstand Hobbes im wesentlichen die Lehre, daß es die Pflicht jedes Menschen sei, den vom König erlassenen Gesetzen Folge zu leisten, und daß »die bürgerlichen Gesetze die Gesetze Gottes sind, weil jene, die sie erlassen, von Gott dazu berufen sind«.

Die Verbindung von Kultur und Rebellion, auf die Hobbes verwies, war ein wichtiger Aspekt in der politischen und ideellen Krise Mitte des 17. Jahrhunderts. Sie hatte jedoch nicht mehr den streng doktrinären und religiösen Charakter des vorangehenden Jahrhunderts. Der *democratic gentleman* mit seiner inbrünstigen Religiosität und seinem Verweis auf die vertragliche Beziehung zwischen den Untertanen und dem Monarchen strebte keine Theokratie oder ein aristokratisches Regime vor-absolutistischen Typs an. Er unterschied sich von den großen Anführern der religiösen Bürgerkriege in Frankreich und den anti-monarchistischen adligen Verschwörern im übrigen Europa. Die Konvergenz politischer und ideeller Motive, auf die sich die Rebellion nun stützte, findet in Hobbes' Analyse und Argumentation keine angemessene Erklärung. Er berührt allerdings einen fundamentalen Punkt, nämlich die Beziehung zwischen Monarchie und Nationalbewußtsein und das Ungleichgewicht, in die sie geraten war. »Das Volk war allgemein verdorben, und die Rebellen hielten sich für die besten Patrioten.« Der Philosoph wunderte sich, daß das Unterhaus und später – unter dem Druck des rebellierenden Volkes – auch das Oberhaus (*House of Lords*) den Grafen von Strafford des Hochverrats angeklagt und verurteilt hatten. Wie konnte es einen Verrat am König gegeben haben, wenn derselbe König, im Besitz seiner geistigen Kräfte und seines freien Willens, nicht der Meinung war, verraten worden zu sein? »Dies war nichts als ein Beleg für die Machenschaften des Parlaments, die darin bestanden, das Wort ›Verräter‹ in die Anklageschrift gegen jede Person zu setzen, die es beseitigen wollte.« Tatsächlich wurde, noch bevor der Rebell für sich selbst den Titel eines »Verteidigers des Vaterlandes« reklamierte (und jedes Land hatte damals einen eigenen Helden unter dieser Bezeichnung, ein häufig unterschätztes Zeichen der Zeit), die politische Polemik vom Gegenteil des Vaterlandsverteidigers beherrscht: dem Vaterlandsverräter. Als dieser Vorwurf in diesem oder jenem Land mit immer größerer Eindringlichkeit geäußert wurde, stand die revolutionäre Krise bereits vor der Tür.

Gabriel Naudé, ein Mitarbeiter Mazarins und Bewunderer Campanellas, begriff 1639, am Vorabend der Krise, diese neue und umfassendere Dimension der Beziehung zwischen Kultur und Rebellion. Aufgrund der vermehrten gesellschaftlichen Spannungen sah er eine Katastrophe vorher.

»Betrachtet man den gegenwärtigen Zustand Europas genau, so ist ohne Schwierigkeiten vorauszusehen, daß es binnen kurzer Zeit Schauplatz ähnlicher Tragödien sein wird [d. h. Umwälzungen des Staates]. So viele lange und verheerende Kriege haben ihr Teil zur Zerstörung der Gerechtigkeit beigetragen; die exzessive Anzahl von Kollegien, Seminaren und Studenten hat in Verbindung mit der Leichtigkeit, Bücher zu drucken und zu verbreiten, die Sekten und die Religion erschüttert.«

Kein Zweifel schließlich, »daß in der Astronomie immer neue Systeme geschaffen, mehr Neuheiten in die Philosophie, Medizin und Theologie eingeführt wurden und eine größere Anzahl von Atheisten zum Vorschein gekommen ist (…), wie es nicht in den letzten tausend Jahren geschehen ist«. Naudé begriff die politische Umwälzung als natürliche Bewegung der Geschichte und der Gesellschaft. »Der Sturz der größten Reiche ereignet sich häufig unerwartet, oder zumindest ohne große Vorbereitungen (…).« Dennoch glaubte er, eine Warnung aussprechen zu müssen, und griff dabei mit neuer Schärfe eines der großen Motive auf, das sich in der Barockkultur aufgrund der Erfahrungen aus dem 16. Jahrhundert herausgebildet hatte: Die mitreißendsten Seiten seines Buches *Considérations politiques sur les coups d'Estat* (1639; dt. *Politisches Bedencken über die Staats-Streiche*, Leipzig 1668) sind einer wütenden Tirade gegen das gemeine Volk gewidmet. Jene, die im Begriff standen, als Protagonisten und Anstifter von Rebellionen die politische Bühne Europas zu betreten, waren gewarnt: Um diese Rolle wirklich zu spielen, mußte man unweigerlich das Volk aufwiegeln und es für die eigenen Ziele einspannen, und man mußte die damit verbundenen Risiken kennen. Die Eigenschaften, die Naudé nicht zufällig im Gefolge von Charron dem Pöbel zuschrieb, waren – in Verbindung mit Gewalttätigkeit und Leichtgläubigkeit – vor allem Wankelmut und Unbeständigkeit:

»(...) eine Sache zugleich zu billigen und abzulehnen, von einem Extrem ins andere zu fallen, leichtgläubig zu sein, ohne Zögern zu rebellieren, ständig zu murren und zu knurren: kurz, alles, was er [der Pöbel] denkt, ist nichts als Eitelkeit, alles, was er sagt, falsch und widersinnig, was er verurteilt, gut, was er gutheißt, schlecht, was er lobt, niederträchtig, und alles, was er tut und unternimmt, ist nichts als reine Narretei.«

Die Übertreibungen und die heftige Polemik Naudés fehlten bei den *democratic gentlemen*. Aber auch sie waren von den Gefahren und unheilvollen Konsequenzen der Anarchie und Barbarei überzeugt, die Volksaufstände mit sich bringen konnten. Sie kannten die kollektive Verführung, die Leichtigkeit, mit der Betrüger und Demagogen die Gefühle der Menge aufputschen konnten, die Wankelmütigkeit und Flüchtigkeit der Begeisterung des Pöbels. Im Gegensatz zu Naudé zogen sie jedoch daraus den Schluß, daß der politisch bewußte und am Gemeinwohl interessierte Bürger die moralische Verpflichtung hatte, dem Aufruhr nicht tatenlos zuzusehen. In den Lehren, die er nach der Restauration für seinen Sohn niederschrieb, betont der Graf von Argyll, einer der Köpfe der schottischen Rebellion von 1638, daß die *popular furies* (das »Toben des Volkes«) ohne den Eingriff der »Höherstehenden« (*superiors*) kein Ende finden würden. Das Volk würde bald seiner Kraft gewahr werden und den Schluß ziehen, daß sie größer war als diejenige des Adels – mit allen unvermeidlichen Konsequenzen der Umwälzung der sozialen Ordnung. Daher die Notwendigkeit, sich bei einem »allgemeinen Aufruhr« (*general commotion*) nicht neutral zu verhalten, und der Vorwurf der Niedertracht gegen jene, die sich dieser Pflicht entziehen (Argyll erinnert bei dieser Gelegenheit feierlich an ein Dekret Solons). Dies konnte als Aufforderung verstanden werden, die eigene Autorität traditionsgemäß einzusetzen, um Tumulte zu unterdrücken, aber auch auf indirekte und verdeckte Weise ein Ausdruck der Meinung sein, daß es notwendig sei, dem gerechten Volksprotest Führung und Richtung zu geben. Angesichts seiner Rolle bei der Revolte in Schottland und der Bekräftigung seiner Positionen am Vorabend seiner Hinrichtung können im Falle Argylls keine Zweifel bestehen:

»Die Fürsten beginnen, ihre Herrschaft zu verlieren, wenn sie anfangen, die alten Gesetze, Traditionen und Sitten zu verletzen, unter denen ihre Untertanen seit langer Zeit gelebt haben (…). Unser Programm der Reform (…) stützte sich auf die universelle Zustimmung der gesamten Nation (…). Für ein versklavtes Volk ist gegen Tyrannen und Usurpatoren nichts unmöglich oder undurchführbar.«

Mit ähnlichen Haltungen und Rechtfertigungen verbanden sich politische Führer in Katalonien, Portugal und Neapel mit den explosiven Volksbewegungen ihrer jeweiligen Länder, um für ihre politischen Reformziele und die Unabhängigkeit zu kämpfen. Die Angst vor der blinden Wut und politischen Unmündigkeit des Volkes teilten also auch die *democratic gentlemen* oder die Bürger, die ähnliche Funktionen ausfüllten. Im Gegensatz zur Vergangenheit waren sie jedoch überzeugt, auf Gerechtigkeit und politisches und soziales Gleichgewicht bauen zu können – eine Hoffnung, die von der Monarchie geweckt und genährt worden war. Sie konnten zudem auf den gestiegenen Bildungsstand und die größere Verbreitung politischer Nachrichten zählen (mit der damit verbundenen wachsenden Ungeduld, wie auch Naudé unterstrich, gegenüber »den Intrigen der Höfe, den Kabalen der Parteien, den maskierten Interessen einzelner«), und damit bot sich eine leichtere Möglichkeit, ihre Reformvorschläge und die Aspirationen des Volkes zusammenzubringen. Die Ereignisse des Jahrzehnts von 1640-50 sollten diesem zögernden und zwiespältigen Vertrauen teilweise recht geben und die langsame Wandlung der allgemeinen Haltung zur Rebellion bestätigen. Statt Haß und Schmach wuchsen Konsens und Motivation: Die Rebellion – nicht länger notwendig ein Synonym für Ungerechtigkeit, Gewalttätigkeit, Anarchie und Frevel – konnte nun als Befreiungstat begriffen werden. Von Masaniello bis Cromwell stießen die Protagonisten dieser neuen Phase, so unterschiedlich ihre Rollen und politischen und ideellen Motive auch sein mochten, auf Verständnis und sogar Begeisterung.

Kapitel 5

Der Missionar

Adriano Prosperi

Die apostolische und die »richterliche« Vorgehensweise

»Das höchste Amt des Papstes umfaßt alles, was zum Seelenheil gehört, aber nichts so sehr wie die Bewahrung des katholischen Glaubens, zu welchem Zwecke zweierlei notwendig ist: zum einen die Gläubigen mit Strafen zu zwingen, fest im Glauben zu bleiben, zum anderen den Glauben unter den Ungläubigen zu verbreiten und zu propagieren; weshalb zwei Vorgehensweisen von der heiligen Kirche für richtig befunden wurden, eine richterliche, wofür das Offizium der Heiligen Inquisition eingesetzt ist, und eine moralische oder vielmehr apostolische, der sich die Missionen unter den Völkern, welche ihrer am meisten bedürfen, beständig widmen; und folglich sind verschiedene Seminare und Kollegs geschaffen worden, um jene zu unterweisen, die zu entsenden sind und den neuen Konvertiten beistehen sollen.« (Rundbrief der heiligen Kongregation an die Apostolischen Legaten vom 15. Januar 1622, in: Metzler 1976, Bd. 2, S. 656 ff.)

Der Rundbrief vom 15. Januar 1622, der allen Apostolischen Nuntien die Gründung der neuen Kongregation *de Propaganda Fide* mitteilte, oder einfach der *Propaganda*, wie man bald darauf mit jener bürokratischen Vereinfachung sagen wird, die einen ungeahnten Siegeszug antreten sollte, unterschied also zwei Aufgaben und zwei Vorgehensweisen, die einerseits die Behandlung der »Gläubigen«, andererseits die Behandlung der »Ungläubigen« betrafen. Die Gläubigen waren die Untertanen jener Fürsten, die der Autorität des Papstes unterstanden, die Ungläubigen alle anderen, d. h. die nichtchristlichen Bevölkerungen Amerikas, Asiens und Afrikas ebenso wie die Untertanen protestantischer Fürsten. Auch diese Unterscheidung erfaßte jedoch nicht die ganze Fülle möglicher Fälle, da es in den Ländern der katholischen Fürsten Untertanen gab, die nicht als Häretiker behandelt werden konnten, obwohl sie nicht katholisch waren: »In den katholischen Provinzen gibt es Hebräer, die sich in den Häfen und auf den Plätzen finden, oder sie sind in den Ländern der Ketzer, Schismatiker und Ungläubigen anzutreffen.« Bei ihnen mußte man auf das Mittel der Inquisition verzichten und sich mit der Kunst der Überzeugung begnügen.

Doch hätte man eine solche Differenzierung angesichts des Zeitpunktes gar nicht erwartet: Ganz Europa war vom Grauen des Religionskrieges erfüllt, der später »Dreißigjähriger Krieg« genannt werden sollte. Trotzdem war gerade dies das wichtigste Ergebnis der flammenden Polemiken, die im 16. Jahrhundert über die Anwendung von Gewalt bei religiösen Fragen geführt worden waren. Diese Polemiken hatten je nach ihrem Gegenstand – ob es um nichteuropäische Ungläubige oder europäische Häretiker ging – zu unterschiedlichen Ergebnissen geführt, die nun Einfluß auf die Praxis gewannen. Lange Zeit hatte man es vermieden, allzu genaue Distinktionen zu treffen. Statt dessen war man ständig versucht gewesen, dem katholischen Lager einfach das der »anderen« gegenüberzustellen und gegen alle die gleichen Zwangsmaßnahmen anzuwenden. Es reicht, nur einige Jahrzehnte zurückzublicken. In der Mitte des 16. Jahrhunderts hatte der spanische Theologe Alfonso de Castro den Einsatz von Gewalt gegen Häretiker für legitim und den Eroberungskrieg zur Christianisierung der amerikanischen Indianer für gerecht erklärt. Was die Juden anging, so hatte der Jurist Marquardo de Susannis in Übereinstimmung mit dem Druck, den Papst Paul IV. in theoretischer und praktischer Hinsicht ausübte, die Auffassung vertreten, daß in allen Ländern, wo ihnen inmitten einer christlichen Gesellschaft die Bewahrung ihrer religiösen Identität zugestanden worden war (dies galt natürlich nicht für Spanien und seine Domänen), ihre gewaltsame Konversion erlaubt sei.

Die Enzyklika von 1622 setzte die beiden Wege – den der Milde und den der Gewalt – nebeneinander und begriff sie als komplementär; nur gehörte der eine der Vergangenheit an, während der andere die Zukunft betraf. Als im 17. Jahrhundert die missionarischen Aufgaben vorrangig erschienen, hatte die Inquisition die Phase ihrer energischsten Aktivität im wesentlichen abgeschlossen. Ketzerei stellte nicht länger das drängendste Problem in den katholischen Ländern dar: Häretiker gab es zwar immer, aber sie galten nicht mehr als ernste Gefahr, und Hinrichtungen beschränkten sich auf wenige Fälle. Normalerweise genügten in solchen Fragen nun recht eilige Lossagungen, für die vorgestanzte bürokratische Formeln bereitlagen. Es gab freilich noch das Problem der Hexerei, doch kann man auch hier sagen, daß der Kampf, den die wahre Religion gegen die alternative Religion des Teufels führte, nicht mehr so dringlich war. Die Wahrheit erschien nun erheblich komplizierter, und die Inquisitoren bemühten sich, dies bei ihrer Arbeit mit einem gewissen Maß an Nüchternheit und Skepsis in Rechnung zu stellen. Den Umgang mit dem Volk, das ihrer Kontrolle unterstellt war, zeichneten jetzt auch geduldige Überzeugungsarbeit und Umsicht aus.

Die Wahrheit schließlich erschien den Inquisitoren des 17. Jahrhunderts nicht mehr so offenkundig wie noch ihren Vorgängern aus der Zeit der harten Auseinandersetzung mit der Reformation. Es dominierten Zweifel und Ratlosigkeit. Die schöne Gewißheit, in der man sich aufgrund der evidenten Wahrheit wähnte und die hinter den gewaltsamen Kämpfen im Zeitalter der Reformation gestanden hatte, war verschwunden. Mit dem Übergang vom Kampf der Ideen zur praktischen Regierung der Menschen schien sich der Drang zur allgemeinen Erneuerung in einem Gewirr von Wegen zu verirren. Die theologischen Auseinandersetzungen waren nun eine Sache für Spezialisten und erregten nicht mehr die unbefangene und gelegentlich verwirrte Begeisterung von einst. Wer danach noch das moralische Verhalten bestimmen oder einfach darüber nachdenken wollte, mußte auf die große und faszinierende Einfachheit des Evangeliums verzichten und sehr mühselige Wege beschreiten. Das menschliche Verhalten erschien kompliziert, schwierig zu verstehen und zu lenken. Die Moraltheologie verlor sich in einem Wald der Kasuistik, die Suche nach dem Guten im Labyrinth der kleineren Übel. Dies galt für ganz Europa; denn auch im protestantischen Teil der europäischen Christenheit war die Situation nicht anders. Zweifel und Unschlüssigkeit waren an die Stelle moralischer Selbstgewißheit getreten. Die Kasuistik als Moralwissenschaft und Suche nach dem Ariadnefaden, der aus dem Labyrinth der Wahl zwischen Gut und Böse herausführen konnte, gewann daher weit über die Grenzen der katholischen Länder hinaus Einfluß (vgl. Leites 1989).

Das war der Grund, warum nun sanfte Überzeugung gebotener erschien und die missionarische Tätigkeit größere Anziehungskraft ausübte. Die Missionsarbeit war immer vom Einsatz friedlicher Mittel gekennzeichnet gewesen. Darüber hinaus hatte zu einer Zeit, da aus den erbitterten theologischen Polemiken, die das Jahrhundert der Reformation begleitet hatten, eine komplizierte und zermürbende akademische Streitwissenschaft geworden war, die Aufgabe, sich an weit entfernt lebende Menschen zu wenden, denen die Konflikte unter Christen völlig fremd waren – die »Ungläubigen« –, den ganzen Zauber der Exotik.

Für die Vermittlung von Exotik ebenso wie für die Kunst der Überzeugung war die Sprache das wichtigste Instrument: Es war das Wort – das gesprochene der Missionare, die zu den »ungläubigen« Völkern sprachen, und das geschriebene und gedruckte Wort, mit dem man in Europa die Missionsarbeit schilderte und propagierte –, das unangefochten das Feld beherrschte.

Zwischen dem Reden und dem Tun lag das Meer – alle Meere und Ozeane der Welt –, aber die Entfernungen lösten sich dank der Macht des Wortes auf. In den Bildern, die die Berichte der Missionsorden von den neuen Welten vermittelten, erreichte diese Macht beachtliche Höhen. Erwähnt seien beispielhaft die Bücher von Daniello Bartoli.

Bartoli hatte nie gesehen, was er beschrieb. Sein Leben verbrachte er »mehr als 30 Jahre (...) mit unverzagter Geduld schreibend in einem kleinen Zimmer zwischen einem Kruzifix und Stapeln von Büchern, Manuskripten und Dokumenten« (Raimondi, Einleitung zu Bartoli 1977, S. IX). Seine Bücher eröffneten jedoch der Phantasie der Leser ungeahnte Horizonte.

Wir wissen von Bartolis Arbeitsweise, was er selbst an mehreren Stellen darüber sagt: Alles, was seiner Feder entspringe, beruhe auf authentischen Berichten von Zeugen und Protagonisten der Begebenheiten, die er schildere. Viele ergriff damals wie Bartoli die Faszination der Reise- und Abenteuerliteratur: Die Berichte anderer und die exotischen Länder, die sich anhand der von Missionaren verfaßten Bücher erahnen ließen, beflügelten die Phantasie. Auch Bartoli hätte sich wie Ludovico Antonio Muratori ein Jahrhundert später die rhetorische Frage stellen können: »Wie aber kann ich, der ich in Modena lebe, von so fernen und fremden Ländern sprechen, ohne je einen Fuß aus Italien herausgesetzt zu haben?« Und Bartoli hätte mit denselben Worten antworten können: »Ich erwidere darauf, daß ich mich, wenn nicht auf meinen eigenen, so auf den Beinen anderer nach Paraguay begeben und mit den Augen anderer jene glücklichen Missionsgebiete gesehen habe, so daß ich das, was ich sagen werde, gut bezeugen kann.« (Muratori o.J.)

Auch Bartoli war »auf den Beinen anderer« gewandelt:

»Und bei diesem wie bei allem übrigen stütze ich mich auf die getreulichen Erinnerungen von Männern (...), welche dank der Gnade Gottes in China gelebt haben, nicht zehn oder fünfzehn Monate in einer Festung eingeschlossen wie Verbannte, sondern im ganzen Reiche: und dies für zwanzig, dreißig, vierzig Jahre und mehr, wobei sie nicht nur die Tage mit den Mühen ihres apostolischen Amtes, sondern auch die Nächte mit langen und äußerst beschwerlichen Studien der Schriftzeichen und der dort üblichen Wissenschaften verbracht, bis sie selbst den Meistern des Landes zu Meistern wurden; und von diesen habe ich in großer Fülle die originalen Schriften zu meiner Verfügung: neben den mündlichen Berichten von jenen, die von dort zurückgekommen sind, aus China, aus Macao, aus Peking, das heißt in jeder Hinsicht Augenzeugenberichte.« (Bartoli 1977, S. 123)

Die Berichte von den Missionierungen entstanden also nicht losgelöst von der Missionspraxis. Diejenigen, die für die Missionierung solche Mühen auf sich genommen hatten, hatten auch schriftlich Zeugnis davon abgelegt. Dieser Hinweis wäre zu Bartolis Zeiten kaum nötig gewesen. Seit Jahrzehnten produzierten die Druckereien ununterbrochen neue Sammlungen von »Briefen« und »Nachrichten«, die einer breiten Leserschaft Reiseberichte und die Erfahrungen der europäischen Missionare aus der ganzen Welt zugänglich machten. Aber nicht zufällig wies Bartoli darauf hin, daß seine Quellen die »originalen Schriften« waren. Was nämlich davon gedruckt wurde, war keine schlichte Wiedergabe der Briefe, die die Missionare geschickt hatten, sondern das Ergebnis einer komplexen herausgeberischen Arbeit, die in Auswahl und Zensur bestand und darauf gerichtet war, ein bestimmtes Bild zu erzeugen und die Reaktionen der Leser genau zu kontrollieren. Kurz: es handelte sich um eine Arbeit mit propagandistischer Zielsetzung. So konnte es vorkommen, daß nach einer aufmerksamen Auswahl von den vierzig Briefen, die zwei Missionare zwischen 1583 und 1584 aus China geschickt hatten, nur acht übrigblieben.[1]

Aber in dem Moment, wo Bartoli sich dem außergewöhnlichen Reichtum der Originale zuwandte, die in den Archiven verschlossen lagen,

---

1 Ich beziehe mich hier auf Bartoli, *Avvisi della Cina dell'ottantatré e dell'ottantaquattro*, erschienen als Appendix zu *Avvisi del Giappone degli anne 1582, 83 ed 84 con alcuni altri della Cina dell'83 e 84 cavati dalle lettere della Compagnia di Gesù*, Rom 1586; s. dazu die von Rienstra (1986) angestellten Vergleiche. Weniger bekannt ist die Verwendung von Bildern als Mittel ethnographischer Information; vgl. dazu Majorana 1990, S. 21 ff.

war die Verbindung zwischen ihm und den Helden seiner Geschichte nicht mehr nur die Beziehung eines Historikers zu seinen Quellen. Die Arbeit der Missionare und die des Historikers ihrer Mission offenbarten ihre tiefe innere Verbindung, wenn Bartoli die »langen und äußerst beschwerlichen Studien« betonte, mit denen sich die Missionare des Nachts beschäftigt hatten.

Das heroische Unterfangen der Literatur und der Wissenschaften: diese Formel deutet bereits auf das wahre Moment der Begegnung zwischen dem Historiker der Missionierung und den handelnden Personen. Eingeschlossen – und er war es wirklich – in seinem Studierstübchen wie ein lebenslänglich Verurteilter, sah Bartoli in den jesuitischen Missionaren in China eine harmonische Verbindung von apostolischen und literarischen Mühen (zu deren Kürzung er sich gezwungen sah). Aber wenn der Tag des »apostolischen Amtes« mühselig war, so waren die Nächte des Studiums »äußerst berschwerlich« (*faticosissime*). Das Buch war das notwendige Instrument, um die Welt zu verstehen und verständlich zu machen, oder, wie ein anderer Jesuit, Antonio Possevino, geschrieben hatte, der ein so großer Buchexperte war, daß er einen bibliographischen Kanon des nach-tridentinischen Katholizismus verfaßt hatte: Gott war der Autor eines Buches – der Welt – und der Lehrer, in dessen »himmlische Schule« man gehen mußte (Possevino 1598b, S. 3).

Die Welt zu beschreiben war ein altes Problem, und wer diesen Weg einschlug, mußte sich mit der langen Tradition auseinandersetzen, die im 16. Jahrhundert eine unerwartete Wiederbelebung erfahren hatte. Es handelte sich darum, zu wissen, was man sehen mußte und wie es zu beschreiben war, und hier waren die Rezepte so unterschiedlich wie die Reisenden. Der Deutsche Albrecht Meier zum Beispiel hatte mit seinem Buch *Methodus describendi regiones* Ende des 16. Jahrhunderts den Versuch unternommen, eine erschöpfende Typologie auszuarbeiten, und der Reihe nach die Punkte aufgeführt, die zu beachten waren: Für ihn waren es die Sitten, die sozialen Praktiken, die ökonomischen Tauschbeziehungen, die Organisation der Rechtsprechung, die Steuern, die Feste, Riten und Zeremonien, Zeitvertreib und Unterhaltung usw.[2] Die von Meier erwähnten Reisenden waren im wesentlichen die-

---

2 Der lateinischen Ausgabe (Helmstedt 1587) folgte zwei Jahre später eine englische Version: *Certain Briefe, and Speciall Instructions for Gentlemen, Merchants, Students, Souldiers, Marriners etc.*; vgl. hierzu Hodgen 1964, S. 187. Zu den Anleitungen für Reisende im 16. Jahrhundert vgl. Stangl 1990.

jenigen, die auch der Jesuit Antonio Possevino in seiner Einleitung zum Studium der Geographie auflistete: Die »Steuermänner, Kaufleute, Soldaten« (Possevino 1598a, S. 239), aber auch Studierte und Adlige auf Bildungsreise. Für geographisches Wissen bestand also eine verbreitete Nachfrage, auf die man reagieren mußte. Die Missionare waren seit langem daran gewöhnt, von »anderen« Völkern zu erzählen, spätestens seit Giovanni da Pian del Carpine seine *Historia Mongolorum* geschrieben hatte. Die Sicht der Kaufleute, deren Aufmerksamkeit sich auf Gewinnmöglichkeiten und Waren richtete (man denke an die häufige Erwähnung von Stoffen und kostbaren Steinen in Marco Polos *Il Milione: die Wunder der Welt*, die den Blick des Kaufmanns verrät), wurde von den Predigern durch ein besonderes Interesse für religiöse Überzeugungen eher ergänzt als ersetzt. Dennoch hatten in der Literatur über die Entdeckung Amerikas ethnographische Informationen wenig Raum eingenommen. Für erforderlich hielt man die Beschreibung der vielen »Speisen«, die man den Missionaren anbot. Gerade die einzigartige Verschiedenheit der Völker und Sitten schien jedoch nur eine negative Beschreibung zuzulassen, indem der Mangel von Dingen aufgelistet wurde, die man kannte: das Fehlen von Kleidern, Gesetzen, Handel, Geld, Königen, Schrift und Wissenschaft. Von den ersten Reiseberichten bis zu den Reflexionen Montaignes oder den Bearbeitungen Shakespeares war dies der vorherrschende Zug bei den Beschreibungen der »wilden« Völker Amerikas gewesen.[3]

Das Szenarium änderte sich jedoch, als es um die Beschreibung des Fernen Ostens ging. Die Neugier der Leser – namhafte Leser, die ihre Wünsche durchsetzen konnten – angesichts einer zwar anderen, aber nach bekannten Mustern lesbaren Wirklichkeit hatte die Missionare angeregt, Reiseberichte zu schreiben: Der Kardinal Marcello Cervini zum Beispiel hatte Francesco Saverio über Ignatius von Loyola bitten lassen, Fragen wie diese zu beantworten: »Wie sind sie gekleidet, welcher Art sind Speis und Trank und die Betten, in denen sie schlafen, und welcher Beschäftigung geht ein jeder von ihnen nach? Auch, was die Region betrifft: wo liegt sie, welches Klima hat sie (...), welche Gebräuche gibt es?« (Cervini, Brief vom 5. Juli 1553, in: *Monumenta Ignatiana, Epistolae*, Bd. V, 1965, S. 165)

---

3 Die Bemerkung über die Rhetorik des Mangels und der Hinweis auf Shakespeares *Tempest (Der Sturm)* stammen von Hodgen 1964, S. 196-199.

DER MISSIONAR 149

Von da an spezialisierte sich die Gesellschaft Jesu auf die Sammlung, Bearbeitung und Verbreitung dieser Art von Informationen: Die große Menge von Details in den Briefen der Jesuiten wurde gesichtet und speiste eine reichhaltige Literatur, die eine dauerhafte Beziehung zwischen der Bruderschaft und dem Publikum herstellte und eine Neugier nährte, die für alles Wunderbare und Exotische offen war. Das Werk Bartolis stellt in dieser Hinsicht die außergewöhnliche Krönung eines Jahrhunderts kollektiver Arbeit dar.

Auswirkung hatte diese Arbeit in erster Linie auf die Phantasie der Jungen, die von Abenteuern und dem Märtyrertod träumten. Ganze Generationen von Missionars-Aspiranten wurden auf diese Weise rekrutiert. Einige starben, bevor sie ihre Träume verwirklichen konnten, wie der später heiliggesprochene Luigi Gonzaga. Vor allem aber gab es viele Ordensbrüder, die eine bescheidenere Tätigkeit in den europäischen Ordenshäusern ausübten und sich damit trösteten, ihre eigene Arbeit im Glanz der exotischen Szenarien zu sehen, die in den Briefen aus China und Amerika beschrieben wurden. »Ich lese keine anderen Bücher (...), diese Briefe reichen mir zur Genüge (...). Sie haben mich so heiter gestimmt, daß ich mehr nicht wollen kann, und mich so verwirrt (...), da ich so weit entfernt bin im Vergleich zu jenen heiligen Seelen.« (Brief an Ignatius von Loyola aus Modena, 16. Mai 1550, in: *MHSJ, Epistolae mixtae*, Bd. V, 1555-1556, S. 698-702; vgl. auch Prosperi 1982, S. 209f.) Die Worte des Jesuiten Silvestro Landini lassen erahnen, wie dieses Literaturgenre aufgenommen wurde und welche Funktionen es erfüllte: Es diente der Flucht und gleichzeitig der Anregung.

Als Bartoli seine schriftstellerische Karriere begann, war die Idee des Martyriums für den Glauben in der Literatur der Missionare jedoch nicht mehr so dominant. Die mystische Sehnsucht war kanalisiert und kontrolliert worden. Die christlichen Erneuerungsbewegungen waren in einer allgemeinen Institutionalisierung erkaltet, und wer noch immer von utopischen Projekten träumte (wie jener Jesuit aus Parma, der die »Christenheit reformieren und die Ungläubigen und Häretiker bekehren« wollte[4]), war vor die Tür gesetzt worden. Auf dem eigentlichen Gebiet der Missionierung hatte man sich auf eine langsame, geduldige und langfristige Arbeit eingestellt: In komplexen Kulturen wie

---

4 Es handelt sich um Giulio Chierici; vgl. hierzu den Brief von Polanco vom 19. Februar 1576 (*MHSJ, Polanci complementa*, Bd. II, S. 473).

Japan und China setzte man nun eher auf Wissen als auf religiösen Eifer und vorbildliche christliche Lebensführung, um Eindruck zu machen.

Über das grundlegende Missionsideal zu diesem Zeitpunkt kann daher kein Zweifel bestehen: die friedliche Missionierung durch Herstellung einer didaktischen Beziehung, durch die Lehre und den Beweis der Überlegenheit des eigenen Wissens. Nicht zufällig wird der Gelehrte in Bartolis gesamtem Werk »verteidigt und geläutert« (*difensus et emendatus*). Ebensowenig war es ein Zufall, daß ein berühmter Missionar dieses Jahrhunderts, Pater Paolo Segneri von der Gesellschaft Jesu, seine Schriften dazu verwandte, verschiedene Modelle christlicher Lebensführung vorzuschlagen – der gebildete Büßer, der gebildete Beichtvater, der gebildete Pfarrer, der gebildete Christ –, die sich alle dadurch auszeichneten, daß sie in einem Glauben »gebildet« waren, der zu einer Art Enzyklopädie verschiedener und komplexer Wissensbestände geworden war. Segneri war in der Generation nach Bartoli der Vorkämpfer einer Missionierung, die sich nicht länger nach außen richtete, sondern auf die katholische Welt selbst: In seinem Werk erreicht der Grundsatz, in Glaubensfragen auf Überzeugungsarbeit und Bildung und nicht auf Gewalt zu setzen, seinen Höhepunkt. Tatsächlich widmete er seine ganze Tätigkeit als Prediger und Schriftsteller der Verwirklichung einer Idee, die stark in der Geschichte der Missionierungen verwurzelt war: daß nämlich nicht nur die »Ungläubigen« in Glaubensdingen gebildet werden mußten, sondern daß alle Christen dieser Bildung bedurften – und mehr als alle anderen die Analphabeten, die Bauern.

Bevor sich jedoch die Methode der Milde durchsetzen konnte, hatte sich auch die Missionsarbeit mit dem Grundprinzip der Inquisition auseinandersetzen müssen: dem Glauben an die Einzigartigkeit und Klarheit der religiösen Wahrheit, aus der sich die Notwendigkeit ableitete, jedem Widerstand mit Gewalt zu begegnen. Es war dieses grundsätzliche Problem des »zwinge einzutreten« (*compelle intrare*), d. h., ob man die außereuropäischen Völker mit Gewalt zum Christentum bekehren solle oder nicht, an dem im 16. Jahrhundert eine berühmte Debatte entbrannte, deren herausragender Protagonist Bartolomé de las Casas gewesen war.

Missionare und die Regeln des guten Benehmens

Bei der Eroberung Amerikas war die Anwendung von Gewalt ein Faktum: Juristen, Theologen und Philosophen mochten darüber streiten, aber allen war klar, daß auch die christliche Missionierung auf der Ordnung der spanischen Waffen beruhte. In Indien, Japan und China konnten die Missionare dagegen nur auf ihre eigenen Fähigkeiten zählen. Aber wie sollten sie eingesetzt werden? Das war ein Problem, das viel und häufig erbittert diskutiert wurde. Nehmen wir ein Beispiel.

In den letzten Tagen des Jahres 1583 herrschte im Jesuitenkolleg von Goa große Aufregung. Man bereitete die Reise einer Gruppe junger japanischer Adliger nach Europa vor, und Alessandro Valignano, der mitreisende Provinzobere Japans, war sehr beschäftigt.

Die Reise der jungen Japaner war ein großes Ereignis. Sie sollten den eindeutigen Beweis des großen Erfolgs der jesuitischen Missionierung Japans erbringen und gleichzeitig den Blick Japans auf das katholische Europa öffnen. Im Gegensatz zu den Gruppen von amerikanischen »Wilden«, die bei mehreren Gelegenheiten in den europäischen Städten wie Trophäen und Kuriositäten herumgezeigt worden waren, sollten die Japaner sofort zurückkehren. Die Instruktionen, die Valignano diesbezüglich verfaßt hatte, waren unmißverständlich: Ihr Zeugnis war für die Glaubwürdigkeit der Mission in Japan unabdingbar. Daher sollte darauf geachtet werden, daß ihre Eindrücke sorgfältig gefiltert wurden. Die Japaner sollten ständig von Führern begleitet werden, damit sie nur das sahen, was sie sehen sollten, d. h. alle Zeichen der Macht, des Prunks und des Reichtums der katholischen Welt, nicht jedoch das Elend, die negativen Seiten. Die Reise als Instrument der Akkulturation enthielt damit von Anfang an alles Erforderliche: Führer, vorgeschriebene Stationen, Verbergung aller Aspekte, die für die Reisenden abstoßend und verletzend sein konnten.

In allen italienischen Städten, durch die die lang vorbereitete Reise führte, wurden prunkvolle Zeremonien arrangiert. Die Japaner hielten ihren Einzug in Rom am 10. März 1585. Der Stadt, die zehn Jahre zuvor mit einem außergewöhnlichen Barockfest ihr Jubiläum gefeiert hatte, bot sich eine neue Gelegenheit, die Pracht eines Stadt-Ensembles zur Schau zu stellen, das immer mehr als Ausweis der unbestrittenen Heiligkeit der päpstlichen Herrschaft über die katholische Welt diente. Auch beschränkte man sich nicht allein auf die Organisation der feierlichen Einzüge und die triumphalen Ausschmückungen, die, so großartig sie auch sein mochten, doch nur optische Wirkung haben konnten. Die Reise wurde von einer gutorchestrierten publizistischen Kampagne der Jesuiten begleitet: Sie wurde wie eine offizielle diplomatische Mission dargestellt, um dem Papst die Gefolgschaft Japans anzutragen.[5]

In Wirklichkeit war diese als bereits abgeschlossen dargestellte religiöse Eroberung erst noch zu vollbringen, und wie dabei vorgegangen werden sollte, wurde erbittert diskutiert, besonders seit Alessandro Valignano in Japan angekommen war. Während man auf die Abreise der jungen Japaner wartete, wurde diese Diskussion auch in den jesuitischen Ordenshäusern des Ostens geführt. In jenen letzten Tagen des Jahres zogen sich Pater Valignano (in Goa) und Pater Francisco Cabral (in Macao) – die beiden größten Autoritäten im Dienst der Jesuiten in diesem Teil der Welt – in ihre Zimmer zurück und schrieben jeder einen langen Brief an denselben Empfänger, den General der Bruderschaft Claudio Acquaviva (vgl. dazu Schütte 1958). Der Inhalt der beiden Briefe offenbarte eine radikale Gegnerschaft der beiden Männer im Hinblick auf die Programme und Methoden der Missionierung, zeigte ihre tief gegensätzlichen Charaktere und ihre persönliche Feindseligkeit. Die Ergebenheitsbezeigungen jesuitischer Briefwechsel hinderten die beiden Männer nicht, in den Briefen an den General in Rom ihre gegenseitige Abneigung auszubreiten. Und so entdecken wir unter den Organisatoren der großen Publizitätskampagne um die jungen Japaner und hinter der kompakten Fassade der Gesellschaft Jesu eine heftige Auseinandersetzung.

---

5 Vgl. den folgenden Titel: *Relatione del viaggio et arrivo in Europa, Roma, e Bologna de i serenissimi Principi Giapponesi venuti a dare ubidienza a Sua Santità*, Bologna 1585 (Bericht von der Reise und Ankunft in Europa, Rom und Bologna der durchlauchtigsten Fürsten von Japan, ihre Gefolgschaft Seiner Heiligkeit anzutragen). Es handelt sich um eine berühmte und häufig untersuchte Episode; vgl. die neuere Arbeit von Boscaro, in: Lanciotti 1987. Weniger bekannt ist die japanische Version der jesuitischen Kampagne: In Japan erschien nämlich unter dem Namen der jungen Japaner, die nach Rom gefahren waren, ein (in Wahrheit von den Jesuiten verfaßter) Bericht, in dem von Europa ein ebenso idealisiertes Bild gezeichnet wird wie vorher von Japan in Europa. Der Titel lautet: *De missione legatorum Iaponensium ad Romanam Curiam, rebusque in Europa, ac toto itinere animadversis dialogus, ex ephemeride ipsorum legatorum collectus, et in sermonem latinum versus, ab Eduardo de Sande Sacerdote Societati Iesu*, In. Macaensi Portu Sinici regni in domo Societatis Iesu (...) anno 1590. Ich danke Alessandro Arcangeli, der mir eine Reproduktion besorgt hat.

Es war nicht das erste Mal, daß die Mißhelligkeiten der beiden Männer, die die Missionierungen der Gesellschaft in Japan leiteten, nach Rom drangen. Daß sie ihre Briefe gleichzeitig abschickten, war diesmal jedoch dem Umstand zu verdanken, daß mit der »Gesandtschaft« der jungen Japaner auch eine Schrift Valignanos reisen sollte, in der er die Ergebnisse seiner Arbeit und sein Verständnis von der Beziehung zwischen Missionaren und einheimischer Gesellschaft darstellte – sein Traktat über die japanischen »Zeremonien«[6]. Valignano hatte die Arbeit selbst nach Rom bringen und ihren Inhalt verteidigen wollen, war aber, nachdem in Goa die Nachricht von seiner Ernennung zum Provinzoberen eingetroffen war, gezwungen gewesen, die Reise abzusagen und seine Argumente in einem Brief darzulegen. Was Cabral betraf, so enthielt sein Schreiben nur alte Anschuldigungen und Klagen. Schon früher hatte er sich über die Veränderungen beklagt, die der Italiener eingeführt hatte, und sogar um Entbindung von seinem Amt gebeten, um sich in Ruhe seinem Seelenheil widmen zu können.

Der Konflikt berührte die ganze Bandbreite der Probleme bei der Missionstätigkeit in Japan. Das war bereits während der Konsultation zutage getreten, die auf Wunsch Valignanos 1580 in Bungo abgehalten wurde. Die Liste von Fragen, die der Besucher damals vorgelegt hatte, betraf Aufbau und Leitungsstruktur der Mission, Finanzierung, Einrichtung von Kollegien, eventuelle Ernennung eines Bischofs und schließlich die »Zeremonien«. Unter diesem Begriff verstand man die Regeln des sozialen Umgangs: Wie sollte man sich kleiden, wie grüßen, wie empfangen und empfangen werden usw. Gerade an diesem Punkt entspann sich der Konflikt. Valignano setzte einen von ihm verfaßten Regelkatalog durch, *Libro delle regole* oder, wie es allgemein genannt wurde, *Cerimoniale*. Seine Anwendung führte sofort zum Streit, so daß nur noch eine Entscheidung des Generals die Kritik zum Schweigen bringen konnte. Es war keine Billigung ohne Vorbehalt. Die *Regole degli uffizi*, die 1592 endgültig in Kraft traten, waren das Ergebnis langer Verhandlungen. Valignanos Traktat, das über den Ozean nach Rom gereist war, hatte von diesem Moment an ein vergleichbares Schicksal wie andere von den ersten Missionaren verfaßte Dokumente ethnographischer Neugier (man denke, um ein berühmtes Beispiel anzuführen, an das Werk des Franziskaners Bernardino de Sahagún): Als vergessenes Relikt einer

---

6 Den Text hat Schütte wiedergefunden und veröffentlicht (Valignano 1946).

entscheidenden Phase in der Beziehung zwischen Europa und anderen Weltteilen sollte es erst am Ende der europäischen Herrschaft über Asien wieder ans Licht kommen, im Jahre 1946. Dieser Umstand allein läßt bereits vermuten, daß die von Valignano vorgeschlagenen Regeln mehr als »einfach eine kurze Einführung« waren (Schütte, Einleitung zu Valignano 1946, S. 81).

Ein grundlegender Aspekt der italienischen Kultur am Beginn der Neuzeit ist bekanntlich die Ausarbeitung von Verhaltenskodizes für bestimmte Lebensbereiche, wie zum Beispiel den Hof (erwähnt sei *Il libro del Cortegiano* [*Der Hofmann*] von Baldassarre Castiglione). Das Bemühen, eine gemeinsame Grundlage für praktische Regeln auszumachen, die von verschiedenen Gesprächsteilnehmern akzeptiert wurden, war so erfolgreich, daß sich schon allein daran zeigt, welch hoher Stellenwert der Frage beigemessen wurde. Gesucht wurde nach dem Bereich und dem Ausmaß der Pflichten des Individuums gegenüber der Gesellschaft. Von hier aus ergab sich ein neuer Begriff des Individuums, der auf der Fähigkeit zur Anpassung an die anderen insistierte, aber auch eine neue Rechtfertigung der Herrschaft des Sozialen war, da ja nur diejenigen als Mitglieder der Elite Anerkennung finden konnten, die fähig waren, die Regeln auch zu benutzen. Wer sie nicht anwandte, wurde als »Bauer« oder als »Wilder« eingestuft, zwei in hohem Maße wesensverwandte Kategorien. Die Verflechtung von formalen Pflichten und realen Befugnissen, die durch die Kenntnis und die Praxis solcher Verhaltenslehren geschaffen wurde, machte sie unwiderstehlich. Die Bezeichnungen, die sie erhielten, hatten übrigens in den Jahrhunderten der beginnenden und späteren Neuzeit ursprünglich einen feierlicheren Klang, sanktionierten sie doch das Recht eines Teils, das Ganze (d. h. die Gesellschaft, die Welt) zu beherrschen und ihm die eigenen Gesetze zu diktieren. Die formalen Regeln des guten Benehmens oder der *civilitates* (in Italien stammte ihre Bezeichnung von *Galateo*, dem Titel des berühmten Werks von Monsignore Giovanni Della Casa, 1558) wurden so zur normativen Grundlage der »Kultur«, und mit Beiträgen von bedeutenden Autoren wie Erasmus von Rotterdam fanden sie bald Eingang in die pädagogische und katechetische Literatur. *Galateo* machte Monsignore Della Casa berühmt, aber er war auch der Autor einer weniger bekannten Abhandlung, deren Titel bereits die Absicht erkennen ließ, die Merkmale zu bestimmen, in denen Herrschaft und der Abstand zwischen Geringen und Höherstehenden zum Ausdruck kamen, d. h. zwischen Herrschenden und Beherrschten. Seine Schrift *De officiis inter potentiores et tenuiores amicos* widmete sich gerade der Frage der *officia* oder der sozialen Pflichten (der volle Titel lautet: *De officiis inter potentiores et tenuiores amicos;* vgl. Di Benedetto 1970, S. 136 ff.), und um *regole degli offici* ging es auch in der Gesellschaft Jesu anläßlich der Debatte um das Traktat von Valignano und die vorgeschlagenen Modifizierungen.

Was Kultur und Pflicht, Affirmation von Herrschaft und die Respektierung von Normen im Innersten verbindet, ist gleichzeitig offenkundig und schwer zu erklären. Für die Zeitgenossen war es zweifellos offenkundig: Alessandro Valignano konnte auf das verbreitete Bewußtsein dieser Verbindung bauen, wenn er sein Traktat mit der Feststellung eröffnete: »Eins der hauptsächlichsten Dinge, die in Japan erforderlich sind, um zu erreichen, was die Ordensväter sich mit seiner Bekehrung zum Christentum zum Ziel gesetzt haben, ist das Wissen, wie sie mit den Japanern Umgang haben sollen, dergestalt, daß sie einerseits Autorität genießen, andererseits große Vertraulichkeit herstellen und beides so miteinander verbinden, daß eins nicht das andere behindere, sondern beides in der Weise zusammenwirkt, daß jedes seinen Platz hat.« (Valignano 1946, S. 120 f.)

Die Ausarbeitung von Verhaltensnormen, der sich die italienische und später auch die europäische Kultur zwischen dem 16. und 17. Jahrhundert widmeten, war in vielerlei Hinsicht von Erfolg gekrönt: Man kann sagen, daß seit dieser Zeit die Regeln der *civilité* mit gutem Recht als bedeutender und dauerhafter Bestandteil der Erziehung der gebildeten Schichten angesehen werden. Keine Beachtung hat jedoch bisher die Tatsache gefunden, daß die Diskussion und Ausarbeitung dieser Normen auch in zwei Bereichen ein deutliches Echo fand, die mit der laizistischen und humanistischen Kultur scheinbar nichts zu tun haben: in der religiösen Polemik der Reformation und in der Missionsarbeit. Die Spuren dieser Wirkung sind jedoch deutlich erkennbar, und dazu kann als Leitfaden eine Stelle aus dem 1. Korintherbrief von Paulus dienen, wo es um die »Anpassung« geht, die nötig ist, um andere Menschen für Jesus zu »gewinnen«. Der Passus diente allen als Orientierung, die sich zum Ziel gesetzt hatten, das Werk der Apostel zu vollenden, aber er hatte vor allem auch für das Denken und die Diskussionen all jener Bedeutung gewonnen, die die religiösen Auseinandersetzungen innerhalb des Christentums erfahren hatten. Anpassung galt als Pflicht der im Glauben »Starken«, die auf die Forderungen der »Schwachen« Rücksicht nehmen mußten. Der 1. Korintherbrief (9, 19-23) wurde zusammen mit oder gegen den Galaterbrief (2, 11-13) gelesen. Die »Anpassung« bot sich als akzeptable Version der »Heuchelei« an (vgl. dazu Biondi 1974). Die theoretische Fragestellung war aus konkreten Situationen entstanden, und hier waren es in der Regel die Machtverhältnisse gewesen, die eine Verdunkelung oder Modifizierung der eigenen »Wahrheit« erforderlich gemacht hatten.

Mußte man sich Menschen »anpassen«, deren religiöse Ideen anders als die eigenen waren? Und welche eigenen Überzeugungen durften bei einer Anpassung (vorläufig) im dunkeln bleiben? Im Zeitalter der Reformation hatte sich diese Frage bekanntermaßen häufig gestellt. Weniger bekannt ist die Tatsache, daß die Erfahrung mit den Techniken der Akkommodation und der Täuschung und Heuchelei nicht nur Europa betraf, sondern Konquistadoren und Eroberte weltweit: Während erstere ihre Siege absichern mußten, ging es für letztere darum, das Ausmaß der Niederlage zu verkleinern. Das theoretische Problem war für beide dasselbe: Welche Täuschungsmanöver und Verstellungen waren notwendig, um die eigene Wahrheit zu retten oder jene zur Wahrheit zu bekehren, die sie noch nicht kannten oder nicht akzeptieren wollten? Die Besiegten waren mit dem Problem direkt nach der Niederlage konfrontiert, den Siegern stellte es sich mit einiger Verspätung in dem Moment, wo ihnen der Unterschied zwischen einem überzeugenden Sieg und »siegreicher« Überzeugungsarbeit deutlich wurde. Verblüffend ist die Gleichzeitigkeit, mit der die Frage in Europa und außerhalb Europas auftauchte. Mehr oder weniger zur gleichen Zeit, als die Wiedertäufer in Europa die Technik der Heuchelei und Täuschung entdeckten, spricht ein Text in Nahuatl, der Sprache der besiegten Azteken, von der Notwendigkeit, sich den Konquistadoren »anzupassen« und Tempel für die Götter der Kastilier zu bauen (abgedruckt in Gruzinski 1988, S. 147).

Andererseits war die Erfahrung bei der Anpassung in den religiösen Konflikten Europas länger herangereift und stand nun für die kulturelle Eroberung außereuropäischer Völker zur Verfügung. So legte etwa ein Anhänger der Verstellung, der häretische Geistliche Paolo Rosello, seine Ideen zur Anpassung in einem imaginären Dialog mit dem Kardinal Gaspare Contarini dar:

[Contarini] »›Man muß (…) größten Respekt und Achtung vor dem Orte haben, wo man von Buße redet und räsoniert, und zwischen den Menschen unterscheiden. So darf man nämlich nicht überall in gleicher Weise von dieser Tugend sprechen, denn man muß sie unter Heiden anders lehren und wieder anders in den Synagogen unter den Juden, und schließlich muß sie auch unter Christenmenschen in der heiligen Kirche anders gelehrt werden.‹

›Dies hatte ich nicht bedacht‹, erwiderte ich sodann, ›hochwürdiger Monsignore, daß man solche Achtung für den Ort haben muß, oder für die Menschen, weshalb ich Euch zu großem Dank verpflichtet wäre, so Ihr mir Euer Urteil eingehender darlegen könntet.‹

Und er versetzte heiter: ›So wisse denn, Rosello, daß mich nach nichts sehnlicher verlangt, als dir ohne Umschweife zu erklären, daß ich nicht nutzlos rede. Darum sage ich, daß die Buße, so man sie unter Heiden lehren muß oder unter Menschen, die wie Heiden leben, nach den Werken des Gesetzes, das in ihre Herzen geschrieben, und nach dem Gewissen gelehrt werden muß, welches eines jeden treuer Zeuge ist, weshalb jene, da sie weder das Gesetz Mose anerkennen noch das Evangelium Jesu, allein durch die Erleuchtung des Wortes bezwungen werden müssen, das in ihrer Finsternis glänzt und strahlt durch das Licht Gottes, welches über jedem von ihnen ist als Mitgift der Schöpfung und unseres Wesens, darin noch das Ebenbild Gottes in manchem Winkel scheint, welches – auch wenn es durch den Sündenfall Adams verblaßt ist – dennoch in einem Überrest vorhanden ist (…). Alle Kinder Adams (…) fühlen sofort durch die Werke des Gesetzes, das in ihre Herzen geschrieben ist – auch wenn sie nicht befolgen, was es von Natur aus befiehlt –, die innere Reue, welche sie anklagt und mit der sie zur Buße geführt werden müssen (…). Wenn man die Buße unter Juden lehren muß, die nur ihren Moses anerkennen und unseren Christus verfluchen und verdammen, so wird man daselbst die Buße nach der Ordnung und der Verfügung des Gesetzes lehren müssen und getreu dem Buchstaben nicht vom vorgeschriebenen Gesetz abweichen dürfen (…). Jenes treulose und widerspenstige Volk kann nicht anders überzeugt werden als durch die Verfügungen des mosaischen Gesetzes, die zu jedem Sabbat in seinen Synagogen gelesen werden (…).‹

›Ich glaube, Monsignore‹, entgegnete ich sodann, ›was Ihr sprecht, ist die Wahrheit. Aber wie muß die Buße unter Christen gelehrt werden?‹

Und er erwiderte sofort: ›Wisse, Rosello, daß man unter Christenmenschen die Buße solchermaßen zu lehren hat, daß sie Schmerz (…) über die Schuld und die begangenen Sünden hervorrufe: so bewirkt man Leid, Gram, Freude, Angst, Sehnsucht, Züchtigung, und all dies nicht durch die Mitgift der Natur oder die Drohungen des Gesetzes, sondern durch das Seufzen und Wehklagen des Geistes (…). Und nur diese ist die wahre und richtige Buße (…).‹« (Rosello, *Discorso di penitenza*, 1549, f. 13v-15r)

Die verwendete Terminologie – Heiden, Juden, wahre Christen – diente dazu, christliche Kategorien zu erkennen zu geben (oder zu verdecken): Die drei Ebenen konnten auch drei Epochen bezeichnen: das Zeitalter des Vaters, des Sohnes und des Heiligen Geistes. Rosellos Argumentation konnte so Formen der Anpassung und Täuschung nahelegen und stützen und bot gleichzeitig die Möglichkeit, in verschiedenen Richtungen zwischen den Zeilen zu lesen. Aber seine Kategorien und Argumente wurzelten tief in der Tradition der zeitgenössischen theologischen Sprache.

Valignano kannte diese Probleme. Vielleicht hatte er während seiner Studienjahre in Padua Gelegenheit, die Schriften von Rosello zu lesen (sie wurden nämlich nicht weit von Padua verfaßt und gedruckt, kurz nachdem der angehende Jesuit sein Studium aufgenommen hatte). Es waren turbulente Studienjahre, wie es normal war für junge Männer, die in einer Universitätsstadt lebten. Dies galt für ihn jedoch in besonderer Weise: Er wurde in ein Vergehen aus Leidenschaft verwickelt und entging nur deshalb härtester Bestrafung, weil er der Sprößling einer mächtigen neapolitanischen Adelsfamilie war (Schütte 1958, S. 36-50).

Nach einem typischen religiösen Bekehrungserlebnis tat er Buße und suchte in der Gesellschaft Jesu die Bestätigung, die ihm nach seinem Mißgeschick in Padua verwehrt geblieben war. In seinem familiären Umfeld hatte kurz zuvor die Stimme des Gewissens eine überraschende Wandlung bewirkt: Einem seiner Verwandten, dem wegen seines Glaubens verbannten Marquis Galeazzo Caracciolo di Vico, war aufgrund seiner charismatischen Ausstrahlung die Leitung der italienischen Kirche in Genf übertragen worden. In einem noch entfernteren Teil der Welt gelangte Valignano selbst, nachdem er Jesuit geworden war, ebenfalls schnell in verantwortliche Positionen. Und hier war er mit dem Problem konfrontiert, wie mit den »Heiden« umzugehen sei. In Japan angekommen, war er »das gesamte erste Jahr still wie eine Statue« gewesen, wie er dem General 1581 schrieb, und war darin fast bist zum Wortlaut dem Beispiel Francesco Saverios gefolgt (Valignano 1946, S. 19). Jetzt, nach langem Nachdenken, war er soweit, seine Regeln vorzuschlagen.

»Autorität erwerben«: das war das erste Ziel. Daher mußte man sich ein Vorbild suchen, das höchstes Prestige versprach und am besten zu den europäischen Ordensbrüdern paßte. Valignano erkannte es in den Priestern (Bonzen) des Zen-Buddhismus. Aus dieser Gleichstellung zog er im *Cerimoniale* alle Konsequenzen: die Würde, die Beziehung zu Untergebenen, die Art, wie man empfängt und Besuche abstattet. Die christliche Predigt sollte sich bemühen, einer Meditation im »Zen-Stil« zu gleichen. Auch sollte es »außerhalb des Hauses keine Selbstkasteiungen jedweder Art« geben, »noch sollen die Unsrigen schlecht gekleidet und zerlumpt wie arme Leute auf Pilgerreise geschickt werden (...), denn damit schmälern und zerstören sie bei den Japanern die Reputation der Religion« (Valignano 1946, S. 155 ff.).

Neben den heiligen Riten des Christentums wurden die Rituale der Teezeremonie wichtig. Eine unverzeihliche Sünde wurde die Unhöflichkeit: Erforderlich war, »mit der angemessenen Bescheidenheit und Vorbildlichkeit mit den Menschen umgehen zu können, indem man jeden seinem Stande gemäß und mit der landesüblichen Zuvorkommenheit und Höflichkeit behandelt (...), weil einige Dinge bei manchen angebracht sind, bei anderen hingegen unangebracht«. Das war die höfische Norm, deren Akzeptanz Valignano bei seinen Brüdern in Rom voraussetzen konnte. Bei der Überarbeitung des ersten Kapitels des *Cerimoniale*, die er nach Einwänden seiner Vorgesetzten anfertigte, setzte er die Passage allerdings an den Anfang (Valignano 1946, S. 282-285). Nun, so bemerkt Valignano, »wenn dies überall gilt, so gilt es noch weit mehr in Japan«. Nur daß sich in Japan die Regeln von allen bekannten unterschieden. Daher mußte man sie gut kennenlernen, um sie anwenden   zu können. Diese Regeln basierten aber auf dem Prinzip, exakt die sozialen Unterschiede zu markieren. Wollten die Jesuiten einen Platz in den höchsten Kreisen der Gesellschaft einnehmen, so war es notwendig, alle erforderlichen Attribute einzusetzen, und das hieß: materielle Attribute wie Dienstboten, Pferde und Residenzen. Sie mußten aber auch einen bestimmten Stil in ihren sozialen Beziehungen pflegen, der nicht immer ganz mit den Geboten des Evangeliums in Einklang stand. So war es zum Beispiel notwendig, daß auch die Jesuiten auf die untersten Schichten, auf Arme und Vagabunden, mit Verachtung herabsahen. Doch hier begannen die Probleme.

»Sich den anderen anpassen«, das war in der gängigen Interpretation der Gesellschaft Jesu das notwendige Mittel, um sie »für Jesus zu gewinnen«, es war, wie Pater Polanco in seinen *Industriae* schrieb, eine Methode, die es mit sich brachte, den eigenen Standpunkt hintanzustellen »und zu billigen, was Billigung verdient, und einige Dinge zu unterstützen und zu übersehen, auch wenn sie weder gut gesagt noch gut getan sind« (*MHSJ, Polanci complementa*, Bd. II, S. 829 ff.). Es war, kurz gesagt, eine Verstellung, eine List, um die Partie zu gewinnen. Hätte jemand List und Verstellung in einer so edlen Sache verwerflich gefunden, so lag die Antwort bereit: Die Zuflucht zur Verschlagenheit des Menschen war die Folge von Gottes Schweigen. Der Gott, der den ersten Aposteln mit Wundern den Weg geebnet hatte, schien nun beschlossen zu haben, daß die neuen Apostel allein zurechtkommen mußten: Keine wunderbare Hilfe ermöglichte es den Missionaren, das Babel der neuen Erdteile zu verstehen und sich verständlich zu machen. Was anderes also sollte man tun? Als er den Text des *Cerimoniale* vor sich hatte, fühlte sich Pater Claudio Acquaviva genötigt, all diese Überlegungen noch einmal zu erwägen, um herauszufinden, wo der Fehler begonnen hatte.

Die Reaktion Acquavivas ist bedeutsam, weil sie paradoxerweise den vollständigen Erfolg von Valignanos Versuch beweist: Sein Vorhaben, sich einer »unterschiedlichen« Kultur zu bemächtigen, war bis zu einem Grad gelungen, daß es selbst für seine Vorgesetzten undurchsichtig wurde. Die Entscheidung, den Stil der Bonzen des Zen-Buddhismus zu imitieren, sollte nur ein Mittel zum Zweck sein, eine Maske, um zu verhehlen und zu täuschen, doch diese Maske hatte nun die Gesichtszüge vollständig ausgelöscht. Der General der Bruderschaft selbst, derjenige also, der von allen der größte Experte in der Kunst der Entschlüsselung sein mußte, erkannte nun seine eigenen Ordensbrüder nicht mehr wieder und wandte sich erschreckt vom Resultat ab.

Es waren sicherlich nicht die Anfeindungen von Valignanos Gegner Cabral, die Acquaviva betroffen machten. Männer wie Cabral waren respektabel, das Christentum, das sie vertraten, ein grundlegender Pfeiler der Eroberungen. Aber in der Wahl zwischen beiden konnte für den General der Gesellschaft Jesu dennoch kein Zweifel bestehen. Gemeinsam war Cabral und Valignano nur das unbestreitbare Prestige ihrer Familien. An Cabrals Nachnamen ließ sich bereits ablesen, daß er jener Kriegerelite entstammte, die das portugiesische Kolonialreich errichtet hatte. Nach religiösen Bekehrungserlebnissen waren beide zur Gesellschaft Jesu gekommen. Während Cabral jedoch direkt nach einer Karriere eingetreten war, die ihn ans Kommandieren und die kriegerische Conquista gewöhnt hatte, war Valignano während seines Studiums durch eine obskure Geschichte amouröser Leidenschaft und Gewalt vom Weg abgekommen. Immer noch machte sich der Stil des unterschiedlichen Werdegangs der beiden in der Polemik bemerkbar, in der sie zu Widersachern geworden waren. Cabral zeigte in seinem Verhältnis zu anderen die Härte eines Soldaten; er verlangte, daß die Oberen der Bruderschaft in Japan Männer aus Eisen sein sollten (*de hierro*), und erwähnte mit Stolz, daß er in den 29 Jahren seines Aufenthalts in Japan

DER MISSIONAR   161

nur drei Jahre genötigt gewesen war, die Befehle eines Vorgesetzten erdulden zu müssen (vgl. Schütte 1958, S. 500). Nichts war ihm fremder
als List und »Akkommodationen«; sein christlicher Glaube war stolz
und unnachgiebig. Gegen die Verachtung der Japaner setzte er auf
Armut und Demut, ohne sich um die Konsequenzen zu kümmern, und
baute gerade auf die Unangleichbarkeit der Werte, um die »Heiden« anzuziehen.

Der General in Rom konnte keine Zweifel haben: die Sprache Valignanos war seine eigene. Das Paulus-Zitat aus dem 1. Korintherbrief erschien prompt in seinem Antwortschreiben. Und dennoch mußte der
Brief einige Tage überdacht werden: Acquaviva zog sich in seine Zuflucht Sant'Andrea al Quirinale zurück, während in Rom die Feierlichkeiten für die jungen Fürsten aus Japan ihren Höhepunkt erreichten.
Kein Zweifel, Valignanos Prinzip erschien ihm richtig:

»Da nun Gott, unser Herr, uns nicht mehr mit Wundern und prophetischen
Gaben beisteht, und jene Heiden sich so sehr in Äußerlichkeiten ergehen, ist es
notwendig, sich mit ihnen zu akkommodieren und ›mit dem Ihren einzugehen,
um mit dem Unsrigen herauszutreten‹. Dies scheint mir, mein Vater, bis zu
einem bestimmten Punkt ein sehr weiser Rat, denn der Apostel ist allen alles geworden, um sie für Christus zu gewinnen.«

Bis zu einem bestimmten Punkt.

Die Akkommodation war ein Mittel, die religiöse Eroberung das
Ziel, und das Ziel rechtfertigte die Mittel. Daß man in religiösen Fragen
heucheln und täuschen mußte, hatte man in den religiösen Kämpfen des
16. Jahrhunderts gelernt. Im folgenden Jahrhundert sollte dieses Gebot
auf den Staat und die Politik angewendet werden (vgl. Villari 1987).
Worum es dabei immer ging, war das Verhältnis zur Macht, die Frage,
wie man ein ungünstiges Machtverhältnis umkehren konnte. Wo aber
endete die Akzeptierung der Form, und wo begann das Nachgeben bei
den Inhalten? Wie ließ sich das Christentum, die Religion eines gekreuzigten und verspotteten Gottmenschen, mit dem Prunk und Pomp versöhnen, der aus der Entscheidung folgen mußte, »uns den Gebräuchen
und Begriffen der Bonzen anzupassen«? Man wußte natürlich, daß es
nicht angebracht war, allzu sehr auf dem Symbol des Kreuzes zu insistieren: Die Erfahrungen von Missionaren in mehreren Weltteilen hatten
dazu geführt, in diesem Punkt weise Zurückhaltung zu üben und Ein-
deutigkeit zu vermeiden. Matteo Ricci, der später der berühmteste Vertreter der Akkommodationsmethode werden sollte, erlebte gerade zu

diesem Zeitpunkt, wie schwierig es war, den Chinesen zu erklären, was dieser gekreuzigte Mensch eigentlich war, und hatte sich damit abgefunden, über ihn wie von einem »großen Heiligen unserer Erde« zu sprechen. Acquaviva mußte dies bekannt gewesen sein, aber deshalb verzichtete er nicht darauf, sich zu beklagen: »Ich weiß nicht, warum derjenige, der diese Doktrin predigt, so lange die Tugend des Kreuzes und die Nachfolge Jesu verbergen sollte, welcher die freiwillige Armut und die Verachtung aller weltlichen Dinge anriet und mit seinem Beispiel zeigte.« (Abgedruckt in Valignano 1946, S. 320; vgl. auch Bettray 1955, S. 365-382 und Spence 1987, S. 268 f.)

Die Reaktion Acquavivas ist ein einzigartiges Dokument: Sie zeigt, wie man sich erschreckt von der Konsequenz abwenden konnte, zu der die Akkommodation führen mußte, aber gleichzeitig beweist sie, daß es zu dieser Strategie nur eine einzige Alternative gab: die Rückkehr zu prophetischen Modellen, die Beschränkung der religiösen Conquista auf die heroische Bezeugung des Evangeliums, auf »Kreuz, Elend und Verachtung«. Die Argumente, die der General zu Papier brachte, hatten einen archaischen Beigeschmack: »Daher wünsche ich, daß wir großen Mut fassen mögen, denn wenn wir unserer Berufung gemäß leben, wird uns Unser Herr mehr beistehen, als sich all unsere Weisheit erwarten könnte (...).«

Es war jedoch eine illusorische Alternative: Wo die Macht der Waffen und die kulturelle Vorherrschaft nicht auf seiten der Europäer waren, blieb die Strategie der Akkommodation die einzig reale Möglichkeit, den Überbringern der christlichen Religion eine gewisse Zuhörerschaft zu sichern. Diese Strategie brachte keine unmittelbaren Resultate: »Fragt mich nicht, Euer Hochwürden, wie viele tausend Seelen ich bekehrt habe«, schrieb Matteo Ricci 1595 aus China. Darin lag bittere Ironie, denn Ricci hatte sich gerade über den Mangel an Resultaten beklagt: »Ich bereue die Geduld, mit der ich diese [Mühen] ertragen habe, ich bereue auch die Früchte [meiner Arbeit] in dieser äußerst öden Wüste.« (Brief Riccis an seinen Ordensbruder Girolamo Benci aus Nanjiang vom 7. Oktober 1595, in: Ricci 1985, S. 49) Solche Sätze waren zweifellos nicht für die Veröffentlichung bestimmt. In den gedruckten Sammlungen erschienen vielmehr ermutigende Nachrichten über die außergewöhnlichen Erfolge der Christianisierung in Japan und China. Man zögerte nicht, wundersame göttliche Eingriffe anzudeuten, die den Missionaren den Weg ebneten und sie in die Lage versetzten, die Sprache der

DER MISSIONAR 163

anderen zu verstehen und ihre eigene verständlich zu machen. In Wirklichkeit lagen die Dinge ganz anders: »Es ist so schwer, ihre Schriftzeichen zu lesen, daß wir aus diesem Grunde nicht größer werden können«, gestand Ricci, »und zweimal, als ich einen Bruder genügend unterwiesen hatte, gefiel es dem Herrn, ihn durch den Tod von mir zu nehmen, so daß ich nun auf einen neuen Bruder warten muß.« (Brief von Matteo Ricci an seinen Vater Giovanni Battista aus Tschautschou vom 10. Dezember 1593, in: Ricci 1985, S. 43-46)

Es waren bittere Gedanken, die manchmal sogar in Träumen auftauchten. Matteo Ricci erzählt von einem solchen Traum während seiner Reise nach Nanking:

»Als ich betrübt vom traurigen Ergebnis und der Mühsal dieser Reise war, glaubte ich, daß mir ein unbekannter Mann begegnete, der zu mir sprach: ›Und dennoch willst du fortfahren, in diesem Land das alte Gesetz zu zerstören und ihm das Gesetz Gottes einzupflanzen?‹ Es wundere mich, wie er zu meinem Herzen sprechen könne, erwiderte ich ihm. ›Entweder, Ihr seid der Teufel – oder Gott.‹ Er erwiderte: ›Nicht der Teufel, sondern Gott.‹ Da warf ich mich ihm zu Füßen und fragte bitterlich weinend: ›Da Ihr dies also wißt, Herr, warum habt Ihr mir bis heute nicht beigestanden?‹« (Ricci, Brief an Girolamo Costa aus Nanjiang vom 28. Oktober 1595, in: Ricci 1985, S. 64)

Kurz: von Wundern keine Spur. Bevor man das Evangelium predigen und an Bekehrungen denken konnte, mußte man daher einen Platz in der fremden Gesellschaft finden und akzeptiert werden. Die Kleidung schien dem Mönch dabei entscheidend zu sein: Wichtiger als das öffentliche Bekenntnis zu den christlichen Tugenden war das Gewand, in dem man sich den anderen Völkern präsentierte.

Daher der schnelle Wandel der Kleidung: Wenn Ricci sich anfänglich »nach der Art Chinas« kleidete, aber »das vierkantige Birett in Erinnerung Jesu« aufbehielt, so ließ er bald auch dies weg und trug »eine äußerst seltsame Kappe, spitz wie die Mitra eines Bischofs, um mich ganz zum Chinesen zu machen« (Ricci, zitierter Brief an Benci, in: Ricci 1985, S. 47-52). Seltsam war die Kopfbedeckung nur für Europäer, denn für Chinesen war sie etwas sehr Kostbares: In Ricci war die Entscheidung gereift, sich als Literat zu präsentieren. Die flexible Strategie der Akkommodation erforderte eine ständige Aufmerksamkeit für die Regeln der Einheimischen. Wenn Valignano die Jesuiten in Japan überredet hatte, das Aussehen buddhistischer Bonzen anzunehmen, so wäre dieselbe Entscheidung, wie Ricci schnell herausfand, hier falsch gewesen, da »Bonze in China ein sehr geringes Wort ist«. Deshalb, so schrieb er, »beschloß ich, nicht wie ein Bonze zu gehen und mir das Kleid des Predigers anzuziehen« (Ricci, zitierter Brief an Costa, in: Ricci 1985, S. 65). Vielleicht kam das Wort »Prediger« der Wirklichkeit nicht unbedingt am nächsten, aber es war sicher am geeignetsten, um in Italien bei denjenigen, die zu informieren waren und zustimmen mußten, Billigung zu finden. Mittlerweile mußte man das Spiel der Vorspiegelungen, der Maskerade und der verbalen Verschleierung im Orient und im Okzident gleichzeitig spielen. Eine Wiederholung der Auseinandersetzungen, zu denen der *Cerimoniale* in Rom geführt hatte, mußte im Rahmen des Möglichen verhindert werden. Bei der berühmten »Ritenfrage« sollten diese Konflikte dann jedoch noch heftiger entbrennen.

Viele hätten eine ähnliche Vorgehensweise als Heuchelei bezeichnet. Aber es handelte sich um eine besondere Heuchelei, die »man durch Erziehung erwirbt« und die keinesfalls bar jeder Moral war, wie man selbst noch in der vollen Blüte der Romantik einräumen mußte (vgl. dazu Saltykow 1952).

Die Vorschläge Valignanos und Riccis in bezug auf Japan und China waren zweifellos vielversprechend: Keine andere Herangehensweise schenkte dem Eigenrecht und den Motiven des Gegenübers mehr Aufmerksamkeit, keine andere war geschmeidiger, wo es um die Überwindung schroffer Gegensätze ging. Der Widerstand, auf den sie in China wie in Europa stieß, läßt vielleicht mehr noch als die Zustimmung, die sie erfuhr, ihre Bedeutung hervortreten. Die ermüdenden Angriffe aus Europa, die Fassungslosigkeit Acquavivas waren nur eine Vorwarnung. Ein ganz anderer Sturm brach los, als sich die rivalisierenden Orden der Franziskaner und Dominikaner zu Verfechtern der orthodoxen Doktrin erhoben und 1641 vor der Propagandakongregation das Vorgehen der Jesuiten anklagten. Es ging um die Frage der sogenannten chinesischen Riten, d.h. im wesentlichen und mit extremer Vereinfachung gesagt um die Frage, ob es den Christen erlaubt sei, Verstorbenen jene Riten und Ehrerbietungen zu erweisen, die der konfuzianischen Tradition entstammten und den Jesuiten zufolge lediglich der »zivilen« und nicht der »religiösen« Sphäre angehörten. Vergiftet wurde die Auseinandersetzung nicht so sehr oder nicht allein durch die institutionelle Rivalität der Bruderschaften in den Missionen als durch die verlockende Möglichkeit, gegen die Gefahren einer Aufweichung des orthodoxen Glaubens doktrinäre Reinheit zu verfechten. Von diesen Ereignissen war bei uns lange Zeit nur die europäische Seite bekannt: die von den damaligen Gegnern produzierte Flut von Traktaten und Dokumenten von unterschiedlichem Interesse. Auf der Grundlage dieser Quellen erscheint die Ritenfrage als eine Geschichte erbitterter theologischer Streitigkeiten und engstirniger Rivalitäten im Inneren der Römischen Kurie und der großen Ordenshäuser (einschließlich der besonderen Beteiligung Portugals, das die Kontrolle über die Missionare nicht verlieren wollte). Nicht nur die Unsicherheit und der ständig wachsende Widerstand in römischen Kreisen – die wiederholte Verurteilung der jesuitischen Position durch das Heilige Offizium und den Papst – lasteten schwer auf dem Ritenstreit. Die Untersuchung chinesischer Quellen hat gezeigt, daß auch auf der anderen Seite Tendenzen der Öffnung und der Abschottung jeweils auf harten Widerstand stießen (vgl. zu Reaktionen chinesischer Intellektueller Gernet 1984). Am Ende erfolgte schließlich der Sieg der inquisitorischen Unversöhnlichkeit über die missionarische Öffnung, und die Inquisition wurde zum bloßen Instrument der inneren Kämpfe jener Kräfte, die sich hinter der Orthodoxie verschanzt hatten. Es ist schon beeindruckend, im Bericht der Gesandtschaft des päpstlichen Legaten Mezzabarba das Gespräch mit dem Kaiser von China über die Verfehlungen Matteo Riccis nachzulesen (vgl. Di Fiore 1989): die lächelnde Ironie, mit der der Kaiser die strengen und unterwürfigen italienischen Monsignori in Verlegenheit brachte, indem er sie fragte, warum sie Dinge malen ließen, die nicht existierten, wie die Flügel der Engel – und wie der Papst, der nie in China gewesen sei, über chinesische Riten urteilen und entscheiden könne. Es war die einzige Genugtuung, die der Idee der Akkommodation und ihren nun schon lange verstorbenen Verfechtern zuteil wurde.

Die Fürsten verführen, dem Volke dienen

Schon früh entdeckte man, daß sich die Aufgabe der religiösen Conquista ebenso im Inneren wie außerhalb des eigentlichen christlichen Kontinents stellte: Um die Mitte des 16. Jahrhunderts wurde es üblich, von »diesem« oder dem »hiesigen Indien« zu sprechen, wenn man sich auf die Katechese und Bekehrungskampagnen in den katholischen Ländern und die von Häresie »geplagten« Gebiete bezog (Prosperi 1982).

Bereits um die 30er Jahre des 16. Jahrhunderts hatte man jedoch auch eine Analogie zwischen der europäischen Landbevölkerung und den amerikanischen »Wilden« entdeckt. Der Dominikaner Francisco de Vitoria etwa, der sich in seinen Kursen in Salamanca mit der Materie *de Indiis* befaßte, hatte sich gefragt, ob man nicht aufgrund der offenkundigen Dummheit der amerikanischen Völker und ihres grausamen Verhaltens legitimerweise die These vertreten könne, es handle sich bei ihnen »von Natur aus« um »Sklaven«, und festgestellt, daß »man auch in unserem Volke Bauern sehen kann, die sich kaum von wilden Tieren unterscheiden« (zit. nach Pagden 1982). Das neue Bild des Bauern, das in dieser Phase in Spanien aufkam, sollte sich bald durchsetzen. Während Vitoria die bedeutsame Analogie zwischen Bauern und Wilden herstellte, zeigte der Bischof Antonio de Guevara in einem seiner Bücher einen Bauern mit animalischen und monströsen Zügen – ein »Tier in Menschengestalt« –, der aber eine geradezu göttliche Intelligenz und Beredsamkeit offenbarte. Das Werk Guevaras hatte einen durchschlagenden Erfolg und fand besonders in Italien große Verbreitung[7] und die unterschiedlichsten Leser: einen Gutsverwalter der Medici etwa, der damit die Bedeutung der ländlichen Kultur verteidigte, oder Giulio Cesare Croce, den es zu seinem berühmten *Bertoldo* inspirierte. Guevara, so ist bemerkt worden, »schlägt einen neuen Weg ein und modifiziert mit einer drastischen Wendung ein Bild, das im späten Mittelalter mit ungenierter Häufigkeit benutzt wurde«: das Bild des »gottlosen und tierischen« Bauern (Bemerkung von Camporesi 1988). Hinter der Roheit und Bestialität entdeckte man nun eine Menschlichkeit, die um so mehr Interesse verdiente, je notwendiger es schien, sie unter die eigene Herrschaft zu bringen. Der außereuropäische und der eigene »Wilde« waren dazu bestimmt, ein gutes Stück Weges zusammen zu gehen: zumindest aus der Perspektive der europäischen Herrschaftsschichten und ihrer Religion, die ihnen nun in unterschiedlicher Form ihre Aufmerksamkeit zuteil werden ließen.

Zu Beginn bestand die »Mission« in Europa – wie die Missionen in Amerika und Asien – darin, daß die jeweils zuständigen Autoritäten Geistliche entsandten, die sich auf das Predigen spezialisiert hatten, um das orthodoxe Modell christlicher Lebensführung zu erneuern (oder

---

7 Es handelt sich um das Buch *Libro llamado Relox de Principes o Libro aureo del Emperador Marco Aurelio*, 1531 veröffentlicht und vielfach übersetzt.

DER MISSIONAR   167

überhaupt erst einzuführen). Die Dringlichkeit solcher Maßnahmen wurde deutlich, als die Kritik am Klerus unter dem Druck der Reformation gefährlich zu werden begann, vor allem aber, als die Furcht aufkam, die Ideen der Reformation könnten sich in Italien dauerhaft etablieren. Als erster, bewußtester und leidenschaftlichster Missionar des »hiesigen Indien« wird häufig der Jesuit Cristoforo Landini aus Sarzana (nahe La Spezia) genannt (vgl. seinen eigenen Brief aus Korsika, in dem er erklärt, »diese Insel wird mein Indien sein«; Landini 1553, in: *MHSJ, Epistolae mixtae*, Bd. III, 1553, S. 115 f.). Er begann seine Karriere in den Bergen der Garfagnana, wo er Häretiker jagte und sich mit dem örtlichen Klerus zerstritt, etwa über die Frage des freien Willens oder der göttlichen Gnade. In Spanien, wo die Reformation kaum hatte eindringen können, bestand das Problem in der Konversion der muslimischen Minderheit. Tatsächlich war einer der ersten, der den Ausdruck *otras Indias*[8] benutzte, Pater Cristoforo Rodriguez, der sich über die Schwierigkeiten bei der Bekehrung der Morisken[9] sorgte. (»Ich schwöre bei Gott, daß ich dem Herrn hier andere indische Länder öffnen würde, indem ich eine große Menge von Moriskenseelen bekehre, die nach ihren Worten und Werken in der Hölle enden würden.« Brief von Cristoforo Rodriguez von 1556, in: *MHSJ, Litterae quadrimestres*, Bd. V, S. 296) Den Stereotypen der Missionsarbeit dieser Epoche gemäß diente der bildliche Bezug auf Indien dazu, eine leichte und reiche »Seelenernte« zu implizieren, und er tröstete jene, die sich im Vergleich zum apostolischen, auf entfernte Länder gerichteten Ideal nur mit niederen Aufgaben in Europa betraut sahen.

Die Mission war also wie üblich ein Apostolat, das Geistlichen von ihren vorgesetzen Autoritäten übertragen wurde: vom Papst, von den Bischöfen oder den bischöflichen Vikaren, die (besonders in Italien) aufgefordert waren, mit Blick auf das Tridentinische Konzil das religiöse Leben ihrer Diözesen strenger zu kontrollieren. War der apostolische Auftrag erledigt, so wurde ihnen von den Vorgesetzen ein Zeugnis ausgestellt. Landini, der in der Diözese Foligno tätig war, wurde vom Bischof Isidoro Chiari – damals bereits Benediktinerabt – enthusiastisch attestiert, er sei als Missionar »kein Mensch, sondern ein Engel« (Zeugnis

---

8 Soviel wie »weitere indische Länder«. »Indien« meinte sowohl Asien als auch Amerika, das im üblichen Sprachgebrauch noch lange als »Westindien« bezeichnet wurde. (A. d. Ü.)
9 Morisken waren nach der Reconquista in Spanien zurückgebliebene Mauren, denen man vorwarf, sich nur scheinbar zum Christentum bekehrt zu haben. (A. d. Ü.)

von Chiari vom 14. Mai 1549, in: *MHSJ, Litterae quadrimestres*, Bd. I, S. 156). Durchaus weniger enthusiastisch waren die Pfarrer der Diözesen, in die die Missionare entsandt wurden. In Lunigiana hatten 1548 »die Pfarrer, in großer Schar zusammengekommen (...), mit Fäusten, bösen Blicken, entblößten Armen und anderen unziemlichen Dingen (...)« Landini angegriffen und ihm beinahe die Kleider vom Leib gerissen (Landini, Brief vom 7. Februar 1548, in: *MHSJ, Litterae quadrimestres*, Bd. I, S. 81). Was den Bischof so begeisterte, war wohl gerade das, was die Pfarrer so aufbrachte: Die Vorschläge der Jesuiten zum Gottesdienst, ihr Insistieren auf der häufigen Austeilung der Kommunion und die vertiefte Kenntnis des Katechismus untergruben konsolidierte Regeln und Traditionen. In der institutionellen Struktur der »Mission« waren solche Konflikte vorprogrammiert: Sie stattete den Abgesandten der Zentralautorität mit außergewöhnlichen Befugnissen aus und setzte ihn den lokalen Vertretern der Macht entgegen. Der Gegensatz entsprach damit der Entgegenstellung von »Kommissar« und »Beamter«, wie sie Otto Hintze (1962, Bd. 1) beschrieben hat.

Es gab jedoch noch andere Probleme. Häufig war der örtliche Klerus überhaupt nicht mehr vorhanden, besonders in sehr abgelegenen Orten auf Inseln oder in den Bergen. Zudem waren die Reisen, die den Missionar zu solchen Orten führten – wenn sie auch nicht mit den Härten und Gefahren der Überseereisen vergleichbar waren –, abenteuerlich genug, um in ihm ein Gefühl der Entfremdung und Offenheit für Neues zu wekken. Es genügt, den Bericht Bartolomés de las Casas und seiner dominikanischen Ordensbrüder über die Reise von Salamanca nach Ciudad Real mit Landinis Beschreibung der Überfahrt von Genua nach Capraia zu vergleichen:

»Als es unserem Herrn gefiel, machten wir die Fahrt nach Korsika: eine Nacht auf hoher See, die Wellen türmten sich auf, die Rah brach, der Kapitän schrie: ›Wir sind alle tot.‹ Ich hatte schon das ›Te Deum laudamus‹ beendet, da ich in der Hoffnung einer sicheren Überfahrt aus diesem elenden Leben die ganze Nacht das Haus meiner Seele in Ordnung gebracht, und hatte das gestreifte Gewand angezogen, um den Mitbrüdern die Absolution zu erteilen. Die Wellen schlugen über Bug und Heck (...).«

Die Inhalte ähneln sich: Die Widrigkeit der Natur und der Menschen, die Angst in der Gefahr, der apostolische Ehrgeiz, zum Märtyrer zu werden, die fluchenden Seeleute, die sich aber in der Not um die Kirchenmänner scharen, und schließlich die Beweise des Mutes, die sie er-

DER MISSIONAR 169

bringen: Bruder Bartolomé de las Casas, der den Elementen gebieterisch befiehlt, zu schweigen, oder die »Großmut« von Pater Emmanuel, Mitbruder Landinis, der inmitten des Sturms den Hauptmast erklimmt.[10] Die Faszination der Reiseliteratur vereint sich hier mit der heroischen Aura des Kampfes um die Eroberung der Seelen und – damit einhergehend – der Personalisierung und symbolischen Aufladung der Natur: Die Engel, die Madonna und die Dämonen sind für die Missionare und ihre Mitreisenden in den Wechselfällen der Reise immer erkennbar. Die Offenheit für Neues und die genaue Wahrnehmung dessen, was an einem Ort oder einer Person ungewöhnlich ist, beginnen mit solchen Erfahrungen.

Das Gefühl des Fremdseins, das der Beobachter empfindet, bewirkt den Eindruck extremer Kontraste in der Natur und den Menschen. Landini fand auf der Insel Capraia »Irrlehren, Aberglaube und Götzendienerei«, aber auch »das Paradies auf Erden in vielen geistlichen Wonnen (…), die primitive Kirche jeden Tag mit häufigen Beichten und Kommunionen erfüllt«. Landini war jedoch auch über die erschreckende Armut der Bevölkerung erschüttert und berichtete von kleinen Kindern, die selbst im Winter barfuß gingen und auf der bloßen Erde schliefen, und von Leuten, die sich mit 50 Jahren »noch nie mit Brot satt gegessen hatten«.

Wenige Jahre später wurden weitere Jesuiten berufen, um bei der erbarmungslosen spanischen Kampagne gegen die Waldenser in Kalabrien Unterstützung und inquisitorische Dienste zu leisten. Obwohl sie vor allem die Ketzer bekämpfen sollten und häufig deswegen vom Großinquisitor Michele Ghislieri (später Papst Pius V.) getadelt wurden, ist auch hier der vorherrschende Ton der Briefe von Mitgefühl für die vielen Menschen gekennzeichnet, die »hingeschlachtet und gevierteilt (…), verbrannt und von Türmen gestürzt (…) und auf dem Feld gemetzelt (…)« wurden. Abgesehen von der Ketzerei oder, wie die Jesuiten schrieben, »abgesehen von der Pest« fanden sie »die Sitten wunderbar gebildet«, ganz anders als bei den Katholiken in Cosenza, die »an das Böse gewöhnt (…)« seien und »ohne Gerechtigkeit und Regierung [lebten], als seien sie alle im Walde« (vgl. Scaduto 1946, S. 9ff.).

---

10 Über die Reise von Bartolomé de las Casas existiert ein Bericht von Bruder Tomás de la Torre, teilweise wiedergegeben von Martínez in: Franco 1988. Der Brief von Landini über die Reise von Genua nach Korsika datiert vom 16. März 1553 und findet sich in *MHSJ, Epistolae mixtae*, Bd. III, 1553, S. 165ff.

Wilde aus dem Wald einerseits und Leute, die für das Evangelium wunderbar empfänglich waren, andererseits: diese Unterscheidung findet sich auch häufig in den Urteilen über die Völker Amerikas. Zu diesem Zeitpunkt veränderte sich jedoch langsam die spirituelle Eroberungsstrategie im hiesigen und dortigen »Indien«. Die »Pilgerfahrt« als gelegentlicher Überfall konnte selbst mit Waffengewalt die Probleme der spirituellen Conquista nicht lösen. »Die Waffen können den Körper zwingen, aber die Meinungen und abweichlerischen Doktrinen werden mit der heiligen Lehre und der katholischen Überzeugung ausgerissen (...), mit viel Demut, Wohltätigkeit und Wohlwollen«; diese Meinung von Pater Rodriguez war in der Kampagne gegen die Waldenser in Kalabrien gereift. Im nördlichen Teil der Halbinsel wurde diese Auffassung von der Erfolglosigkeit der Expedition bestätigt, die Emanuel Philibert von Savoyen gegen die Waldenser in den Alpen führte; aber sie konnte für die Missionierungen in ihrer Gesamtheit gelten. Mit Waffengewalt zu siegen war immer möglich; um die Menschen zu überzeugen, war mehr nötig.

Dies bedeutete nicht die Ablehnung von Gewalt. In einem Moment, in dem man sich in Europa gerade vom Einsatz der Waffen eine religiöse Neuordnung erwartete, war dies undenkbar. Besonders auf katholischer Seite erhoffte man sich durch Waffengewalt einen neuen Impuls für die Missionen. Nicht nur in Kalabrien hatte das Heer den Weg für die sanfte Überzeugungsarbeit der Jesuiten geebnet, auch im Frankreich der religiösen Bürgerkriege oder im Heiligen Römischen Reich galt der erste Gedanke den Waffen. Kurz vor dem Dreißigjährigen Krieg gab es Stimmen, die wie der 1618 verstorbene Jakob Rem einen *bellum cruentum, sed sacrum* (»einen grausamen, aber heiligen Krieg«) erwarteten, der mit einem Triumph enden und der katholischen Sache *magnum incrementum* (»große Mehrung«) bringen würde. Rem tadelte die Ordensbrüder, die einer überseeischen Mission entgegenfieberten, denn er war überzeugt, daß das nahe Geschick des Krieges große Arbeitsmöglichkeiten in Deutschland eröffnen würde.[11] Die sanfte Methode konnte sich also erst nach dem energischen Einsatz der Waffen entfalten. Einmal aufge-

---

11 Die *Vaticinia* (»Prophezeiungen«) von Jakob Rem sind im Fundus *Jesuitica 1081* des Hauptstaatsarchivs München erhalten; ebd. S. 2, der Absatz *De bellis quibusdam*. Nach Rems Tod sahen seine Anhänger den Ausbruch des Dreißigjährigen Krieges 1618 als Bestätigung seiner Weissagung, und mancher erinnerte sich an seine Worte: »Bald werden die indischen Länder bei uns sein, und unsere Zahl wird nicht ausreichen.« (Ebd., S. 3)

DER MISSIONAR   171

zwungen, blieb jedoch die Schwierigkeit, den »heiligen Glauben« tief
genug einzupflanzen, und hier wandte man sich den Künsten – und
Kunstgriffen – jener zu, die wußten, wie die Herzen der Menschen zu
bewegen waren und ihr Geist zu schulen war.

Es war unvermeidlich, daß sich im »hiesigen Indien« die Methoden
und Mittel denjenigen anglichen, die auch im »dortigen« angewandt
wurden. Die Einheitlichkeit der Missionsarbeit garantierte dabei das
Netz der großen religiösen Orden: Es multiplizierte die Wirkung von Initiativen und die Arbeit einzelner Missionare. Als Diego de Valadés sein
Handbuch über die geistliche Redekunst verfaßte, war es für ihn nur natürlich, auf seine Erfahrungen in Amerika zurückzugreifen und es an
alle Prediger zu richten.[12] Seine Ratschläge zum Einsatz bildlicher Rede
stimmten mit den Vorschlägen überein, die in denselben Jahren der Jesuit Gaspar Loarte zur Verbesserung der Katechismuslehre im katholischen Europa machte. Es gab im wesentlichen zwei Ansätze, in denen
sich die Missionserfahrung niederschlug: Die Kunst der »Akkommodation« und der Heuchelei blieb den »hochstehenden« Kulturen und den
militärisch nicht von christlichen Herrschern dominierten Ländern vorbehalten – Japan, China – sowie im besonderen den nichtkatholischen
Fürsten in Europa. Die didaktischen Techniken für die »Ungebildeten«
in Amerika wurden dagegen bei den Kampagnen der inneren Mission in
den katholischen Ländern angewendet.

Daß man Fürsten mit allen verfügbaren Künsten besiegen mußte,
verstand sich in jenen Jahren von selbst, und die Kunst, die sich dazu anbot, war die Gewissensführung. Herrschaft über das Gewissen der Fürsten zu gewinnen bedeutete, durch sie zu regieren. Der Zweck war gut,
da von dieser Regierungskunst das Seelenheil ganzer Völker abhing,
und rechtfertigte deshalb die Mittel. Für den Theatinerpater Andrea
Avellino, der einen Großteil seiner Korrespondenz darauf verwandte,
Fürsten und adligen Damen Ratschläge, Ermutigung und geistliche Führung zu spenden, war es offensichtlich, daß er seine Anstrengungen deshalb unternahm, weil »das Seelenheil der Völker zu einem Großteil vom
Seelenheil der Fürsten« (Avellino, Brief an Ottavio Farnese, in: *Lettere
scritte*, 1731, Bd. 1, S. 197) abhing. Verzichtete man auf das Mittel der
Waffen, bot sich für solche Eroberungen ein ganzer Katalog von Listen

---

12 Schon der Titel macht dies deutlich: *Rhetorica christiana (…) exemplis suo loco insertis,
quae quidem ex Indorum maxime deprompta sunt historiis*, Perusiae 1579.

an. Der Jesuit Lorenzo Forero zum Beispiel schlug angesichts des gescheiterten Dreißigjährigen Krieges vor, mit Umsicht die Herzen der Fürsten zu erobern, indem man sie mit klugen Männern umgab, die ihr Vertrauen gewinnen und sie dem Katholizismus annähern sollten. Sobald der Fürst zum »Christen« (d. h. katholisch) geworden war, konnte man versuchen, der Herrschaft über sein Gewissen eine buchstäblich institutionelle Form zu geben. So schlugen 1583 die Jesuiten in Bayern – ein wahres Bollwerk des Katholizismus in Deutschland – dem Wittelsbacher Wilhelm V. vor, eine *mensa conscientiae,* eine Art »Gewissenskammer« nach portugiesischem und spanischem Modell, einzurichten. Alle wichtigen politischen Entscheidungen – ob Krieg geführt oder neue Steuern erhoben werden sollten etc. – sollten im voraus von diesem Gremium daraufhin beurteilt werden, ob sie erlaubt seien.[13]

Solche Künste schrieb man damals vor allem den Jesuiten zu, auch wenn sie nicht ausschließlich ihre Domäne waren. Im Zeitalter der Konfessionen war die Religion der Fürsten für alle ein derart wichtiger Gegenstand, daß die Kunst, den »christlichen Fürsten« zu kontrollieren, unzählige Liebhaber auf ihrer Seite hatte. Das politische Feld jedoch, auf dem sich niemand mit den Jesuiten messen konnte, war die Erziehung. Im erwähnten Memorandum an den Herzog von Bayern ging es im Kern gerade um die politische Erziehung: vorgeschlagen wurde darin, die Kinder »häretischer« Adliger zusammen mit dem jungen katholischen Prinzen am Hof zu erziehen. Das Erlernen von Fremdsprachen und der Kriegskünste sollte dabei als Anreiz dienen. Es fanden sich außerdem Vorschläge für Stipendien und eine gute Berufsausbildung für junge Bürgerliche aus den »häretischen« Städten und Dörfern an den Grenzen des bayerischen Staates. Das jesuitische Netz der Kollegien zur Ausbildung der herrschenden Schichten überzog damals ganz Europa, und nicht zufällig schlug Antonio Possevino angesichts der Frage, wie das Rußland Iwans des Schrecklichen für den Katholizismus zu erobern sei, »das Mittel der Seminare« vor. Jene Wissenschaft, die Matteo Ricci die Tore Chinas geöffnet hatte, war auch das Mittel, um die Bil-

---

13 Forero zufolge konnten den protestantischen Fürsten Männer zur Seite gestellt werden, »qui sibi dextre et ingeniose ad illos accessum parent, et clam mysteria fidei catholicae illis instillent« (Hauptstaatsarchiv München, *Jesuiten 81,* S. 273-276). Auch das Memorandum der Jesuiten ist unter dem Titel *Acta cum duce Bavariae 1583* in diesem Archiv zu finden (S. 9-16). Über die Geschichte Bayerns zur Zeit der Gegenreformation gibt es eine ausgedehnte Literatur; für einen konzisen Überblick vgl. Glaser 1980.

DER MISSIONAR 173

dung der Elite zu kontrollieren und so langfristig in Ländern Fuß zu fassen, in denen der Katholizismus offiziell keinen Platz hatte.

Bildung stand jedoch auch auf der anderen Seite der Missionstätigkeit im Vordergrund: bei der Eroberung des Volkes in den katholischen Ländern. In theologischen Begriffen bestand ein Gegensatz zwischen dem »impliziten« und dem »expliziten Glauben.« In Anbetracht der Komplexität des theologischen Wissens stimmte man darin überein, daß nur eine sehr geringe Zahl in die Mysterien des Glaubens eindringen konnte. Was aber war der unverzichtbare Kernbestand, um erlöst zu werden? José de Acosta widmete ein kraftvolles Kapitel seines Traktats *De procuranda Indorum salute* einer Polemik gegen die Meinung, für die »ungebildetsten« (*más rudos*) Christen genüge der »implizite Glaube« und daher sei es nicht erforderlich, daß sie explizit an Christus glaubten (das Kapitel ist betitelt: »Wider den einzigartigen Irrtum, wonach die ungebildetsten Christen Errettung finden können ohne den expliziten Glauben an Gott«, Acosta 1954, S. 550 ff.). Nun war aber das Problem der Missionierung par excellence die Ignoranz. Von den europäischen Missionskampagnen drangen dramatische Berichte durch: Die Bauern wußten nicht einmal, wie viele christliche Götter es gab; in Bayern behauptete man, es seien sieben wie die Sakramente; in Eboli im Königreich Neapel gab es welche, die »hundert, andere, die tausend, wieder andere, die eine größere Zahl«[14] angaben. Dieser Situation war nicht durch außergewöhnliche und schnelle Initiativen abzuhelfen; erforderlich waren eine dauerhafte Organisation und eine wirkungsvolle Strategie.

Organisatorisch ging es darum, aus der »Mission« eine wirkliche Institution zu machen. Die Jesuiten hatten im spanischen Teil Amerikas entdeckt, wie wichtig es war, mit »Verkürzungen« (*reducciones*) zu arbeiten, und begannen um 1590, diese Erfahrung bei ihrer Arbeit in Italien zu nutzen. Es wurde beschlossen, daß »in allen Provinzen Missionen eingerichtet werden«. Der General der Bruderschaft, Claudio Acquaviva, erarbeitete Richtlinien für diejenigen, die sich *ad missiones* (»in die Missionsgebiete«) begaben. Der Wandel der Wortbedeutung ist vielsagend: Die »Mission« ist nun zuerst ein Ort und erst dann eine Pflicht oder eine

---

14 Das Zitat über die Ignoranz in Eboli entstammt einem Bericht des Jesuiten Scipione Paolucci; zit. nach Ginzburg 1972, S. 657 ff. Die Angaben über Bayern stammen aus einem handschriftlichen Bericht von 1614, der sich im genannten jesuitischen Fundus im Hauptstaatsarchiv von München befindet (102, S. 1 ff.)

174 ADRIANO PROSPERI

individuelle Aufgabe. Schon zeichnet sich die Perspektive ab, das Gebiet der Mission zu einer festen Residenz zu machen, und das Ziel der Einrichtung solcher Missionen war präzise mit dem Kampf gegen die Ignoranz beschrieben.[15] Wie aber sollte sie bekämpft werden? Die Anweisungen des Generals legten einen Ablauf fest, der von Ort zu Ort den Erfordernissen anzupassen war: Die Missionare sollten sich an eine Folge vorgeschriebener Schritte halten, vom Besuch der örtlichen Kirche über das Gespräch mit dem Pfarrer der Gemeinde (um Informationen über die Hauptsünden der Bevölkerung zu sammeln) bis hin zur Organisation von Unterrichtsstunden in Glaubenslehre (am Nachmittag), Predigten und Beichten (morgens).

Durch die Instruktionen zogen sich zwei Leitlinien, von denen je nachdem entweder die eine oder die andere stärker betont werden konnte: mehr die Herzen der Sünder zu bewegen und sie zur Buße zu bringen oder mit der Lehre des Katechismus den Schwerpunkt auf die geistige Erziehung zu legen. Für die schulischen Zwecke lieferte die Druckerpresse die wichtigsten Mittel: Bilder und vor allem Flugblätter, auf denen sich die Vorschriften der kirchlichen Lehre und der religiösen Praxis mit Benimmregeln vermischten. Der bedeutendste Aspekt der Missionen war jedoch sicherlich die Bußpredigt. Hier waren die Missionare aufgerufen, einen schwerwiegenden Mangel des tridentinischen Katholizismus aufzufangen und zu korrigieren: In einem Moment, in dem man den religiösen Ordensgemeinschaften mit starkem Mißtrauen begegnete, war mit der Neuorganisation der Diözesen die Volkspredigt in die Hände des Klerus gelegt worden, der in den Priesterschulen ausgebildet worden war. Schon bald wurde deutlich, daß ihre Predigten bei weitem nicht die Wirkung der großen Predigtzyklen zur Advents- und Fastenzeit erreichen konnten, auf die sich die Orden der Franziskaner und Dominikaner spezialisiert hatten. Außerdem genügte es nicht, daß die Konzilsdekrete die strenge Pflicht zur Beichte bekräftigt hatten, um die

---

15 Das Dokument von 1590 befindet sich im *Archivio Romano della Compagnia di Gesù*, Inst. 40 f. 137r-138v. Vgl. auch *Ordinationes Praepositorum Generalium. Instructiones et formulae communes toti Societati (...)*, Romae, in Collegio Romano eiusdem Societatis 1606, S. 195-202: »Finis harum Missionum est auxilium tot animarum, quae ex ignoratione rerum ad salutem sua necessariarum, in statu peccati, cum aeternae damnationis periculo, versantur.« 1647 wurde beschlossen, für jede Provinz einen Präfekten der Missionsgebiete zu ernennen; vgl. Faralli 1975. Zur Tendenz, feste Missionsstationen einzurichten, vgl. Rosa 1976, S. 245-247. Was die »Verkürzungen« in Paraguay angeht, verweise ich auf die Studie von Imbruglia 1983.

DER MISSIONAR   175

Probleme zu lösen, die mit diesem entscheidenden Moment der Kontrolle und Begegnung zwischen Klerus und Kirchenvolk verbunden waren.

Die Frage der Buße, der Organisation und Kontrolle des Schuldgefühls, blieb für das moderne Christentum zentral, wie die lutherische Reformation deutlich macht. Die Beichte zu einem kleinen und verborgenen Akt der Gewohnheit zu machen ließ den gemeinschaftlichen, sozialen Aspekt von Buße und Bekehrung außer acht. Es ist kein Zufall, daß die Jesuiten, die sich mehr als alle anderen darum bemühten, die Geheimhaltung der individuellen Beichte zu garantieren, und die den von den Bischöfen der katholischen Reform (Giberti und Borromeo) angeregten Beichtstuhl verbreiteten und perfektionierten, gleichzeitig die Bedeutung der »allgemeinen Beichte« als Moment der Umkehr der christlichen Existenz und der Neufundierung der Gemeinschaftsbeziehungen des Büßers wiederentdeckten. Und dies geschah weltweit mit einem Heer von Gläubigen, das von peruanischen Indios bis zu europäischen Bauern reichte. Die vertiefte Gewissenserforschung, die Fähigkeit, die Gefühle durch die spirituellen Exerzitien des Ignatius von Loyola zu stimulieren und zu kontrollieren, die Beherrschung rhetorischer Techniken und nicht zuletzt der Einsatz visueller und theatralischer Künste begründeten diesen Erfolg.

Die Missionen boten ein ideales Experimentierfeld, um an den Gläubigen die Macht und die Kunstgriffe der geistlichen Redekunst auszuprobieren, so wie sie von Spezialisten eingesetzt werden konnten. In der Zeit zwischen Ankunft und Abreise der Missionare – eine häufig heimliche Ankunft, eine Abreise, die immer von Begeisterung und Tränen gekennzeichnet war und einem Crescendo von »allgemeinen Beichten« folgte, das die Ordensbrüder erschöpft und glücklich zurückließ – errichteten sie eine komplexe Theatermaschinerie. Die Kirche wurde zum Theaterraum; weitere Kulträume wurden eingerichtet und dekoriert, und rituelle Umzüge, die Prozessionen, wurden veranstaltet, die nach einem festgelegten Ablauf zu ihnen führten.

Der Prozessionsweg nahm oft eine bestimmte Richtung: vom Dorf oder der Stadt auf das Land, zum Beispiel, um es zu segnen und in den heiligen Raum einzubeziehen. In jedem Fall wies die Prozession auf eine ideale und ewige Ordnung, in die sich die reale Gemeinschaft projizierte. Wie im biblischen Gleichnis wetteiferten die wichtigsten Mitglieder der Gemeinde darum, die letzten zu sein und Demut und Reue zum

Ausdruck zu bringen – gewöhnlich mit dem Ergebnis, ihren Primat noch in der Buße zu bekräftigen. Zwischen Gott und dem Menschen bedeutete Buße Tilgung der Sünden, doch galt dies dank der Vermittlung der Ordensbrüder auch und vor allem innerhalb der menschlichen Gesellschaft. Die »Friedensschlüsse«, die den Erfolg der Mission besiegelten, waren der Höhepunkt der gesamten dramatischen Spannung, auf die es die kunstvollen Inszenierungen der Prediger anlegten: ein Strukturelement, das wir unverändert bei allen Missionierungen finden, von Landinis Mission im Apennin der Toskana und Emilia Mitte des 16. Jahrhunderts bis zu Segneris berühmter Missionstätigkeit.

Die theatralischen Mittel waren zahlreich, und von ihrem Erfolg hing der Ruhm des Missionars ab. Paolo Segneri gehörte zu den berühmtesten, so daß er sogar nach Bayern gerufen wurde, um die *performances*, die ihn in Italien populär gemacht hatten, unter der deutschen Bevölkerung zu wiederholen. (Daß er die Sprachen der Gebiete, in die er fuhr, nicht beherrschte und von Dolmetschern begleitet wurde, ist nur ein weiterer Beweis des Vorrangs der Geste gegenüber dem Wort in dieser Art der Verkündigung.)

Während seiner Mission im Apennin bei Modena 1672 ließ er nicht zufällig eine »Wald«-Kirche aus Stämmen und Zweigen als Prozessionsstation errichten: Segneri folgte damit der Substitutionsstrategie in einem Gebiet, in dem man das Fortleben heidnischer Vegetationskulte befürchtete. Der Prozessionsweg führte von der realen zur fiktiven Kirche und brachte darin den idealen Weg der »Bekehrung« zum Ausdruck. Entlang der Strecke ließ Segneri eine ganze Reihe von Episoden der Heilsgeschichte darstellen:

»In seinen von Mal zu Mal bewundernswerteren Prozessionen ließ er die Beschneidung des Herrn, seinen Einzug, Jesu Gefangennahme am Ölberg, seine Geißelung, das Ecce-Homo, Christus am Kreuze zwischen den beiden Räubern und unter diesen heiligen Mysterien mit Herodes, Kaiphas und Pilatus eine große Schar von Pharisäern und Schriftgelehrten darstellen.«([Bartolini] 1673, S. 7)

Der Kommentar klingt wie der eines Zuschauers bei einer gut aufgeführten Komödie: »Und alle spielten ihre Rollen gut, besonders einige waren ganz hervorragend.«

Regisseur und erster Schauspieler ist der Missionar, der sich darum bemüht, den verschiedenen Momenten der gemeinschaftlichen Einkehr eine spektakuläre Dimension zu geben, die ein dauerhaftes Zeichen hinterlassen soll. Doch wie ließ es sich erreichen, daß die Gläubigen ihre

»schlechten Gewohnheiten« aufgaben? Segneri verstand es, hier die jesuitische Substitutionsstrategie wirkungsvoll umzusetzen: Den Sklaven
der sündigen Spielleidenschaft sollten, so schlug er vor, »Spielkarten geschenkt werden, und wer sie mit dem Versprechen abliefert, nicht mehr
zu spielen, erhält im Austausch ein Medaillon mit dem vollkommenen
Ablaß in der Todesstunde«. Die Idee war nicht neu: Acosta hatte in
bezug auf die Indios dazu geraten, freigebig Rosenkränze, Weihwasser,
Heiligenbildchen und den ganzen heiligen Plunder einzusetzen, der sich
seitdem unter den katholischen Völkern der Erde verbreitet hat (Acosta
1954, S. 565).

Der emotionale Höhepunkt der theatralischen Inszenierung war jedoch zweifellos die Bußpredigt. Sie wurde mit einer öffentlichen Selbst-
geißelung eingeleitet:

»Plötzlich löst er den Gürtel und streift gewandt das Kleid vom Oberkörper
über den linken Arm (...), nimmt mit der rechten eine Geißel mit zwei Eisenstrie-
men, die ihm ein helfender Mitbruder darreicht, beginnt sich zu schlagen, fährt
damit eine Weile fort und gewinnt so die Aufmerksamkeit und so viel Mitgefühl,
daß man nichts anderes mehr hört als Stöhnen und tiefes Seufzen, nichts sieht als
Tränen, obgleich er seine Predigt hält.«

Genau an diesem Punkt versetzt der Prediger den letzten Widerständen
seiner Zuhörer den Gnadenstoß, indem er in einem geschickten Zug
einen Dialog mit einem Totenschädel beginnt, den er sich von einem anderen Assistenten geben läßt:

»Nachdem er schließlich vom anderen Bruder den Spiegel seines eigenen Elends
erbeten, das heißt einen entsetzlichen Totenschädel, nimmt er ihn in die linke
Hand, sieht ihn fest an und beginnt (als könne ihn diese Seele hören) mit ihr zu
sprechen, sie zu befragen, mit ihr einen Dialog zu führen und mit ihr im Zustand
ewiger Verdammnis zu moralisieren; oh, hier muß man Reue empfinden über
ein sündig geführtes Leben, oh, hier hallt der ganze Ort wider; oh, hier erschal-
len die Stimmen, die Erbarmen erflehen, die Besserung geloben, die Frieden versprechen, die sich zur Buße verpflichten.« ([Bartolini] 1673, S. 12; vgl. über jesuitische Theatralik und den Einsatz theatralischer Elemente in der Lehre auch Fumaroli 1990)

Es ist Theater: Der Beobachter ist sich dessen so sehr bewußt, daß er das
Vermögen des Ordensbruders, die Menge zu bewegen, mehr heraus-
streicht als seine Frömmigkeit. Der Einschub in Klammern – »als könne
ihn diese Seele hören« – ist dabei kein Zweifel am Leben nach dem Tod,
sondern entspricht einem »scheint wahr«.

Es ist jedoch anzumerken, daß diese ausgeprägte Theatralik nicht von oben verordnet war, auch wenn die Jesuiten bei ihren außereuropäischen Missionsaktivitäten von allen am ehesten auf das Theater als Akkulturationsmittel zurückgriffen. Bei den Versammlungen der Gesellschaft Jesu stieß ihr Einsatz vielmehr häufig auf Mißtrauen, und es gab Versuche, die Vorführungen, die mit heiligen Darstellungen, gefesselten Teufeln, makabren Tänzen und Feuerwerken angefüllt waren, einzudämmen (vgl. Memorandum der Kongregation von 1622, München, Hauptstaatsarchiv, Jesuiten, 84, Kap. 37). Das Volk, an das sich die Aufführungen richteten, war jedoch kein passives Objekt. Der Erfolg der Predigten mit ihren Vergebungsund allgemeinen Befriedungsversprechen für die Gemeinschaft verlieh den alten Ausdrucksformen seiner Kultur, denen sich die Missionare »akkommodieren« wollten, neues Leben und eine neue Gestalt.

Der Auftrag der Akkommodation, den die Missionare zu erfüllen hatten, war so umfangreich wie die Fülle der sozialen Praktiken, denen sie überall begegneten. Eine Bestandsaufnahme all dessen, was unter die Kategorien des »Mißbrauchs« und des »Aberglaubens« subsumiert wurde, gehört zur ersten Aufgabe eines jeden, der ernsthaft die Kultur der unteren Klassen dieser Epoche untersuchen will. Die Haltung der Missionare diesbezüglich war, wenn schon nicht von offener Mißbilligung, so doch wenigstens von Überheblichkeit geprägt, wie der folgende Bericht aus Valsesia zeigt:

»Wenn sie den Toten aus dem Haus tragen, zünden sie etwas Stroh an und schreien durch die Straßen: ›Wohin der Körper geht, soll auch der Geist gehen!‹ Sie geben ein gewisses Dreißigstel für die Seele des Verstorbenen und gehen zu seinem Haus, nehmen alle den Kopf in die Hände und fangen bitterlich an zu weinen, mit so vielen Schreien, daß es lächerlich ist. Alle Toten legen sie offen auf Haufen, und die Köpfe in bestimmte Kästen, und häufig kommen die Frauen, nehmen sie, waschen sie und beginnen zu schreien, als ob sie verrückt wären.« (Signorelli 1972, S. 417)

Nicht überheblich, sondern von Mitleid und Rührung gekennzeichnet ist dagegen die übliche Haltung der Missionare, wo sie mit elenden Lebensbedingungen konfrontiert sind, und im Laufe des 17. Jahrhunderts treten diese immer mehr in den Vordergrund. Es handelt sich nicht allein um einen mechanischen Reflex auf die Verschlechterung der Lebensbedingungen, sondern der Grund liegt auch darin, daß nun die Funktion des geistlichen Beistands wichtiger zu werden beginnt als die

Erfordernisse der kulturellen Eroberung, aus denen die Missionen entstanden waren. Zudem entfernten sich Stadt und Land voneinander, jedoch im Vergleich zum Jahrhundert davor unter umgekehrten Vorzeichen. Es ist nun nicht länger die Stadt, die mit ihrer Religion die zerstreute, verdächtige und gefürchtete ländliche Welt vereinigen soll, sondern im Gegenteil: es ist die ländliche Religion, die geschützt werden muß und wegen der zunehmenden Entchristianisierung zum Modell für die Stadt wird. »Den über das Land und die kleinen Bauerndörfer verstreuten Leuten zu helfen« ist das Ziel, das sich Alfonso Maria di Liguori bei der Gründung der Redemptoristen setzte, und das Mißtrauen gegenüber der Stadt zieht sich konstant durch sein Werk (Orlandi 1990). Natürlich stützte sich Liguori auf die robuste Grundlage der historischen Erfahrungen, die die Gesellschaft Jesu erworben hatte: Sie war der Orden, der mehr als andere die Mission zu einem entscheidenden Bestandteil des religiösen Lebens gemacht hatte. Aber die menschliche Solidarität mit den Armen, Entrechteten und Leidenden als grundlegender Bestandteil des missionarischen Projekts hatte sich im Lauf des 17. Jahrhunderts auch in anderen Orden und Kongregationen zu erkennen gegeben.

Hier ist der Name von Vincenzo de' Paoli (eigentlich Vincent de Paul) zu nennen, dessen italienisierter Name bereits ausdrückte, wie tief die Missionskongregation in Italien verwurzelt war, sei es durch ihre eigentlichen Repräsentanten, sei es durch jene, die ihr Modell inspirierte, wie Leonardo da Porto Maurizio (vgl. dazu Saint Vincent de Paul 1920-1970; Mezzadri 1979; Rossi 1980). Der einfache Stil, die Fähigkeit, zuzuhören, statt durch Rhetorik zu überrumpeln, aber vor allem die Sorge um die Lebensbedingungen der Armen und das Gelübde, den Bauern (*rusticani*) beizustehen, schufen Denkweisen, die sich von den Vorstellungen, aus denen die vorangehenden Missionierungsstrategien entstanden waren, stark unterschieden.

Die Frage der Propaganda mit ihren unendlichen Komplikationen – der Kunst der Täuschung, der Fähigkeit, die Akkommodation zu instrumentalisieren, der Einsatz von Gewalt und List – hatte sich mit dramatischer Modernität im Kontext der religiösen Zerrissenheit in Europa gestellt. Unter dem alten Gewand des apostolischen Predigers war so eine neue, zukunftsträchtige und vielgesichtige Persönlichkeit entstanden: ein Intellektueller mit vielen Fähigkeiten, ein Experte der (visuellen, verbalen und gedruckten) Kommunikation, ein Prophet, Ethnologe, Verschwörer, Spion, ein Umstürzler der bestehenden Ordnung, ein Meister der Kunst, sich des Gewissens anderer zu bemächtigen und sie nach seinen Zwecken zu lenken – nicht nach den Zwecken eines egoistischen persönlichen Erfolgs, sondern des Triumphs für das Gottesreich, was folglich jedes Mittel rechtfertigte. Dieser Mensch, im Besitz der Wahrheit und des göttlichen Auftrags, diese zu verbreiten – der »apostolische Mensch«, wie er gewöhnlich bezeichnet wurde (vgl. z. B. aus der unüberschaubaren Literatur zum Thema das Handbuch des Kapuziners Fra Gaetano Maria da Bergamo 1727) –, hatte die Aufgabe, sich der Herzen und Gedanken einer ganzen Bevölkerung zu bemächtigen, indem er sie vor das Tribunal der Beichte führte, eine allgemeine Reinigung von den Sünden vornahm und das Projekt eines neuen Lebens stiftete. Daher durfte er nicht wie der Pfarrer eine gewöhnliche Erscheinung sein, sondern mußte auf dramatische und außergewöhnliche Weise die Vorsehung verkörpern, eine Nachbildung und Vorankündigung der Ankunft Christi sein: Der Missionar mußte unbemerkt kommen, um am Ende alle Sünden der Gemeinschaft mit sich zu nehmen. Deshalb war es unvermeidlich, daß sein Erscheinen, das kometenhaft wirken (wenn schon nicht sein) sollte, in einem geeigneten Orden mit festgelegten Zeiten und Ritualen einen institutionellen Rahmen erhielt.

Dies ist einer der vielen Widersprüche dieser Geschichte, die allein deshalb schon unter den anderen Gegensätzlichkeiten des Barock Erwähnung verdient. Leo Spitzer schrieb, daß »der Mensch des Barock vielleicht nicht existiert; was dagegen existiert, ist eine barocke Haltung, die wesentlich eine christliche Haltung ist« (Spitzer 1962, S. 126). Dennoch nahm der Versuch, alte Modelle des christlichen Lebens zu revitalisieren und zu verbreiten, sehr moderne Formen an. Im Laufe des 17. Jahrhunderts bereicherte so der Missionar mit seinem Wissen um die Unergründlichkeit des Gewissens und die unbedingte Notwendigkeit, es zu lenken, das Panorama der kirchlichen Institutionen; vor allem aber öffnete sich mit ihm die Pandorabüchse der Beziehung zwischen dem Intellektuellen und der Masse.

Kapitel 6

Die Ordensschwester

Mario Rosa

Vorbemerkung

Während die Frauenklöster noch Mitte des 16. Jahrhunderts das allgemeine Bild boten, das bis zum Ende des vorherigen Jahrhunderts Gestalt angenommen hatte, vollzog sich mit dem Tridentinischen Konzil und danach mit den strengen, von Pius V. 1566 und 1571 erlassenen und 1572 von Gregor XIII. bestätigten Anordnungen eine bedeutende Wandlung: Mit der Erzwingung der Klausur bildeten sich nun in den Klöstern und ihren Beziehungen zur Außenwelt jene Merkmale heraus, die das Klosterleben während des gesamten Zeitalters der Gegenreformation kennzeichneten. Überall im katholischen Europa was es schwierig, die Reformen und vor allem die Klausur durchzusetzen. Dazu mußten in einem langwierigen Prozeß erst alte Gewohnheiten und Lebensweisen aufgegeben werden, die nicht mehr ins neue Klima paßten. Religiöse Praktiken und die Ordensobservanz – die Regeln für die einzelnen Ordensleute und die Ordensgemeinschaften als ganze – mußten mit den neuen, strengeren Idealen in Übereinstimmung gebracht werden. Es war ein langer Kampf, mit Auseinandersetzungen und Kompromissen zwischen Klöstern und Bischöfen; zwischen Bischöfen und religiösen Männerorden, die häufig kaum bereit waren, zugunsten bischöflicher Macht die traditionelle Führung der ihren Orden verbundenen und von ihnen abhängigen Frauenklöster zu verändern; zwischen den Familien der Ordensschwestern, die zur Regelung von Erbfragen den weiblichen »Überschuß« ihrer Sippen ins Kloster gaben, und den kirchlichen Autoritäten; zwischen der lokalen politischen Macht, die eifersüchtig über alte Stadtrechte wachte, und den Direktiven des Tridentinischen Konzils und der römischen Kurie. Der geschichtliche Hintergrund der Ordensfrau im Zeitalter des Barock war also stark von äußeren Antagonismen bestimmt, die sich hier nur andeuten lassen. Es gab jedoch auch innere Gegensätze: Die Klöster spiegelten die Wert- und Sozialhierarchie ihrer Zeit wider, etwa in den Rangunterschieden zwischen Ordensschwestern einerseits – die die Gelübde abgelegt hatten und deren soziale Herkunft und beträchtliche Mitgift ihnen Prestige und Ansehen verliehen, die besondere Zellen hatten und oft Mitglieder ganzer Familiendynastien im Kloster waren – und den ärmeren Laienschwestern andererseits; oder zwischen denen, die bereit waren, die Reformen und durchgeführten Disziplinierungen zu akzeptieren, und jenen, die sich ihnen auf verschiedene Weise widersetzten.

Im Gefolge der ersten, nur teilweise erfolgreichen nach-tridentinischen Reformwelle entwickelte sich vor diesem Hintergrund bereits Ende des 16., aber vor allem während der ersten Hälfte des 17. Jahrhunderts eine strengere Observanz, eine Rückkehr zu einem primitiveren, härteren und einfacheren religiösen Leben. Dabei spielten, so ist zu betonen, besonders spanische Einflüsse eine Rolle. Die Ursprünge dieser strengeren Haltung liegen in den alten Orden und den ungestümen Reformbewegungen, die unter dem Oberbegriff »Barfüßer« bekannt geworden sind und ausgeprägt kastilische und männliche Züge trugen: Neben den unbeschuhten Karmelitern (1562), entscheidend geprägt von den außergewöhnlichen Persönlichkeiten des Johannes vom Kreuz und Theresias von Ávila, den unbeschuhten Augustinern (1566) und den unbeschuhten Trinitariern (1597) gab es bald auch unbeschuhte Frauenorden. Sie bestätigten die fortdauernde Expansion und spirituelle Anziehungskraft der Kongregationen. Noch deutlicher wurde dadurch jedoch auch die mittlerweile allgemein akzeptierte Dichotomie zwischen Klöstern, in denen man »sehr angenehm« gelebt hatte und auch weiterhin lebte, und reformierten Klöstern; zwischen Töchterheimen, die trotz Klausur weltliche Verbindungen hatten, und Orten strenger Askese und mystischer Kontemplation.

Das spanische Modell – und nicht allein das der Karmeliterinnen Theresias – wurde sozusagen exportiert und übte über die hispanisierten überseeischen Länder hinaus im gesamten katholischen Europa großen Einfluß aus, in Italien ebenso wie in Frankreich. Nahezu parallel jedoch bildete sich zwischen den religiösen Bürgerkriegen und der Fronde gerade in Frankreich ein antithetisches oder, wenn man so will, komplementäres Ordensmodell heraus, das ebenfalls sehr erfolgreich wurde und so gewissermaßen zum anderen Brennpunkt der großen Ellipse weiblichen Klosterlebens wurde, die das Zeitalter der Gegenreformation umgab. Auch in Frankreich hatten die reformierten Ableger alter Orden sehr große Bedeutung. Die unbestritten erste Stelle nahmen dabei die theresianischen Karmeliterinnen ein, die einen enormen Einfluß auf das religiöse Leben der Aristokratie und des Amtsadels im *Grand siècle* gewannen. Es war aber auch und vor allem die Bildung und Verbreitung neuer Kongregationen, die in diesem Zeitalter der weiblichen Ordensbewegung in Frankreich ihr besonderes, im Vergleich zu Italien und Spanien dynamischeres Gepräge verliehen. So entstanden, mit einfachen Gelübden und dem Auftrag zu einem tätigen Leben, die Ursulinerinnen, die sich in Frankreich nach dem italienischen Vorbild Angela Mericis konstituierten und im Ancien régime mit deutlichem Schwergewicht auf pädagogischer Arbeit vorzugsweise als Lehrerinnen von Klosterschülerinnen bürgerlicher Herkunft wirkten. In Lothringen wurde 1597 die Kongregation von Notre-Dame gegründet, die ebenfalls pädagogische Ziele verfolgte, aber eher den Nachwuchs des Adels unterrichtete. Vinzenz von Paul und Louise de Marillac riefen 1633, während des Dreißigjährigen Krieges, die Vinzentinerinnen (Barmherzige Schwestern vom heiligen Vinzenz von Paul; Töchter der Liebe) ins Leben, und zwar als Reaktion auf das mittlerweile stark gewachsene Bewußtsein für die Notwendigkeit sozial-karitativer Ordensarbeit. Schließlich sind die Salesianerinnen zu nennen, deren Orden von Franz von Sales und Jeanne de Chantal gegründet wurde und die sich mit feierlichen Gelübden »der Herrlichkeit Gottes weihen und opfern« wollten.

Die Frauenorden in Europa und in mancher Hinsicht auch in der Neuen Welt orientierten sich so einerseits am strengen spanischen, andererseits am nachgiebigeren französischen Modell. Diese Konfiguration sollte während des gesamten 17. bis zum Beginn des 18. Jahrhunderts und noch darüber hinaus fortbestehen, zuweilen ernsthaft bedroht von der Ausbreitung des Pietismus, der direkten Unterredung der Seele mit Gott durch das Gebet der »Stille«; vor allem in den weiblichen Orden schien der Pietismus wohl die sakramentale und hierarchische Struktur der Kirche widerzuspiegeln. Trotz des krassen Helldunkels, das weiterhin sämtliche Frauenorden charakterisierte, schienen sich jedoch bereits um die Mitte des 17. Jahrhunderts die Verhältnisse in gewisser Weise zu stabilisieren. Die Beziehungen der Klöster zur Außenwelt wurden nun immer stärker der Kontrolle durch Bischöfe und Klostergeistliche unterstellt. Dies gilt zumindest für ihre unmittelbaren und problematischeren Außenbeziehungen, die nun eher von Routine gekennzeichnet schienen, während die Ordensdisziplin im Inneren mit ihrem bereits konsolidierten gegenreformatorischen Modell eines geheiligten Klosterlebens und der gestiegenen Akzeptanz von Gemeinschaftsregeln einen höheren Wert einnahm: Den strengen Bußpraktiken und der mystischen Erfahrung der »dunklen Nacht der Seele« traten eine geregeltere tägliche Glaubenspraxis und die ruhige und beständige »Übung« christlicher Tugenden zur Seite und ersetzten sie nach und nach. Eine breite Traktatliteratur bemühte sich schließlich darum, das neue Gesicht der Ordensschwester in der schwierigen Phase zwischen den Bemühungen des 17. Jahrhunderts und der »Modernisierung« zu umreißen, die sich dann im 18. Jahrhundert unter dem Einfluß der gesellschaftlichen Veränderungen in Europa immer stärker bemerkbar machte – eine Entwicklung, die sich nach dem revolutionären Bruch schließlich bis in die Gegenwart fortsetzt. Dieser allgemeine historische Prozeß weist, wie ich meine, in seiner Verworrenheit dennoch eine gewisse Linearität auf. Schwieriger erschien mir die Frage, wie seine einzelnen Momente und Phasen konkret zu beschreiben seien. Ich habe mich dafür entschieden, eine gewissermaßen »mittlere«, typologisierende und soziologisierende Beschreibung der Ordensschwester im Zeitalter des Barock zu vermeiden und eher eine Reihe von »Porträts« vorzustellen. Diese Porträts zeigen in gewisser Weise exemplarische Personen. Gerade dadurch wird es möglich, die besonderen Lebensbedingungen der Ordensschwestern zu beleuchten und, wie ich hoffe, zugleich auch etwas Licht auf das zu werfen, was in dieser Untersuchung notwendig vernachlässigt werden mußte.

Räume und Zeiten der Klausur

Die Folgen der Klausur, die sich wie ein roter Faden durch das Klosterleben der Gegenreformation zog, waren gravierend. Es war eine Form der Einkerkerung, deren Gewalttätigkeit nicht nur jene bemerkten, die sie – wie die Klosterfrauen – am eigenen Leibe erlitten, sondern auch jene, die – wie ihre Verwandten und Familienmitglieder – gegen den Versuch der Kirche protestierten, die Bande zu lösen, die bis dahin die Schwestern noch mit ihnen verbunden hatten. Es steht außer Zweifel, daß die Durchsetzung der Klausur nicht leicht war, daß alte Gewohnheiten fortbestanden und daß auch durch das Einschreiten von Bischöfen und kirchlichen Vorgesetzten mit einer mehr oder weniger nachlässigen Auslegung einige der strengsten päpstlichen Anordnungen unterlaufen wurden. Dennoch bestand weiterhin die Forderung, die Ordensschwestern von der Außenwelt und ihren Verlockungen zu trennen und zu isolieren: ein neues moralisches und religiöses Ideal, das vor allem von seiten der Kirchenhierarchie als Mittel strenger Disziplinierung und als Hauptelement zur Reform der Frauenklöster angesehen wurde. Nichts ist in dieser Hinsicht aufschlußreicher als die Entscheidungen, die die römische Kongregation für die Ordensleute im Verlauf der ersten Hälfte des 17. Jahrhunderts, also in der Hochzeit der Gegenreformation, in besonderen Fällen traf: Über die Bedeutung hinaus, die einzelne Anordnungen oder gelegentliche Interventionen für dieses oder jenes Kloster hatten, sind sie emblematischer Ausdruck einer Mentalität und Verfahrensweise, die aufgrund ihres rechtlichen Präzedenzcharakters dazu bestimmt war, aus jedem Einzelfall einen allgemeinen, normativen Wert zu ziehen.

In erster Linie dienten die Entscheidungen der Kongregation zur Kontrolle der Klöster und derjenigen, die mit ihnen in Beziehung standen: Kirchenpersonal, das den Klöstern in unterschiedlichen Funktionen vorstand, wie Kaplane und häufiger noch Beichtväter; ranghohe Persönlichkeiten, die oft mit großem Gefolge als Besucher in den Klostermauern weilten; zeitweilig im Kloster beherbergte Witwen, verheiratete oder unverheiratete Frauen; einfache Frauen, die in schweren persönliche Notlagen oder während eines Krieges vom Kloster aufgenommen wurden; die große Zahl der Beschäftigten, die sich um den Betrieb oder die Vergrößerung klösterlicher Manufakturen kümmerten – Architekten und Handwerksmeister, deren Nennung in den Urkunden die intensive Sakralbautätigkeit jener Jahre deutlich werden läßt; Musiker (man kann durch das Verbot des *canto figurato*, d. h. des polyphonen Gesangs, geradezu eine Landkarte der wichtigsten Musikzentren oder des Zugangs von Gesangslehrern und Instrumentalisten zu den Klöstern zeichnen); schließlich, und nicht zuletzt, Arbeiter, Bürgermeister, Administratoren und Gutsverwalter, die für die verschiedenen Fraueninstitutionen zuständig waren. Das Register, das zur Arbeitserleichterung für die Kongregation der Ordensleute angelegt wurde, verweist auf eine ausführliche Sammlung von Fällen, in denen die verbale Kommunikation oder das Gespräch im Bereich des Klosters, wenn es nicht überhaupt verboten war, strengen Beschränkungen unterlag: außer »Klausur« sind hierfür die Stichwörter »Vorbehaltene Fälle«, »Reden«, »Sprechzimmer« und »Darstellungen« exemplarisch. Dabei waren die Fälle, die sich die Kongregation vornahm, nicht abstrakter oder theoretischer Natur, sondern es ging um konkrete Personen und Aspekte des religiösen Lebens. Einerseits brachte die Kongregation den Ordensgeistlichen, die zur Leitung der Frauenklöster bestellt waren, offenes Mißtrauen entgegen, andererseits legte sie besonders großes Gewicht auf die Gehorsamspflicht gegenüber dem örtlichen Diözesanbischof, wie 1618 im Fall Sulmona und 1627 im Fall Borgo Santo Sepolcro unter dem Stichwort »Gehorsam«, wo regelrecht militärstrategische Regeln aufgelistet sind, um »die Nonnen zu zwingen, den Bischof als ihren Vorgesetzten anzuerkennen«:

»So genügen nicht Artigkeiten«, empfahl die Kongregation der Ordensleute in solchen Fällen, »[sondern] strengere Mittel, wie ihnen die Sprechzimmer und Pforten zu schließen, aber auch alle anderen Orte, wo man ihnen Viktualien darbieten kann, und man solle ihnen nichts anderes zukommen lassen als Brot und Wasser und im Bedarfsfalle die weltliche Macht zu Hilfe rufen, und wenn dies nicht genügt, werfe man die Anführer des Aufruhrs in den Karzer und halte sie unter Verschluß, wobei man immer mit dem Kloster beginne, das am schwächsten ist und am wenigsten Unterstützung hat, denn hat eines nachgegeben, folgen die anderen leichter dem Beispiel.«

Sprechzimmer und Pforten: reale Räume und gleichzeitig symbolische Räume zwischen außen und innen. Die römische Kongregation der Ordensleute als Vertreterin der Kirchenhierarchie bestand hartnäckig darauf, diese Räume einzuengen, fast als materielle Bestätigung der eisernen Bedingung des Getrenntseins. Das innere Eisengitter des Sprechzimmers »soll enger gezogen werden«, befahl die Kongregation 1629 im Falle eines Klosters bei Lecce, »damit die Nonnen in keiner Weise ihren Arm bis zum äußeren Gitter ausstrecken und die Hände, Finger oder anderes der Person vor dem Kloster berühren können«. »Die Pforten«, so hatte die Kongregation 1617 erklärt, »sollen immer geschlossen sein und nie geöffnet werden, es sei denn in Fällen genau festgelegter Notwendigkeit«, und verschlossen sollen sie werden, wie sie 1619 und 1639 präzisiert, »mit zwei Riegeln und zwei Schlüsseln, der eine für außen und der andere für innen«. Nicht einmal dies schien auszureichen, um die Klausur zu garantieren. Was zum Beispiel, wenn indiskrete Blicke die Klostermauern überwanden? Seit 1605 hatte die Kongregation die Antwort schon mit dem Verbot parat, die Fenster von Gebäuden mit Blick auf den Klausurbereich offenzulassen, und später mit der spezifischen Anordnung, Fenster oder Öffnungen in Glockentürmen und in an die Klostergebäude angrenzenden Kirchen zu verschließen, wohlgemerkt – wie man in den Ausführungen über L'Aquila 1612 sorgsam verdeutlicht, die eher von der Expertise eines Kirchenbauverwalters als von der Weisheit einer Versammlung von Geistlichen diktiert zu sein scheinen – nicht, indem man einen Ziegel über den anderen setzt und so eventuell Schlitze offenläßt, sondern indem man eine vollständig geschlossene Mauer errichtet. Und wenn es statt dessen die Ordensschwestern waren, die einen verstohlenen Blick über die Mauer warfen? Nun, im Jahre 1627, zu Beginn einer neuen Ära der galileischen Wissenschaft, gab es auch in diesem Fall eine Entscheidung, die »bei schwerer Strafe« die Benutzung von »langen Okularen«, d. h. Fernrohren, untersagte, wenn sie, wie zu vermuten stand, nicht so sehr auf die Erkundung der himmlischen Sphären, sondern auf die Befriedigung einer allzu irdischen Neugier gerichtet waren.

Nachdem die Klausur den Klöstern aufgezwungen oder von selbst angenommen worden war, wurde die Ordnung in ihrem Inneren zum Ergebnis eines täglich währenden Kampfes der einzelnen Ordensschwestern und der gesamten Gemeinschaft, der auch im Hinblick auf die Bet- und Arbeitszeiten zwanghafte Züge annahm. Viel Zeit widmeten sie natürlich dem individuellen und gemeinschaftlichen Gebet, der asketischen und erbaulichen, individuellen oder gemeinschaftlichen Bibellektüre, dem Gottesdienst und der sakramentalen Praxis, besonders der Eucharistie, der Meditation und spirituellen Exerzitien unter der Anleitung von Seelsorgern und Beichtvätern. Diese waren überwiegend Ordensgeistliche und Kapuzinermönche, deren außergewöhnliche Bedeutung für das religiöse Leben der Frauenorden im folgenden nicht mehr eigens erwähnt wird. Das Gebet, das in seinen verschiedenen Formen etwa ein Drittel des Tages einnahm, wurde von Handarbeits- und Hausarbeitsstunden unterbrochen, von den Mahlzeiten und von Erholungsphasen, die in »reformierten« Klöstern anspruchslose und strenge Formen annehmen, in anderen mehr an weltliche Entspannung erinnern konnten, wie Musizieren oder Malen. Vor allem die Arbeit nahm einen zentralen Platz im Leben der Frauenklöster ein. Sie war ein Mittel, um gefährliche Muße zu vermeiden, aber in der Regel auch – und im Bedarfsfall um so mehr – eine zusätzliche Ertragsquelle, die für die Klöster selbst nicht selten bescheiden ausfiel: Die Arbeit bestand in Stickereien, der Herstellung kleiner Devotionalien oder der Zubereitung von Naschwerk, Konfitüren und vor allem von Sirup, Medikamenten und Salben, die außerhalb der Klöster auf eine große Nachfrage stießen, wie die berühmte Salbe von Mutter Agnès de Sainte-Thècle (einer Tante Racines), die in Port-Royal verkauft wurde.

Das Schweigen und der gedämpfte Ton, die gemessenen und diskreten Gesten, wenn nicht gar die absolute Regungslosigkeit der Meditation, die Kontrolle der Körperbewegungen nach einem genauen Verhaltenskodex und womöglich noch nach einem Kodex erlaubter Seelenregungen dominierten das Leben unumschränkt. Aber all dies war auch ein »Sein-Sollen«, ein zu erreichendes Ideal, das manchmal von einem Wortschwall und unschicklichen Gesten erschüttert wurde, wie bei den mystischen »Entführungen« der heiligen Maria Maddalena de' Pazzi, der in ihrem Karmeliterinnenkloster in Florenz eine Art »heilige Stafette« emsiger Mitschwestern folgte, die ihre hervorsprudelnden Visionen mitschrieben. Häufiger noch wurde das Ideal von den zahlreichen kleinen und alltäglichen Vergehen zerstört, die die Schwestern selbst ein- oder zweimal die Woche zusammen mit ihren Übertretungen der Ordensregel und ihrem »Ungehorsam«, einer peinlichen Kasuistik folgend, während der »Schuldversammlungen« des Ordens öffentlich zu bekennen gehalten waren, um dann vor aller Augen die entsprechende Bestrafung im Refektorium zu empfangen. Von der Gegenreformation noch verstärkt, stand hinter diesem ausgedehnten Kontrollsystem, das die Schwestern im ständigen Bemühen um Selbstdisziplinierung verinnerlichten, die vorherrschende männliche und klerikale Idee der Schwäche, Zerbrechlichkeit und Schutzbedürftigkeit der Frau. Mit dieser Idee verband sich eine wahrhaft zwanghafte Sorge um die weibliche Keuschheit, so sehr, daß man sich bei den »Reformen« des 17. Jahrhunderts veranlaßt sah, mehr auf dem Keuschheitsgelübde als auf dem Armuts- und Gehorsamsschwur zu bestehen, und die Frauenklöster allgemein zuerst als Stätten der Tugendbewahrung und erst in zweiter Linie als Orte der Heiligung verstand.

Nachdem die Klausur mit all ihren praktischen und symbolischen Implikationen zur Wesensbedingung der Frauenklöster geworden war, bewirkten die Abschottung von der Familie und geistigen Anregungen einerseits und die Abtötung und Verurteilung alles Fleischlichen andererseits eine Schärfung der Gefühle und Empfindungen der Klosterfrauen. Bei vielen konnte weder die unablässige Verpflichtung zu Gebet und Arbeit noch die ständige Unterdrückung innerer Impulse – also das, was die asketische Literatur der Epoche als Kampf des Geistes gegen die perverse Natur definierte – alle Erinnerungen, Sehnsüchte und Gefühle des Bedauerns auslöschen oder sublimieren, die sich beim Vergleich ihres gegenwärtigen Zustands mit ihrem vergangenen Leben einstellten. Solche Gefühle wurden vielmehr durch die Einsamkeit noch verstärkt. In der Vorstellungswelt der Ordensschwestern, ihrer Beichtväter und Seelsorger verwandelten sich diese Gefühle – genährt durch die zeitgenössische fromme und exorzistische Traktatliteratur, die dem Teufel die Attribute von beängstigenden, in den Abgründen des menschlichen Herzens wohnenden und jederzeit zum Angriff bereiten Bestien und Monstren zuschrieb – in eine zuweilen geradezu zwanghafte Teufelsbesessenheit. Neben den Zeugnissen einiger der Protagonistinnen – von Schwester Jeanne des Anges' Beschreibung ihrer Qualen im Kloster von Loudun bis zu den mystischen Höhen Veronica Giulianis – entstand eine ganze »Bekenntnis«-Literatur, die reich an solchen angsteinflößenden Vorstellungen war. Um sich vom drohenden, manchmal faßlich nahen Feind zu befreien, reichte die alltägliche beharrliche Selbstdisziplinierung nicht mehr aus. Es blieb nichts anderes übrig, als den Körper, die Quelle aller Versuchung, in noch härtere Zucht zu nehmen, indem man ihm lange Nachtwachen aufzwang, denn in der Nacht, so meinte man, setze der Teufel seine raffiniertesten Trugbilder und Listen ein. Im Bewußtsein der Gegenreformationszeit war die Nacht mit Schreckensbildern erfüllt, deren Austreibung ausgeklügelte Techniken der Errettung erforderte. Die Klosterfrauen unterwarfen sich langen Abstinenz- und Fastenzeiten bis zur Anorexie, ständig wiederholter Buße oder erbarmungslosen, allein oder gemeinschaftlich vollzogenen Geißelungen; oder sie fügten sich jene geheimen Qualen zu, die Büßergürtel, Roßhaarhemden oder ein »ganz mit Stacheln versehenes« Kleidungsstück mit sich brachten, »das man Stickhemd nennt«, wie es die heilige Veronica Giuliani trug; oder sie nähten – für die selige Maria Maddalena Martinengo eine ihrer »gewöhnlichen kleinen Erquickungen« – ihre Vagina zu, das Werkzeug der Leidenschaft, »mit recht großer Nadel und Seidenfaden (…) im eigenen Fleisch, in der Weise, daß man sich nicht ohne Blutvergießen ein Meßkelchdeckchen aufnäht«.

Auch wenn dieses Abtöten des Weltlichen nicht selten bis zum Äußersten ging, waren solche unerbittlichen Bußen doch nicht für alle geeignet. Im allgemeinen war das Klosterleben für weniger inbrünstige Ordensschwestern nicht einfach: Überwältigt von Skrupeln oder der Angst und oft dem Terror der Sünde ausgesetzt, den häufig die Prediger und Beichtväter oder asketische und wortwörtliche Bibellektüre in ihnen nährten, konnten die Schwestern leicht in Neurosen, wenn nicht gar in geistige Verwirrung abgleiten. Es ist kein Zufall, daß es in der ersten Hälfte des 17. Jahrhunderts, also in dem Zeitraum, in dem die Frauenorden zur strengen Observanz und zur strikteren Durchsetzung der Klausur zurückkehrten, zu einer wahren Epidemie von Teufelsbesessenheit kam. Als Folge gewannen auch die inneren Konflikte jener Ordensschwestern an Heftigkeit, die, wie etwa die Ursulerinnen von Loudun, eher auf der Suche nach einer Zuflucht als nach einer rigorosen Disziplin gewesen waren: Sie konnten Regeln dem Buchstaben nach erfüllen, aber sie hatten keine überspannten Ideale. Im Hinblick auf Teufelsaustreibungen hatte die Kongregation der Ordensleute jedoch Vorsicht und Besonnenheit empfohlen und bei mehreren Gelegenheiten geraten, sie »mit dem geringstmöglichen Aufsehen« durchzuführen. Als sich die Fälle von Besessenheit nach und nach erschöpften, hatte sich in ihren Reihen eine weise Skepsis durchgesetzt, die einerseits den Weg für eine vorsichtige und rationale Bewertung der Besessenheit selbst bereitete und andererseits dazu beitrug, mildere und geregeltere Devotionsformen zu fördern, die trotz der enormen Wirkung des Quietismus die Religiosität der Frauenklöster in der zweiten Hälfte des 17. Jahrhunderts prägen sollten:

»Wenn nach langer Zeit«, so bemerkte die Kongregation 1639, »die Austreibung keine guten Früchte zeitiget, soll der Bischof nicht erlauben, daß die Nonne weiter exorziert werde (...) und man möge dafürhalten, daß die Erscheinung von Dämonen, die man angenommen, ein bloßes Meinen oder ein Phantasma gewesen sei, von dem man sich in jedem Falle mit Vertrauen auf Gottes Gnade und Teilnahme an den Sakramenten leicht befreien kann.«

Tatsächlich konnten die Ordensschwestern statt der Bußen und der Abtötung des Körpers eine wesentlich wertvollere Hilfe durch die »heiligen Liebreize des Himmels« erfahren, wie es in der frommen Sprache des Zeitalters hieß. Es ist in der Tat bedeutsam, daß gerade der Körper, gegen den die Strafpraktiken wüteten, in der Verehrung der Jungfrau Maria und des Heilands so präsent war: in der »affektiven« Verehrung des Körpers von Maria und besonders seiner mütterlichen Merkmale (die Brust, die Arme, der Mund); in der Verehrung des Körpers des Christuskindes, die in den Benediktiner-, Franziskaner- und Karmeliterorden verbreitet war; in der Verehrung des Körpers Christi am Kreuz, oder vielmehr seiner Wunden, in einer Art heiliger Zerstückelung oder »frommer Heraldik«, wie es genannt worden ist, die sich im 17. Jahrhundert stark ausbreitete. Diese Verehrung neigte einerseits dazu, die Mutterinstikte der Ordensfrauen durch die Mütterlichkeit Marias zu sublimieren, andererseits die Abtötung des Körpers in der Kontemplation der Leiden des Erlösers zu versüßen. Es handelte sich also um eine selektive und »zärtliche« Frömmigkeit, die unweigerlich von einer großen Zahl von genau verzeichneten Gebeten und frommen Handlungen begleitet wurde: von besonderen Rosenkranz- und Stoßgebeten, Triduen und Novenen, die in sinnlichen und leidenschaftlichen Worten und Bildern ihren Ausdruck fanden. »Pater Surin«, schrieb Schwester Jeanne des Anges in der Zeit, als sich die fürchterliche Krise ihrer Teufelsbesessenheit mit der Hilfe ihres außergewöhnlichen neuen Beichtvaters langsam in eine mystische Krise mit triumphalem Ausgang verwandelte, »riet mir, eine Kommunionsnovene zu Ehren des heiligen Josef zu begehen, und versprach mir, neun Messen in der gleichen Absicht zu halten.« Und sie fährt – zwischen Leiden und Wunder hin- und hergerissen – fort:

»Da hatte ich die Vision einer großen Wolke um das Bett, auf dem ich ausgestreckt lag, und ich sah zu meiner Rechten meinen Schutzengel. Er war von einer seltenen Schönheit, einem Jungen von 18 Jahren gleich, mit langem blonden und leuchtenden Haar, das auf die linke Schulter meines Beichtvaters fiel (...). Ich sah auch den heiligen Josef in Form und Gestalt eines Mannes, mit einem strahlenden Gesicht und langem Haar (...). Er näherte sich mir und legte die Hand auf meine rechte Rippe, dorthin, wo der Schmerz immer am heftigsten gewesen. Mich deuchte, daß er diesen Teil meines Körpers salbte, und bald darauf fühlte ich, wie mir die äußerlichen Sinne zurückkamen und ich vollständig geheilt war.«

Diese »empfindsame« Frömmigkeit, um einen schönen zeitgenössischen Ausdruck zu benutzen, findet sich regelmäßig in den religiösen Äußerungen des 17. Jahrhunderts. Nehmen wir wieder Schwester Jeanne des Anges, die sie in ihrer beständigen Verehrung des Abendmahlsakraments preist: »Seine göttliche Gegenwart war zuweilen meinem Herzen so fühlbar, daß ich verzückt vor der Herrlichkeit Gottes verharrte und meine inneren Sinne nicht die Kraft hatten, die überquellende Liebe zu ertragen, die ich empfand.« Das Privileg einer »empfindsamen« Frömmigkeit war jedoch, wie die härteste Buße und die schwindelerregenden Gipfel der Kontemplation, nur wenigen vorbehalten. Dem Großteil der Ordensschwestern blieb nichts anderes übrig, als eine einfachere und äußerlichere »empfindsame« Pietät zu kultivieren. Ein Beispiel dafür ist die Herz-Jesu-Verehrung. Ende des 17. Jahrhunderts war sie ursprünglich durch die Visionen der Salesianerin Margherite-Marie Alacoque mit strengen Bußen und der mystischen Erfahrung der Königsmacht Jesu verbunden. Vor allem durch das Werk geschickter jesuitischer Autoren nahm die Herz-Jesu-Verehrung jedoch bald weichere und vertrautere Formen an, und nicht zuletzt auf dieser neuen *douceur* (»Lieblichkeit«) beruhte ihr fulminanter Erfolg innerhalb und außerhalb der Klostermauern.

»Doch um Sie besser zu beschenken, schicke ich Ihnen eine Rose …«

Zweck der Disziplinierung nach dem Tridentinischen Konzil war ohne Zweifel, die weltlichen Beziehungen der Klöster zu unterbinden und möglichst auch die Familienbande der Schwestern zu lösen, die sich einem Leben des Verzichts, des Gebets und der Heiligung widmen sollten. Tatsächlich intensivierte der Zustand der freiwilligen und häufiger noch erzwungenen Isolation die Gefühle der Schwestern gegenüber ihren Familien, ob es sich nun, wie bei der venezianischen Schwester Arcangela Tarabotti, um bittere Vorwürfe handelte, die sie literarisch verarbeitete, oder um Umgänglichkeit und Zärtlichkeit, wie in den Briefen von Schwester Maria Celeste Galilei an ihren großen, vom Unglück verfolgten Vater. Nachdem sie 1616 Schwester Maria Celeste geworden war, war Virginia Galilei mit ihrer Schwester Livia (Schwester Arcangela) – wie sie ein illegitimes Kind – in das arme Kloster San Matteo d'Arcetri eingetreten, das unter der gemäßigteren Observanz der Klarissen stand. Ein Jahrzehnt lang, von 1623 bis 1633, erhielt sie ein dichtes Netz von Beziehungen außerhalb des Klosters aufrecht – zumindest sind aus dieser Zeitspanne ihre Briefe erhalten. Ihr reger, zärtlicher und aufmerksamer Kontakt mit Menschen außerhalb des Klosters war von den kleinen, alltäglichen Anlässen geprägt, von bescheidenen Geschenken an ihren Vater, an den Bruder Vincenzio oder die Kinder, von Sorge um die Gesundheit ihres Vaters und seine Geschicke, natürlich noch verstärkt während der Zeit des Prozesses und der Verurteilung des Wissenschaftlers durch die Kirche. Gelegentlich kommen »etliche Marzipanfischchen« aus dem Kloster, für den Tisch der nahen Villa Bellosguardo, wo Galilei residiert, oder »etwas Quittenmus, mit Armut gewürzt, d. h. mit Äpfeln«, während von Bellosguardo Wein, Zwirn und »andere Liebenswürdigkeiten« nach San Matteo gehen. Ein Geschenk Schwester Marias an die »kleinen Kinderchen« von Onkel Michelangelo – weiße Krägen und Puppen – begleitet die Sendung eines kostbaren Achat-Rosenkranzes an die Schwägerin Sestilia Bocchineri. Die Ordensschwester bat diskret darum, den Kranz, den ihr Vater ihr geschenkt hatte, für ein paar »benötigte« Scudi zu verkaufen. Das Geld benötigte sie für die Bezahlung einer Privatzelle, die sie – bereits von der Krankheit gezeichnet, die zu ihrem frühen Tod führte – beziehen wollte. Eine Baßlaute, die ebenfalls Galilei beiden Töchtern geschenkt hatte (vielleicht mehr Schwester Arcangela, die die Novizinnen in Gesang unterrichtete und tägliche Verpflichtungen im Chor zu erfüllen hatte, als Schwester Maria Celeste), wurde offenbar auf ihren Wunsch gleichfalls gegen zwei neue, um die Lehren der während der Gegenreformation neu kanonisierten Heiligen erweiterte Breviere eingetauscht, da die alten Breviere abgenutzt waren »und sie die Instrumente sind, die wir jeden Tag benutzen«.

In ihrer kleinen klösterlichen Welt machte Schwester Maria Celeste dennoch ohne Zögern von der technischen Kompetenz und der außergewöhnlichen Fingerfertigkeit ihres Vaters Gebrauch. Eine Uhr wird auf der Straße zwischen Arcetri und Bellosguardo hin- und hergeschickt, um repariert zu werden. Schließlich erbittet sie die Ordensschwester zurück, da »die Sakristanin, die uns des Morgens weckt, sie gerne hätte«. Nachdem sie sie zurückerhalten hat, versichert Maria Celeste, daß sie bestens funktioniere »und es mein Fehler gewesen war, da ich sie nicht richtig repariert hatte«. Als die Fensterläden der großen Zelle, in der sie gewöhnlich mit ihren Mitschwestern arbeitet, mit Wachstuch versehen werden sollen, wendet sich Schwester Maria Celeste noch einmal mit liebenswürdiger Schüchternheit an ihren Vater um Hilfe: »Aber zuerst wüßte ich gern, ob Ihr mir diesen Dienst erweisen könntet. Ich zweifle nicht an Eurer Liebenswürdigkeit; da aber die Arbeit eher die eines Tischlers als eines Philosophen ist, habe ich einige Besorgnis.« Die Gesundheit des Vaters lag ihr besonders am Herzen. In einem Brief, der wahrscheinlich aus der Fastenzeit 1626 datiert, empfiehlt sie ihm, »nicht im Garten zu verweilen, bevor das Wetter sich nicht gebessert«, und während der Pest von 1630 schickt sie ihm, in Sorge wegen der drohenden Gefahr, zwei Töpfchen Latwerge aus getrockneten Feigen, Nüssen, Raute, Salz und Honig, »als wunderbarer Schutz bewährt«; außerdem läßt sie ihm ein wundertätiges Heilwasser von Schwester Orsola da Pistoia zukommen, gute Beispiele dafür, wie hartnäckig volkstümliche Arzneien die heraufdämmernde neue Wissenschaft überlebten.

Aber Schwester Maria Celeste schenkte auch höheren Dingen und schwerwiegenderen Problemen ihre Aufmerksamkeit: dem Gegensatz zwischen ihrem Vater und ihrem Bruder Vincenzio, den sie zu mildern und zu überwinden versuchte; der schwierigen ökonomischen Lage ihrer Klostergemeinschaft, für die sie sich, gestützt durch den Ruhm ihres Vaters, beim Erzbischof von Florenz und der Großherzogin einsetzte; der wissenschaftlichen Tätigkeit Galileis, von dem sie dessen *Saggiatore* (*Die Goldwaage*) zur Lektüre und ein »Okular« erbat (ein Mikroskop, folgt man Antonio Favaro, wahrscheinlicher ein Fernrohr, und vielleicht bat Maria Celeste gerade in jenen Jahren darum, als die Kongregation der Ordensleute den Ordensschwestern die Benutzung solcher Gläser untersagte). Noch stärker von Zuneigung und Anteilnahme sind die Briefe von Schwester Maria Celeste während der düsteren Monate erfüllt, in denen Galilei der zweite Prozeß gemacht wurde und sich Nachrichten und Ungewißheit über die Ereignisse abwechselten: Zuerst war sie sich »des glücklichen Ausgangs Eures Geschäfts, den mir meine Wünsche und meine Liebe schon ankündigten«, gewiß, und später freute sie sich, von der allgemeinen Fröhlichkeit im Kloster berichten zu können, wo »alle jubilierten, als sie von Eurem großen Erfolg hörten«; schließlich war sie niedergeschlagen von »der plötzlichen und unerwarteten Pein«, d.h. von der Verurteilung des Wissenschaftlers, dem sie empfahl, aufgrund »des Wissens von der Unzuverlässigkeit und Unbeständigkeit aller Dinge dieser Jammerwelt« sich nicht »zuviel aus dem Unglück zu machen, sondern zu hoffen, daß sich bald alles beruhigt und verändert zu Eurer vollen Befriedigung«.

In der Zwischenzeit war Maria Celeste nicht untätig gewesen. Bereits während des Prozesses bewahrte sie die Schlüssel der nahe gelegenen, 1631 von Galilei gemieteten Villa del Gioiello auf, hatte mit Vertrauten die Papiere des Wissenschaftlers in Sicherheit gebracht und sie so einer eventuelle Beschlagnahmung entzogen. Nach der Verurteilung wollte sie – »ich baue Luftschlösser« – ein Gnadengesuch an den Papst richten und wandte sich mit weiblichem Instinkt über die Frau des Gesandten der Toskana in Rom an die Schwägerin des Papstes. Nachdem sie jedoch das Urteil gelesen hatte, gab sie den Versuch auf und übernahm statt dessen die dem Vater auferlegte Pflicht, wöchentlich die sieben Bußpsalmen aufzusagen, eifrig bemüht, ihm »ein klein wenig« zu helfen, und überzeugt, »daß das Gebet, begleitet vom Gehorsam gegen die heilige Kirche, seine Wirkung tun wird, und auch, um diesen Gedanken von Euch zu nehmen«. Die Ereignisse hatten jedoch Spuren hinterlassen, und weiterhin war Vorsicht geboten. Vor der Rückkehr nach Gioiello hatte Galilei während seines Aufenthalts in Siena wieder angefangen zu schreiben. Schwester Maria Celeste freute sich, daß »Ihr eine Beschäftigung gefunden habt, die so sehr nach Eurem Geschmack ist wie das Schreiben, aber«, so schrieb sie am 8. Oktober 1633, »mögen es um Gottes willen nicht Gegenstände sein, die das gleiche Schicksal wie die vergangenen und schon niedergeschriebenen ereilt«.

Am 2. April 1634 starb Schwester Maria Celeste nach sehr kurzer Krankheit. Ein berühmter Brief Galileis, der nach seiner Rückkehr in die Villa del Gioiello unzählige Male die Straße zum Kloster zurückgelegt hatte, um seine Tochter zu besuchen, gibt uns – dieses Mal aus der Sicht des Wissenschaftlers – einen Begriff von einer sehr menschlichen, über die Jahre unveränderten Beziehung.

»Hier«, schrieb Galilei an seinen Freund Diodati, »habe ich mich sehr ruhig verhalten und oft ein nahes Kloster besucht, wo zwei Töchter von mir als Nonnen lebten, die ich sehr liebte, besonders die ältere, eine Frau von hervorragendem Geist und einzigartiger Güte, die mir sehr zugetan war. Wegen eines Überschusses schwarzer Gallensäfte, verursacht durch meine von ihr schmerzlich empfundene Abwesenheit, zog sie sich schließlich die Ruhr zu und starb in sechs Tagen, im Alter von dreiunddreißig Jahren, und ließ mich in großem Kummer zurück.«

Am Tag vor dem Tod Schwester Maria Celestes hatte Galilei, vom Kloster zurückgekehrt, die Anordnung von Kardinal Barberini vorgefunden, die ihm bei Karzerstrafe im Heiligen Offizium verbot, weiterhin um freien Zugang nach Florenz zu bitten. Vielleicht hatte er sich bei dieser Gelegenheit einer ganz anderen Botschaft erinnert, eines alten Briefes von Schwester Maria Celeste vom 19. Dezember 1625, der einer kleinen Gabe von gezuckerten Zitrusfrüchten beigelegen hatte, die nicht gut gelungen waren, »weil sie so verdörrt sind«, sowie zwei gekochten

Birnen für die Tage vor dem Heiligen Abend: »Doch um Sie besser zu beschenken, schicke ich Ihnen eine Rose, welche, da sie so ungewöhnlich ist zu dieser Jahreszeit, Ihnen sehr gefallen sollte (...).«

Anklage gegen das Klosterleben und Hinwendung zur Literatur

Dem Familiensinn und der abgeklärten Geduld von Schwester Maria Celeste läßt sich gut die Anklage gegen ein erzwungenes Klosterleben gegenüberstellen, die im literarischen Schaffen von Schwester Arcangela Tarabotti ihren Ausdruck fand, einer Benediktinernonne in Sant'Anna di Castello in Venedig. Der Fall Schwester Arcangelas ist ungewöhnlich. Mit ihren »politischen« und weltlichen Schriften hebt sie sich vom Klischee der Literatin des 17. Jahrhunderts – von Benedetto Croce zu seiner Zeit noch bestärkt – als Nonne und Autorin mystischer oder zumindest religiöser Schriften ab. Sie stammte aus einer »städtischen« Familie und war von dieser 1620 ins Kloster abgeschoben worden, beispielhaft für jene »Familienpolitik«, die sie später in ihren Werken heftig angriff. Bis an ihr Lebensende (1652) hatte Arcangela Tarabotti häufig Kontakte zu Personen außerhalb des Klosters: zu venezianischen Patriziern, französischen Diplomaten und nicht zuletzt zu intellektuellen Libertins, Mitgliedern der Accademia degli Incogniti, darunter Brusoni und Loredan. Letzterem waren die *Lettere familiari e di complimento* (1650) gewidmet, die ausgiebig von den weltlichen Interessen der Ordensschwester Zeugnis ablegen. Unter ihren Werken verdient besonders *L'Inferno monacale* (»Das klösterliche Inferno«) Beachtung, das unveröffentlicht blieb, aber als Manuskript kursierte und erst jüngst vollständig erschienen ist. In dem Buch finden sich viele Zitate aus der Bibel und dem Breviarium, Anspielungen auf die italienische Literatur (von Dante über Petrarca und Tasso bis zu Guarini), die klassische lateinische und sogar auf die freigeistige Literatur. Es wirft unter anderem die Frage nach der Bildung der Ordensschwester im allgemeineren Kontext der zeitgenössischen weiblichen Klosterkultur auf. Tarabottis Bildung war keine religiöse, sondern vielmehr die weltliche Bildung einer Autodidaktin, und zwar weniger aus erster Hand als aus den Chrestomathien, die dem Unterricht oder religiöser und moralischer Erbauung dienten, sowie aus Zitatsammlungen. Letztere waren zu ihrer Zeit in der Mittelschicht sehr beliebt, vor allem in den Klausurklöstern, denen aus ersichtlichen Gründen eine breite Bibliotheksausstattung verwehrt blieb. Aus solchen Werken schöpfte die Nonne die bunte und gelehrte Blütenlese ihres literarischen Schaffens. Besonders mit *L'Inferno monacale* wollte sie Rache nehmen und das kollektive Drama beschreiben, das Mitte des 17. Jahrhunderts in Venedig weiterhin über die große Mehrheit der über 2 000 Ordensschwestern hereinbrach: Sie kamen meist gegen ihre Neigung in eins der 30 städtischen Klöster, die vor allem dem Zweck dienten, die ökonomischen und sozialen Interessen der herrschenden Schicht zu schützen und so der Staatsräson zu dienen. Für Tarabotti waren sie der »Bauch eines chimärenhaften und unflätigen Tieres, (...) kaum anders als der Höllenschlund«, ein »Theater, in dem man die unheilvollsten Tragödien spielt«, wo der Betrug für viele »Unglückliche« den dunklen Weg eines »ewigen Labyrinths« bereitet hatte.

Der Ton Tarabottis ist, wie gesagt, im Panorama des 17. Jahrhunderts ungewöhnlich und vereinzelt. Im allgemeinen blieb die große Neigung zur Literatur, welche die Ordensschwestern entwickelten, auf das Feld der Frömmigkeitsliteratur und der religiösen Dichtung beschränkt – in einem Jahrhundert, das in jeder Hinsicht die »Unterhaltungsliteratur« liebte. Unter diesen Autorinnen sticht mehr als andere die Klarissin Francesca di Gesù Maria hervor. Ihre mehrfach nachgedruckte Sammlung *Pie e divote poesie* (1654) erschien kurz nach ihrem Tod (1651), bald darauf folgte eine von Andrea Nicoletti verfaßte musterhafte *Vita* (1660) der Ordensschwester. Als Tochter von Mario Farnese – Herr über Farnese und Latera, kleine Lehen bei Viterbo, und über Giove bei Terni – kam Isabella als Klosterschülerin in das römische Kloster San Lorenzo in Panisperna. Unter dem Namen Francesca legte sie 1609 die Gelübde ab, bald gefolgt von ihrer Schwester Vittoria, die den religiösen Namen Isabella annahm. Aber das Klosterleben befriedigte die beiden Schwestern Farnese, besonders Francesca, anscheinend nicht. Nach einer Zeit der Buße und mystischer Erfahrungen, die in einer ernsten Krankheit kulminierte, verließ sie San Lorenzo und ging 1618 nach Farnese, um eine neue Klostergemeinschaft ins Leben zu rufen. Unter der Erbaulichkeitspatina, mit der Nicoletti hier und an anderer Stelle seine Biographie überzieht, wird dennoch erkennbar, wie sehr auch familiäres Kalkül hinter dieser Neugründung stand, denn der Vater von Francesca setzte sich energisch für das neue Kloster ein. In Farnese führte Schwester Francesca eine Zeitlang ein exemplarisches Eremitenleben in einer ärmlichen Strohhütte, die in einem abgesonderten Teil des Klosters stand. Deutlich erkennbar ist das Vorbild der Karmeliterinnen Theresias von Ávila, das Francesca gegen den väterlichen Willen in der Gemeinschaft durchsetzen wollte. Sie weigerte sich, nach der ersten, von ihrem Vater vorgeschlagenen Klosterverfassung zwei weitere auch nur zu diskutieren. Sie durchlebte eine Phase der »Widersprüche«, während der »beinahe ständig in meiner Seele«, wie sie schreibt, »die heiligste Menschengestalt Jesu Christi erschien, mit so viel Schönheit, daß er mich mit sehr großer Liebe erfüllte, aber mit einer empfindsameren und zärtlicheren Liebe; worauf ich mich daranmachte, auf tausenderlei Weisen dieser süßen und liebevollen Qual Luft zu verschaffen«. Francescas »empfindsamer« Frömmigkeit fehlt die sinnlichere Qualität von Schwester Jeanne des Anges; sie kehrt deutlich zu ihren fernen franziskanischen Ursprüngen zurück. Diese Frömmigkeit ist es, die den zahlreichen, als Liedtexte für die Klostergemeinschaft gedachten *rime amorose al medesimo Signore* (»Liebesgedichte an den Herrn«) zugrunde liegt.

1625 wird die endgültige Klosterverfassung erlassen, die sich an der Klarissenobservanz der Urbanistinnen orientiert, also an einer gemäßigten Klosterregel. Der Kompromiß konnte Francesca nicht gänzlich zufriedengestellt haben, da sie, 1624 zur Äbtissin gewählt, weiterhin dem Vorbild Theresias und dem Ideal eines einsamen Lebens folgte. Trotzdem blieb sie von einem unbändigen Willen zu einem aktiven Leben und dem Wunsch nach einer Klosterreform erfüllt. Ihr Ruhm, verbunden mit ihrer Erfahrung als »Gründerin«, wie ihr Biograph sie in Anlehnung an das Vorbild Theresias nennt, ebenso wie ihre soziale Stellung führten sie daher kurz darauf (1631) nach Albano, wo sie die Gründung eines neuen, Mariä Empfängnis geweihten Klarissenklosters mit strenger Observanz beaufsichtigen sollte, das auf Wunsch einer Verwandten Francescas, Caterina Savelli, eingerichtet wurde, der ersten Tochter des örtlichen Lehnsherrn. Im nahen Palestrina übernahm sie danach die Reformierung eines schon bestehenden Klosters klarissischer Urbanistinnen, das unter der Obhut Kardinal Barberinis stand. Es erscheint durchaus möglich, daß es in den 30er Jahren des 17. Jahrhunderts zwar keine allgemeine Reform der Frauenklöster um Rom, aber unter aktiver Beteiligung des römischen Adels doch den Versuch einer Reorganisation der Franziskanerorden nach Maßgabe einer strengeren Observanz gab. Tatsächlich verdankte man den Bemühungen von Schwester Francesca und ihrer leiblichen Schwester Isabella, die sie dabei unterstützte, nicht nur diese »Reform«, sondern auch die neue, großzügigere Konstruktion des Klosters Santa Maria degli Angioli in Palestrina, die ebenfalls mit Spendenmitteln der Barberini finanziert wurde.

Nachdem sie 1640 das »Familien«-Kloster in Farnese verlassen hatten, lebten die beiden Ordensschwestern zeitweilig in verschiedenen Klöstern, in Albano und Palestrina, in Erwartung der Fertigstellung eines großen Klosters in Rom im Stadtteil Monti, das ebenso wie das Kloster in Albano Mariä Empfängnis geweiht werden sollte. Auch hinter diesem Kloster standen wieder der Einsatz und die finanzielle Unterstützung der Barberini, aber auch der Rondinini und Peretti – ein Beweis für die Hochachtung, die Schwester Francesca in der hohen römischen Gesellschaft der Zeit genoß. Das neue Kloster, vermutlich um 1643 fertiggestellt, wurde zum Hauptsitz des kleinen Kreises »reformierter« Klöster. Hier verbrachte Schwester Francesca die letzten acht Jahre ihres Lebens, eine Zeit, die sie intensiv der Klosterführung widmete, die aber auch von ekstatischen Momenten und härtester Buße geprägt war. Gemildert wurde die Buße Schwester Francescas und ihrer Mitschwestern jedoch durch die befreiende und hilfreiche Kraft des Chorgesangs. Der Gesang verdient im Hinblick auf das Klosterleben große Beachtung: Eineinhalb Stunden waren im Kloster jeden Tag allein dem Gesang der zahlreichen geistlichen Lieder gewidmet, die Schwester Francesca, Schwester Isabella und eine andere Ordensschwester komponierten.

»Andarò d'amor piagata / Ogn'hor più forte gridando / Giesù mio sempre chiamando / Quasi cerva ars'e assetata / Non più in me, ma trasformata / Nel mio Sposo e mio Fattore / Fatta pazza per amore« (»Werd' gehen mit Liebe voller Wunden / Mehr noch flehend alle Stunden / meinen Jesus immer ruf' ich / Gleich einem Reh verschmacht' und dürst' ich / Nicht mehr in mir, sondern verwandelt / In meinen Bräutigam und Schöpfer / Irr geworden vor lauter Liebe«): Dies sind die zentralen Verse des Liedes »Alma mia giubilo, e festa«, das mit glühender Hingabe das Irresein an der Liebe zu Gott besingt, und mit ihnen dringt man zugleich ins Herz der frommen Lyrik von Francescas *Pie e divote poesie* vor (in späteren Ausgaben *Poesie sacre*), die in ihrer Gesamtheit noch nicht angemessen ediert sind. Im wesentlichen nehmen sie die traditionellen Merkmale des Lobgesangs auf und sind, wie erwähnt, von der franziskanischen Verehrung des Menschentums Jesu inspiriert, indem sie seine Kindheit evozieren, wie in dem kraftvollen Gedicht »Care sorelle, deh giubiliamo«, oder Jesu Leiden beweinen, wie in dem eindringlichen Gedicht »Al Monte, anima mia«. Aber im Rahmen der Lobgesangtradition zeichnet die Lyrik von Schwester Francesca vor allem die größere Leidenschaftlichkeit aus, die die heiteren Momente des sakramentalen Lebens oder der Meditation der Ordensschwestern durchdringt: nach der Kommunion (»Hor che l'anima mia stringe al suo seno«), in der Kontemplation der »Lieblichkeit« Jesu und der Jungfrau Maria (»Dolcezza degli Angeli e de' Santi e Vergine dolce e pia«) oder im Lobpreis der »Fröhlichkeit« des religiösen Lebens (»All'amor tutte, all'amore«). Zuweilen finden sich auch Momente größerer Spannung, von dem Lied, das der Suche nach dem verborgenen Herrn gewidmet ist (»Dove sei, buon Giesù, dove t'ascondi«), bis zur Wucht des »Quando sarà, Signore« und einer der schönsten Kompositionen Schwester Francescas, »O bellezza divina, in cui mirando«. Die letzten beiden heben sich deutlich von der Tradition des geistlichen Petrarkismus ab, wie er »Hor che sciolta da cure e da pensieri« oder das nach barockem Geschmack gemessene Bußgedicht »Per piangere i peccati della vita passata« kennzeichnet.

Wie Benedetto Croce bemerkt hat, erschien in der Edition der *Poesie sacre* von 1679, die von den Ordensschwestern des Klosters besorgt wurde, die Übersetzung des berühmten Gedichts von Johannes vom Kreuz, »Noche obscura del alma« (»Dunkle Nacht der Seele«). Dieser Umstand ist ein deutlicher Hinweis nicht nur auf die literarische, sondern die spirituelle Orientierung einer Gemeinschaft, die vermutlich bereits kurz nach dem Tod von Schwester Francesca vom zunehmend quietistischen Klima gegen Ende des Jahrhunderts beeinflußt wurde. Genau besehen scheint die quietistische Krise einen Moment lang ein anderes Licht auf die sozusagen archaische und traditionelle Gedichtsammlung zu werfen und einen anderen Zug der Persönlichkeit Schwester Francescas zu offenbaren, die uns allein in der thesenhaften Biographie Nicolettis überliefert ist. Das verherrlichende Bild der »Gründerin« und das erbauliche der »heiligen Nonne«, das Nicoletti zeichnete, um die institutionell-integrative Leistung Schwester Francescas zu betonen, beschreiben eine Seite der Ordensschwester, neben der es wahrscheinlich noch eine andere gab. Geschickt übergeht ihr Biograph, daß sich durch den Lobgesang das »Feuer der göttlichen Liebe«, das die Schwester stundenlang verzehren konnte und sie in spiritueller Spannung hielt, nur teilweise in einer allumfassenden und exklusiven mystischen Erfahrung sublimieren

DIE ORDENSSCHWESTER   201

ließ, aber er erwähnt eine aufschlußreiche Episode aus dem Leben Francescas, deren Bedeutung ihm zu entgehen scheint: Die Ordensschwester übertrug die Leitung ihres Klosters nicht etwa den römischen Kardinälen und Herrschern, die es erbauen ließen und förderten, sondern Pater Filippo di Gesù, einem unbeschuhten spanischen Trinitarier.

Wissen als Übertretung

Neben gewöhnlichen Episoden bietet unsere Geschichte der Ordensschwestern auch Überraschendes, von den Klöstern Latiums und des päpstlichen Rom der Barberini, das die »Reform«-Leidenschaft Schwester Francescas für ihre Zwecke einsetzte, bis zur lyrischen Erfahrung von Schwester Juana Inés de la Cruz im Vizekönigtum Neu-Spanien. In gewisser Weise gibt das Leben Schwester Francesca Farneses Rätsel auf, aber dies gilt noch mehr für Schwester Juana Inés. Auf ihr Leben und ihre Bildung im Spannungsfeld zwischen einem verfeinerten Literaturschaffen, das mit seinen weltlichen und höfischen Konnotationen einer Ordensschwester grundsätzlich verwehrt war, und der religiösen Orthodoxie, wie sie sich in der Prälaten- und Beichtväterbürokratie in dem besonderen Klima der spanischen Kolonialgesellschaft zeigte, haben sich unzählige Biographen und Gelehrte gestürzt, von der ersten Biographie des Jesuiten Diego Calleja bis zur psychoanalytischen Studie von Ludwig Pfandl (1946) und der jüngsten historischen Untersuchung von Octavio Paz (1982).

Als Tochter eines asturischen Adligen, dessen Spuren sich bald verloren, und einer reichen Kreolin 1648 zur Welt gekommen, scheint Inés frühzeitig eine außergewöhnliche intellektuelle Neugier entwickelt zu haben. Sie wurde in das Haus von reichen Verwandten ihrer Mutter aufgenommen – wann, ist nicht bekannt –, wo sie sich über mehrere Jahre eine Bildung erwarb, deren Ruhm ihr 1664 die Tore des glänzenden und prunkvollen Hofes der Vizekönigin, Marquise von Mancera, öffnete. Hier bildet die höfische Etikette mit ihren weltlichen, platonisch gefärbten Riten die Grundlage ihrer ersten Liebesdichtung. Da ihr jedoch eine eigene Familie und somit eine Mitgift fehlte, öffneten sich bald andere Tore für sie: die des Klosters. Wegen der strengen Observanz der unbeschuhten Karmeliterinnen verließ sie nach kurzem Noviziat das Kloster

San José, legte 1669 im Kloster Santa Paula der Hieronymiten, das für seine wesentlich milderen Regeln bekannt war, die Gelübde ab und wurde Schwester Juana Inés de la Cruz.

Nach einer Phase relativer Stille entstanden ab 1680, über einen Zeitraum von etwa zehn Jahren, die gelungensten Werke von Schwester Juana Inés, eine Zeit, die mit der Regentschaft des Vizekönigs Marquis de La Laguna zusammenfiel, dessen Frau, die Gräfin de Paredes, ihre schützende Hand über die Ordensschwester legte und mit ihr lange eng verbunden war. Mit ihrem Gedicht »Neptuno alegórico«, einer Beschreibung des Triumphbogens, der für den Einzug des Vizekönigs (»Ozean der Farben, ein politisches Bildnis«) vor der Kathedrale von Mexiko-Stadt errichtet wurde, knüpfte Schwester Juana Inés kraftvoll an ihre (wohl nie unterbrochene) frühe höfische Dichtung an. Mit ihren überreichen mythologischen Anspielungen und der ausufernden Verwendung von Emblemen und Metaphern vermischen sich in dieser Dichtung Einflüsse des Manierismus Góngora y Argotes mit dem neuplatonischen Hermetismus des *Oedipus Aegyptiacus*. Autor war der Jesuit Athanasius Kircher, den Schwester Juana Inés sehr schätzte. Einzigartig wie Kirchers »Hieroglyphen« ist auch ihr Werk, dessen esoterischer Lektüreschlüssel – die Abstammung Neptuns von Isis, der Mutter des Universums – auf den Archetyp des höchsten profanen und göttlichen Wissens deutet. Tatsächlich sind alle Dichtungen für die Marquise de La Laguna – es sind etwa ein Viertel des gesamten lyrischen Werks von Schwester Juana Inés – wahre Ideenlabyrinthe, lyrischer Ausdruck einer stillschweigenden politischen Beziehung und das eigentliche Kommunikationsmittel zwischen Kloster und Herrschaftshaus. Viel ist über die Beziehung zwischen der Ordensschwester und der Gräfin de Paredes geschrieben worden, über eine Liebesfreundschaft, die Schwester Juana Inés in Gedichten an eine Frau, Lysi, nach dem Kodex höfischer Liebe zum Ausdruck brachte. Es besteht kein Zweifel, daß es sich um eine komplexe, platonisch sublimierte Verbindung zweier außergewöhnlicher, von ihren unterschiedlichen Rollen geprägter Frauen handelte: Die Vizekönigin, die die Ordensschwester zu einem Sakramentspiel inspiriert, *El divino Narciso*, und den ersten Band ihrer Werke veröffentlicht, und die Klosterdichterin, die sich mit der Göttin Isis identifiziert, Mutter und Jungfrau, Erfinderin der Schrift, »von hoher stürmischer Gottheit / die, obwohl Jungfrau, schwanger / mit göttlichen Ideen / Wahrsagerin und Jungfer / aus Delphi (…)« (»de alto Numen agitiada / la, aunque virgen, preñada / de conceptos divinos / Pitonisa doncella / de Delfos [...]«). Dabei gelingt es der Dichterin, mit extremer Luzidität das Wesen ihrer widersprüchlichen und geheimen Leidenschaften zu erfassen, »dieser Liebesqual (...) die als Sehnen beginnt / und in Traurigkeit endet« (»este amoroso tormento [...] que empieza como deseo / y acaba en melancolía«).

Obwohl sie ihre Zelle in eine Bibliothek und – nach den erhaltenen Porträts zu urteilen – in eine Art Wunderkammer verwandelt hatte; obwohl sie auf theologische und mythologische Bücher versessen war, die Musik liebte und sich für Wissenschaft und alles Ungewöhnliche interessierte, erscheint uns Schwester Juana Inés mit ihrer Vorliebe für eine symbolische und emblematische Kultur in ihren reifen Jahren, also in den 80er Jahren des 17. Jahrhunderts, seltsam antiquiert. In einer geschlossenen Gesellschaft, in der die Angst vor der Inquisition vorherrschte und die Zentren des neuen philosophischen und wissenschaftlichen Denkens fern in Europa lagen, bestand ihre »Modernität« eher in ihren intellektuellen Intentionen, die sie in jahrhundertealte Formen goß, als in bahnbrechenden Neuerungen. Die Welt von Schwester Juana Inés strahlte einen großen Zauber aus, aber sie war auch zerbrechlich: Mit dem stillschweigenden Einverständnis der Kirche vom Herrscherhaus begünstigt, brach diese Welt in dem Moment auseinander, als die Voraussetzungen einer so langen Tolerierung in den Augen der kirchlichen Autoritäten ihre Gültigkeit zu verlieren begannen. Dies geschah, als die Markgrafen de La Laguna 1688 endgültig Neu-Spanien verließen und der Schatten des eisernen Erzbischofs von Mexico, Francisco de Agujar y Seijas, immer drohender auf die Ordensschwester fiel.

Doch trotz der Schwierigkeiten scheint Schwester Juana Inés in ihrer Arbeit nicht nachgelassen zu haben. 1692 erscheint ihr längstes und ehrgeizigstes, um 1685 geschriebenes Gedicht »Primero sueño« (»Die Welt im Traum«). Mit Anspielungen auf Cicero und Macrobius und den *Iter exstaticum* Pater Kirchers behandelt sie hier, ausgehend vom außergewöhnlichen Bild der Nacht, die sich in Form einer dunklen Pyramide von der Erde entfernt – (»Piramidal funesta, de la tierra / nacida sombra«; »pyramidenförmig unheilvoll, von der Erde / schattengeboren«) –, auf originelle und beunruhigende Weise das traditionelle Thema der Seelenwanderung. Diese Reise, eine Allegorie und Beichte ohne Erscheinungen, Führer und Offenbarungen, ist kein Aufstieg zu Gott. Die übersinnliche Welt ist vielmehr verschwunden, und das Gedicht konfrontiert nur die Einsamkeit eines Menschen mit dem Universum. Es ist bemerkt worden, daß diese Vision einer Nichtvision neben den »visionären« Exzessen des Barockzeitalters, in denen die Seele ins Göttliche stürzt und vernichtet wird, außerordentlich modern ist. In der Kontemplation der wunderbaren Maschine des Universums und im Drang nach Wissen gab Schwester Juana Inés darin jedoch auch der Sehnsucht nach einem freien und rationalen Leben Ausdruck.

Daß »Primero sueño« das Gedicht der intellektuellen Krise der Ordensschwester und die Initialzündung zu ihrer »Bekehrung« war, ist zumindest zweifelhaft, wie Octavio Paz überzeugend gezeigt hat. Die recht plötzliche Wandlung Schwester Juana Inés' war tatsächlich erzwungen und ging auf Ereignisse zurück, die mit dem Erscheinen der *Carta atenagógica* (1690) verbunden waren. Diese Schrift richtete sich an die Vorgesetzten der Frauenklöster, wie etwa Schwester Filotea de la Cruz, und den Bischof von Puebla, Manuel Fernandez de Santa Cruz, im Zuge einer nicht ganz klaren anti-jesuitischen Polemik des letzteren gegen den Erzbischof von Mexiko, Agujar y Seijas, deren vielleicht unbewußtes Instrument Schwester Juana Inés wurde. Die unbedachte Antwort, *Respuesta a sor Filotea de la Cruz* (1691), die Schwester Juana Inés verfaßte, kursierte als Manuskript und wurde 1700 posthum veröffentlicht. Es ist eine leidenschaftliche Verteidigung ihrer Sehnsucht nach geistiger Freiheit und markiert nicht nur den Bruch zwischen der Ordensschwester und ihrem zwiespältigen Beschützer, sondern zerstört ein bis dahin noch mühsam aufrechterhaltenes Gleichgewicht. Die Folgen waren ernst, auch wenn sie eine Weile auf sich warten ließen. Erst 1694 bat Schwester Juana Inés mit einer *Petición* um Vergebung ihrer Sünden und unterschrieb mit ihrem eigenen Blut schließlich eine, wenn auch nicht gänzlich explizite Unterwerfung. Dies allein hätte schon genügt, aber ein anderes Ereignis machte die Veränderung vollends deutlich: Im selben Jahr schickte Schwester Juana Inés ihre sämtlichen Bücher und Instrumente an Erzbischof Agujar y Seijas, der sie verkaufen, den Erlös an die Armen verteilen und für sich nur drei fromme Bücher und einige Büßergürtel behalten sollte.

Der Autorin, von der wenig später mit barocker Emphase ein Band mit dem Titel *Fama y obras pósthumas* (1700) (etwa: »Ehrung und posthume Werke«) erscheinen sollte und die als »mexikanischer Phönix der Poesie« (*mexicano fénix de la poesía*) und als »zehnte Muse« (*décima musa*) gefeiert wurde, blieb aber ein exemplarisches Büßerleben ebenso erspart wie eine posthume Heiligenlegende. Bald darauf, 1695, fiel sie einer Epidemie zum Opfer. Sie war weder die Neurotikerin, die ihre »Männlichkeit« unterdrückte, so die These von Pfandl, noch die erste Feministin Amerikas, wie Dorothy Schons meinte, und auch nicht die heilige »Konvertitin«, wie es die spätere katholische Geschichtsschreibung wollte; Schwester Juana Inés war vielmehr eine Gestalt, die unter den gelehrten Ordensschwestern des Barockzeitalters der gesellschaftlichen Entmündigung, die ihr verbot, als Frau und Nonne wie ihre männlichen Ordensbrüder ihren unbändigen Wissensdurst zu stillen, vielleicht die ausdrucksstärkste und sicherlich bitterste Antwort erteilte. Das höchste Lob hat wohl ihr erster Biograph Calleja ausgesprochen, der an ihrem Totenbett nicht den traditionellen Topoi der erbaulichen Literatur entsprechend die Gegenwart des Göttlichen heraufbeschwört, sondern bemerkt – vielleicht ohne die Tragweite seiner Worte selbst ganz zu erkennen –: »Wie ein treuer Freund stand ihr die ganze Zeit bis zum letzten Atemzug ihre klare Intelligenz zur Seite.«

Mystizismus und Politik im Spanien des 17. Jahrhunderts

Unter den Ordensschwestern des Barockzeitalters finden sich nicht nur Schriftstellerinnen, sondern auch Frauen, die aus den Klostermauern heraus den verwinkelten Wegen der Politik folgten. Ein Beispiel dafür ist die spanische Mystikerin Maria d'Agreda, von der über 600 Briefe aus der regen Korrespondenz erhalten sind, die sie mit Philipp IV. zwischen 1643 und 1665 führte, während jener schrecklichen Jahre, die Spanien nach Rebellionen, Invasionen und Niederlagen, vom Fall Olivares' angefangen, schließlich Frieden mit Frankreich brachten. 1602 in einer kleinen Stadt an der Grenze zwischen Altkastilien, Navarra und Aragonien als Kind kleinadliger Eltern geboren, entschloß sich Maria Coronel y Arana 1618 mit Zustimmung ihrer Familie, das elterliche Haus mit dem Kloster der unbeschuhten Karmeliterinnen von der Unbefleckten Empfängnis zu vertauschen, deren Observanz noch strenger als die Klosterregel der theresianischen Karmeliterinnen war. Mit ihr gingen auch die Mutter und ihre Schwester ins Kloster, während zwei ihrer Brüder und der Vater in den Franziskanerorden eintraten. 1620 legte sie die Gelübde ab und wurde Schwester Maria di Gesù. Der karmelitischen Praxis gemäß verbrachte sie eine lange Phase der »Andacht«, die von ekstatischen Erlebnissen und häufigen Bilokationen[1] in Mexiko erfüllt war. Über Bußen und Selbstkasteiungen hinaus war sie, dem männlichen Vorbild folgend, auch als Missionarin tätig und predigte in der Sprache der Indios. Die ersten Schriften der Mystikerin scheinen von einer christozentrischen Frömmigkeit erfüllt zu sein. 1627 wurde sie Schwesteroberin und folgte in der Leitung ihres Klosters noch strenger dem theresianischen Vorbild. Ab dieser Zeit, vor allem aber nach 1633, als ein neues Klostergebäude errichtet wurde, intensivierte sich ihre Marienverehrung, bis sie schließlich vollständig in den Vordergrund trat und die Mutter Gottes der Ordensschwester »auferlegt«, ihr Leben zu schreiben. So entstand die *Mística Ciudad de Dios* (»Die Mystische Stadt Gottes«), deren erstem, 1695 veröffentlichtem Teil später weitere folgten. Jacques Bossuet, Bischof von Meaux, brandmarkte das Werk, das im selben Jahr auch in einer französischen Ausgabe erschien, sofort mit flammenden Worten, die Sorbonne verurteilte und der Vatikan verbot es wegen exzessiver Mariologie. Dank der Franziskaner jedoch, die es für ihre Predigten über die Unbefleckte Empfängnis benutzten, blieb das Buch das ganze 18. Jahrhundert hindurch ein Bestseller.

Schwester Maria unterhielt nun Beziehungen zu wichtigen Personen. Ihr Ruhm hatte sich derart verbreitet, daß Philipp IV., der nach dem Fall Olivares' persönlich die Regierungsgeschäfte übernommen hatte und auf dem Weg nach Saragossa war, um die breitangelegte Invasion der Franzosen in Katalonien zurückzuwerfen, 1643 bei der Ordensschwester in Agreda Station machte. Es war der Beginn des 22jährigen brieflichen Meinungsaustauschs zwischen Schwester Maria und »ihrem« Souverän, in dem sich seelsorgerische Anleitung und politisches Programm eng verquickten. Auch die sozusagen »synoptische« Form des Briefwechsels macht ihn so bemerkenswert: Mit ihren Antworten füllte die Ordensschwester jene Spalte auf dem Papier der königlichen Botschaften aus, die Philipp nach spanischer Sitte eigens für sie freigelassen hatte.

Die ersten Ratschläge Marias an den König waren klug und umsichtig. Sie fielen in die schwierige Zeit nach dem Sturz des königlichen Favoriten Olivares, in deren Verlauf dessen gesamte Familie außer seinem

---

1 Besonders in der Parapsychologie und den Heiligenlegenden das gleichzeitige körperliche Erscheinen an zwei verschiedenen Orten. (A. d. Ü.)

Neffen Luis de Haro ausgelöscht wurde. Im Laufe des Jahres 1644, zwischen den ersten bescheidenen Siegen Spaniens und dem Tod Königin Isabellas, fand Philipp Gelegenheit, das Manuskript der *Mística Ciudad de Dios* zu lesen, das ihm Schwester Maria geschenkt hatte, und begann sich auf ihre Bitte aktiv für eine Erklärung Roms zugunsten der Unbefleckten Empfängnis einzusetzen, eine Angelegenheit, die in der gesamten Korrespondenz breiten Raum einnimmt. Es fragt sich jedoch, ob sie nicht schon von den ersten Briefen an bewußt oder unbewußt auch einen politischen Einfluß ausübte, denn sie scheint nicht nur über die militärische Lage, sondern auch über die Mechanismen und Kräfteverhältnisse im Inneren der spanischen Regierung gut informiert gewesen zu sein. Sicher ist, daß Schwester Maria seit 1635 in Verbindung mit Francisco de Borja stand, dessen Onkel Fernando damals um die Nachfolge Olivares' kämpfte. Der Familie Borja hielt sie auch die Treue, nachdem der König Luis de Haro mit der Regierung betraut hatte, der sich im Namen einer persönlichen Regierung des Souveräns zwar bei Bedarf mit Ratgebern umgeben konnte, aber nicht einem allmächtigen Minister unterstand. Noch rätselhafter sind die Gründe, warum die Ordensschwester der Verschwörung des Herzogs von Hijar (1648), die auf eine Adelsrevolte in Andalusien zielte, ihre Aufmerksamkeit schenkte, wenngleich sie diese wohl nicht unterstützte. In dieser Haltung, die Schwester Maria später Philipp offenbarte, läßt sich ein weiterer Versuch der Ordensschwester erkennen, sich der zentralistischen kastilischen Politik Luis de Haros zu widersetzen. Sie wollte wohl den Souverän dazu bringen, die direkte Regierungsverantwortung zu übernehmen, indem sie ihr Ohr der aristokratischen Fronde lieh und die aragonesische Autonomietradition stützte.

Ihre dramatischen Höhepunkte erreichte die Korrespondenz jedoch im Oktober 1646, als Spanien nach dem Tod von Prinz Baltasar Carlos ohne Thronfolger war und die militärische Situation in den Vereinigten Niederlanden und Italien sich zum Schlechteren zu wenden schien. Nach einem erneuten Besuch des Königs in Agreda sprach Schwester Maria als »Sendbotin Gottes« (*emisaria di Dios*) zu Philipp in den Worten des verstorbenen Prinzen, der ihr in einer Vision erschienen war. Im Laufe des Jahres 1647 insistierte sie in verschiedenen Briefen auf ihrer Rolle als »Beichtmutter«. Zwar konnte sie die schmerzlichsten Momente des Souveräns – den Verlust des Thronfolgers, die Sorgen um die politische Situation – lindern, aber nicht dem wachsenden Einfluß Luis de Haros entgegenwirken und den Monarchen zur Übernahme der Regierungsgeschäfte bewegen. Vielleicht nutzten ihre Gegner bei Hofe dies aus, um ihren trotz allem fortbestehenden Einfluß auf den schwachen Philipp zu untergraben. In einem Brief vom 20. August 1649 spielte die Ordensschwester dunkel auf Gefahren an, die sie bedrohten, erklärte, daß sie in ihrem Besitz befindliche Papiere verbrannt habe, und bat den König, niemandem zu zeigen, was er in Händen halte – zweifellos war das Manuskript von *Mística Ciudad de Dios* gemeint. Dank der wirkungsvollen Vermittlung des Königs wurden gegen die Ordensschwester, die sich unterdessen vor der Inquisition rechtfertigen mußte (1650), jedoch keine Maßnahmen ergriffen, ebensowenig wie gegen ihre Schrift, auch wenn man sie einer strengen Prüfung unterzog.

Um die Mitte der 50er Jahre schien sich die Lage erneut zu verfinstern. Die Befürchtung von Gefahren für die Krone und die Klage über die Blindheit der Welt, die Schwester Maria in einem Brief an Borja vom Januar 1656 zum Ausdruck brachte, verdichteten sich bald darauf, am 15. August (Mariä Himmelfahrt), zu einer apokalyptischen Vision, in der die Einladung zum Frieden, die Schwester Maria an die christlichen Fürsten richtete, kaum von der Warnung zu unterscheiden war, nicht mit Häretikern zu paktieren. Tatsächlich gab es Geheimverhandlungen zwischen Spanien und Frankreich, die jedoch bald scheiterten, was Schwester Maria wohl auf die eine oder andere Weise erfahren hatte. Die Befürchtungen der Ordensschwester – einer äußerst sensiblen Seismographin der krisenhaften und nachhaltigen Veränderungen, die das Land erfaßt hatten – sind das Echo der Stimmung in Spanien. Sie hatten um so mehr Gewicht, als sie von breiten Kreisen des politischen, militärischen, diplomatischen und kirchlichen Lebens geteilt wurden, die störrisch darauf beharrten, im französischen Feind den Sieger zu erkennen, der bereits in den Abtretungen an die »Häretiker« im Westfälischen Frieden die Macht der Habsburger gedemütigt hatte. Schwester Marias Hoffnungen wurden offenbar wieder enttäuscht. Sie scheint aber im Kreis ihrer Vertrauten aus Politik und Diplomatie bald eine andere Rolle gespielt zu haben und trat zusammen mit dem König, Borja und sogar Luis de Haro für Frieden ein.

Nach dem plötzlichen Tod von de Haro drängte die Ordensschwester den Souverän erneut dazu, selbst die Führung im Staat zu übernehmen. Ein wichtiger Brief vom 25. November 1661, der die Willkür und Korruption der Justiz anprangerte, die Steuerlast, die Armut und Entvölkerung des Landes und den fortdauernden Geldwertverfall, hatte vermutlich kurz darauf Einfluß auf eine Reihe von königlichen Anordnungen mit dem Ziel, die am stärksten zerrütteten Bereiche der spanischen Gesellschaft zu reformieren. Mit den ständigen Niederlagen der spanischen gegen die anglo-portugiesischen Truppen (1663-64), den Gegensätzen am Hof zwischen der »französischen« Partei und der »deutschen«, die sich an die neue, junge Königin Maria Anna von Österreich wandte, und schließlich durch die Unsicherheit der dynastischen Erbfolge, die auf ein schwaches und kränkelndes Kind vertraute, blieb die Lage im Reich jedoch weiterhin ungewiß. So blieb Schwester Maria nichts anderes übrig, als in ihrem letzten Brief vom 27. März 1665 die Geschicke des Souveräns der göttlichen Gnade anheimzustellen. Ihr Tod, der sie am 24. Mai ereilte, ging dem »ihres« Königs, der im Escorial am 18. September starb, nur um wenige Monate voran.

»Ein großes und weites Land, voller Berge und Täler ...«

Was bei Maria d'Agreda nur der starke Wunsch eines missionarischen Geistes war, nahm im Leben der Ursulinerin Marie de l'Incarnation konkrete Formen an. Das bemerkenswerte Leben Marie Guyarts' begann 1599 in Tours, wo sie als Kind wohlhabender Bäcker zur Welt kam, eine gute Ausbildung erhielt und sehr jung den Seidenwebermeister Claude Martin heiratete, der jedoch schon 1619 starb und sie mit einem Sohn, Claude, zurückließ. Finanzielle Nöte vermischten sich in dieser Zeit mit ersten Visionen und Kontakten, die Marie mit den *Feuillants* verbanden, d. h. mit den reformierten Zisterziensern, die sich seit kurzem in Tours eingerichtet hatten. Stickerei und Krankenpflege wechselten sich bei ihr zu dieser Zeit mit der Lektüre der Werke Theresias von Ávila und der *Introduction à la vie dévote (Anleitung zum frommen Leben)* von Franz von Sales ab, die ihr Seelsorger ihr ans Herz gelegt hatte. Die wichtigste Erfahrung dieser Phase in Schwester Maries Leben, die sich über sechs Jahre erstreckte (1625-31), stellte ihre Wandlung zur Geschäftsfrau als Leiterin der größten Transportfirma in Tours dar, die ihr von Claudes Schwester und ihrem kaum des Lesens und Schreibens mächtigen Schwager Paul Buisson anvertraut wurde.

Marie Guyarts widmete sich jetzt der Organisation von Land- und Wassertransporten nicht nur durch Frankreich, sondern, als Folge der französischen Kolonisation in den Jahren Richelieus, auch in die Neue Welt. Daneben hatte sie immer wieder mystische Erfahrungen, auf die zu seiner Zeit Henri Brémond aufmerksam gemacht hat – eine interessante Mischung aus strenger Askese und innerweltlicher Aktivität, die zwischen Buße und Arbeit, frommer Meditation und Schuldscheinen hin und her pendelte. Marie Guyarts unverkennbare Fähigkeiten und das Netz von Beziehungen, das sie in diesen Jahren knüpfte, stellten für sie jedoch kein Hindernis dar: 1631 entschied sie sich, in den Ursulinerinnenorden einzutreten, der wie die *Feuillants* seit kurzem in Tours ein Kloster eröffnet hatte. Sie gab ihren Sohn zur Erziehung zu den Jesuiten und wurde 1633, nach zweijährigem Noviziat, Marie de l'Incarnation. Unter der Anleitung ihrer beiden jesuitischen Beichtväter, Pater de La Haye und Pater Dinet, verfaßte sie die *Entretiens spirituels o Relations d'oraison*, die später teilweise von ihrem Sohn Claude veröffentlicht wurden. Ihrer Heiligengeschichte zufolge schloß Schwester Marie zwischen 1633 und 1635 Frieden mit sich selbst. Eine Vision, in der ihr »ein großes und weites Land, voller Berge und Täler« erschien – Kanada für Pater Dinet –, wo sie ihre eigene Mission erfüllen solle, eröffnete ihr ungeahnte Perspektiven. Hinter Maries Vision standen zweifellos der starke französische Kolonisierungswille jener Jahre und die jesuitische Missionspropaganda. In einem Klima allgemeiner Neugier und sicher großer Aufregung über die neuen Länder konnte Schwester Marie dank der Unterstützung der Jesuiten mit zwei ihrer Mitschwestern und drei Krankenschwestern der Privathandelsgesellschaft, die den Pelzhandel monopolisierte und die Neuansiedlung kontrollierte, den Atlantik überqueren. Mitreisende waren auch hohe Persönlichkeiten des Hofes, wie die Herzogin von Aiguillon, die Nichte Richelieus, und Königin Anna von Österreich.

Während sich die kleine Mission durch die Ankunft neuer Ordensschwestern aus Frankreich langsam vergrößerte, widmete sich Schwester Marie in den folgenden Jahren ihrem Apostelamt unter den französischen und indianischen, vor allem algonkischen Frauen und Mädchen und schickte von 1639 bis 1672 zahlreiche Briefe (ca. 600) an den Sohn, die Familie und an Freunde, die 1677 in einer ersten Edition vom Sohn veröffentlicht wurden und zusammen mit den jesuitischen Berichten nicht nur Schwester Maries außergewöhnliches Interesse für die Missionsarbeit in Quebec dokumentieren, sondern auch die Anfänge des wirtschaftlichen, gesellschaftlichen und politischen Lebens der Region, die lange von den Irokesen und dem aggressiven Kolonialismus der Engländer bedroht wurde. Bei der Erfüllung ihrer Verpflichtungen als Schwesteroberin und Verwalterin erwiesen sich jene Fähigkeiten als hilfreich, die sie bei der Leitung des Familienunternehmens in Frankreich erworben hatte. Ungeachtet dieser Belastung arbeitete sie nach der Ausarbeitung der besonderen Ordensregeln der Ursulinerinnen von Quebec (1645) bis zu ihrem Tod intensiv als »missionarische« Schriftstellerin. Neben den Briefen folgten unter anderem eine zweite Biographie (1653-54) und später, nachdem Schwester Marie die Sprachen der Einheimischen gelernt hatte, ein Katechismus auf irokesisch und drei Katechismen auf algonkisch (1662), ein Algonkin-Wörterbuch, ein Kompendium der Heilsgeschichte auf algonkisch sowie ein Irokesisch-Wörterbuch (1668), die leider alle verlorengingen.

Es war das letzte Lebensjahrzehnt von Schwester Marie. Nach dem Verzicht der Privathandelsgesellschaft auf die Herrschaft über das amerikanische Territorium stellte Ludwig XIV. die Kolonie unter direkte Kronverwaltung. Die Bevölkerung vergrößerte sich, und – begünstigt durch die »Heiratspolitik« der Krone – besonders ihr weiblicher Anteil. Durch den Zustrom von Frauen aus dem Mutterland vergrößerten sich auch die Probleme, die Schwester Marie zu bewältigen hatte: bei der Erziehung der vielen jungen Französinnen, die die Ursulinerinnen in unterschiedlicher Weise bei sich aufnahmen, bis ihre persönlichen Verhältnisse geregelt waren, und im Hinblick auf die Christianisierung und »Französierung« der jungen Indianerinnen, wobei sich Schwester Marie und ihre Mitschwestern offenbar stark an den »Erfolgen« der Jesuiten orientierten und ihre Methode der Akkommodation an die einheimische Kultur übernahmen.

Frankreich war weit, und so ging Schwester Maries Leben selbst sprachlich immer mehr in ihrer neuen Heimat auf. Ihr Sohn Claude, mittlerweile ein gelehrter Benediktiner, der die Erinnerung an seine Mutter durch die Veröffentlichung ihrer Briefe wachhalten wollte, sah sich gar veranlaßt, im Frankreich der Académie française ihr Französisch zu »korrigieren«, das »kanadisch« geworden war. An ihren Sohn schrieb sie im Herbst 1671 auch ihren letzten Brief, in dem sie mit bewunderndem Staunen ein seltenes Himmelsphänomen schilderte, ein Perihel, das sich den Frühling zuvor ereignet hatte. Auch in anderen Briefen er-

wähnt Schwester Marie häufig die »Wunder« des jungen Amerika mit
einem Sinn für Natur und Wissenschaft, den ihr zweifellos die Jesuiten
vermittelt hatten. Den Charakter von Schwester Marie erfassen allerdings noch treffender die Worte der beiden großen Widersacher in dieser Zeit der »Dämmerung der Mystik« (*crépuscule des mystiques*) im
Frankreich des späten 17. Jahrhunderts, Bossuet und Fénelon, die – dieses Mal einer Meinung – in ihr eine »Theresia unserer Tage und der
Neuen Welt« sahen. Tatsächlich vereinten sich in den Geschicken der
Ursulinerin aus Tours zur Zeit der politischen und kommerziellen Hege-
monie Frankreichs in Kanada alte mystische Erfahrungen und der Sinn
für eine neue, zu erobernde Wirklichkeit: der unendliche mystische
Raum mit den gewaltigen Naturlandschaften.

»Und alles übrige ist nichts«

1622 wurde die Mauer, welche die Tür von Schwester Virginia Maria de
Leyvas drei Ellen langer und fünf Ellen breiter Zelle ausgefüllt hatte, ein-
gerissen. Die Zelle der »Nonne von Monza« im Kloster Santa Valeria in
Mailand hatte nur einen schmalen Spalt gehabt, durch den sie das wenige erlaubte Essen bekam und etwas Licht für die Lesung des Gottes-
dienstes einfiel. 13 Jahre lang war die Schwester zur Verbüßung der
Strafe für ihre verbotene Beziehung zu Gian Paolo Osio in dieser Zelle
eingesperrt gewesen. Ihre Freilassung war jedoch nicht das Ende der
Buße Schwester Virginias. Dies zeigt sich allein an dem Umstand, daß
Kardinal Federico Borromeo, der bekanntlich nicht nur aufgrund seiner
disziplinarischen Maßnahmen mit ihrer Geschichte in Beziehung stand,
sondern überhaupt den Frauenklöstern sehr große Aufmerksamkeit
schenkte und ausgedehnte Briefwechsel mit Mystikerinnen führte, eine
exemplarische Biographie der Ordensschwester in Angriff nahm, die er
aber nie beendete. Wenige Jahre vor ihrem Tod hatte Giuseppe Ripa-
monti sie als »eine gebeugte, ausgezehrte, magere, ehrwürdige Alte« beschrieben: »Wenn man sie ansieht, möchte man kaum glauben, daß sie
einst schön und schamlos gewesen sein kann.« Es ist hier nicht erforderlich, die ganze Geschichte der Nonne von Monza zu rekapitulieren, die
eng mit dem Thema des erzwungenen Klosterlebens und den tragischen
Verstößen gegen die klösterliche Disziplin verbunden ist, ein Thema,

das seit Manzonis literarischer Bearbeitung bis zum heutigen Tag nicht aufgehört hat, das leidenschaftliche Interesse von Biographen und Romanciers zu wecken. Zu betonen ist jedoch, daß die Bestrafung in ihrer Härte den Normen der Epoche entsprach, wie sie vielfach in den Entscheidungen der Kongregation der Ordensleute durchscheinen. Es genügt, daran zu erinnern, daß auch eine Ordensschwester aus Pistoia in den Jahren, als Schwester Virginia entlassen wurde, mit Erlaubnis der Kongregation ihre Zelle verlassen durfte, wo sie »wegen der Sünde der Schwäche« 29 Jahre eingesperrt gewesen war; noch später, 1661, nach 35 Jahren, kam Schwester Benedetta Carlini frei, deren außergewöhnliches Leben eine jüngere Untersuchung ans Licht gebracht hat. Sie war Äbtissin des Klosters Madre di Dio in Pescia gewesen und wegen sexueller Verstöße – sie soll lesbisch gewesen sein –, vor allem aber wegen fortgesetzter Verstöße gegen die Klosterregeln angeklagt worden: Man hatte ihr vorgeworfen, wunderbare Gaben für sich in Anspruch genommen zu haben und auf Berühmtheit versessen gewesen zu sein.

Diese Frauen gehörten Ende des 17. Jahrhunderts zu den gebildeten Ordensschwestern, wie aus den Prozeßakten deutlich wird. Ihre persönlichen Schicksale verschwinden im Dunkel der Verurteilungen und in der Anonymität der langen Einkerkerungen: Erst von ihren Familien ins Kloster gezwungen, später wegen ihrer unstillbaren Sehnsucht nach irdischer Liebe verurteilt, wie Schwester Virginia, oder weil sie anmaßend genug gewesen waren, ein autonomes Innenleben für sich zu reklamieren, wie Schwester Benedetta. All dies trug dazu bei, den Mythos der Perversion, Verkommenheit oder wenigstens der Treulosigkeit der weiblichen Häftlinge zu nähren, der zusammen mit den Geschichten von infamen und fortgejagten Mönchen in Fortführung einer langen Romantradition in die zeitgenössische freigeistige Literatur und später in die Dreigroschenhefte Eingang fand. Gerade dieser Mythos, in dem weder Verständnis noch Anklage mitschwang, bildete am Ende der 60er Jahre des 17. Jahrhunderts den Nährboden einer der außergewöhnlichsten literarischen Neuerscheinungen: In diesem Buch verwandelte sich nicht etwa eine Ordensschwester von einer realen Person in ein Kunstwerk, wie später die Nonne von Monza, sondern eine Fiktion erlangte historische Glaubwürdigkeit, ein Phänomen, das durch drei Jahrhunderte Scharen von Kritikern und Gelehrten beschäftigt hat.

Außer der Liebe ist alles nichts: »Aimez, aimez: tout le reste n'rien«, konnte man in *Les amours de Psyché et de Cupidon (Die Liebe der Psy-*

che und des Cupido) von La Fontaine lesen; und Molière schrieb in *Monsieur de Pourceaugnac* (*Herr von Pourceaugnac*): »Aimons-nous donc d'une ardeur éternelle. / Quand deux cœurs s'aiment bien, / tout le reste n'est rien.« Beide Werke erschienen 1669, und die Übereinstimmung ist allzu deutlich, um an einen reinen Zufall zu glauben. Mit aller Wahrscheinlichkeit spielten sowohl La Fontaine als auch Molière absichtlich und gekonnt auf einen Satz aus einem außerordentlich erfolgreichen literarischen Werk an, das zum Gesprächsstoff in den Salons geworden war und das sie selbst ebenso wie ihre Leser kennen mußten. Der Pariser Publizist und Drucker Claude Barbin, der gute Geschäfte mit Schlüsselromanen, Satiren und Pamphleten machte, hatte im Januar desselben Jahres die *Lettres portugaises traduites en français* (*Portugiesische Briefe*) herausgebracht. Unter französischen Schriftstellern und Künstlern war damals das Portugiesische Mode, wie im 19. Jahrhundert das Spanische. Dies war jedoch nicht etwa eine exotische Welle, sondern verdankte sich dem jüngsten Krieg, der von den französischen Truppen auf der Iberischen Halbinsel um die endgültige Unabhängigkeit des Landes von Spanien geführt und mit dem Frieden von 1668 beendet worden war. Die kleine *brochure* bestand aus fünf Briefen: Es war der glühende Appell einer portugiesischen Ordensschwester an ihren Liebhaber, einen Beamten des in Portugal stationierten französischen Kontingents, der in sein Heimatland zurückgekehrt war. Im ersten der Briefe, die eine Art ununterbrochenen, leidenschaftlichen Monolog zwischen anfänglicher Überraschung und der Gewißheit, verlassen worden zu sein, darstellen, findet sich nun bereits der Satz, der wie ein unterdrückter Schrei klingt: »(...) Vous ne trouverez jamais tant d'amour, et tout le reste n'est rien.« (»Ihr werdet niemals so viel Liebe finden, und alles andere ist nichts.«) Diese Worte des anonymen Autors der *Lettres*, die sich auch bei La Fontaine und Molière finden, sind eine ideale Chiffre für eine außerordentliche Episode in der französischen Kultur des *Grand siècle*.

Es hat Versuche gegeben, die Nonne Mariane mit Schwester Mariana Alcoforado zu identifizieren, die tatsächlich in jenen Jahren im königlichen Klarissenkloster in Beja lebte, und im Helden des Liebesabenteuers hat man den Marquis de Chamilly gesehen, der in den *Mémoires* von Saint-Simon auftaucht. Dies ist hier jedoch nicht wichtig und betrifft nur die endlose Rezeptionsgeschichte des Bändchens. Ob nun der Autor ein gewisser Subligny war, ein bescheidener Anwalt des Parlaments von Paris, der später in Polemiken zwischen Molière und Racine verwickelt war; oder – aufgrund der Merkmale einer typischen Heldin von Racine, die Mariane verkörpern soll – sogar der junge Racine selbst, der damals noch seinen künstlerischen Weg suchte; oder ob der Autor, wie jüngst Forscher überzeugend behaupten, Gabriel-Joseph de Lavergne war, Graf von Guilleragues, ein Vertreter des Hofadels, der später hohe Ämter übernehmen sollte und die Salons von Mme. de La Sablière und Mme. de Sablé frequentierte: in jedem Fall antworten die *Briefe* auf die Debatten, die im Salon von Mme. de Sablé über die Liebe geführt wurden. Die Briefe beschäftigen sich eindringlich mit der Leidenschaft und der sich nach und nach einstellenden Desillusionierung. Sie gipfeln schließlich in einem vollständigen Pessimismus: Die Liebe erscheint wie eine Krankheit, die man aus dem Herzen reißen muß. Durch diese literarische Fiktion öffnete sich plötzlich die »nächtliche« Stille einer portugiesischen Klosterzelle der geistvollen Konversation der Salons, und es entbehrt nicht einer gewissen Ironie, daß ausgerechnet Mme. de Sablé, die sich seit längerer Zeit bereits häufig nach Port-Royal zurückgezogen hatte, im wirklichen Leben schließlich den umgekehrten Weg ging: von der Konversation der Salons zum Schweigen des Klosters.

Rebellion und Gehorsam zwischen Jesuiten und Jansenisten

Hexerei war ein ländliches Phänomen, das seine Höhepunkte zwischen dem Ende des 16. und dem Beginn des 17. Jahrhunderts erreicht hatte. Die Fälle von Teufelsbesessenheit häuften sich dagegen in den städtischen Zentren in Frankreich zur Zeit der Regentschaft Maria de' Medicis und Richelieus. Bemerkenswert, aber nicht überraschend ist das zeitgleiche Aufblühen des Mystizismus. Schwester Jeanne des Anges, die in Loudun zunächst besessen war und später in ihrem Kloster zur Mystikerin wurde, verkörpert exemplarisch diese Verbindung. Die Fälle von Besessenheit ereigneten sich in Loudun kurz nach einer schrecklichen Pest, die 1632 die städtische Bevölkerung dezimiert, aber nicht auf das durch die Klausur geschützte Kloster der Ursulinerinnen übergegriffen hatte. Im September tauchten die ersten Erscheinungen im Kloster auf und wirkten in den Augen der Oberin Jeanne des Anges und einer anderen Ordensschwester anfänglich wie ein undeutlicher männlicher Schatten, um sich schließlich im Oktober zur Gestalt von Urbain Grandier zu verdichten, dem Küster der Kirche von Saint-Pierre du Marché, der während der Epidemie aufopfernde Hilfe geleistet hatte und nun bald der unglückliche »Schuldige« der ganzen Angelegenheit werden sollte.

Daß der Duft eines Straußes Rosen der Auslöser der Teufelsbesessenheit im Kloster war, verdient hier nur deshalb Erwähnung, weil es die Bedeutung unterstreicht, die dem Geruchssinn im 17. Jahrhundert in vielen ähnlichen Fällen zukam, vom Wohlgeruch der Heiligkeit, der dem Körper einer eben verstorbenen frommen Ordensschwester entströmte, bis zum Schwefelgestank, der unzweifelhaft die Gegenwart des Teufels anzeigte. Während sich Grandier, der als Urheber der Hexerei beschuldigt wurde, an den Bischof von Poitiers und das Parlament von Paris wandte, weitete sich die Dämonenkrise unter den Ursulinerinnen aus: Einige waren rasend, so das Urteil von Exorzisten und Ärzten, die sich in der Behandlung abwechselten, weitere neun waren besessen. Die Lage verwandelte sich bald – ausgehend von der Zelle der Jeanne des Anges über die Kapelle des Klosters und die Gemeindekirche bis zu den Plätzen der Stadt – in ein spektakuläres Crescendo, ein gewaltiges gegenreformatorisches »Theater«, das im Frühling 1643 unter der Regie kapuzinischer Exorzisten seinen Gipfel erreichte. Immer fieberhafter versuchten die Kapuziner das Böse zu enttarnen und den endgültigen Triumph des Glaubens zu erzwingen, indem sie Loudun, das zwischen Hugenotten und Katholiken aufgeteilt war, in eine »Sicherheitszone« (*place de sûreté*) verwandelten.

Tatsächlich waren Fälle von Besessenheit unter den Ursulinerinnen nicht neu. Es handelte sich um einen jungen Orden, der noch zwischen Kontemplation und weltlicher Aktivität hin und her pendelte. Die kurz zuvor aufgezwungenen Härten der Klausur waren hier auf wenig Gegenliebe gestoßen. Ähnliches hatte sich in den Jahrzehnten zuvor in Aix-en-Provence abgespielt (1611-13), in Pontoise und in Paris (1621-22). Neu waren jetzt die Heftigkeit, das Ausmaß und die Dauer der Vorfälle. Sehr scharfsinnig ist bemerkt worden, daß die Besessenheit zu einer Zeit, als Frauen Regentinnen, Reformatorinnen, Mystikerinnen und Schriftstellerinnen waren, nicht nur in Loudun eine Rebellion von aggressionsgeladenen und starken Frauen war. Im Falle der Ursulinerinnen waren es gebildete Erzieherinnen, die von der Besessenheit erfaßt wurden. Bei diesen Fällen von Besessenheit sollten sich die Meinungen der Kirchenmänner und der Gelehrten bald scheiden: Während erstere

in der Gewißheitskrise jener Jahre im Kampf gegen das Böse die apologe-
tischen Bemühungen gegen Ungläubigkeit und Atheismus verstärkten,
begann die Besessenheit bei letzteren Zweifel zu nähren; sie fingen – freilich nur langsam – an, sie auf natürliche Ursachen zurückzuführen.
Diese Auffassung führte zur Marginalisierung und schließlich zum
Verschwinden der Besessenheit, aber interessanter erscheint mir, gegen
Ende meiner Untersuchung das Augenmerk auf die Jesuiten zu richten,
die die Angstmystik in den Bereich der Volksmission trugen, besonders
auf Pater Surin. Pater Surin (wenngleich ihn seine Beziehung zu Jeanne
des Anges persönlich nervlich stark in Mitleidenschaft zog) war es, der
in Loudun vom Dezember 1634 an die Verwandlung Schwester Jeannes
von einer Besessenen zu einer Zeugin der Wunder Gottes, zu einem erleuchteten Orakel und einer Seelsorgerin förderte. Während dieser langen, triumphalen Metamorphose, die Schwester Jeanne 1637 vollendete,
hatten ihr sogar die Souveräne und Richelieu Ehrerbietung gezollt: ihrer
Hand, auf der die Dämonen vor ihrem Verschwinden die Namen von Josef, Maria, Jesus und Franz von Sales eingraviert hatten, und ihrem
Hemd, das – bestrichen mit der Salbe des heiligen Josef – die Ordensschwester von einer schweren Krankheit geheilt hatte. In diesem neuen
Klima konsolidierte sich die Beziehung zwischen den Ursulinerinnen
und der politischen Macht, und mit der Erziehung von Klosterschülerinnen in der Hauptstadt und den Provinzen sowie mit der Mission von
Marie de l'Incarnation in der Neuen Welt fanden sie ihren Platz in der
französischen Gesellschaft des 17. Jahrhunderts.

Einen ganz anderen Stellenwert nahm 30 Jahre später die Rebellion
der Ordensschwestern von Port-Royal ein, ein entscheidendes Ereignis
in der Geschichte des französischen Jansenismus. Nachdem 1609 auf Initiative von Mutter Angélique Arnauld, Schwester des großen Antoine
Arnauld, die Klausur wiedereingeführt worden war, wurde das Zister-
zienserinnenkloster von Port-Royal des Champs, das in einem feuchten
und ungesunden Gebiet lag, 1625 zugunsten eines zuträglicheren, aber
noch strengeren Filialklosters in Paris aufgegeben, bis 1648 nach Beendigung der notwendigen Trockenlegung ein Großteil der Gemeinschaft
wieder nach Port-Royal des Champs umziehen konnte. Die Pariser Zeit
war vor allem durch Saint-Cyran geprägt, der Seelsorger des Klosters geworden war und 1643 starb, sowie durch die »Einsiedler«, d. h. jene
Gruppe von gelehrten Laien und Kirchenmännern, die später der Klostergemeinschaft in ihr früheres Domizil folgten und deren Schicksal

sich mit dem des Klosters verband, als die jansenistische Krise ausbrach. Zur Verwicklung des Klosters in die jansenistischen Wirren kam es, nachdem Rom die fünf Cornelius Jansens Schrift *Augustinus* (1653) entnommenen Lehrsätze verurteilt hatte. Die berühmte Unterscheidung, die Antoine Arnauld zwischen Rechtsfrage und faktischer Frage traf[2], führte zu Polemiken. Arnauld bestand darauf, daß die Lehrsätze, selbst wenn sie verwerflich wären, sich gar nicht in Jansens *Augustinus* fanden. Die Polemik spitzte sich zu, als Rom von den Jansenisten verlangte, eine Erklärung zu unterschreiben, mit der sie ihre Verurteilung akzeptierten. Für die Ordensschwestern von Port-Royal wurde so aus einem ernsten Problem der Kirchendisziplin eine folgenschwere persönliche Gewissensentscheidung. War die Weigerung der gesamten jansenistischen Bewegung, die Erklärung zu unterschreiben, ursprünglich und auch später noch symbolisch zu verstehen, so gewann sie schließlich eine Bedeutung, die über die unmittelbaren Ereignisse hinausging: Sie wurde zum Prüfstein des individuellen religiösen Gewissens gegen eine hierarchisierte und autokratische Kirche und eine intolerante und repressive Staatsmacht.

Der Streit, der 1661 nur vorläufig durch einen Kompromiß beschwichtigt wurde, brach erneut aus, als 1664 der Erzbischof von Paris, Hardouin de Péréfixe, im Verlauf eines dramatischen persönlichen Besuchs im Kloster zur Unterzeichnung der Erklärung aufforderte, eine Episode, die mehrfach literarisch bearbeitet wurde, von Racines zeitgenössischem *Abrégé de l'histoire de Port-Royal* (*Abriß der Geschichte von Port-Royal*) über Sainte-Beuve im letzten Jahrhundert bis zu der bekannten dramatischen Arbeit von Henri de Montherlant in unserem Jahrhundert (1954). Mit dem Aufflammen der anti-jansenistischen Kampagne nach einem Jahrzehnt relativer Ruhe (1669-79) schien Port-Royal zum Untergang verurteilt zu sein: Die unbeugsamen Nonnen waren verstreut, die Einkleidung (die Aufnahme neuer Ordensschwestern) war verboten, und nach und nach starben die Hauptbeteiligten der härtesten Auseinandersetzungen, wie die zweite Mutter Angélique, die Nichte ihrer Vorgängerin, sowie Arnauld und Nicole. 1699 folgte ihnen Racine, der zusammen mit Pascal einer der bedeutendsten Verehrer der tragi-

---

2 Danach besteht ein Unterschied der Untrüglichkeit des Papstes *in rebus facti et juris* (in faktischen und Rechtsfragen): Der Papst kann sich wie jeder andere Mensch in einer Tatsache, die er nicht genau kennt, wie den Inhalt eines Buches oder den Sinn gewisser in ihm enthaltener Sätze, irren. (A. d. Ü.)

schen Größe von Port-Royal gewesen war. Zwei Jahre zuvor hatte er als gewissermaßen letztes Dokument eines vierzigjährigen Kampfes sein berühmtes *Abrégé de l'histoire de Port-Royal* verfaßt. Racine wollte in der geliebten Abtei begraben werden, deren Geschicke sein ganzes Leben lang neben seinen Erfolgen als Literat und Höfling so große Bedeutung für ihn gehabt hatten.

Nur ein weiteres Jahrzehnt sollte vergehen, bis man im »jesuitischen« Klima der letzten Jahre der Regentschaft von Ludwig XIV. erneut gegen Port-Royal vorging. Das Kloster, in den Augen des Sonnenkönigs ein Symbol des verbohrten Widerstands, wurde erbarmungslos ausgelöscht. Aus den Ruinen des Klosters entstand später der Mythos von Port-Royal, den der Abt Grégoire als Ort der Erinnerung und als religiöse Meditationsstätte mit einer Leidenschaft wiederaufleben ließ, die durch die Jahre der Revolution nichts von ihrer Heftigkeit eingebüßt hatte. Aber jenseits dieses Mythos sei hier an das Bild dieses Ortes und seiner Protagonisten erinnert, wie es den Zeitgenossen um die Mitte des 17. Jahrhunderts in der Malerei von Philippe de Champaigne und in den Versen des jungen Racine begegnete. Auf der einen Seite finden wir so den klaren und festen Blick von Mutter Angélique in dem Porträt, das Philippe von ihr malte (heute im Museum von Chantilly), während die Religiosität von Port-Royal in jeder Linie und im gedämpften Licht des wunderbaren Bildes »La mère Agnès et la sœur Catherine de Sainte-Suzanne« zum Vorschein kommt, das heute im Louvre hängt, eine Art grandioses Votivbild, das der Maler anläßlich der wundersamen Heilung der jungen Ordensschwester im Kloster malte. Auf der anderen Seite erscheint plötzlich in der zweiten der sieben Oden von *Le Paysage ou Promenades de Port-Royal*, die Racine wahrscheinlich um 1657-58 schuf, nach dem schillernden, farbenprächtigen und musikalischen Bild der kultivierten Idylle, als die der Dichter die unschuldige Natur der umliegenden Landschaft beschreibt, die »heilige Wohnstatt der Stille« (*saintes demeures du silence*). Einen Moment lang streift Racine hier mit tieferen Tönen die Höhen der größten Gedichte seiner reifen Jahre:

> »Je vois ce sacré Sanctuaire,
> Ce grand temple, ce saint séjour,
> Où Jésus encore chaque joure
> S'immole pour nous à son Père.
> (...)

Je vois ce cloître vénérable,
Ces beaux lieux du Ciel bien-aimés
Qui de cent temples animés
Cachent la richesse adorable.
(…)
C'est là que mille anges mortels
D'une éternelle plainte,
Gémissent aux pieds des autels.«

Zerstörung des Körpers und Erlösung der Seele am Ende des 17. Jahrhunderts

Theresia von Ávila gehört chronologisch ins 16. Jahrhundert, aber ihr Einfluß auf die Spiritualität der Frauenklöster des 17. Jahrhunderts (und nicht nur auf sie) war so groß, daß eine Untersuchung der verschlungenen Wege barocker Mystik nicht davon absehen kann, zumindest allgemein an die mystische Erfahrung zu erinnern, die sich in ihren weitverbreiteten Schriften mitteilt. Da es hier nicht möglich ist, ihre Mystik auch nur halbwegs nachzuzeichnen, mag der Hinweis genügen, daß die kirchlichen Autoritäten die Vielzahl »wahrer« und »falscher« Formen von Heiligkeit im Laufe des Jahrhunderts in einem schwierigen Prozeß filterten, in kontrollierte Bahnen lenkten und »authentisierten« – ein Prozeß, dem auch Theresia von Ávila zu ihrer Zeit unterworfen worden war. Den vielen »lebenden Heiligen« und seherisch begabten Nonnen in den Klöstern eröffnete sich damit offiziell die Möglichkeit, sich in der unendlichen Ferne des Göttlichen zu verlieren. In der Einsamkeit und der Erniedrigung des Körpers, in der »Verbannung«, die weder die strenge religiöse Praxis noch das geschriebene Wort der Breviere oder die erbauliche Lektüre überwinden halfen, bot sich das freilich immer schmerzliche mystische »Leiden« als radikaler Ausweg an: Es war eine Möglichkeit, den individuellen Erfahrungsraum in der Leere einer unaussprechlichen Abwesenheit auszulöschen oder den Sprung »in jenen tiefen Abgrund deines Nichts« zu wagen, wie es die selige Maria Maddalena Martinengo als Ziel beschrieb.

Solche Erfahrungen unterschiedlichen Grades und unterschiedlicher Qualität sind während des 17. Jahrhunderts häufig und verbreitet. Im Laufe des Jahrhunderts vermehrten sich die Biographien und Autobiogra-

DIE ORDENSSCHWESTER 221

phien, die immer bewußter versuchten, die Wesenszüge der jungen, in Klausur lebenden Klosterfrauen, die der Aristokratie oder wenigstens hohen bürgerlichen Kreisen entstammten, mit einem Korpus von traditionellen Doktrinen – mit dem Erbe der Kirchenväter, der mittelalterlichen Mystik, den Werken gebildeter Kirchenmänner oder jüngerer Seelsorger – zu vermitteln. Die »Porträts« dieser oder jener Ordensschwester, die sich in den Klosterchroniken oder in erbaulichen Geschichten finden, sind, wie im Hinblick auf Schwester Maria Crocifissa Tomasi bemerkt worden ist, Wiederaneignungen alter Vorbilder, aber auch und vor allem gelungene Versuche, im Wechselspiel von Vergangenheit und Gegenwart bestimmte Verhaltensweisen und Werte zu legitimieren. Diese neue Spiritualität übte dabei noch größeren Einfluß aus, wenn die Ordensfrauen zudem adliger Herkunft waren.

Vor diesem Hintergrund wollen wir versuchen, einige mystische Erfahrungen im Spätbarock nachzuzeichnen. Es hat den Anschein, daß gerade in der langen und entscheidenden Krise der Gegenreformation, als diese im Begriff stand, sich neuen spirituellen Horizonten zu öffnen, alte Themen und jahrhundertealte Spannungen, die seit dem Tridentinischen Konzil bis in die Enge der Klöster hineingewirkt hatten, nun deutlicher hervortraten und sich in einem schwierigen Prozeß zu entladen begannen: Wenn einerseits die sich vollziehenden Veränderungen zu dieser Zeit schon erkennbar sind, so sehen wir uns andererseits der Summe jener Einstellungen gegenüber, die vom späten 16. Jahrhundert bis zum Quietismus die innere Haltung mehrerer Generationen von Ordensschwestern geprägt hatten. Unter den vielen Fällen seien hier die beinahe zeitgleichen, ähnlichen und doch unterschiedlichen Beispiele Veronica Giulianis und Maria Maddalena Martinengos angeführt.

Den spirituellen Weg der heiligen Veronica Giuliani säumten Visionen, mystische Vermählung (1694 und 1697), Gesichte (1696) und Wundmale (1697, 1699, 1703, 1726). 1676 wurde sie Kapuzinerin im Kloster Città di Castello und stand von nun an unter der festen Führung ihrer Seelsorger, der Oratorianer Girolamo Bastianelli und Ubaldo Antonio Cappelletti, sowie unter der Kontrolle der beiden Bischöfe des Ortes, Luca Antonio Eustachi und Alessandro Codebò, dank deren die 42 großen Bände ihres Tagebuchs (*Diario*, 1693-1727) neben einigen anderen verstreuten Berichten überliefert sind. Einer dieser für Monsignore Eustachi niedergeschriebenen Berichte, der auf das Jahr 1700 datierbar ist, offenbart in seinem wirkungsvollen, gedrängten Stil die Wurzel der Mystik

Giulianis: das »Erleiden« der Passion Christi. Die Vorbilder von Giulianis Mystik sind die mystischen Erfahrungen des heiligen Franziskus, vor
allem aber der heiligen Theresia von Ávila und Maria Maddalena de'
Pazzi, d. h. die franziskanische und vor allem die karmelitische Mystik.
Es war ein ununterbrochenes »Leiden«, das in Giuliani wie ein unstillbarer Furor immer härtere Bußen forderte, die sie häufig im Klostergarten
vollzog: »Ich verspürte solch sehnliches Verlangen«, schreibt sie, »daß
ich nicht einmal in der Nacht Ruhe fand. Ich ging in den Garten, wo der
Schnee recht hoch lag, und verweilte dort lange, um zu leiden. Doch wie
geschah mir? Ein Leiden verlangte nach weiterem Leiden.«

Nach dem klassischen asketisch-mystischen Schema gehen die meist
nächtlichen Versuchungen des Teufels zusammen mit den Bußen über
Jahre der Befreiungsphase voran, die sich bei Giuliani zwischen 1696 und
1697 vollzog. Die Überwindung der inneren Spannung und Verwirrung
begann sich an Johanni 1694, dem 27. Dezember, abzuzeichnen, als
Schwester Veronica in einer Vision der Lieblingsjünger Jesu erschien, der
am Herzen seines göttlichen Herrn ruhte: »In selbigem Moment«, so
schreibt sie in ihrem Tagebuch, »deuchte mich, auch meine Seele sei begierig, an seinem Busen zu ruhen. Und unversehens geriet ich in Verzückung
(...).« Es war die gleiche, die neue Herz-Jesu-Verehrung spiegelnde Vision, die am 27. Dezember 1673 die Salesianerin Margherite-Marie Alacoque im Kloster von Paray-le-Monial hatte. Bei der großen jesuitischen
Propaganda ist es durchaus nicht unwahrscheinlich, daß Giuliani von dieser Vision direkte Kenntnis hatte. Zumindest belegt die Übereinstimmung aber, daß es im Europa des späten 17. Jahrhunderts ein gemeinsames Substrat frommer und »visionärer« Vorstellungen gab. Als Veronica
jedoch die »Harmonie« beschreiben will, die sich in ihrem Herzen anzu-
kündigen beginnt, »entflieht« ihr der Herr, und den Wunsch, ihn zu erreichen, drückt sie noch vor der mystischen Vermählung im selben Jahr in
der Passage »Lange Klage an den flüchtigen Herrn« aus, die in ihrer
Wärme und Klarheit nicht zufällig zu den schönsten der Tagebücher gehört. Die Hingabe an Jesus, von der sie mit ihrem eigenen Blut schriftlich
Zeugnis ablegt, ist ein weiteres Element, das sie mit Alacoque verbindet.
Ihr physischer Ausdruck, die »Verachtung, Demütigung und das Leiden« des Körpers, die Peinigung des Fleisches mit glühenden Zangen
oder das Tragen eines »Stickhemdes«, d. h. – wie bereits erwähnt – eines
innen ganz mit Dornen besetzten Hemdes, scheinen von nun an durch
die Vermittlung der franziskanischen Gefühlstradition und den ausge-

Die Ordensschwester

prägten Sinn für das Mysterium der Fleischwerdung, wie es der karmelitischen Schule eigen war, in der Vision des Jesuskindes abgemildert zu
werden, das ihr in »ganzer Herrlichkeit und wie ein lebendes Wesen« erscheint: so in der Vision von Weihnachten 1696, als ihr Herz nach theresia-
nischem Vorbild von einem Liebespfeil durchbohrt wird, oder in der Vision des folgenden Jahres, als es noch einmal das Christuskind ist, das ihr
einen »Friedenskuß« gibt, nach der mystischen Tradition, die von der heiligen Katharina von Genua bis zum heiligen Franz von Sales reichte.
Schwester Veronica, die nicht ungebildet war, wie einige ihrer Exegeten
meinten, mußte diese Vorbilder ebenso wie die italienischen Ausgaben
der Werke von Ruysbroek über die heilige Katharina von Siena, die heilige Theresia und den heiligen Johannes vom Kreuz gekannt haben, bevor
ihr Körper 1697 vom Gekreuzigten, den sie mit »Schmerz und Liebe« er-
schaut, die Wundmale erhält, die durch »fünf Strahlen wie Feuer« aus den
Wunden des Erretters heraustreten und sie zeichnen.

Noch im selben Jahr, 1697, verdichten sich ihre mystischen Erfahrungen: Der Herr bietet der Ordensschwester sein Herz an, um, wie er selbst
in einer Vision zu ihr sagt, »im Angesicht der Liebe die gleiche Liebe« zu
beweisen, eine mystische Hochzeit nach jener, die sich 1694 ereignet
hatte, und er erneuert ihre Wundmale; und nun macht Schwester Veronica die unaussprechliche Erfahrung ihrer Auslöschung in Gott. Der
Weg der Vereinigung, den sie – immer noch auf den Spuren Theresias von
Ávila – später darstellen wird, führt in ihre eigene »innere Burg«; er läßt
die Ordensschwester jedoch nicht in die Abgründe der »Ruhe« des Quietismus versinken. In den Momenten, in denen sie erkennt, »wieviel Gewinn die Seele davon hat, wahrhaft in dieses unser Nichts, diese Vernichtung einzudringen«, bleibt Schwester Veronicas Geist wach, sei es wegen
ihrer ganz persönlichen Art, aktiv die Erfahrung des Göttlichen zu erleben, sei es aufgrund der beständigen Anleitung ihrer Seelsorger. Noch da,
wo sie von wahnsinniger Liebe erfüllt ist, so scheint ihr, bleibt ihr Verstand gegenwärtig:

»Zwischen der Erkenntnis des Nichts«, erklärt die Ordensschwester Monsignore
Eustachi, »und der unendlichen Liebe erkannte ich, daß der wahre Weg der Liebe
die heilige Demut ist. Von Herzen erbat ich diese von Gott. Er aber gab mir den
Zustand meines Nichts, und ich entdeckte, daß ich nichts konnte. Und mit diesem
Licht des Nichts beschreitet man den Weg der Demut, welcher der Weg ist, um die
wahre Liebe Gottes zu finden. So schien mir also, daß die Liebe der Weg der
Demut und die Demut der Weg der Liebe ist.«

Damit war der Weg zu einem grundlegenden Überdenken der Mystik offen, die weiterhin ganz in Askese eingebettet blieb. Im Rahmen dieser asketischen Praxis gewann in den letzten zwanzig Jahren ihres Lebens der Wunsch, für die Büßerseelen, für die Ungläubigen und die christlichen Fürsten, die gegeneinander kämpften, und allgemeiner für die Kirche und die Christenheit Buße zu tun, eine dramatische Dringlichkeit, und diese Buße nahm nicht selten düstere Töne des Leidens und der Apokalypse an. Gerade hierin liegt der Grund dafür, daß sich Schwester Giuliani als Modell der demütigen und heiligen Nonne eignete. Sie paßte in das politisch-religiöse Wertesystem, mit dem die Kirche zwischen der Mitte des 18. Jahrhunderts und der Mitte des 19. Jahrhunderts auf die zunehmende Säkularisierung der Gesellschaft nach dem Trauma der Revolution antwortete: So wurde im Jahre 1745 der Kanonisierungsprozeß eröffnet, 1796 die »Heldenhaftigkeit« ihrer Tugend erklärt, 1804 wurde Schwester Veronica selig- und 1839 heiliggesprochen.

Ein anderes »Porträt« gewinnt man dagegen aus den Schriften und der inneren Erfahrung der klarissischen Kapuzinerschwester Maria Maddalena Martinengo di Barco aus Brescia (1687-1737). Ihre zwischen 1722 und 1725 verfaßte *Autobiografia* widmete sie ihrem Ordensseelsorger, dem Domherrn Giuseppe Onofri. Sie blieb unveröffentlicht, ist aber ihrem allgemeinen Inhalt nach und in Auszügen überliefert. Danach erfüllte Maria Maddalena zunächst das Klischee der adligen Tochter, die vielleicht aus Gründen der Familienpolitik für das Kloster bestimmt war. Es war eine schwierige Zeit für sie, die sich bis in die Jahre 1705-06 hinzog, als Margherita aus freiem Entschluß in das Kapuzinerkloster Santa Maria della Neve in ihrer Geburtsstadt eintrat. Unter dem Namen Maria Maddalena legte sie die Gelübde ab und blieb dort bis zu ihrem Tod. Sie war durch Erziehung und Familientradition eine gebildete Frau, unruhig und energisch. Sie fühlte sich leidenschaftlich berufen und wurde später Oberin der Novizinnen, stellvertretende Äbtissin (1632-34) und schließlich Äbtissin (1636-37). Aber auch die Bußen, die sie sich auferlegte, waren unerbittlich – beinahe, als wollte sie ihre adlige Abstammung vergessen machen: Sie akzeptierte die niedrigsten Arbeiten, und ihre Selbstmarterungen waren von einer fast unvorstellbaren Härte.

1713 und besonders zwischen 1719 und 1721 häuften sich ihre Ekstasen, die mystischen Vermählungen und Wundmale. Ähnlich wie Schwester Giuliani war Schwester Maria Maddalena vom Wunsch nach Demut erfüllt, aber daneben auch von der Sehnsucht, sich Gott hinzugeben.

DIE ORDENSSCHWESTER

Diese Hingabe trägt in ihrer Autobiographie endgültige und allumfassende Züge und führte offenbar dazu, daß sie die »Wollust« am »Leiden« überwand: »Seit einiger Zeit habe ich hingegen klar erkannt, daß die einzige Nahrung der Liebe nicht etwa das Leiden ist, das Aufreißen des Fleisches, das Fasten, das Wachen, sondern daß die Liebe selbst die Nahrung der Liebe ist.« Auf diesem Weg verschwindet daher jedoch, wie im Gebet der »Ruhe«, die Mitwirkung der Seele immer mehr, und die Passivität, die zur Vernichtung im göttlichen Wesen führt, tritt in den Vordergrund. So schreibt sie in ihrer Autobiographie:

»Gott ist Gnade, und Gnade ist Gott, und die Seele in Gott verwandelt ist ganz Feuer der Gnade. Diese Liebe ist daher das Lieblichste, Köstlichste und Ruhigste, was sich sagen läßt (...), die Glut, die ich zuweilen verspüre, ist ein unerträglich Ding, und wenn ich also (...) solchermaßen brenne, so verkrieche ich mich ganz in mich selbst und gebe mich in Liebe hin, bis ich mich zu seinem Gefallen verzehre und sehr ruhig und still verharre, ganz reglos und kaum daß ich zu atmen wage. Um nicht diese verzehrende Glut weiter anzufachen, tue ich innerlich keine Regung und lasse zu, daß die Liebe still ihr Werk vollbringt. Auf diese Weise beruhigt sich die sinnliche Liebe, und die Wesensliebe entflammt noch mehr (...).«

Hier sind wir an der Grenze oder vielleicht schon im Inneren von Erfahrungen und Doktrinen, die die Kirche bereits verurteilt hatte, was gerade in Brescia besondere Konsequenzen unter Theatinern, Oratorianern und Weltgeistlichen, zwischen Domherren und Klostergeistlichen gehabt hatte. Das Risiko war trotzdem immer noch groß und die Angst noch lebendig. Wenn glücklicherweise die Autobiographie weitgehend erhalten blieb, so wurden andere Schriften Martinengos auf Befehl eines Beichtvaters der Ordensschwester, Don Sandri, 1729 verbrannt, der die Büßerin aus unbekannten Gründen der Heuchelei und Häresie anklagte: Ihre – wenn auch späte – Seligsprechung im Jahre 1900 wurde daher erst durch einen Akt der Zensur möglich und war deshalb gewissermaßen »manipuliert«. Zu den erhaltenen Schriften Maria Maddalenas gehört neben einigen spirituellen Dialogen und Gedichtfragmenten auch eine Sammlung von 20 vollständigen Gedichten. Eine historisch-kritische Einordnung steht hier wie bei der Gedichtsammlung von Schwester Francesca Farnese noch aus, wobei die Frage der Authentizität ein vorrangiges Problem darstellt, da wohl neun der Gedichte, die der Ordensschwester zugeschrieben werden, tatsächlich vom Oratorianer Kardinal Petrucci stammen, dem größten Exponenten des italienischen Quietismus. Damit ist zugleich auch etwas über eine Phase der gegenreformatorischen Spiritualität gesagt, die sich damals ihrem Ende zuneigte, um in der Evolution religiöser Erfahrungen und der Entwicklung der Frauenklöster in andere Formen und Ideale überzugehen, die sich im Spannungsfeld zwischen Vita contemplativa und Vita activa abzeichneten und sich im Verlauf des 18. Jahrhunderts durchsetzen sollten, etwa im aufgeklärten Katholizismus von Muratori oder der aktiven Wohltätigkeit von Alfonso Maria di Liguori.

»Die Koralle, die unter den Wellen des Meeres weich ist.« Die Ordensschwester zwischen Gegenreformation und Aufklärung

La monaca perfetta ritratta dalla Scrittura sacra, auttorità et esempi de' Santi Padri (Die perfekte Nonne nach den heiligen Schriften, der Autorität und den Beispielen der heiligen Väter), ein Werk des Priesters und Oblaten[3] Carlo Andrea Basso, erschien 1627 in Mailand. Das Buch befaßt sich mit den pastoralen Erfahrungen und dem disziplinarischen Wirken Carlo und Federico Borromeos und wurde Mitte des Jahrhunderts neu aufgelegt (1653). Vor allem in Italien stellte es für die Ordens- und Weltgeistlichen, für die Kirchenhierarchie und die Klöster eine Art Brückenschlag zwischen den nach-tridentinischen Generationen und den späteren Generationen der Hochphase der Gegenreformation dar. Zudem lieferte das Buch ein Bild der Ordensfrau, das sich im Laufe der Zeit in vielfältiger Weise mit präziseren Inhalten füllen ließ, um jener »perfekten Nonne« Gestalt zu verleihen, die Basso und den Vorreitern der institutionell verankerten, organisierten und frommen Gegenreformation am Herzen lag. In die gleiche Richtung zielte die Praxis des geistigen Gebets, die in den Klöstern Fuß fassen konnte, nachdem die Jesuiten sie mit offizieller Erlaubnis der römischen Kongregation der Ordensleute zwischen 1612 und 1629 in den Frauenklöstern von Mailand bis Palermo und natürlich auch anderswo verbreiten durften. So erklärt sich auch die Popularität, die das 1620 ins Italienische übersetzte Compendio delle Meditazioni von Pater Luis de la Puente ein ganzes Jahrhundert hindurch genoß, und

---

3 Laie, der sich in stets widerrufbarem Gehorsamkeitsversprechen einem geistlichen Orden angeschlossen hat. (A. d. Ü.)

mehr noch das *Ritiramento spirituale* (»Geistliche Einkehr«) von Pater Camillo Ettori (1685) während des Niedergangs der Gegenreformation. Letzteres basierte auf den Exerzitien von Ignatius von Loyola. »Sehr leicht« (*facilissimi*) formuliert, wandte es sich ebenso an die Ordensschwestern wie an die Weltgeistlichen und wurde zwischen dem 17. und dem 18. Jahrhundert außergewöhnlich oft neu aufgelegt und übersetzt.

In den 70er und 80er Jahren des 17. Jahrhunderts erschien jedoch eine Reihe von warnenden Schriften, in denen der scharfe Gegensatz von größerer Freizügigkeit einerseits und Rigorismus und Quietismus andererseits fortlebte. Rigorismus und Quietismus hatten beide besonders in den Frauenklöstern durch Beichtväter und Seelsorger an Einfluß gewonnen. »Von der Klausur hängt die gute Ordnung alles übrigen ab«, hatte der heilige Franz von Sales bemerkt. 1681 benutzte der Rigorist Jean-Baptiste Thiers diesen Satz als Motto seines *Traité de la clôture des religieuses* (»Traktat über die Klausur der Ordensschwestern«), um durch eine dogmatische Definition der Fälle, in denen es einem Außenstehenden erlaubt sei, in die heiligen Bezirke einzutreten, und den Ordensschwestern, sie zu verlassen, seiner allgemeinen Verurteilung der Sitten in den großen Benediktinerinnenabteien und den reichsten Klöstern im Frankreich des *Grand siècle* Nachdruck zu verleihen. In den Augen jener, die strenge Entsagung forderten, waren sie bei weitem nicht streng genug und viel zu annehmlich, ein Verdikt, das auch jansenistische und »fromme« Kreise mehrfach mit großer Schärfe ausgesprochen hatten. Andererseits vervielfältigten sich die »Warnungen«, Ermahnungen und Meditationsbücher in dieser Zeit, aber die Titel sollten nicht zu falschen Schlüssen führen. Tatsächlich hatte die »methodische« Praxis der jesuitischen Handbücher ihr Gegengewicht in den *Insegnamenti spirituali per la monaca* (*Geistliche Übungen für die Nonnen*) des Oratorianers Benedetto Biscia. Dem langen Untertitel zufolge handelte es sich um ein »kleines Werk, aus dem jede Seel jedweden Standes die solideste geistliche Nahrung ziehen kann«. 1683 wurde das Buch in Iesi unter dem Schutz des Kardinalbischofs Petrucci gedruckt, wie der Autor betont. Das »kleine Werk« nimmt auf der Suche nach »spiritueller Festigung« eine Tradition auf, die von Filippo Neri, Franz von Sales und Lorenzo Scupoli ausging, folgt aber noch stärker der spanischen Mystik von Theresia von Ávila bis Johannes vom Kreuz. Darüber hinaus jedoch stützte sich der Autor besonders auf die Schriften von Petrucci, der wenig später unter den Bannstrahl des Heiligen Offiziums geriet. Biscia beschreibt in seinem Buch einen spirituellen Weg, an dessen Ende sich die Seele in den »reinsten Gott« stürzen soll, »ihr einziges Zentrum, in dem allein sie Ruhe, Erholung und Freude finden kann«.

Die Navigation zwischen den Felsen des Rigorismus und des Quietismus war also nicht leicht. In jenen Jahren erschienen auch zwei Werke, in denen sich Entwicklungen ankündigten, die erst im folgenden Jahrhundert ihre eigentliche Wirkung entfalten sollten. Der spätere Kardinal Gian Battista De Luca war Mitglied der Kurie und spielte bei der Durchführung der strengen kirchlichen und institutionellen Reformen von Papst Innozenz XI. eine führende Rolle. Der Weg, den er aufzeigte, paßte gut zu einem Mann, der wie De Luca eine intensive »praktische« Tätigkeit in den römischen Kongregationen ausgeübt hatte und auf eine beträchtliche Reihe von praktisch-juristischen Traktaten verweisen konnte. Sein Buch *Il religioso pratico dell'uno e dell'altro sesso* (*Die Ordensleute des einen und des anderen Geschlechts*) von 1679 ist nicht, wie andere Werke De Lucas, die Kodifizierung einer bereits durch und durch weltlichen Praxis. Seine Aufmerksamkeit richtet sich vor allem auf die Regeln des Gemeinschaftslebens im Kloster, wobei er vom Einsatz rigoroser und gewalttätiger Mittel abrät: »Da es sich um Frauen handelt, die bereits in ständiger Gefangenschaft leben, sind Mittel des Terrors und der Kasteiung nicht praktikabel, wie sie bei den Ordensleuten vom anderen Geschlecht mit Einkerkerung, Verlegung in eine andere Zelle, Entzug der Gelübde oder der Ämter angewandt werden (…).« Ebenso rät er dazu, die strengen Vorschriften der Kongregation der Ordensleute im Hinblick auf die »Gespräche« unter Ordensschwestern oder von Ordensschwestern mit Novizinnen und Klosterschülerinnen zu mildern und die Normen des Umgangs dem weisen Fall-zu-Fall-Urteil zu überlassen. Zwar noch zaghaft, aber doch merklich kündigen sich hier neue Formen des sozialen Lebens im Kloster an. In den Jahren nach der von Papst Innozenz durchgeführten »Wende«, in denen die schwersten Hinterlassenschaften der Gegenreformation langsam ihr Gewicht verlieren, müssen die ruhige Vernunft und der ausgeprägt juristische Geist erstaunen, mit denen De Luca die »Personen« betrachtet, »welche freiwillig die Qual einer dauernden Karzerhaft erleiden, die vielleicht nach der Todesstrafe die größte ist«; »was die Härten und Bußen und die Art des Lebens angeht«, rät er dazu, »von seiten der Vorgesetzten und Beichtväter mit großer Freundlichkeit und Umsicht vorzugehen, da die strengen Mittel, die Vorgesetzte und Beichtväter voll unzuträglichen

Eifers üblicherweise anwenden, Tadel verdienen, auch wenn sie einem guten Zweck dienen (...)«.

Ohne es offen auszusprechen, bezieht De Luca an einem Wendepunkt des Streites zwischen Vita contemplativa und Vita activa in bezug auf die Ordensschwestern in den Klöstern des 17. Jahrhunderts Stellung. Während er die Frage nur teilweise beantwortet, erscheint dagegen der Jesuit Pietro Pinamonti in dieser Phase der Wandlung stärker bemüht, die Lebensbedingungen der Ordensschwestern angemessen zu definieren. In seinem Buch *La religiosa in solitudine* (*Die Ordensfrau in der Abgeschiedenheit*), das 1695 in Bologna erschien, in alle europäische Sprachen übersetzt und noch im 19. Jahrhundert nachgedruckt wurde, tritt der kämpferisch anti-quietistische Geist noch deutlicher hervor als bei De Luca. Dabei geht Pinamonti besonders auf die Situation in Frankreich und die gerade erfolgte Verurteilung Fénelons ein und empfiehlt den »Rückzug« in die spirituellen Exerzitien des Ignatius von Loyola gegen die »falsche Doktrin« des quietistischen Gebets. Pater Pinamonti lag wie seinem Ordensbruder Pater Segneri besonders die Popularisierung (und in diesem Fall auch die »Feminisierung«) von Meditationsexerzitien und Gebet am Herzen. Pinamontis *La religiosa in solitudine* teilt dabei mit Segneris *Cristiano istruito* (»Der gebildete Christ«) die grundlegende pädagogische Absicht, den Nonnen nicht nur »die Art und Weise [aufzuzeigen], wie sie mit Gewinn geistliche Exerzitien anwenden« können. Sein Bestreben ist auch, in »einem jeglichen die Sehnsucht zu wecken, mit diesem Mittel das eigene Leben zu reformieren«. Das Leben der Ordensschwester ist und bleibt für Pinamonti ein abgeschiedenes, »vollkommeneres« Leben, aber es ist auch ein übertragbares Modell, das durch die Anpassung der Exerzitien von Ignatius leicht unter anderen Bedingungen in acht- oder zehntägiger Abgeschiedenheit nachgeahmt werden kann: eine Zeit angefüllt mit Meditation und Lektüre, vor allem über die Geschichte Jesu und die Passionsgeschichte, die auf die mitfühlendste Weise evoziert wird. Ihre notwendige Ergänzung finden diese Übungen in anderen frommen Praktiken und äußerlicher Buße, von der Beichte und der Teilnahme an der Messe bis zur Kommunion und zum häufigen Gebet: ein prekäres Gleichgewicht zwischen Frömmelei, die langsam die Oberhand gewinnt, und dem Versuch, diese im geistigen Gebet, in der Gewissenserforschung, in gehaltvoller asketischer Lektüre und der weisen Anleitung des Seelsorgers zu verankern.

Es sind Anleitungen und Methoden, die anfänglich auf die jesuitische

Verehrung des Schutzengels, des heiligen Josef und vor allem der Jungfrau Maria zurückgriffen und den Übergang von einer inneren, für den
Mystizismus des 17. Jahrhunderts typischen »empfindsamen« Frömmigkeit zu einer eher äußerlichen »Empfindsamkeit« markieren. Dabei wird
jedoch auch nicht darauf verzichtet, die Sinne zu kontrollieren, wie etwa
mit der Aufforderung, die Zelle oder das Zimmer abzudunkeln, um Ab-
lenkung zu vermeiden, und auch die Gefühle sind zu kontrollieren, wie
bei der Empfehlung, zu meditieren, statt »Tränen der Zärtlichkeit« zu ver-
gießen. Von einigen Ausnahmen im Hinblick auf die Passionsgeschichte
abgesehen sind Pinamontis Ermahnungen auch sonst weit davon entfernt, das »Herz« anzusprechen. Er verwendet vielmehr rationale Bezüge
und Bilder, häufig der wissenschaftlichen Apologetik entnommen, die
über den Jesuiten Bartoli weite Verbreitung fand und einen literarischen
Geschmack verrät, für den unter den Zeitgenossen auch ein Schriftsteller
vom Niveau eines Lorenzo Magalotti nicht unempfänglich war: ein Kri-
stall, der sich allein durch das Mittagslicht »zum Edelstein härtet«, wie
das Herz, wenn es lange den Strahlen des Glaubens ausgesetzt ist; das Streben des Herzens, das, um sein schließliches Ziel zu erreichen, jedes Hindernis überwindet, ohne je innezuhalten, »wie ein Fluß, der sich von der
Anmut des Ufers nicht aufhalten läßt, noch von Dämmen zurückgewor-
fen wird, und der nie ruht, bevor er nicht in seinem Meer angekommen
ist«; der lebendige Glaube, der das Herz sofort in »einen Zustand heiliger
Härte gegen sich selbst« versetzt, wie »die Koralle, die unter den Wellen
des Meeres weich ist wie eine Pflanze«, die aber, »unter das Himmelslicht
hervorgeholt, hart wie ein Diamant wird«. Es kann kein Zweifel bestehen, daß diese Bilder und ihr metaphorischer Wert, ihre geschliffene und
überzeugende Ausdruckskraft, ein neues Verständnis des monastischen
Lebens andeuten und den Weg von den außergewöhnlichen Höhen der
Mystik zu einer Formung des menschlichen Willens bereiten, dessen asketische Haltung nicht von Strenge und Einsamkeit, sondern von Vertrauen
und heiterer Zuversicht geprägt ist.

Damit war der Weg für *La vera sposa di Gesu-Christo cioe' la Monaca
Santa per mezzo della virtu' proprie d'una religiosa* (1760; dt. *Die wahre
Braut Jesu Christi oder: Die durch Übung der klösterlichen Tugenden geheiligte Ordensperson*) von Alfonso Maria di Liguori bereitet. Liguori
legte zwar großen Wert auf die »Perfektion« des Klosterlebens, das nun
in die Kritik der Aufklärung geraten war, aber es findet sich bei ihm die
gleiche Leitidee wie bei Pinamonti, d. h. die Absicht, ein Buch zu schrei-

ben, das »nicht nur für Ordensschwestern und Ordensbrüder nützlich [ist], sondern auch für Laien, da in ihm die Ausübung christlicher Tugend behandelt wird, welche Personen jeglichen Standes obliegt«. Maßvoll unterschieden, bilden innere und äußere Bußpraxis hier Eckpfeiler einer Ethik und religiösen Konzeption, die vom Kloster leicht auf das weltliche Leben übertragbar ist. Die Verflechtung von Vita contemplativa und Vita activa, die schon in den Erfahrungen von Theresia von Ávila und Marie de l'Incarnation Ausdruck gefunden hatte, verwandelt sich hier in ein Perfektionsideal, das in täglicher Praxis verankert und für alle erreichbar ist. *La religieuse (Die Nonne)* (1759-60) von Denis Diderot erscheint wie die andere Seite dieser Medaille. Zur gleichen Zeit, als Liguoris Werk erschien – auch wenn das Werk erst später, in den Revolutionsjahren (1796) veröffentlicht wurde –, leiht Diderot der Ordensschwester des Barockzeitalters seine Stimme, die, von Bußen niedergeschmettert, in ihren Gottesvisionen Sublimierung erfährt oder, ins Kloster gezwungen, im Namen ihrer mit Füßen getretenen natürlichen Freiheit aufbegehrt. Das von Diderot gezeichnete Bild der barocken Ordensschwester wurde nun zunehmend und irreversibel durch ein Bild ersetzt, in dem, wie man es bezeichnet hat, ein »weiblicher Katholizismus« zum Ausdruck kam. Einen bedeutenden Beitrag zur inneren Verwandlung dieses Bildes und Ideals leisteten die Veränderungen, die sich im 18. Jahrhundert bis zur Revolution und zum napoleonischen Zeitalter vollzogen: der allgemeine Säkularisierungsprozeß, der Normen, Gesellschaftsstrukturen und die Mentalitäten erfaßte; die Reformen; die Unterdrückung der männlichen und weiblichen Ordensinstitutionen, ihre Umwidmung zu öffentlichen Zwecken und, im Falle vieler Frauenklöster, die besonders im habsburgischen Reich überlebten, ihre Wiederverwendung als Erziehungsanstalten. Reste der alten Auffassungen hielten sich und erfuhren mit der romantischen religiösen Kultur des 19. Jahrhunderts in der strengeren Betonung monastischer Klausur bald eine Wiederbelebung. Davon abgesehen jedoch kam es von nun an zu einem außergewöhnlichen Aufblühen der religiösen Frauenorden, die sich vor allem nach dem Trauma der Revolution bildeten und sich in und nach der Restaurationszeit und sogar noch später vermehrten. Sie stellten einen tiefen historischen Bruch mit dem nach-tridentinischen Zeitalter dar und gaben – unter den Vorzeichen neuer Formen des sozialen und religiösen Apostolats der katholischen Kirche – die neue Position der Frau in der zeitgenössischen Gesellschaft zu erkennen.

Kapitel 7
Die Hexe

Brian P. Levack

Von allen Gestalten des Barockzeitalters wurde die Hexe am meisten gefürchtet. Der Grund dieser Furcht ist nicht leicht ersichtlich. Oberflächlich betrachtet schien die Hexe nichts an sich zu haben, das eine Bedrohung hätte darstellen können. Sie war alt, schwach und in manchen Fällen gebrechlich. Ihre niedrige soziale und ökonomische Stellung machte sie von der finanziellen Unterstützung durch die Gemeinschaft abhängig, und sie verfügte weder über politische Macht noch über einflußreiche Beziehungen. Die mit ihr in Verbindung standen, entstammten der gleichen Gesellschaftsebene wie sie selbst. Einer Hexe war es kaum möglich, den unerbittlichen Fängen des Gesetzes zu entgehen, geschweige denn ihnen etwas entgegensetzen zu können. Es scheint, als hätte man sie eher bemitleiden als fürchten sollen, was in der historischen Literatur des 20. Jahrhunderts üblicherweise auch geschieht.

Nichtsdestotrotz wurde die Hexe sowohl von ihren Nachbarn als auch von den politisch und sozial Mächtigen als Bedrohung empfunden. Die Angst vor ihr war so groß, daß Theologen, Rechtsanwälte und Ärzte Abhandlungen verfaßten, die zur Verfolgung der Hexe ermutigten und aufriefen. Ihre Nachbarn trugen oft dazu bei, sie gefangenzunehmen und vor Gericht zu stellen. Zeugen, die man in einem Verfahren gegen jede andere Art von Kriminellen nicht zugelassen hätte, war es erlaubt, beeidete Aussagen gegen die Hexe abzulegen. Rechtsanwälte lehnten es oftmals ab, sie vor Gericht zu vertreten, und Friedensrichter und ordentliche Richter, die sich bei anderen Gelegenheiten einen Ruf für Fairneß und Gerechtigkeit erworben hatten, setzten alles daran, um einen Freispruch und eine nachfolgende Wiedereingliederung der Hexe in die Gesellschaft zu verhindern.

Es gab zwei Gründe für die Angst, die die Hexe auslöste. Da war erstens ihre magische Macht. Die Hexe galt vorgeblich als Praktikerin schädlicher Magie, eine Aktivität, die von den Theologen und Rechtsgelehrten als *maleficium* bezeichnet wurde. Mit Hilfe von gewissen mysteriösen, übersinnlichen oder übernatürlichen Kräften war sie angeblich in der Lage, Unglück, Krankheit und Tod über ihre Nachbarn oder deren Vieh zu bringen. Manchmal richtete sich das Übel auch gegen die Gesamtheit einer Gemeinde, etwa wenn die Hexe einen Hagelsturm verursachte, der das noch nicht geerntete Getreide zerstörte, oder ein Feuer auslöste, das eine ganze Stadt oder ein ganzes Dorf dem Erdboden gleichmachte. In der Regel setzte die Hexe ihre Magie jedoch gegen bestimmte Individuen ein, insbesondere gegen jene, mit denen sie auf schlechtem Fuß stand. Das Übel geschah im allgemeinen in Form einer Krankheit, die für das Opfer Entstellung, Behinderung oder den Tod zur Folge hatte. In anderen Fällen warf man der Hexe vor, sie sei die Ursache für die Impotenz des Bräutigams, das Zugrundegehen des Viehbestandes und Diebstahl.

Die Magie, die der Hexe von ihren Zeitgenossen zugeschrieben wurde, war anders als die der Neoplatonisten der Renaissance. Sie folgte nicht den Anleitungen schriftlicher Handreichungen oder philosophischer Abhandlungen und war von weitaus größerer Vielfalt. Zumeist beinhaltete die Praxis der Magie die Rezitation eines Fluchs oder Zauberspruchs. In manchen Fällen brauchte es noch weniger Anstrengung, so als ob die Magie wie von selbst durch eine der Hexe innewohnende Macht ausging. Einige Hexen konnten schlicht dadurch, daß sie ihren Opfern in die Augen schauten, Böses verursachen – eine suggestive Praxis, die als der »böse Blick« bekannt ist. Andere verursachten das Übel, allein indem sie es wünschten, ohne jede weitere Tätigkeit. Gelegentlich benutzten sie bestimmte Formen magischen Zubehörs, wie etwa eine dem Opfer nachempfundene Puppe, die entweder durchstochen oder zerbrochen wurde, um dem Opfer Schaden zuzufügen. Zu anderen Zeiten verstreuten die Hexen ein schwarzes Pulver auf Menschen oder Vieh oder beschmierten sie mit einer Salbe, um ihnen zu schaden oder sie zu töten. Hexen, die auf hoher See einen Sturm verursachten, wurde nachgesagt, sie hätten dazu verhexte Steine oder Katzen in das Wasser geworfen. Eine allgemein verbreitete Methode, Impotenz auszulösen, war das sogenannte Nestelknüpfen: das Verknoten eines Stücks Faden, eines Seils oder Leders.

Der zweite Grund, warum die Hexe insbesondere unter dem Klerus und den eher gebildeten Teilen der Gesellschaft Angst heraufbeschwor, lag in dem Verdacht, sie sei eine Verbündete und Dienerin des Teufels. Bereits seit den ersten Tagen der Kirche hatten die christlichen Theologen betont, daß alle Magie, ob sie nun guten oder bösen Zwecken diente, durch die Macht des Teufels zustande komme. Während des Mittelalters wurde diese Anklage hauptsächlich gegen gelehrte Magier, besonders Nekromanten, vorgebracht, die Dämonen in der Absicht beschworen, magisch für sie tätig zu werden. Weil sich diese rituellen Magier dämonischer Mächte bedienten und weil man annahm, daß sie den Dämonen im Gegenzug für deren Dienste einen Preis anbieten mußten, wurden sie beschuldigt, einen Pakt mit dem Teufel einzugehen. Das brandmarkte sie sowohl als Häretiker wie als Apostaten, als Abtrünnige, die ihren christlichen Glauben abgelegt hatten und in eine unerlaubte Beziehung mit dem Fürsten der Finsternis eingetreten waren.

Während des 15. Jahrhunderts richtete sich die Klage wegen eines Pakts mit dem Teufel immer öfter gegen die mutmaßlichen Praktiker schlichter Dorfmagie als gegen die gelehrteren rituellen Magier. Diese neuen häretischen Magier, die man jetzt Hexen nannte, kamen aus den unteren Schichten der Gesellschaft und waren hauptsächlich Frauen. Erstmals tauchten sie in Gerichtsakten aus der ersten Hälfte des 15. Jahrhunderts in Frankreich und der Schweiz auf. So wie sich der soziale Status und das Geschlecht des Magiers änderten, so veränderte sich auch die gegen ihn erhobene Anklage der Teufelsanbetung. Während der gelehrte männliche Magier immer versucht hatte, die von ihm angerufenen Dämonen zu befehligen, wurden die weiblichen Hexen zu Dienerinnen Satans, deren Aufgabe eher im Gehorchen denn im Befehlen lag. König James VI. von Schottland kommentierte im Jahre 1597: »Hexen sind allein Dienerinnen und Sklavinnen des Teufels, während Nekromanten ihre Herren und Befehlshaber sind.«

Als immer mehr Hexen angeklagt und vor Gericht gestellt wurden und die Rechtsgelehrten und Theologen Handbücher und Abhandlungen über sie schrieben, verfestigte sich eine Auffassung bezüglich ihres diabolischen Wesens, die zum akademischen Standard wurde. Nach dieser stereotypen Vorstellung wurde die Hexe zunächst durch einen vorsätzlichen dämonischen Akt der Versuchung in die Dienste des Teufels hineingelockt. Der Teufel selbst erschien der Hexe oft in Gestalt eines attraktiven und ansehnlich gekleideten Mannes und bot ihr für ihre Dienste Gesundheit, sexuelle Gunst oder andere Verlockungen menschlichen Glücks an. Wenn Geld angeboten wurde, war der Betrag für gewöhnlich armselig karg, und immer wieder wurde berichtet, daß sich die Münzen später in Schiefersteine verwandelten. Dann besiegelten der Teufel und die Hexe von Angesicht zu Angesicht ausdrücklich einen Pakt, wobei die neu Eingeweihte ihren Glauben widerrief, auf einem Kreuz herumtrampelte und sich einer erneuten Taufe durch den Teufel unterzog. Als Zeichen ihres Vertrags mit dem Teufel erhielt sie ein Körpermal, von dem Dämonologen behaupteten, daß es weder bluten noch Schmerzen verursachen würde, wenn man in es hineinsteche. Die Ankläger setzten alles daran, solche Körpermale zu entdecken, die als sichtbarer Beweis für die Ausübung des Hexenhandwerks galten. Im Schottland des 17. Jahrhunderts spezialisierten sich eine ganze Reihe von Hexenjägern, die unter der Bezeichnung »Stecher« bekannt waren, auf die Lokalisierung dieser Körpermale.

Nachdem die Hexe in den neuen Glauben eingeführt war, erwartete man von ihr, daß sie gemeinsam mit anderen Hexen an regelmäßig stattfindenden großen Kultversammlungen teilnahm. Auf diesen nächtlichen geheimen Treffen, die als Hexensabbat bezeichnet wurden und die angeblich in abseits der Städte und Dörfer gelegenen Wäldern und auf Bergen stattfanden, erwiesen große Gruppen von Hexen dem Teufel die Ehre, der gewöhnlich in Gestalt eines Ziegenbocks, eines Stiers oder Hundes erschien. Dabei beließen es die Hexen keineswegs dabei, sich ihm auf die denkbar erniedrigendste Art und Weise zu unterwerfen, indem sie ihm sein Hinterteil küßten, sondern brachten ihm auch ungetaufte Kinder zum Opfer dar. Anschließend frönten sie nackt dem Tanz, gaben sich sowohl mit Dämonen wie auch mit anderen Hexen freizügigen hetero- und homosexuellen Aktivitäten hin und hielten exzessive Sauf- und Freßgelage ab. Bei diesen Mahlzeiten aßen die Hexen verschiedene widerwärtige und ungesalzene Speisen, zu denen auch das Fleisch von Kindern gehörte. Eine weitere Aktivität bestand in der Zubereitung von Gebräuen, die sie zur Ausübung ihrer *maleficia* benötigten. Manchmal war es der Teufel selbst, der den Hexen Pulver und Salben gab, damit sie ihrem Handwerk nachgehen konnten. Angelegentlich mancher Hexensabbate, besonders jener, die in Frankreich stattfanden, wurde der katholische Gottesdienst verspottet, indem man Gebete rückwärts aufsagte, der Priester auf dem Kopf stand, die eucharistische Hostie aus einer schwarzen Rübe hergestellt war und in allen Gebeten der Name des Teufels an die Stelle Jesu Christi gesetzt wurde. Nachdem all dieses Tun beendet war, brachte der Teufel die Hexen auf die gleiche Art und Weise rasch wieder nach Hause, wie er sie auch hergebracht hatte, was gewöhnlicherweise auf dem Flugwege geschah. Manchmal sagte man von den Hexen, sie flögen auf Besenstielen, Mistgabeln oder dem Rücken von Tieren, aber ungeachtet des Transportmittels galt die Macht zu fliegen als eine vom Teufel stammende Fähigkeit.

Vor dem Hintergrund dieser Beschreibung des Hexensabbats sollte deutlich geworden sein, warum jene, die von dessen Existenz überzeugt waren, in großer Angst vor Hexen lebten. Neben ihrer magischen Macht fürchteten diese Männer die moralische Destruktivität der Hexen. Die Hexe war eine Verbündete des Satans, die die rege Ausübung und Verbreitung des Bösen vorantrieb. Sie wurde für die Umkehrung der gesamten moralischen Ordnung verantwortlich gemacht und trotzte nicht nur den Normen des Christentums, sondern der Gesellschaft im ganzen. Ihr Verbrechen war so schrecklich, daß man es als *crimen exceptum* ansah, einen Angriff von besonderer Schwere, der mit weitaus weniger Zurückhaltung verfolgt werden mußte als andere säkulare oder religiöse Vergehen. Aus diesem Grund fanden während der Hexenprozesse einige der extremsten Formen gerichtlich verordneter Folterungen Anwendung, oftmals wiederholt angeordnet, bis die Angeklagte ein Geständnis ablegte.

Die Aussicht auf moralische und physische Vernichtung war besorgniserregend genug, wurde aber noch durch die Tatsache gesteigert, daß die Hexe vermutlich mit einer stattlichen Anzahl Gleichgesinnter im Bunde stand. Berichte über die Anwesenheit Hunderter, wenn nicht Tausender von Hexen am Hexensabbat bezeugen, daß sich die Gesellschaft einer kollektiven und konspirativen Bedrohung ihrer Religion, ihrer moralischen Werte und sozialen Ordnung gegenübersah. Mehr noch, die Bedrohung schien ganz Europa zu gelten, seit es unter den gebildeten Eliten weithin bekannt war, daß über den gesamten Kontinent hinweg Hexen verfolgt wurden. Die Hexe mochte eine Gestalt von lokaler Bedeutung sein, die allein einigen hundert Nachbarn in der ländlichen Umgebung, in der sie lebte, bekannt war, aber in den Augen der Elite war sie eine internationale Persönlichkeit, die in der Lage war, weite Entfernungen (in manchen Fällen sogar den Atlantischen Ozean) per Flug zu überwinden, wodurch sie zum Bestandteil einer Verschwörung und Rebellion von europäischer Dimension wurde. Im Jahre 1571 erzählte eine französische Hexe König Karl IX., daß es mehr als 300 000 Hexen innerhalb seines Herrschaftsbereichs gebe, und im Jahre 1602 errechnete der Dämonologe Henri Boguet auf der Grundlage dieser Angaben eine Gesamtzahl von 1 800 000 Hexen für ganz Europa.

Auf diesem Wege wurde die Hexe zu einem Objekt intensiver Angst, einer Angst, die sowohl von den unteren Klassen wie auch der gelehrten Elite geteilt wurde. In welchem Maß basierte diese Angst auf einer entsprechenden Wirklichkeit? Hier gilt es noch einmal zwischen den magischen und diabolischen Aspekten der Aktivitäten einer Hexe zu unterscheiden. Die Magie der Hexe hatte in der Wirklichkeit eine solide Grundlage. Das heißt nicht, daß alle der Magie angeklagten Hexen diese auch praktizierten oder daß ihre Magie tatsächlich funktionierte. Es bedeutet schlicht, daß einige Hexen in der Tat versuchten, eine schädlich wirkende Magie zu praktizieren. In jeder Gemeinde gab es einige Frauen, die magische Rituale vollzogen. Normalerweise gehörte zu ihrem Handwerk etwas, das wir als wohltätige Magie bezeichnen würden: die Rezitation magischer Formeln und verfälschter Gebete sowie die Verabreichung von Kräutern und Salben, um Menschen und Tiere von ihren Krankheiten zu heilen. Auch mag die Praxis der Weissagung dazugehört haben, um etwa den Aufbewahrungsort von Diebesgut ausfindig zu machen. Mit Sicherheit kann man davon ausgehen, daß einige dieser Dorfzauberinnen von Zeit zu Zeit versuchten, ihre Kräfte auch zum Schaden ihrer Feinde einzusetzen oder diese zumindest durch deren Androhung in Angst zu versetzen. Sowohl unter dem einfachen Volk wie auch unter der gebildeten Elite wurde weitgehend angenommen, daß diejenigen, die es verstanden, ihre Patienten zu heilen, ihnen auch Schaden zufügen konnten, und es gibt viele bekannte Vorfälle, bei denen Heiler ihre Kräfte tatsächlich für schädliche Zwecke einsetzten.

Allerdings war die Praxis solcher Hexerei keineswegs auf die örtliche »weise Frau« beschränkt. In einem Zeitalter, in dem praktisch jeder an Magie glaubte, muß die Versuchung, auf Magie zurückgreifen zu können, insbesondere in Krisenzeiten sehr groß gewesen sein. Das Überleben des Glaubens an die Einnahme mit einem Fluch belegter Pillen oder an das Ritual mit Nadeln durchstochener Puppen läßt zusammen mit dem Nachweis, daß Körperteile zu schädlichen Zwecken benutzt wurden, vermuten, daß die Hexerei zum Erscheinungsbild des dörflichen Lebens im 17. Jahrhundert gehörte. Der Prozentsatz von Hexen, die tatsächlich solche Magie praktizierten, ist wahrscheinlich ziemlich gering; die meisten Personen, die man des Hexenhandwerks bezichtigte, waren Sündenböcke für die Gemeinschaft, in der sie lebten. Nichtsdestotrotz war die Dorfhexe nicht gänzlich ein Hirngespinst, das der Einbildung der Leute entsprang.

Wie die Magie ausübende Hexe war auch die diabolische Hexe – die Hexe, die mit dem Teufel einen Pakt geschlossen hatte und ihm in Gemeinschaft mit anderen huldigte – keine vollkommen imaginäre Gestalt. In einem Zeitalter ständiger Knappheit, steigender Preise, sinkender Löhne und eines allgemeinen Rückgangs des Lebensstandards gab es für die Angehörigen der niederen Klassen und insbesondere für Frauen reichlich Versuchungen, nach einem Arrangement mit dem Teufel zu suchen, um ihr Los zu verbessern. Ob diese Frauen wirklich mit irgendeiner Art von übernatürlichem Wesen Kontakt aufnahmen, während sie einen solchen Pakt eingingen, soll uns nicht weiter beschäftigen; entscheidend ist, daß sie glaubten, tatsächlich irgendeine Art von Pakt abzuschließen. Das unumwundene Bekenntnis vieler Hexen, in solche Verträge eingewilligt zu haben, verbunden mit der offenkundigen Schuld, die sie bei ihren Gerichtsverfahren eingestanden, legt die Vermutung nahe, daß sie sich tatsächlich entschieden hatten, ihre Seele um irdischer Ziele willen zu verkaufen.

Ob diese Frauen tatsächlich im Rahmen eines Hexensabbats den Teufel anbeteten, ist hingegen ein weitaus schwierigeres Problem. Es stellt sich uns in zweifacher Form. Einerseits berichten die uns erhalten gebliebenen Darstellungen dieser Versammlungen von sicherlich unmöglichen Vorgängen, wie etwa dem Durch-die-Luft-fliegen-Können, wodurch das gesamte Zeugnis zweifelhaft erscheint. Andererseits sind die meisten Bekenntnisse bezüglich einer aktiven Teilnahme an einem Hexensabbat mehr oder weniger verfälscht. Denn in den meisten Fällen wurden die Geständnisse unter der Folter erzwungen, womit sie sich als wertlos erweisen, da sie somit als Äußerungen anzusehen sind, die mehr Aufschluß darüber geben, was die Befrager zu hören wünschten, als darüber, was tatsächlich vorgefallen ist. In anderen Fällen handelte es sich bei diesen Geständnissen um Zeugnisse aus dem Mund von Kindern oder von Leuten, die unter dem Einfluß von Drogen standen. Im Baskenland beispielsweise legten im Jahre 1610 1300 Kinder das Geständnis ab, an einem Hexensabbat teilgenommen zu haben. Im Zuge eindringlicher Befragungen durch einen skeptischen Inquisitor, Alonso Salazar de Frias, erwies sich schließlich die gesamte Versammlung als Schimäre. Mehr noch, die Behauptung, daß Tausende von Individuen an einem weit entfernten Treffpunkt zusammenströmten und anschließend wieder in ihre Häuser zurückkehrten, ohne dabei entdeckt worden oder zufällig auf Außenstehende getroffen zu sein, erhöhte nicht eben die eigene Glaubwürdigkeit.

Es ist durchaus möglich, daß kleine Gruppen angeklagter Hexen sich gelegentlich an geheimen Orten außerhalb ihrer Dörfer versammelten. Im Jahre 1582 stolperte ein Reisender in Neuchâtel über eine Gruppe von Frauen, die um ein Feuer herumtanzten. Eine der Frauen, Jehanne Berna, gestand ein, daß es sich bei dem Treffen um eine »Versammlung von Hexen« gehandelt habe, und gab die Namen ihrer Komplizinnen bekannt. Ebensowenig läßt sich die Möglichkeit von der Hand weisen, daß bacchantische Orgien tatsächlich stattfanden, obgleich es unwahrscheinlich ist, daß der Hexerei angeklagte Frauen Teilnehmerinnen solcher Feierlichkeiten gewesen wären. Extrem unwahrscheinlich ist allerdings, daß die großen Hexensabbate, von denen in den Anklageschriften und Geständnissen der Hexen regelmäßig die Rede ist – wie beispielsweise eine von Pierre de Lancre 1612 beschriebene angebliche Versammlung von 100 000 »Satansanbeterinnen« –, jemals wirklich stattgefunden haben. Praktisch alle uns zur Verfügung stehenden Hinweise auf solche Versammlungen sind ganz offensichtlich unzuverlässig.

Ebenfalls extrem unwahrscheinlich ist, daß diejenigen, die der Teilnahme an einem Hexensabbat angeklagt wurden, sich um anderer, nichtdiabolischer Zwecke willen selbst organisiert hatten, was dann von den gesetzlichen Autoritäten lediglich als Anbetung des Teufels interpretiert wurde. Es fehlt nicht an historischen Theorien, die die Aktivitäten angeklagter Hexen auf diese Weise deuten. Die wohl berühmteste Hypothese stammt von der Anthropologin Margaret Murray, die argumentierte, Hexen seien in Wirklichkeit Anhängerinnen eines antiken vorchristlichen Fruchtbarkeitskultes gewesen, dessen wohltätige Riten von den beunruhigten Klerikern und Richtern als schädlich und diabolisch mißdeutet wurden. Andere Wissenschaftler, die eine romantische Interpretation der Hexerei bevorzugen, haben die Hexenversammlungen als organisierte Protestveranstaltungen interpretiert, die sich gegen die etablierte ökonomische und soziale Ordnung oder gegen das Patriarchat richteten. Das Problem all dieser Interpretationen besteht darin, daß es keinen Beweis dafür gibt, daß Hexen überhaupt zu irgendeinem Zweck – sei es ein diabolischer, sei es ein anderer – in zahlenmäßig nennenswerter Form zusammengekommen wären. Die Angst vor Formen kollektiver Teufelsanbetung mag sich auf die Existenz geheimer Zusammenkünfte anderer Gruppierungen gestützt haben. So wissen wir beispielsweise, daß Häretiker in ziemlich großer Anzahl zu gottesdienstähnlichen Zwecken zusammenkamen, und mit Sicherheit hatten heidnische Gruppierungen dies in der Vergangenheit ebenfalls getan. Aber Hexen, sofern sie denn überhaupt je irgendeinem Handwerk nachgingen, übten es einzeln oder nur in kleinen Gruppen aus.

Auch wenn Hexen nicht einmal einen Bruchteil jener Dinge, deren sie angeklagt wurden, getan hatten, gelangten viele im Laufe ihrer Strafverfolgung zu der Überzeugung, tatsächlich Hexen zu sein. Die wohl eindrucksvollste Illustration dieser Entwicklung vollzog sich zwischen 1575 und 1650 in Friaul, wo venezianische Inquisitoren die Anhänger eines agrarischen Fruchtbarkeitskultes verfolgten. Die Benandanti, die ihre Glückshauben als Amulett um ihren Hals trugen, glaubten, daß sie im Zustand der Katalepsie in die Nacht hinausliefen, um sich mit den Hexen Schlachten zu liefern. In diesen symbolischen Schlachten kämpften die Benandanti mit Fenchelstangen in den Händen, während die Hexen mit Sorghumstengeln[1] ausgerüstet waren. Ein Sieg der Benandanti würde eine fruchtbare Ernte zur Folge haben und eine Niederlage auf Unfruchtbarkeit hindeuten. Unfähig, dieses Muster volkstümlicher Glaubensvorstellungen zu verstehen, meinten die Inquisitoren, daß die Benandanti in Wirklichkeit Hexen seien, die nachts zum Hexensabbat »ausströmten«. Die Sektenanhänger wiesen diesen Vorwurf vehement zurück, aber im Laufe einer sich über siebzig Jahre erstreckenden, intensiven Strafverfolgung (die allerdings keine Folter mit einschloß), gelangten die Benandanti und ihre Nachbarn schließlich selbst zu der Überzeugung, sie seien Hexen.

Ein ähnlicher Prozeß der Selbstdefinition fand häufig in französischen und Schweizer Hexenprozessen statt, bei denen es Richtern oder Inquisitoren gelang, die der Hexerei angeklagten Personen davon zu überzeugen, daß sie tatsächlich der ihnen zur Last gelegten Verbrechen schuldig

---

1 Mohren- oder Kaffernhirse, in Afrika und Südeuropa angebaute Getreidepflanze. (A. d. Ü.)

seien. In diesen Gerichtsprozessen hatte es den Anschein, als wären die Hexen über ihre Sünden aufrichtig zerknirscht. Über die Gründe solcher Reue, die von Fall zu Fall anders gelagert sein mochten, kann man nur Mutmaßungen anstellen. Eine Möglichkeit wäre, daß die Angeklagten tatsächlich einiger der ihnen vorgeworfenen Taten schuldig waren, wie etwa die Ausübung schädlicher Magie. Das Geständnis einer Frau aus Rosières-au-Salines in Lothringen, mit Hilfe der Hexerei ihr nicht wohlgesinnte Personen getötet zu haben, fällt unter diese Kategorie. Eine andere Möglichkeit bestünde darin, daß sich die Angeklagten selbst als Sünderinnen ansahen und ihre Strafverfolgung sie dazu zwang, mit ihrer Bösartigkeit ins reine zu kommen. Dies scheint etwa der Fall gewesen zu sein, als eine Frau aus La Neuveville-les-Raon in Lothringen ihr Verbrechen gestand und die Richter bat, »für ihre arme Seele zu Gott zu beten, damit Gott sich erbarme, ihr ihre Sünden zu vergeben«.

Eine dritte Möglichkeit wäre, daß Hexen im Zuge ihres Prozesses von der Enthüllung ihrer übernatürlichen Kräfte so fasziniert wurden, daß sie – war ihnen das erst einmal zu Bewußtsein gekommen – bereitwillig ihre Verbrechen zugaben. Carl Theodor Dreyers brillanter Film *Vredens Dag*, der auf dem Prozeß gegen Anna Pedersdotter in Bergen im Jahre 1590 basiert, illustriert eindrücklich die Plausibilität einer solchen Bewußtwerdung. Im Film wird Anna angeklagt, ihren Mann durch Hexerei getötet zu haben, und tatsächlich hatte sie ihm kurz vor seinem Ableben den Tod gewünscht. Ebenfalls wurde ihr vorgeworfen, sie habe ihre Kräfte eingesetzt, um ihren Stiefsohn zu verführen, und ihr diesbezüglicher Erfolg diente allein dazu, sie selbst von ihrer eigenen Schuldhaftigkeit zu überzeugen. Eine letzte Möglichkeit schließlich liegt darin, daß eine Frau, nachdem sie die Hoffnungslosigkeit ihrer Situation erkannt hatte, versucht haben mag, ihre Verfolger mit der Drohung magischer Vergeltung einzuschüchtern. In solchen Fällen – wie beispielsweise dem der schottischen Hexe Jannet Macmurdoch im Jahre 1671 – identifizierte sich die Angeklagte mit dem Etikett, das ihr zugeteilt wurde, und benutzte es sodann zu ihrer eigenen Verteidigung.

Selbst wenn einige zu der Überzeugung gelangten, sie seien tatsächlich Hexen, so läßt sich dennoch nicht verleugnen, daß die meisten der gegen Hexen vorgebrachten Anklagen, insbesondere der Vorwurf der Teufelsanbetung, jeder Grundlage entbehrten. Die den Hexen zur Last gelegten Verbrechen waren weitgehend ein Produkt der Einbildung. Demzufolge muß die Frage gestellt werden, warum bestimmte Personen fälschlicherweise angeklagt wurden. Warum wurden sie – entweder von ihren Nachbarn oder von gesetzlich legitimierten Vertretern – zum Zwecke ihrer Verfolgung ausgesondert? Warum waren bestimmte Männer und Frauen mehr als andere dazu geeignet, den Gemeinschaften im frühneuzeitlichen Europa als Sündenböcke zu dienen? Wer, mit anderen Worten, waren diese Hexen?

Zuerst und vor allem anderen waren es Frauen. In diesem Punkt stimmen alle uns erhaltenen Angaben aus den Hexenprozessen ganz Europas zusammen mit den zahllosen Gemälden zeitgenössischer Maler und den Darstellungen von Kupferstichen und Holzschnitten überein. Mehr als 80 Prozent aller der Hexerei angeklagten Personen während des 16. und 17. Jahrhunderts waren weiblichen Geschlechts. In einigen Gebieten, wie etwa in England, lag dieser Prozentsatz noch höher und überschritt sogar 90 Prozent. Sicher, es gab nichts, was Männer daran hätte hindern können, ebenfalls Hexen zu werden. Wie die Frauen hätten auch sie Magie betreiben und einen Pakt mit dem Teufel eingehen können. Auf dem berühmten Holzschnitt *Compendium Maleficarum* (1608) aus der Hand Francesco Maria Guazzos, der einen Pakt zwischen Hexen und Teufel darstellt, findet sich die Anzahl der Hexen nahezu gleichmäßig auf beide Geschlechter verteilt. Dennoch wurden Männer nur sehr selten dieses Verbrechens angeklagt, und wenn sie es wurden, dann zumeist in Verbindung mit ihren Frauen oder Müttern. Ihre Verfolgung führte kaum dazu, die sowohl von der Oberschicht wie vom einfachen Volk geteilte Annahme in Zweifel zu ziehen, daß die Hexe dem weiblichen Geschlecht angehörte.

Obgleich diese Annahme vermutlich in allen Bereichen der Gesellschaft anzutreffen war, gab es doch auf seiten der Oberschicht und des einfachen Volkes recht unterschiedliche Gründe dafür. Was die einfachen Dorfbewohner betrifft, so war in ihren Augen eine Hexe weiblich, weil eine Frau mehr als ein Mann geeignet war, einfache Formen der Magie auszuüben. Frauen waren in den europäischen Gemeinschaften traditionell die weisen Magier oder Heiler. Sie waren es, die mit Kräutern, Salben und anderem magischen Gebräu die Krankheiten von Mensch und Tier zu heilen wußten. Deshalb schienen sie auch in der Lage zu sein, ihre magischen Kräfte für schädliche Zwecke benutzen zu können, und die Tatsache, daß sich viele ihrer Patienten von ihren Gebrechen nicht erholen konnten, machte sie wiederum für den Vorwurf des *maleficium* angreifbar. Wenn sich diese Heilerinnen den Ärger ihrer Nachbarn zuzogen, indem sie überhöhte Gebühren für ihre Dienste verlangten, mochte eine Anklage wegen Hexerei sehr gut dazu dienlich sein, ihren finanziellen Ehrgeiz in Grenzen zu halten.

Waren diese Heilerinnen, wie es oftmals der Fall war, darüber hinaus auch als Hebammen tätig, erhöhte sich die Möglichkeit, eines *maleficiums* verdächtigt zu werden, um ein Vielfaches. Hebammen standen zahlreiche Gelegenheiten zur Verfügung, neugeborenen Kindern Übles anzutun, und da die Sterblichkeitsrate bei Neugeborenen zu jener Zeit sehr hoch war, gerieten sie oft in das Fadenkreuz von Verdächtigungen. In Krisenzeiten mußten sie für die gesamte Gemeinde als Sündenböcke herhalten. Im Jahre 1587 wurde in dem Städtchen Dillingen eine Hebamme und Heilerin namens Walpurga Hausmännin beschuldigt, mittels der Verabreichung einer magischen Salbe nicht weniger als 43 Babys getötet zu haben. Sie verschlimmerte ihr Verbrechen noch dadurch, daß sie die Knochen der getöteten Kinder dazu benutzt habe, einen Hagelsturm in der Absicht heraufzubeschwören, die Feldfrucht ihrer Nachbarn zu vernichten. Von den zwischen 1627 und 1630 in Köln der Hexerei angeklagten zwölf Frauen, deren Beruf bekannt ist, waren acht Hebammen.

Selbst wenn eine Frau nicht als Heilerin oder Hebamme tätig war, mußte sie mehr als Männer die Gefahr fürchten, von ihren Nachbarn der Hexerei bezichtigt zu werden. Die ihr zugewiesene Rolle als Köchin des Hauses, ihre Beteiligung an den Ritualen der Geburt und ihr ständiger Umgang mit kranken Kindern bescherten ihr sowohl die Gelegenheit wie auch die Mittel, magisch herbeigeführte Übel zu bewirken. Darüber hinaus wurde allgemein angenommen, daß Frauen mehr der magischen Kräfte bedurften als Männer. Da ihnen das physische, ökonomische und politische Vermögen der Männer versagt war, schienen Frauen genötigt, auf solch mysteriöse Kräfte zurückzugreifen, die in Mythologie und Volkskultur mit den Figuren von Hexe und Zauberin verknüpft waren. Und wenn der Argwohn der Dorfbewohner noch irgendeiner weiteren Nahrung bedurfte, dann würden die ortsansässigen Priester oder Geistlichen schon dafür sorgen, waren sie doch seit eh und je davon überzeugt, daß Hexen dem Geschlecht Evas entstammten.

Die Gründe für die Verdächtigungen waren allerdings auf seiten der Priester andere als auf seiten der Nachbarn einer Hexe. Die Geistlichkeit wie auch die meisten jener Männer, die dem gebildeten Stand angehörten, zeigten sich weitaus mehr von den diabolischen als von den magischen Praktiken der Hexe beunruhigt. Die Mitglieder des Klerus und der herrschenden Elite neigten sehr viel mehr dazu, Frauen der Hexerei zu verdächtigen und zu bezichtigen, weil sie glaubten, Frauen hätten eine stärkere Veranlagung zu Täuschung und Versuchung als Männer. Das Beispiel von Evas Versuchung im Garten Eden diente Geistlichen seit Jahrhunderten als Argument, daß Frauen moralisch schwächer seien als Männer. Gemäß dem *Malleus maleficarum* oder *Hexenhammer*, einem Werk, das von zwei dominikanischen Inquisitoren im Jahre 1486 geschrieben wurde, »schwört eine böse Frau von Natur aus dem Glauben schneller ab, worin die Wurzel der Hexerei zu sehen ist«. Die wichtigste Quelle dieser Schwäche lag in der »fleischlichen Lust« der Frau, die nach Auffassung der Dominikaner unersättlich war. Indem der Teufel an dieses sexuelle Verlangen appellierte, war er in der Lage, die Frau in seine Dienste zu locken und sodann die Hexerei zu praktizieren. Die im Zusammenhang mit dem Hexensabbat stehenden Berichte über sexuelle Promiskuität dienten allein dazu, die Bedeutung der sexuellen Begierde der Hexen in den Augen der geistlichen Elite zu unterstreichen.

Die Häufigkeit, mit der in zeitgenössischen Abhandlungen auf die sexuellen Begierden und Gewohnheiten von Hexen Bezug genommen wird, läßt vermuten, daß den Klerikern eine tiefe Angst vor sexuellen Versuchungen innewohnte, die besonders bei jenen Männern stark ausgeprägt war, die sich für ein Leben im Zölibat entschieden hatten. Im Falle des *Malleus maleficarum* sind die Anspielungen auf die weibliche Sexualität derart beharrlich, wenn nicht gar zwanghaft, daß man nur den Schluß ziehen kann, daß die Autoren ihre eigenen sexuellen Sehnsüchte auf die Frauen projizierten. Die gleiche Art der Projektion mag sich auf der Ebene der Gemeinden während der Gegenreformation vollzogen haben. Einer der wichtigsten Grundzüge der katholischen Gegenreformation bestand in der Forderung, daß die Gemeindegeistlichen in strengster Weise dem kirchlich errichteten Zölibat Folge leisten sollten. Für viele Priester, die in diesem Punkt bislang eher nachlässig gewesen waren, bedeutete dies eine permanente Konfrontation mit Versuchungen und der Erfahrung, daß sie ihnen bisweilen erlagen. Ein Weg, mit diesen Versuchungen wie auch mit den durch Versagen ausgelösten Schuldgefühlen umzugehen, bestand darin, das eigene sexuelle Verhalten auf die weiblichen Hexen zu übertragen, die diesen Gemeinden schlechthin als Symbol für Sexualität dienten.

Klerus und herrschende Elite hatten auch ihre eigenen Gründe, Hebammen der Hexerei zu verdächtigen. Als Geistliche teilten sie hinsichtlich der Säuglingssterblichkeit in ihren Gemeinden die Überzeugung des einfachen Volkes, und als Richter waren sie insbesondere über den alarmierenden Anstieg von Kindstötungen und Abtreibungen beunruhigt, der in ganz Europa im Zuge der Verschlechterung der ökonomischen Bedingungen nach 1550 zu beobachten war. In ihren Augen erschienen solche Verbrechen eher plausibel, wenn man davon ausging, daß sie von Hebammen begangen wurden, die der Hexerei anhingen. Was sie jedoch an der Hexerei am meisten in Aufregung versetzte, war die Praxis der Teufelsanbetung, und auch in dieser Hinsicht stand die Hebamme nahezu selbstverständlich unter Verdacht. Es war ein weitverbreiteter Glaube, daß Hexen im Rahmen ihrer am Hexensabbat ausgeübten Zeremonien dem Teufel ungetaufte Babys opferten. Wer sonst aber hatte regelmäßig Zugang zu Babys, um für Nachschub zu sorgen, wenn nicht die Hebamme? Ebenso herrschte die Angst, daß die in die Hände einer Hexe geratenen Kinder der Kirche Satans ausgeliefert würden. Im Jahre 1728 wurde eine Hebamme in Szegerin, Ungarn, angeklagt, 2 000 Kinder auf den Namen des Teufels getauft zu haben. Ein weiterer Grund, warum Hebammen wegen Hexerei verfolgt wurden, resultierte aus dem Mißtrauen und Ärger der Männer über die Tatsache, daß den Hebammen die alleinige Kontrolle der Geburt und ihrer Geheimnisse oblag. Der Vorwurf der Hexerei war ein höchst plausibles Mittel, um diesem Groll Ausdruck zu verleihen, und fand darüber hinaus den Beifall des einfachen Volkes.

Die Hexe war nicht nur eine Frau, sondern auch eine *alte* Frau. Laut den berichteten Fällen hatte die große Mehrheit der Hexen das fünfzigste Lebensjahr überschritten, was im frühneuzeitlichen Europa bedeutete, die Menopause seit zehn Jahren hinter sich zu haben. Das wiederum genügte, um von den eigenen Nachbarn als alt eingestuft zu werden. In einigen Gebieten, beispielsweise in der Grafschaft Essex, England, lag das Durchschnittsalter der Hexen bei 60 Jahren. Gelegentlich, wie etwa in dem Prozeß gegen Collette du Mont auf der Insel Guernsey im Jahre 1624, wird die Angeklagte wiederholt als »die alte Frau« bezeichnet. Wenn es um das Alter der Hexen geht, verleihen Kunstwerke den Gerichtsberichten zusätzliche Beweiskraft. Auf vielen zeitgenössischen Holz- und Kupferstichen sowie Gemälden wird die Hexe als alte, unattraktive Frau mit runzliger Haut und ungepflegtem Haar dargestellt. Und ebenso häufig wird sie mit einem lahmen Bein gezeichnet, einem weiteren Zeichen fortgeschrittenen Alters. Reginald Scot bewegte sich auf sicherem Boden, als er behauptete: »Hexen sind Frauen, die für gewöhnlich alt sind.«

Es gibt viele Gründe, warum Hexen eher der älteren Generation zugerechnet wurden. Zum einen wurde ihnen normalerweise erst dann der Prozeß gemacht, nachdem sie bereits über Jahre hinweg unter Verdacht standen, ein Umstand, durch den natürlich das Durchschnittsalter der vor Gericht gestellten Frauen ziemlich in die Höhe getrieben wurde. Handelte es sich bei der Hexe um eine Heilerin oder Hebamme, war sie regelrecht per definitionem alt, da es Jahre dauerte, sich die Kenntnisse und Fertigkeiten »weiser Frauen« anzueignen und eine entsprechende Klientel zu gewinnen. Eine weitere Erklärung besteht in der Tatsache, daß ältere Menschen, insbesondere wenn sie senil waren, oftmals ein exzentrisches oder unsoziales Verhalten an den Tag legten, das ihre Nachbarn leicht mißmutig stimmte und mitunter eine Anklage wegen Hexerei provozierte. Ein letzter Grund für die große Zahl alter Hexen lag in dem Umstand, daß ältere Menschen nicht mehr so kräftig sind und daher in der Zauberei wahrscheinlich eher ein Mittel des Schutzes oder der Rache sahen als jüngere Leute.

Das Stereotyp der alten, unattraktiven weiblichen Hexe stand zweifellos im Widerspruch zur Sichtweise der Kleriker, die die Hexe von fleischlicher Lust angetrieben sahen. Es fällt recht leicht, junge, sinnliche Hexen, wie sie beispielsweise auf den Stichen von Hans Baldung Grien und Fillipino Lippi auftauchen, als Verkörperung weiblicher Sexualität anzusehen. Weit schwerer ist es, von älteren Hexen in der gleichen Begrifflichkeit zu sprechen, obgleich dennoch viele Zeitgenossen, insbesondere Geistliche, sie in exakt diesem Licht betrachtet haben. Die alte Hexe galt demzufolge oftmals als sexuell erfahren, und wenn sie verwitwet war, unterstand sie darüber hinaus auch keiner männlichen Kontrolle mehr. Es war eine allgemeine Annahme, daß sie einen Pakt mit dem Teufel abgeschlossen hat, um mit ihm eine sexuelle Verbindung einzugehen, und daß sie in sexuell freizügige Aktivitäten beim Hexensabbat verwickelt war. Die sexuelle Leidenschaft der älteren, ungebundenen Hexe stellte für die zölibatären Kleriker eine besonders gefährliche Form der Versuchung dar. Und bei den Laien mittleren Alters mochte sie sexuelle Versagensängste heraufbeschwören.

Obwohl die Hexe in der Regel alt war, gab es häufig Ausnahmen von dieser Regel. Frauen, die speziell der Ausübung von Liebesmagie angeklagt waren, um die Zuneigung ihrer ihnen entfremdeten Ehemänner oder die Gefühle anderer Ehemänner zu erneuern, waren gewöhnlich jünger als die typische Anhängerin dörflicher Magie. Eine zweite Gruppe jüngerer Hexen bestand aus Kindern im Alter zwischen fünf und fünfzehn Jahren, die entweder freiwillig bekannten, Hexen zu sein, oder von ihren Nachbarn als solche bezeichnet wurden. Einige Kinderhexen wurden schlicht deshalb angeklagt, weil sie mit einer erwachsenen Hexe verwandt waren und man der Überzeugung war, daß Hexerei familiär bedingt sei. Auf der Insel Guernsey wurden 1617 Jeanne Guignon und ihre beiden Töchter gemeinsam als Hexen hingerichtet. Von anderen Kindern glaubte man wiederum, daß sie die Hexerei als Mittel zur Rache an ihren Eltern nutzten, und sie wurden daher getrennt verfolgt.

Das am häufigsten anzutreffende Muster, nach dem Kinder – und in manchen Fällen Jungen – der Hexerei angeklagt wurden, war eine Art Kettenreaktion im Zuge einer Hexenjagd. Im Rahmen solcher Operationen wurde die erste Gruppe Verdächtigter, die unter Folter ihr Geständnis abgelegt hatten, gezwungen, ihre Komplizen namhaft zu machen, die daraufhin ergriffen und vor Gericht gestellt wurden. Diese Hetzjagden konnten extreme Ausmaße annehmen, in deren Verlauf Hunderte von Personen verfolgt wurden. Zwischen 1624 und 1631 wurden beispielsweise in Bamberg mehr als 300 Personen wegen Hexerei hingerichtet. Da die meisten der Anklagen von dieser Art von Hexenjagd aus Geständnissen der Hexen selbst resultierten, stimmten die Opfer auf den ersten Blick nicht gleich mit dem Stereotyp überein. In Würzburg wurden beispielsweise zwischen 1627 und 1629 mehr als 160 Personen wegen Hexerei hingerichtet, wobei mehr als 25 Prozent der Opfer Kinder und mehr als 50 Prozent Männer waren. Der Prozentsatz an Männern und Kindern erhöhte sich in dem Maße, in dem die Jagd voranschritt und die Gerichte sich mehr und mehr auf die Anschuldigungen jener stützten, die sie verfolgten.

Ein ähnlicher Vorfall ereignete sich in Salem, Massachusetts, im Jahre 1692, als aufgrund der Anschuldigungen dreier älterer Frauen, die dem traditionellen Bild der Hexe entsprachen, eine Jagd ausgelöst wurde. Mit dem Fortschreiten der Jagd – in diesem Fall als Folge von Anschuldigungen aus dem Munde von neun vom Teufel heimgesuchten Mädchen – wurden gegen ein vierjähriges Kind, eine Reihe wohlhabender Kaufleute und die Frau des Gouverneurs entsprechende Anschuldigungen er-

hoben. Hier wie auch in vielen ähnlich gelagerten Fällen führte die Aufweichung des traditionellen Stereotyps schließlich zur Skepsis bezüglich der Schuld der Angeklagten und letztlich zum Ende der Jagd. Eine
andere große Hexenjagd, unter der auch Kinder zu leiden hatten, fand in
der Stadt Mora in Schweden im Jahre 1669 statt. Die Jagd nahm ihren
Anfang, als ein Jugendlicher ein junges Mädchen und mehrere andere beschuldigte, kleine Kinder für den Teufel gestohlen zu haben. In den nachfolgenden Gerichtsverfahren wurde eine Reihe von Kindern zum Tode
verurteilt, viele andere kamen mit geringeren Strafen davon, und all dies
nur aufgrund des Bekenntnisses einiger Hexen, daß diese Kinder sie zu
einem Hexensabbat an einen Ort namens Blocula begleitet hätten.

Will man das Profil einer typischen Hexe zeichnen, ist die Frage nach
ihrem Familienstand am schwierigsten zu beantworten. Das begrenzte
statistische Material, das uns zur Verfügung steht, gibt hierüber keinen
klaren Aufschluß. Die Angaben über den Prozentsatz der angeklagten
Hexen, die verheiratet waren, schwankt von Region zu Region zwischen 25 und 70 Prozent. Das Stereotyp von der alten weiblichen Hexe
paßt ohne Schwierigkeiten sowohl zu verheirateten wie unverheirateten
Frauen. Beide Gruppen von Frauen konnten ohne weiteres in die Praxis
einfacher Magie verwickelt sein, und beide konnten für die sexuellen
oder materiellen Verlockungen des Teufels anfällig sein. Allerdings zeigt
es sich, daß in den meisten Gemeinden der Prozentsatz unverheirateter
Hexen (d.h. derjenigen, die nie verheiratet oder Witwen waren, und
auch jener, die getrennt oder geschieden von ihren Männern lebten) größer war als der Prozentsatz unverheirateter Frauen in der Gesamtbevölkerung. Bis zu einem gewissen Grad war dies schlicht eine Frage des Alters. Ebenso wie heute hatten auch während der frühen Neuzeit Frauen
eine höhere Lebenserwartung als Männer. Waren also Hexen in der
Regel alte Frauen, so könnte man den Schluß ziehen, daß eine große
Zahl von ihnen verwitwet oder nie verheiratet gewesen war.

Unverheiratete Frauen waren auch häufig ärmer als ihre verheirateten Nachbarinnen, und Armut war – wie wir sehen werden – eines
der Hauptkennzeichen einer Hexe. Die große Zahl unverheirateter
Hexen mag daher einfach die Tatsache widerspiegeln, daß sie alt und
arm waren. Allerdings gibt es keinen Zweifel, daß die unverheiratete
Frau schneller in den Verdacht und unter die Anklage der Hexerei geriet als ihre verheiratete Nachbarin. Es war eine Frage von Schutz und
Kontrolle. Einerseits konnten die Ehemänner ihre Frauen vor Verfol-

Die Hexe 249

gung schützen, indem sie sich bei den richterlichen Autoritäten für ihre Interessen einsetzten oder gegen ihre Ankläger Verfahren wegen Verleumdung oder irrtümlicher Inhaftierung anstrengten. Andererseits übten Ehemänner eine ziemlich strenge Kontrolle über das Tun ihrer Frauen aus und reduzierten auf diese Weise deren Gelegenheiten zu unabhängigem Handeln. Die alleinstehende Frau war eine unabhängige soziale Kraft und trat somit auf dieser Grundlage in Beziehung zu ihrer Gemeinde. Die potentiellen Konfliktquellen mit ihren Nachbarn waren weitaus größer, als sie es im Falle ihres Verheiratetseins gewesen wären.

Für die Dörfer und Städte gab es im 16. und 17. Jahrhundert reichlich Gründe, sich vor den Aktivitäten unverheirateter Frauen zu fürchten, da ihre Zahl zunahm. Der Prozentsatz von Witwen innerhalb der weiblichen Bevölkerung, der sich normalerweise zwischen 10 und 20 Prozent bewegte, stieg zu bestimmten Zeiten und an bestimmen Orten auf 30 Prozent an. Ein solcher Anstieg war zumeist infolge einer Seuche zu verzeichnen, die oftmals unter Männern mehr Tote forderte als unter Frauen, und während Kriegszeiten, die ebenfalls mehr Männern als Frauen das Leben kosteten. Zur gleichen Zeit stieg der Anteil der Frauen, die nie heirateten, von etwa fünf Prozent während des Mittelalters auf etwa 10 bis 20 Prozent im 17. Jahrhundert an, eine Entwicklung, die mit dem generellen Anstieg des Heiratsalters zusammenfiel. Während sich diese Veränderung vollzog, erlebten die Nonnenklöster, die für viele alleinstehende Frauen während des Mittelalters einen Zufluchtsort darstellten, entweder einen Mitgliederschwund oder wurden infolge der Reformation aufgelöst. Das bedeutete, daß es im Europa der frühen Neuzeit nicht bloß mehr unverheiratete Frauen gab als während des Mittelalters, sondern auch größere Probleme mit ihrer Unterbringung. Viele unverheiratete Frauen fanden sicherlich in den patriarchalischen Haushalten ihrer Brüder oder anderer Verwandter ihr Unterkommen, aber andere entschieden sich für eine ungebundene Existenz. Was die Dinge noch schlimmer machte, war, daß die meisten dieser unverheirateten Frauen sehr arm waren und somit ein ernstes soziales Problem darstellten. War die Furcht der Männer vor ungebundenen Frauen bereits groß genug, so wurde sie noch zusätzlich durch diese sozialen und demographischen Veränderungsprozesse verschlimmert.

Obwohl die Anschuldigung der Hexerei die unverheirateten Frauen häufiger traf als ihre verheirateten Nachbarinnen, waren die verheirateten Frauen solchen Beschuldigungen aus den Reihen ihrer Männer oder Kinder ausgesetzt. Familiäre Spannungen, von denen man nicht hoffen durfte, sie auf gerichtlichem Wege oder durch häusliche Gewalt beilegen zu können, mündeten manchmal in den Vorwurf der Hexerei. Nicht nur Ehemänner machten gelegentlich ihre Frauen als Hexen namhaft, sondern auch Kinder klagten mitunter ihre Mütter der Hexerei an. In einer Reihe von Fällen benutzten erwachsene Kinder und deren Ehegatten die Anschuldigung der Hexerei, um sich an ihrer Mutter dafür zu rächen, daß sie die Heirat ihrer Kinder nicht gebilligt hatte. Im Jahre 1611 wurde in der Region um Ellwangen eine 70jährige Frau namens Barbara Rüfin nicht nur von ihrem Mann der Hexerei bezichtigt, sondern auch von ihrem Sohn, der wegen des Widerstands seiner Mutter gegen seine Heirat und ihrer nachfolgenden Versuche, seine Frau zu vergiften, erbost war. Fälle wie diese legen die Vermutung nahe, daß der Vorwurf der Hexerei zu einer der vielen Waffen im Kampf gegen Heiratsabsprachen wurde, eine Praxis, die im Verlauf der frühen Neuzeit einen stufenweisen Verlust an Popularität erfuhr, während religiöse Reformer auf ehelicher Treue beharrten und das Heiratsalter insgesamt anstieg.

Die Hexe des 17. Jahrhunderts stammte – ob verheiratet oder unverheiratet – nahezu immer aus den unteren Schichten der Gesellschaft und bedurfte oftmals sowohl öffentlicher wie privater Unterstützung, um ihr Überleben zu sichern. Von wenigen Ausnahmen abgesehen gibt es kaum Zweifel an der Armut der Hexen. Wohl stimmt es, daß sie nicht immer unter den ärmsten Einwohnern einer Stadt oder eines Dorfes zu finden waren. Beispielsweise gehörten sie in der Regel nicht zu jenem armen Teil der Bevölkerung, der zu einem Leben in Wanderschaft gezwungen war. In den meisten Fällen handelte es sich bei den Hexen jeweils um alteingesessene Einwohnerinnen einer Gemeinde, wie es die gegen sie gerichteten Beschuldigungen, sie hätten bereits seit zehn, fünfzehn oder zwanzig Jahren den Menschen Schaden zugefügt, klar anzeigen. Aber als Angehörige ihrer Gemeinden hatten sie für gewöhnlich ökonomisch hart zu kämpfen. Das bedeutete, daß sie oftmals mit ihren Nachbarn in Streitigkeiten über kleine Parzellen Land oder über das Versäumnis ihrer Auftraggeber, sie für ihre Dienste zu entlohnen, verwickelt waren. Es bedeutete aber auch, daß sie häufig ihre Nachbarn um Almosen bitten mußten, vor allem wenn sie keine öffentliche Unterstützung erhielten. Der Dämonologe Nicolas Rémy behauptete, daß Hexen »größtenteils Bettler sind, die von den Almosen anderer leben«, während Jerome Cardano, ein italienischer Arzt, sie als Bettler und »erbärmliche alte Frauen« bezeichnete.

Die Last, die diese Frauen für die Ressourcen der Städte und Dörfer darstellten, insbesondere bevor ein vernünftiges und wirkungsvolles System der Armenunterstützung eingeführt worden war, kann man am Beispiel Englands sehen, wo die Dorfbewohner häufig behaupteten, daß sie von einer Hexe geschädigt worden seien, weil sie ihr eine Tasse Milch, ein Stück Fleisch oder Käse verweigert hätten. Die Umstände nötigten die Hexe, ihre Nachbarn darum zu bitten, den traditionellen christlichen Normen der Sozialmoral zu folgen, d. h. in Not geratenen Menschen zu helfen. In Zeiten großen Mangels, die im 16. und 17. Jahrhundert fast die Regel waren, führte die Einhaltung solcher Normen zu großen finanziellen Lasten. Das Problem bestand darin, daß ein Versäumnis, milde Gaben zu tätigen, zu Schuldgefühlen führte, von denen man sich nur befreien konnte, indem man die zur Last fallenden Personen der Hexerei beschuldigte und sich dergestalt von der Pflicht der Wohltätigkeit ihnen gegenüber befreite. Auf diese Weise diente in England der Vorwurf der Hexerei dazu, einen neuen Kodex individualistischen Verhaltens zu rechtfertigen und die traditionelle Sozialmoral außer Kraft zu setzen.

Die Armut und der niedere soziale Status der Hexe ließen ihre angeblichen Taten der *maleficia* auch viel plausibler erscheinen. Weil Hexen arm waren, mangelte es ihnen an politischer und rechtlicher Macht, und weil sie meistenteils alt und weiblich waren, mangelte es ihnen auch an physischer Kraft. Unter diesen Umständen standen Hexen keine anderen Schutzmittel zur Verfügung als die magischen Kräfte, die ihnen zugeschrieben wurden. In dieser Hinsicht entsprachen sie oftmals dem Bild, das sich ihre Nachbarn und höhere Stellen von ihnen machten. Wenn eine Hexe an einem Feind Rache nehmen oder ihn davon abhalten wollte, ihr weiterhin zu schaden, dann mag sie durchaus über diese Person einen Fluch oder Zauberspruch ausgesprochen haben. Ihre Absicht mochte schlicht darin gelegen haben, ihren Gegner durch Angst zu neutralisieren, aber durch ihr Handeln nahm sie Zuflucht zu denjenigen Mächten, in deren Besitz zu sein man sie verdächtigte.

Obwohl die große Mehrheit der Hexen in bescheidenen ökonomischen Verhältnissen lebte, ging es einigen wenigen relativ gut. Manchmal wurden wohlhabende Hexen während des späteren Stadiums großer Hexenjagden angeklagt, ähnlich wie im Falle der Männer und jüngeren Frauen, als das Stereotyp der Hexe zusammenbrach. Zu anderen Zeiten allerdings wurden recht bekannte und wohlhabende Männer oder deren Frauen zur Zielscheibe des Vorwurfs der Hexerei. Viele Beschuldigungen solcher Art waren politisch motiviert, etwa wenn die Mitglieder von Stadträten die Frauen ihrer Rivalen beschuldigten. Ebenso konnten ökonomische Gründe das Motiv für die Beschuldigung dieser Leute sein. Waren es Frauen, die entweder als einzige Tochter oder Witwe Besitztümer erbten, zogen sie sich oftmals die Feindschaft jener Männer zu, die andernfalls in den Besitz ihres Landes gekommen wären. In Neuengland stammten nahezu 90 Prozent aller hingerichteten Hexen aus Familien, die keine männlichen Nachkommen besaßen.

Obwohl einige wenige Hexen, wie etwa jene in Salem, über bescheidene ökonomische Güter verfügten, waren praktisch alle ungebildet und der Schrift unkundig. Das ist kaum überraschend, bedenkt man die begrenzten Bildungsmöglichkeiten, die für Frauen, insbesondere arme Frauen, im 17. Jahrhundert zugänglich waren. Der Mangel an Bildung bei Hexen ist von nicht geringem Gewicht, will man die Dynamik ihrer Verfolgung verstehen. Einerseits bescherte ihnen dieser Umstand ihren Anklägern gegenüber einen gewaltigen Nachteil. In völliger Unkenntnis der Prozeduren, mittels deren über die Hexe gerichtet wurde, und in Unkenntnis der dämonologischen Theorien, die ihre Ankläger zur Erklärung ihres Tuns heranzogen, konnte sie schnell eingeschüchtert und verwirrt werden, und sicherlich war sie nicht genügend gerüstet, um sich wirkungsvoll verteidigen zu können. Andererseits zog sich die Hexe, die im Gegensatz zur gebildeten Schicht in der Kultur des einfachen Volkes lebte, die Feindschaft jener Ankläger zu, die darauf aus waren, diese Kultur zu reformieren, wenn nicht gar zu zerstören. Viele der Hexenprozesse des 17. Jahrhunderts können als eine Form des Kulturkrieges betrachtet werden, in dem gelehrte Ankläger versuchten, jene Glaubensvorstellungen und Praktiken des einfachen Volkes in Mißkredit zu ziehen, die ihnen nicht als religiös orthodox erschienen. Indem sie die Taten und die Glaubensvorstellungen der ungebildeten Hexe als häretisch und diabolisch abstempelten, suchten sie den Aberglauben der unteren Schichten auszulöschen. Auf diesem Wege wurde die Hexe zum Opfer eines Kulturkrieges, der zwischen den Wohlhabenden und den Armen, den Schriftkundigen und Analphabeten und zwischen Stadt und Land tobte.

Die Feststellung, daß die typische Hexe eine arme, alte, unverheiratete Analphabetin war, erklärt immer noch nicht, warum nur einige wenige solcher Frauen der Hexerei angeklagt wurden, während viele andere, auf die eine ähnliche Beschreibung zutrifft, von einer Verfolgung verschont blieben. Eine genauere Betrachtung zeigt, daß die wohl entscheidenden Charakteristika in ihrer Persönlichkeit und ihrem Verhalten lagen. Bei der Hexe handelte es sich um eine bestimmte Art von Person, die die in den Gemeinschaften des 16. und 17. Jahrhunderts weithin akzeptierten Verhaltensmaßregeln verletzte. Die Regeln, die sie brach, lassen sich in vier Kategorien einteilen: gutnachbarschaftliche, weibliche, moralische und die religiöse Praxis betreffende.

Die Hexe war ein schlechter Nachbar. Obwohl sie schon eine lange Zeit Einwohnerin ihrer Gemeinde war, trug sie nichts zu deren sozialer Harmonie bei. Vermutlich aufgrund ihrer Armut und ihres finanziell abhängigen Status war sie beständig in Auseinandersetzungen mit ihren Nachbarn verwickelt, bei denen es um Besitz, alte Rechte, Löhne, persönliche oder öffentliche Angelegenheiten ging. Die eidlichen Aussagen ihrer Nachbarn berichten oft von der scharfen Zunge und der streitsüchtigen Persönlichkeit, die ihr zu eigen gewesen sei. In einem Zeitalter, in dem von jedermann – und insbesondere von den unteren Schichten – ein respektvoller Umgang mit Höhergestellten erwartet wurde, war die Hexe diesen gegenüber freimütig, wenn nicht gar unverschämt. Immer eine Antwort parat, schien sie einen Hang zum Fluchen zu haben. Natürlich war es diese Eigenschaft, die am Beginn der Verdächtigungen gegen sie stand; und im Gerichtsverfahren diente diese Neigung allein der Bestätigung, daß sie tatsächlich eine Hexe war.

Das Verhalten der Hexe war höchst unkonventionell, und ihre Überzeugungen waren so phantastisch, daß manche Zeitgenossen wie auch einige moderne Historiker sie als geisteskrank einstuften. Der erste Gelehrte, der von diesem Argument Gebrauch machte, war Johann Weyer, ein Schüler von Cornelius Agrippa von Nettesheim und Leibarzt des humanistischen Herzogs Wilhelm V. von Jülich-Kleve-Berg. In seinem Werk *De Praestigiis Daemonum* (1563) behauptete Weyer, daß Hexen armselige, fehlgeleitete Kreaturen seien, die unter Melancholie und Alter litten und die der Teufel hat glauben machen, sie seien mit ihm einen Pakt eingegangen. Weyers Argumentation ist nicht unplausibel. Viele Hexen erklärten während ihres Prozesses, daß sie zu dem Zeitpunkt, als sie zur Hexerei verführt wurden, traurig oder deprimiert gewesen seien, und noch mehr spricht dafür, daß einige von ihnen senil waren. Gewiß waren viele Hexen an Jahren hochbetagt, und ihr ärgerliches, exzentrisches Verhalten mag durch Senilität verursacht oder zumindest verschlimmert worden sein. Unwahrscheinlich ist allerdings, daß Senilität eine Erklärung für das grob unfreundliche Verhalten der meisten Hexen ist. Die Gerichtsakten – auch wenn sie aus feindseligen, voreingenommenen Quellen stammen – lassen vermuten, daß Hexen sich lange vor Beginn der Senilität auf sehr grobe und unfreundliche Weise ihren Nachbarn gegenüber verhalten hatten, und viele der Beschuldigten waren schlicht viel zu jung, um an diesem Gebrechen bereits gelitten zu haben.

Noch unwahrscheinlicher aber ist, daß Hexen an anderen Formen von Geisteskrankheit litten. Die phantastische Natur ihrer Überzeugungen läßt vermuten, daß sie eine gewisse Form der Psychose durchlebten, aber es ist weitaus wahrscheinlicher, daß diese Überzeugungen das Ergebnis von Folter und dem Bemühen sind, den Forderungen ihrer Inquisitoren zu genügen, als daß sie der Geistesverfassung der Hexe entsprungen wären. Eine andere Erklärung für ihre phantastischen Vorstellungen lautet, daß sie unter dem Einfluß stimmungsverändernder Drogen standen. Mit Sicherheit waren solche Drogen in den Dörfern Europas im 17. Jahrhundert weithin erhältlich. Pflanzen wie Belladonna (Tollkirsche) beinhalten Atropine, die, auf die Haut eingerieben, Schwindel und Benommenheit auszulösen vermögen, während schmerzstillende Mittel wie Hyoscyamin[2] und Bilsenkraut tiefe, lebensechte Träume hervorrufen. Es ist denkbar, daß zum Beispiel die Äußerungen von Hexen, sie seien während des Hexensabbats geflogen, eine Folge der Erfahrungen waren, die sie unter dem Einfluß solcher Substanzen durchlebten. Allerdings ist es weniger wahrscheinlich, daß die rauhe Persönlichkeit der Hexe den gleichen Ursachen zuzurechnen ist.

Was auch immer die Ursachen für das exzentrische Verhalten der Hexe gewesen sein mochten, zweifellos war ihre Gegenwart ihren Nachbarn unangenehm, was im Gegenzug wiederum zu tiefen Vorbehalten ihr gegenüber führte. Natürlich gibt es verschiedene Möglichkeiten, mit einem mißliebigen Nachbarn umzugehen. Eine Möglichkeit besteht darin, ihn einfach zu ignorieren, aber in einem frühneuzeitlichen europäischen Gemeinwesen war dies oftmals unmöglich. In agrarischen Dörfern mit 200, 300 oder 400 Personen war es schwer, eine Frau zu ignorieren, die den Menschen auf eine feindselige Weise begegnete. Das mag die

---

2 Alkaloid von Tollkirsche, Bilsenkraut und Stechapfel. (A.d.Ü.)

starke Konzentration von Hexenverfolgungen in ländlichen Gebieten und kleinen Städten mit einer Bevölkerungszahl von oftmals weniger als 1 000 Einwohnern erklären helfen. Die großen Städte waren selten die Orte, an denen Beschuldigungen wegen Hexerei laut wurden, wenngleich sie oft Schauplätze der Hexenprozesse waren. Fast alle Strafverfolgungen nahmen ihren Ausgang in kleinen, überschaubaren Gemeinwesen, wie es auch heute noch in primitiven Gesellschaften der Fall ist. Die Hexe war jedermann bekannt und wurde von jedem verachtet, aber keiner kam umhin, ihr über den Weg zu laufen.

Wenn die Hexe schon eine schlechte Nachbarin war, so war sie dazu auch noch eine extrem unweibliche. Ihre Taten trotzten allen gängigen Konventionen angemessenen weiblichen Verhaltens, die im frühneuzeitlichen Europa vorherrschten. Diese Konventionen wurden von Männern definiert und repräsentierten das vorsätzliche Bemühen, alle weiblichen Eigenschaften, die als inakzeptabel galten, zu unterdrükken. Sowohl in katholischer wie protestantischer Umgebung erwarteten Männer von Frauen, daß sie sich folgsam, unterwürfig und zurückhaltend verhielten. In anderen Worten: sie hatten »gute Frauen« zu sein. Daß Männer solche Forderungen erhoben, deutet auf ihre Überzeugung hin, Frauen neigten von Natur aus nicht zu solchem Verhalten, wie es auch in vielen Werken der Literatur des 17. Jahrhunderts deutlich wird. Die Hexe galt als Personifizierung dieses unweiblichen Typus. Sie war aggressiv, trotzig, hochnäsig und rachsüchtig, und sie war – wie bereits oben erwähnt – der unmittelbaren Kontrolle durch die Männer entzogen. Auf diese Weise war sie eine ständige Provokation für die männliche Autorität wie auch für die männlichen Vorstellungen von weiblichem Verhalten. Indem man sie als Hexe namhaft machte, konnten Männer wie Frauen solchem Verhalten gegenüber ihre Mißbilligung zum Ausdruck bringen und gleichzeitig andere entmutigen, dieses Verhalten zu übernehmen. Dergestalt spielte die Hexenverfolgung eine nicht unwesentliche Rolle für die Definition moderner Weiblichkeit.

Ein Teil dieser Definition von Weiblichkeit war moralischer Natur. Von Frauen erwartete man, daß sie tugendhaft und keusch seien. Dagegen standen diejenigen Frauen, die man der Hexerei anklagte, in dem Ruf, sich in vielerlei Hinsicht moralisch abweichend zu verhalten. Freilich ist dies wenig überraschend. Von Hexen glaubte man, sie seien der Inbegriff bösartigen Menschseins. Sie wären von Natur aus Sünder, hätten den christlichen Glauben abgelegt, wären in die Dienste des Teufels getreten und praktizierten *maleficia*. Es ist nur logisch, daß die Dorfbewohner eher notorische Sünder als aufrechte Mitglieder ihrer Gemeinschaft des Verbrechens der Hexerei verdächtigten.

Aber für welche Formen moralischer Überschreitung waren die Hexen bekannt? Nur sehr wenige von ihnen wurden schwerer Verbrechen angeklagt, und nur ein kleiner Prozentsatz wurde wegen geringfügiger säkularer Vergehen wie Diebstahl angezeigt. Ihre Vergehen waren – wie die meisten Berichte dieser Zeit über »Verbrechen« von Frauen darlegen – mehr sexueller Natur. Diese Betonung des Sexualverhaltens ist verständlich, wenn man sich den zentralen Stellenwert sexueller Phantasien in den zeitgenössischen Beschreibungen des Hexensabbats vor Augen hält. In einigen Fällen gerieten einzelne Personen in den Verdacht der Hexerei, allein weil sie ihre Sexualität öffentlich zur Schau stellten. In Luzern wurden beispielsweise eine Frau und ihre Tochter, die wegen Hexerei vor Gericht standen, dabei beobachtet, wie sie an einem Bach saßen und »sich selbst zwischen die Beine faßten«, und eine andere Frau wurde dabei gesehen, wie sie mit hochgezogenem Rock aus einem Wald lief. Viele der Mitte des 17. Jahrhunderts in Schottland verfolgten Hexen waren zu einem früheren Zeitpunkt unter dem Vorwurf der Unzucht, des Ehebruchs und sogar der Abtreibung vor die Kirchenversammlungen ihrer Gemeinden gebracht worden. Eine im Jahre 1661 angeklagte Frau stand unter dem Verdacht, mit englischen Soldaten während der einige Jahre zurückliegenden Besatzungszeit vertraulich geworden zu sein. Von drei anderen in den 1640er Jahren angeklagten schottischen Hexen, Elspeth Edie, Jennet Walker und Margaret Halberstoun, war bekannt, daß sie sexuelle Beziehungen zu James Wilson gepflegt hatten, der wiederum wegen Ehebruchs, Sodomie und Inzest angeklagt und später hingerichtet wurde.

Eng mit dem moralischen Verhalten der Hexe verknüpft war ihre religiöse Einstellung. So wie Nachbarn sich veranlaßt sahen, gegenüber Frauen mit lockerem Sexualverhalten Verdacht zu schöpfen, so wurden sie auch demjenigen gegenüber mißtrauisch, der sich nicht den vorherrschenden religiösen Gepflogenheiten gemäß benahm. Die »Sonntagsverächter«, also diejenigen, die dem regelmäßigen Sonntagskirchgang nicht Folge leisteten, oder aber jene, die im Verdacht religiöser Heterodoxie standen, gerieten ebenfalls recht schnell in den Ruf, der Hexerei anzuhängen. Was diese Punkte betraf, rührte der Verdacht eher von den ortsansässigen Priestern oder Geistlichen her als von den Nachbarn der Hexe, vor allem seit es die Elite des Klerus war, die in Anbetracht der Teufelsanbetung der Hexen zutiefst beunruhigt war. Aber die offensichtliche religiöse Nonkonformität der Hexe machte sie ebensogut für Anschuldigungen aus den Reihen des Volkes anfällig, da an einem solchen Verhalten die Mißachtung sozialer Konventionen sichtbar wurde.

Eine der am häufigsten – vor allem in protestantischen Ländern – gegen Hexen vorgetragenen Beschuldigungen war der Vorwurf der »Rückständigkeit« in religiösen Angelegenheiten. Der Terminus läßt natürlich an den römischen Katholizismus denken, und in einigen protestantischen Abhandlungen über die Hexerei wurde die Anhänglichkeit an die alte Religion als eine der charakteristischen Eigenschaften der Hexe bezeichnet. Im Jahre 1584 beschrieb der Skeptiker Reginald Scot die Hexen in England als »arm, mürrisch, abergläubisch und papistisch«. Auf der Grundlage solcher Äußerungen mag es verführerisch sein, den Schluß zu ziehen, daß Hexenverfolgungen Teil der Mechanismen waren, mit deren Hilfe protestantische oder katholische Gemeinschaften versuchten, sich jene Leute vom Hals zu schaffen, die im Verdacht standen, dem jeweils anderen religiösen Lager anzugehören. Gemäß dieser Interpretation waren Hexenprozesse lokale Manifestationen der Religionskriege, die ja zeitlich gesehen in der Tat mit dem Höhepunkt der Hexenjagden zusammenfielen. In jedem Falle aber wurde die Hexe als Häretikerin betrachtet, und das war sowohl aus der Sicht der protestantischen als auch der katholischen Theologen jeweils der, welcher ein Anhänger des rivalisierenden Glaubens war. Trotzdem wurde die Hexe nicht als entweder katholische oder protestantische Häretikerin betrachtet. Wäre dies der Fall gewesen, hätte man sie aufgrund anderer Verbrechen vor katholische oder protestantische Tribunale gestellt. Im Bereich einiger Gerichtsbarkeiten wie etwa im Kölner Raum stieg die Zahl der Prozesse wegen Hexerei in dem Moment an, als jene wegen protestantischer Häresie (in diesem Fall das Wiedertäufertum) abnahm. Das Verbrechen der Hexe bestand nicht in der Konversion zu einer konkurrierenden Religion, sondern in der Apostasie, in ihrer Ablehnung des christlichen Glaubens und der Anbetung des Teufels.

Innerhalb der Gemeinschaften, in denen die Hexe lebte, wurde sie darüber hinaus selten als jemand identifiziert, der sich zum rivalisierenden Glauben bekannt hätte. Wie die meisten Bewohner ihres Dorfes oder ihrer Stadt gehörte sie zumindest formell derselben Religion an wie ihre

Nachbarn und die Obrigkeit. Wie auch in vielerlei anderer Hinsicht war die Hexe nicht gänzlich von ihrer Gemeinde geschieden. Sie lebte niemals in vollständiger Isolation von ihren Nachbarn, noch war sie ein Neuling für ihr Dorf. Andererseits war sie aber auch zu keiner Zeit ein vollgültiger Teil ihrer Gemeinde und stellte für deren Wertmaßstäbe oftmals eine Herausforderung dar. Soweit es die Religion betraf, waren einige übriggebliebene Bindungen an den alten Glauben Teil ihrer Rückständigkeit. Sie konnte dafür bekannt sein, daß sie die alten katholischen Gebete sprach oder die alten katholischen Riten in der einen oder anderen Form vollzog. Da sie der älteren Generation angehörte, sollte ein solches Verhalten vor allem in Gebieten, die während ihres Lebens von der einen zur anderen Religion konvertierten, in besonderem Maße plausibel erscheinen. Ihr religiöses Verhalten zog die Aufmerksamkeit der Obrigkeiten nicht so sehr deshalb auf sich, weil diese nach Häretikern, sondern weil sie nach Hexen Ausschau hielten.

Der Aspekt der alten Religion, der mit der größten Sorge betrachtet wurde, war der Aberglaube. Sowohl unter Protestanten wie unter reformierten Katholiken wuchs die Entschlossenheit heran, den bäuerlichen Aberglauben auszulöschen: Glaubensvorstellungen und Praktiken, die man mit dem alten Glauben assoziierte, die aber nun abgelehnt wurden, da ihnen der Geschmack des Heidnischen anhaftete. Die magische Praktiken ausübende Hexe wurde als Paradebeispiel solchen Aberglaubens angesehen. In der Tat war einer der vielen Gründe, warum entsprechende Autoritäten zu Hexenjagden anstifteten, die Absicht, solche korrupten Praktiken auszurotten. Die alte Frau, die immer noch die überholten Gebete sprach oder Bindungen an die nichtreformierte Religion bezeugte, brachte sich hauptsächlich wegen ihrer Ignoranz und ihres Aberglaubens in Verdacht, und nicht, weil man sie für eine katholische Spionin hielt.

Die gesamte Diskussion um die Persönlichkeit der Hexe unterstreicht die gewichtige Rolle, die das Ansehen einer Person für ihre Stigmatisierung als Hexe spielte. Die der Hexerei beschuldigten Frauen waren im allgemeinen jene, die über einen langen Zeitraum hinweg reichlich Beweise zum Beleg ihrer inneren Bösartigkeit geliefert hatten. Mit Ausnahme der Fälle, bei denen es im Zuge von Hexenjagden zu Kettenreaktionen kam und die Namenermittlung von Komplizinnen außer Kontrolle geriet, war es niemals sehr überraschend, wenn ganz bestimmte Leute wegen Hexerei inhaftiert wurden. Den Dorfbewohnern war es schon lange klar gewesen, wer vermutlich eine Hexe sei. Alles, was es brauchte, um ihre Nachbarn wie auch die lokalen Autoritäten auf den Plan zu rufen, war lediglich eine spezifische Krisensituation.

Eine Hexe im 17. Jahrhundert war demzufolge eine arme, alte, zumeist unverheiratete Frau, deren Verhalten unnachbarschaftlich, unweiblich, unmoralisch und religiös rückständig war. Sich den Konventionen sowohl ihrer Religion wie ihres Geschlechts widersetzend, schaffte sie es, ihre Nachbarn und die Obrigkeit in Angst und Schrecken zu versetzen. Die Entscheidung, sie zu verfolgen und hinzurichten, kann schlicht als Versuch dieser Gemeinschaften angesehen werden, sich solch unfreundlicher und gefährlicher Bewohnerinnen zu entledigen. Indem man die Hexen tötete, nahmen die Dorfbewohner ebenfalls Rache für die magisch bewirkten Übel, von denen sie und ihre Lieben befallen waren, womit man gleichzeitig bekräftigte, daß tatsächlich Hexerei die Quelle ihres Unglücks gewesen war.

Für die Angehörigen der weltlichen und geistlichen Elite waren die Motive für die Verfolgung der Hexe oftmals mehr religiöser Art. Da diese Männer dazu neigten, das Verbrechen der Hexe eher in diabolischen als in magischen Kategorien zu definieren, sahen sie ihre Verfolgung als religiöse Pflicht an. Die gewaltige europäische Hexenjagd kann zwar nicht einfach als Ausdruck religiöser Inbrunst begriffen werden, aber sowohl bei den kirchlichen wie weltlichen Richtern spielte dieses Gefühl religiöser Leidenschaft eine wichtige Rolle. Männer, die von protestantischen oder katholischen Idealen inspiriert waren, betrachteten die Hexenprozesse als ein Mittel im Krieg gegen den Satan und damit als den Weg, einen frommen Staat zu errichten und das Königreich Gottes auf Erden zu festigen. Daher verfolgten sie die Hexen auch als Symbole einer Unordnung, von der die Welt beherrscht schien.

Das Bedürfnis nach Ordnung ist freilich eine Konstante in der Natur des Menschen, und alle Zeitalter zeugen von den Bemühungen, sie zu erreichen. Während des 17. Jahrhunderts wurde dieses Bedürfnis in erster Linie deswegen zum Hauptanliegen, weil man das Gefühl hatte, daß die alte Ordnung eingestürzt war. In der Tat war während der Reformation die traditionelle kirchliche Ordnung zusammengebrochen, und viel von der religiösen Energie der nachfolgenden 150 Jahre galt ihrer Wiederaufrichtung oder Ersetzung. Besonders unter Protestanten, die die gesamte

Struktur der katholischen Kirche abgelehnt hatten, war die Notwendigkeit, eine neue Disziplin in Haus und Kirche zu errichten, von außerordentlicher Bedeutung. Und die politische Dimension des Problems war
nicht minder gewichtig. Die frühe Neuzeit war von einer beinahe konti-
nuierlichen Serie von Rebellionen der unteren Schichten gekennzeichnet, und die Mitte des 17. Jahrhunderts wurde Zeuge einer Reihe großer
Aufstände, einschließlich der ersten Revolution der Neuzeit, nämlich
derjenigen in England. Diese Rebellionen standen durchaus in Zusammenhang mit der wachsenden Unordnung innerhalb der Gesellschaft.
Ein geringerer Lebensstandard, wachsende Arbeitslosigkeit, zügellose
Inflation und das Anschwellen der Bevölkerungszahl in vielen Städten
führten zu beispiellosen sozialen Unruhen und bürdeten den alten Re-
gierungsmaschinerien eine unerträgliche Belastung auf. Innerhalb der
Gesellschaft wurden die traditionellen Hierarchien oftmals in Frage gestellt, und innerhalb der Familien wuchs der Widerstand gegen die patri-
archalische Vorherrschaft. Sogar der Himmel schien in Unordnung geraten zu sein, als das aristotelisch-ptolemäische Universum des Mittelalters unter dem Einfluß des kopernikanischen heliozentrischen Modells
zusammenbrach. Symptomatisch für diese vielfältige Ordnungskrise
war die tiefsitzende Erwartung einer bevorstehenden Katastrophe und
des Chaos, wovon große Teile der Literatur des späten 16. und frühen
17. Jahrhunderts Zeugnis ablegen.

Die Hexe wurde zum Symbol für dieses Chaos und diese Unordnung.
Als Frau assoziierte man sie selbstverständlich und instinktiv mit der Natur, und als eine Hexe mit der zerstörerischen, chaotischen Seite der Natur,
die für Seuchen, Krankheiten und Hungersnöte verantwortlich gemacht
wurde. Ihr angebliches Handwerk, so müssen wir uns in Erinnerung rufen, bestand in der Vernichtung der Ernte, der Ermordung von Kleinkin-
dern und sogar der Verbreitung von Seuchen. Als eine Person, die von sexueller Leidenschaft bestimmt wurde, repräsentierte sie darüber hinaus eine
weitere gefährliche Form der Unordnung. Die »bestialische Habgier« der
Hexe, auf die Jean Bodin in seiner Abhandlung *Démonomanie des sorciers*
(1580; dt.: *De daemonomania magorum,* Straßburg 1581) Bezug nahm,
brachte sie in Verbindung zur niederen Ordnung der natürlichen Welt,
wobei die wilden, wahnsinnigen Tänze, die sie während des Hexensabbats
angeblich ausübte, die disharmonische Musik, auf die sie nackt tanzte, und
die promiskuitiven sexuellen Beziehungen, in die sie verwickelt war, ihr un-
kontrollierbares Temperament bezeugten.

Innerhalb ihres Gemeinwesens stellte die Hexe eine konstante Herausforderung für das Ideal einer wohlgeordneten Gesellschaft dar. Zum einen stand sie außerhalb des Systems patriarchalischer Kontrolle und verkörperte somit einen permanenten Angriff auf das, was als eine naturgegebene Hierarchie angesehen wurde. Sie war die Antithese zum Ideal einer perfekten Frau, das im Zentrum der meisten Vorstellungen von einer wohlgeordneten Gesellschaft stand. Im Umgang mit Höhergestellten zeigte sie sich unverschämt und trotzig. Im Herzogtum Württemberg war sie für ihre Aggressivität bekannt; in den Pays de Labourd[3] für ihre Frechheit. Selbst noch nach ihrer Gefangennahme verleugnete sie oftmals die Autorität des Gerichts, vor das sie gezerrt wurde, und verneinte die Gültigkeit der Glaubenssätze, auf denen das Verfahren gegen sie fußte. Bisweilen bedrohte sie ihre Richter und die Ordnungskräfte mit magischer Vergeltung, ein Vorgehen, das den Entschluß ihrer Verfolger, sie zu beseitigen, nur noch verstärkte.

Insofern sollte es keine Überraschung sein, daß diese Frauen oftmals als Rebellinnen bezeichnet wurden. Natürlich entsprachen sie kaum dem klassischen Bild eines Rebellen oder einer Rebellin. Als eine alte und manchmal heruntergekommene Frau war die Hexe die denkbar letzte Person, von der ein physischer Anschlag auf die etablierte Herrschaft zu erwarten gewesen wäre. Nur in wenigen habsburgischen Ländern waren einige Hexen tatsächlich als politische Rebellinnen bekannt, und die meisten dieser Hexen waren Männer. Aber auf ihre für sie so typische magische Weise wurde die weibliche Hexe ebensosehr als Rebellin betrachtet wie der junge Aufrührer, Verschwörer oder sogar Bandit. Schließlich wurde sie als Häretikerin und Apostatin gebrandmarkt, und als solche machte sie sich einer *lèse majesté* (»Majestätsbeleidigung«) gegen Gott schuldig. Als Teufelsanbeterin war sie ein Teil dessen, was als Verschwörung sowohl gegen die Kirche wie auch gegen den Staat angesehen wurde. Noch schlimmer: sie war Bestandteil einer Bewegung, die versuchte, die Welt auf den Kopf zu stellen, symbolisiert durch die vielen Rituale der Inversion, die im Rahmen des Hexensabbats vollzogen wurden. Und hegte noch irgend jemand irgendeinen Zweifel an ihren Absichten, so gab es schließlich den Rückhalt durch die Heilige Schrift, in der es hieß, daß »Widersetzlichkeit so schlimm ist wie die

---

3 Historische Bezeichnung für einen Teil des Baskenlandes, insbesondere die Gegend um Bayonne. (A. d. Ü.)

Sünde der Zauberei« (1. Samuel 15, 23). Der englische Theologe William
Perkins entfaltete diese Thematik in seinem Werk *The Damned Art of
Witchcraft* (1602). »Der notorischste Verräter und Zauberer, den es
gibt«, schrieb Perkins, »ist die Hexe. Denn sie verleugnet Gott selbst,
den König der Könige; sie verläßt die Gemeinschaft seiner Kirche und
seines Volkes; sie begibt sich in einen Bund mit dem Teufel.« Zu einem
späteren Zeitpunkt des 17. Jahrhunderts, im Jahre 1661, äußerten schotti-
sche Royalisten in ihrem Bemühen, die kürzlich besiegten presbyteriani-
schen Aufständischen zu diskreditieren, daß »Rebellion die Mutter der
Hexerei« sei.

Viel von dem Gerede über Rebellion war bloße Rhetorik. Es reflek-
tierte eher die Ängste und Unsicherheiten eines sich bedroht fühlenden
männlichen Establishments, als daß es Ausdruck für die Aktivitäten der
Hexe selbst war. Wie wir gesehen haben, entbehrten die meisten gegen
Hexen angeführten Vorwürfe jeglicher Grundlage. Hexen versammelten sich nicht am Hexensabbat, zettelten keine Vernichtung von Kirche
und Staat an und kopulierten auch nicht mit Dämonen. Nur sehr wenige
von ihnen gingen einen Pakt mit dem Teufel ein. Und die meisten von
ihnen waren nicht einmal an der Ausübung bösartiger Magie beteiligt.
Hexen waren die klassischen Sündenböcke, Opfer von Neurosen sowohl der herrschenden Elite wie auch der verarmten unteren Schichten.

Sowohl als subversives Element wie auch als Sündenbock hat die
Hexe überlebt, lange nachdem die Hexenverfolgungen beendet waren
und der Glaube an sie verschwunden war. Schon oft in der modernen
Geschichte, wenn eine tiefgreifende Angst Besitz von den Seelen der
Menschen ergriffen hat, haben herrschende Autoritäten abweichende
oder marginale Gruppierungen als Quelle von Übel und Ärgernis identifiziert; man hat ihnen den Willen zur Zerstörung der moralischen und
politischen Ordnung angedichtet, und man hat alles in der jeweiligen
Macht Stehende getan, um diese Gruppierungen zu vernichten. Die Republikaner im England der 1790er Jahre, die Juden in Nazi-Deutsch-
land, die Kommunisten im Nachkriegsamerika der 1950er Jahre – ihnen
allen wurde die gleiche Rolle zugeteilt wie der Hexe im 17. Jahrhundert,
und in vielen Fällen mußten sie das gleiche Schicksal erleiden.

Es wäre allerdings ein Fehler, die Hexe schlicht als Sündenbock und
Opfer zu betrachten. Manchmal verkörperte die Hexe den »Geist der
Revolte«, den Jules Michelet 1862 der mittelalterlichen Hexe in seinem
Buch *La Sorcière (Die Hexe)* zusprach und den Emmanuel Le Roy Ladu-

rie als mythischen Gehalt in den Bekenntnissen der Hexen des Languedoc entdeckt hat. Denn die Hexe betrieb oftmals einen Protest sowohl
gegen die Politik der herrschenden Eliten in den Gemeinwesen des 17.
Jahrhunderts wie auch gegen die juristischen Praktiken der Gerichte dieser Zeit. Indem sie eine solche Haltung einnahm, konnte sie nur wenig
Hoffnung auf Erfolg hegen. In den meisten Ländern Europas waren
Freisprüche im Rahmen der Hexenprozesse äußerst selten. In einigen
wenigen Fällen, aufrecht gehalten durch den Entschluß, ihre Unschuld
zu beweisen, widerstand sie mutig den entsetzlichen Foltertorturen, mit
denen man sie quälte, und schaffte es, zu überleben. In der großen Mehrheit der Fälle wurde sie hingerichtet oder verbannt. Ihr Tod oder ihr
Exil war eine Tragödie, eine Folge der gewaltigsten Fehler der Justiz, die
sich in der Geschichte des Abendlandes abspielten. Aber wenn wir uns
die Trotzhaltung der Hexe gegenüber jenen Autoritäten, von denen sie
verfolgt wurde, vor Augen halten und ihre oftmals beharrlichen Un-
schuldsbeteuerungen in den Blick nehmen, finden wir an ihr ebensoviel
Bewunderungswürdiges wie Bemitleidenswertes.

Kapitel 8

Der Wissenschaftler

Paolo Rossi

Wissenschaft und »Wissenschaftler«

Die Art von Wissen, die wir Wissenschaft nennen, entstand in Europa und hat sich mit außerordentlicher Geschwindigkeit über alle Gegenden der Welt ausgebreitet. Diese Art von Wissen ist heute nicht nur in östlichen Kulturen mit uralten Traditionen präsent (wie China, Japan, Indien, Korea), sondern auch bei Völkern, die noch vor einem Jahrhundert als »primitiv« angesehen wurden. Entweder weil wir allzusehr an außerordentliche Dinge gewöhnt sind oder weil uns der Sinn für Geschichte fehlt, wundern wir uns nicht einmal über die (in Wahrheit verblüffende) Tatsache, daß dieses Wissen im Hinblick auf Ethnien, Kulturen, Nationen, religiöse und kulturelle Traditionen »übergreifende« Eigenschaften hat. Millionen von jungen Leuten benutzen die gleichen Lehrbücher. Physik oder Genetik wird an einer japanischen oder australischen Fakultät nicht anders als in Schottland, Frankreich oder Italien gelehrt und studiert. Es existiert zudem ein System von Normen oder ein Wissenschaftsethos, das von allen Mitgliedern der Wissenschaftsgemeinschaft geteilt wird und das (im Rahmen historisch bedingter Schwankungen) unabhängig von den verschiedenen Sprachen sowie politischen und religiösen Glaubensüberzeugungen ist. Die von Wissenschaftskritikern und Wissenschaftsfeinden gern hervorgehobene Tatsache, daß diese Normen manchmal verletzt werden, spricht nicht gegen ihre faktische Existenz und ihre weitreichende Einhaltung. Im Gegenteil spricht es deutlich für sich, daß die große Mehrheit der Wissenschaftler mit Schärfe reagiert, wenn diese Normen abgelehnt oder zur Diskussion gestellt werden. Zu den akzeptierten Normen gehört, daß die wissenschaftliche Wahrheit von jedwedem rassischen, politischen und religiösen Kriterium unabhängig ist, von Kriterien mithin, die für die Wissenschaft »äußerlich« sind. Eine andere Norm besteht darin, daß der geistige Besitz einer Entdeckung (die, sobald sie gemacht ist, allen gehört) von ihrer öffentlichen Anerkennung abhängt; eine weitere schließlich in der »systematischen Skepsis«, dem Willen zur Kontrolle und der entsprechenden Bereitwilligkeit, sich kontrollieren zu lassen, die dazu führen, daß alle vorgetragenen Hypothesen und alle erzielten Ergebnisse unweigerlich einer ständigen, respektlosen öffentlichen Untersuchung unterzogen werden.

Die mittelalterlichen Universitäten bereiteten auf die Ausübung des kirchlichen, juristischen und medizinischen Berufes vor. In der antiken und mittelalterlichen Welt gab es feste, lang währende Traditionen, die vor allem die Mathematik, die Astronomie und die Medizin betrafen. Im Hinblick auf das vormoderne wissenschaftliche Wissen hat man von einer »Wissenschaft ohne Wissenschaftler« gesprochen, da die historische Gestalt des modernen Wissenschaftlers in Europa erst zwischen dem Ende des 16. und dem des 17. Jahrhunderts geboren wurde. Es besteht kein Zweifel, daß sich im 17. Jahrhundert unter diesem Gesichtspunkt große Wandlungen vollzogen haben und daß der (mittlerweile gebräuchliche) Begriff »wissenschaftliche Revolution« nicht nur das Auftauchen von Neuheiten oder Entdeckungen in den einzelnen Wissensgebieten bezeichnet, sondern sich auch auf jene grundlegenden Veränderungen bezieht, durch die sich eine spezifische Form des Wissens mit eigenen Charakteristika konstituierte und in deren Gefolge die Aktivität wissenschaftlicher Forschung langsam als ein wirklicher »Beruf« angesehen wurde. In dem seit langem untersuchten komplizierten Geflecht der wechselseitigen Beeinflussung verschiedener Gelehrtengemeinschaften hat die Wissenssoziologie (die in unserem Jahrhundert eine blühende Disziplin geworden ist) zwei große Prozesse ausgemacht, die als Institutionalisierung und Professionalisierung bezeichnet werden. Der erste Terminus benennt jenen Prozeß, durch den die Wissenschaft sich eigene Institutionen schuf (Akademien, wissenschaftliche Gesellschaften, später Laboratorien und Forschungsinstitute), die sich von den traditionellen unterschieden. Der zweite Begriff bezeichnet jenen Prozeß, durch den sich vor allem im 19. Jahrhundert die Forschungstätigkeit in eine reguläre Karriere verwandelte und der »wissenschaftliche Dilettant« praktisch verschwand.

Die sogenannten Gründerväter der modernen Wissenschaft (Kepler, Galilei, Bacon, Descartes, Harvey etc.) sprechen häufig von Wissenschaft, aber sie benutzten nicht das Wort »Wissenschaftler« (ein Terminus des 19. Jahrhunderts). Vom Wissenschaftsbild oder der Gestalt des Wissenschaftlers im Barockzeitalter zu sprechen bedeutet, sich eine Reihe von Fragen über den Ursprung und einige Merkmale des modernen Bildes zu stellen, das wir von der Wissenschaft haben. Die Bedingungen, unter denen »Wissenschaftler« wie Kopernikus oder Cardano in diesem Zeitalter arbeiteten, waren noch diejenigen des mittelalterlichen Gelehrten: Sie waren entweder Kleriker, Universitätslehrer oder Mediziner. Im Laufe des 17. Jahrhunderts ereigneten sich eine Reihe von wichtigen Modifizierungen: Es entstanden die ersten wissenschaftlichen Institutionen und ein Wissenschaftsverständnis, das einige Grundzüge enthält, durch die wir es als »unser eigenes« erkennen können.

Die Herausbildung neuer Ideen und Gestalten

Häufig hat die Wissenschaftsgeschichte (eine Disziplin mit positivistischen Ursprüngen) das Bild des Wissenschaftlers aus dem 19. Jahrhundert in die Vergangenheit projiziert und (wie Walter Pagel am Beispiel Harvey gezeigt hat) eine imaginäre Gestalt konstruiert: eine Art geduldigen, positivistischen und anti-aristotelischen Experimentator, der kaum etwas mit der historischen Wirklichkeit gemein hat. Es wäre jedoch nicht gerecht, im nachhinein gegen die große positivistische Geschichtsschreibung zu polemisieren. Tatsächlich sind die dynamischen Aspekte, das Moment des Auftauchens neuer Ideen und historischer Gestalten in traditionellen Kontexten auch von der jüngeren Wissenschaftsgeschichtsschreibung, die zu großen Teilen vom logischen Empirismus und der Philosophie Karl Poppers beeinflußt ist, in nicht geringem Maße vernachlässigt worden. Auf der Basis dieser philosophischen Voraussetzungen und eines vorherrschenden Interesses für die sogenannte logische Struktur von Theorien richtete sich das Augenmerk stärker auf die Gedankengebäude als auf die Art und Weise und die Techniken ihrer Konstruktion, eher auf bereits fertige Denkstile als auf ihr Hervortreten, eher auf Individuen, die schon ihre volle Reife erlangt hatten, als auf ihre Anfänge und ihre Heranbildung.

DER WISSENSCHAFTLER   267

Wie die Anfänge, so ist schließlich auch das Auftauchen von Ideen
und sozialen Gruppen eine Reaktion auf veränderte Lebensbedingungen, aber die Persönlichkeiten, die auf der historischen Bildfläche auftreten, tragen zunächst noch viel von der Vergangenheit und nur wenig
von der Zukunft in sich.

Die Vielfalt der Persönlichkeiten

Im Hinblick auf die Generation, zu der auch Pieter Paul Rubens (gestor-
ben 1640) und Gian Lorenzo Bernini gehörten (der 1680 im ehrwürdigen Alter von 82 Jahren starb), sticht als erstes die große Vielfalt der Persönlichkeiten ins Auge. Im Verlauf von 31 Jahren – zwischen 1626 und
1657 – starben Francis Bacon (1626), Johannes Kepler (1630), Robert
Fludd (1637), Robert Burton (1640), Galileo Galilei (1642), Giovanni
Battista van Helmont (1644), Bonaventura Cavalieri (1647), Marin Mersenne (1648), René Descartes (1650), Pierre Gassendi (1655) und William Harvey (1657). Francis Bacon war ein berühmter Philosoph, der anstelle von Traktaten Aphorismen publizierte und Universitäten verabscheute, der sich politisch engagierte, bis er Minister wurde, der bis zum
Korruptionsprozeß gegen ihn prunkvoll lebte und eine Meute von über
100 Windhunden unterhielt. Kepler ging mit 23 Jahren nach Graz, um
Mathematik und Physik zu unterrichten, und wurde danach Assistent
von Tycho Brahe am Observatorium von Uranienborg, der ersten europäischen Institution, die Wissenschaft betrieb, Bücher druckte und außerhalb einer Universität Astronomie unterrichtete. 1601 wurde er zum
kaiserlichen Mathematiker ernannt, aber er lebte elend, mußte Geld mit
Horoskopen verdienen und kämpfte mehr als sechs Jahre lang, um seine
Mutter, die der Hexerei beschuldigt wurde, vor dem Scheiterhaufen zu
bewahren. Galilei war Mathematikprofessor in Pisa und Padua und
strebte vergeblich einen Philosophielehrstuhl an, war sich nicht zu
schade für die Anfertigung von Instrumenten und wurde »erster Mathematiker und Philosoph« des toskanischen Großherzogtums. Später
wurde ihm der Prozeß gemacht, er wurde wegen häretischer Auffassungen verurteilt und schwor auf Knien vor den Kardinälen der Kongregation seinen kopernikanischen Überzeugungen ab. Descartes war in Mili-
tärdiensten, ein scharfer Kritiker von Schulen und Universitäten. Er

schrieb sein berühmtestes Buch in Form einer Autobiographie, entdeckte im Traum die Grundlagen einer neuen, wunderbaren Wissenschaft, lebte von einem bescheidenen Einkommen, verzichtete auf die Veröffentlichung seiner Physik, als er von der Verurteilung Galileis erfuhr, und beendete sein Leben als Erzieher der schwedischen Königin Christine. Mersenne war Mönch im Franziskanerorden (neben den traditionellen Gelübden hatte er auch den Verzicht auf Fleisch und Milchspeisen gelobt), und war in seinem Kloster der ständige Ansprechpartner für alle Wissenschaftler und Gelehrten seiner Zeit, mit denen er ausgiebig korrespondierte. Van Helmont war Arzt, ebenso wie der Meister der Rosenkreuzer, Robert Fludd. Arzt war auch Harvey, der in Padua studierte, Mitglied des Royal College of Physicians und Leibarzt Jakobs I. wurde und nie seinen grundsätzlichen Aristotelismus aufgab. Cavalieri war Ordensbruder der Jesuiten von San Gerolamo und unterrichtete Mathematik an der Universität. Gassendi war Priester, hatte Umgang mit Ärzten und Wissenschaftlern und wurde schließlich Professor für Astronomie an der königlichen Universität von Paris.

Die Wissenschaft des 17. Jahrhunderts war jedoch nicht nur das Werk großer Persönlichkeiten. Sie wurde geschaffen, propagiert und energisch verteidigt von einer buntgemischten Menge von Personen: von den Mathematik- und Physikprofessoren an den Universitäten, von Lehrern dieser Disziplinen (besonders der Mathematik) außerhalb der Universitäten, von Ärzten, Feldmessern, Navigatoren, Ingenieuren, Instrumentenbauern, Apothekern, Alchimisten, Chirurgen, Entdeckungsreisenden, Naturphilosophen und Vertretern der mechanischen Philosophie, von gebildeten und meisterhaften Handwerkern. Es handelte sich, wie Alfred Rupert Hall geschrieben hat, um eine Art »freies Zeitalter« zwischen dem mittelalterlichen *magister artium* und dem Doktorat oder Dr. phil. der Moderne. Um »Wissenschaftler« zu werden, war es in dieser Zeit nicht nötig, Latein oder Mathematik studiert, ein umfassendes Buchwissen oder einen Lehrstuhl zu haben. Die Veröffentlichung von Beiträgen in den akademischen Sitzungsberichten und die Mitgliedschaft in wissenschaftlichen Gesellschaften standen allen offen: Professoren, Experimentatoren, Handwerkern, Neugierigen und Dilettanten. Trotz der in jüngster Zeit vorgenommenen und angebrachten Korrektur einer zu rigorosen Gegenüberstellung von Universitäten und Akademien bleibt die These, daß die Universitäten für die wissenschaftliche Revolution nur eine marginale Rolle spielten, im Kern zweifellos richtig.

Es stimmt, daß beinahe alle großen Wissenschaftler des 17. Jahrhunderts (und des 18. Jahrhunderts) an einer Universität studiert hatten, aber es ist auch wahr, daß es nur sehr wenige Wissenschaftler gab, die ihre Karriere gänzlich oder hauptsächlich an einer Universität machten. Die Entdeckungen in Physik, Astronomie, Botanik, Zoologie und Chemie entstammten kaum den Universitäten, die weiterhin mathematische und medizinische Forschungen kultivierten, die sich aber den Lehren der neuen »mechanischen« oder »experimentellen« Philosophie nicht öffneten. Diese verbreiteten sich nicht über Universitätskurse, sondern durch Bücher, Zeitschriften, akademische Sitzungsberichte, wissenschaftliche Gesellschaften und privaten Briefverkehr.

1663 zirkulierte in London die »Ballade des Gresham College«, eine wissenschaftliche Gesellschaft, die von einer Gruppe von Freunden gegründet worden war:

> »Das Gresham College wird von heute an
> die Universität der ganzen Welt sein,
> Oxford und Cambridge sind zum Lachen,
> ihre Lehren sind nur Pedanterie.«

Das Erbe der Magie

Wie auf einem Gobelin sind im Zeitalter der Renaissance Magie und Alchimie vielfältig mit der aufkommenden modernen Wissenschaft und Technik durchwoben. Die hermetische Tradition war im 17. Jahrhundert keinesfalls verschwunden. Dies zeigt sich schon allein an Bacons scharfer Polemik gegen sie zwischen 1603 und 1620, den heftigen Attacken Mersennes in den 20er Jahren des 17. Jahrhunderts sowie den Polemiken zwischen Mersenne und Robert Fludd und zwischen Fludd und Kepler. Die Schulbuchunterscheidung der drei Zeitalter verführt dazu, imaginäre Abstände zwischen ihnen anzunehmen. Doch Campanellas *Metafisica* erscheint in Paris ein Jahr nach der Veröffentlichung von Descartes' *Discours de la méthode* (*Abhandlung über die Methode*). Das positivistische Bild eines triumphalen Siegeszuges des wissenschaftlichen Wissens über Aberglaube und Magie muß heute endgültig als überholt gelten. Eine Reihe wichtiger Studien (Eugenio Garin, Walter Pagel, Frances Yates, Allan Debus, Daniel P. Walker, Paola Zambelli,

Charles Webster) hat den erheblichen Einfluß deutlich gemacht, den die magisch-hermetische Tradition auf nicht wenige Vertreter der wissenschaftlichen Revolution ausübte.

Seine Verteidigung der Heliozentrik hatte Kopernikus mit der Autorität von Hermes Trismegistos zu stützen versucht. Auf Hermes und Zarathustra hatte sich zu Beginn des 17. Jahrhunderts auch William Gilbert berufen, der seine Magnetismuslehre mit der »magischen« These der universellen Animation in Zusammenhang gebracht hatte. Im Hinblick auf sein Buch *De Magnete* ist es wirklich schwer zu entscheiden (selbst wenn man die Frage für sinnvoll hält), ob es sich um das letzte Werk der Renaissance über Naturmagie oder um eines der ersten Werke der modernen experimentellen Wissenschaft handelt. Auch wenn alle Traktate über den Magnetismus mit dem Namen Gilbert beginnen, hat die Wissenschaft dieses Autors nicht das geringste mit der Mathematik und ihren Methoden oder mit der Mechanik im Galileischen Sinne zu tun. Gilbert denkt an die Anziehungskraft wie an eine spirituelle Kraft, glaubt, daß der Magnet eine Seele hat (die höher als die menschliche steht), und versteht die Erde als *mater communis*, in deren Uterus sich die Metalle bilden.

Bacon richtete, wie erwähnt, eine scharfe Polemik gegen die »phantastische, geschwollene und abergläubische« Philosophie der Magiker und Alchimisten und hielt Paracelsus für einen »fanatischen Verkuppler von Phantasmen«, aber er sprach von der »Wahrnehmung«, den »Wünschen« und »Aversionen« der Materie und ist in seinem Verständnis der *Formen* (die den Kern seiner Physik bilden) stark von der Sprache und den Modellen alchimistischer Überlieferung beeinflußt. Wenn er die These akzeptierte, Feuer könne vorher nicht existente Substanzen erscheinen lassen, wenn er sich über die Schwierigkeiten ausließ, die aus dem »gleichzeitigen Eingehen mehrerer Naturen in einen einzigen Körper« entstanden, dann befaßte er sich mit typisch alchimistischen Problemstellungen.

Kepler war ein intimer Kenner des *Corpus Hermeticum*. Er war der Auffassung, daß es eine Korrespondenz zwischen geometrischen Strukturen und dem Aufbau des Universums gebe, meinte, es bestehe eine Beziehung zwischen der Zahl der Planeten und den Dimensionen ihrer Sphären mit den fünf regelmäßigen oder »kosmischen« festen Körpern, von denen Platon gesprochen hatte, und seine These einer himmlischen Musik oder Harmonie der Sphären war tief von pythagoreischer Mystik

DER WISSENSCHAFTLER   271

durchdrungen. Für Kepler, der weder das Trägheitsprinzip noch die Zentripetalkraft kannte, erforderte eine geradlinig-gleichförmige Bewegung die Einwirkung einer gleichförmigen äußeren Kraft. Ohne eine »Seele« in der Sonne konnte er sich das Funktionieren des Systems nicht vorstellen.

Descartes symbolisierte für die Neuzeit das rationale Denken. In reifem Alter lehnte er jeden Symbolismus radikal ab. Aber als junger Mann setzte er die Vorstellungskraft über die Vernunft; er hatte wie viele Magier des 16. Jahrhunderts Freude an der Herstellung von Automaten und »Schattengärten«, und er insistierte wie viele Anhänger des magischen Lullismus[1] auf der Einheit und Harmonie des Kosmos. Diese Themen tauchen in anderer Form auch bei Leibniz auf, dessen »universelle Charakteristik« (*Characteristica universalis*) Motive aus dem hermetischen und kabbalistischen Lullismus schöpfte. In seiner Logik sah Leibniz eine »unschuldige Magie« und eine »nicht schimärenhafte Kabbala«, und er war ein leidenschaftlicher Leser von Büchern, die man kaum als »wissenschaftlich« bezeichnen würde.

Auch bei Harvey klangen mit seinem Bild des Herzens als »Sonne des Mikrokosmos« Themen der »Sonnenliteratur« an. Sogar in der Newtonschen Konzeption des Raums als *sensorium Dei* (»Sinnesorgan Gottes«) hat man Einflüsse neuplatonischer und jüdisch-kabbalistischer Strömungen erkannt. Newton las nicht nur alchimistische Texte und faßte sie zusammen, sondern widmete der Alchimie auch viele Stunden seines Lebens. Seine Manuskripte machen deutlich, daß er an eine *alte Theologie* (sie ist eines der zentralen Themen des Hermetismus) glaubte, deren Wahrheit durch die neue experimentelle Wissenschaft bewiesen werden mußte.

Daß Wahrheit und Fortschritt *auch* als »Rückkehr« begriffen wurden, war tatsächlich ein zentrales Motiv. Francis Bacon hatte seine große Reform des Wissens wie die Einlösung eines alten Versprechens als *instauratio* (»Erneuerung«) präsentiert: Die neue angewandte Wissenschaft sollte es erlauben, die Macht über die Natur wiederherzustellen,

---

1 Nach Raimundus Lullus (ca. 1232/33-1315/16), einem katalanischen Dichter, Theologen und Philosophen. Lullus unternahm den Versuch, die alleinige Wahrheit der christlichen Lehre zu erweisen. Danach muß der Glaube durch den Verstand unterstützt werden, der die Glaubenswahrheiten aus den Prinzipien einer christlichen Universalwissenschaft, der *Ars magna*, streng deduziert. Lullus wandte sich gegen den Averroismus und die Lehre der doppelten Wahrheit. Der an ihn anknüpfende »Lullismus« gilt als eine der großen Strömungen der spanischen Philosophie. (A. d. Ü.)

die der Mensch nach dem Sündenfall verloren hatte. Bacon glaubte, die »alten Sagen« seien kein Produkt ihrer Zeit, sondern vielmehr mit »heiligen Reliquien und verklingenden Melodien ferner Zeiten« vergleichbar, »die den Traditionen älterer Völker entnommen sind und von den Flöten und Trompeten der Griechen weitergegeben wurden«. Die Idee, daß das Wissen *wiederzuerwecken* sei, daß es auf irgendeine Art in den fernsten Zeiten der Menschheitsgeschichte versteckt sei und daß vor der griechischen Philosophie einige fundamentale Wahrheiten erkannt worden waren, die später ausgelöscht wurden und verlorengingen, ist zweifellos ein Thema des Hermetismus, das jedoch einen Großteil der Kultur des 17. Jahrhunderts durchzog und auch bei Autoren auftauchte, von denen wir es am wenigsten erwartet hätten, wie etwa in den *Regulae (Regeln zur Leitung des Geistes)* von Descartes, einem entschiedenen Verfechter der Überlegenheit der Modernen.

In seinem zwischen 1684 und 1686 verfaßten Buch *De mundi systemate* führte Newton die kopernikanische These nicht nur auf Philolaos von Kroton und Aristarchos von Samos, sondern auch auf Platon, Anaximander und Numa Pompilius zurück und griff den Gedanken von der Weisheit der Ägypter auf, »die mit heiligen Riten und Hieroglyphen Mysterien darstellten, die das Begriffsvermögen des Volkes überstiegen«. In *Scolii classici* manipulierte Newton seine Quellen umsichtig, wählte sorgfältig Zitate aus und versuchte zu zeigen, daß die antiken Philosophen die Phänomene und Gesetze der Gravitationsastronomie gekannt hatten. Wenn auch nur in symbolischer Form, so habe man doch bereits in der fernsten Vergangenheit gewußt, daß die Anziehungskraft in quadratischem Verhältnis zur Entfernung abnimmt.

Sicher ist es übertrieben, Bacon und Newton als »hermetische« Denker darzustellen, doch außer Zweifel steht, daß Bacons Meinung über die »alten Sagen« nicht leicht zu erklären ist und daß Newton fest davon überzeugt war, die Wahrheit der Naturphilosophie *wiederzuentdecken*, die – durch Gott selbst offenbart – bereits in längst vergangenen Zeiten bekannt war und später durch den Sündenfall verdunkelt wurde, bis die antiken Weisen sie teilweise wiederfanden. Das große Buch der Natur war für ihn bereits schon einmal dechiffriert worden. Den *Fortschritt* der Astronomie verstanden Kopernikus, Kepler und Galilei auch als *Rückkehr*.

Die Metapher des Gobelins, in dem die Fäden ineinander verwoben sind, bedeutet keinesfalls, daß man darauf verzichten sollte, die einzelnen Fäden und Farben zu unterscheiden (eine Versuchung, der viele erlegen sind). Aus der großen Tradition der Naturmagie der Renaissance übernahmen die Späteren eine Idee von zentraler Bedeutung: Das Wissen, dessen Gegenstand die Natur ist, ist nicht nur Kontemplation und »Theorie«. Es bedeutet vielmehr auch Anwendung, Manipulation und Eingriff. Beherrschung und Kontrolle der Natur sind konstitutive Ziele, die zum Wesen der Wissenschaft gehören, und was wir die »Realität« nennen, hat nicht nur mit dem zu tun, was wir von der Welt *denken*, sondern auch mit dem, was wir in der Welt *machen*.

Den literarisch besten Ausdruck hat, wie gewöhnlich, der Lordkanzler Bacon geprägt: Man müsse mit Demut im großen Buch der Natur lesen, man müsse den trüben Spiegel des Geistes wieder polieren und »wie die Kinder werden«, aber man müsse auch lernen, den »Löwen beim Schwanz zu packen«.

Wissen und Machen

Die Idee, daß die Erkenntnis der Welt etwas mit ihrer Veränderung zu tun habe (oder daß man gar »Wissen« und »Machen« gleichsetzt), durchzieht die wissenschaftliche Kultur des 17. Jahrhunderts. In dem, was üblicherweise als *mechanistisch* bezeichnet wird, wirkt nicht nur die Idee, daß die Naturereignisse mit Hilfe von Begriffen und Methoden aus dem Bereich der sogenannten Mechanik beschrieben werden können, sondern auch und mit besonderem Nachdruck die Vorstellung, daß gerade die vom Menschen gebauten Geräte und Maschinen »privilegierte Mittel« sind, um die Natur zu verstehen.

Die Geräte, Maschinen und mechanischen Künste werden nun ganz anders als im traditionellen Sinn aufgefaßt. Für Bacon steckte in den »mechanischen Künsten« ein Wissen, das bisher nur am Rande der offiziellen Wissenschaft zum Vorschein gekommen war, in der Welt der Baumeister, Schiffbauer, Instrumentenbauer, Bergbauingenieure, in den zahlreichen Handwerksberufen, die mit Geschicklichkeit die verschiedensten Materialien bearbeiteten: Für ihn dienten ihre Tätigkeiten dazu, »die Prozesse der Natur aufzudecken«, und stellten eine Form von Wissen dar. Die Techniken (im Gegensatz zur Philosophie und allen anderen Formen des Wissens) sind zum Fortschritt fähig, sie wachsen also aus sich selbst heraus, und zwar mit derartiger Geschwindigkeit, »daß den Menschen die Wünsche ausgehen, noch bevor diese ihre Perfektion erreicht haben«. Darüber hinaus beruhen die mechanischen Künste auf Zusammenarbeit und stellen eine Form des kollektiven Wissens dar: »In sie geht der Geist vieler ein, während sich in den freien Künsten der Geist vieler dem eines einzelnen unterwarf.«[2] Methoden, Verfahrensweisen und technische Sprache sollen Gegenstand der Reflexion und des Studiums werden: Das »erratische Erfahrungswissen« der Mechaniker, das verstreute Wissen derjenigen, die sich ihrer Hände bedienen, um die Natur zu verändern, muß dem Zufall und dem verderblichen Einfluß von Zauberern und Alchimisten entzogen und zu einem organischen und systematischen Korpus von Kenntnissen werden. Die gesamte Philosophietradition von Platon bis Bernardino Telesio durchzieht ein Bruch zwischen Theorie und Praxis, dem Wissen und der Anwendung, der Erkenntnis der Welt und dem Eingriff in sie. Die Frage, ob die Wahrheiten der Wissenschaft von den Methoden abhängen, die zu ihrer Bestimmung angewandt werden, oder von ihrem praktischen Nutzen, ist für Bacon sinnlos: Die beiden »Zwillingsziele des Menschen, die Wissenschaft und die Macht«, fallen hier in eins zusammen. Die Fähigkeit, Werke zu schaffen, ist zwar die Garantie für die Wahrheit der Methode, aber ebenso wahr ist, daß nur eine wahre Methode in der Lage ist, reale Werke hervorzubringen: Theoretische Forschung und praktische Aktivität sind, so verstanden, dieselbe Sache, und das, was in der Praxis am nützlichsten ist, ist zugleich auch das, was in der Theorie am wahrheitsgetreuesten ist (*ista duo pronuntiata, activum et contemplativum, res eadem sunt, et quod in operando utilissimum, id in sciendo verissimum*). In diesem Sinne sind die praktischen Resultate nicht nur segensreich für das Leben, sondern auch ein Unterpfand der Wahrheit (*opera non tantum beneficia, sed et veritatis pignora sunt*).

Kepler glaubte nicht, daß das Universum »ein göttliches, beseeltes Wesen« sei. Für ihn ähnelte es einem Uhrwerk, in dem alle Bewegungen »von einer einfachen materiellen Kraft abhängen«. Was ist das Herz anderes als eine Zugfeder, was sind die Nerven anderes als viele Seilzüge? fragte sich Hobbes. Descartes beschäftigte sich mit Maschinen, die, obwohl von Menschen gebaut, »halb-bewegt« waren, und verglich die Ner-

---

2 Im Mittelalter waren die Sieben Freien Künste (*Artes liberales*): Grammatik, Rhetorik, Dialektik (= Trivium), Arithmetik, Geometrie, Astronomie und Musik (= Quadrivium). (A. d. Ü.)

ven mit den »Rohren der Springbrunnenmaschinen«, die Muskeln und Sehnen mit Triebwerken und Zugfedern. Für Boyle war das gesamte Universum »eine große, halb-bewegte Maschine«, und alle Phänomene mußten daher in den Begriffen »der beiden großen und universellen Prinzipien der Körper: Materie und Bewegung« betrachtet werden. Die natürlichen Dinge, so bekräftigte Gassendi, untersuchen wir genauso, wie wir »die Dinge untersuchen, deren Urheber wir selbst sind«.

Die Welt der Phänomene kann danach durch die Analyse künstlich hergestellter Produkte rekonstruiert werden, die mit den Händen oder als mögliche Gegenstände vom Geist geschaffen wurden: Sie ist die einzige Realität, von der wir Kenntnis haben können. Die Maschinen oder die wirkliche Welt kennen wir nur insoweit, als sie auf das Modell einer Maschine zurückgeführt werden können. Die traditionellen Ansätze im Hinblick auf die Beziehung von Natur und Kunst werden hier bewußt umgekehrt. Die Kunst »äfft« nicht (wie in der verbreiteten mittelalterlichen Tradition) »die Natur nach«, und sie liegt auch nicht vor ihr »auf den Knien«. Die Produkte der Kunst unterscheiden sich weder von denjenigen der Natur, noch stehen sie tiefer. Auf diesem Punkt beharrt auch Descartes energisch: »Es besteht keinerlei Unterschied zwischen den Maschinen, welche die Handwerker konstruieren, und den Körpern, welche die Natur schafft.« Sowohl Descartes als auch Gassendi nehmen Bacons These auf, die jeden Wesensunterschied zwischen natürlichen und künstlichen Objekten leugnet: »Es herrschte lange die Meinung vor, die Kunst sei von der Natur unterschieden und die künstlichen Dinge anders als die natürlichen (...). Dagegen sollte dies tief in die Köpfe eindringen: Die künstlichen Dinge unterscheiden sich nicht von den natürlichen in Gestalt und Wesen, sondern nur durch die wirkende Ursache.«

Wenn die Welt eine Maschine ist, entfällt nicht nur das alte Bild einer Korrespondenz zwischen dem Menschen als Mikrokosmos und dem Universum als Makrokosmos, sondern auch die Idee, daß die Welt nach menschlichem Maß geschaffen ist. Als Kern der neuen Konzeption der Beziehung Kunst/Natur beginnt sich die These durchzusetzen, daß die Erkenntnis des Wesens und der letzten Gründe dem Menschen verschlossen ist, daß diese die Wissenschaft nicht interessiert und allein Gott als dem Erschaffer oder Konstrukteur oder Uhrmacher der Welt vorbehalten ist. Das »Wissen, wie man es macht«, und die Identität zwischen Wissen und Herstellen sind Kriterien, die für den Menschen ebenso gelten wie für Gott. Der menschliche Geist hat vollen Zugang zur Wahrheit der Mathematik und der Geometrie, insofern diese *konstruierte Wahrheiten* darstellen, aber er kann sich weder den *quidditates rerum intimae* (»innersten Wesensmerkmalen der Dinge«) noch den *arcana naturae* (»Geheimnissen der Natur«) nähern: Die Wissenschaft kann und will nur die Phänomene der Welt erkennen. Wir kennen, so schreibt Mersenne, »die wahren Gründe nur derjenigen Dinge, die wir mit den Händen und dem Geist erschaffen können«. Hobbes vertritt ganz andere Positionen, aber in diesem Punkt ist er vollkommen einverstanden: Die Geometrie ist beweisbar, weil wir selbst die Linien und Figuren zeichnen, und auch die nichttheologische Philosophie ist beweisbar, »weil wir selbst den Staat errichten«. Über natürliche Körper können wir nur Hypothesen vorbringen.

Die Idee des Wissens als Machen und Konstruieren sollte auch auf die Betrachtung der sozialen und politischen Welt entscheidend an Einfluß gewinnen. Die Auffassungen von Hobbes sind mit Recht in die Nähe von Vicos Gleichsetzung von *verum/factum* (»Wahrheit/Tat«) gerückt worden. In *Principe di una scienza nuova (Die neue Wissenschaft über die gemeinschaftliche Natur der Völker)* erscheint Giambattista Vico die geschichtliche Welt als erkennbar und als Gegenstand der Wissenschaft, da sie von Menschen gemacht und gestaltet wird.

Die Gleichheit der Intelligenz

Für die Vertreter der magischen und alchimistischen Kultur und die Anhänger der hermetischen Tradition stellen die Texte des alten Wissens heilige Bücher dar, in denen Geheimnisse verschlossen liegen, die nur wenige Auserwählte oder »Eingeführte« entschlüsseln können. Die Wahrheit liegt in der Vergangenheit und in der Tiefe verborgen. Sie ist um so kostbarer, je verborgener sie ist, und muß hinter den Kunstgriffen gesucht und gefunden werden, mit denen sie verschlüsselt wurde, um sie vor denen geheimzuhalten, die ihrer nicht würdig waren. Immer ist es erforderlich, »über den Buchstaben« hinauszugehen, auf der Suche nach einer Botschaft, die von Mal zu Mal verborgener ist. Die Grenze zwischen der Gestalt des Magiers und derjenigen des Priesters ist schwer zu bestimmen. Auch dort, wo die Magie die »Na-

türlichkeit« magischer Handlungen betont, gelingt es ihr weder, sich
vom zweideutigen Verständnis der Methode als Initiation noch vom
Bild des Zauberers als eines außergewöhnlichen, »erwählten« Wesens
freizumachen.

»Der Eifer der Leute, neue Schulen zu eröffnen«, erschien Jan Amos
Komenský (latinisiert zu Comenius) um die 30er Jahre des 17. Jahrhunderts als eines der Merkmale der neuen Zeiten. Aus diesem Eifer entstand auch »die große Vermehrung der Bücher in allen Sprachen, so daß
auch die Kinder und Frauen mit ihnen vertraut werden«. Das Bemühen
um ein universelles Wissen, das alle verstehen können, weil es allen mit-
teilbar ist, wird zu einem zentralen und beherrschenden Thema. Die
Radikalität, mit der einige Überzeugungen im Hinblick auf die menschliche Natur, die Wege der Wahrheitsfindung und die Methoden der
Erkenntnis in dieser Zeit vorgetragen wurden, hat nur jene Forscher ver-
wirren können, die das Fortbestehen der hermetischen Tradition und
den Druck, der vom magischen Naturalismus auf die Kultur (auch die
wissenschaftliche) ausging, unterschätzt haben. Diese Überzeugungen
entstanden aus unterschiedlichen Perspektiven und hatten unterschiedliche Bedeutungen, aber unabhängig von ihren Ursprüngen trugen sie zur
Bekräftigung und Konsolidierung einer Wissensauffassung bei, die in
der Lage war, der magisch-alchimistischen Vorstellung wirkungsvoll zu
begegnen, sich als *Alternative* zu ihr anzubieten und dem Bild des Weisen, das diese Tradition vermittelte, ein neues Bild entgegenzusetzen.

Die Ideen, die den Kern des neuen Bildes des Weisen ausmachen,
sind: 1. Um zur Wissenschaft und zur Wahrheit zu gelangen, ist weder
ein »Initiations«-Prozeß religiösen Typs noch die Verachtung jenes Teils
der menschlichen Natur notwendig, der »nur menschlich« ist, und es ist
auch nicht erforderlich, zur Gruppe der Erwählten und »Erleuchteten«
zu gehören. Es reicht die schlichte und einfache Zugehörigkeit zur
menschlichen Spezies. 2. Die Vorgehensweisen oder »Methoden«, die
zur Wahrheit führen, sind nicht unzugänglich, geheim, unvermittelbar
oder kompliziert: Sie sind im Gegenteil »bescheiden« und »einfach«
oder »schlicht«, können in einer klaren Sprache vermittelt werden und
sind gerade deshalb grundsätzlich, wenn auch nicht faktisch, allen zugänglich. 3. Alle Menschen können folglich Wissen und Wahrheit erlangen, das wissenschaftliche Wissen ähnelt weder einer Offenbarung noch
einer nicht mitteilbaren mystischen Erfahrung: Es ist lediglich die Aus-
formulierung eines Potentials, das in allen angelegt ist. Die Wissenschaft

(wie Arnauld und Nicole in ihren *Eléments de géometrie* sagen werden) besteht nur darin, »das voranzubringen, was wir von Natur aus wissen«.

Die Wahrheiten, die Gemeinbegriffe genannt werden, so schreibt Descartes in den *Principia philosophiae* (*Die Prinzipien der Philosophie*), sind so beschaffen, daß sie von vielen klar erkannt werden können. Bei einigen Personen treten diese Wahrheiten nicht genügend hervor, aber die Tatsache, »daß die Erkenntnisfähigkeit mancher Menschen (lediglich) größer ist als diejenige, welche alle gemein haben«, bleibt davon unberührt. Die Unterschiede liegen allein in den Vorurteilen, die in der Kindheit übernommen werden und von denen man sich später nur schwer befreien kann. Es ist kaum nötig, an den berühmten Anfang der *Abhandlung über die Methode* zu erinnern, wo Descartes bekräftigt, daß der gesunde Menschenverstand »die Sache [ist], die auf der Welt am besten verteilt ist«. Das Vermögen, zwischen wahr und falsch zu unterscheiden, ist von Natur aus in allen Menschen gleich. Die Unterschiede in den Meinungen der Menschen beruhen nicht »auf der Tatsache, daß einige vernünftiger sind als andere«, sondern nur auf dem Umstand, daß sie unterschiedliche Wege beschreiten und nicht dieselben Dinge betrachten. Was ihn selbst angehe, so Descartes über sich, »hat er nie angenommen, seine Intelligenz sei in irgendeiner Weise perfekter als die gemeine Intelligenz«. Die Ansichten in seinen Schriften seien »einfach und in Übereinstimmung mit dem gesunden Menschenverstand«. Die neue Methode präsentiert er als Sammlung von »sicheren und leichten« Regeln. Der Grundsatz, auf dem die Regeln der Methode fußen, wird nicht verschleiert und versteckt, »um das gemeine Volk fernzuhalten«, sondern so ausgekleidet und ausgeschmückt, daß »er dem menschlichen Verstande annehmlich erscheint«. Sofern man mit den einfachsten Kenntnissen beginne und Schritt für Schritt vorgehe, sei es in Anbetracht der Verbindung zwischen verschiedenen Kenntnissen »nicht nötig, große Klugheit und Fähigkeiten zu besitzen, um sie wiederzuerkennen«. Die Darlegung der Methode müsse mit »klaren und gemeinverständlichen« Begründungen geschehen, und die erzielten Ergebnisse »werden auf der Welt genauso wie das Geld in Umlauf sein, das keinen geringeren Wert hat, wenn es aus der Börse eines Bauern stammt«. Viele Menschen widmen sich nicht der Suche nach Weisheit: Dies liege daran, daß sie »nicht erwarten, Erfolg zu haben, und nicht wissen, wie fähig sie dazu sind«.

Thomas Hobbes stellt seine Philosophie jener entgegen, »durch die man Steine der Weisen herstellt«, und versichert, daß »die Philosophie, das heißt die natürliche Vernunft, jedem Menschen angeboren ist« und daß die Vernunft »nicht weniger natürlich als die Leidenschaft und in allen Menschen gleich ist«. Die wenigen Elemente, die am Anfang der Philosophie stehen, sind »Samen«, aus denen sich eine wahre Philosophie entwickeln kann. Diese Samen oder ersten Fundamente erscheinen ihm »bescheiden, trocken, beinahe unförmig«. »Die Philosophie ist Tochter Eures Geistes«, schreibt er seinem Leser freundschaftlich, »sie ruht noch unförmig in Euch selbst.« Die Methode, die Hobbes geschaffen hat, kann allen dienen: »Wenn es Euch gefällt, könnt auch Ihr sie benutzen.«

Gerade bei Mersenne, dem unermüdlichen »Sekretär des gebildeten Europa«, finden wir einen ungewöhnlich treffenden Ausdruck für die anti-magische und anti-okkultistische Idee von der Gleichheit der Intelligenz: »Ein Mensch kann nichts tun, was ein anderer Mensch nicht in gleicher Weise tun kann, und jeder Mensch trägt in sich alles, was notwendig ist, um über alle Dinge zu philosophieren und vernünftig zu sprechen.«

Auch wenn Historiker des politischen Denkens es übersehen haben: die These von der Gleichheit der Intelligenz im Hinblick auf die Wahrheit der Wissenschaft ist eminent politisch. In allen Menschen, so wird Samuel Pufendorf in der zweiten Hälfte des 17. Jahrhunderts sagen, ist das innere Prinzip gegenwärtig, sich selbst zu regieren, und alle Menschen, insofern sie das Gefühl der Verpflichtung empfinden können, sind intelligente Wesen: »Ich vermag mich nicht davon zu überzeugen, daß allein die natürliche Vortrefflichkeit genüge, um einem Wesen das Recht zu geben, irgendeine Verpflichtung anderen Wesen aufzuerlegen, welchen wie jenem ein inneres Prinzip eignet, sich selbst zu regieren.« Die These von der gleichmäßig verteilten Fähigkeit, die Wahrheit zu erkennen, bedeutete den Verzicht auf die im Hermetismus und bei vielen Philosophen aristotelisch-averroistischer Prägung vertretene Vorstellung von einer klaren Trennung zwischen den »Philosophen« und den »tierähnlichen« Menschen des gemeinen Volkes, für die Wundergeschichten geeignet und notwendig sind, Engel und Teufel: Geschichten, wie Pomponazzi schrieb, »um zum Guten zu leiten und vom Bösen fernzuhalten, wie man es bei Kindern mit der Hoffnung auf Belohnung und der Angst vor Strafe tut«.

Nach dem Zeitalter von Bacon und Descartes, Hobbes, Mersenne und Galilei wird jede Form des Wissens, das im Namen seiner Unerreichbarkeit Geheimhaltung propagiert, das die Schwierigkeiten auf dem Weg der Erkenntnis als »übermenschlich« betrachtet, das den Initiationscharakter der Wahrheitsfindung proklamiert und nur ganz wenigen die Möglichkeit einräumt, zur Erkenntnis (*episteme*) zu gelangen, unweigerlich und strukturell mit der grundlegend politischen These verbunden werden, nach der die Menschen nicht in der Lage sind, sich selbst zu regieren und wie die Kinder Geschichten brauchen, die sie von der Wahrheit fernhalten.

Die Idee der Gleichheit der Intelligenz wurde zum integralen und konstitutiven Bestandteil des modernen Wissenschaftsverständnisses. Wie bei allen Ideen, die mit Werten verbunden sind oder Werte darstellen, bietet sie uns noch heute eine Orientierungsmöglichkeit. Wo sprachliche Zweideutigkeit und Rätselhaftigkeit zu Wesensmerkmalen einer Philosophie erklärt werden und Klarheit als bloßer Ausdruck von Oberflächlichkeit und gesundem Menschenverstand peinlich vermieden und explizit verdammt wird; wo die »Vergangenheit geschaut« werden soll, ein *geheimes Wissen* um die *Ursprünge* und eine *ursprüngliche Wahrheit* zu Leitideen und zentralen Motiven einer Philosophie werden; wo man schließlich über einen Wesensunterschied zwischen Erwählten und Pneumatikern auf der einen Seite (die das *Wissen* erlangen, die »Momente« leben und das *Schicksal* erahnen und deuten können) und solchen Menschen andererseits theoretisiert, die für immer Gefangene der Vergänglichkeit des Alltäglichen bleiben müssen und nur zum Vernünfteln, aber nicht zum *Denken* taugen: wo all dies *gleichzeitig* oder in ein und derselben Philosophie zusammenkommt, offenbart die alte Tradition des Hermetismus (auch im 20. Jahrhundert) ihre fortdauernde Gegenwart, zeigt sie ihr hartnäckiges Weiterbestehen, feiert sie ihre späten Triumphe.

Die Wissenschaft und die »Doktoren des Gedächtnisses«

Je stärker ein bestimmter Wissensbereich strukturiert ist, so hat Ludwik Fleck bereits 1935 bemerkt, desto stärker hängen die in ihm verwendeten Begriffe mit dem Ganzen zusammen und neigen dazu, mit ihren Definitionen ständig wechselseitig aufeinander zurückzuverweisen. In den sogenannten reifen Wissenschaften bilden solche Termini eine Art Begriffsge-

DER WISSENSCHAFTLER 281

flecht, das unentwirrbar ist und weniger einer Sammlung von Sätzen als der »Struktur eines Organismus« gleicht. In einer solchen Struktur erfüllen alle einzelnen Teile eine spezifische Funktion. Mit einem gewissen Abstand von ihrer Entstehungszeit und am Ende eines Entwicklungszyklus, wenn eine Wissenschaft sich in ihrer Besonderheit eingerichtet hat und als solche anerkannt wird, sind die Anfangsphasen ihrer Entwicklung nicht mehr leicht verständlich: Im Rückblick wird ihr Anfang in ganz anderer Weise verstanden und ausgedrückt als im Moment ihrer Geburt.

In jüngster Zeit hat Thomas Kuhn dieses Thema aufgegriffen und die Tatsache betont, daß Wissenschaftler dazu neigen, ihre Aktivität in eine lineare Fortschrittsperspektive zu stellen. Sie schreiben ständig ihre Handbücher um, aber dabei schreiben sie eine »umgekehrte Geschichte«. Warum sollten sie jemals Theorien einen Wert beimessen, die durch die beständige und intelligente Arbeit von Generationen von Forschern aufgegeben werden konnten? Warum sollten sie unter den Dingen, an die zu erinnern sich lohnt, die unzähligen »Irrtümer« auflisten, von denen die Geschichte der Wissenschaft voll ist? In der Ideologie der professionellen Wissenschaft, so die Schlußfolgerung Kuhns, ist die Entwertung der Geschichte tief verwurzelt. Neue Entdeckungen provozieren die Entfernung »überwundener« Bücher und Zeitschriften aus den Aktivbeständen der wissenschaftlichen Bibliotheken und ihre Einlagerung in die Magazine. Sobald ein Problem gelöst ist, verlieren die vorher zur Lösung unternommenen Versuche ihre Beziehung zur Forschung, werden zu »überflüssigem Gepäck, nutzlosem Ballast«. Im Hinblick auf ihre Vergangenheit nehmen Künstler und Wissenschaftler deutlich divergierende Haltungen ein: »Der Erfolg Picassos hat die Gemälde Rembrandts nicht in die Magazine der Museen verbannt.« Im Gegensatz zur Kunst »zerstört die Wissenschaft ihre Vergangenheit«.

Der Gegensatz von Wissenschaft und Geschichte und die Überzeugung, daß es notwendig sei, die Vergangenheit zu vergessen, sind in Wirklichkeit älter, als Ludwik Fleck in den 30er und Thomas Kuhn in den 60er Jahren dieses Jahrhunderts annahmen. Es ist möglich, diese beiden Haltungen ebenso wie das Aufblühen einer ausgesprochenen *Polemik gegen die Geschichte* in die Anfänge des modernen Zeitalters zurückzuverfolgen, in jene Jahre, in denen das Bild der modernen Wissenschaft aufkam.

Galilei setzte die Naturphilosophen den »Historikern« oder »Doktoren des Gedächtnisses« entgegen, deren Mentalität dadurch gekennzeichnet ist, daß sie sich ständig auf ihre Vorbilder berufen müssen. Das Bild, das Galilei dieser Mentalität entgegenstellt, ist das von Forschern, die im Gegensatz zu den Blinden keinerlei Anleitung und Führung brauchen: »Wenn Ihr aber mit dieser Form des Studiums fortfahren wollt, so laßt den Namen Philosoph fallen und nennt Euch Historiker oder Doktoren des Gedächtnisses; denn es ist nicht angemessen, daß jene, die nie philosophieren, den ehrwürdigen Titel des Philosophen in Beschlag nehmen.« Die Zeugnisse anderer haben vor dem Kriterium des Wahren und Falschen nicht den geringsten Wert: »Viele Zeugen beizubringen nützt überhaupt nichts, weil wir nie geleugnet haben, daß viele so etwas geschrieben haben, wohl aber haben wir es als falsch bezeichnet.«

Es scheint, als müsse man wählen: entweder Wissenschaftler oder Historiker zu sein; entweder an die Unterscheidung wahr/falsch zu glauben oder Zeugen beizubringen; entweder die Natur oder die Geschichte zu kennen. Descartes denkt über diesen Punkt das gleiche: »Es wird uns nie gelingen, Philosophen zu sein, wenn wir alle Beweisführungen von Platon oder Aristoteles gelesen haben, ohne in der Lage zu sein, über ein bestimmtes Thema zu einem sicheren Urteil zu gelangen: In diesem Fall bewiesen wir, daß wir die Geschichte, nicht aber die Wissenschaft studiert haben.« Die Geschichte ist das, was bereits erfunden und in den Büchern übermittelt ist, die Wissenschaft ist die Fähigkeit, Probleme zu lösen, sie ist »die Entdeckung all dessen, was der menschliche Geist entdecken kann«. Sich mit Menschen anderer Jahrhunderte zu unterhalten – so noch einmal Descartes – »ist beinahe das gleiche, wie zu reisen, (...) aber wenn man sich allzuviel mit dem Reisen beschäftigt, wird man am Ende zum Fremden im eigenen Lande, und so wird derjenige, der allzu neugierig auf die Dinge der Vergangenheit ist, meist sehr wenig von den gegenwärtigen wissen«. Die Historiker erscheinen auch Malebranche als Menschen, die sich zu »raren und fernen Dingen« hingezogen fühlen und »die notwendigsten und schönsten Dinge nicht kennen«.

Die strenge Wahrheit der Geometrie gehört für Spinoza zu einer Welt, die nicht von der Zustimmung der Zuhörer oder den Zeitläufen abhängt. Diese Strenge und Wahrheit werden zum Modell, das sich auf das ganze Wissen ausweiten läßt. Die Wahrheit impliziert die absolute Irrelevanz des Kontextes, der Geschehnisse, die sich in der Zeit ereignen. *Wie* man zur Wahrheit gelangt ist, hat keinerlei Bedeutung:

»Euklid, der nichts schrieb, was nicht äußerst einfach und überaus verständlich gewesen wäre, kann von allen leicht in jedweder Sprache verstanden werden; auch ist es nicht nötig, um den Gedanken zu verstehen und Gewißheit über seine wirkliche Bedeutung zu erlangen, eine vollständige Kenntnis von der Sprache zu haben, in der er schrieb, sondern es reicht eine übliche, beinahe bruchstückhafte Kenntnis; und es ist nicht erforderlich, das Leben, die Studien und die Sitten des Autors zu kennen noch die Sprache oder jene, für die er schrieb, oder die Zeit, in der er schrieb, die Geschicke des Buches und seine verschiedenen Lesweisen oder wie und durch wessen Beschlußfassung es gebilligt wurde. Und was wir hier von Euklid sagen, muß von allen gesagt werden, die über Gegenstände schrieben, welche von Natur aus verständlich sind.«

Das Modell, das wir vor uns haben, hat eine Struktur, in der nicht einfach eine Theorie die andere ersetzt, sondern in der sich Theorien auf der Basis einer immer größeren Allgemeinheit ergänzen. Leibniz meint, daß sich auch in der Philosophie der Gegensatz der Schulen aufheben läßt und man auf Denkschulen überhaupt verzichten könne. Auch die Philosophie wird zu einem Wissen, das in der Lage ist, durch nachfolgende Ergänzungen zu wachsen: »In der Philosophie verschwinden die Schulen, wie sie in der Geometrie verschwunden sind. In der Tat sehen wir, daß es keine Anhänger von Euklid, Archimedes und Apollonios gibt, und Archimedes und Apollonios hatten sich nicht zum Ziel gesetzt, die Prinzipien ihrer Vorgänger umzustoßen, sondern sie zu mehren.«

Pascal glaubt, es gebe Wissenschaften, die von der Erinnerung abhängen und sich auf eine Autorität berufen, und Wissenschaften, die statt dessen auf die Überlegung vertrauen. Autoritäten haben für letztere keinen Wert. Die Geschichte, die Geographie, die Rechtswissenschaft und die Theologie gehören zur ersten Gruppe, »sie hängen vom Gedächtnis ab und sind rein geschichtlich«. Ihre Prinzipien sind »entweder das reine und einfache Faktum, oder die göttliche oder menschliche Institution«. Über ihre Argumente »können uns nur die Autoritäten erhellen«. Von ihnen »kann man eine vollständige Kenntnis haben, der sich nichts mehr hinzufügen läßt«. Die Geometrie, die Arithmetik, die Musik, die Physik, die Medizin und die Architektur gehören zur zweiten Gruppe, »sie hängen von der Überlegung ab« und haben »die Erforschung und Entdeckung verborgener Wahrheiten« zum Ziel. Hier »ist die Autorität nutzlos«, und nur die Vernunft erlangt Wissen, hier ist der Geist frei, seine Fähigkeiten zu entfalten, hier »können die Erfindungen endlos

284   PAOLO ROSSI

und ohne Unterbrechungen weitergehen«. Wachstum, Fortschritt, Neuheiten und Erfindungen charakterisieren nur die Wissenschaften der
zweiten Gruppe: Die Alten haben sie umrissen, wir hinterlassen sie unseren Nachgeborenen in einem besseren Zustand, als wir sie vorgefunden
haben. Die Natur »ist immer gleich, aber sie wird nicht immer gleich gut
erkannt«. Die Wahrheit »beginnt nicht dort, wo man angefangen hat, sie
zu erkennen«, und sie ist »immer älter als alle Meinungen, die man über
sie hatte«.

*Machinae novae, Nova de universis philosophia, De mundo nostro
sublunari philosophia nova, Novum organum, Astronomia nova, Novo
theatro di machine, Discorsi intorno a due nuove scienze, Scienza nuova:*
der Begriff *novus* (neu) kehrt fast obsessiv in Hunderten von Buchtiteln
wieder, die der Philosophie oder der Wissenschaft gewidmet sind und
zwischen dem Zeitalter von Kopernikus und der Zeit Newtons veröffentlicht wurden. Man entdeckt eine Neue Welt, die von unbekannten
Menschen bevölkert ist, von neuen Tieren und neuen Pflanzen; man entdeckt »eine riesige Zahl neuer Sterne und neuer Himmelsbewegungen,
die den antiken Astronomen gänzlich unbekannt waren«; das Mikroskop »schafft Welten und Länder, die für unsere Augen neu und unbekannt sind«. Zwischen der »Wiederentdeckung der Alten« und dem
»Sinn für das Neue«, der die Kultur der Renaissance charakterisierte, bestand eine komplizierte Beziehung. Der Unwille, den *exemplarischen*
Charakter der klassischen Kultur anzuerkennen (auf dem alle Humanisten bestanden hatten), nahm stark polemische Züge an und hatte in vielen Fällen den Charakter einer Verweigerung:

> »De Grec et de Latin, mais point de connaissance
> on nous munit la teste en notre adolescence.«[3]

»Verkauft Eure Häuser, Eure Garderobe, verbrennt Eure Bücher«, hatte
1571 ein Anhänger von Paracelsus, Pietro Severino, geschrieben. Die Polemik gegen die Bücherkultur – bis zu Robert Boyle und anderen – gedieh bis zur Schmähung jedweder Tradition und schuf eine Form des
»wissenschaftlichen Primitivismus«, der die Experimente in den Schmelz-
öfen und die Werkstätten der Handwerker den Bibliotheken, den historischen und literarischen Studien und der theoretischen Forschung entge-
gensetzte.

---

3 »Mit Griechisch und Latein, aber nicht mit Kenntnissen hat man uns in unserer Jugend
   den Kopf gefüllt.«

DER WISSENSCHAFTLER   285

Die Alten haben einen falschen Weg eingeschlagen:

»Wenn ich erklärte, ich könnte Euch etwas Besseres anbieten als die Alten, nachdem ich denselben Weg eingeschlagen habe, dem sie folgten, so können wir nicht vermeiden, daß es zu einem Vergleich oder einer Herausforderung des Genies, des Verdienstes, der Fähigkeiten kommt (...). Ein Lahmer, der auf dem richtigen Weg ist, kommt, wie man sagt, eher an als ein Läufer, der die falsche Straße hinunterläuft. Bedenket, daß die Frage den zu verfolgenden Weg betrifft und nicht die Kraft und daß wir hier nicht die Rolle der Richter, sondern der Führer spielen.«

Bacon hält es für erforderlich, »die Eigenschaften des Gelehrten abzustreifen und zu versuchen, gemeine Menschen zu werden«. Descartes ist der Auffassung, daß diejenigen, die nie studiert haben, »mit größerer Zuverlässigkeit und Klarheit« urteilen als jene, die Schulen besucht haben, wo ihnen das Traditionswissen vermittelt wird. Hobbes meint, daß die kulturelle Situation seiner Zeit den Gedanken nahelegt, daß die Ungebildeten, »welche die Philosophie ablehnen«, Menschen »von gesünderem Urteile« seien als jene, die nach Art der Scholastiker disputieren.

Erforderlich ist also eine Korrektur des Geisteslebens, die Zerstörung der falschen Bilder, die es belagern und verkrusten und die das, was ursprünglich klar und rein war, eintrüben; nötig ist es, die Köpfe zu entstauben und wie die Kinder zu werden, eine Philosophie zum Vorschein zu bringen, die in jedem Menschen präsent ist, und auf den guten Menschenverstand zu vertrauen, »die Sache, die auf der Welt am besten verteilt ist« und »von Natur aus in allen Menschen gleich ist«. Das, was man auf der Schule oder der Universität gelernt hat, muß vergessen werden, ebenso wie viele Jahrhunderte der Geschichte: Man muß sie in jenem »Reich der Finsternis« begraben, im »finsteren« Mittelalter voller Barbarei und Aberglaube, ein Bild, das 200 Jahre lang fortbestehen sollte. Es gibt eine Tradition und in dieser Tradition Persönlichkeiten, die für immer dem Vergessen anheimgegeben werden müssen:

»Es ist notwendig, die Philosophaster fernzuhalten, die noch mehr Geschichten im Kopf haben als die Poeten, die Vergewaltiger des Geistes und Fälscher der Dinge; und mehr noch alle ihre Satelliten und Parasiten und das ganze käufliche Professorenvolk. Wie soll man die Wahrheit hören, während sie mit ihren törichten und unbeholfenen Erörterungen herumlärmen? Wer verschafft mir die Formel, mit der ich sie dem Vergessen überantworten kann?«

Das mittelalterliche Bild der Zwerge auf den Schultern von Riesen steckt voller Zweideutigkeit. Wir sehen sicher weiter als Platon und Aristoteles, aber *wir sind Zwerge*, dazu verurteilt, im Vergleich mit diesen unerreichbaren Giganten klein zu bleiben. Die These von der »Überlegenheit« der Modernen nimmt andere Formen und Töne an. Aber in vielen Texten taucht die Idee auf, daß die ersten Bewohner der Erde ein rohes Volk waren, unfähig, sich auf dem Gebiet der »entfalteten Vernunft« zu bewegen. Ein lapidarer Satz des Lordkanzlers Bacon bringt sämtliche Themen zum Ausdruck, die bisher angeklungen sind. Er bringt eine Dimension zum Vorschein, die eines der Wesensmerkmale der Wissenschaft wurde und seit dem Beginn der Neuzeit zu ihrem Bild gehört. Das Vergessen der Vergangenheit, die Überwindung dessen, was in der Vergangenheit gesagt wurde, erhalten im wissenschaftlichen Denken den Charakter von Werten. Das Interesse richtet sich auf die Zukunft, nicht auf die Vergangenheit. Was früher getan wurde, ist nicht wichtig; vielmehr geht es darum, zu sehen, was man nun tun kann. »Wissenschaft ist aus dem leuchtenden Glanz der Natur zu entnehmen, aber nicht aus dem Dunkel der Vergangenheit zurückzuholen.«[4]

Das Porträt des »Wissenschaftlers«

Im Verlauf des 17. Jahrhunderts bildete sich in Europa nicht nur eine Vorstellung von Wissenschaft heraus, sondern auch ein »Bildnis« des Naturphilosophen. Dieses Bildnis war sehr verschieden vom antiken Philosophen und Weisen, ebenso von dem des Heiligen, des Mönchs, des Universitätsprofessors, des Höflings, des perfekten Fürsten, des Handwerkers, des Humanisten und des Magiers. Die gemischte Gruppe von Intellektuellen, die einen Beitrag zur Entwicklung des wissenschaftlichen Wissens leistete, formulierte Ziele, die sich vom Wunsch nach individueller (religiöser) Heiligkeit, literarischer Unsterblichkeit und »dämonischer« (hermetischer) Außergewöhnlichkeit unterschieden.

Sittsame Geduld, natürliche Bescheidenheit, ernstes und beherrschtes Auftreten, eine große Fähigkeit, andere zu verstehen, und freundliches Mitgefühl – dies sind die Wesenszüge, die Bacon vom Wissenschaftler zeichnet:

---

4 *Scientia ex naturae lumine petenda, non ex antiquitatis obscuritate repetenda est. Nec refert quid factum fuerit. Illud videndum quid fieri possit.*

»Die Versammlung bestand aus etwa 50 Mitgliedern, unter denen sich kein Jüngling fand; alle waren reifen Alters, und jedes Gesicht zeigte Redlichkeit und Würde (...). Als er eintrat, fand er sie in freundschaftlichem Gespräche untereinander, und dennoch saßen sie auf ordentlich verteilten Stühlen und schienen jemanden zu erwarten. Wenig später kam ein Mann mit einem überaus ruhigen und heiteren, aber auch barmherzigen Gesichtsausdruck herein (...). Er setzte sich nicht auf ein Podest oder ein Katheder, sondern zu den anderen und begann solchermaßen mit der Versammlung ins Gespräch zu treten.«

Das Bild des »neuen Weisen«, das Bacon vorschlägt, ähnelt ohne Zweifel eher Galilei oder Einstein als dem ungestümen Paracelsus oder dem rast- und ruhelosen Cornelius Agrippa von Nettesheim. Die gewaltigen Züge des Magiers der Renaissance werden hier von einer klassischen Gelassenheit und einer Atmosphäre abgelöst, die den »Unterhaltungen« der Humanisten ähnelte.

Auch der Diskussionsstil der Protagonisten von Descartes' *Erforschung der Wahrheit durch das natürliche Licht* hat nichts von einem Initiationsritus. Es ist »der Stil ehrlicher Unterhaltung, wo jeder umgänglich den Freunden das Beste seiner Gedanken vorträgt«. Dieser »familiäre« Ton kennzeichnet auch die Unterhaltung von Salviati und Sagredo in dem Galileischen *Dialogo* (Dialog), wo sie für die neue Wissenschaft kämpfen. In den Schriften Bacons scheint darüber hinaus im Hinblick auf die kultivierte und höfliche humanistische Atmosphäre ein doppeltes Bewußtsein durch: daß die Menschen, indem sie sich der Technik und der Zusammenarbeit der Forscher bedienen, über unermeßliche Macht verfügen können, und daß das Theater menschlicher Unternehmungen nicht länger eine Stadt oder eine einzelne Nation, sondern die gesamte Welt ist.

Wissenschaft und Politik

Galilei lud die Theologen seiner Zeit vergeblich ein, »den Unterschied zwischen diskutierbaren und beweisbaren Lehrsätzen in Betracht zu ziehen«. Jene, die beweisbare Wissenschaften ausüben, haben nicht die Möglichkeit, »Meinungen nach ihrem Wunsche zu ändern«, und es besteht ein großer Unterschied »zwischen dem Befehl an einen Mathematiker oder Philosophen und der Anordnung an einen Kaufmann oder

Rechtsgelehrten, und nicht mit gleicher Leichtigkeit lassen sich beweisbare Schlüsse im Hinblick auf die Dinge der Natur und des Himmels abändern wie Meinungen in bezug auf das, was bei einem Vertrag, einer Steuer oder einem Handel erlaubt sei und was nicht«.

Der Druck, den die politische Macht auf die Wissenschaft ausübt (wenn, wie Galilei schrieb, »die Leute, welche in einer Wissenschaft oder Kunst am ungebildetsten sind, zu Richtern über die Intelligenten werden«), hat vernichtende Auswirkungen, vor allem wenn Religionen, Ideologien oder Philosophien, wie im 17. und auch in unserem eigenen Jahrhundert, als allumfassende Weltanschauungen oder als alleinige Maßstäbe auftreten, um die Wahrheit oder Falschheit jedweder Theorie zu beurteilen.

Die Kosmologie eines unendlichen Weltalls kopernikanischen Ursprungs einerseits, wie sie Giordano Bruno vertrat, und die »mechanische Philosophie« andererseits schienen wichtige Kernelemente der christlichen Tradition in Frage zu stellen: die Zentralität des Menschen im Universum im ersteren Fall, die Präsens von Zielen oder Zwecken im Universum im zweiten Fall.

Wenn sich die Konfliktsituation zwischen Macht und Wissenschaft (die einen strukturellen Charakter hat) in eine offene Auseinandersetzung verwandelt, bietet sich den Wissenschaftlern eine Reihe von Lösungen, die in gewisser Weise unvermeidlich sind: 1. Die Betonung eines deutlichen Unterschieds zwischen Politik und Wissenschaft oder zwischen Religion und Wissenschaft; das Beharren auf ihrem Getrenntsein. 2. Die Verschleierung oder Maskierung von Lehren, die man für gefährlich hält. 3. Die Zurückstellung von Forschungen oder Problemstellungen, die zu bereits »verurteilten« Ergebnissen oder zu Positionen führen könnten, die den von der Macht akzeptierten zuwiderlaufen. All diese Reaktionen finden sich bei Naturphilosophen und Wissenschaftlern des 17. Jahrhunderts.

Die Betonung des Unterschieds zwischen Wissenschaft und Politik und die Abgrenzung von letzterer nahmen in den katholischen und protestantischen Ländern unterschiedliche Formen an. Es lohnt, einen kurzen Blick auf zwei Beispiele zu werfen, die beide große Beachtung fanden: der Fall Galilei und der Fall Bacon.

In seinem berühmten Brief von 1613 an Benedetto Castelli formulierte Galilei eine Reihe von Thesen: 1. Im Hinblick auf die Heilige Schrift kann man sich nicht bei der reinen Wortbedeutung aufhalten, da

DER WISSENSCHAFTLER   289

viele Sätze »der Unverständigkeit des gemeinen Volkes angepaßt« seien.
2. Bei wissenschaftlichen Diskussionen wird die Bibel erst »ganz zuletzt« in Betracht gezogen. Gott offenbart sich nämlich durch die Schrift
und durch die Natur. Man müsse sich darüber im klaren sein, daß die
Heilige Schrift dem Verständnis der Menschen angepaßt sei und ihre
Worte Unterschiedliches bedeuten können, während die Natur dagegen
»unerbittlich und unveränderlich« sei und sich nicht darum kümmere,
ob ihre Gründe und ihre Funktionsweisen »den Menschen erkennbar
sind oder nicht«. 3. Der Natur wohnten eine Kohärenz und eine Strenge
inne, die in der Heiligen Schrift fehlen: »Nicht jedes Wort der Schrift ist
mit so strengen Zwängen verbunden wie die Wirkungen der Natur.«
Die »natürlichen Wirkungen«, die wir aus der Erfahrung kennen oder
die durch die erforderlichen Beweise gesichert erscheinen, können in keiner Weise »durch Bibelzitate in Zweifel gezogen werden, die ein anderes
Ergebnis böten«. 4. Da sich die Wahrheit der Bibel und die Wahrheit der
Natur nicht widersprechen könnten, ist es Aufgabe der »weisen Ausle-
ger« der Heiligen Schrift, sich »anzustrengen, um die wahre Bedeutung
der heiligen Worte zu finden«, die sich mit den überprüften und bewiese-
nen Schlüssen in Übereinstimmung befindet. Da sich in der Schrift eine
Reihe von Schilderungen fänden, die weit davon entfernt seien, einen
»wörtlichen Klang« zu haben, und da wir überhaupt nicht sicher sein
könnten, daß alle Interpreten der Schrift von Gott inspiriert sind, wäre
es darüber hinaus klug, niemandem zu erlauben, mit Bibelstellen Schluß-
folgerungen über die Natur zu stützen oder zu beweisen, die in Zukunft
falsifiziert werden könnten. 5. Die Bibel will eher die Menschen von
jenen Wahrheiten überzeugen, die für das Seelenheil erforderlich sind,
aber es sei überhaupt nicht nötig, zu glauben, daß wir solche Kenntnisse
aus der Heiligen Schrift entnehmen sollen, die wir vermittels unserer
Sinne, mit der Gabe der Rede und der Intelligenz (die uns Gott geschenkt hat) erlangen können.
Die bewußte Beschränkung der Wissenschaft auf die natürlichen
Dinge, die Anerkennung eines unverzichtbar moralischen Gehaltes der
Glaubenswahrheiten, der Respekt vor der Dimension des Übernatürlichen: all dies konnte nicht Verhindern, daß Galileis Positionen gefährlich und umstürzlerisch erschienen. In den Augen der Verteidiger
der institutionellen Macht zielten sie darauf ab, die enge Verbindung
zwischen Philosophie und Theologie zu sprengen, die der Kirche seit
Jahrhunderten nicht nur die Funktion der geistlichen Gewissensfüh-

rung, sondern auch die Beherrschung von Wissen und Kultur überhaupt garantiert hatte. Zweifellos konnte auch das Bravourstück daran nichts ändern, mit dem Galilei seinen Brief beendete: Er versuchte, seine Feinde zu spalten, indem er bemerkte, daß die kopernikanische Lehre sich mit dem Text der Bibel sehr viel leichter vertrage als die aristotelisch-ptolemäische Theorie.

Galilei schwankte oft zwischen übergroßer Sicherheit und einem Hang zur Verfänglichkeit. Nicht immer war ihm die Tragweite der großen Fragen klar, die sich durch die neue Wissenschaft stellten. Inwiefern zerbrach hier die traditionelle Verbindung von Philosophie und Theologie? Werden die Naturphilosophen nicht in dem Moment, wo die strenge Sprache der Natur der metaphorischen Sprache der Bibel entgegengesetzt wird, die einzigen zuverlässigen Interpreten auch dieser metaphorischen Sprache? Sind sie es nicht, die den Auslegern der Heiligen Schrift jene »Bedeutungen« aufzeigen müssen, die mit den Wahrheiten der Natur übereinstimmen? Und wenn die Bibel *nur* Lehrsätze enthält, die für die Seelenrettung erforderlich sind, welchen Sinn hatte es dann, festzustellen, daß die berühmte Passage aus dem Buch Josua »uns deutlich die *Falschheit und Unmöglichkeit* des aristotelischen und ptolemäischen Weltsystems zeigt«?

Auch Francis Bacon war zwischen 1608 und 1620 klargeworden, daß der entstehende Wissenstypus einen entschiedenen Bruch mit allen Formen der Theologie bedeutete, die systematische und allumfassende Ansprüche erhoben. Die Tatsache, daß »die strittige und ungeordnete Philosophie von Aristoteles der christlichen Religion einverleibt worden« sei, war in seinen Augen ein Hinweis auf die Dekadenz des Wissens und ließ eine moralisch anrüchige Haltung erkennen. Wenn man einen »Pakt« oder »Ehebund« zwischen Theologie und Philosophie schließe, schaffe man eine zugleich »ungerechte« und »trügerische« Verbindung. Das Bündnis schlösse nämlich »nur die gegenwärtig bereits angenommenen Lehrsätze« ein, und alle Neuheiten würden folglich »ausgeschlossen und ausgerottet«. Die Wahrheiten der Wissenschaft dürfen nach Bacon nicht in der Bibel gesucht werden, und es ist weder erlaubt noch möglich, in der Heiligen Schrift nach einer Naturphilosophie Ausschau zu halten. Wer so etwas unternehme, erhalte nicht nur eine »phantastische Philosophie«, sondern auch eine »häretische Religion«.

Die Theologie ist darauf gerichtet, das *Wort* Gottes zu verstehen – die Heilige Schrift –, die Naturphilosophie dagegen will das Buch seiner Werke verstehen. Der Himmel und die Erde sind endlich und können nicht durch das Wort Gottes erforscht werden, das unendlich sei. Anhand des Matthäusevangeliums (22, 29) beharrt Bacon ausführlich auf der Unterscheidung zwischen dem *Willen* Gottes und der *Macht* Gottes. Das heilige Buch offenbare Gottes Willen, das Buch der Natur dagegen seine Macht. Das Studium der Natur wirft keinerlei Licht auf das Wesen des göttlichen Willens. Es produziert *Erkenntnis*, doch im Hinblick auf Gott nur *Erstaunen*, und letzteres entsteht aus »unterbrochenem Wissen«. Die Auffassungen der modernen Wissenschaft können nicht in der Heiligen Schrift gefunden werden: Es hat daher überhaupt keinen Sinn, von Mal zu Mal nach einer Bedeutung in der Bibel zu suchen, die mit den von der Wissenschaft entdeckten Wahrheiten übereinstimmt. Die Wissenschaft könne dagegen die christliche Wahrheit stärken, indem sie Staunen über die Ordnung und die Harmonie der Schöpfung erweckt. Dieses Bild der Wissenschaft wird vor allem in den Schriften von Robert Boyle und John Ray Ausdruck finden und bleibt in der englischen Kultur bis zum Zeitalter Darwins zentral.

Für die Ideen- und Wissenschaftsgeschichte ist 1633 ein entscheidendes Jahr. Wenige Monate nach seiner Verurteilung (Ende Dezember) schreibt Descartes an Mersenne, daß er »beinahe die Entscheidung gefällt hätte, alle [seine] Schriftstücke zu verbrennen oder sie wenigstens niemandem zu zeigen«. Lieber lasse er sein Werk unveröffentlicht, als es verändert zu publizieren, da er um alles in der Welt nicht möchte, daß in ihm »auch nur ein einziges von der Kirche mißbilligtes Wort« gefunden würde. In einem Brief vom 10. Januar greift er das Thema wieder auf. Die Thesen seines Buches (darunter die Meinung, die Erde bewege sich) hingen so stark voneinander ab, »daß es zu wissen genügt, auch nur eine davon sei falsch, um sich darüber klarzuwerden, daß alle Beweisgründe, die ich angeführt habe, keinen Wert haben«. Der Schluß ist bedeutsam und führt uns zum Thema der Verschleierung: »Mein Wunsch, in Ruhe zu leben, und mein Leben, das ich nach der Devise *bene vixit qui bene latuit*[5] begonnen habe, erlauben es mir, die zum Schreiben aufgewendete Zeit und Mühe nicht zu bedauern.«

Das Thema der Verschleierung in der Wissenschaft des 17. Jahrhunderts würde eine ausgedehnte Recherche erfordern, die in diesem Umfang noch niemand unternommen hat. In seinem *Dialog über die bei-*

---

5 »Gut hat gelebt, wer im verborgenen gelebt hat.« (Nach Ovid, *Tristia III*, 4, 25)

den hauptsächlichsten Weltsysteme läßt Galilei keinen Zweifel an den ontologischen Implikationen seiner Thesen, aber auf den Seiten, die sich an den diskreten Leser *(Al discreto lettore)* richten, bezieht er sich zu Beginn auf das »heilsame Edikt« von 1616. Jemand, so fährt Galilei fort, »hat verwegen behauptet, er [der *Dialog*] sei nicht das Ergebnis einer vernünftigen Untersuchung, sondern von wenig unterrichteter Leidenschaft«, und er fügt hinzu: »Berater, die nicht die geringste Kenntnis von astrologischer Beobachtung haben, sollten nicht mit sofortigem Verbot die Flügel spekulativer Geister stutzen.« Aber derartige Klagen waren gewagt. Das Ziel des *Dialogs* war es, »den ausländischen Nationen zu beweisen, daß man von dieser Materie in Italien viel versteht, und besonders in Rom, wie es sich der transalpine Fleiß nie vorgestellt hätte«. Kopernikus, so schließt Galilei, indem er alle seine vorangehenden Feststellungen über die Wahrheit des kopernikanischen Systems Lügen straft, habe seine Ansichten gewonnen, »indem er allein der mathematischen Hypothese folgte«. Der Streit verschob sich so von der Wirklichkeit auf das Feld des Möglichen, von der Astronomie als Physik zur Astronomie als reiner mathematischer Konstruktion. Die Erklärung des Gezeitenwechsels, der für Galilei ein entscheidender Beweis der Erdbewegung war, wurde so zu einer »geistreichen Phantasie«.

Vor der Verurteilung von 1616 hatte Galilei ein ganz anderes Programm formuliert. In einem Brief an Piero Dini vom Mai 1615 hatte er erklärt, es gebe einen »äußerst schnellen und äußerst sicheren« Weg, um zu beweisen, daß die kopernikanische Lehre der Heiligen Schrift nicht entgegenstehe: »(...) mit tausend Beweisen zu belegen, daß sie wahr ist und daß das Gegenteil in keiner Weise Bestand haben kann.« Da zwei Wahrheiten sich nicht widersprechen können, sei es erforderlich, daß die kopernikanische These und die Bibel »aufs höchste übereinstimmen«. Auch Descartes, in einem Fragment von 1630, meinte, auf der Basis seiner »Phantasien« sei es ihm möglich, das erste Kapitel der Genesis besser als andere Interpreten zu erklären. Er beabsichtigte, deutlich zu zeigen, daß seine »Beschreibung der Geburt der Welt« sich weit besser als Aristoteles »mit allen Glaubenswahrheiten« vertrug. Genau wie Galilei schlug er dann einen ganz anderen Weg ein. Auch er gab den Bezug zur realen Welt auf, um in die Welt der Möglichkeiten einzutreten. Seine Kosmologie präsentierte er später wie »eine Hypothese, welche von der Wahrheit vielleicht sehr weit entfernt ist«, und

DER WISSENSCHAFTLER 293

bezog sich auf eine rein imaginäre Welt. Keinesfalls beabsichtige er, wie andere Philosophen »die Dinge, die sich tatsächlich in der wirklichen Welt finden«, zu erklären, sondern nur, »eine Welt nach Gutdünken zu erfinden«. Er erzähle nur eine Geschichte. In dieser Geschichte von der Entstehung eines imaginären Universums gab es weder für Gott noch für Moses Platz – gerade weil es sich um die Geschichte einer irrealen Welt handelte. Als guter Schüler der Jesuiten versäumte er jedoch nicht, bei seinen Lesern den Verdacht zu wecken, seine Geschichte könne über die wirkliche Welt mehr sagen als die Philosophien, die sie zu beschreiben vorgaben.

Daß Wissenschaftler gefährliche Themen zurückstellten, haben Wissenschaftshistoriker mehrfach hervorgehoben. Als John Milton seinen Besuch bei den italienischen Gelehrten in Erinnerung rief, sagte er, sie hätten ihn darum beneidet, in England zu leben, »während sie sich über den Zustand der Sklaverei beklagten, auf den die Wissenschaft in ihrem Lande reduziert sei«. Nach der übermäßigen Kritik an der jesuitischen Wissenschaft im 19. Jahrhundert zur Zeit des Risorgimento und des Positivismus ist es heute Mode geworden, ihre zweifellos vorhandenen Verdienste hoch einzuschätzen. Ohne eine Neubewertung vornehmen zu wollen, steht aber außer Zweifel, daß nach Galileis zweiter Verurteilung 1633 in der Astronomie immer stärker mathematische Hypothesen und immer weniger die Kosmologie im Vordergrund standen und es in der Biologie immer mehr Analysen von Organen und Strukturen und immer weniger allgemeine Theorien des Lebens gab. Francesco Lana Terzi oder Daniello Bartoli strebten mit ihrer »Wissenschaft« – ebenso wie Athanasius Kircher in seinen monumentalen Werken – eine Art grandiosen Kompromiß zwischen den Ergebnissen der neuen Wissenschaft und dem Erbe des magischen Naturalismus an. Im *Mundus subterraneus* (»Unterirdische Welt«) von 1665 fand Kircher in Fossilien und Felsen geometrische Figuren, Buchstaben des griechischen und lateinischen Alphabets, mysteriöse Symbole, die auf einen tiefen Sinn und die göttliche Offenbarung verwiesen, von der für ihn die Welt durchdrungen war. Die Forschung wandte sich noch einmal den verborgenen Geheimnissen der unbekannten Natur (*abscondita latentis naturae sacramenta*) zu. Die Wissenschaft wählt das »Wunderbare« zum Objekt, wird wieder zu einer »erquicklichen« Beschäftigung und betont ihre »Nützlichkeit«. Das wissenschaftliche Wissen kehrte zu dem zurück, was es für Francis Bacon *nicht sein durfte*, nämlich »ein Ruhebett für unruhige Geister, ein Belvedere für angenehme Panoramen, ein Geschäft für Verkäufe und Gewinn«.

Wie kein anderer Philosoph seiner Zeit hatte Bacon einen klaren Sinn für das wissenschaftliche Unternehmen als ein gesellschaftliches Gemeinschaftsprojekt, das besondere Institutionen benötigt. Er stellte auch die Frage nach der Beziehung zwischen Wissenschaft und Politik: Die Lösung, die er in seinem *Nova Atlantis (Neu-Atlantis)* vorschlägt, ist noch einmal die ihrer klaren und deutlichen Trennung. In bezug auf die übrige Bevölkerung leben die Wissenschaftler des neuen Atlantis zurückgezogen. Ihre Arbeitsstätte hat Ähnlichkeit mit einem Campus, der vom Rest der Welt abgeschnitten ist, erinnert an ruhige und von leidenschaftlichem Erkenntnisinteresse erfüllte Forschungsinstitute, die nicht von der alltäglichen Geschäftigkeit der gemeinen Sterblichen gestört werden. Und mehr noch: Die Wissenschaftler halten besondere Versammlungen ab, um zu entscheiden, welche neuen Entdeckungen der Öffentlichkeit bekannt gemacht werden können und welche nicht. Sie leisten, falls das Urteil negativ ausfallen sollte, einen Geheimhaltungsschwur. Einige der Entdeckungen, deren Geheimhaltung sie beschließen, werden dem Staat zugänglich gemacht, andere dagegen völlig vor der Macht verborgen.

Bacon meint, wie gesehen, daß Wertentscheidungen zur Ethik und Religion gehören. Was die mögliche *Verwendung* wissenschaftlicher und technischer Entdeckungen angeht, ist er durchaus kein Optimist. Tatsächlich leben die Weisen, die ihre »gefährlichen« Entdeckungen geheimzuhalten beschließen, nicht in unserer zügellosen und korrupten Welt, sondern *in der imaginären* Kultur des neuen Atlantis, das überaus friedlich und tolerant ist.

In der zeitgenössischen Welt ist der (einst so verbreitete) Wissenschaftler und Handwerker, der aus seinen eigenen Mitteln schöpft, um »zu erforschen, was er will«, nahezu völlig verschwunden. Jeder Forscher muß heute ein Forschungsprojekt vorweisen, das ein Expertengremium als Repräsentant einer Regierung, einer öffentlichen oder privaten Institution oder der (ebenfalls privat oder öffentlich organisierten) Industrie als förderungswürdig einstuft (weil es theoretischen oder praktischen Nutzen oder beides verspricht). Einige Forschungen werden so in Gang gebracht und begünstigt, andere gehemmt. Häufig werden die Kosten und die Vorteile der verschiedenen Projekte nicht im Hinblick auf das allgemeine »Interesse der Wissenschaft« kalkuliert, sondern in bezug auf die Interessen einzelner Länder. Die Teilnahme an der Wissenschaftsentwicklung ist für alle Länder eine Form nationaler Investition geworden.

Wer beurteilt und wer entscheidet über die Nutzung der Forschungsergebnisse? In der Kultur, die wir geschaffen haben, bestehen in einem komplizierten und schwierigen Wechselverhältnis zwei entgegengesetzte und widersprüchliche Tendenzen nebeneinander: die Forderung, daß Entscheidungen von kompetenten Personen getroffen werden sollen (von denen es immer sehr wenige gibt), und die Forderung, daß die Entscheidungen der wenigen von den vielen kontrolliert werden. In den drei Jahrhunderten, die uns vom 17. Jahrhundert trennen, hat die Antwort auf Probleme dieser Art sicherlich geringere Fortschritte gemacht als Wissenschaft und Technologie.

Kapitel 9
Der Künstler

Giovanni Careri

Der Barockkünstler wußte nicht, daß er ein Barockkünstler war, oder zumindest hatte er nicht, wie der Künstler der Renaissance, das klare Bewußtsein, einem neuen Kultur- und Kunstzeitalter anzugehören. Ein Gefühl der Kontinuität verband ihn jenseits der manieristischen »Parenthese« mit den großen Protagonisten der Kunst der »Wiedergeburt«. Erst in der zweiten Hälfte des 17. Jahrhunderts kam es im Frankreich Colberts zu einer kulturellen und künstlerischen Neuerungsbewegung, die der »Erfindung« der Renaissance vergleichbar ist.

Die Herausbildung des französischen Klassizismus mit seinem streng nationalen Charakter sagt viel über die großen Veränderungen, die sich in mehr als zwei Jahrhunderten europäischer Kulturgeschichte ereigneten. Der französische Klassizismus war ein neuer und durchaus nicht der letzte Versuch, zu den klassischen Ursprüngen zurückzukehren. Daher rührte das Bemühen, sich deutlich von der Barockkunst abzugrenzen. So entstand, wie Perrault es in Gedichtform ausdrückte, die Geschichte der pilgernden Kunst: Zuerst ist sie griechisch, dann italienisch und schließlich französisch. Es ist somit kein Zufall, daß der Begriff »Barock« zuerst in Frankreich benutzt wurde, und zwar mit negativer Konnotation. In ganz ähnlicher Weise hatte man auch in der italienischen Renaissance von »gotischer« Kunst gesprochen. Das begriffliche Instrumentarium des Barock hatte also nicht ausgereicht, um sich selbst zu definieren und sich als autonomen Stil zu präsentieren. Er blieb daher bis ins 19. Jahrhundert zu einer negativen Rolle verurteilt, oder vielmehr: er blieb aus der klassizistischen Perspektive der Kunstgeschichte negativ besetzt.

DER KÜNSTLER   297

Dennoch lastete dieses negative Urteil zu Lebzeiten Berninis, Rubens' oder Pietro da Cortonas mit Sicherheit nicht auf ihren hochbegehrten Kunstwerken. Wenn man bedenkt, daß Bernini in Frankreich bis weit ins 18. Jahrhundert hinein mit Michelangelo verglichen wurde, während das Werk Borrominis als gefährliche Versuchung für junge Architekten galt, versteht man einige der Gründe für die große Verwirrung, die der Begriff »Barock« stiftete, bis er schließlich als Negativurteil über einen Teil der Kunst des 17. Jahrhunderts verwendet wurde.

Die von Heinrich Wölfflin entwickelten formalen Kategorien des stilistischen Gegensatzes zwischen Barock und Renaissance haben sicher entscheidend dazu beigetragen, ein positives Bild der Kunst des 17. Jahrhunderts zu zeichnen, aber nicht zufällig erscheint auch hier der Barock noch einmal als Kehrseite von etwas anderem. Wölfflin, der in der Zeit des Impressionismus schrieb, führte auch die Idee eines ewigen Stilzyklus ein, in dem auf eine klassische immer eine entgegengesetzte barocke Phase folgt. »Barock« wird so zu einem ahistorischen Terminus, der den Stil der Dynamisierung der Renaissance-Formen bezeichnet und aus dem Bruch und der Veränderung der Kunstregeln entsteht. Diese Idee, geboren aus dem Enthusiasmus für den anti-akademischen Impressionismus, eignet sich hervorragend für die Beschreibung einiger Werke des 17. Jahrhunderts, ohne jedoch die Veränderung der Inhalte erklären zu können, die formale Wandlungen notwendig begleiten.

Wölfflins Auffassung des Barock kommt aber sicherlich der Ästhetik einiger Künstler der Epoche sehr nahe, die an ihren Werken und viel seltener explizit an den »Aussprüchen des Künstlers« erkennbar ist. Ein Beispiel ist der von Baldinucci festgehaltene Ausspruch Berninis in bezug auf die barocke Vereinigung visueller Künste:

»Er gilt allgemein als der erste, der versucht hat, Architektur, Skulptur und Malerei solchermaßen zu vereinen, daß daraus eine schöne Mischung wird; welches er unternahm, indem er unerquickliche Gleichförmigkeiten der Haltung vermied und die guten Regeln manchmal brach, ohne ihnen Gewalt anzutun, aber auch ohne sich an sie gebunden zu fühlen: und dazu lautet sein üblicher Ausspruch, daß die Regel nie befolge, wer sie nie übertrete.«

In dieser Formel wird die traditionelle Problematik der Kunstregel durch eine neue Reflexion über die *Beziehung* zwischen den »Regeln der Künste« ersetzt: Die Verletzung der Regeln jeder einzelnen Kunst ermöglicht ihre Vereinigung zu einer »schönen Mischung«. Aber was bedeutet, die »Regeln zu brechen, ohne ihnen Gewalt anzutun«? Baldinucci spricht vielleicht von einem kleinen Verstoß, der möglicherweise geringer ist als im Falle des »guten Häretikers« Francesco Borromini. Doch da hier nicht nur von Architektur die Rede ist, sondern von der Beziehung zwischen den Künsten, muß man wohl an eine Art dynamischen Prozeß denken, in dem die Regeln jeder Kunst bis zum Äußersten getrieben werden, um eine kleine Grenzüberschreitung zu bewirken, so daß sich die Regeln verschiedener Künste auf neue Weise überschneiden können. Dies geschieht zum Beispiel in der Kirche Sant'Andrea al Quirinale (Abb. 1, S. 300), wo sich aus der gemalten Figur des Altarbildes die plastische Figur der Seele des heiligen Andreas »heraushebt«, die ihrerseits das Gesims des Giebelfeldes sprengt und den Kontrast zwischen der tektonischen Struktur und den von der göttlichen Gnade »bewegten« Figuren, von dem das gesamte architektonische Projekt der Kirche durchdrungen ist, deutlich werden läßt.

Berninis »schöne Mischung« ist ein ganz spezieller Fall von Barockkunst, und dennoch kann sie gerade wegen der Komplexität ihrer inneren Ausformung ein Modell für die Rezeption eines beträchtlichen Teils der Sakralkunst des 17. Jahrhunderts liefern. Die »Mischung« muß nämlich aus zwei Blickwinkeln betrachtet werden: im Hinblick auf ihre Zusammenstellung durch den Künstler und auf ihre Rezeption durch den andächtigen Betrachter. Die besondere Montage einer jeden Mischung führt den Betrachter zu einer besonderen Operation, in der er die einzelnen Elemente wieder zusammensetzen muß. Eine solche Vereinigung des Heterogenen ist ein Prozeß, den wir ohne weiteres ästhetisch nennen würden, der sich aber im 17. Jahrhundert mit religiöser Kontemplation deckt.

Die Kirche Sant'Andrea al Quirinale war für die Initiation des jesuitischen Novizen bestimmt, und der Kontrast zwischen dem Gewicht des Körpers und dem Flug der Seele stellte den ersten grundlegenden Moment seiner Meditation dar. Wenn der Novize dem Altar mit der Skulptur des heiligen Andreas gegenübertrat, die ein Bild seiner selbst als Heiligen darstellt, konnte er sich dem Chorraum nähern, von wo aus die Apotheose der Märtyrerseele, vom Giebel verdeckt, nicht mehr zu sehen ist.

Wie Ignatius von Loyola in Manresa muß der Novize auf das Bild seiner selbst als Heiligen verzichten, und erst jetzt, im unerfüllbaren Wunsch, dem Christus der Passion zu gleichen, ereignet sich eine authentische Begegnung mit der Gottheit. Anstelle des leuchtenden Martyriums und der Glorie des heiligen Andreas erscheint dem Novizen nun an der Kalotte der Presbyteriumslaterne ein Fresko von Gottvater unter den Engeln, tagsüber von übermäßigem Licht überstrahlt, nachts vom Dunkel der Kirche verhüllt. Dieser Schleier des Lichts oder des Schattens verleiht dem Freskogemälde einen ganz anderen Status als dem Altarbild.

Es ist ein nur halb sichtbares Bild, das deshalb die Grenzen seiner Bildhaftigkeit zu überschreiten scheint, um ein Bild des Unsichtbaren als Unsichtbares und Undarstellbares zu präsentieren. Das Beispiel der »Mischung« von Sant'Andrea al Quirinale könnte den Eindruck erwekken, es handle sich um eine rein instrumentelle Sakralkunst, bei der das Schauspiel des Martyriums und der Apotheose allein dazu da ist, um ab einem gewissen Punkt durch die Vorstellung des Novizen/Betrachters ersetzt zu werden.

Die jesuitischen Schriften und Andachtspraktiken, vor allem die *Exercitia spiritualia* (*Geistliche Übungen*) des Ignatius von Loyola, funktionieren genau auf diese Weise: Neue Bilder ersetzen beständig alte, bis das Ideal einer Kontemplation ohne Bilder erreicht ist. Dennoch ist es sicher nicht dieses Ziel, das die jesuitische von anderen Kontemplationspraktiken unterschied, sondern vielmehr die intensive Übung der Sinne, der Vorstellungskraft, des Geistes und des Gefühls, die auf dieses Ziel vorbereitet. Und die jesuitischen »Mischungen« Berninis sind Arrangements, die für diese spezifische Übung der Fähigkeiten und der Empfindung bestimmt sind.

Der grundlegende Rezeptionsmechanismus dieser Art von Barockkunstwerk liegt in der Angleichung: Der Betrachter ist aufgefordert, den gemalten oder plastischen Figuren ähnlich zu werden, die er an den Orten des Gebets findet, und letztlich soll er Christus ähnlich werden. Natürlich ist das Ähnlichwerden in der Kontemplation nicht Ergebnis einer »körperlichen« Nachfolge, sondern eine spirituelle Angleichung, die sich in der Tiefe der Seele vollzieht. Dies bedeutet einerseits, daß es das Ziel des Künstlers ist, die Regungen der Seele durch Körperhaltungen darzustellen, während der Betrachter andererseits seine eigene Vorstellungskraft und das eigene Gefühl einsetzen muß, um seine Seele dem Heiligen oder Märtyrer so ähnlich wie möglich werden zu lassen. Das Ergebnis der Angleichung ist ein mehr oder weniger intensiver Moment des Kontaktes mit Christus. Diesen Moment der Gnade nannten die Theologen der Epoche »affektive Konformation« (d.h. gefühlsmäßige Angleichung), um seinen wesenhaft leidenschaftlichen Charakter zu be-

Abbildung 1:
Gian Lorenzo Bernini, Altar von Sant'Andrea al Quirinale (um 1670).
Fotografie von Denis Bernard.

tonen. Man darf nicht vergessen, daß im 17. Jahrhundert das Gefühl das Gegenteil des Handelns war: Leidenschaftlich zu sein bedeutete, von jemandem ergriffen zu werden, was im Falle der Angleichung an Christus bedeutete, auf den eigenen Willen zu verzichten, um sich von ihm ergreifen zu lassen.

Die ekstatische Hingabe der Körper barocker Heiliger stellt die Hingabe ihrer Seelen an das Handeln Christi dar, das die Mystiker wie eine innere Erleuchtung oder, nach dem Modell der Eucharistie, wie eine Einverleibung der Gnade beschreiben. Dennoch werden weder in der religiösen Literatur noch in den Kunstwerken dieser Phase der Spiritualität Seele und Körper endgültig getrennt: Der Körper *bedeutet* die Seele und widersetzt sich ihr gleichzeitig. Die Seele möchte den Körper verlassen, aber sie bleibt imaginär oder anthropomorph. So verhält es sich in Sant'Andrea al Quirinale, wo Borgognone in seinem monumentalen Altarbild den Moment dargestellt hat, in dem nach langen Qualen ein Wunder die Arme der Kerkermeister lähmt und so die Befreiung des Märtyrers und seine Rückkehr ins Leben verhindert. Der heilige Andreas hat bereits Gottvater geschaut und ihn gebeten, seinen Körper, dieses so *schwere Gewand*, das »den Flug der Seele« zum himmlischen Licht verhindert, der Erde zu überlassen. In diesem kritischen Moment ist der heilige Andreas noch am Leben, aber bereits aus sich »herausgetreten«: Noch ist seine Seele an den Körper gebunden, aber sie wird unwiderstehlich nach draußen gezogen. Dieser Kontrast manifestiert sich an der Märtyrerfigur im Gegensatz zwischen dem zusammengezogenen Unterkörper und der Hingabe des Oberkörpers. Der plötzliche Übergang von der Spannung zur Gelöstheit schafft einen intensiven pathetischen Effekt: Der Betrachter fragt sich, ob der Heilige leidet oder von Freude erfüllt ist, ob er lebendig ist oder stirbt.

Die Stuckfigur der »Seele in Apotheose« ist der gemalten Figur sehr ähnlich, aber der Heilige »breitet die Arme in Zuneigung und Liebe zu Gott aus«, um einen Satz von Bellori zur Beschreibung des heiligen Andreas von Duquesnoy in der Peterskirche zu zitieren. Die Skulptur hat den widersprüchlichen Charakter der gemalten Figur verloren, um den eindeutigen und harmonischen Ausdruck der ekstatischen Freude anzunehmen. Die entschwebende Seele stellt einen der gemalten Szene unmittelbar folgenden Moment dar, aber gleichzeitig präsentiert sie genau die gleiche Situation, die nun vom Konflikt der fortdauernden Körperlichkeit des Märtyrers befreit ist.

302   GIOVANNI CARERI

Dieser Konflikt wird in die Begegnung von Figur und Architektur »übersetzt« und neu formuliert. Die Grenze des Körperlichen, die der Altargiebel repräsentiert, wird mit der Himmelfahrt der Seele kontrastiert und überwunden. Im Aufsteigen zur Laterne der Kirche durchbricht der weiche Stuckkörper der Seele des heiligen Andreas den Marmorkörper des Giebelfeldgesimses, die letzte Grenze zwischen dem himmlischen und dem irdischen Teil der Kirche. Das gleiche Prinzip der Gegenüberstellung von tektonischer Struktur und Figuren der göttlichen Gnade zeigt sich beispielhaft an den beeindruckenden korinthischen Säulen des Altars; sie schwellen um so mehr an, je stärker das göttliche Licht von der Laterne und vom Bild auf sie fällt. Die Säulen sind wie die anthropomorphen Figuren: Sie bewegen sich und werden bewegt. Sie tragen den Altargiebel und werden von Licht übergossen, das ihre Streifen und die helle Maserung hervortreten läßt, ihre Solidität schwächt und die geometrische Struktur ihrer Auskehlungen verwischt. Die Säulengestaltung schafft eher den Eindruck geröteter und fleckiger Haut und erinnert weniger an die feste und undurchdringliche Oberfläche starker Stützpfeiler.

Das »Pathos der Architektur« von Sant'Andrea al Quirinale nimmt in der Sprengung des Giebelgesimses, in der Vergrößerung der Säulen und im Farbenspiel des Marmors Gestalt an, alles Elemente, die sich mit den Lichtverhältnissen der Kirche im Laufe des Tages verändern: Sie schaffen so einen Ort, in dem Spannung entsteht und sich löst, sie »übersetzen« das Heilsgeschehen und öffnen sich einem zutiefst gefühlsmäßigen Zugang durch den Betrachter.

Die »Mischung«, die Bernini schafft, »bricht die guten Regeln« der Architektur, um die Seele des Betrachters zu rühren, sie entwickelt die Renaissance-Formen weiter, um der Kontemplation Dynamik zu verleihen. Es handelt sich um eine Ästhetik des Heterogenen und des Übergangs, in der der Wahl des Materials eine entscheidende Rolle zukommt: Nur der Stuck kann die instabile Situation der »Seele in Apotheose« zum Ausdruck bringen, nur die Maserung des Cottanello-Marmors ist so lichtempfänglich. Das Arrangement zielt darauf ab, durch die Darstellung des menschlichen Körpers Gefühl und Intellekt des Betrachters leidenschaftlich zu rühren.

Dieser Typ von Barockästhetik ist keine Erfindung Berninis, der sie zumindest teilweise mit Guido Reni, Rubens, Guercino und sogar mit dem »Klassizisten« Nicolas Poussin teilt. Den Menschen, für den sie bestimmt war, hatte Torquato Tasso beinahe prophetisch in den Versen von *La Gierusalemme liberata* (*Das befreite Jerusalem*) beschrieben.

Berninis Art war durchaus nicht die einzige Form der »Regelübertretung«, wie der klassische Vergleich mit dem Werk Francesco Borrominis zeigt, wo die Regeln der Architektur weitaus radikaler und systematischer gebrochen, entstellt und umgekehrt werden. Borromini setzt Berninis Vereinigung der Künste eine reich ausgeschmückte, aber nicht anthropomorphe Architektur entgegen. Die Gemälde und Skulpturen im Inneren seiner Kirchen sind fest in die Rahmen ihrer architektonischen Gesimse eingeschlossen. Spannung und Ruhe stehen sich in den geschwungenen Fassaden gegenüber und verformen die Bögen zu einem dynamischen, rein architektonischen Gegensatz.

Eugenio Battisti hat gezeigt, wie tiefgreifend Borrominis Mißtrauen gegenüber der menschlichen Gestalt war, wie er heilige und profane Devisen und Embleme, Symbole, Wappensprüche, Hieroglyphen, geometrische Formen, Zahlen und Epigraphe einsetzte, nie aber Personifikationen von Tugenden oder Ideen. Wenn Bernini in den Altar-Sarkophag der heiligen Lodovica Albertoni in San Francesco a Ripa das heilige Emblem des brennenden Herzens einfügt, so tut er dies, um dem zweideutigen Gefühl, das die Skulptur ausdrückt, eine begriffliche und eindeutige Form zu geben, und vor allem, um einen noch heftigeren Sprung im Gesamtarrangement zwischen dem entleibten Symbol göttlicher Liebe und dem Faltenwurf des gesprenkelten rosafarbenen Marmortuches zu erreichen, das die Skulptur mit dem Altar verbindet. In Sant'Ivo in der römischen Universität La Sapienza krönt Borromini die Kuppel mit einem kleinen, auf zwölf Säulen ruhenden Tempel und einer Spirale, die in das Emblem der Reinheit und der Liebe Gottes mündet (Abb. 2, S. 305). Diese Symbole sind der Gesamtdynamik der Turmspitze, die die Formen bestimmt, strikt untergeordnet und nicht durch eine eigene Farbe hervorgehoben. Sie bilden ein autonomes emblematisches Gesamtarrangement, das selbst von den Zeitgenossen nur schwer zu deuten war, eine Reihe von streng kodifizierten *Ideen*, die nur mit dem Fernrohr in der Hand entschlüsselt werden können.

Bei Bernini versteht man den emblematischen Kern seiner Kunstwerke durch die Beziehung, die das Emblem mit einem menschlichen Körper verbindet; die Embleme von Borromini haben in der nach oben strebenden Dynamik einen unmittelbaren architektonischen Sinn, dessen Bedeutung den meisten verschlossen bleibt. Die Konflikte zwischen tektonischer Struktur und Dekor, die in Berninis »Mischung« so fruchtbar sind, existieren in Borrominis Werk nicht. Bei ihm dominiert die Architektur unangefochten. Die Spannungen lösen sich folglich nicht mit einem Kontrast oder Regelsprung, sondern bleiben dramatisch und dynamisch offen. Das düstere Gesicht des Barock erscheint bei Bernini in der Form eines Skeletts mit Sanduhr; bei Borromini ist es ein räumliches Drama ohne Figuren und ohne Lösung. Diese extreme Form barocker Spiritualität ist der Religiosität Mitteleuropas näher, wo Borromini in Dientzenhofer, Neumann und Santini seine glühendsten Anhänger fand.

Die Unterschiede zwischen Borrominis und Berninis »Regelübertretung« geben uns einen Einblick in jenen Bestandteil barocker Darstellungskunst, der vom zeitgenössischen und späteren akademischen Neoklassizismus aufs heftigste kritisiert wurde. Dennoch hat sich bereits gezeigt, daß wir es bei keinem der beiden mit einem willkürlichen und provozierenden Spiel mit traditionellen Regeln zu tun haben, sondern vielmehr mit der konstruktiven Verdrehung dieser Regeln.

Die Ästhetik Berninis und diejenige Borrominis sind historisch und theoretisch gegensätzlich, aber sie gründen beide auf der Dialektik von Spannung und Hingabe. Mögen die »Abweichungen« Borrominis auch von einer Art klarer Rationalität gelenkt werden: Spannung und Gelöstheit wechseln in seiner Architektur mit den Veränderungen der Lichtverhältnisse im Laufe des Tages und mit der Position des Betrachters. Zusammen mit einer Form der Konstruktion, die seinen Verstand anspricht, trifft der Betrachter auf eine Dynamik von Spannung und Gelöstheit, die das Gefühl und die Seele rührt.

Der Vergleich der beiden großen Architekten läßt sich abrunden, indem man auch ihre Bildung und Lebensstile heranzieht. Bernini, der seine Ausbildung am Hof des frankophilen Papstes Maffeo Barberini genossen hatte, arbeitete nahezu ausschließlich für die Päpste. Er wurde sehr gut bezahlt, kleidete sich elegant, war ein angenehmer und geistreicher Gesellschafter und besaß eine umfassende theologische Bildung. Er wurde wie ein Fürst behandelt und bewohnte mit seiner vielköpfigen Familie ein großes Patrizierhaus. Borromini kleidete sich nach spanischer Mode immer in Schwarz, hatte einen schwierigen Charakter, wohnte mit einer Haushälterin in einem bescheidenen Haus bei San Giovanni dei Fiorentini, besaß eine Büste von Seneca und viele Werke der Philosophie, gab einen Großteil seines Geldes für Bücher aus und arbeitete vornehmlich für neue Orden der Gegenreformation wie die Oratorianer und die Jesuiten.

Abbildung 2:
Francesco Borromini, Spitze der Kuppel von Sant'Ivo in der römischen Universität La Sapienza (aus: *Opus Architectonicum*).

Bernini starb im Alter von über 80 Jahren mit dem Beistand des Papstes und der schwedischen Prinzessin Christine an seinem Bett. Sein großer Rivale stürzte sich im Alter von 68 Jahren in sein eigenes Schwert, ein Selbstmord nach »antiker Manier«, der zu seiner stoischen Grundüberzeugung paßte. Diese Informationen werfen sicherlich etwas Licht auf die Persönlichkeiten der beiden Künstler und helfen uns, ihr Selbstverständnis besser zu erfassen: Bernini folgte wie viele andere große Künstler des 17. Jahrhunderts dem höfischen Modell Raffaels; Borromini zeigte dagegen die brüske und kompromißlose Haltung Michelangelos. Beharrt man jedoch zu sehr auf der Verbindung von Leben und Werk, riskiert man, in die vagen psychologischen Interpretationen zu verfallen, die so vielen schlechten Kunstbüchern lieb und teuer sind. Wichtig ist dagegen zu fragen, was die Gesellschaft der Zeit vom Künstler des 17. Jahrhunderts erwartete, also auf welchen Erwartungshorizont er traf, aber auch, wie er den Erwartungshorizont des Publikums veränderte.

Die soziale Stellung des Künstlers im 17. Jahrhundert unterscheidet sich auf den ersten Blick nicht von den unmittelbar vorangehenden Jahrhunderten: Er arbeitete hauptsächlich in den großen politischen Machtzentren und erhielt für seine Werke Geld und Prestige. Der Fürst seinerseits vermehrte durch das Werk des Künstlers seinen Ruhm, aber vor allem erhielt er Objekte, die seiner eigenen Macht Form und Gestalt verliehen. Dies bedeutet weder, daß der Künstler ein passiver Diener der Mächtigen, noch, daß sein Werk eine Art Schminke war, durch die sich die wenig ästhetische Brutalität der Macht überdecken ließ. Wie der Höfling die Manieren formte, um die Macht zu »zivilisieren«, um ihre Gewalttätigkeit mit einer »ehrlichen Heuchelei« in geregelte Bahnen zu lenken und so einen Freiraum für das gesellschaftliche Leben zu schaffen, so schuf der Künstler Repräsentationsformen der Macht und bot der Gesellschaft und dem Herrscher die vielen Bilder, die diesem den nötigen Anschein von Sensibilität und Vernünftigkeit gaben. Es sind Bilder, die den Fürsten in eine dynastische, städtische oder nationale Tradition stellen, die seinen religiösen Glauben und seine eigene Heiligkeit bezeugen, die seine Funktion als Beschützer des Volkes verdeutlichen oder sein drohendes Gesicht zeigen. Dieses Modell der Beziehung zwischen Künstler und Macht entstammte wie die meisten Institutionen im modernen Europa den italienischen Renaissancehöfen, wo der Architekt, der Maler und der Bildhauer nicht nur die Orte der Machtausübung und des höfischen Lebens gestalteten, sondern durch ihre Werke der Gnade

DER KÜNSTLER   307

des Fürsten Form verliehen: jener natürlichen Gabe, die in Wirklichkeit das kostbare Ergebnis einer intensiven Zivilisierung der Macht war.

Der europäische Hof des 17. Jahrhunderts erbte zusammen mit den Anforderungen einer immer minutiöseren Etikette die Notwendigkeit der Selbstdarstellung in Schauspielen und Büchern ebenso wie in der Architektur, Bildhauerei und Malerei. Mit der Wandlung des Charakters der Regierungen wurde diese Notwendigkeit jedoch noch dringlicher; sie wurde wie die Macht, von der sie ausging, absolut. Tatsächlich gelang es den Barockfürsten immer besser, den Einsatz von Gewalt durch eine Regierung zu ersetzen, die sich auf die Wirksamkeit der Machtdarstellung gründete.

Das erste Laboratorium dieser »absolutistischen« Form von Darstellungsmacht ist vielleicht die lange Regierungszeit von Papst Barberini, Urban VIII. (1623-44). Seine Regierung präsentiert sich mit den besonderen Zügen eines gleichzeitig religiösen und säkularen Pontifikats, und gerade deshalb wird sie als Modell der beinahe theokratischen Machtausübung Ludwigs XIV. dienen, mit dem wichtigen Unterschied, daß die Krone Frankreichs auf dynastischem Wege weitergegeben wurde, während die Wahl des Papstes von Mal zu Mal eine neue Familie an die Macht brachte. Die inhärente Instabilität dieses Regierungstyps begünstigte paradoxerweise die Vermehrung der Aufträge, da jeder neue Papst seine Verwandtschaft und Freunde hatte, deren Wunsch es war, sich Ansehen zu verschaffen, indem sie Geld in den Bau eines neuen Palastes oder einer neuen Kirche investierten. Wie Francis Haskell gezeigt hat, erbte Urban VIII. von Paul V. (1605-21) und Gregor XV. (1621-23) eine Palette von Zielen, die der Kunstpolitik eines Papstes würdig waren: die Peterskirche fertigzustellen; eine Villa oder einen Palast zu bauen und auszugestalten; eine luxuriöse Familienkapelle in einer ehrwürdigen römischen Kirche zu errichten; die Bauten verschiedener religiöser Orden zu finanzieren; dem Lieblingsneffen zu helfen, eine ausgedehnte Gemälde- und Skulpturensammlung anzulegen.

Maffeo Barberini hatte seine Ausbildung in Rom zur Zeit von Sixtus V. erhalten, der die aufbegehrende Aristokratie der Campagna di Roma zum Schweigen gebracht und der Stadt ihre Rolle als große Kapitale der Christenheit verliehen hatte: ein Papst, der seiner Regierungstätigkeit mit neuentworfenen Verkehrsachsen, Brücken und Fontänen sichtbare Formen zu geben verstanden hatte.

Die Diktatur Urbans VIII. war noch eiserner; der Stempel, den er der Stadt aufdrückte, ebenso deutlich. Seine Aufmerksamkeit konzentrierte sich vor allem auf das Grab von Petrus und Paulus, das symbolische Herz der römischen Kirche und Kernstück des Neubaus der Peterskirche. Weniger als ein Jahr nach seiner Wahl (1624) ließ er von Bernini über diesen kostbaren Reliquien einen Altarbaldachin aus Bronze errichten, der so hoch wie die Fassade des Palazzo Farnese war. Dem Baldachin folgte die Ausschmückung der vier Nischen des Querschiffs mit den großen Statuen der Heiligen Andreas, Longinus, Veronika und Helena in Korrespondenz zu den vier wichtigsten christlichen Reliquien. Der Papst gab schließlich sein eigenes Grabmal in der Nische zur äußersten Linken des Querschiffs in Auftrag, von der aus sein Abbild eine eher bedrohlich wirkende Segnung spendet.

Alle diese später vom Heiligen Stuhl komplettierten Arbeiten feiern die Rolle des Papsttums und der römischen Kirche und erinnern detailgenau an den Papst, der ihnen ihre Würde und ihren Glanz zurückgegeben hatte. Die Beziehung zwischen dem Papst und Bernini war sicher ein Extremfall von Übereinstimmung zwischen einem Künstler und seinem Herrn, aber sie offenbart besser als jedes andere Beispiel den Wert, den die Kultur der Zeit der sichtbaren Repräsentation der geistlichen und weltlichen Macht beimaß. Der Erfolg Berninis bei der Umgestaltung der Peterskirche brachte ihm drängende Anfragen des englischen Königs Karl I. und Kardinal Richelieus ein, um nur zwei Persönlichkeiten zu erwähnen, denen diese Ehre im Tausch gegen wichtige Vorteile vom Papst gewährt wurde. Die Mächtigen Europas erwarteten sich von ihm Bildnisse, die ihren Rang angemessen ausdrückten, Porträts, in denen die Züge ihrer Physiognomie mit den Zügen ihrer Funktion verschmolzen. Der Personenkult um die Könige erforderte, daß sich das heroische Bild des Königs – seine Gleichheit mit Alexander dem Großen – mit seiner einzigartigen und unnachahmlichen realen Gestalt vereinigte, die »nur mit sich selbst vergleichbar« war.

Diese Paradoxie löste Bernini mit seiner Büste von Ludwig XIV., die er im Jahr 1665 während seines Aufenthalts in Paris schuf, in bewundernswerter Weise. Dem Sonnenkönig war es gelungen, ihn von Papst Alexander VII. loszureißen, um ihn die Entwürfe für seine Residenz im Louvre ausarbeiten zu lassen, und der Cavaliere demonstrierte ihm sofort seine Idee von Königswürde mit einem Porträt, bei dem sich die physiognomischen Charakteristika des Königs in ein erhabenes, unerschütterliches Antlitz verwandelten, das ein von einem Faltensturm bewegtes Gewand dominiert. Ludwig XIV. erscheint wirklich wie der Trä-

DER KÜNSTLER 309

ger des *misterium imperii*, der außerhalb und über den menschlichen Leidenschaften steht, immer bereit, sich mit einem plötzlichen, blendenden *Coup d'État* zu offenbaren.

Der Souverän schätzte die Büste sehr, lehnte aber schließlich die Projekte für das Schloß ab. Für die Niederlage Berninis, der damals im Zenit seines Ruhms stand, war eher Colbert verantwortlich als die von den örtlichen Baumeistern angezettelte Kabale. Der Oberaufseher für die königlichen Schlösser hatte nämlich die Notwendigkeit begriffen, ein Schloß zu errichten, das die unverwechselbaren Merkmale der französischen Kunst trüge. Der Louvre von Perrault (dem bei diesem Projekt nicht alles gelang) muß im Lichte der vielen anderen Initiativen dieses großen »Kulturministers« gesehen werden. Zu ihnen zählte auch die Gründung der Accademia di Belle Arti und der Accademia di Francia in Rom. Sie institutionalisierten die traditionelle Rom-Reise der französischen Künstler und fungierten als eine Art künstlerischer Spionageagentur mit dem Ziel, die notwendigen Kenntnisse für die volle Entwicklung einer klassizistischen und französischen Kunst auszuweiten.

Berninis Komplizenschaft mit den Mächtigen hatte in den frechen Karikaturen von Päpsten und hohen Herren, die er ungestraft in Umlauf brachte, und in den respektlosen Komödien, die er in seinem Haus inszenierte, ihre Kehrseite. Solche Freiheiten waren wie die berühmten Pasquille (Spottgedichte) kein Ausdruck von Unbotmäßigkeit gegen die päpstliche Macht, sondern vielmehr Teil einer damals beliebten höfischen Spottkultur. Daß der Künstler dabei straffrei ausging, gehörte zu den Zielen seiner Karikaturen; sie dienten dazu, seine Intimität mit der römischen Aristokratie zu bestätigen und seine außergewöhnliche Vertrautheit mit dem Hof zu unterstreichen.

Den heroischen Porträts und Karikaturen Berninis stehen die *Meninas* von Velázquez (1656) gegenüber, ein Werk (Abb. 3, S. 311), in dem der Künstler seine Beziehung zu den Mächtigen in eine Repräsentation der Macht verwandelt, die die Kraft, die Finesse und die Komplexität einiger der *Pensées* von Pascal hat. In diesem Gemälde hat Michel Foucault das Sinnbild der Repräsentation im klassischen Zeitalter gesehen. Der Blick des Betrachters wird überlagert vom Blick des königlichen Paars, den der Spiegel im Zentrum des Raumes reflektiert, und vom Blick des Malers. Die drei Rollen, die diesen drei Blickrichtungen entsprechen, werden im Gemälde re-präsentiert; im Zimmerhintergrund tritt ein Betrachter in die Tür, während der Maler eine Leinwand bemalt, von der wir nur die Hinterseite sehen. Die Verborgenheit des Gemäldes verstärkt die Frage an den Betrachter nach seiner Position und seiner Rolle in der Darstellung, eine Frage, die Dutzende von Interpretationen nicht zu lösen vermochten und die auch offenbleiben muß, weil sie die ganze Kraft des Bildes ausmacht. Mit den *Meninas* vermittelt Velázquez die Idee, daß der Betrachter des Bildes und vor allem der König Personen sind, die nur existieren, insofern sie eine Repräsentation finden und eine der Positionen einnehmen, die das Gemälde vorsieht.

Foucault zufolge tritt hier an die Stelle der für die Renaissance typischen Mimesis der realen Welt als absichtlich reproduzierter Welt eine Form der Darstellung, die nicht auf Nachahmung beruht, sondern sich als reine Repräsentation zu erkennen gibt. Diese Darstellung gewinnt ihren Wert, insofern sie spürbare Wirkungen, Pathos oder Erkenntnis vermittelt, die den Betrachter ansprechen, aber nicht länger aufgrund ihrer analogen Korrespondenz mit einer stabilen, im vorhinein existierenden Realität.

Mit seinen heroischen Porträts und höfischen Karikaturen beweist Bernini, wie perfekt er die Wirkung barocker Repräsentation erzeugen kann, während Velázquez mit den *Meninas* diese Repräsentation thematisiert und ihren Mechanismus im Gemälde aufdeckt.

Dies hinderte den Maler aus Sevilla nicht, sich ganz dem Dienst an seinem König zu widmen, von dem er die höchsten Ehren erhielt, die er sich mehr als alles andere wünschte, wie das Ritterkreuz des Santiago-Ordens offenbart, das er wahrscheinlich 1658, zwei Jahre nach seiner Fertigstellung, dem Gemälde hinzufügte. Tatsächlich besteht ein Aspekt dieses rätselhaften Bildes gerade in seiner Forderung, der Rolle des Künstlers, der mit seiner Darstellung die Wirksamkeit der königlichen Macht begründet, die gebotene Anerkennung zu zollen.

Das flämische Pendant zu Bernini und Velázquez war zweifellos Rubens, der für die großartige Ausgestaltung des Palais Luxembourg verantwortlich zeichnete, in der Katharina von Medici wie eine Heroin der Mythologie dargestellt ist. Nach seinem Aufenthalt in Paris (1623) bat die Infantin Isabella, Statthalterin in Flandern, den Maler, die Königin von Frankreich zu überzeugen, einen Waffenstillstand mit Spanien zu gewähren. 1629 schickte ihn Graf Olivares zu König Karl I. von England, um seinen Beistand gegen Frankreich zu erhalten. Seine intensiven diplomatischen Aktivitäten zeugen vom hohen sozialen Status, den der Künstler aus Antwerpen erreicht hatte. In seiner Geburtsstadt ließ er

Abbildung 3:
Diego Velázquez, *Las Meninas* (1656). Madrid, Prado.

sich ein Patrizierhaus errichten, das mit einer beeindruckenden Kollektion von Kunstwerken ausgestattet war, darunter Tizian, Tintoretto, Holbein, Ribera.

Aber Rubens ist auch aus anderen Gründen ein repräsentativer Barockkünstler. Sie haben nicht nur stärker mit seiner Malerei, sondern auch mit dem Handwerk des Malers zu tun: vor allem mit der fast industriellen Organisation seiner Werkstatt, und in zweiter Linie mit der Aufmerksamkeit und Sorgfalt, mit der er die enorme Verbreitung seiner Drucke betrieb. Es handelt sich um zwei Merkmale, die bereits in der römischen Werkstatt Raffaels präsent waren, die bei Rubens aber eine neue Dimension gewinnen, da er seinem Werk ganz neue Verbreitungswege öffnete und durch die Abweichungen zwischen gedruckten Kopien und den auf ihnen basierenden gemalten Versionen zahllose Interpretationen seiner Werke anregte.

Das *Martyrium des heiligen Andreas* von Borgognone, das wir kurz analysiert haben, nimmt zum Beispiel aus einem gedruckt verbreiteten Bild von Rubens die Idee der gelähmten Arme der Kerkermeister auf, und wir haben gesehen, wie Bernini die Möglichkeiten einer »Übersetzung« und der skulpturalen und architektonischen Entwicklung bis zur Neige ausschöpft, die ihm diese kritische Situation bot.

Die Verwandlung der Idee von Rubens in der »schönen Mischung« von Bernini versinnbildlicht eine Phase künstlerischer Entwicklung, die durch einen sehr hohen Grad der »Übersetzbarkeit« von Kunstformen und Ideen gekennzeichnet war. Eines der interessantesten Beispiele von solchen Übernahmen und Verwandlungen sind die zahlreichen »Illustrationen«, die zu Tassos *Das befreite Jerusalem* gemalt wurden. Es handelt sich um ein europaweites Phänomen, das sicherlich ebenfalls Vorläufer in der hohen Malerei und Literatur der Renaissance hatte, aber im 17. Jahrhundert neue Dimensionen und Merkmale annimmt.

In *Das befreite Jerusalem* entwickelt Tasso eine ausgedehnte Phänomenologie der Leidenschaften in der Begegnung zwischen physischem Zeichen und Seelenregungen. Er selbst bezeichnete in einem Brief an Ferrante Gonzaga seine Art zu dichten als »zerlegtes Sprechen, das heißt ein Sprechen, das eher durch die Vereinigung und Abhängigkeit der Sinne Zusammenhang gewinnt als durch Bindewörter oder andere Konjunktionen«. Die fließende Kontinuität zwischen den Sinnen, ihre Tendenz, sich in Tausende von Synästhesien zu verwickeln, ist das Material, mit dem der Dichter seine bewegten und schillernden Bilder formt. Der dynamischen Dominanz der Sinne korrespondiert die der Gefühle, die durch die gleiche fließende Kontinuität und Tendenz gekennzeichnet ist, sich in instabile und dynamische Bilder zu verwandeln. Es ist gerade dieses Aufeinandertreffen der Sinne und des Pathos, das die Maler des 17. Jahrhunderts interessierte. Einige von ihnen gingen weit über die schlichte Darstellung einer Episode des Gedichts hinaus und fingen erfolgreich die zeitliche, sinnliche und affektive Dynamik der Verse in ihrer Malerei ein.

Zu diesen gehört Nicolas Poussin – auch wenn er als anti-barocker Künstler gilt. Poussin hielt sich am getreuesten an die Vorlage und war zugleich ihr erfindungsreichster Bearbeiter. Obwohl seine Ästhetik durchaus nicht auf den »barocken Bruch der Regeln« in den Künsten

DER KÜNSTLER 313

zielte, gehörte ein wichtiger Teil seiner Malerei tatsächlich zu jener flie-
ßenden und metaphorischen Darstellungssweise, der wir uns hier vorzugsweise zugewandt haben, weil sie ein grundlegenderes Merkmal der
Barockkunst ist als der »Bruch der Regeln«. Während im Werk von Rubens und Bernini die Dynamik dieser Darstellungsweise eine Verletzung der Normen hervorbrachte, war sie bei Poussin kontrollierter,
blieb aber das fundamentale Konstruktionsprinzip, wie sich zum Beispiel an seinem Bild *Rinaldo und Armida* (auch *Schlafender Rinaldo* genannt) zeigt. Poussin malte das Bild, das heute im Dulwich College in
London hängt, 1625 für Cassiano Dal Pozzo (Abb. 4, S. 314).

Das Bild bezieht sich auf zwei berühmte Stanzen aus dem 14. Gesang
von *Das befreite Jerusalem*, in denen sich Armida, nachdem sie Rinaldo
mit melodiösem Gesang am Ufer des Orontes eine tödliche Falle gestellt
hatte, auf ihn wirft, sich aber plötzlich in ihn verliebt. Poussins Bearbeitung der Tasso-Verse ist exemplarisch für eine neue Beziehung zwischen
Malerei und Poesie, die ohne eine vergleichende Analyse nicht verstanden werden kann.

> »Doch als sie ihn erblickte, sieht die Zauberin
> Ihn friedlich ruhn und seinen Odem wehen,
> Sieht die verschlossenen Augen und darin
> Des Lächelns Huld – wie, wenn sie aufwärts sähen?
> Und zweifelnd weilt sie nun und setzt sich hin
> In seine Näh' und fühlt den Zorn vergehen
> Während sie betrachtet den holden, süßen Feind,
> So daß sie nun wie Narziß am Quell erscheint.
>
> Lebend'ges Naß, das seiner Stirn entquillt,
> Verwischt sie mit dem Schleier leise, leise,
> Und fächelt seine Wangen lind und mild
> Und fühlt die Glut mit sorglich zarter Weise
> So nagt – wer glaubt's? – das Auge, fest verhüllt,
> Mit der entschlafnen Glut an jenem Eise,
> Das um ihr Herz sich zog, wie Demant hart,
> Bis nun zur Liebenden die Feindin ward.«

Sechzehn elfsilbige Verse unterteilen und verschmelzen gleichzeitig
den ersten und den abschließenden Augenblick der leidenschaftlichen
Ergriffenheit Armidas. Der Dichter sagt uns natürlich nicht, warum
die schöne muslimische Zauberin, nachdem sie so sorgfältig den Hin-
terhalt vorbereitet hat, dem wehrlosen Krieger erliegt, auch wenn wir
erfahren, daß sich unter den geschlossenen Lidern des schlafenden Ri-

Abbildung 4:
Nicolas Poussin, *Rinaldo und Armida*. London, Dulwich College.

naldo eine große Kraft verbirgt. Tasso erzählt, daß der Zorn der Frau vergeht, während sie ihn betrachtet, und daß sie, über ihn gebeugt, wie Narziß am Quell erscheint. Indem er Armidas Blick in der Schwebe läßt und wieder aufnimmt, läßt der Dichter den schicksalhaften Moment, in dem sie sich verliebt, im dunkeln. Die Ottavarime[1] beginnen mit einem »doch«, das erste der Elemente, die anzeigen, daß der mörderische Elan der Zauberin nachläßt. Es folgt ein »als«; und ins Innere der Zeitspanne, die von dem »Doch als« eingeleitet wird, fügt Tasso nun einen neuen Zeitabschnitt: ein zweites Innehalten, »Und zweifelnd weilt sie nun«, und eine Pause, »und setzt sich hin / In seine Näh'«. Dann kehren wir zur ersten Unterbrechung zurück, in den Moment des »Doch als«: »fühlt den Zorn vergehen / Während sie betrachtet«. Aber dieser Blick ist nicht mehr derselbe, er ist modifiziert vom Einschub des »Und zweifelnd« und von der Pause des »und setzt sich«, und tatsächlich sieht Armida Rinaldo jetzt nicht einfach an, sondern sie »betrachtet« ihn.

---

[1] Die Ottovarime (»acht Reime«) sind eine ursprünglich italienische Strophenform (auch »Stanze« genannt) aus acht elfsilbigen jambischen Verszeilen. (A. d. Ü.)

DER KÜNSTLER   315

»Während sie betrachtet den holden, süßen Feind / So daß sie nun wie Narziß am Quell erscheint.« Nach zweimaligem Innehalten ereignet sich mit dem »nun« ein Satz nach vorne: die Zauberin hat sich in einem Augenblick verliebt, der im Sprung zwischen dem »während« und dem »nun« verborgen ist. Die Folge der Adverbien und Adjektive dehnt die Zeit aus, die sich zwischen dem Präteritum von »erblickte« und der folgenden Serie von Verben im Präsens und Infinitiv eröffnet (sieht ruhn, wehn, sieht, setzt sich, fühlt). Die Vergangenheitsform kehrt erst am Ende der zweiten Ottavarime wieder, um die Verwandlung Armidas in eine Liebende zu besiegeln.

Inzwischen, »mit dem Schleier leise, leise«, verwischt die Zauberin »Lebend'ges Naß, das seiner Stirn entquillt« und »fächelt seine Wangen lind und mild / Und fühlt die Glut mit sorglich zarter Weise«. Das aggressive Losschnellen hat sich in eine »leise« Geste, in ein Fächeln »lind und mild« verwandelt. Armida schmachtet nach dem »lieblichen und huldvollen« Rinaldo. Ihre Handlungen nehmen die weichen Züge des Geliebten an. Aber der Wert ihres Fächelns wird erst in den letzten vier Versen verständlich. Während nämlich Armida die Hitze des Jünglings kühlt, schmilzt durch die »entschlafne Glut« von Rinaldos »Auge, fest verhüllt« jenes »Eise / Das um ihr Herz sich zog, wie Demant hart«.

Die Wirkung des milden Fächelns wird zum analogen Modell der umgekehrten Wirkung: das Eis schmilzt. In diesen letzten Versen löst sich die Spannung durch das Sichverlieben der Zauberin: Das »demantharte« Eis, das warm und weich wird, korrespondiert mit dem milden und linden Fächeln und dem »leisen« Abtupfen des Schweißes in den vier vorangehenden Versen.

Rinaldo konnte nicht ahnen, daß er sein Gesicht durch das Ablegen seines Helms mit einer Macht ausstattete, von der die gleiche Faszination ausging wie vom Gesicht des Narziß. In einen Schlaf versunken, der das »stille Abbild des Todes« ist, zeigt der Jüngling mit äußerster Passivität unter dem Schleier seiner Lider »Des Lächelns Huld«, eine Art »passiver Aktion«, die um so wirksamer die Zauberin verführt, je unwillentlicher und unmerklicher sie erscheint. »So nagt – wer glaubt's? – das Auge, fest verhüllt«: gerade wegen des doppelten Hindernisses, das die Kraft des Auges schwächt, wird es durch eine neue Umkehrung für Armida unwiderstehlich, so daß schließlich, aber bereits vom ersten Moment an, »nun zur Liebenden die Feindin ward«.

»Doch als sie ihn erblickte, sieht die Zauberin (...) Bis nun zur Liebenden die Feindin ward«: Poussin verteilt die extremen Momente der beiden Stanzen von Tasso an die beiden äußeren Punkte von Armidas Gestalt. Ihre rechte Hand (»Feindin«) hält den Morddolch in der Faust,
ihre linke Hand (»Liebende«) gibt sich der Hand Rinaldos hin. Zwischen den beiden Polen der leidenschaftlichen Verwandlung Armidas gestaltet Poussin – wie im Gedicht, aber mit den Mitteln der Malerei – das
Innehalten, die Sprünge und die Umkehrungen, die den Moment der
Wandlung hinauszögern und beschleunigen.

Hinter der Schulter der Zauberin verknotet sich der weiße Schleier,
um dann mit weniger Ungestüm seinen Weg zu nehmen. Poussin markiert so das Stocken von Armidas mörderischem Elan, ihr Innehalten
und ruhigeres Fortfahren. Dem äußersten und bewegtesten Ende des
Stoffes entspricht die Anspannung der rechten Hand, die durch den Widerstand des kleinen Amor noch betont wird.

Das zweite Innehalten vollzieht sich im Schatten, der auf Armidas linken Arm fällt. In diesem dunklen Bereich verbindet sich der Arm der
Zauberin mit dem des schlafenden Jünglings. Nachdem ihr Arm aus
dem Schatten wieder ans Licht kommt, ruht die Hand der Frau »nun«
sanft und schmachtend auf der Hand Rinaldos.

Der Maler hat wie der Dichter den schicksalhaften Augenblick der leidenschaftlichen Wandlung ins Dunkel getaucht: Auch im Gemälde vollzieht sich die Wendung, die sich im Text zwischen dem »während« und
dem »nun« verbirgt, im Schatten.

Die Vereinigung der beiden Liebenden ereignet sich vor dem Hintergrund der Landschaft mit einem alleinstehenden Baum zur Linken und
zwei zusammenstehenden Bäumen zur Rechten. Die Parabel, die Armidas geöffnete Arme beschreiben, wird im Hintergrund von der Linie begleitet, die von der Anhöhe abfällt und über der sanft auf dem Schild ruhenden linken Hand Rinaldos ausläuft.

Wie im Gedicht nehmen die Gesten der Zauberin sofort die »milden«
Formen der Gesten des Geliebten an; der Übergang von der Anspannung zur Hingabe wird chromatisch vom Übergang der kalten Farben
von Armidas Gewand zu den warmen Farben der vergoldeten Rüstung
und der orangefarbenen Hose Rinaldos begleitet. Auf dem Weg durch
den Schatten, wo sich die Arme berühren, löst sich die strenge Kühle –
»wie Demant hart« – in warme Weichheit.

Aber das Gemälde stellt über das Sichverlieben Armidas hinaus auch

DER KÜNSTLER 317

die »Erweichung« Rinaldos dar. Sein linker Arm streckt sich auf dem
Schild aus, und nicht zufällig befindet er sich zwischen Helm und
Schwert. Wo ist der martialische Jüngling, in dem Gottvater eine kriegerische Seele und einen unruhigen Geist erblickt hatte? Der Rinaldo Poussins ist bereits der Ritter des 16. Gesangs, der Held, der den Krieg aufgegeben hat, der verweichlichte Mann, dessen Schwert, »einst Blitz im
Kampfgefilde«, ein »unnützer Zierat« geworden ist.

Tatsächlich wird Rinaldo im Gedicht nach seinem Erwachen auf der
Insel des Glücks der Liebessklave der Zauberin, der Geliebte, der ihr
den Spiegel hinhält, in dem sie sich vor dem geschmückten Krieger noch
mehr bewundert als »Narziß am Quell«.

Im Gemälde von Poussin wird die Zauberin schwach, aber sie bleibt
die virile Beherrscherin, während Rinaldo unter ihr liegt, die Beine vor
ihrem Dolch öffnet und die Hand zwischen den Waffen ruhen läßt.

Armidas Liebe ist eine unerhörte Wendung, die jedoch die Normen der
Geschlechterbeziehung berührt. Die Hingabe an die Geliebte und das Vergessen des Krieges führen den christlichen Krieger zu einem beunruhigen-
den und gefährlichen Rollentausch. Vergessen sein unstillbarer Wunsch
nach Ruhm: Sofort möchte sich Rinaldo Armida völlig unterordnen. Die Intensität seiner Leidenschaft wird im Bild nicht durch eine Handlung dargestellt, sondern allein durch die Verweiblichung seiner gesamten Gestalt.
Die »Unnormalität« der Beziehung zwischen den beiden ist bereits ein Hinweis auf starke Leidenschaft und impliziert ein negatives Urteil.

Tatsächlich nimmt die Leidenschaft neben der raffinierten Manipulation von Zeit und Handlung die Form einer Normverletzung an. Armida dominiert und wird verführt. Rinaldo, ihr passiver und unbewuß-
ter Verführer, hat im Schlaf die weibliche Haltung eingenommen, die
ihn im Gedicht während des gesamten Aufenthalts auf der Insel des
Glücks charakterisiert, bis ihm ein anderer Spiegel, den ihm seine Kameraden Carlo und Ubaldo vorhalten, seinen Zustand offenbart:

> »Er wendet nun den Blick zum lichten Schilde
> Und sieht drin, was er ist, mit Deutlichkeit,
> Und sieht den weichlich zarten Putz im Bilde –
> Geruch' und Wollust duften Haar und Kleid;
> Das Schwert, das Schwert, einst Blitz im Kampfgefilde,
> Verweichlicht ist's in schnöder Üppigkeit.
> Nur als unnützer Zierat zu betrachten,
> Nicht als Gerät, brauchbar im Graus der Schlachten.

So fühlt ein Mann, vom dumpfen Schlaf bestrickt,
Nach langem Traum das Bewußtsein tagen,
Wie jetzt Rinald, da er sich selbst erblickt;
Doch kann er seinen Anblick nicht ertragen.
Sein Auge sinkt, und schüchtern und gedrückt
Muß er vor Scham den Blick zu Boden schlagen,
Und schlöss' im Feuer, um versteckt zu sein,
Im Meer, im Erdenmittelpunkt sich ein.«

Poussins *Schlafender Rinaldo* ähnelt sehr dem »Mann, vom dumpfen Schlaf bestrickt«, ohne daß man deshalb annehmen müßte, der Maler habe das Bild vom Dichter »entliehen«. Dem Maler reichte es, aus dem sich erholenden Rinaldo einen verweichlichten Krieger zu machen, um seine Unterordnung und sein beschämtes Erwachen zu implizieren.

De Sanctis hat von der »lyrischen, subjektiven und musikalischen Welt« Tassos gesprochen, einer »weichen« Welt, die die Literatur, Musik und Malerei des 17. Jahrhunderts durchziehe. Poussin entnahm daraus die sinnliche und affektive Dynamik und hat diese Welt getreu in seine Malerei »übersetzt«. »Lest die Geschichte und das Gemälde, bis Ihr wißt, ob es dem Gegenstande angemessen ist«, schrieb der Künstler an einen Auftraggeber, der sich erlaubt hatte, die Komposition eines seiner Bilder zu kritisieren: ein stolzes Beharren auf der Treue eines Malers zum literarischen Vorbild, die ihn seit seinen Jugendjahren auszeichnete, als er in Paris den *Adone* von Giovanni Battista Marino illustrierte.

Gerade dieser große neapolitanische Dichter war es, der Poussin nach Rom brachte und seinem künftigen Gönner Marcello Sacchetti vorstellte. Sacchetti, Abkömmling eines sehr reichen Florentiner Kaufmanns und ein großer Freund Urbans VIII., hatte als Auftraggeber eine beträchtliche Bedeutung für die Entstehung der römischen Barockmalerei. Sacchetti war eine Persönlichkeit mit einem entschlossenen Geschmack und hatte nicht gezögert, den jungen Pietro da Cortona zu ermutigen, Raffael und Tizian zu kopieren, um die Merkmale jener »großen Manier« auszuarbeiten, die für Giuliano Briganti den ersten authentischen Barockstil in der Malerei darstellt.

Bevor er zum Schatzmeister des Papstes ernannt wurde und eine so bedeutende Rolle in dessen Kunstpolitik übernahm, hatte sich Sacchetti vor allem der Bereicherung seiner privaten Kunstsammlung gewidmet. Diese Form des Sammlertums hatte ihre Ursprünge ebenfalls in der Renaissance, vor allem in Venedig, aber auch hier wuchsen die Dimensio-

DER KÜNSTLER   319

nen im 17. Jahrhundert bis zu einem Punkt, der teilweise den Charakter
des Sammelns selbst veränderte. Tatsächlich wurde seit Beginn des Jahrhunderts mit dem Marquis Giustiniani, dem Mäzen von Caravaggio, die
Privatgalerie der Ort, wo sich ein anderer Geschmack als bei Arbeiten
für die großen öffentlichen oder privaten Auftraggeber, die Fürsten
oder religiösen Orden, herausbilden konnte.

Der Großteil von Poussins malerischem Werk war für die Galerien
von recht gebildeten Privatkunden bestimmt, die gewillt waren, seinen
langsamen Produktionsrhythmus zu akzeptieren. Diese Situation, die
nicht immer ganz ohne Spannungen blieb, bot ihm Gelegenheit zu seiner außergewöhnlichen hermeneutischen Beschäftigung mit den Urtex-
ten der christlichen, griechischen und römischen Kultur.

Cassiano Dal Pozzo, der ihn beauftragt hatte, Tassos Gedicht zu »illu-
strieren«, war der gebildetste seiner Kunden. In seinem Haus in der Via
dei Chiavari hatte er eine Sammlung von Medaillen, Stichen, wissenschaftlichen Instrumenten und Büchern, die in Europa nicht so sehr wegen ihrer
Größe, sondern aufgrund ihrer Verwendung zu Forschungszwecken einzigartig war. Poussin arbeitete an einem von Dal Pozzos wichtigen wissenschaftlichen Projekten mit, dem *Museum Chartaceum*, einer imponieren-
den Sammlung von antiken römischen Reliefs. Die Begegnung des jungen
Malers mit dieser außergewöhnlichen Persönlichkeit hatte zweifellos
nicht nur großen Einfluß auf seine Malerei, sondern weckte in ihm auch
den Wunsch nach Auftraggebern, die in der Lage waren, seine Arbeit voll
zu würdigen. Diesen Wunsch konnte später keiner seiner Käufer in gleicher Weise befriedigen. Die Korrespondenz des französischen Malers offenbart ein häufig frustriertes, aber sehr bedeutsames Bemühen, den Geschmack seiner Klienten zu bilden. Es ist dieser Wunsch, verstanden zu
werden, der zu einer Fülle von wichtigen theoretischen Stellungnahmen
und zu seiner aktiven Zusammenarbeit mit Giovanni Pietro Bellori bei
der Formulierung einer klassizistischen Ausrichtung der *Vite de' Pittori
Scultori e Architetti moderni* führte.

Poussin war somit ein führender Maler, der fast nie für religiöse oder herrschaftliche Auftraggeber arbeitete. Ein recht außergewöhnlicher Fall, auch
wenn Salvator Rosa noch weiter ging mit der Forderung einer völligen Autonomie von den Auftraggebern, zusammen mit dem Recht, nur in inspi-
rierten Momenten zu malen und die Werke ausstellen zu können, um sie zu
verkaufen. Diese beiden Fälle belegen jedoch, daß der Künstler gegenüber
dem Hof immer mehr Autonomie gewann. Diese Entwicklung ging mit der

zunehmenden Verflechtung der Kunst in die Marktmechanismen einher, die sich dann im 19. Jahrhundert vollständig durchsetzen sollte. Den Prototyp dafür lieferten Rubens und die noch modernere unternehmerische Tätigkeit Rembrandts, wie jüngst Svetlana Alpers gezeigt hat.

Das 17. Jahrhundert stellt sich also als ein Zeitalter dar, in dem verschiedene Lebensmodelle des Künstlers nebeneinander bestehen, eine Periode, in der sich der höhere soziale Status, den Künstler in der Renaissance gewannen, konsolidierte und sich bereits Tendenzen einer neuen Verbindung von Künstler, Gesellschaft und Markt abzeichneten.

Aber wenn sich auch die soziale Funktion der Künstler in dieser Zeit nicht grundlegend wandelte, so legen ihre Werke doch Zeugnis von einer ungeheuren Kreativität ab. Man kann sogar feststellen, daß in einer Phase der Unsicherheit, in der verlorenging, was in der Renaissance noch feste Größen waren, nämlich die Gewißheit von Dauer und mimetisch zu erreichender Ähnlichkeit mit der Natur, und die vom schmerzlichen Gefühl des Wandels und der Veränderung beherrscht war, die Kunst am besten auf die Hoffnungen der Menschen reagierte, gerade weil es ihr gelang, Wandlung und Veränderung wirkungsvoll darzustellen.

So bot zum Beispiel das barocke Sakralkunstwerk dem Gläubigen die Möglichkeit, mit den Mitteln der Erkenntnis, der Empfindung und der Leidenschaft eine innere Metamorphose, eine gefühlsbetonte Angleichung an Christus zu vollziehen. Sie war das Gegenteil einer Haltung, die den Christen im 17. Jahrhundert dazu führte, sich radikal verschieden von seinem Herrn zu fühlen, sich für ein »Nichts«, für »Haut, Knochen, Dung und Aas« zu halten, wie Bedřich Bridel, ein jesuitischer Dichter aus Böhmen, schrieb.

Im Mittelpunkt dieser Kette von Metamorphosen oder möglichen Entstellungen stand ein Mensch, bei dem Empfindung und Leidenschaft dominierten und dessen intellektueller Habitus noch nicht den Erfordernissen der wissenschaftlichen Methode angepaßt war. Kunst und Dichtung des Barock stellten diesen Menschen nicht nur dar, sondern sie trugen teilweise auch dazu bei, ihn zu formen, insofern Menschen Subjekte von Veränderungen und Verwandlungen sind. Es ist der Novize, der Sant'Andrea al Quirinale betritt, um ein »anderer Mensch« zu werden, der Betrachter der *Meninas*, der eine Repräsentation seiner selbst finden muß, um sich im Gemälde zu erkennen und sich auf der Bühne des Hofes zu präsentieren, oder schließlich auch der Betrachter von *Rinaldo und Armida*, der mit der Zauberin vom Feind zum Liebenden wird.

Kapitel 10

Der Bürger

James S. Amelang

Wer war der Bürger des Barock? Sollten wir ein Porträt von ihm malen, wie sähe er dann aus, welche Züge brächte sein Antlitz zum Ausdruck? Der berühmteste Bürger der damaligen Zeit war natürlich Monsieur Jourdain, jener tölpelhafte, aber nicht unsympathische Protagonist der Molièreschen Komödie *Le Bourgeois Gentilhomme* (*Der Bürger als Edelmann*), der beim Versuch, sich über seinen Stand zu erheben, gleich doppelt betrogen wird: von den habgierigen Dienern unter ihm und den skrupellosen Adligen über ihm. Aber obwohl es in der von der Aristokratie beherrschten, konformistischen Gesellschaft des 17. Jahrhunderts sicherlich viele Jourdains gab, würden wir ihn doch kaum als Modell nehmen. Denn ohne Zweifel ist diese soziale Hochstapelei nicht repräsentativ für die überwiegende Mehrheit der Bürger. Schon Molière selbst (1622-73) ist – zumindest auf den ersten Blick – ein besseres Beispiel für den »typischen« Bürger. Aus gutbürgerlicher Familie stammend (sein Vater war ein Kaufmann, der ins Beamtentum überwechselte), besuchte er zunächst eine Jesuitenschule und studierte dann einige Jahre Rechtswissenschaft an der Universität. Er wuchs als tadelloser Bürger auf – bis er auf sein Erbe verzichtete und sich einer Truppe von Wanderschauspielern anschloß, mit der er in den Provinzen Vorstellungen gab. Nein, auch Molière ist nicht unser Mann; seine Risikobereitschaft, sein Eintauchen in die durch und durch anrüchige Welt des Theaters, selbst sein späterer gesellschaftlicher und literarischer Erfolg (Ludwig XIV. war höchstpersönlich Taufpate bei seinem ersten Kind) weisen ihn als allzu untypischen Vertreter des Standes aus, den wir porträtieren wollen. Offensichtlich müssen wir unseren Bürger anderswo suchen.

Vielleicht beginnen wir einfach mit der Frage, was das Wort Bürger eigentlich bei den Zeitgenossen bedeutete. Für die Menschen des Barock besaß es eine ganze Reihe von Bedeutungen. Besonders zwei davon hingen mit der formalen Definition des gesellschaftlichen Rangs zusammen. Im Nordwesten Europas war ein Bürger (oder *bourgeois, burgher* oder dergleichen) im strengen Sinn ein Städter mit bestimmten Rechten und Privilegien. Die Zugehörigkeit zu dieser sozialen Klasse, die oftmals durch die Aufnahme in eine amtliche Liste angezeigt wurde, beruhte auf dem Geburtsrecht oder langjähriger Ortsansässigkeit sowie auf dem Besitz eines bestimmten Mindestvermögens (in aller Regel eines Hauses oder sonstigen städtischen Grundeigentums). Noch im 18. Jahrhundert war ein *bourgeois de Paris* »jeder, der mindestens ein Jahr und einen Tag in Paris lebte, nicht Hausangestellter war, keine Mietwohnung bewohnte und öffentliche Steuern zahlte«. In manchen Ländern gehörte zur bürgerlichen Existenz überdies ein Rechtstitel, der einen bestimmten Status und Rang anzeigte, mit dem man Einkünfte aus Kapitalvermögen und einen quasi-aristokratischen Lebensstil verband. Der Bürger in diesem zweiten Sinne verfügte über erhebliche Geldmittel und hohes Ansehen und gehörte entweder direkt zur städtischen Führungsschicht oder stand ihr zumindest nahe.

Das Wort »Bürger« stand außerdem für eine Reihe von sozialen Beziehungen außerhalb der Sphäre der Rechtstitel und Rangstufen. »Von unten« her gesehen bezeichnete es den »Chef«, einen reichen Mann, der in der Regel die gesellschaftlich unter ihm Stehenden beschäftigte. »Von oben« her gesehen, aus der Perspektive des Adels, hatte das Wort hingegen immer etwas Spöttisches und Geringschätziges an sich, war der Bürger jemand, der sich durch seine schlechten Manieren sowie seinen Mangel an Geschmack und Gesellschaftsfähigkeit lächerlich machte. Im Laufe der Zeit aber setzte sich eine umfassendere und weniger abfällige Definition durch. Für die meisten heutigen Historiker ist »Bürgertum« ein Synonym für »Mittelstand«, insbesondere für dessen obere Schichten, die öffentlich mehr in Erscheinung traten. Natürlich ist die Kategorie »Mittelstand« nicht fest umrissen. Im allgemeinen bezeichnet sie die Mitte der Gesellschaft, d. h. die Schichten, die zwischen Höherem und Niederem übrigblieben und den Hauptanteil am dritten Stand ausmachten, noch bevor er »Mittelstand« genannt wurde.

In diesem Sinne nahm das Bürgertum oder der Mittelstand innerhalb des sozialen Spektrums einen breiten Raum ein. Zu ihm gehörten die reicheren Handwerker und Ladenbesitzer ebenso wie Kaufleute, Angehörige der freien Berufe, Bankiers und Regierungsbeamte (meist aus den unteren Rängen der staatlichen Bürokratie). Als Klasse oder Stand war das Bürgertum durch starke interne Ungleichheiten, ja Spannungen und Konflikte gekennzeichnet. Zeitweise schlossen die sozialen Beziehungen im Mittelstand die direkte Unterordnung der niederen Bürger (besonders der Handwerker) unter die Oberschicht der Kaufleute und Bankiers ein. So jedenfalls im Nördlingen des 17. Jahrhunderts, wo einige wenige Handelskapitalisten durch ihre erfolgreiche Beherrschung des örtlichen Textilgewerbes eine entsprechende soziale Vorrangstellung innerhalb des städtischen Mittelstands erreichen konnten. In anderen Städten wiederum schlugen die Großkaufleute einen anderen Weg ein und setzten sich – wie in manchen Städten Flanderns – ganz bewußt für die Interessen der niederen Bürger ein. Aber bei allen oft beträchtlichen Rang- und Vermögensunterschieden gab es doch zumindest einen gemeinsamen Nenner, auf den sich sämtliche Angehörige dieser Klasse bringen ließen: den Besitz von Eigentum in der einen oder anderen Form. Das Ansehen und besonders die relative Sicherheit, die sich dem (auf vielfältige, nicht unbedingt immer kapitalistische Weise erworbenen) Geldbesitz verdankten, bildeten den sozialen und ökonomischen Kitt, der diese so uneinheitliche Gruppe zusammenhielt.

Was uns hier hauptsächlich interessiert, ist allerdings weniger der Mittelstand als ganzes als vielmehr dessen Oberschicht – Großkaufleute, Angehörige der freien Berufe und Beamte –, aus der sich die nichtadlige städtische Elite zusammensetzte. Diese führenden Städter waren nach Ansicht der Zeitgenossen die eigentlichen Bürger des Barock; in manchen Teilen Europas wurden sie daher auch als Stadtbürger im wörtlichen Sinne – als *citizen*, *citoyen* oder *cittadini* – bezeichnet. So etwa im Venedig des 17. Jahrhunderts, wo diese Zwischenschicht zwischen *patriziato* und *popolo* ungefähr vier oder fünf Prozent der Bevölkerung ausmachte. Ihre Angehörigen waren reich und gebildet, konsumierten mit wachsendem Eifer materielle und geistige Güter und traten daher in der bunten Stadtwelt des 17. Jahrhunderts am stärksten in Erscheinung. (Natürlich gab es auch eine ländliche Bourgeoisie, doch sie war weit weniger bedeutend und öffentlich präsent als ihr städtisches Pendant.) Hinterlassen haben diese Stadtbürger Briefe, Tagebücher und andere Schriften, zahlreiche Dokumente ihrer kaufmännischen und sonstigen ökonomischen Aktivitäten sowie Porträts, die ihr Aussehen festhalten (wenn wir heute noch über Gemälde von Nichtadligen der Barockzeit verfügen, dann über ihre), und diese Hinterlassenschaft erlaubt uns heute, den Bürger unter drei Aspekten zu betrachten: seiner ökonomischen Bedeutung und dem Auftreten in der Öffentlichkeit, seinem Wertesystem und seinem Innenleben.

Homo oeconomicus

Wie bei jedermann lassen sich die wirtschaftlichen Aktivitäten des Bürgers in den Bereich der Produktion und den des Konsums aufteilen. Doch aufgrund seines Reichtums verfügte er in beiden Bereichen über ein breiteres Spektrum an Möglichkeiten. In ihrer Funktion als Produzenten betätigten sich die mittelständischen Bürger auf vielfältige Weise. Besondere Bedeutung hatte der kaufmännische Sektor, nicht nur weil so viele Stadtbewohner vom Groß- und Einzelhandel lebten, sondern auch weil die auf den Fernhandel spezialisierten Großkaufleute sich – vor allem wegen der durch ihren Reichtum erzeugten Verbindungen zur politischen Macht – häufig als bedeutendste Mitglieder ihrer Klasse erwiesen. Auch das produzierende Gewerbe – vom kleineren Handwerksbetrieb bis zum Unternehmen mit zahlreichen Lohnarbeitern – trug zur Vermögensbildung unter den Bürgern bei. Während kapitalistische Organisationsformen der industriellen Produktion noch eher die Ausnahme waren, konnten Handwerksmeister aller möglichen Gewerbe oft zu beträchtlichen Reichtümern gelangen, die ihnen den Aufstieg erleichterten, das heißt ihnen ermöglichten, die gesellschaftlich verachtete Sphäre der manuellen Arbeit, von der sie ursprünglich herkamen, hinter sich zu lassen. Auch die Angehörigen der freien Berufe – Richter und Rechtsanwälte, Ärzte, Lehrer und andere erfolgreiche Anbieter auf dem »Wissensmarkt« – stellten einen beachtlichen Anteil am Bürgertum.

Doch in den meisten europäischen und ganz besonders in den Mittelmeerstädten bestand die begehrteste ökonomische Betätigung des Bürgers im schieren Nichtstun. Sein wirtschaftliches Idealbild war das des passiven Rentiers, der von seinen Kapitaleinkünften lebte. Einkünfte aus staatlichen Schuldverschreibungen, aus Hypothekenpfandbriefen auf städtischen und ländlichen Grundbesitz, ja sogar aus Obligationen und

Anleihen (eine besonders wegen der Ausdehnung der transatlantischen Wirtschaftsbeziehungen riskantere, aber tragfähige Kapitalanlage) verschafften dem reichen Nichtadligen die Geldmittel, mit denen er den aristokratischen Lebensstil nachahmen konnte. Das galt insbesondere in den größeren Städten, in denen die Bürger eher dazu neigten, sich vom Handel und anderen produktiven Tätigkeiten zurückzuziehen. In engem Zusammenhang mit diesem Trend stand die bürgerliche Vorliebe für den Ämterkauf; verbreitet war er vor allem in Frankreich und Kastilien, wo der Zentralstaat eine besonders wichtige Rolle beim Übergang des Mittelstandes von unternehmerischer Tätigkeit zu wirtschaftlicher Passivität spielte. Kurz: das Bürgertum war nicht zwangsläufig kapitalistisch, und die Kapitalisten waren nicht unbedingt Bürger – einfach deshalb, weil viele reiche Nichtadlige langfristig den völligen Verzicht auf eine aktive ökonomische Funktion im Auge hatten.

Für den Konsum läßt sich nicht das gleiche sagen. In seiner Funktion als Konsument einer zunehmenden Vielfalt von Gütern war unser reicher Städter alles andere als passiv. Die Wirtschaftshistoriker betrachten das 17. Jahrhundert traditionell mit Blick auf den tiefgreifenden Wandel in der Organisation und Kontrolle der Warenproduktion, wobei die »Entstehung des Kapitalismus« Marxisten und Nichtmarxisten gleichermaßen fasziniert. Seit neuerem allerdings schenken sie auch den Anfängen und der Entfaltung der modernen Konsumgesellschaft stärkere Beachtung. Eine große Rolle spielte bei dieser Entwicklung der Bürger, der in der rastlosen Befriedigung seiner Bedürfnisse nahezu ohne Konkurrenz war. Bis zum Ende des Barock steckte er beträchtliche Geldsummen vor allem in die Verbesserung seiner unmittelbaren Umwelt, besonders seiner häuslichen Umgebung. Es wurden nicht nur solide Baumaterialien verwendet, sondern man leistete sich auch Fenster aus Glas. In den nunmehr besser gesicherten und ausgeleuchteten Häusern befanden sich zudem mehr Gegenstände: mehr und wertvollere Möbel- und Kleidungsstücke, Dekorationsgegenstände, Bücher, Gemälde sowie ein nicht enden wollender Strom von Gütern, die Komfort garantieren sollten, wo immer der wahre Luxus unerschwinglich blieb. Die damalige Expansion des Kolonialismus war gleichermaßen Ursache und Folge dieses neu entstehenden Markts, auf dem Güter verkauft wurden, die früher zu kostspielig gewesen waren, als daß sie von mehr als nur den allerreichsten Mitgliedern der städtischen Gesellschaft hätten konsumiert werden können. Aufgrund der wachsenden Verbreitung und Vermarktung immer vielfältigerer Waren wurde Luxus damit zunehmend relativiert. Der Trend zur Entstehung spezifisch bürgerlicher Märkte für Kunst- und andere erlesene Konsumartikel war besonders in nordeuropäischen Ländern wie England und Holland auffällig, weil sich dort durch die breite (wenn auch nicht gleiche) Verteilung des Reichtums ein wohlhabendes Bürgertum herausbilden und etablieren konnte. Im Gefolge der neuen Kaufgewohnheiten der Bürger und Adligen änderte auch die Stadt selbst ihr Gesicht. So heißt es bei Daniel Defoe (1660-1731), Londons »lebenslustige und genußsüchtige« Bürgerschaft »treibe in der Stadt lebhaften Handel, insbesondere mit allem, was schick und raffiniert ist«. Sogar die Wohnstruktur der Städte wandelte sich, da die reicheren Städter die Konzentration – ja bewußte Absonderung – in bestimmten Stadtbezirken, besonders im Zentrum, anstrebten.

Die ökonomische Funktion des Bürgers bestand also ebensosehr im Verbrauchen wie im Erwerben von Reichtümern. Das zeitgenössische Sprichwort *Le marchand acquiert, l'officier conserve, le noble dissipe* (»Der Kaufmann erwirbt, der Beamte bewahrt, der Adlige verschwendet«) bringt jenen Generationenzyklus zum Ausdruck, der hinter dem Einstellungswandel der erfolgreicheren Bürgerfamilien zu ihrem Reichtum steht, die allmählich in den Adelsstand aufsteigen konnten. Wieviel Spielraum aber hatte der soziale Ehrgeiz der Angehörigen dieser Gruppe? Wie viele Bürger gab es, und wieviel Raum hat die städtische Gesellschaft ihnen insgesamt zugestanden?

Einer neueren Schätzung zufolge lebten im Jahr 1600 etwas über 10 Prozent der europäischen Bevölkerung in Städten mit 5 000 oder mehr Einwohnern, und diese Zahl wuchs das ganze 17. Jahrhundert hindurch. Was die Verteilung des Reichtums betrifft, war jedoch die Zahl der Stadtbewohner, die sich zum Mittelstand und erst recht zu dessen wohlhabenderen Schichten zählen konnten, wesentlich geringer. Im damaligen Warenumschlagplatz Antwerpen zum Beispiel erwiesen sich gut zwei Drittel der männlichen Erwachsenen als *arme ghemeynte*, die keinerlei Eigentum hatten. Und in Nördlingen waren Ende des 16. Jahrhunderts nur 4 Prozent des Reichtums im Besitz von etwa 50 Prozent der Einwohner, während die obersten 10 Prozent über annähernd 60 Prozent der Ressourcen verfügten. Angesichts dieser ungleichen Verteilung des Reichtums ließ die breite Kluft zwischen einer Handvoll Reicher und der großen Masse an städtischen Armen wenig Raum (oder Ressourcen) für den kleineren Stadtbürger in der Mitte.

In anderen europäischen Städten sahen die Verhältnisse ähnlich aus; oft lebten wohl die Hälfte bis zwei Drittel der Einwohner nahe oder unterhalb des Existenzminimums. Doch nicht alle Städte wiesen dasselbe Muster auf. In Rotterdam beispielsweise zeigt eine Steuerveranlagung aus dem Jahr 1674, daß etwa die Hälfte der Einwohner in Haushalten lebte, die über einen bescheidenen Wohlstand oder sogar mehr verfügten. (Von den 4300 steuerzahlenden Haushalten lagen nur 658 im oberen Sektor, was nichts anderes besagt, als daß die wirklich wohlhabende Bourgeoisie noch eine deutliche Minderheit war.) Natürlich gab es signifikante regionale Abweichungen nicht nur zwischen dem Norden und Süden Europas, sondern auch zwischen dem Osten und Westen. Tatsache bleibt aber, daß in einigen Städten bis zu einem Drittel der Stadtbevölkerung in die Kategorie »Mittelstand« gehörte, während der Anteil der städtischen Oberschicht auf ein oder zwei Prozent zusammenschrumpfte. Als erkennbare soziale Klasse war das Bürgertum also recht umfangreich; wirklich betuchte Bürger hingegen gab es zumeist eher selten, sie lebten in einem zahlenmäßig begrenzten exklusiven Milieu.

Der Bürger und die Stadt

Wie schon das Wort »Bürger« (oder »Bourgeois«) sagt, bildete die aus der Burg (oder *bourg*) hervorgegangene Stadt das eigentliche Zentrum der bürgerlichen Existenz. Kein Wunder also, daß sich im Barock immer deutlicher ein Diskurs herausbildete, in dem die Stadt als bevorzugter Ort der bürgerlichen Lieblingsbeschäftigung, nämlich des Konsums, gepriesen wurde. Viele zeitgenössische Stadtbeschreibungen geraten ins Schwärmen, wenn sie von den materiellen Vorteilen des Stadtlebens berichten. So findet sich in einem beschreibenden Ortsverzeichnis von 1662 ein Loblied auf Hollands größte Metropole, die angeblich »von Milch und Käse überfließt«. Es folgt eine minutiöse Auflistung all der Produkte, die man in Amsterdams reich ausgestatteten Geschäften kaufen könne, von Seefahrtsartikeln, exotischen Medikamenten und feinsten Backwaren bis hin zu Schmuck, Porzellan und allen möglichen Importwaren. Ein besonderes Lob gilt den vornehmsten Häusern der Stadt, denen an der Herengracht, die »so kostbar ausgeschmückt sind, daß sie eher Königspaläste als Kaufmannshäuser zu sein scheinen«. Und so weiter. Es war ein Konsumrausch, und diejenigen, die sich ihm hingaben, sahen in der Stadt zweifellos den besten Ort dafür.

Nicht das gesamte Geld wurde jedoch für materielle Dinge ausgegeben. Ganz im Gegenteil, das Barock hatte besonderen Erfolg bei der Entwicklung und Verbreitung neuer Formen des Kulturkonsums. Zwar wurde das Wort »Bürger«, wie gesagt, von den Zeitgenossen unter anderem mit ungehobeltem Betragen und Mangel an Galanterie, Takt und Höflichkeit in Verbindung gebracht, was besonders für den unglücklichen Monsieur Jourdain galt, der sich gezwungen fühlte, Schnellkurse in Fechten, Musik, Tanzen und Philosophie zu nehmen, um auf eine höhere gesellschaftliche Stufe zu gelangen. Doch in Wirklichkeit konnte der Bürger seine Rolle als Kulturkonsument sowohl differenzieren als auch ausweiten, besonders wenn man Kultur mit greifbaren Dingen wie Büchern, Kunstwerken und Zeitungen sowie mit dem Besuch von Vorstellungen aller Art (Musik, Oper, Theater und Ballett) verbindet. Natürlich spielten die Fähigkeit, zu lesen und zu schreiben, und der regelmäßige Kontakt mit dem gedruckten Wort schon lange eine zentrale Rolle im Leben des städtischen Bürgertums. Doch gerade in der Zeit des Barock eroberten sich neuere, raffiniertere Formen des kulturellen Ausdrucks einen Platz im Alltag der reichen Stadtbewohner. Zwischen »Kultur« und sozialer Klasse entwickelte sich ein besonders enger Zusammenhang, denn der Anspruch auf einen höheren gesellschaftlichen Rang war zunehmend davon begleitet, daß sich die Bürger einer neuen Form der Muße hingaben und besondere, ja »höhere« kulturelle Fertigkeiten offen zur Schau stellten. Daraus ergab sich ein neues Modell für das gesellschaftliche und sittliche Verhalten: der Gebildete, dessen (laienhaftes oder professionelles) Bildungsstreben in weitverbreiteten Handbüchern – wie etwa dem 1645 von dem Jesuiten Daniello Bartoli aus Ferrara (1608-85) publizierten *L'Uomo di lettere* – aufs wärmste empfohlen wurde.

Verständlicherweise konnte sich der neuartige demonstrative Kulturkonsum bei der Oberschicht der Adligen und Rentiers leichter verbreiten als im gesamten Mittelstand. Für viele Bürger erwies es sich als schwierig, den Wunsch nach einem edleren Geistesleben mit den praktischen Erfordernissen des Geschäfts- und Alltagslebens zu vereinen. Jedenfalls galt das für Jean Maillefer (1611-84), den Sohn eines wohlhabenden Seidenhändlers aus Reims, der in seiner Autobiographie berichtet, wie er ständig um Bildung ringen und gegen die Plackerei des Geldverdienens ankämpfen mußte. Wie viele andere Bürgersöhne besuchte Mail-

DER BÜRGER 329

lefer eine Stadtschule. Noch 56 Jahre später erinnerte er sich mit Stolz
daran, daß er im griechischen Aufsatzschreiben einen Preis gewonnen
hatte. Trotz seines ausgeprägten Hangs zum Studieren mußte er im
Alter von vierzehn Jahren nach dem Tod des Vaters die Schule verlassen
und seinen Lebensunterhalt, zunächst als Schneiderlehrling, dann mit
einer Reihe von Gelegenheitsarbeiten, selbst verdienen. Bis zu seinem
Tode fühlte er sich in der Geschäftswelt nie zu Hause; vielmehr sehnte
er sich nach den »Geistesgenüssen«, die ihm – besonders im Vergleich
zur kaufmännischen Arbeit – »rein, angenehm [und] ewig« erschienen.
Er war ein eifriger Leser von Montaigne und betrachtete den Essayisten
als Vorbild für das Streben nach einem höheren Lebenssinn, dem der
Selbsterkenntnis. Als Träumer, der lieber hinten im Geschäft Bücher las,
als sich um Kunden zu kümmern, war er zweifellos der Prototyp des privaten (und in hohem Maße verhinderten) Kulturkonsumenten, der sich
durch die Umstände gezwungen sah, eine geringere Rolle im neuen öffentlichen Geistesleben zu spielen als gewünscht.

Daß die Stadt sowohl der zentrale Raum als auch das Hauptinstru-
ment für die zunehmende Vermarktung kultureller Waren war, ist nicht
zu bezweifeln. Fraglich ist eher, ob diese expandierende Stadtkultur
ihren Verehrern zu einer echten Teilhabe am Geistesleben verhalf, wie
sie sich der unglückliche Maillefer ausmalte. Kein Wunder, daß die Stimmen, die die Stadt des 17. Jahrhunderts als besonders günstigen Ort für
den Kulturkonsum feierten und diesen Konsum in den Mittelpunkt des
Stadtlebens stellten, Gegenstimmen auf den Plan riefen, die Kritik an
der Künstlichkeit und Oberflächlichkeit des Stadtlebens und an seinem
Anspruch auf kulturelle Überlegenheit übten. Diese Kritik bildet einen
der Hauptstränge im facettenreichen Werk von Jean de La Bruyère
(1645-96), einem der bekanntesten und schärfsten Beobachter des städtischen Lebens im Barock. Trotz seines aristokratisch klingenden Namens war La Bruyère von bürgerlicher Herkunft; sein Vater war Beamter der Stadt Paris. Nach Abschluß seines Jurastudiums (gegen das er auf-
richtigen Widerwillen empfand) kaufte er ein Amt und machte sich an
sein Lebenswerk als Gesellschafts- und Sittenkritiker in erzieherischer
Absicht. In seinen erstmals 1688 erschienenen *Les Caractères de Théo-
phraste* (*Die Charaktere Theophrasts*) prangert La Bruyère das Stadtleben mit seiner Nichtigkeit, Prunksucht und frivolen Künstlichkeit an.
Seine scharfsinnigen Aperçus erschließen uns eine andere Seite des bürgerlichen Bewußtseins, die kritische Distanz nicht nur zu den sozialen

Aufsteigern, die ihre Herkunft aus einem niederen Stand durch »exzessives Geldausgeben und absurdes Gepränge« vergessen machen wollen, sondern auch zu ihrem Vorbild, dem Adel, der als eitel und ausschweifend entlarvt und als Last für die Gesellschaft dargestellt wird. Daß die schöne neue Welt der städtischen Konsumfreude nichts anderes als eine öffentliche Maskerade sei, zeigt La Bruyère, indem er die traditionelle Metapher von der Welt als Bühne auch auf das Stadtleben überträgt: »Wo Frauen zusammenkommen, um mit feinen Stoffen zu protzen und die Früchte ihrer Toilette zu ernten, da gehen sie nicht deshalb zu zweit, weil sie sich unterhalten wollen, sondern weil sie beieinander Halt auf der Bühne suchen und weil sie sich mit ihrem Publikum vertraut und gegen ihre Kritiker stark machen möchten.« Die städtische Kultur beschränke sich auf oberflächliche persönliche Kontakte. Allein die Größe einer Stadt wie Paris führe dazu, daß ihre Einwohner einander ausschließlich dem äußeren Eindruck nach (in der Regel negativ) beurteilen, und diese Gewohnheit begünstige das extreme Zurschaustellen von Reichtum und das kriecherische Nachäffen höfischer Sitten. Was dabei herauskomme, sei eine Gesellschaft, die sich aus »verlogenen Abbildern wertloser Originale« zusammensetze und zum künstlichen Leben in einer Welt trügerischer Erscheinungen und bewußter Täuschung verdammt sei.

La Bruyère war keineswegs ein Prediger in der Wüste; in ganz Europa hörte man damals einen beachtlichen Chor kritischer Stimmen, die sich gegen die neue Gleichsetzung der Stadt mit dem Zurschaustellen von Reichtum und Nichtstun sowohl durch Mittel- als auch Oberschicht wandten. Bestenfalls wurden die Vor- und Nachteile des Stadtlebens gleichermaßen hervorgehoben: Gelobt wurden dann die Möglichkeiten, die es bot, beklagt hingegen die Exzesse, zu denen es führte. Alles in allem fand der Bürger selbst natürlich mehr Lobens- als Verdammenswertes an seiner Stadt – denn er prägte sie ja. Es läßt sich sogar von einem unverwechselbar bürgerlichen Stil in der städtischen Kultur sprechen: Er verherrlichte (wenigstens auf den ersten Blick) den Wohlstand und sah das Alltagsleben sowie die zu ihm gehörenden materiellen Dinge und das Umfeld gleichzeitig äußerst realistisch. Am deutlichsten zeigte sich dieser Trend in denjenigen Teilen Europas, wo – wie etwa in Holland – der politische und kulturelle Einfluß des Landadels extrem begrenzt war. Es ist kaum ein Zufall, daß sich gerade in jenem republikanischen, bürgerlich-städtischen Klima, wie es in den Niederlanden und

DER BÜRGER   331

(eher als Ausnahme) in Venedig herrschté, eine besondere Art der Malerei herausbildete, die das Stadtleben verherrlichte und zugleich mit liebe-
voller minutiöser Genauigkeit wiedergab. Schon bald wurde das Bild
der Stadt zum emblematischen Ausdruck einer besonderen städtischen
Kultur, die im ostentativen Reichtum einerseits und der stolzen Unabhängigkeit des Stadtbürgers andererseits ein solides Fundament hatte.
    Der Begriff »Bürgerstolz« erinnert daran, daß es noch eine andere,
ebenso wichtige Seite im Verhältnis zwischen dem gestandenen Bürger
und seinem städtischen Umfeld gab. Die Stadt bildete nämlich den eigentlichen Horizont der bürgerlichen Welt, und das galt nirgends so
sehr wie in der Politik. Trotz seines zunehmenden Interesses an nationalen Fragen waren es im Prinzip die lokalen Angelegenheiten, für die sich
der Bürger am meisten interessierte und engagierte. Schon die Bürger-
pflichten aller Art nahmen einen beträchtlichen Teil seiner Zeit in Anspruch. Der Dienst in der Bürgerwehr war eine wichtige Form der Mitwirkung an der Stadtpolitik, auch wenn diese traditionelle Verteidi-
gungsform nach und nach durch Berufsheere ersetzt wurde. Das Mas-
senaufgebot bewaffneter Pariser Bürger im Januar 1649 war zweifellos
eher eine Überraschung für Mazarin und die Befehlshaber des die Stadt
belagernden königlichen Heeres als für die Pariser Anhänger der
Fronde. Dieser Mobilisierungsgrad des Pariser Mittelstandes, der traditionell als Schwanengesang der städtischen Bürgermilizen in Frankreich
gilt, weil sie von dem Zeitpunkt an nur noch zur Unterdrückung innerer
Unruhen eingesetzt wurden, ist ein außergewöhnliches Beispiel für die
auch ansonsten im Bürgertum weit verbreitete Bereitschaft zu Bürger-
pflicht und Teilnahme am öffentlichen Leben.
    Die Mittelschichten betrachteten die Mitwirkung an den täglichen
Angelegenheiten der Stadt sowohl als Recht wie auch als Verpflichtung
und zeigten auf verschiedenen Ebenen einen ausgeprägten Sinn für das
städtische Gemeinwesen. Man beachte nur die zahlreichen, von Angehörigen des Mittelstandes und sogar von Handwerksmeistern verfaßten
Stadtchroniken. Erwähnenswert sind etwa John Stows Bericht über
London oder die zeitgenössischen, vom Gerbermeister Miquel Parets
und vom Kaufmann Pere Serra i Postius verfaßten Stadtgeschichten
über Barcelona oder die aufschlußreichen Chroniken der Stadt Lille im
16. und 17. Jahrhundert, die zwei Autoren aus dem Textilgewerbe, Ma-
hieu Manteau und Pierre Ignace Chavatte, geschrieben haben. In diesen
und anderen Dokumenten kommentierte der Bürger nicht nur wie La

Bruyère das gesellschaftliche Leben der Stadt, sondern es bildete sich zugleich ein unabhängiger städtischer Diskurs heraus, weil der Bürger sich durch seinen Status und die Lokalkenntnis – sein Geburtsrecht – ermächtigt fühlte, das öffentliche Verständnis für das aus den »ehrbaren« Einwohnern gebildete Gemeinwesen mitzuprägen.

Natürlich standen dem Bürger auch direktere Formen der Mitwirkung am kommunalen Leben offen. Die Stadtregierung war in aller Regel den Spitzen des Bürgertums oder (wie in Venedig und Toulouse) einem besonderen städtischen Patriziat vorbehalten. Handelsherren und Bankiers hatten in vielen Städten die Gemeindeverwaltung fest in der Hand wie beispielsweise in Rouen, Lille, Nürnberg, London, Genf, Marseille und Genua. Außerdem war in den meisten Städten auch für die unteren Schichten des Bürgertums die Mitwirkung am öffentlichen Leben in irgendeiner Form – meist niederen Ämtern – möglich. Und in manchen Fällen (besonders im Britischen Empire, in den Niederlanden und der Schweiz) konnten Handwerksmeister durchaus wichtige Posten in der kommunalen Verwaltung besetzen. Nahezu überall aber spielte der bürgerliche Mittelstand eine aktive – häufiger sogar die aktivste – Rolle in den öffentlichen Angelegenheiten der Stadt.

Doch die Politik hörte nicht an den Stadtmauern auf. Das Bürgertum erhob auch zunehmend Anspruch auf eine wichtigere Rolle in den öffentlichen Angelegenheiten auf regionaler und nationaler Ebene. Besonders deutlich trat dieser Trend in England hervor. Zwar hat man schon lange die traditionelle Sichtweise aufgegeben, den englischen Bürgerkrieg von 1640 bis 1660 als eine »bürgerliche Revolution« zu betrachten (nicht zuletzt weil die reichen Kaufleute in London und anderen Großstädten tendenziell eher den König als das Parlament unterstützten); aber es kann kaum ein Zweifel an der wachsenden Beteiligung der Angehörigen des bürgerlichen Mittelstandes an der nationalen Politik bestehen. So wird neuerdings auch darauf verwiesen, daß die beiden Verfassungskrisen im England des 17. Jahrhunderts (der Bürgerkrieg und die *Glorious Revolution* von 1688) die Aufhebung der Beschränkungen des freien Unternehmertums und den Sieg jenes sogenannten Besitzindividualismus zur Folge hatten, der dem Bürger und seinen Ideologen so lieb und teuer war. Als es dann den reicheren Angehörigen des Mittelstandes allmählich gelang, in der hohen Politik die führende Rolle zu spielen, die ihrer ökonomischen Vormachtstellung entsprach, wurde das Band zwischen den Handelsherren und Finanzleuten einerseits, in deren Hand die größeren Städte waren, und der einflußreichen Grundbesitzerklasse andererseits um so fester: nicht nur weil beide ein gleiches Interesse an politischer Stabilität hatten, sondern auch weil sich direktere persönliche Verflechtungen – bis hin zu Eheschließungen – ergaben. England war zusammen mit der holländischen Republik in gewissem Maß eine Ausnahme, da in den absoluten Monarchien des Kontinents andere Strukturen vorherrschten, die das Mitspracherecht der Nichtadligen in der nationalen (wenn nicht der kommunalen) Politik stärker einschränkten. Nichtsdestotrotz hat der Bürger im gesamten Barock seine Rechte verteidigt, sowohl direkt (etwa bei der Beteiligung des städtischen Bürgertums an den französischen Steuerrevolten in den 30er Jahren des 17. Jahrhunderts und an der im folgenden Jahrzehnt entstehenden Fronde) als auch indirekt. Als Beispiel für das letztere kann gelten, daß sich etliche Bürgerwehren weigerten, Volksaufstände gegen Steuereintreiber und verhaßte Vertreter der Zentralregierung niederzuschlagen, was insbesondere in der ersten Hälfte des 17. Jahrhunderts vorkam. (Eine solche Weigerung war natürlich eher die Ausnahme als die Regel, da diejenigen, die Eigentum besaßen, in ständiger Furcht vor den gefährlichen niederen Ständen lebten.) Insgesamt besaß der Bürger überall in Europa – als Kernstück seines öffentlichen Verhaltens, ja seiner Identität – einen Rechtsanspruch auf Mitsprache bei den städtischen Angelegenheiten. Ob er eine eher große oder kleine Rolle spielte, hing im allgemeinen vom Umfang seines Vermögens ab. In den meisten Fällen aber galt, daß sich der Bürger nicht nur als Bewohner der Stadt betrachtete und das Stadtleben genoß, sondern auch seine Rechte und seine Verantwortung als Bürger der Stadt ernst nahm.

Bürgerliche Werte

Es ist einfacher, Verhaltensweisen und öffentliche Äußerungen des Bürgers zu untersuchen, als Zugang zu seinen Gedanken und Gefühlen zu gewinnen. Wenn aber beim Porträt einer Person darauf verzichtet wird, etwas von ihrem inneren Selbst zu offenbaren, dann bleibt es nur ein unzureichendes Abbild. Wie wir sahen, zeigen die zeitgenössischen literarischen Darstellungen den Bürger tendenziell – allen voran die berühmte Karikatur des Monsieur Jourdain – als leichtgläubigen sozialen Aufsteiger, dessen Dünkel und blinder Drang nach oben dazu führen, daß er von anderen, die schlauer sind als er, schamlos ausgenutzt werden kann. Auch in der Figur des Georges Dandin verurteilt Molière einen Bürger, der seinen Ruf ruiniert, weil er versucht, in den Adelsstand aufzusteigen. Beide Porträts greifen eine allgemein verbreitete Kritik am Bürger (und insbesondere am Kaufmann) auf, die sie gewissermaßen fortsetzen: Galt er schon traditionell als geizig, so wurde er nun zusätzlich als hochstaplerischer sozialer Aufsteiger dargestellt, dessen unersättlicher Ehrgeiz ihn am Ende ins Verderben stürzt.

Der Bürger selbst hat sich wohl kaum im selben Licht gesehen. In der Tat darf man nicht vergessen, daß es ebenso viele Gegenstimmen gab, die die positive Leistung des gutbürgerlichen, reichen Städters für das Gemeinwesen hervorhoben und rühmten. Deren Bild basiert auf der Rhetorik der sogenannten protestantischen Ethik, die einen besonders engen Zusammenhang zwischen Bürgertum und Sozialtugenden wie Arbeitsmoral, Mäßigung, Genügsamkeit, Reinlichkeit und Aufschub der Bedürfnisbefriedigung postuliert. Wie wir sahen, ließen sich manche Gebote dieses Tugendkatalogs nur mit größten Schwierigkeiten befolgen; selbst extrem gläubige Protestanten wie die englischen oder holländischen Bürger gaben sich hin und wieder den Versuchungen der modernen Konsumfreude hin. Doch die anderen Aspekte dieser Ideologie – insbesondere die Betonung des positiven, produktiven Beitrags, den der bürgerliche Mittelstand für die Gesellschaft als ganzes leisten soll, sowie der Verweis auf Tugenden wie Rechtschaffenheit oder Mäßigung und die erlösende Kraft der Arbeit – stießen auf größere Resonanz. Sie fanden nicht nur Eingang in die vielen einflußreichen Lobeshymnen auf das Wirtschaftsverhalten des Bürgers, wie etwa in Jacques Savarys Schrift *Le parfait négociant* von 1675, die sich eine große Leserschaft erobern konnte, nicht zuletzt weil der Staat des 17. Jahrhunderts die Verbreitung merkantilistischer Lehrmeinungen förderte. Sie begegnen auch mit beeindruckender Häufigkeit in den privaten Aufzeichnungen der Kaufleute und anderer Bürger. Stolz auf die Arbeit, fester Glaube an die *honnêteté*, Hingabe nicht an ein starres Ideal der Enthaltsamkeit, sondern an eine flexiblere Auffassung vom Wirtschaften, bei der der Konsum so lange als zulässig gilt, wie er von der Produktion getragen werden kann – all dies gehört zum Wortschatz, mit dem der Bürger sich selbst, sein Tun und seinen Platz in der Ordnung der Dinge beschreibt und auch rechtfertigt.

DER BÜRGER 335

Diese Ordnung galt für beide Welten, die diesseitige und die jenseitige. Jede Untersuchung des Denkens und Fühlens des Bürgers muß neben seinem Bild vom eigenen Selbst und der Gesellschaft auch seine Vorstellungen von Glaube, Frömmigkeit und Sünde in Betracht ziehen. Im Barock haben die Bürger aller Glaubensrichtungen – Katholiken, Protestanten und Juden – ihre Welt in der Sprache der Religion begriffen und sich in dieser Sprache auch auf sie bezogen. Daher erhielten nicht nur gesellschaftliche Normen für das richtige und falsche Verhalten, sondern auch persönliche Hoffnungen und Ambitionen ihre Konturen durch eine oft leidenschaftlich vertretene religiöse Weltanschauung. Was jedoch das geistliche Leben des städtischen Bürgers von dem der meisten anderen sozialen Klassen unterschied, war sein sehr persönlicher Charakter. Zu welchem religiösen Lager er auch gehörte, fast immer suchte er einen aktiv intellektuellen und in gewissem Maße individualistischen Zugang zum Göttlichen, bei dem die literarische Bildung im Mittelpunkt stand – besonders durch die private Meditation, die sich auf die persönliche Lektüre der Heiligen Schrift und frommer Werke stützte. Natürlich hob diese Privatisierung der Frömmigkeit den Bürger entschieden von der religiösen Welt der großen Masse ab, die viel mehr auf äußere Zurschaustellung und die gemeinschaftliche Organisation der rituellen und religiösen Identität abzielte.

Zwischen der öffentlichen Welt, in der sich ein Großteil des alltäglichen Tuns abspielte, und dem abgeschiedenen, tiefsten Inneren der individuellen Glaubensüberzeugungen und Gefühle lag ein Zwischenbereich: die private Welt des Stadtbürgers und seiner engsten Familie. Dieses persönliche Reich war sowohl Ursache als auch Folge dessen, was inzwischen als »bürgerlicher Individualismus« bezeichnet wird und sich vor allem durch den unübersehbaren Rückzug ins Private bemerkbar machte. In den letzten Jahren wurde die These vertreten, die frühe Neuzeit – und insbesondere das 17. und 18. Jahrhundert – habe zur Konsolidierung einer neuen Form der gesellschaftlichen Existenz geführt, die auf der zunehmenden Trennung in zwei separate Bereiche, das Öffentliche und das Private, basierte. Den größten Anteil an dieser Entwicklung habe der Mittelstand gehabt, weil er sich immer mehr in die atomisierte Welt des Selbst und seiner unmittelbaren Umgebung flüchtete. Man sollte diese Entwicklung nicht überbewerten, da die Gesellschaft noch weit von dem Punkt entfernt war, an dem – um mit Alexis de Tocqueville (1805-59) zu sprechen – »jedermann, in sich selbst zurückgezogen, handelt, als wäre ihm das Schicksal aller übrigen Menschen völlig fremd«. Zwar kann kein Zweifel daran bestehen, daß sich nach und nach ein kontrollierter Egoismus als Klassenethos herausbildete, doch das »Anwachsen des Individualismus«, das diese Epoche kennzeichnet, muß zumindest in einem wichtigen Punkt präzisiert werden.

Der neue Individualismus war vor allem auffallend familienzentriert. Die Innenwelt, in die sich der Bürger zurückzog, wenn er der Bühne des Stadtlebens draußen überdrüssig war, empfahl sich als Welt einer unerschütterlichen Tugendhaftigkeit, die man durch das Familienleben erreichte. Das Wort »Familie« erhielt dabei natürlich eine neue Bedeutung. Im Gegensatz zur Aristokratie mit ihrer traditionellen Zwangsvorstellung von der Ehre und den Interessen des jeweiligen (in der Regel des väterlichen) Adelsgeschlechts beschränkte sich die bürgerliche Familie auf den Kern aus zwei Generationen, die Eltern und die Kinder. In dieser reduzierten, auf das eigene Heim zentrierten Einheit war die neue und extrem häusliche bürgerliche Auffassung von der Familie verankert.

»Im Grunde wurde die Familie zum Brennpunkt des Privatlebens. Sie erhielt eine neue Bedeutung. Sie war nicht mehr nur eine Wirtschaftseinheit, für deren Reproduktion alles geopfert werden mußte. Sie war keine Einschränkung der individuellen Freiheit mehr, kein Ort, an dem die Frauen alle Macht hatten. Sie wurde zu etwas, das sie nie zuvor gewesen war: zur Zufluchtsstätte, in die man sich vor den prüfenden Blicken von Außenstehenden zurückzog; zum emotionalen Zentrum; und zum Ort, wo das Hauptinteresse unter allen Umständen den Kindern galt.«

Daß die Kernfamilie eine zentrale Stellung innerhalb der neuartigen Sozialkontakte und Verkehrsformen erhielt, war vielleicht der tiefgreifendste Verhaltens- und Wertewandel, den der Bürger im Jahrhundert des Barock erfuhr.

Als Bindeglied zwischen den parallelen Entwicklungstendenzen, der Individualisierung der Religion und dem stärkeren Rückzug in das Privat- und häusliche Familienleben, läßt sich als zentrale Leitidee die Sittlichkeit erkennen. Während in der aristokratischen Vergangenheit heroische Tugendhaftigkeit als Ideal galt, pries das bürgerliche Denken Tugenden wie Frömmigkeit, Mäßigung und bereitwillige Übernahme von Verantwortung. So schuf es ein Prinzip, nach dem sich die widerstreitenden Anforderungen des Gemeinwohls mit der Verfolgung privater Interessen erfolgreich in Einklang bringen ließen. Ihr Tugendideal erklärt, warum bürgerliche Leser so begierig Moraltraktate wie beispielsweise

François de Fénelons *Télémaque* (*Die Abenteuer des Telemach*), der 1699 erstmals erschien und mit Abstand zum meistgefragten Buch der letzten Barockjahrzehnte wurde, lasen. Es erklärt ferner, warum die Bürger so unerschütterlich daran festhielten, auch für andere Mitglieder der Gesellschaft Regeln der sozialen Moral zu entwerfen. Bald schon stand die Sittlichkeit im Zentrum der bürgerlichen Identität, besonders deshalb, weil sie dem Bürger ein unvergleichlich wirksames Mittel an die Hand gab, sein Tun, seine Werte, ja sein Selbst von der ausschweifenden Aristokratie über ihm und den zügellosen Volksschichten unter ihm abzugrenzen. Wenn man den Bürger zu Recht mit einer Art »protestantischer Ethik« in Verbindung bringen kann, dann nur, weil dieses Wertesystem weniger in den Bereich der Theologie als in den der Moral gehört. Verantwortlichkeit, Zuverlässigkeit und Wirtschaftlichkeit: das waren die Ansprüche, die der Bürger an sich selbst und an andere stellte.

Das Innenleben des Bürgers: Samuel Pepys

Das Porträt des Bürgers wäre unvollständig ohne die Darstellung der letzten Ebene, die jenseits seiner öffentlichen und häuslichen Sphäre liegt: seines innersten Selbst. Glücklicherweise gibt es für diese Aufgabe ein ausgezeichnetes Hilfsmittel, nämlich die ausführlichen Tagebücher, die der Londoner Samuel Pepys (1633-1703) von 1660 bis 1669 verfaßte. Es läßt sich kaum ein aufschlußreicheres Selbstbildnis denken als das dieses fleißigen und sozial ambitionierten Beamten, der sich nicht nur redlich bemühte, seine Erlebnisse und Gefühle möglichst detailliert wiederzugeben, sondern auch alles tat, um ihre Vertraulichkeit zu wahren (er schrieb in Kurzschrift, und daß überhaupt ein geheimes Tagebuch existierte, vertraute er nur einer einzigen Person an – ein Fehler, den er später bereute). Wie die meisten zutreffenden Selbstbildnisse sind auch Samuel Pepys' Aufzeichnungen eine Studie über Widersprüche. Mit bewundernswerter Offenheit beschreibt er die Konflikte zwischen dem, was er wollte, und dem, was er erreichte, sowie zwischen den Erwartungen an sich selbst und andere einerseits und den Realitäten des Stadtlebens in einer Zeit des Genusses und des Risikos andererseits.

Pepys' soziale Herkunft war gemischt. Seine Eltern lebten und arbeiteten als Schneider bzw. Waschfrau in bescheidenen Verhältnissen, obgleich die väterliche Familie sich einiger Verbindungen zu vornehmen Kreisen rühmen konnte. In seiner Kindheit und Jugend sollte Pepys zweifellos auf eine bessere Zukunft vorbereitet werden; er besuchte die berühmte St. Paul's School und erwarb später einen akademischen Grad in Cambridge. Sein Tagebuch begann er gleichzeitig mit einem zentralen historischen Ereignis, das er persönlich miterlebte: die Wiederherstellung der Monarchie und die Rückkehr Karls II. nach England im Anschluß an die kurze, aber ereignisreiche Zeit der Cromwellschen Republik. Sehr zu seiner späteren Verlegenheit war der junge Pepys ein sogenannter Rundkopf (*roundhead*) oder Anhänger des Parlaments gewesen; die Hinrichtung Karls I. (der er selbst als Jugendlicher beiwohnte) hatte er mit dem Bibelzitat »der Gottlosen Name wird verwesen« kommentiert. Später, als er die soziale Erfolgsleiter hochkletterte und eine immer wichtigere Rolle in der königlichen Verwaltung spielte, tat er alles, um seine Vergangenheit hinter sich zu lassen; hin und wieder allerdings ließ er eine unbedachte Bemerkung in sein Tagebuch einfließen, die etwas von seinen früheren, eher republikanischen Sympathien (einschließlich einer anhaltenden Bewunderung für Oliver Cromwell) verriet. Alles in allem aber hatte Pepys keinen Grund, das neue Regime zu fürchten, da er in der Politik und in vielen anderen Dingen große Anpassungsfähigkeit bewies.

Der Bericht über dieses Jahrzehnt des Erfolges stammt von einem engagierten sozialen Aufsteiger: Aus einem unbekannten niederen Staatsdiener wurde ein hochrangiger Beamter, der sich immer mehr Macht und Ansehen im Verwaltungsapparat der königlichen Marine erwarb. Sein selbstgesetztes Ziel bestand darin, »meinen Ruf und meine Wertschätzung in der Welt zu mehren und zu Geld zu kommen«. Außerdem sah er den Schlüssel zu seinem Erfolg im Fleiß. Pepys wußte, daß das Glück einen größeren Anteil am Erfolg eines Menschen hat als das Verdienst, aber dennoch glaubte er aufrichtig an seine Berufsethik und setzte seine ganzen Kräfte in die Arbeit. Wachsender Reichtum und steigender sozialer Status lohnten seine Mühe – der niedere Beamte, der zu Beginn des Tagebuchs noch 25 Pfund verdiente, konnte zehn Jahre später mit über 10 000 Pfund aufwarten, und das, obwohl er kein allzu korrupter Funktionär gewesen war.

Reichtum und öffentliche Anerkennung führten dazu, daß Pepys seinen festen Platz in der Welt städtischer Geselligkeit und Konsumfreude erhielt. Buchstäblich Hunderte von Eintragungen in seinem Tagebuch

DER BÜRGER 339

zeugen von seinem kindlichen Entzücken über neu gekaufte Dinge,
über seinen Tanzunterricht (à la Monsieur Jourdain!) oder darüber, daß
er sich Perücke, Silberteller, ja eine Kutsche samt Pferden leisten und
immer mehr Diener einstellen konnte. Dem Erwerb dieser sichtbaren
Zeichen des sozialen Erfolgs entsprach das immer tiefere Eintauchen ins
gesellschaftliche Leben Londons. Pepys nahm regen Anteil am Londoner Bühnengeschehen, das nach der Schließung der Theater durch die
Puritaner wieder in Gang gebracht worden war, besuchte Konzerte sowohl von Berufsmusikern als auch von Dilettanten (Pepys selbst war be-
geisterter Sänger und spielte gern mit Freunden Instrumentalmusik zu
Hause), zahlreiche höfische Umzüge und Zeremonien sowie die vielen
Kaffeehäuser, Schenken und Teestuben. Pflichtbewußt berichtet er von
seiner ersten Tasse Tee im Jahr 1660. Aber auch in gehobenen Versammlungen fehlte Pepys nicht; im Jahr 1665 wurde er in die Royal Society
aufgenommen und dort zum aktiven Mitglied, obwohl er seinem Tagebuch anvertraute: »Ich weiß zu wenig von Philosophie, um die feinsinni-
gen Reden und gedanklichen Experimente zu verstehen.« Ob mit oder
ohne Philosophie war Pepys jedenfalls ein leidenschaftlicher Leser, der
zahlreiche seiner häufigen Besuche bei Londons vielbeschäftigten Buch-
händlern schildert. Zweifellos hat Pepys nicht seine ganze Zeit damit
verbracht, Tagebuch zu schreiben; vielmehr nahm er aktiven, ja begei-
sterten Anteil an allem, was die Hauptstadt an Freizeitbeschäftigungen
zu bieten hatte.

Doch Pepys' Liebe zu seinem Besitz und seinem aktiven gesellschaftlichen Leben hatte auch ihren persönlichen Preis. Wie viele Rundköpfe
stand auch er von seinem religiösen Hintergrund her den Puritanern
nahe, und obwohl er den Fanatikern unter den religiösen Nonkonformi-
sten mit tiefem Mißtrauen begegnete, war sein Weltbild doch entscheidend durch seine puritanische Vergangenheit geprägt. Das erklärt
viele der Widersprüche in seiner Persönlichkeit und die plötzlichen, in
seinem Tagebuch mit rührender Offenheit festgehaltenen Stimmungs-
schwankungen. Pepys verstand sich als aufrichtiger Anhänger »protestantischer« Werte wie Anspruchslosigkeit und Genügsamkeit, was bisweilen dazu führte, daß er sich eher gequälte Rechtfertigungen für den
Erwerb materieller Dinge ausdachte. Die Lösung dieses Konflikts zwischen Enthaltsamkeit und Konsumfreude formuliert er 1662 in einem
Eintrag, in dem er darüber nachdenkt, was er mit seinem Geld machen
soll: »Obgleich ich entschieden gegen allzu hohe Ausgaben bin, meine

ich doch, daß es besser ist, uns jetzt, da wir Reichtum, Geld und Gelegenheit haben, ein gewisses Maß an Genüssen zu gönnen, als das Genießen auf die Zeit zu verschieben, da wir alt und arm sind und nichts mehr davon haben.« Einige Jahre später (1668) bekräftigt er diesen Gedanken: »Ja, ich genieße mein Leben, und ich glaube, daß ich, wenn ich es jetzt nicht tue, später vielleicht kein Geld mehr dafür habe oder nicht mehr so gesund bin, um mich daran zu erfreuen; dann würde ich mich jetzt nur mit der vergeblichen Hoffnung auf den Genuß betrügen und ginge letztlich leer aus.« Hier spricht zweifellos ein Puritaner, dem der weltliche Erfolg zugleich angenehm und peinlich ist.

Noch widersprüchlicher wird Pepys' Porträt, wenn es um sein Sexualleben geht. Zwar quält er sich nicht mit einem brennenden Schuldbewußtsein herum, aber er äußert doch oft ein (nachträgliches) Bedauern über seine häufigen Liebeleien – immerhin hatte er in dem betreffenden Jahrzehnt sexuelle Kontakte diverser Art mit nicht weniger als fünfzig Frauen – und nimmt sich beständig vor, ein sittsameres Leben zu führen. Und obwohl er mit deutlichem Widerwillen Neuigkeiten über das lockere Sexualleben am Hof berichtet und wegen seiner (wie sich zeigt, grundlosen) Ängste bezüglich der Treue seiner Ehefrau häufige Eifersuchtsanfälle bekommt, ist er dennoch unfähig, seine eigenen Gewohnheiten zu ändern. Als Schürzenjäger mit Gewissensbissen, als ein der Fleischeslust frönender (gemäßigter) Puritaner, war Pepys unter seinesgleichen gewiß kein Einzelfall. Einzigartig bei ihm ist weniger die Gleichzeitigkeit von Predigen und Sündigen als vielmehr die Bereitschaft zur offenherzigen Berichterstattung auf dem Papier.

Viele weitere Tagebücher von Bürgern des Barock sind erhalten. Das verschafft uns Zugang zu den persönlichsten Gedanken des städtischen Mittelstands, von Anwälten, Geistlichen und Großkaufleuten bis zu kleineren Handwerksmeistern und Ladenbesitzern. Aber keines dieser zahllosen Dokumente verrät so viel über das Innenleben des Bürgers wie das Tagebuch dieses so liebenswürdigen Engländers. Hier können wir die Zweifel erkennen, die seinen Erfolg, und die Bedenken, die seine ehrgeizigen Wünsche begleiten. Auf diesen Seiten können wir auch den häuslichen Alltag des Bürgers nachleben: was er einkauft, wie er sich kleidet und wie er kocht; welche Ausflüge er zu den Touristenattraktionen in der näheren Umgebung der Hauptstadt macht; und wie er zwischen häufigen üppigen Gastmählern (Pepys' ganze Liebe galt dem »guten Abend- und Festessen«!) und ruhigen Soireen oder nächtlichem

DER BÜRGER   341

Lesen daheim hin- und herpendelt. Das ist bürgerliches Stadtleben mit
all seinen Aspekten, den bedeutenden und unbedeutenden. Ein genaue-
res Porträt, ein besseres Modell läßt sich kaum denken.

Es ist an der Zeit, die gewonnenen Erkenntnisse zusammenzufassen
und die historische Bedeutung des vielgestaltigen Stadtbewohners der
Barockzeit kurz zu beurteilen. Beginnen wir mit etwas, das auf der
Hand liegt: Der bürgerliche Mittelstand war der Mittelstand in wörtli-
cher Bedeutung, die Schicht in der Mitte der gesellschaftlichen Ordnung. Deshalb war er auch – trotz mancher individuellen Ausnahme
von der Regel – eine soziale Klasse, die starke Distanz gegenüber dem
Adel über ihr und dem »Plebs« unter ihr empfand. Die Distanz zu den
unteren Schichten hatte ihre Ursachen in der Angst vor Verarmung, vor
möglicher Deklassierung (die in den unsicheren Zeiten der Frühmoderne immer eine reale Gefahr war) sowie vor der Bedrohung von Eigentum und Ordnung. Das Bewußtsein der vielfältigen Schranken, die noch
den reichsten Bürger vom Adel trennten, war ebenso allgegenwärtig,
denn selbst jene Bürgerlichen, die die besten Chancen für einen Aufstieg
in den Adelsstand hatten, behielten einen scharfen Blick für die gesellschaftlichen Grenzen ihres nichtadligen Status. Dieses *Mittelmaß*, das
Gefühl, zur Mitte zu gehören, war vielleicht der Hauptcharakterzug des
Bürgers. Auch Molière hat dessen Bedeutung hervorgehoben, indem er
die Botschaft des *Bourgeois Gentilhomme* nicht dem tölpelhaften Jourdain, sondern dessen vernünftig denkender Frau in den Mund legt, die
mit beachtlicher Würde die »einfachen, anständigen Leute« gegen die
ausbeuterischen Betrüger und Nichtsnutze sowohl adliger als auch niederer Herkunft verteidigt.

In engem Zusammenhang mit diesem Mittelmaß stand – geradezu als
dessen Stütze – die Ordnungsliebe des Bürgers. Ordnung und die
Furcht vor Unordnung waren das Zentrum seiner Welt. Natürlich
schloß der Glaube an eine Ordnung, in der jede Gruppe oder Person auf
ihre eigene Sphäre verwiesen ist und darin ihre eigenen Aufgaben erfüllt, die Vorstellung von Bewegung nicht aus. Soziale Mobilität, besonders die vertikale über Aufstieg und Beförderung, war durchaus akzepta-
bel, solange die Spielregeln anerkannt und respektiert wurden. Eng verbunden mit diesem Festhalten an der Ordnung und dem gesellschaftlichen Regelsystem war das ausgeprägte Vernunftdenken des Bürgers, ein
Vertrauen in Verstand und Logik, das schon die Vergötterung der Ver-

nunft durch die Aufklärung erahnen ließ. Daher auch der bürgerliche Konservatismus und Konformismus, das ureigene Interesse an Stabilität und das Mißtrauen gegenüber Risiko und Innovation. Das Porträt des Bürgers ist ganz offensichtlich kein Heldenbild. Der Durchschnittsbürger war nicht der dynamische kapitalistische Unternehmer, nicht der Glücksritter, der Herold der Moderne, obwohl jene relativ seltenen Barockmenschen, die diese Rolle gespielt haben, meist dem Bürgertum entstammten. Vielmehr ging dem Bürger Sicherheit über Risikofreude, und er schlug lieber bekannte Wege ein, als neue zu erkunden. Diese Vorsicht und mangelnde Abenteuerlust führte neuerdings zu einer Verurteilung durch die Historiker. Der Bürger wurde sogar des »Verrats« bezichtigt und mit drastischen Worten als Angehöriger einer »bankrotten Klasse« abgetan, die im 17. Jahrhundert, besonders in den Ländern des Mittelmeerraumes, »im Verschwinden begriffen« sei. Das ist natürlich eine Überbewertung der kollektiven Flucht in den Adelsstand, die von einer zwar beachtlichen, aber doch kleinen Minderheit der Bürger angetreten wurde. Selbst die oft erwähnte Tatsache, daß der Mittelstand sich mit seinen Geldanlagen vom Handel abkehrte und dem Grundbesitz zuwandte, hieß nicht zwangsläufig, daß die Klasse der Bürger nichts mehr von ihrer ursprünglichen Herkunft aus dem kaufmännischen Bereich wissen wollte. Ländlicher Grundbesitz wurde häufig aus ganz praktischen Gründen erworben, beispielsweise um damit bessere Aussichten auf Hypotheken und andere Kredite zu erhalten. Außerdem ist nicht zu leugnen, daß der Rückgriff auf Kapitalanlagen, die das Risiko minderten, die Gewinnchancen jedoch erhöhten, ein höchst rationales Verhalten darstellte. Das galt besonders für Epochen wie das 17. Jahrhundert, in dem wachsende ökonomische Probleme – besonders in den hochentwickelten Wirtschaftssystemen der südeuropäischen Städte – die traditionellen Formen des Handels und der Produktion weniger profitabel machten.

Dem Bürger Verrat vorzuwerfen ist zweifellos anachronistisch. Nur eine strikt teleologische Weltsicht, die den historischen Akteuren selbstherrlich bestimmte prädeterminierte Rollen in der menschlichen Komödie zuweist, hätte keinerlei Blick für die beachtliche Rationalität, ja Berechenbarkeit, die in dem beharrlichen bürgerlichen Sicherheitsstreben steckt. Die Anpassung an die Erwartungen der herrschenden Klasse – und im ganzen Barock blieb der Adel in nahezu allen europäischen Gesellschaften die herrschende Klasse – war geradezu das Kennzeichen der bürgerlichen Strategie, um in einer unberechenbaren und bedrohlichen Umwelt zu überleben und (mit etwas Glück) sozial aufzusteigen. Aus der Perspektive einer späteren Epoche – und angesichts der vielfachen Ähnlichkeiten zwischen vergangener und gegenwärtiger bürgerlicher Existenz – kann es kaum überraschen, daß der Bürger keine heldenhaftere Rolle gespielt hat. Sonst hätte man überzogene Erwartungen an die Angehörigen einer Klasse, die – damals wie heute – nur allzu genau weiß, daß sie, anders als fast alle anderen, etwas zu verlieren hat.

Kapitel 11

Hausmutter und Landesfürstin

Claudia Opitz

Die Hausmutter – ein überkommenes Ideal

Entgegen dem Anschein, den künstlerische Darstellungen des Barock erwecken mögen, war das Frauenbild des 17. Jahrhunderts immer noch stark geprägt von den religiösen und moralischen Vorstellungen, die sich im Zuge der Reformation durchgesetzt hatten. Besonders protestantische Moralisten und Theologen hatten im Gefolge Luthers das Ideal der Hausmutter proklamiert. Sie war das Pendant zum Hausvater, stand einem aus etlichen Bediensteten und Kindern bestehenden Haushalt vor und war in wirtschaftlichen Belangen ebenso beschlagen wie in religiösen und moralischen Fragen.

Insbesondere die dickleibigen Werke der »Hausväterliteratur«, die zwischen dem Ende des 16. und dem 18. Jahrhundert in großer Zahl verfaßt und gelesen wurden, propagierten dieses Frauenideal, das im Prinzip für jede verheiratete Frau gelten sollte, unabhängig von ihrem Alter, Stand und Vermögen. Bei genauerem Hinsehen zeigt sich indes, daß die Theologen und Moralisten eher begüterte Männer und Frauen aus den ländlichen und städtischen Mittel- und Oberschichten vor Augen hatten. Das Halten von Dienstboten, die von der Hausmutter eingewiesen und überwacht werden sollten, oder das Anlegen von Vorräten, das ebenfalls zur Tätigkeit der Hausmutter gehörte, waren nur wohlhabenden Haushalten möglich. Manche der Hausbuch-Verfasser wandten sich schließlich ausdrücklich an ein adliges Publikum, wie etwa Wolf Helmhardt von Hohberg mit seinem zwölfbändigen Werk *Georgica curiosa oder Adeliges Land- und Feldleben* von 1687.

HAUSMUTTER UND LANDESFÜRSTIN 345

Die »Hausväterliteratur«, die ihren Namen eigentlich zu Unrecht trägt, weil sie sich ja ebenso an die Hausmütter richtete, zeigt die Vielfalt der mit der vormodernen Haushaltsführung verbundenen Aufgaben und die Wertschätzung, die den häuslichen Pflichten und Arbeiten entgegengebracht werden sollte.

»Denn ist nicht kochen allein eine grosse kunst/ist nicht Brawen allein eine grosse kunst/ist nicht Pferde warten/schaff warten/Ochsen warten/etc. eine grosse Kunst? Und wenn einer der Hoheit und schwerheit dieser dinge recht nachdencken wolte/so sollte einem wol die Haut schawren/wenn er an die Haushaltung gedechte«,

schrieb Johann Coler 1593 im ersten und grundlegenden Werk der »Hausväterliteratur«, seiner *Oeconomia ruralis et domestica*. Er wertete damit nicht nur die damals wenig angesehenen bäuerlichen Tätigkeiten auf, sondern unterstrich auch die Gleichwertigkeit der Aufgaben von Männern und Frauen im Hause.

Diese Gleichwertigkeit der Tätigkeiten bestand allerdings nur vor Gott; in der Welt hatte sich die Hausmutter dem Hausvater unterzuordnen und gehorsame Ehefrau zu sein. Den Kindern und dem Gesinde gegenüber sollte die Hausfrau »Führungsaufgaben« wahrnehmen, dem »Eheherrn« jedoch sollte sie sich unterwerfen. Dieser Widerspruch wurde allerdings nicht weiter diskutiert, sondern er führte zu einer Reihe von ihrerseits widersprüchlichen Anforderungen und »Tugenden«, die ahnen lassen, in welcher Spannung die Frauen in der Barockzeit lebten. Zu diesen Tugenden zählen insbesondere Fürsorge und Kontrolle, Fleiß und Sparsamkeit, aber auch Häuslichkeit und Ehrbarkeit sowie Zurückhaltung und Keuschheit.

Immerhin hatten die Reformatoren dem bis dahin hochgeachteten, wenn auch selten freiwillig eingehaltenen Zölibat ein rasches Ende bereitet. Sie geißelten die Ehelosigkeit als etwas Widernatürliches. Deshalb schlossen sie Männer- wie Frauenklöster und erlaubten die Priesterehe. Zwar galt ihnen die Ehe als ein »weltlich Ding«, nicht mehr als Sakrament, doch nun wurde sie zu einem zentralen Element in der Vorstellung von der rechten Ordnung und christlichen Lebensweise. Damit wirkte die Abschaffung von Ehehindernissen, die von den Reformatoren mit Vehemenz vertreten wurde, im Endeffekt fast als Zwang zur Verheiratung, zumal durch die Abschaffung der Klöster Frauen (wie auch Männern) praktisch keine Alternative zur Ehe mehr blieb. Dies konnte bei einem

Frauenüberschuß, wie er sich besonders deutlich in Kriegszeiten zeigte, zu großen, nicht nur wirtschaftlichen Problemen für die Frauen führen. Viele blieben zwangsläufig unverheiratet, und so brachte die Idealgestalt der Hausmutter gewissermaßen die »alte Jungfer« mit hervor.

Immerhin führte die Aufwertung der Ehe zu einer gewissen Höherbewertung von Frauen als faktischen oder potentiellen Ehefrauen. In zahlreichen Traktaten, belehrenden Schriften, in Predigten, Druckgrafiken, bildlichen Darstellungen und brieflichen Ermahnungen wurde immer wieder die Bedeutung der ehelichen Beziehung unterstrichen und von Männern wie Frauen ein verantwortungsvolles, umsichtiges und friedfertiges Miteinander gefordert. Auch führte die neue Eheordnung zu einer gewissen öffentlichen Anerkennung der nicht unwesentlichen Machtposition der Ehefrau. Sie sollte ja, gemeinsam mit ihrem Gatten, einen Teil der Ordnungsaufgaben übernehmen, die der sich formierende frühmoderne Staat nicht allein bewältigen konnte. Noch 1735 faßte Johann Heinrich Zedlers *Großes vollständiges Universal-Lexicon* die Rolle der Ehefrau und Hausmutter so zusammen:

»Haus-Mutter ist die Gehülfin des Haus-Vaters, folglich die andere Haupt-Person einer Haus-Wirtschaft, ohne welche selbige nicht leicht in guter Ordnung angestellet und geführet werden mag. In Betrachtung der ehelichen Gesellschaft ist sie als Ehe-Frau und Mutter anzusehen, in der Herrschaft und Haushaltung aber als die Frau und Befehlshaberin zu achten.«

Beiden Eltern gemeinsam oblag die religiöse Erziehung der Kinder – aber auch des Gesindes, das als ebenso unmündig und erziehungsbedürftig betrachtet wurde wie die Kinder – und deren Anleitung zu christlichem Glauben und Leben durch Gebete, Lektüre geistlicher Bücher und das Anstimmen religiöser Lieder. Allerdings gewann bzw. behielt der Ehemann und Hausvater durch seine Rolle als einziger Ansprechpartner der Obrigkeiten gegenüber der Ehefrau einen Vorsprung an Autorität.

Die Tätigkeiten, die nach der »Hausväterliteratur« zu den Pflichten der Hausmütter gehörten, waren vielfältig und forderten die »ganze Frau«. Der Hausmutter oblag die religiöse und moralische Aufsicht über die Kinder und Dienstboten, sie mußte sorgen, daß im Haus die nötigen Gebete zur rechten Zeit gesprochen und die nötigen Kirchenbesuche vorgenommen wurden und daß keine liederlichen Sitten einrissen. Sie hatte die Arbeit der ihr unterstehenden Dienstboten anzuleiten und zu beaufsichtigen und für die Verpflegung und Unterbringung des gesamten Gesindes zu sorgen. Sie war für die sachgemäße Aufbewahrung der Vorräte in den Kammern, Gewölben, Kellern, Böden und das richtige Ver- und Einteilen zuständig.

Darüber hinaus sollte die Hausmutter nicht nur die Nahrungsmittel wie Milch, Eier, Fleisch, Getreide, Obst und Gemüse verwerten und haltbar machen, sondern auch für den übrigen Bedarf des Haushaltes sorgen: Flachs und Hanf sollten gesponnen, gewebt und zu Kleidung und Wäsche verarbeitet, Seife sollte gekocht und Kerzen sollten gezogen werden. Selbst die Aufbereitung der Häute des geschlachteten Viehs bis zur Herstellung von Gürteln und Schuhen sollte im Haus geschehen. Dies alles fiel, neben der täglichen Sorge für Ordnung und Sauberkeit in Haus und Hof, für die Pflege des Hausrats, Beaufsichtigung des Verkaufs überschüssiger Waren, Erziehung der Kinder und Anleitung der Töchter zu den häuslichen Tätigkeiten, in den Aufgabenbereich der Hausmutter. Auch die Behandlung und Pflege von Kranken und Verwundeten fiel der Hausmutter zu. Hierzu zählte neben dem Verarzten von Verletzungen vor allem das Verabreichen von Heilmitteln, wofür die Hausbücher zum Teil detaillierte Rezepte und Anleitungen liefern.

Daß ein solches Arbeitspensum nur durch eine »Idealfrau« mit zahlreichen Tugenden geleistet werden konnte, liegt auf der Hand. Interessant ist allerdings, daß sich die Anforderungen an die gute Hausmutter im Laufe der Zeit erheblich wandelten: War ihre Fürsorge zunächst auf Kinder, Gesinde und Kranke gerichtet, so forderte man seit dem Ende des 17. Jahrhunderts von der Frau immer häufiger, sich liebevoll und fürsorglich vor allem ihrem Mann gegenüber zu zeigen, ihn aufzuheitern und nicht unnötig mit den eigenen Sorgen zu belasten – eine Forderung, die dann im Zeitalter der Empfindsamkeit, im 18. Jahrhundert, zu einer der Hauptaufgaben der guten Ehefrau und Mutter avancierte.

Eine ähnliche Akzentverlagerung erfuhren auch die Sparsamkeit und die hauswirtschaftliche Kompetenz der Hausmutter. Zunächst war es noch das gemeinsame Erwirtschaften des Lebensunterhaltes gewesen, das die Moralisten als Ideal hinstellten, wobei der Ehemann die Mittel für die Nahrung und den Unterhalt des Hauses erwerben, die Ehefrau diese aber durch sparsame Haushaltsführung erhalten und mehren sollte. Dies änderte sich im Laufe des 17. Jahrhunderts: Das Erwerben wurde zunehmend wichtiger als das Erhalten; Sparsamkeit und Fleiß wurden immer mehr zu weiblichen Charakterzügen.

Für die Erfüllung all dieser Aufgaben bedurfte es – und das war neu – einer gewissen Bildung: Kenntnisse im Lesen und Schreiben, in den Grundlagen der Religion sowie in der Herstellung und Anwendung von Hausmitteln galten immer mehr als unverzichtbare »Grundausstattung« einer idealen Hausmutter und Ehefrau. Wichtiger als solche Fertigkeiten waren jedoch charakterliche Tugenden und Stärken, die zunächst aus der Erfüllung religiöser Pflichten und daraus resultierender Aufgaben gewonnen werden sollten, die sich aber immer mehr zu spezifischen Frauentugenden, zum »weiblichen Geschlechtscharakter« transformierten. So wurde aus der Forderung nach Fleiß und sparsamer Haushaltsführung für die Frauen zunehmend ein Gebot rastloser Betriebsamkeit, das immer weniger einer wirtschaftlichen Notwendigkeit entsprang, sondern vielmehr dazu dienen sollte, die untergeordnete Stellung des weiblichen Geschlechts zu betonen und die Tugendhaftigkeit der Frau zu unterstreichen. Besonders deutlich wird dieser Prozeß an der Häuslichkeit, einer Tugend, die zunächst für Männer in fast demselben Maße galt wie für Frauen, denn nach protestantischer Überzeugung bildete das Haus die gemeinschaftliche wirtschaftliche Basis für das Ehepaar und darüber hinaus für das »öffentliche« bzw. das Gemeindeleben. Im 17. Jahrhundert begann sich, im Zuge der Säkularisierung und Versittlichung von zunächst religiös bestimmten Werten, auch dieses Ideal zu wandeln; die Häuslichkeit wurde nun zum Symbol weiblicher Zucht und Ehrbarkeit an sich. Straße und »Öffentlichkeit« wurden zu eigentlich »unweiblichen« Aufenthaltsorten, zu Orten, an denen Frauen besonders rasch ihre Ehrbarkeit einbüßen und ihres guten Rufes verlustig gehen konnten.

So wandelte sich das Hausmutterideal vom 17. zum 18. Jahrhundert allmählich von einer Umschreibung christlich-protestantischer Lebensregeln vor dem Hintergrund wirtschaftlicher Notwendigkeiten zu einem auf geschlechtsspezifische Charaktereigenschaften gegründeten Weiblichkeitsideal.

Frauenarbeit und Frauenalltag innerhalb und außerhalb des Hauses

Daß das ambitionierte und arbeitsreiche Programm, welches die »Hausväterliteratur« propagierte, eigentlich gar nicht erfüllt werden konnte, hat erst die neuere sozialgeschichtliche Forschung herausgefunden. Tatsächlich fielen solch vielfältige und auf Selbstversorgung angelegte häusliche Tätigkeiten bestenfalls in zwei gesellschaftlichen Gruppen an: beim Landadel und bei den Großbauern, also in der Gutswirtschaft. Bei den ärmeren Bauernfamilien kam es selten zu umfangreicher Vorratshaltung; auch für die Versorgung und Pflege der Kinder und die Reinhaltung des Hauses blieb den Bäuerinnen, die für Saat-, Ernte- und Gartenarbeiten, die Pflege und Aufzucht von Kleinvieh oder das »Vermarkten« der in Haus und Hof produzierten Waren verantwortlich waren, wenig Zeit. Stärker ans Haus gebunden, aber nicht notwendig der Hausarbeit im modernen Sinne verpflichtet waren die Handwerkerfrauen in der Stadt. Denn gerade sie nutzten, um den Bedarf ihres Haushalts zu decken, intensiv die Versorgungshandwerke, die Nahrung und Kleidung herstellten (Bäcker, Metzger, Brauer, Küfer, Schneider, Schuh- und Taschenmacher etc.). Ebenfalls eine geringe Rolle spielte die Pflege und Reinhaltung der Wohnräume, da diese vergleichsweise karg eingerichtet und »pflegeleicht« waren. Die »Hausmütter« aus dem Handwerkermilieu – in der Regel Ehefrauen von Meistern, denn Gesellen war im Prinzip das Heiraten und Gründen eines eigenen Hausstandes verboten – mußten sich vorrangig der Versorgung der Haushaltsmitglieder, der Kinder, Lehrlinge, Gesellen, Dienstmägde und schließlich des Ehemanns und Meisters widmen. Das war eine vergleichsweise zeitaufwendige Arbeit, die ein hohes Maß an ökonomischen Fähigkeiten verlangte, da der Ernährungsaufwand für die Bediensteten nicht deren Arbeitsleistung übersteigen sollte. In vielen Handwerken half die Meistersfrau außerdem beim Verkauf der produzierten Waren mit oder organisierte ihn gar selbst. Durch die Krise, in der sich viele Handwerke seit dem 16. Jahrhundert befanden, wuchs den Ehefrauen überdies noch die Aufgabe zu, fehlende Hände in der Werkstatt zu ersetzen. Zwar bemühten sich viele Zünfte in diesen Jahren, vollwertige und qualifizierte Frauenarbeit zurückzudrängen: Vielerorts wurden Mädchen seit dem Ende des Mittelalters im zünftigen Handwerk nicht mehr ausgebildet. Doch weil die männlichen Gesellen teuer waren und die Konkurrenz hart war, wuchs auf der anderen Seite die Zahl der weiblichen »mithelfenden Familienangehörigen« – allen voran Meistersfrauen und -töchter.

Ein Frauenberuf überlebte allerdings recht unbeschadet die große Krisenphase des 17. Jahrhunderts: die Hebamme. Doch begann sich auch hier im Laufe des 17. Jahrhunderts eine Entwicklung abzuzeichnen, die längerfristig, in den Städten bereits im 18. Jahrhundert, auf dem Lande erst um die Wende zum 20. Jahrhundert, zum Abschluß kam: Die Hebamme begann sich zu »professionalisieren«, wurde aber verstärkt unter männlich-ärztliche Kontrolle gezwungen und verlor viel an Selbständigkeit und Eigenverantwortung.

Im Zuge der Etablierung städtischer Ärztekollegien (*collegia medica*) begannen die Ärzte, die Ausrichtung des praktischen Unterrichts, der bis dahin allein durch Hebammen bestritten wurde, festzulegen und zu kontrollieren. Auch zogen sie das Recht an sich, das von weiblichen Auszubildenden in der Praxis erworbene Geburtshilfewissen abzuprüfen, was einer Dequalifizierung der Oberhebammen gleichkam. Schon früher hatten die Hebammen zwar vielerorts männlichen Stadtärzten Rechenschaft über ihre Arbeit ablegen müssen, aber nun schoben sich die Stadtärzte immer massiver zwischen die Hebammen und die Vertreter des städtischen Rates, der eigentlichen »Aufsichtsbehörde«. Vorher hatten Ärzte, Bader und Chirurgen nur als Helfer der Hebammen in außergewöhnlichen und abnorm verlaufenden Geburtsfällen fungiert, die operative Eingriffe, Medikamente, die Anwendung von Instrumenten oder andere medizinische Maßnahmen verlangten. Zusammen mit den Ratsmitgliedern hatten sie außerdem im 15. und 16. Jahrhundert die Hebammenordnungen mitgestaltet und zugleich als Gutachter und Kontrollorgane der von den städtischen »geschworenen« Hebammen geleisteten Geburtshilfe fungiert.

Dennoch ist die weitverbreitete These, die Hebammen seien von den Ärzten aus der Geburtshilfe verdrängt und zu diesem Zweck als Hexen angeschwärzt und verurteilt worden, unrichtig. Tatsächlich verbesserte sich mit dieser Entwicklung zumindest die materielle Situation der geprüften und »geschworenen« Hebammen in den Städten spürbar: Sie bildeten einen anerkannten Berufsstand, erhielten ein festes Jahresgehalt und eigene Lohntaxen garantiert. Sie galten als ehrbare Frauen und genossen für sich selbst und ihre Familienangehörigen besondere Privilegien. Allerdings waren diese recht teuer erkauft: zum einen durch eine Einbuße an Autonomie im Ausbildungs- und Praxisbereich, zum anderen durch den strikten Ausschluß aller nichtexaminierten geburtshilflich tätigen Frauen. Weniger verdrängten hier also männliche Geburtshelfer die Hebammen, sondern eine Frauengruppe wurde gegen eine andere ausgespielt oder konnte sich auf Kosten anderer Frauen »profilieren«. Eine gewisse Verdrängung von Hebammen findet sich lediglich – und auch nur mancherorts – im Hinblick auf gerichtliche Funktionen:

HAUSMUTTER UND LANDESFÜRSTIN 351

So wurde hie und da den Hebammen ab dem 17. Jahrhundert die gerichtliche Begutachtung bei Abtreibungen, Kindsmorden oder heimlichen Geburten wegen mangelnder medizinischer Kenntnisse entzogen und von akademisch gebildeten Ärzten übernommen. Überall jedoch wurde den Hebammen weiterhin eine »sittenpolizeiliche« Funktion aufgetragen: Sie waren verpflichtet, vorzeitige oder nichteheliche Schwangerschaften, »Mißgeburten«, Nottaufen, Abtreibungen oder nichtgeschworene Geburtshelferinnen anzuzeigen.

Für das Ansehen, das zumindest erprobte Hebammen auch noch im 17. Jahrhundert genossen, spricht nicht zuletzt die Tatsache, daß die meisten »Hebammenbücher«, die von Frauenhand geschrieben wurden, aus dieser Zeit stammen: Marie-Louise Bourgeois, von 1601 bis 1610 Hofhebamme der französischen Königin, danach bis 1627 gefragte Hebamme des französischen Hofadels, legte ihre Erfahrungen in einem dreibändigen *Hebammen-Buch* nieder, *Darinn von der Fruchtbarkeit und Unfruchtbarkeit der Weiber, zeitigen und unzeitigen Geburt, Zustand der Frucht in und außerhalb Mutterleib, zufälligen Kranckheiten sowohl der Kindbetterin als deß Kindes ... gehandelt wird*, das 1619 in Oppenheim und 1626 in Frankfurt am Main in deutscher Ausgabe erschien und mit Illustrationen von Matthäus Merian d. Ä. versehen war. 1690 veröffentlichte auch die Liegnitzer Stadthebamme Justine Siegemund ein Hebammenbuch unter dem Titel *Die Churbrandenburgische Hoff-Wehe-Mutter. Das ist: Ein höchst nöthiger Unterricht von schweren und Unrecht stehenden Geburten.* Beide Hebammen zeigen in ihren Schriften, die als praktische Anleitung zur Geburtshilfe gedacht waren, herausragende Kenntnisse in der Physiologie, Anatomie und Gynäkologie. Sie überschritten damit in gewisser Weise die Grenze zwischen »gelehrter« Medizin und erfahrungsbezogener Hebammenpraxis und wirkten so als Bindeglieder zwischen Theorie und Praxis. Allerdings fällt auf, daß sich beide erst dann zur Niederschrift ihrer Erfahrungen und ihres Wissens entschlossen, als sie von männlichen Arztkollegen der Inkompetenz bzw. des fehlerhaften Praktizierens bezichtigt wurden. Zwar verloren beide in diesem Streit weder Stellung noch Lizenz; die Auseinandersetzungen zeigen aber die prekäre Situation der Praktikerinnen gegenüber den männlichen Ärzten, die ja nur höchst selten selbst in Geburtsvorgänge eingriffen und infolgedessen nur wenige Fehlschläge zu verantworten hatten. Darüber hinaus standen sie dem – ebenfalls männlich besetzten – Rat und seiner richterlichen Gewalt näher als die Hebammen.

Erst am Ende des 17. und im 18. Jahrhundert drangen schließlich akademisch geschulte Ärzte, die *Accoucheure*, zunächst in Frankreich und England, dann auch in Deutschland in größerer Zahl in die Frauendomäne der Geburtshilfe ein. Sie entwickelten neue Techniken und Geräte für die Geburtshilfe, deren Anwendung die Hebammen in den von Ärzten geleiteten und kontrollierten Hebammenschulen erlernen mußten. Die Gründung von Entbindungshospitälern als Ausbildungsstätten für angehende Geburtshelfer und Hebammen erfolgte ebenfalls noch im 18. Jahrhundert. Doch waren dies zunächst vereinzelte Phänomene; erst an der Wende vom 19. zum 20. Jahrhundert sollte die Klinikgeburt unter ärztlicher Oberaufsicht das Ende der Geburtshilfe als weiblicher Domäne mit sich bringen.

Eine uneingeschränkt weibliche Domäne war und blieb indes die Hausarbeit als Erwerbsarbeit für eine große Zahl von jungen Frauen aus Stadt und Land, vorwiegend aus der Unterschicht. Die Tätigkeit als Dienstmagd, Köchin, Kindermädchen oder Amme in der Stadt und als Stallmagd auf dem Land wurde Frauen in keiner Weise streitig gemacht. Im Gegenteil: Die abhängige rechtliche Lage des Hausgesindes, das dem Dienstzwang unterlag – was fast einer Leibeigenschaft gleichkam –, machte vielen den Wechsel in eine besser bezahlte oder weniger abhängige Tätigkeit unmöglich. Denn die Gesindeordnung stand in Zweifels- und Konfliktfällen immer auf seiten des Dienstherrn und zwang dem Hausgesinde qua »Hausherrschaft« die nahezu uneingeschränkte Autorität des Hausherrn bzw. Hausvaters, aber auch der Hausmutter auf. Zwar finden sich in den Hausbüchern viele moralisierende Ermahnungen an die »Hauseltern«, sich um das Wohl ihres Gesindes wie um das der eigenen Kinder zu kümmern. Doch dies ändert nichts an der entrechteten Lage der Dienstboten. Sie mußten ihre in der Regel auf ein Jahr geschlossenen Dienstverträge unter allen Umständen erfüllen; eine vorzeitige Kündigung konnte nur die Dienstherrschaft aussprechen. »Entlaufenem« Gesinde – was es offenbar trotz aller gesetzlichen Regelungen und moralischen Ermahnungen häufiger gab – drohten zwangsweises Zurückbringen und Gefängnisstrafe.

Zudem lebte das Gesinde – Frauen wie Männer – mit der Herrschaft unter einem Dach, unterstand der »hausväterlichen Gewalt« und erhielt einen Großteil seines Lohns in Naturalien. Bargeld gab es nur zweimal im Jahr zu bestimmten festgelegten Terminen. Dies unterstrich und verschärfte die persönliche Abhängigkeit, der prinzipiell alle im Gesinde-

HAUSMUTTER UND LANDESFÜRSTIN 353

dienst Tätigen unterworfen waren. Weibliche Dienstboten befanden sich dabei allerdings in einer besonders schwierigen Lage, standen sie doch auf der untersten Stufe der sozialen Rangordnung in Haus und Gesellschaft und auf jeden Fall noch unter dem männlichen Gesinde. Das zeigen sehr deutlich die Löhne: Die sächsische Taxordnung z. B. legte für Knechte einen jährlichen Lohn von 20 bis 30 Gulden fest, für das weibliche Gesinde lag er durchweg unter 10 Gulden. Ähnlich ungleich wurden die Gesindedienste auch andernorts entlohnt. Schon deshalb war die Abhängigkeit des weiblichen Hausgesindes womöglich noch größer als die der männlichen Bediensteten; hinzu kamen die höheren moralischen Erwartungen an junge Frauen generell und an Dienstmägde im besonderen. Von ihnen erwartete man noch mehr Gehorsam, Eifer und Dienstbereitschaft, und man legte besonderen Wert auf ihren züchtigen und ehrbaren Lebenswandel. Sie sollten sich – nach Zedlers *Universal-Lexicon* – »eines stillen, ehrbaren und züchtigen Lebens und Wandels befleißigen, gegen ihre Herrschaft und Vorgesetzten demütig, ehrerbietig, willig und gehorsam, auch getreu, emsig, hurtig, arbeitsam und unverdrossen seyn«.

Wenn eine Magd allzu oft das Haus verließ bzw. ihren Dienstherrn wechselte, riskierte sie ihren guten Ruf und ihre »Ehre« – ein nicht zu unterschätzender Nachteil in einer Gesellschaft, in der die Ehre nicht selten über Leben und Tod entschied. Vergleichende Studien über Dienstorte und Mobilität von weiblichem und männlichem Gesinde haben jedenfalls gezeigt, daß die Dienstmägde sich in einem engeren räumlichen Umfeld bewegten und auch weniger oft ihren Dienstherrn bzw. -herrin wechselten. Schließlich riskierten Dienstmägde bei »unkeuschem« Lebenswandel auch ihre Stellung, denn eine uneheliche Schwangerschaft wurde meist als Kündigungsgrund gesehen, da man sich mit der arbeitsunfähig gewordenen Magd nicht überdies noch einen »Bankert« ins ehrbare Haus holen wollte. Das Abgleiten der weiblichen Dienstboten in Armut und Not war deshalb nicht gerade selten, zumal das 17. Jahrhundert als wirtschaftliche Krisenphase – nicht zuletzt wegen der Kosten und der Verwüstungen des Dreißigjährigen Krieges – eine riesige Zahl von Armen hervorbrachte, unter denen das weibliche Geschlecht in auffallender Weise dominierte. Obgleich man kein verläßliches statistisches Material für die Zahl der Armen hat, gehen Schätzungen doch davon aus, daß etwa in Frankreich bis zu 10 Prozent der Bevölkerung zeitweilig oder ständig unter der Armutsgrenze bzw. vom Betteln lebten. Für

England, wo eine frühkapitalistische Wirtschaftsentwicklung die ländlichen Unterschichten schon im 17. Jahrhundert entwurzelte und unter die Armutsgrenze zwang, schätzt man die Zahl der Familien, die auf Gemeindekosten unterhalten werden mußten, auf vier- bis fünfhunderttausend, das ist ein Viertel der Gesamtbevölkerung. Dazu kommen dann noch all die, die keinen Unterhaltsanspruch hatten und insofern auch nicht in die Kostenrechnungen Eingang gefunden haben.

Viele Frauen boten deshalb mehr oder weniger freiwillig Liebesdienste feil, um sich und ihre Kinder zu ernähren. Die Prostitution war in den protestantischen Städten und Territorien verboten, und hier mußten der »Unzucht« Überführte mit besonders harten Strafen rechnen. Doch auch in den katholischen Territorien ging man gegen das »Dirnenunwesen« vor, besonders nachdem sich Syphilis und andere Geschlechtskrankheiten epidemisch auszubreiten begannen. Allerdings waren solche Versuche zur Bekämpfung der Prostitution wenig erfolgreich. Die Abschreckung durch Leibes- und Geldstrafen, die »Unzucht« gleich welcher Art mit sich bringen konnte, scheint nicht sehr groß gewesen zu sein. Im Angesicht der Not hatten wohl die meisten Frauen keine Wahl, denn das Betteln unterlag ähnlich strengen Strafen.

Um der Probleme Herr zu werden, gründete man in den großen Städten »Werk- und Zuchthäuser«, in denen Verarmte wie Bettler, Straffällige und Vagabundierende, Prostituierte und uneheliche Mütter »festgesetzt« und zu (schlechtbezahlter) Arbeit angehalten wurden. In Genua gab es schon in der ersten Hälfte des 16. Jahrhunderts ein Armenasyl, in dem vor allem Frauen mit Weben beschäftigt wurden. Auch in England hatte man schon im 16. Jahrhundert Waisen, »herrenloses Bettlervolk«, »trotzige Dienstboten und Handwerksburschen«, »leichtfertige Weiber und Kupplerinnen« in Korrektionshäuser eingewiesen. In Paris waren ebenfalls schon 1576 »öffentliche Werkstätten« für Bettler und Vagabunden gegründet worden, in denen um die Mitte des 17. Jahrhunderts, nach der »großen Einschließung«, etwa 6 000 Personen dazu bestimmt waren, der in Manufakturmanier betriebenen Trikotweberei als Arbeitskräfte zur Verfügung zu stehen. Das Prinzip des Hauses als unterster Einheit der staatlichen Autorität könnte kaum deutlicher unterstrichen werden als durch diese ordnungspolizeilichen Maßnahmen, die – jedenfalls in der Theorie – immer in der »Verhäuslichung« bzw. Kasernierung von Devianten beiderlei Geschlechts gipfelten. Doch zeigen sich gerade hier sehr deutlich auch die Grenzen des Hauses als Ordnungsfaktor, denn die gesellschaftliche und wirtschaftliche Dynamik konnte auf diesem Weg in keiner Weise bewältigt werden. Am Ende des 18. Jahrhunderts sollte man sich daher anderer Wege bedienen, um dem noch weiter angewachsenen »Pauperismus« zu begegnen.

In einem ganz anderen Sinn einem »Haus« verbunden waren die weiblichen Angehörigen des Hochadels, die an den großen Fürstenhöfen lebten, allerdings nicht im Sinne von »Häuslichkeit«, wie sie die genannten Moralisten propagierten. Die Herrin eines »großen«, politisch bedeutsamen, eventuell sogar regierenden Hauses war von Hausfrauenpflichten frei – und niemand erwartete von ihr, daß sie sich selbst der Kinderaufzucht und -erziehung oder der Herstellung von Speisen und Kleidung widmen würde. Für die Betreuung, Pflege und Erziehung der Kinder standen ihr Dienstboten zur Seite, angefangen von der Amme über das Kindermädchen bis hin zur Gouvernante bzw. zum Hofmeister, ebenso wie eine ganze Schar von Bediensteten die leibliche und gesundheitliche Versorgung der Mitglieder ihres »Hauses« sicherten. Selbst die Sorge um den Ehemann war im Prinzip auf die Erfüllung der »ehelichen Pflicht« beschränkt; zumindest in den französichen *Hôtels*, den adligen Stadt- und Landhäusern, lagen die Appartements des Herrn und der Dame des Hauses jeweils in einem Flügel der weitläufigen Gebäudeanlagen, getrennt durch den Mittelbau, der den Salons reserviert war. Zeremonielle Höflichkeit statt fürsorglicher Zuwendung oder gar Leidenschaft regierte die Beziehungen der Ehegatten, die im allgemeinen getrennte Wege gingen. Allerdings stand es einer hochgeborenen Dame nicht zu, sich offiziell einen Liebhaber zu nehmen, während die Mätresse des Fürsten im Zuge der Entfaltung des absolutistischen Hofzeremoniells zu einer offiziellen Hofcharge wurde.

Von der Aristokratin erwartete man vor allem, daß sie genügend Nachwuchs gebar, um die Dynastie und den Besitz zu erhalten und weiterzugeben. Auch sollte sie die Bediensteten, soweit es ging, auswählen und überwachen. Daneben hatte sie eine ganze Reihe von Repräsentationspflichten zu erfüllen, die eine aufwendige und zeitraubende Vorbereitung erforderten. Schon die Toilette am Morgen gehörte dazu. Während Friseure und Bedienstete sich um ihre Kleidung, ihre Frisur und ihre gesamte Erscheinung bemühten, empfing die Dame bereits die ersten Besuche. Hatte sie ihre Morgentoilette beendet, machte sie sich selbst auf den Weg, um Besuche zu absolvieren. Hatte sie Gäste zum Mittagessen geladen, waren auch hierfür entsprechende Vorbereitungen nötig. Am Nachmittag dann setzte sich die Geselligkeit – Besuche, Einladungen, Feste, Bälle etc. – fort, um häufig erst weit nach Mitternacht zu enden. Vergnügen, Unterhaltungen, Geselligkeit und Festivitäten waren insofern kräftezehrende Aufgaben; das Leben der höfischen Dame vollzog sich vom Aufstehen bis zur Nachtruhe praktisch ständig in der Öffentlichkeit – stets mußte sie beherrscht und kontrolliert sein, stets mußte sie repräsentieren und sich »ihres Standes würdig« erweisen. Darüber gibt die umfangreiche Korrespondenz der Schwägerin des Sonnenkönigs Ludwig XIV., Lieselotte von der Pfalz, beredt Auskunft. Immer wieder klagte sie darüber, daß sie keine Zeit zum Schreiben fände. Besonders in ihren späteren Jahren waren ihr die abendlichen höfischen Vergnügungen oft genug eine lästige Pflichtübung.

Zwar gab es auch geschlechtsspezifische Zuweisungen und Erwartungen – etwa hinsichtlich der »Keuschheit« der fürstlichen Gattin –, doch setzten die höfischen und gesellschaftlichen Umgangsformen die meisten moralischen Forderungen sukzessive außer Kraft. So verlor der Kriegsheld langsam an Prestige gegenüber dem weltläufigen, eleganten, ja bisweilen sogar schon etwas »effeminierten« und raffinierten Höfling; die höfischen Damen durften sich ihrerseits ein offeneres Auftreten erlauben und den üblichen weiblichen Tugenden den Rücken kehren. Durch demonstrativen Müßiggang und adlig-höfische Prachtentfaltung hob sich die Aristokratie von den niederen Ständen ab und demonstrierte, wie wenig Geltung die Gesetze Gottes und der Natur für die Abkömmlinge der mächtigen Adelsfamilien besaßen.

Eine halb-institutionelle Form der Geselligkeit entwickelte sich im Laufe des 17. Jahrhunderts in den »Salons«, den Räumen, in denen man – im Gegensatz etwa zum (Ball-)Saal – öffentliche und halb-öffentliche Besuche im kleineren Kreis empfangen und bewirten konnte. Dort wurden vor allem Spiele und Konversation gepflegt. Die gastgebende Dame war der Mittelpunkt des Salons. Sie mußte dafür sorgen, daß die Konversation in Gang kam und blieb, daß die Gäste sich nicht langweilten, daß jeder seinem Rang nach zu Worte kam und sich in Szene setzen konnte. All dies mußte spielerisch und ohne sichtbare Anstrengung geschehen, wie zufällig und ungeplant. Das war keine leichte Aufgabe – und tatsächlich eignete sich nicht jede hochgeborene Frau für eine solche Position. Auch kam es bisweilen zu regelrechten Kompetenzkämpfen unter den Salonnièren. Am bekanntesten ist wohl der heimliche Machtkampf, den die Regentin Anne von Österreich mit der Marquise de Rambouillet ausfocht, die gewissermaßen als die Erfinderin des Salons in Frankreich gelten kann und hierfür hochgerühmt wurde. Vergeblich nämlich versuchte die französische Königin zwischen 1652 und 1655, die Konversation und die Spiele des *Hôtel de Rambouillet* bei Hofe einzuführen und zu pflegen. Tatsächlich entwickelten sich die Salons zu einer echten Konkurrenz zur höfischen Kultur und Prachtentfaltung; aus ihnen ging schließlich auch die aufklärerische Opposition der *philosophes* gegen den alternden Sonnenkönig und das unbeweglich gewordene absolutistische System in Frankreich hervor.

Von der Hausmutter zur Landesfürstin: Regentinnen und Königinnen

Eine bislang in der Geschichtsschreibung und -forschung wenig beachtete Dimension des Hausmutterideals ist dessen gewissermaßen »öffentliche« – oder besser: herrschaftliche – Funktion. Wie erwähnt, sollte die Hausmutter dem Haus gemeinsam mit dem Hausvater vorstehen; im lutherischen Verständnis von Herrschaft und Unterordnung fungierte sie damit in gewisser Weise auch als Hausherrin, als Mitträgerin des »Amtes« der Elternschaft, wie die Zeitgenossen sich ausdrückten. Eine solche Sicht konnte die herrschaftlichen Funktionen und das Selbstverständnis von Frauen im Adel, die sich als Angehörige eines herrschenden Standes sehr wohl zu Herrschafts- und Machtausübung berufen fühlten, noch unterstreichen. Vielfach finden wir deshalb auch in protestantischen europäischen Fürstentümern die »Landesmutter« an der Seite des Landesvaters, wenn auch in etwas nachgeordneter Position.

Denn obwohl hochadlige Töchter in der Regel nicht zum Regieren bestimmt waren, übernahmen sie aufgrund ihrer hohen Geburt und des dynastischen Prinzips durchaus herrschaftliche Aufgaben, spätestens dann, wenn ihnen das Schicksal den mehr oder weniger geliebten Gatten von der Seite riß oder wenn sie unverheiratet blieben. Dann waren Besitzungen zu verwalten, in der Regel die Morgengabe und das Wittum, das zur Versorgung der Witwe gedacht, aber meist eher knapp bemessen war und deshalb besondere administrative und ökonomische Fähigkeiten verlangte. Fürstentöchter wurden außerdem darauf vorbereitet, dem späteren Ehemann angemessen repräsentierend zur Seite zu stehen, ihn bei der Ausübung seiner höfischen Pflichten zu unterstützen und durch das Gebären gesunder männlicher Kinder die Erbfolge zu sichern. Daß dieser unterstützenden Haltung und Tätigkeit wiederum durch Rollenzwänge enge Grenzen gezogen waren, zeigt einen weiteren Widerspruch frühmoderner Geschlechterordnung: Zwar war eine Angehörige des Adels qua Stand zum Herrschen geboren, qua Geschlecht jedoch sollte und mußte sie sich ihrem Ehemann unterordnen und sich durch Demut und Gehorsam auszeichnen. Tat sie das nicht – oder nicht in dem allgemein für richtig erkannten Maße –, so verloren beide, Ehemann und Ehefrau, ihre Ehre und ihren guten Ruf: Er galt dann als unmännlich schwach, die dominante Ehefrau als herrschsüchtig, die Regierung wurde zum »Weiberregiment« bzw. zur »Gynaikokratie«. 1764 schrieb der Aufklärer Montesquieu:

»Es ist gegen die Vernunft und die Natur, wenn die Frauen Herrinnen im Haus sind, wie man das bei den Ägyptern findet: aber es ist nicht widernatürlich, wenn sie ein Reich regieren.«

Wie viele andere Autoren vor ihm, die sich zur weiblichen Regierungsfähigkeit geäußert hatten, konnte er diesen Widerspruch nur mit Mühe auflösen. Und weit häufiger gelangten die Staatstheoretiker – wie etwa der Humanist und Jurist Jean Bodin 1576 – zu dem Schluß, daß die Frauen weder im Hause noch im Reich die Regierungsgewalt übernehmen sollten, da dies zu Intrigen, Konflikten und schließlich zum Krieg führe.

Weibliche Herrschaft bzw. Regierungstätigkeit war und blieb nicht zuletzt deshalb immer umstritten. In England etwa entbrannte nach dem Tode Heinrichs VIII. um die Mitte des 16. Jahrhunderts eine heftige Debatte über die weibliche Regierungsfähigkeit im allgemeinen und über die Nachteile einer Frau auf dem englischen Thron im besonderen. Allerdings gab es in England keinen generellen Ausschluß von Frauen aus der Erbfolge, so daß schließlich das englische Parlament mit großer Mehrheit der Thronbesteigung zunächst von Maria I., dann, nach deren frühem Tod im Jahre 1558, der Thronfolge von Elizabeth I. zustimmte und diese während ihrer langen Regierungszeit unterstützte.

In Frankreich dagegen hatte man schon im Laufe des späten Mittelalters die Frauen von der Thronfolge ausgeschlossen – und auch im ansonsten so reformfreudigen 16. Jahrhundert wollte man an dieser Regelung nicht rütteln. Das »Salische Gesetz«, eine Fälschung bzw. eine mißverständliche Auslegung eines altüberkommenen feudalen Rechtsgrundsatzes, wurde bewußt beibehalten und sollte dazu dienen, Unbill von Frankreich abzuhalten. Insbesondere wollte man durch eine solche Regelung den Einfluß ausländischer Mächte zurückdrängen, den die Eheschließung einer französischen Königin mit einem ausländischen Fürsten mit sich bringen konnte. Auch die Potenzierung von Thronanwartschaften durch die »weibliche Linie« wolllte man vermeiden, deren Nachteile man im Hundertjährigen Krieg in Frankreich leidvoll erfahren hatte.

Interessanterweise wurden dennoch das späte 16. und das 17. Jahrhundert in Frankreich zu *der* Epoche weiblicher Regierungspraxis und Dominanz, die die französische Klassik ebenso stark prägte wie die Politik. Denn auch in Frankreich konnte man um des dynastischen Prinzips willen nicht auf die Mitwirkung von Frauen verzichten. So wurden die »Ausländerinnen« Katharina von Medici (1519-89), Maria von Medici (1573-1642) und Anna von Österreich (1601-66) nach dem frühen Tod ihrer königlichen Gatten Regentinnen für ihre unmündigen Söhne und prägende Herrscherinnengestalten für eine ganze Ära.

Es gab allerdings kein Gesetz in Frankreich, das die Regentschaft in einem solchen Fall regelte, und es war nicht »natürlich«, daß die hinterbliebenen Fürstinnen in dieses Amt eintraten. Traditionsgemäß wurden Regentschaften von den Generalständen oder den hohen Fürsten, den *Grands*, eingerichtet – und bis um die Mitte des 16. Jahrhunderts nahmen vielfach männliche Verwandte des unmündigen Thronfolgers die Regentschaft wahr. Dann aber wurden durch verschiedene Umstände die mütterlichen Rechte gestärkt. Vor allem glaubte man, daß eine Frau und Mutter – dank des »Salischen Gesetzes« – keine eigenen Ambitionen auf den Thron hegen und den Anspruch auf die Königswürde am aufrichtigsten für ihren unmündigen Sohn bewahren würde. Immer mehr setzte sich auch die Überzeugung durch, daß die Fürstin als Witwe des verstorbenen und als Mutter des gegenwärtigen Königs allein dazu in der Lage sei, die Kontinuität und die Stabilität der Monarchie zu gewährleisten. Doch die Regentschaft der Königsmütter basierte damit nicht auf einer gesetzlichen Legitimation, sondern nur auf einer »geliehenen« Autorität, was nicht gerade zur Stabilisierung ihrer Machtausübung beitrug und ein ganzes Arsenal an Legitimationsmustern nötig machte. Eine Fülle von Bauwerken, Skulpturen, Gemälden, Druckgrafiken und Tapiserien legt beredtes Zeugnis ab von dem Wunsch der Regentinnen, sich selbst und ihre Regentschaft öffentlich zu rechtfertigen. Eine Flut von Schriften gelehrten und unterhaltenden Inhalts erschien, in denen über die Legitimität wie über die Geschichte weiblicher Regierungstätigkeit, über weibliche Heldinnen, ja über die Stärken und Schwächen des weiblichen Geschlechts ganz allgemein und mit Bezugnahme auf die Regentin räsoniert und debattiert wurde.

Tatsächlich war die Häufung von Macht in den Händen weiblicher Thronfolger und Regentinnen ein Phänomen, das sich weniger einer wachsenden Einsicht in weibliche Fähigkeiten verdankte als vielmehr der zunehmenden Ablösung von überkommenen feudalen Herrschaftsformen im entstehenden frühmodernen Staatswesen. Diese ging einher mit dem wachsenden Einfluß der Familienbande – genauer: der Dynastie – einerseits, der Ausbildung eines zunehmend effizienteren Verwaltungsapparates andererseits. Hierdurch gewannen die engen verwandtschaftlichen Bindungen an den Fürsten oder an den (potentiellen) Thronerben die Oberhand gegenüber anderen Bindungs- und Loyalitätsverhältnissen – nicht selten zugunsten der Ehefrauen, Witwen und (seltener) Töchter der regierenden Fürsten. Wo Macht durch dynastische Erbfolge statt durch Wahl oder Kooptation erworben wurde, konnten Frauen zur Königin gesalbt werden; Geburt und Heirat wurden damit zum Gegenstand der großen Politik – und dafür brauchte es Männer *und* Frauen.

Doch nur Königin Elizabeth von England (1533-1603), Königin Anna von England (1665-1714), Königin Christine von Schweden (1626-89) und Kaiserin Maria Theresia (1717-80) sowie die russischen Zarinnen Katharina I., Anna Iwanowna, Elisabeth Petrowna und natürlich Katharina II. (alle im 18. Jahrhundert) waren Herrscherinnen aus eigenem Recht. Die meisten anderen mächtigen Frauen, die als Fürstinnen und Königinnen Throne besetzten und mehr oder weniger erfolgreich regierten, taten dies als Stellvertreterinnen ihrer unmündigen Söhne und/oder ihrer abwesenden Ehemänner.

Auch in den deutschen Territorial- und Kleinstaaten findet sich eine große Zahl von Regentinnen, so etwa die Herzogin Elisabeth von Braunschweig-Lüneburg (1510-58), die von 1540 bis 1545 die Regierungsgeschäfte für ihren unmündigen Sohn Erich führte. In dieser Position schrieb sie – ganz Landesmutter – 1545 einen »Christlichen Sendbrief« an ihre Untertanen und ein »Regierungshandbuch« für den Sohn, ein »Ehestandsbuch« anläßlich der Verheiratung ihrer Tochter Anna Maria mit Herzog Albrecht von Preußen und schließlich 1556 ein »Witwentrostbuch«. Wenngleich nicht alle Regentinnen eine so reiche schriftstellerische Aktivität entfalteten, so füllten doch wohl auch die übrigen Fürstinnen ihren Platz als Regentinnen mehr oder weniger erfolgreich aus. Ein Beispiel ist die Gräfin Anna von Ostfriesland (1501-75), die nach dem frühen Tod ihres Mannes Enno II. 1540 vor allem durch die Neuordnung der kirchlichen Verhältnisse und durch die Einführung einer neuen Landesordnung hervortrat. Ein anderes Beispiel ist das »Fräulein Maria« von Jever (1500-75), die es fertigbrachte, ihr kleines Territorium vor den Expansionsgelüsten der ostfriesischen Nachbarn zu bewahren.

Eine gewisse Sonderstellung gewannen Frauen im Hause Habsburg, weil es hier galt, ein Weltreich zu regieren. Vor allem in der Statthalterschaft der Niederlande finden sich eine Reihe von Frauen, die nicht nur unter den Zeitgenossen eine gewisse Berühmtheit erlangten: Margarethe von Österreich (1480-1530, Statthalterin 1507-15 und ab 1518), Margarete von Parma (1522-1586, reg. 1559-67) und die Erzherzogin Maria Elisabeth (reg. 1725-43). Wohl aus dieser Tradition heraus konnte es Kaiser Karl VI. schließlich zu Beginn des 18. Jahrhunderts wagen, durch mühsame diplomatische Vorarbeiten die Erbfolge seiner ältesten Tochter Maria Theresia (1717-80) zu sichern.

Von der »starken Frau«
zur »Gleichheit der Geschlechter«

Wohl nicht zufällig hatte sich gerade unter der Regentschaft von Maria von Medici und Anna von Österreich eine ganze Reihe von tugendhaften Frauengestalten und -bildern entwickelt, unter denen – aus heutiger Sicht – das der »starken Frau«, der Heldin, das erstaunlichste war. Insbesondere im Frankreich des 17. Jahrhunderts, das die Franzosen gern als das *Grand siècle*, das große Jahrhundert, bezeichnen, wurde die traditionelle Rollenverteilung zwischen Mann und Frau zum ersten Mal radikal in Frage gestellt.

Dies kommt insbesondere im mythisierenden Bild der Amazone, der kämpferischen und/oder waffentragenden Frau, zum Ausdruck. Dieses erfreute sich im 17. Jahrhundert besonderer Beliebtheit und wurde von Vertreterinnen des französischen Adels gerne zur Selbstdarstellung in

Schrift und Bild genutzt. Auch die zeitgenössische Romanliteratur war bevölkert von mutigen, kriegerischen, »männlich« frei und entschlossen handelnden Frauen. Wenngleich in den meisten dieser Werke das Bild der starken Frau uneinheitlich ist, so haben doch künstlerische Imagination, biographische Darstellung und Selbstdarstellung, Frauenlob und Panegyrik zusammengewirkt, um einen regelrechten Amazonenkult entstehen zu lassen.

Daneben bestanden allerdings auch noch andere ideale Frauentypen – etwa die sittsame Frau (honnête femme) oder die galante bzw. die kokette Frau (femme galante, femme coquette), wobei die eine bürgerlich-religiös geprägte Werte, die anderen die Salonkultur der »Preziösen« verkörperten. Doch Frankreich war, wie der größte Teil Europas, im 17. Jahrhundert ein kriegführender und ein von Kriegen heimgesuchter Staat – und so dominierten in den kollektiven Imaginationen, in Wunsch- und wohl auch Alpträumen, in Kunst und Literatur zunächst eher kriegerisch motivierte Tugenden und Ideale. Dazu zählten die als männlich geltenden Tugenden wie Mut, Kraft, Stärke, Tapferkeit, Willenskraft, Ehre, aber auch Ausdauer, Selbstbeherrschung, Seelengröße und schließlich Frömmigkeit – doch diese galten im Prinzip auch für die femme forte.

Es zeigt sich allerdings bei genauerer Betrachtung, daß die weiblichen Helden den männlichen eher nachgeordnet sind und daß die Ambivalenz weiblicher Rollenmuster fortwirkt. So geht die Tugendheldin in der Regel ganz in Selbstaufopferung und Selbstverleugnung auf, allein um der Rettung ihrer weiblichen Ehre willen, während sich der männliche Held im Kampf behauptet. Auch liefert das männliche Tugend- und Verhaltensideal den unbestritten für höherwertig gehaltenen Bezugsrahmen. Dies schlägt sich besonders negativ dort nieder, wo die Autoren wohltönender Abhandlungen mit Titeln wie Die heroische Frau oder Heldinnen verglichen mit Helden in allen Tugenden (Du Bosc, 1645) oder Der großartige Sieg der Damen, Die Würde der Damen, Die heroische Prinzessin etc. ihr weibliches Idealbild mit dem Bild einer nicht-tugendhaften, »gewöhnlichen« Frau kontrastieren, das ausgesprochen frauenfeindliche Züge trägt. Meist ist die »gewöhnliche« Frau gekennzeichnet durch eine Vielzahl von Schwächen wie Oberflächlichkeit, Unbeständigkeit, Treulosigkeit, Unwissenheit, Dummheit und Eitelkeit. Frauenlob und Frauenschelte sind hier nur durch einen ganz schmalen Grat getrennt, sie sind im Grunde die beiden Seiten einer Medaille.

HAUSMUTTER UND LANDESFÜRSTIN   363

Zwar eignete sich der Amazonenmythos aus diesen Gründen kaum
dazu, die im Prinzip untergeordnete Stellung von Frauen aufzuheben
und das eher schlechte Image des weiblichen Geschlechts aufzubessern.
Die Vorstellungen von weiblicher Schwäche, Verführbarkeit und Unzuverlässigkeit galten weiterhin als Legitimation für ihre Unterordnung
unter den männlichen Verstand. Dennoch scheinen die zahlreichen mythischen Frauengestalten und die Idealbilder weiblicher Stärke nicht
ohne Wirkung auf die Zeitgenossinnen geblieben zu sein. Jedenfalls läßt
sich im 17. Jahrhundert ein interessantes Phänomen beobachten: eine
große Zahl von Frauen in Männerkleidern. Diese Erscheinung ist einerseits auf die Mobilisierung und Entwurzelung von Unterschichten
durch Krieg, Not und Elend zurückzuführen. Andererseits zeugt sie
aber auch von der wachsenden Popularität solcher »verkehrter« Frauen-
bilder, wie sie die Amazonen und die »starken Frauen« darstellen. Vor
allem in den Kriegsjahren des 17. und frühen 18. Jahrhunderts wurden
in Holland, Frankreich und angrenzenden Gebieten »echte« Amazonen, d. h. Frauen in Männerkleidern, aufgegriffen und vor Gericht gestellt, von denen sich viele durch den Wechsel ihrer Kleidung auch eine
Verbesserung ihrer wirtschaftlichen und persönlichen Situation erhoff-
ten. Die Mehrzahl unter ihnen verdiente beim Militär oder bei der
Flotte ihren Unterhalt; einige andere arbeiteten als Handwerksburschen, Stallknechte, Hausdiener usw. Einige lebten in Armut, stahlen,
bettelten oder betrogen, um ihren Unterhalt zu sichern – und fielen
dabei schließlich der Justiz in die Hände.

Die meisten dieser Frauen stammten aus einem Ort, der von ihrem Ar-
beits- und Lebensraum als Mann weit entfernt war – was sicherlich zu
ihrer Entscheidung, Kleidung und Identität zu wechseln, beigetragen
hat. Sie kamen in der Regel aus armen bzw. verarmten Familien, waren
meist schon lange elternlos oder sonstwie entwurzelt. Daß sie sich gern
als Soldaten anwerben ließen, erklärt sich nicht zuletzt daraus, daß
Kriegswesen und Militär Männern aus unteren Schichten eine recht gut
bezahlte Tätigkeit boten, während zugewanderten jungen Frauen meist
nur der schlechtbezahlte Dienst als Hausgesinde blieb – wenn sie nicht
gleich bei der Prostitution landeten, dem eigentlichen weiblichen Pendant zum Soldatenleben. Theoretisch eröffnete die Verkleidung als
Mann also die Möglichkeit, einen »Beruf« mit ordentlicher Bezahlung
und besseren Aufstiegsmöglichkeiten zu ergreifen, als sie Frauen normalerweise offenstanden. Manche von den transvestierenden Frauen waren

Soldatentöchter, die den »Dienst« bereits aus nächster Nähe kannten, aber als Frauen dort niemals eine Chance gehabt hätten. Die Frauen waren in der Regel zwischen sechzehn und fünfundzwanzig Jahren alt, wenn sie beschlossen, Männerkleider anzuziehen – auch dies führte dazu, daß sie nicht sofort oder nicht eindeutig als verkleidete Frau erkannt wurden. Besonders beim Militär, wo man oft schon sehr jungen Burschen eine Chance bot, sich zu engagieren, konnten gerade junge Frauen relativ problemlos unterschlüpfen – und dann so oft wie möglich an einen anderen Ort wechseln, um etwaige Verdachtsmomente unter den Kameraden gar nicht erst aufkommen zu lassen.

Dennoch wurden wohl die meisten Frauen in Männerkleidern früher oder später entlarvt und vor Gericht gestellt, wenn sie sich nicht selbst entschlossen, wieder ein Leben als Frauen zu führen. Schließlich war es anstrengend genug, ständig den anderen – und vielleicht auch sich selbst – etwas vorzumachen, nicht nur in der Schlacht, sondern vor allem im täglichen Leben, beim Waschen, Umkleiden, Urinieren, bei Geselligkeit und Fest, bei Krankheit und Verletzung; jede Entblößung eines Körperteils, jeder Verlust der Kontrolle über Kopf oder Körper konnte ja zur Entlarvung führen.

Es bedurfte daher sicher einer besonderen Motivation, um als Frau zu Männerkleidern zu greifen und diese dann auch erfolgreich anzubehalten. Für eine große Zahl der verkleideten Frauen entstand diese Motivation anscheinend aus blanker Not und dem Wissen, daß andere Frauen auf diesem Weg bereits erfolgreich gewesen waren. Das erfahren wir zumindest aus den Selbstzeugnissen, die einige von ihnen hinterlassen haben. Das Ideal der »starken Frau« bzw. der Amazone verschaffte den Frauen schließlich auch eine gewisse Legitimation vor Gericht und in einer ebenso neugierigen wie skeptischen Öffentlichkeit. Und die hatten sie dringend nötig, denn sie standen ja als Betrügerinnen vor Gericht, weil sie zu Unrecht Handgeld genommen oder sich – durch ihre »falsche« Kleidung – eine Arbeit erschwindelt hatten. Bisweilen kamen hierzu noch andere Vergehen, denn Not machte schon damals nicht nur erfinderisch, sondern leicht auch kriminell.

Tatsächlich hatten die entlarvten »Amazonen« kein sehr hohes Ansehen – trotz ihrer teilweise verblüffenden Ähnlichkeit mit der idealen *femme forte*, was Ausdauer, Selbstverleugnung und »männlichen Mut« anbetraf. Die Tradition des Verkleidens, so etabliert sie mittlerweile in der Kunst (und auch in der karnevalesken Volkskultur) war, blieb in

HAUSMUTTER UND LANDESFÜRSTIN   365

der Realität illegal und asozial – man assoziierte die verkleideten Frauen in der Regel eher mit Huren, »Hermaphroditen« oder sonstigen »Mißgeburten« als mit dem Idealbild der androgynen Tugendheldin. Diese Diskrepanz rührte nicht zuletzt daher, daß man Frauen, die mit den Soldaten zogen, schon von alters her eher als Huren denn als Heldinnen betrachtete. Tatsächlich hatte es schon immer eine beträchtliche Zahl von Frauen gegeben, die die Truppen begleiteten und hier Dienstleistungen aller Art – auch »Liebesdienste« – anboten. Mit dem Ausbau stehender Heere im 17. Jahrhundert und den zahlreichen kriegerischen Konflikten, die eine große Zahl von Männern unter Waffen hielten, war auch die Zahl der Frauen angewachsen, die im Troß mit den Soldaten zogen. In einer Zeit, als es keine Lazarette, Kasernen oder Kantinen zur Versorgung der Truppen gab, wurden die Versorgung der Soldaten mit Kleidung und Nahrung und die Betreuung der Kranken und Verwundeten fast ausschließlich von Frauen besorgt: Als Marketenderinnen, Wäscherinnen, Köchinnen und auch als Prostituierte zogen diese, häufig in fester Lebensgemeinschaft mit einem Soldaten, hinter den Truppen her und fristeten als »Soldatenfrauen« ein oft entbehrungsreiches Dasein.

Diese Frauen rekrutierten sich, wie die verkleideten Soldatinnen, zum großen Teil aus der Unterschicht und hofften, durch das Kriegsgewerbe ihren Lebensunterhalt zu sichern. Diese Hoffnung trug aber ihrerseits dazu bei, das Bild von der Hure, einer Frau also, die für Geld zu allem bereit war, zu akzentuieren und zu verbreiten. Auch die männlichen Söldner hatten im 17. Jahrhundert kein besonders hohes Ansehen, weil sie für Geld töteten. Bei den Frauen des Trosses schlug jedoch erneut das überkommene Frauenideal zu Buche, das ja Häuslichkeit und Keuschheit als wichtigste Tugenden einer »guten Frau« bestimmte. Dem konnten die Frauen im Troß beim besten Willen nicht gerecht werden: Obgleich sie in vieler Hinsicht genau die pflegerischen und hauswirtschaflichen Aufgaben erfüllten, die Theologen und Moralisten von der guten Hausmutter erwarteten, war ihre unstete – meist unverheiratete – Lebensweise auf dem freien Feld konträr zu den Erwartungen, die durch das Hausmutterbild geschaffen und in Predigten und Erbauungsschriften verbreitet wurden. Aus diesem Widerspruch boten jedoch auch das Anlegen von Männerkleidern und das Hinüberwechseln in das »Männerlager« keinen Ausweg: Kriegs- und Militärwesen galten als Männerdomäne, in die Frauen nur ausnahmsweise und keinesfalls um niederer wirtschaftlicher Beweggründe willen (und unter Verheimlichung ihres wirklichen Geschlechts) Zutritt erhalten sollten.

Eine anerkannte Ausnahme bildeten hier hochgestellte Persönlichkeiten wie die *Grande Mademoiselle* Anne-Marie-Louise d'Orléans und andere weibliche Angehörige des französischen Hochadels, die im Bürgerkrieg der *Fronde des princes* selbst zur Waffe griffen und sich als Amazonen in Schrift und Bild verewigen ließen. Auch den königlichen Regentinnen stand das Gewand Bellonas, der amazonenhaften Kriegsgöttin, oder der panzerbewehrten Minerva gut zu Gesicht, denn es unterstrich die Legitimität ihrer Herrschaft und ihren Kampfeswillen zur Verteidigung des Throns.

Ebenfalls unumstritten war auch die schwedische Königin Christine (1626-89), die sich allerdings nicht damit begnügte, in mythisierenden Gemälden und allegorischen Szenen als Amazone aufzutreten. Sie wurde wegen ihres ausgesprochen männlichen Kleidungs- und Lebensstils berühmt und galt den Zeitgenossen als lebendes Beispiel für die virilen Tugenden hochgeborener Frauen. Erst sechs Jahre alt war sie gewesen, als ihr Vater Gustav Adolf in der Schlacht bei Lützen fiel. Schon ein halbes Jahr später hatte sie der schwedische Reichstag zur Königin erklärt und ihr offiziell gehuldigt. Die Regentschaft für die Minderjährige führte der Reichskanzler Axel Oxenstierna; Christine selbst wurde in einer Weise auf die Regierungsübernahme vorbereitet, wie sie sonst nur für männliche Thronfolger üblich war. Bald beherrschte sie mehrere Fremdsprachen, las und sprach mühelos Latein und besaß umfassende Kenntnisse der antiken wie der modernen europäischen Literatur, Philosophie und Geschichte. In den Belangen der Regierung und des Staatswesens unterrichtete sie der Reichskanzler selbst, der sie auch über den Zustand des Landes und die täglichen politischen Fragen auf dem laufenden hielt. Christine lernte mit Begeisterung und Selbstdisziplin, vernachlässigte Schlaf, Essen und Körperpflege, die sie wie andere »weibliche« Interessen und Beschäftigungen geringschätzte. Schon mit sechzehn Jahren nahm sie regelmäßig an den Sitzungen des Reichsrates teil, der nichts ohne ihr Wissen entschied. 1644 leistete sie den Eid als Königin von Schweden und übernahm damit die Regierungsgewalt. Christines Auftreten und Sachkenntnis gaben ihr Autorität im eigenen Land, erregten aber auch international Aufsehen – zumal sie fast berüchtigt war für ihre soldatisch-männliche Lebensführung und ihre »unweibliche« wissenschaftliche Neugierde, die sie in Korrespondenz und Austausch mit berühmten Gelehrten und Philosophen zu befriedigen suchte. Mit Leidenschaft und großem finanziellem Aufwand ließ sie aus anderen Ländern Kunstschätze, Bücher und wertvolle alte Handschriften zusammentragen; ihre Sammlung war eine der reichsten in ganz Europa. Sie scheute nicht vor Krieg und Raub zurück, wenn sie sich etwas aneignen wollte: Noch unmittelbar vor Beendigung des Dreißigjährigen Krieges besetzte die schwedische Armee Prag – und es scheint, daß der militärisch unmotivierte Feldzug allein der kaiserlich-rudolfinischen Kunstsammlung gegolten habe, die dort aufbewahrt wurde.

Ihr Ruhm als königliche Mäzenin von Kunst und Wissenschaft war auf dem Höhepunkt, als sie 1652 plötzlich das Interesse am Regieren verlor: Rauschende Feste und kostspielige Vergnügungen nahmen sie für kurze Zeit vollkommen in Anspruch. 1654 dann dankte sie schließlich ab, um sich in Italien, frei von allen lästigen Verpflichtungen, der Pflege von Kunst und Wissenschaft zu widmen. Beeinflußt durch spanische und französische Diplomaten, hatte sie sich der katholischen Kirche genähert, und unmittelbar nach der Abdankung, noch auf der Reise nach Rom, trat sie öffentlich zum katholischen Glauben über. Es sollte ihr Schaden nicht sein: Der Papst empfing sie mit allen Ehren, stellte ihr für eine wahrhaft königliche Hofhaltung den Palazzo Farnese zur Verfügung, stattete sie mit Finanzen aus und gab ihr als persönlichen Berater einen seiner Kardinäle zur Seite. Die Kurie hoffte wohl, mit ihrer Hilfe das protestantische Schweden für den Katholizismus wiederzugewinnen – eine Hoffnung, die sich nicht erfüllen sollte. Christine kehrte zwar zweimal, aber jeweils nur für kurze Zeit in ihre von Krisen geschüttelte Heimat zurück, und obgleich sie die politischen Ereignisse in Schweden aufmerksam verfolgte, zeigte sie nach ihrem »Umzug« nach Rom keinerlei politische Ambitionen mehr. Vor allem die innenpolitische Lage scheint sie, nach Jahren der intensiven Arbeit, entmutigt und ihr das königliche Amt verleidet zu haben. Während sie nämlich in ihrer Außenpolitik als sehr erfolgreich galt – sie unterstützte den Westfälischen Frieden, handelte mit England und Frankreich Friedensverträge aus und trug so entscheidend zur Beendigung des Dreißigjährigen Krieges bei –, wurde die soziale und wirtschaftliche Lage im Lande selbst immer ausweisloser. Die Bauern verarmten, die aufgeblähte Armee verwahrloste und zeitigte hohe Kosten, die allgemeine Unzufriedenheit mit der Verschwendungssucht des Hofes und den Privilegien des Adels wuchs. Dazu kam die ausländische und teilweise katholische Umgebung der Königin, die ihr viele Sympathien entzog. Diesem Berg von Schwierigkeiten zu begegnen erschien ihr schließlich wohl unmöglich – und sie war anscheinend nicht ignorant und selbstherrlich genug, um darüber einfach hinwegzusehen. Doch stellte sich ihr Thronverzicht den zeitgenössischen Beobachtern keineswegs als Versagen dar, sondern wurde vielmehr als weitsichtige Entscheidung gelobt: Sie hatte den Weg freigemacht für einen männlichen Regenten – und für die Wiederherstellung der von Gott und der Natur gewollten Ordnung.

Einer der berühmtesten Vertrauten Christines im Kreise der Gelehrten und Wissenschaftler, die sie um sich versammelt hatte, war der französische Frühaufklärer und Philosoph Descartes. Er engagierte sich nicht nur für die Entwicklung einer wissenschaftlichen Methode, sondern er sah vor allem den Zweifel an Traditionen und Vorurteilen als Grundlage jeglicher Erkenntnis. Vernunft und gesunder Menschenverstand seien, so schrieb er, der unselbständigen und von Vorurteilen belasteten Lektüre weitaus vorzuziehen. Daß dieses Prinzip gerade für die Geschlechterfrage von besonderer Bedeutung sein konnte, hat allerdings erst einer seiner Schüler, der Hugenotte und »Salonphilosoph« François Poullain de la Barre (1647-1723), gezeigt. In seiner Schrift über die Gleichheit der Geschlechter (*De l'égalité des deux sexes*) setzte er 1673 Descartes' Gedanken für die Geschlechterfrage konsequent um. Er zog den Schluß, die Frauen seien den Männern ebenbürtig, da auch sie Wesen mit Verstand seien. Der Verstand aber habe kein Geschlecht (*l'esprit n'a point de sexe*). Insofern beruhe die Überlegenheit des männlichen Geschlechts auf einer widerrechtlichen und widernatürlichen Aneignung von Privilegien und sei dementsprechend abzulehnen. Mit dieser Argumentation setzte er dem Bild von der männlich-starken Frau ein machtvolles und auf die Dauer wirksameres Modell entgegen. Es sollte die aufklärerische Diskussion bestimmen und schließlich – mit gewissen Modifikationen – zum politischen Leitbild der Feministinnen (und einiger Feministen) in der bürgerlichen Gesellschaft werden.

Allerdings waren Poullain de la Barres Gedanken nicht ohne Vorbilder gewesen. Schon zu Beginn des Jahrhunderts hatte Marie le Jars de Gournay (1566-1645) verwandte Ideen vertreten, hatte sie aber in traditionellerem Gewand vorgetragen: Starke und tugendhafte Frauen bevölkern ihre Schrift *De l'égalité des hommes et des femmes* (*Über die*

Gleichheit der Männer und der Frauen) von 1622, die der Regentin Anna von Österreich gewidmet ist. Die Verfasserin beharrt auf der Feststellung, daß es zwischen den Geschlechtern keinen nennenswerten Unterschied hinsichtlich der Anlage zur Tugend gebe, sondern nur eine gesellschaftliche Praxis und eine Vielzahl an Vorurteilen. Diese seien es, die Frauen daran hinderten, ihre Anlagen zu entwickeln und sich zu einem vollwertigen (weiblichen) Menschen zu entfalten. Marie le Jars de Gournay war eine Schülerin und glühende Verehrerin Montaignes; sie hatte 1595 eine Neuauflage seiner *Essais* betreut und orientierte sich in vieler Hinsicht an den von Montaigne und anderen liberalen Humanisten vorformulierten Ideen zur Geschlechterdebatte. Namentlich die Bezugnahme auf die weibliche Tugend und ihre Entfaltung ist ein Sujet, das noch ganz der humanistischen Tradition verbunden ist, sich aber ebenso in der zeitgenössischen Diskussion um die »starke Frau« wiederfindet. Im Unterschied zu den zeitgenössischen Katalogen starker Frauen und den Aufzählungen ihrer Ruhmestaten verfolgte Gournay allerdings ein gänzlich anderes Programm, indem sie auf der Entwicklungsfähigkeit *aller* Frauen bestand und deren Zugang zu Bildung sowie deren gleichberechtigte Beteiligung an Gesprächen forderte.

Solche Diskussionen waren im übrigen keine Spintisierereien von Außenseitern oder Exotinnen, sondern sie wurzelten in der französischen Salonkultur des Barock und in der hier (häufig mündlich) geführten Debatte über den Wert oder Unwert der Frauen, der *querelle des femmes* (bzw. im zeitgenössischen Sprachgebrauch: *querelle des dames*). Diese hatte in Frankreich bereits eine lange Tradition; schon im späten Mittelalter war die Hofchronistin und Schriftstellerin Christine de Pizan (1364 – ca. 1430) mit mehreren Streitschriften an die Öffentlichkeit getreten, in denen sie gegen die misogyne Schrifttradition Klage führte und das weibliche Geschlecht gegen ungerechte Anwürfe verteidigen wollte. Im Zeitalter des Humanismus wurden solche Ideen insbesondere an den Renaissancehöfen Frankreichs und Italiens und in den weltoffenen oberitalienischen Stadtrepubliken von Vertretern beiderlei Geschlechts aufgegriffen, während die »frauenfeindlichen« Traktate zumeist aus der Feder konservativ gesinnter Theologen, Mönche oder Wissenschaftler stammten.

Im 17. Jahrhundert jedoch erreichte der »Streit« eine neue Qualität und einen enormen Umfang – nicht zuletzt wegen der Bedeutung, die

die weibliche Regierungsfähigkeit und die Beteiligung von Frauen an der höfischen und der Salonkultur erlangt hatten. Diesem Kontext blieb die Debatte allerdings bis weit in die Aufklärung hinein verhaftet: Die Gleichheit der Geschlechter galt, so allgemein die Forderung als solche auch formuliert war, zunächst nur für eine kleine Minderheit von Frauen in der wohlhabenden Oberschicht, in den Salons und bei Hofe. Und: sie zielte nicht auf eine Veränderung rechtlicher und institutioneller Ungleichheiten, sondern lediglich auf eine Abmilderung der Bevormundung ab, der Frauen in der Debatte der Gebildeten und ganz allgemein hinsichtlich ihrer Bildungsmöglichkeiten ausgesetzt waren.

Denn obwohl gelehrte Frauen allgemein gerühmt wurden und bisweilen wegen ihres »männlichen Verstandes« auch zum Kreis der »starken Frauen« zählten, so war doch die Mädchenerziehung und Frauenbildung selbst im Adel nicht darauf angelegt, den weiblichen Verstand zu formen und zu entwickeln. Erziehung und Unterricht sollten nämlich Mädchen ausschließlich auf ihre »weibliche« Bestimmung als Ehefrauen und Mütter vorbereiten; die Vorstellung, daß junge gebildete Frauen dereinst ihren Ehemännern mit dem Lehrbuch Lektionen erteilen könnten, machte selbst einen liberalen Dichter und Gelehrten wie Agrippa d'Aubigné schaudern, der 1616 einen Brief *Über die gelehrten Frauen in unserer Zeit* an seine Töchter richtete. Wenig verwunderlich also, daß die gebildeten Frauen des Barock, allen voran die Salonnièren, zu denen neben der Feministin Gournay auch die prominente Romancière Mademoiselle de Scudéry und ihr Kreis der »Preziösen« zählten, auf die Ehe keinen Wert legten und unverheiratet blieben. Sie sind dafür allerdings auch als schrullige (dies gilt besonders für die offensive Marie de Gournay), streitsüchtige alte Jungfern in die Geschichtsschreibung eingegangen und in ihren berechtigten Anliegen fast vergessen worden.

Erst die moderne Frauen- und Geschlechterforschung, der die Gleichheit der Geschlechter wieder ein Anliegen ist, hat diese und andere gelehrte und kluge Frauen des Barock wiederentdeckt. Doch kann und darf über diesen wenigen Gegenstimmen der alles übertönende Choral der Moralisten über die weiblichen Tugenden im Haus und für die Ehe nicht überhört werden, der die Diskurse des Barock wie auch der folgenden Epoche immer noch lautstark dominierte – ganz abgesehen von den sozialen, politischen und ökonomischen Zwängen, die in dieser von Extremen geprägten Zeit auf Frauen aller Stände und Lebensalter lasteten.

Literaturhinweise

(Die mit einem * gekennzeichneten Titel sind in der Originalausgabe nicht aufgeführt.)

Allgemeine Werke über die Epoche

Ariès, Philippe/Chartier, Roger (Hg.), *Geschichte des privaten Lebens*, Bd. 3: *Von der Renaissance zur Aufklärung*. Aus dem Französischen von Holger Fliessbach und Gabriele Krüger-Wirrer, Frankfurt a. M. 1991; 1993; 1995 (Orig.: *Histoire de la vie privée*, Bd. 3: *De la Renaissance aux Lumières*, Paris 1986)*

Bluche, François, *Im Schatten des Sonnenkönigs. Alltagsleben im Zeitalter Ludwigs XIV. von Frankreich*. Aus dem Französischen von Christine Diefenbacher, Freiburg i. Br.1986 (Orig.: *La vie quotidienne au temps de Louis XIV.*, Paris 1973)*

Braudel, Fernand, *Sozialgeschichte des 15. bis 18. Jahrhunderts*, Bd. 1: *Der Alltag*. Aus dem Französischen von Siglinde Summerer, München 1985; Sonderausgabe 1990 (Orig.: *Civilisation matérielle, économie et capitalisme, XVe-XVIIIe siècles*, Bd. 1: *Les structures du quotidien: le possible et l'impossible*, Paris 1967)*

Breit, Stefan, *»Leichtfertigkeit« und ländliche Gesellschaft. Voreheliche Sexualität in der frühen Neuzeit*, München 1991*

Breuer, Mordechai/Graetz, Michael, *Deutsch-Jüdische Geschichte in der Neuzeit*, Bd. 1: *Tradition und Aufklärung 1600-1780*, München 1995*

Burke, Peter, *Helden, Schurken und Narren. Europäische Volkskultur in der frühen Neuzeit*. Aus dem Englischen von Susanne Schenda, Stuttgart 1981 (Orig.: *Popular culture in early modern Europe*, London 1978)*

Chaunu, Pierre, *Europäische Kultur im Zeitalter des Barock*. Aus dem Französischen von Alfred P. Zeller, Frankfurt a. M. 1989 (Orig.: *La civilisation de l'Europe classique*, Paris 1970)*

Croce, Benedetto, *Der Begriff des Barock. Die Gegenreformation. Zwei Essays*. Aus dem Italienischen von B. Fenigstein, Zürich/Leipzig/Stuttgart 1925*

Dinges, Martin, *Stadtarmut in Bordeaux 1525-1675. Alltag, Politik, Mentalitäten*, Bonn 1988*

Dipper, Christof, *Deutsche Geschichte 1648-1789*, Frankfurt a. M. 1991*

Dülmen, Richard van, *Kultur und Alltag in der frühen Neuzeit. 16. bis 18. Jahrhundert*, Bd.1: *Das Haus und seine Menschen*, München 1990; Bd. 2: *Dorf und Stadt*, München 1992; Bd. 3: *Religion, Magie, Aufklärung*, München 1994*

–, *Die Entstehung des frühneuzeitlichen Europa 1550-1648*, Frankfurt a. M. 1982 (= Fischer Weltgeschichte Bd. 24)*

Elias, Norbert, *Die höfische Gesellschaft. Untersuchungen zur Soziologie des Königtums und der höfischen Aristokratie*, Darmstadt 1969; Frankfurt a. M. 1983*

Friedrich, Carl Joachim, *Das Zeitalter des Barock. Kultur und Staaten Europas im 17. Jahrhundert*, Stuttgart 1954*

Ginzburg, Carlo, *Der Käse und die Würmer. Die Welt eines Müllers um 1600.* Aus dem Italienischen von Karl F. Hauber, Frankfurt a. M. 1979; Berlin 1990; Neuausgabe 1993 (Orig.: *Il formaggio e i vermi*, Turin 1976)*

Hill, Christopher, *Von der Reformation zur Industriellen Revolution. Sozial- und Wirtschaftsgeschichte Englands 1530-1780.* Aus dem Englischen von Helge Burwitz und Sabine Sprengel, Frankfurt a. M./New York 1977 (Orig.: *Reformation to Industrial Revolution*. Bd. 2 der *Pelican Economic History of Britain*, London 1967)*

Hippel, Wolfgang von, *Armut, Unterschichten, Randgruppen in der Frühen Neuzeit*, München 1995*

Klueting, Harm, *Das konfessionelle Zeitalter 1525-1648*, Stuttgart 1989*

Lahnstein, Peter, *Schwäbisches Leben in alter Zeit. Ein Kapitel deutscher Kulturgeschichte 1580-1800*, München 1983*

Lehmann, Hartmut, *Das Zeitalter des Absolutismus. Gottesgnadentum und Kriegsnot*, Stuttgart 1980*

Muchembled, Robert, *Die Erfindung des modernen Menschen. Gefühlsdifferenzierung und kollektive Verhaltensweisen im Zeitalter des Absolutismus.* Aus dem Französischen von Peter Kamp, Reinbek 1990 (Orig.: *L'invention de l'homme moderne*)*

Münch, Paul, *Lebensformen in der frühen Neuzeit 1500-1800*, Frankfurt a. M. 1996*

Praschl-Bichler, Gabriele, *Alltag im Barock*, Graz 1995*

Press, Volker, *Kriege und Krisen. Deutschland 1600-1715*, München 1991*

Romano, Rugiero/Tenenti, Alberto, *Die Grundlegung der modernen Welt*, Frankfurt a. M. [18]1994*

Schmidt, Hans, *Persönlichkeit, Politik und Konfession im Europa des Ancien Régime. Aufsätze und Vorträge zur Geschichte der frühen Neuzeit*, Hamburg 1995*

Treue, Wilhelm, *Eine Frau, drei Männer und eine Kunstfigur. Barocke Lebensläufe*, München 1992*

LITERATURHINWEISE 373

Trevor-Roper, Hugh (Hg.), *Die Zeit des Barock. Europa und die Welt 1559-1660*, München 1970*

Zückert, Hartmut, *Die sozialen Grundlagen der Barockkultur in Süddeutschland*, Stuttgart 1988*

Der Staatsmann

Buck, August u.a. (Hg.), *Europäische Hofkultur im 16. und 17. Jahrhundert*, 3 Bde., Hamburg 1981*

Bergin, Joseph, *Cardinal Richelieu. Power and the pursuit of wealth*, Yale 1985

Burke, Peter, *Ludwig XIV. Die Inszenierung des Sonnenkönigs*. Aus dem Englischen von Matthias Fienbork, Frankfurt a. M. 1995 (Orig.: *The fabrication of Louis XIV.*)*

[De La Court, Pieter d. J.:] *Interest Van Holland / Oder: Grundfäste der Holländischen Wolfahrt*, Amsterdam 1665 (Orig.: *Het Interest van Holland*, Amsterdam 1662)*

Ehalt, Hubert Ch., *Ausdrucksformen absolutistischer Herrschaft. Der Wiener Hof im 17. und 18. Jahrhundert*, München 1980*

Elliott, John H., *Richelieu and Olivares*, Cambridge 1984

–, *The Count-Duke of Olivares. The Statesman in an Age of Decline*, Princeton 1988

Gerhard, Dietrich (Hg.), *Ständische Vertretungen in Europa im 17. und 18. Jahrhundert*, Göttingen 1974*

Hammerstein, Notker, *Staatsdenker im 17. und 18. Jahrhundert. Reichpublizistik, Politik, Naturrecht*, Frankfurt a. M. 1987*

Hill, Christopher, *God's Englishman*, London 1970

Kettering, Sharon, *Patrons, Brokers and Clients in Seventeenth-Century France*, Oxford 1986

Mager, Wolfgang, *Frankreich vom Ancien Régime zur Moderne. Wirtschafts-, Gesellschafts- und politische Institutionengeschichte 1630-1815*, Stuttgart 1980*

Méthivier, Hubert, *La Fronde*, Paris 1984

Müller, Rainer A., *Der Fürstenhof in der frühen Neuzeit*, München 1995*

Münkler, Herfried, *Im Namen des Staates. Die Begründung der Staatsraison in der Frühen Neuzeit*, Frankfurt a. M. 1988*

Repgen, Konrad (Hg.), *Das Herrscherbild im 17. Jahrhundert*, Münster 1991*

Roberts, Michael, *Gustavus Adolphus: a History of Sweden 1611-1632*, Cambridge 1953, ²1958

Rößler, Hellmuth (Hg.), *Deutscher Adel 1555-1740*, Darmstadt 1965*

Rowen, Herbert H., *John de Witt*, Princeton 1988

Schmidt, Georg (Hg.), *Stände und Gesellschaft im Alten Reich*, Wiesbaden 1989*

374 DER MENSCH DES BAROCK

Der Soldat

Abbott, Wilbur C. (Hg.), *The Writings and speeches of Oliver Cromwell*, Bd. II, Cambridge (Mass.) 1940

André, Louis, *Michel Le Tellier et l'organisation de l'armée monarchique*, Paris 1906

Barudio, Günther, *Der Teutsche Krieg 1618-1648*, Frankfurt a. M. 1985*

Burkhardt, Johannes, *Der Dreißigjährige Krieg 1618-1648*, Frankfurt a. M. 1992*

Burschel, Peter, »Zur Sozialgeschichte innermilitärischer Disziplinierung im 16. und 17. Jahrhundert«, in: *Zeitschrift für Geschichtswissenschaft* 11 (1994), S. 965-981*

–, »Krieg als Lebensform. Über ein Tagebuch«, in: *Göttingische Gelehrte Anzeigen* 246 (1994), S. 263-272*

–, *Söldner im Nordwestdeutschland des 16. und 17. Jahrhunderts. Sozialgeschichtliche Studien*, Göttingen 1994*

Campan, C. A. (Hg.), *Lambert de Rijcke: Bergues sur le Soom assiégée* (Middelburg 1623); Nd. Brüssel 1867

Chemnitz, Bogislav Philipp von, *Königlichen schwedischen in Teutschland geführten Kriegs vierter Teil*, Stockholm 1859 (aber in den 1650er Jahren geschrieben)

Crucé, Émery, *Le nouveau Cynée*, Paris 1623

Dinges, Martin, »Soldatenkörper in der Frühen Neuzeit. Erfahrungen mit einem unzureichend geschützten, formierten und verletzten Körper in Selbstzeugnissen«, in: Dülmen, Richard van (Hg.), *Körper-Geschichten. Studien zur historischen Kulturforschung V*, Frankfurt a. M. 1996, S. 71-98*

Firth, C. H., *Cromwell's Army. A history of the English soldier during the Civil Wars, the Commonwealth and the Protectorate*, London ⁴1962

Fitzsimon, R. D., »Irish swordsmen in the Imperial service in the Thirty Years' War«, in: *The Irish Sword*, IX (1969-70)

Grimmelshausen, Hans Jacob Christoffel, *Der abentheurliche Simplicissimus Teutsch*, »Monpelgart 1669« (Nürnberg 1668), Buch I, Kap. XVI; zit. nach der von Dieter Breuer herausgegebenen Ausgabe: Grimmelshausen, *Werke* I.1, Frankfurt a. M. 1989

Hobbes, Thomas, *Leviathan*, hg. u. eingeleitet von Iring Fetscher, Frankfurt a. M. 1984 (Orig.: London 1651; Faksimile der Erstausgabe: Düsseldorf 1990)

[Johann von Nassau:] *Waffenhandlung von den Rören, Musquetten, und Spiessen*, Gravenhagen [Den Haag] 1608

Jütte, Robert, *Ärzte, Heiler und Patienten. Medizinischer Alltag in der frühen Neuzeit*, München 1991*

Lavater, Hans Conrad, *Kriegs-Büchlein: Das ist / Grundtliche Anleitung zum Kriegswesen*, Zürich 1651

Masson, David (Hg.), *Register of the Privy Council of Scotland ... 1625-27*, Edinburgh 1899

LITERATURHINWEISE 375

Monro, Robert, *Monro, his expedition with the worthy Scots regiment call'd Makkays*, Edinburgh/London 1637

Moscherosch, Hanss Michael, *Wunderliche und warhafftige Gesichte Philanders von Sittewald*, 2 Bde., Strasbourg 1640-42, »sechster Gesichte: Soldaten-Leben«; zit. nach der von Felix Bobertag herausgegebenen Ausgabe: Stuttgart 1883, Nd. Darmstadt 1964

Paas, John R., *The German Political Broadsheet. 1600-1700*, bisher 4 Bde., Wiesbaden 1985-94*

Parker, Geoffrey, *Die militärische Revolution. Die Kriegskunst und der Aufstieg des Westens 1500-1800*. Aus dem Englischen von Ute Mihr, Frankfurt a. M. 1990 (Orig.: *The Military Revolution. Military innovation and the rise of the West, 1500-1800*, Cambridge 1988)*

–, *Der Dreißigjährige Krieg*. Aus dem Englischen von Udo Rennert, Frankfurt a. M./New York 1987; Studienausgabe 1991 (Orig.: *The Thirty Years' War*, London usw. 1984)*

Peters, Jan (Hg.), *Ein Söldnerleben im Dreißigjährigen Krieg. Eine Quelle zur Sozialgeschichte*, Berlin 1993*

Richelieu, Armand Jean Duplessis, Cardinal Duc de, *Testament politique*, hg. v. Louis André, Paris ⁷1947

Schäfer, Walter E., *Unter Räubern. Johann Michael Moscherosch »Soldatenleben«*, Karlsruhe 1996*

Schmidt, Georg, *Der Dreißigjährige Krieg*, München 1995, ²1996*

Turner, Sir James, *Memoirs of his own life and times*, Edinburgh 1829

Turner, Sir James, *Pallas Armata: military essays of the ancient Grecian, Roman and modern art of war*, London 1683

Vigenère, Blaise de, *L'art militaire d'Onosender, autheur grec*, Paris 1605

Der Finanzier

Bayard, Françoise, »Les Chambres de Justice de la première moitié du XVIIᵉ siècle«, in: *Cahiers d'Histoire*, Bd. XIX, Nr. 2, 1974, S. 121-140

–, *Le monde des financiers au XVIIᵉ siècle*, Paris 1988

–, »Comment faire payer les riches? L'exemple du XVIIᵉ siècle français«, in: *Histoire économique et financière de la France. Etudes et documents*, hg. vom Comité pour l'histoire économique et financière de la France, Bd. I, Paris 1989, S. 29-51

Bercé, Yves-Marie, *Histoire des croquants. Etude des soulèvements populaires au XVIIᵉ siècle dans le sud-ouest de la France*, Paris/Genf 1974

Bog, Ingomar, *Der Reichsmerkantilismus. Studien zur Wirtschaftspolitik des Heiligen Römischen Reiches im 17. und 18. Jahrhundert*, Stuttgart 1959*

Bonney, Richard J., *Political change in France under Richelieu and Mazarin, 1624-1661*, Oxford 1978

–, *The King's Debts. Finance and Politics in France*, Oxford 1981

Bosher, John F., »Chambres de Justice in French Monarchy«, in: *French Government and Society, 1500-1850. Essays in Memory of Alfred Cobban*, hg. von J[ohn] F[rancis] Bosher, London 1973

Braudel, Fernand, *Sozialgeschichte des 15. bis 18. Jahrhunderts*, Bd. 2: *Der Handel*; Bd. 3: *Aufbruch zur Weltwirtschaft*. Aus dem Französischen von Siglinde Summerer und Gerda Kurz, Frankfurt a. M. 1985; Sonderausgabe München 1990 (Orig.: *Civilisation matérielle, économie et capitalisme, XVᵉ-XVIIIᵉ siècles*, Bd. 2: *Les structures du quotidien: le possible et l'impossible*; Bd. 3: *Le temps du monde*)*

Cipolla, Carlo M. u. a., *Europäische Wirtschaftsgeschichte*, Bd. 2: *16. und 17. Jahrhundert*. Aus dem Englischen von Monika Streissler, Stuttgart 1979, TB-Ausgabe 1983 (Orig.: *The Fontana Economic History of Europe*, Bd. 2: *The Sixteenth and Seventeenth Centuries*, London 1976)*

Collins, James B., *Fiscal limits of Absolutism*, Berkeley 1988

Dent, Julian, *Crisis in Finance. Crown, Financiers and Society in Seventeenth Century France*, New York 1973

Dessert, Daniel, »Le ›Laquais-financier‹ au Grand Siècle: mythe ou réalité?«, in: *Revue XVIIIᵉ siècle*, Nr. 122, Januar/März 1979, S. 21-36

–, *Argent, pouvoir et société au Grand Siècle*, Paris 1984

–, *Fouquet*, Paris 1987

–, Journet, J. L., »Le lobby Colbert, un royaume ou une affaire de famille?«, in: *Annales E. S. C.* 30 (1975), S. 1303-1336

Kellenbenz, Hermann/Prodi, Paolo (Hg.), *Fiskus, Kirche und Staat im konfessionellen Zeitalter*, Berlin 1994*

–, (Hg.), *Handbuch der europäischen Wirtschafts- und Sozialgeschichte*, Bd. 3: *Europäische Wirtschafts- und Sozialgeschichte vom ausgehenden Mittelalter bis zur Mitte des 17. Jahrhunderts*, Stuttgart 1986*

Klein, Ernst, *Geschichte der öffentlichen Finanzen in Deutschland (1500-1870)*, Wiesbaden 1974*

Kriedte, Peter, *Spätfeudalismus und Handelskapital. Grundlinien der europäischen Wirtschaftsgeschichte vom 16. bis zum Ausgang des 18. Jahrhunderts*, Göttingen 1980*

Luethy, Herbert, *La Banque protestante en France de la révocation de l'édit de Nantes à la Révolution*, 2 Bde., Paris 1959/1961

Maddalena, Aldo de/Kellenbenz, Hermann (Hg.), *Finanzen und Staatsräson in Italien und Deutschland in der frühen Neuzeit*, Berlin 1992*

Malettke, Klaus, *Jean-Baptiste Colbert. Aufstieg im Dienste des Königs*, Göttingen 1977*

Martin, Germain/Bezançon, Marcel, *L'Histoire du crédit en France sous le règne de Louis XIV*, Bd. I: *Le Crédit public*, Paris 1913 (mehr nicht erschienen)

Schremmer, Eckart (Hg.), *Steuern, Abgaben und Dienste vom Mittelalter bis zur Gegenwart*, Stuttgart 1994*

LITERATURHINWEISE 377

Sieburg, Friedrich, *Das Geld des Königs. Eine Studie über Colbert*, Stuttgart
1974*
Stolleis, Michael, *Pecunia nervus rerum. Zur Staatsfinanzierung in der frühen
Neuzeit*, Frankfurt a. M. 1983*
Treasure, Geoffrey, *Mazarin: The crisis of absolutism in France*, London usw.
1995*

Der Rebell

Im folgenden sind die Texte aus dem 16. und 17. Jahrhundert aufgeführt, auf die
ich mich bezogen habe.
*Apologie ou defense du (...) Prince Guillaume (...) contre le Ban et Edict publié
par le Roi d'Espagne, par lequel il proscript ledict Prince... Presentée à Messie-
urs les Estats Generauls des Païs Bas*, Leyden 1581
(Argyll, Marquis von), *Instructions to a Son by Archibald Late Marquis of Ar-
gyle, Written in the Time of His Confinement*, London 1661
Bacon, Francis, »A Speech (...), in the Lower House of Parliament, concerning
the article of Naturalization« (1607), in: ders., *The Works*, hg. von James Sped-
ding, Bd. X, London 1868
–, »On Seditions and Troubles«, in: ders., *The Essayes or counsels, civill and mo-
rall*, London 1625; wiederabgedruckt in: ders., *The Works*, hg. von James
Spedding, Bd. VI, Teil II, London 1858
Barclay, Guillaume [William], *De regno et regali potestate adversus Bucananum,
Brutum (i.e. H. Languet), Bucherium et reliquos Monarchomachos libri sex*,
Paris 1610
Baricave, Jean de, *La Defence de la monarchie françoise et autres monarchies
(...)*, Toulouse 1614
Botero, Giovanni, *Della ragion di Stato libri dieci. Con tre libri delle cause della
Grandezza e Magnificenza della Città*, Venedig 1589 (engl. Übers.: *The Rea-
son of State*, London 1956)
–, *Le relationi universali*, Venedig 1602
Campanella, Tommaso, *Von der Spanischen Monarchy / Erst und ander Theyl
(...). Nun erstlich auß dem Italianischen (...) in unser teutsche Sprach versetzt
/ und zum zweytenmal fleissig ubersehen / gebessert / auchmit dem anderen
Theyl vermehret*, o. O. 1623
Chappuys, Gabriel, *Citadelle de la royauté. Contre les efforts d'aucuns de ce
temps, qui par escrits captieux ont voulu l'oppugner*, Paris 1603
–, *Histoire generale de la guerre de Flandres (...)*, Paris 1611
Charron, Pierre, *Discours chrestien: qu'il n'est permis ni loisible à un suject, pour
quelque cause et raison que se soit, de se liguer, bander et rebeller contre son
Roy*, Paris 1606
Discours très-veritable touchant les droicts de la Couronne de Boheme, Paris 1620

Drouin, Daniel, *Le miroir des rebelles (...)*, Tours 1592

Hobbes, Thomas, *Behemoth oder Das Lange Parlament*, mit einem Essay u. hg. von Herfried Münkler, Frankfurt a. M. 1991 (Orig.: *Behemoth: or an Epitome of the Civil Wars of England from 1640 to 1660*, London 1679; Ndr., hg. von Ferdinand Tönnies, Plymouth/London 1969)

Hotman, François, *Franco Gallia*, Köln/Opladen 1968 (Orig. Köln 1573, französ. Übers.: *La Gaule Françoise*, Köln 1574)

Lipsius, Justus, *Von Unterweisung zum weltlichen Regiment, oder von burgerlicher Lehr. Sechs Bücher Justi Lipsii (1599)*, hg. von Gerhard Oestreich und Conrad Wiedemann, Tübingen (in Vorb.) (Orig.: *Politicorum sive Civilis Doctrinae libri sex*, Leyden 1589)

Mariana, Juan de, *Vom Könige und des Königs Erziehung*, Darmstadt 1843 (Orig.: *De Rege et Regis Institutione libri III. Ad Philippum III. Hispaniae regem catholicum*, Toledo 1599; Ndr. Aalen 1969)

Medici, Lorenzino de', »Apologia« (1537-48), in: ders., *Aridosia. Apologia. Rime e lettere*, hg. von Federico Ravello, Turin 1926

Naudé, Gabriel (Naudaens), *Politisches Bedencken über die Staats-Streiche*, Leipzig u. Merseburg 1678 (Orig.: *Considérations politiques sur les coups d'Estat*, Rom 1639; Ndr. Hildesheim 1993))

Olivares [Graf von], »Instrucción secreta dada al rey en 1624«, in: ders., *Memoriales y cartas*, Teil I, *Política interior: 1621 a 1627*, John H[uxtable] Elliott u. J.F. De la Peña (Hg.), Madrid 1978

Pérez, Antonio, *Relaciones*, Paris 1598

Rivault, David, sieur de Flurence, *Les Estats esquels il est discouru du Prince, du Noble et du tiers Estat, conformement à notre temps*, Lyon 1595

Rohan, Henri de, *Interesse Der Potentaten vnd Stände*, o. O. 1641 (Orig.: *De l'interest des Princes et Estats de la Chrestienté*, Paris 1638)

Roussel, Michel, *L'Antimariana, ou refutation des propositions de Mariana (...)*, Rouen 1610

Satyre Ménippée. De la vertu du Catholicon d'Espagne (...), Paris 1595; Neuausg. hg. von Charles Read, Paris 1876

Stephanus Junius Brutus (Philippe de Mornay), »Strafgericht gegen die Tyrannen oder: Die legitime Macht des Fürsten über das Volk und des Volkes über den Fürsten«, in: Théodore de Bèze, *Das Recht der Obrigkeiten gegenüber den Untertanen und die Pflicht der Untertanen gegenüber den Obrigkeiten*, hg. u. eingeleitet von Jürgen Dennert, Köln/Opladen 1968 (Orig.: *Vindiciae contra tyrannos: sive de principibus in populum, populique in principem legitima potestate*, Edinburgh 1579)

Den folgenden Werken habe ich Angaben und Diskussionsbeiträge entnommen:

Bercé, Yves-Marie, *Révoltes et Révolutions dans l'Europe moderne (XVIᵉ-XVIIIᵉ siècles)*, Paris 1980

LITERATURHINWEISE 379

Birnstiel, Eckart, *Die Fronde in Bordeaux 1648-1653*, Frankfurt a. M. 1985*

Blickle, Peter (Hg.), *Aufruhr und Empörung? Studien zum bäuerlichen Widerstand im Alten Reich*, München 1980*

–, *Unruhen in der ständischen Gesellschaft 1300-1800*, München 1988*

De Caprariis, Vittorio, *Propaganda e pensiero politico in Francia durante le guerre di religione*, Bd. I, Neapel 1959

Di Rienzo, Eugenio, »Saggezza, prudenza, politica: stabilità e crisi nel pensiero politico francese del Seicento«, in: Dini, Vittorio/Taranto, Domenico (Hg.), *La saggezza moderna. Temi e problemi dell'opera di Pierre Charron*, Neapel/Rom 1987

Elliott, J[ohn] H[uxtable], »Revolution and Continuity in Early Modern Europe«, in: *Past and Present* 42 (1969), S. 35-52

Forster, Robert/Greene, Jack P[hillip] (Hg.), *Preconditions of Revolution in Early Modern Europe*, Baltimore/London 1970

Hroch, Miroslav/Petrán, Josef, *Das 17. Jahrhundert. Krise der Feudalgesellschaft?*. Aus dem Tschechischen von Eliska und Ralph Melville, Hamburg 1981 (Orig.: *Sedmnácté století, krize feudální spolecnosti?*)*

Hufton, Olwen, »Aufrührerische Frauen in traditionalen Gesellschaften. England, Frankreich und Holland im 17. und 18. Jahrhundert«, in: *Geschichte und Gesellschaft* 18 (1992), S. 423-445*

Klein, Jürgen, *Francis Bacon oder die Modernisierung Englands*, Hildesheim 1987*

Koenigsberger, H[elli] G., »The Organization of Revolutionary Parties in France and the Netherlands During the Sixteenth Century«, in: *Journal of Modern History* 27 (1955), S. 335-351

Kossok, Manfred (Hg.), *Revolutionen der Neuzeit 1500-1917*, Vaduz 1982*

Maravall, José Antonio, *La cultura del barroco. Análisis de una estructura histórica*, Madrid 1975

Marchi, Gian Paolo (Hg.), *Testi cinquecenteschi sulla ribellione politica*, Verona 1978

Metz, Karl Heinz, *Oliver Cromwell. Zur Geschichte eines schließlichen Helden*, Göttingen 1993*

Mousnier, Roland, *Ein Königsmord in Frankreich. Die Ermordung Heinrichs IV.*, Berlin 1970 (Orig.: *L'assassinat d'Henri IV. 14 mai 1610*, Paris 1964)

Salmon, John H[earsey] M[acmillan], *Renaissance and Revolt. Essays in the Intellectual and Social History of Early Modern France*, Cambridge 1987

Schrader, Fred E., *Die Formierung der bürgerlichen Gesellschaft 1550-1850*, Frankfurt a. M. 1996*

Schröder, Hans Ch., *Die Revolutionen Englands im 17. Jahrhundert*, Frankfurt a. M. 1986*

Stone, Lawrence, *Ursachen der englischen Revolution 1529-1642*. Aus dem Englischen von Ulla Haselstein, Frankfurt a. M. 1983 (Orig.: *The causes of the English revolution*)*

Tilly, Charles, *Die europäischen Revolutionen*. Aus dem Englischen von Hans J. von Koskull, München 1993*

Vilar, Jean, »Formes et tendances de l'opposition sous Olivares: Lisón y Viedma, ›defensor de la patria‹«, in: *Melanges de la Casa de Velázquez 7* (1971)

Vivanti, Corrado, *Lotta politica e pace religiosa in Francia fra Cinque e Seicento*, Turin 1963

Zagorin, Perez, *Rebels and rulers 1500-1660*, 2 Bde., Cambridge 1982

Der Missionar

Acosta, José de, *Obras*, Madrid 1954

(Avellino, Andrea), *Lettere scritte dal glorioso s. Andrea Avellino a diversi suoi divoti*, Neapel 1731, Bd. I

Avvisi della Cina dell'ottantatré e dell'ottantaquattro, Appendix zu *Avvisi del Giappone degli anne 1582, 83 ed 84 con alcuni altri della Cina dell'83 e 84 cavati dalle lettere della Compagnia di Gesù*, Rom 1586

Bartoli, Daniello, *Scritti*, eingeleitet von Ernesto Raimondi, Turin 1977

(Bartolini, Lodovico), *Relatione delle missioni fatte su le montagne di Modona dalli molto R.R.P.P. Paolo Segneri e Gio. Pietro Pinamonti della compagnia di Giesù l'anno 1672*, Modana 1673

Behringer, Wolfgang (Hg.), *Amerika. Die Entdeckung und Entstehung einer neuen Welt. Ein Lesebuch*, München 1992*

Bergamo, Fra Gaetano Maria da, *L'uomo apostolico istruito nella sua vocazione al confessionario per udire spezialmente le Confessioni generali, nel tempo delle missioni e de' giubbilei (...)*, Venedig 1727

Bettray, Johannes, *Die Akkommodationsmethode des P. Matteo Ricci S.I. in China*, Rom 1955

Biondi, Albano, »La giustificazione della simulazione nel Cinquecento«, in: *Eresia e Riforma nell'Italia del Cinquecento. Miscellanea*, Bd. I, Florenz/Chicago 1974, S. 8-68

Bitterli, Urs (Hg.), *Die Entdeckung und Eroberung der Welt. Dokumente und Berichte*, 2 Bde., München 1981*

Boscaro, Adriana, »Giapponesi a Venezia nel 1585«, in: Lanciotti, Lionello (Hg.), *Venezia e l'Oriente*, Florenz 1987, S. 409-429

Braumann, Franz (Hg.), *Johannes Grueber. Als Kundschafter des Papstes nach China 1656-1664. Die erste Durchquerung Tibets*, Stuttgart 1985*

Camporesi, Piero, »Mostruosità e sapienza del villano«, in: *Agostino Gallo nella cultura del Cinquecento. Atti del convegno*, hg. von Maurizio Pegrari, Brescia 1988, S. 193-214

Collani, Claudia von (Hg.), *Joachim Bouvet. Eine wissenschaftliche Akademie für China. Briefe des Chinamissionars Joachim Bouvet an Gottfried Wilhelm*

LITERATURHINWEISE   381

Leibniz und Jean-Paul Bignon über die Erforschung der chinesischen Kultur, Sprache und Geschichte, Stuttgart 1989*

Demel, Walter, *Als Fremde in China. Das Reich der Mitte im Spiegel frühneuzeitlicher europäischer Reiseberichte*, München 1992*

Di Benedetto, Arnaldo (Hg.), *Prose di Giovanni della Casa e altri trattatisti cinquecenteschi del comportamento*, Turin 1970

Di Fiore, Giacomo, *La legazione Mezzabarba in Cina (1720-1721)*, Neapel 1989

Discorso di penitenza raccolto per Messer Paolo Rosello da un ragionamento del Reverendissimo Cardinal Contarini, Vinegia 1549

Faralli, Carla, »Le missioni dei gesuiti in Italia (secc. XVI-XVII): problemi di una ricerca in corso«, in: *Bollettino della società di studi valdesi*, Nr. 138 (Dez. 1975), S. 97-116

Frullani da Cerreto Guidi, Cesare, *Gl'avvenimenti del lago di Fucecchio e modo del suo governo*, hg. von Antonio Corsi und Adriano Prosperi, Rom 1988

Fumaroli, Marc, *Eroi e oratori. Retorica e drammaturgia secentesche*, Bologna 1990

Gernet, Jacques, *Christus kam bis nach China. Eine erste Begegnung und ihr Scheitern*. Aus dem Französischen von Christine Mäder-Virágh, München 1984 (Orig.: *Chine et christianisme, action et réaction*)

Ginzburg, Carlo, »Folklore, magia, religione« in: *Storia d'Italia*, Bd. I, *I caratteri originali*, Turin 1972, S. 657-659

Glaser, Hubert (Hg.), *Um Glauben und Reich. Kurfürst Maximilian I.*, 2 Bde., Bd. 1: *Beiträge zur bayerischen Geschichte und Kunst 1573-1657*, München 1980

Gruzinski, Serge, *La colonisation de l'imaginaire. Sociétés indigènes et occidentalisation dans le Mexique espagnol XVIᶜ-XVIIIᶜ siècle*, Paris 1988

Harbsmeier, Michael, *Wilde Völkerkunde. Andere Welten in deutschen Reiseberichten der Frühen Neuzeit*, Frankfurt a. M./New York 1994*

Hausberger, Bernd, *Jesuiten aus Mitteleuropa im kolonialen Mexiko. Eine Bio-Bibliographie*, Wien/München 1995*

Hintze, Otto, »Der Commissarius und seine Bedeutung in der allgemeinen Verwaltungsgeschichte«, in: ders., *Gesammelte Abhandlungen*, Bd. 1: *Staat und Verfassung. Gesammelte Abhandlungen zur allgemeinen Verfassungsgeschichte*, Göttingen ³1970, S. 242-274

Hodgen, Margaret T., *Early Anthropology in the Sixteenth and Seventeenth Centuries*, Philadelphia 1964

Hsia, R. Po-chia, Mission und Konfessionalisierung in Übersee, in: *Die katholische Konfessionalisierung*, hg. von Wolfgang Reinhard und Heinz Schilling, Münster 1995, S. 158-165*

Imbruglia, Girolamo, *L'invenzione del Paraguay, Studio sull'idea di comunità tra Seicento e Settecento*, Neapel 1983

–, *Ideale der Zivilisierung. Die Gesellschaft Jesu und die Missionen (1550-1600)*, in: Prosperi, Adriano/Reinhard, Wolfgang (Hg.), *Die Neue Welt im*

Bewußtsein der Italiener und Deutschen des 16. Jahrhunderts, Berlin 1994, S. 239-258*

Leites, Edmund (Hg.), *Conscience and Casuistry in Early Modern Europe*, Cambridge/Paris 1989

Majorana, Bernadette, *La gloriosa impresa. Storia e immagini di un viaggio secentesco*, Palermo 1990

Martínez, José Luis, *Passaggeri delle Indie. I viaggi transatlantici del XVI secolo*, ital. Übers. von E. Franco, Genua 1988

Meier, Albrecht, *Methodes describendi regiones*, Helmstedt 1587 (engl. Übers. 1589)

Metzler, Josef (Hg.), *Sacrae Congregationis de Propaganda Fide memoria rerum. 350 Jahre im Dienste der Weltmission 1622-1972*, 3 Bde., Rom/Freiburg/Wien 1976

Mezzadri, Luigi, »Le missioni popolari della Congregazione della Missione nello Stato della Chiesa (1642-1700)«, in: *Rivista di storia della chiesa in Italia* 33 (1979), S. 12-44

Mires, Fernando, *Die Kolonisierung der Seelen. Mission und Konquista in Spanisch-Amerika*, Luzern 1991*

Monumenta Historica Societatis Jesu [*MHSJ*], Madrid 1894 ff.; im einzelnen folgende Bände:

–, Epistolae mixtae, ex variis Europae locis ab anno 1537 ad 1556 scriptae (...), Bd. III *(1553)*, Madrid 1900

–, *Epistolae mixtae*, Bd. V *(1555-1556)*

–, *Litterae quadrimestres*, Bd. I

–, *Litterae quadrimestres*, Bd. V

–, *Polanci complementa*, Bd. II, Madrid 1917, anastatischer Nachdruck: Rom 1969

–, *Monumenta Ignatiana, Epistolae*, Bd. V, Rom 1965

Muratori, Ludovico Antonio, *Das glückliche Christentum in Paraguay unter den Missionaren der Gesellschaft Jesu*, Wien/Prag/Triest o.J. (Orig.: *Il cristianesimo felice nelle missioni dei patri della Compagnia di Gesù nel Paraguai*, Ndr. Palermo 1985)

Orlandi, Giuseppe, »S. Alfonso Maria de Liguori e l'ambiente missionario napoletano nel Settecento: la Compagnia di Gesù«, in: *Spicilegium Historicum Congregationis SS. mi Redemptoris*, 38 (1990), S. 5-195

Osterhammel, Jürgen, *Asien in der Neuzeit 1500-1950. Sieben historische Stationen*, Frankfurt a. M. 1994*

Pagden, Anthony, *The Fall of Natural Man. The American Indian and the Origins of Comparative Ethnology*, Cambridge/London/New York 1982

Possevino, Antonio, *Apparato all'historia di tutte le nationi et il modo di studiare la geografia*, Venedig 1598

–, *Coltura degl'ingegni*, Vicenza 1598

Prosperi, Adriano, »›Otras Indias‹. Missionari della Controriforma tra contadini

LITERATURHINWEISE 383

e selvaggi«, in: Garfagnini, Giancarlo (Hg.), *Scienze, credenze occulte, livelli di cultura*, Florenz 1982

Reinhard, Wolfgang, »Gelenkter Kulturwandel im 17. Jahrhundert. Akkulturation in den Jesuitenmissionen als universalhistorisches Problem«, in: *Historische Zeitschrift* 223 (1976), S. 529-590*

Relatione del viaggio et arrivo in Europa, Roma e Bologna de i serenissimi Principi Giapponesi venuti a dare ubidienza a Sua Santità [Bericht von der Reise und Ankunft in Europa, Rom und Bologna der durchlauchtigsten Fürsten von Japan, ihre Gefolgschaft Seiner Heiligkeit anzutragen], Bologna 1585

Ricci, Matteo, *Lettere del manoscritto maceratese*, hg. von C. Zeuli, Macerata 1985

Rienstra, M. Howard, *Jesuit Letters from China 1583-84*, Minneapolis 1986

Rosa, Mario, *Religione e società nel Mezzogiorno tra Cinque e Seicento*, Bari 1976

Rossi, Giorgio F., »Missioni vincenziane, religiosità e vita civile nella diocesi di Tivoli nei secoli XVII-XIX«, in: *Atti e memorie della Società Tiburtina di storia e d'arte* 53 (1980), S. 143-210

Saint Vincent de Paul, *Correspondance, entretiens, ducuments*, hg. von P. Coste, Paris 1920-1970

Saltykow, Michail Jewgrafowitsch (auch M.J. Saltykow-Schtschedrin), *Die Herren Golowlew*. Aus dem Russischen von Ena v. Baer, Berlin 1952

Sauer, Sabine, *Gottes streitbare Diener für Amerika. Missionsreisen im Spiegel der ersten Briefe niederländischer Jesuiten (1616-1618)*, Pfaffenweiler 1992*

Scaduto S.J., Mario, »Tra inquisitori e riformati. Le missioni dei Gesuiti tra Valdesi della Calabria e delle Puglie«, in: *Archivum Historicum Societatis Jesu* XV (1946), S. 1-76

Schütte, Josef Franz, *Valignanos Missionsgrundsätze für Japan*, Rom 1958

Signorelli, Mario, *Storia della Valmaggia*, Locarno 1972

Spence, Jonathan D(ermont), *Il Palazzo della memoria di Matteo Ricci*, ital. Übers., Mailand 1987

Spitzer, Leo, *Cinque saggi di ispanistica*, Turin 1962

Stangl, Justin, »The Methodising of Travel in the 16th Century. A Tale of Three Cities«, in: *History and Anthropology* 4 (1990), S. 303-338

Valignano, Alessandro, *Il cerimoniale per i missionari del Giappone*, hg. von Josef Franz Schütte, Rom 1946

Villari, Rosario, *Elogio della dissimulazione. La lotta politica nel Seicento*, Rom/ Bari 1987

Wagner, Wilfried (Hg.), *Kolonien und Missionen*, Münster 1994*

Die Ordensschwester

Anges, Jeanne des, *Memoiren einer Besessenen*, hg. von Michael Farin, Nördlingen 1989 (erweiterter Neudruck der deutschen Erstausgabe, hg. von Hanns Heinz Ewes, Stuttgart 1911; Orig.: *Sœur des Anges, supérieure des Ursulines* *de Loudun (XVIIe siècle). Autobiographie d'une hystérique possédée, d'après le manuscrit inédit* (...), Paris 1886

Auer, Maria I., *Die Kongregationen in der Schweiz 16.-18. Jahrhundert*, Basel 1994*

Aveline, Claude, ... *Et tout le reste n'est rien. La religieuse portugaise avec le texte de ses lettres*, Paris 1986

Baffioni, G., »Liriche sacre inedite di Francesca Farnese«, in: *»Atti e Memorie« dell'Arcadia*, 3. s., VI (1973), Fasc. 2, S. 99-197

Borg. Lat. 71, Breve compendio di decreti et ordini fatti dalla S. Congregazione de Regolari spettanti a monache (1604-44), Biblioteca Apostolica Vaticana

Bouvier, René, *Philippe IV et Marie d'Agreda. Confidences royales*, Paris 1939

Brown, Judith Cora, *Schändliche Leidenschaften. Das Leben einer lesbischen Nonne in Italien zur Zeit der Renaissance.* Aus dem Englischen von Barbara Rojahn-Deyk, Stuttgart 1988 (Orig.: *Immodest Acts. The Life of a Lesbian Nun in Renaissance Italy*, Oxford/New York 1986)

Brown, Peter, *Die Keuschheit der Engel. Sexuelle Entsagung, Askese und Körperlichkeit am Anfang des Christentums.* Aus dem Amerikanischen von Martin Pfeiffer, München 1991; TB-Ausg. München 1994 (Orig.: *The Body and Society. Men, Women and Sexual Renunciation in Early Christianity*, New York 1988)*

Cabibbo, Sara/Modica, Marilena, *La santa dei Tomasi. Storia di suor Maria Crocifissa (1645-1699)*, Turin 1989

Conrad, Anne, *Zwischen Kloster und Welt. Ursulinen und Jesuitinnen in der katholischen Reformbewegung des 16./17. Jahrhunderts*, Mainz 1991*

Certeau, Michel de, *Il parlare angelico. Figure per una poetica della lingua (secoli XVI e XVII)*, Florenz 1989

–, (Hg.), *La possession de Loudun*, Paris 1970

–, *La fable mystique XVIe – XVIIe siècles*, Paris 1982; 1987

Creytens, R., »La riforma dei monasteri femminili dopo i decreti tridentini«, in: *Il Concilio di Trento ela riforma tridentina. Atti del Convegno storico internazionale* (...), Bd. I, Rom/Wien 1965, S. 45-83

Croce, Benedetto, »Donne letterate nel Seicento«, in: ders., *Nuovi saggi sulla letteratura italiana del Seicento*, Bari 1931, S. 154-171

Davis, Natalie Zemon, *Drei Frauenleben. Glikl, Marie de l'Incarnation, Maria Sibylla Merian.* Aus dem Amerikanischen von Wolfgang Kaiser, Berlin 1996 (Orig.: *Women on the margins. Three seventeenth-century lives*, London/ Princeton 1995)*

Deroy-Pineau, Françoise, *Marie de l'Incarnation. Marie Guyart femme d'affaires, mystique, mère de la Nouvelle France 1599-1672*, Paris 1989

Favaro, Antonio, *Galileo Galilei e suor Maria Celeste*, Florenz 1891

Frauenfrömmigkeit. Frauen in der Kirche (= Beiheft der *Zeitschrift für Historische Forschung*), Berlin 1989*

Langlois, Charles-Victor, *Le catholicisme au féminin. Les congrégations françaises à supérieure générale au XIXe siècle*, Paris 1984

May, Gita, *Diderot et »La religieuse«*, New Haven/Paris 1954

Medioli, Francesca, *L'»Inferno monacale« di Arcangela Tarabotti*, Turin 1990

Nembro, Metodio da, *Misticismo e missione di S. Veronica Giuliani, cappuccina (1660-1727)*, Mailand 1962

Ortiz, Antonio Domínguez, *Las clases privilegiadas en la España del Antiguo Régimen*, Madrid 1973

Paz, Octavio, *Sor Juana Inés de la Cruz oder Die Fallstricke des Glaubens*. Aus dem Spanischen von Maria Bamberg, Frankfurt a. M. 1991; TB-Ausg. 1994 (Orig.: *Sor Juana Inés de la Cruz o Las trampas de la fe*, Barcelona 1982, ²1988)

Pozzi, Gianni/Leonardi, Claudio (Hg.), *Scrittrici mistiche italiane*, Genua 1988

Pugnetti, G. M., »L'autobiografia della beata suor Maria Maddalena Martinengo contessa di Barco clarissa cappuccina«, Supplement von *Commentari dell'Ateneo di Brescia*, Brescia 1964

Racine, Jean Baptiste, *Œuvres complètes*, Bd. I, Paris 1856, S. 614-627

Reynes, Geneviève, *Couvents de femmes. La vie des religieuses cloîtrées dans la France des XVIIᵉ et XVIIIᵉ siècles*, Paris 1987

Rosa, Mario, »Regalità e ›douceur‹ nell'Europa del '700: la contrastata devozione al Sacro Cuore«, in: *Dai quaccheri a Gandhi. Studi di storia religiosa in onore di E. Passerin d'Entrèves*, Bologna 1988, S. 71-98

Taveneaux, René, *La vie quotidienne des jansénistes aux XVIIᵉ et XVIIIᵉ siècles*, Paris 1973

–, *Le catholicisme dans la France classique, 1610-1715*, 2 Bde., Paris 1980

Vigorelli, Giancarlo (Hg.), *Vita e processo di suor Virginia Maria de Leyva monaca di Monza*, Mailand 1985

Viguerie, Jean de, *Le catholicisme des français dans l'ancien régime*, Paris 1988

Wunder, Heide, »Konfession und Frauenfrömmigkeit im 16. und 17. Jahrhundert«, in: *Theologie zwischen Zeiten und Kontinenten. Für Elisabeth Gössmann* hg. von Theodor Schneider und Helen Schüngel-Straumann, Freiburg 1993, S. 185-197*

Zarri, Gian Pietro, »Monasteri femminili e città (secoli XV-XVIII)«, in: *Storia d'Italia, Annali*, IX (Turin 1986), S. 359-429

Die Hexe

Behringer, Wolfgang, *Hexenverfolgung in Bayern. Volksmagie, Glaubenseifer und Staatsräson in der frühen Neuzeit*, München 1987*

Caro Baroja, Julio, *Die Hexen und ihre Welt*, Stuttgart 1967 (Orig.: *Las brujas y su mundo*, Madrid 1968)

Dülmen, Richard van (Hg.), *Hexenwelten. Magie und Imagination vom 16. bis 20. Jahrhundert*, Frankfurt a. M. 1987, ³1993*

Dupont-Bouchat, Marie Sylvie/Frijhoff, Willem/Muchembled, Robert, *Prophètes et sorciers dans les Pays-Bas XVIᵉ-XVIIᵉ siècles*, Paris 1978

Ginzburg, Carlo, *Die Benandanti. Feldkulte und Hexenwesen im 16. und 17. Jahrhundert.* Aus dem Italienischen von Karl Friedrich Hauber, Frankfurt a.M. 1980; Neuausg. Hamburg 1993 (Orig.: *I Benandanti: Stregoneria e culti agrari tra Cinquecento e Seicento*, Turin 1966)

–, *Hexensabbat. Entzifferung einer nächtlichen Geschichte.* Aus dem Italienischen von Martina Kempter, Berlin 1989; TB-Ausg. Frankfurt a.M. 1993 (Orig.: *Storia notturna. Una defricazione del Sabba*, Turin 1989)*

Henningsen, Gustav, *The Witches' Advocate: Basque Witchcraft and the Spanish Inquisition (1609-1614)*, Reno (Nevada) 1980

Klaits, Joseph, *Servants of Satan: The Age of the Witch Hunts*, Bloomington (Indiana) 1985

Klaniczay, Gábor, *Heilige, Hexen, Vampire. Vom Nutzen des Übernatürlichen.* Aus dem Englischen von Sylvia Höfer und Hanni Ehlert, Berlin 1991*

Labouvie, Eva, *Zauberei und Hexenwerk. Ländlicher Hexenglaube in der frühen Neuzeit*, Frankfurt a.M. 1991*

Larner, Christina, *Enemies of God: The Witch-Hunt in Scotland*, London 1981

Lehmann, Hartmut, »Hexenverfolgungen und Hexenprozesse im Alten Reich zwischen Reformation und Aufklärung«, in: *Jahrbuch des Instituts für Deutsche Geschichte 7* (1978), S. 13-70

Levack, Brian P., *Hexenjagd. Die Geschichte der Hexenverfolgungen in Europa*, München 1995 (ital.: *La caccia alle streghe in Europa agli inizi dell'età moderna*, Rom 1988)

Lorenz, Sönke/Bauer, Dieter R. (Hg.), *Hexenverfolgung. Beiträge zur Forschung – unter besonderer Berücksichtigung des südwestdeutschen Raumes*, Würzburg 1995*

Lorenz, Sönke/Bauer, Dieter R. (Hg.), *Das Ende der Hexenverfolgung*, Stuttgart 1995*

Midelfort, H. C. Erik, *Witch Hunting in Southwestern Germany, 1562-1684: The Social and Intellectual Foundations*, Stanford 1972

Monter, E. William, *Witchcraft in France and Switzerland: The Borderlands during the Reformation*, Ithaca (New York) 1976

Muchembled, Robert, »The Witches of the Cambrésis: The Acculturation of the Rural World in the Sixteenth and Seventeenth Centuries«, in: *Religion and the People, 800-1700*, hg. von James Obelkevich, Chapel Hill 1979, S. 221-276

Opitz, Claudia (Hg.), *Der Hexenstreit. Frauen in der frühneuzeitlichen Hexenverfolgung*, Freiburg 1995*

Soman, Alfred, »Les procès de sorcellerie au Parlement de Paris (1565-1640)«, in: *Annales E.S.C. 32* (1977), S. 790-814

Thomas, Keith, *Religion and the Decline of Magic*, London 1971

Weber, Hartwig, *Kinderhexenprozesse*, Frankfurt a.M. 1991*

–, *Von der verführten Kinder Zauberei. Hexenprozesse gegen Kinder im alten Württemberg*, Sigmaringen 1995*

Wolf, Hans J., *Geschichte der Hexenprozesse. Holocaust und Massenpsychose vom 16.-18. Jahrhundert*, Erlensee 1995*

Der Wissenschaftler

Alteri Biagi, Maria Luisa, *Scienziati italiani del Seicento*, Mailand/Neapel 1969
Ben-David, Joseph, *Scienza e società*, Bologna 1975
Borselli, L./Poli, C./Rossi, Paolo, »Una libera comunità di dilettanti nella Parigi del Seicento«, in: *Cultura dotta e cultura popolare nel Seicento*, Mailand 1983
Bühl, Walter Ludwig, *Einführung in die Wissenssoziologie*, München 1974
Butterfield, Herbert, *The Origins of Modern Science, 1300-1800*, London 1950
Cohen, Bernard I., *La nascita di una nuova fisica*, Mailand 1984
–, *La rivoluzione nella scienza*, Mailand 1987
Crosland, Maurice (Hg.), *The Emergence of Science in Western Europe*, London 1974
Daston, Lorraine, »Wunder, Naturgesetze und die wissenschaftliche Revolution des 17. Jahrhunderts«, in: *Jahrbuch der Akademie der Wissenschaften in Göttingen* 1991, S. 99-122*
Debus, Allan George, *The Chemical Philosophy. Paracelsian Science and Medicine in the 16 th and 17 th Centuries*, 2 Bde., New York 1977
Eybl, Franz M u.a.. (Hg.), *Enzyklopädien der Frühen Neuzeit. Beiträge zu ihrer Erforschung*, Tübingen 1995*
Fleck, Ludwik, *Entstehung und Entwicklung einer wissenschaftlichen Tatsache. Einführung in die Lehre vom Denkstil und vom Denkkollektiv*, Basel 1935; Neuaufl. Frankfurt a. M. 1993
Galluzzi, Paolo, *Momento: studi galileiani*, Rom 1979
Garewicz, Jan/Haas, Alois M. (Hg.), *Gott, Natur, Mensch in der Sicht Jacob Böhmes und seiner Rezeption*, Wiesbaden 1994*
Garin, Eugenio, *Medioevo e Rinascimento*, Bari 1954
–, *Lo Zodiaco della vita*, Rom/Bari 1976
–, *Geschichte und Dokumente der abendländischen Pädagogik*, hg. von Ernesto Grassi, 3 Bde., Starnberg 1966-67
–, *Rinascite e rivoluzioni. Movimenti culturali dal XIV al XVIII secolo*, Rom/Bari 1985
Hall, Alfred R(upert), *The Revolution in Science 1500-1750*, London 1985 (überarbeitete Fassung von: ders., *The Scientific Revolution, 1500-1800*, London 1962)
Helmer, Karl, *Umbruch zur Moderne. Studien zur Bildungsgeschichte im 17. Jahrhundert*, St. Augustin 1994*
Jones, Richard F(oster), *Ancients and Moderns. A Study of the Rise of the Scientific Movement in Seventeenth-Century England*, Berkeley 1965

Koyré, Alexandre, *Von der geschlossenen Welt zum unendlichen Universum*. Aus dem Amerikanischen von Rolf Dornbacher, Frankfurt a.M. 1969; TB-Ausg. 1980 (Orig.: *From the closed world to the infinite universe*, Baltimore 1957)

Kuhn, Thomas S., *Die Entstehung des Neuen. Studien zur Struktur der Wissenschaftsgeschichte*, hg. von Lorenz Krüger, übers. von Hermann Vetter, Frankfurt a.M. 1976; TB-Ausg. 1978

–, *Die Struktur wissenschaftlicher Revolutionen*. Aus dem Amerikanischen von Kurt Simon, Frankfurt a.M. 1967; Frankfurt a.M. 1973 (Orig.: *The structure of scientific revolutions*, Chicago ²1970)

Merton, Robert K[ing], *Science, Technology and Society in Seventeenth-Century England*, New York 1970

–, *Entwicklung und Wandel von Forschungsinteressen. Aufsätze zur Wissenschaftssoziologie*. Aus dem Amerikanischen von Reinhard Kaiser, Frankfurt a.M. 1985; TB-Ausg. 1988 (Orig.: *The Sociology of science. Theoretical and empirical investigations*, Chicago 1973)

Pagel, Walter, *Paracelsus*, Basel 1958 (engl.: *Paracelsus. An Introduction to Philosophical Medecine in the Era of the Renaissance*, 2nd rev. ed., Freiburg 1982)

–, *Harvey's Biological Ideas. Selected Aspects and Historical Background*, Basel/New York 1967

Patschovsky, Alexander (Hg.), *Die Universität in Alteuropa*, Konstanz 1994*

Rossi, Paolo, *Francesco Bacone: dalla magia alla scienza*, Turin 1974 (engl. Übers.: *From Magic to Science*, London 1968)

–, *I filosofi e le macchine: 1400-1700*, Mailand 1984

–, *Immagini della scienza*, Rom 1977

–, *La scienza e la filosofia dei moderni: aspetti della Rivoluzione Scientifica*, Turin 1989

Salomon, Jean-Jacques, *Science and Politics*, Cambridge (Mass.) 1973 (franz. Übers.: *Science et politique*, Paris 1989)

Schindling, Anton, *Bildung und Wissenschaft in der Frühen Neuzeit 1650-1800*, München 1994*

Singer, Charles u.a., *History of Technology*, 7 Bde., Oxford 1964-67

Walker, Daniel P(ickering), *Spiritual and Demonic Magic from Ficino to Campanella*, London 1958

Webster, Charles, *The Great Instauration. Science, Medicine and Reform 1626-1660*, London 1975

–, *From Paracelsus to Newton. Magic and the Making of Modern Science*, Cambridge 1982

Weimayr, Matthias, *Paradigmenwechsel und konfessionelle Krise in der frühen Neuzeit. Der Kampf um die Autonomie der Wissenschaften*, Frankfurt a.M. 1995*

Yates, Frances A(melia), *Giordano Bruno*, Berlin 1989 (Orig.: London 1938/39)

Zambelli, Paola, »Platone, Ficino e la magia«, in: *Studia Humanitatis. Ernesto*

LITERATURHINWEISE 389

Grassi zum 70. Geburtstag, hg. von Eginhard Hora und Eckhard Kessler, München 1973
–, *L'ambigua natura della magia*, Mailand 1991

Der Künstler

[Div. Autoren], *Studi sul [Francesco] Borromini. Atti del convegno promesso (...) 1967*, Accademia di San Luca, 2 Bde., Rom 1970/1972
Alpers, Svetlana, *Rembrandt als Unternehmer: sein Atelier und der Markt*. Aus dem Amerikanischen von H. U. Davitt, Köln 1989 (Orig.: *Rembrandt's enterprise*, London 1988)
Baumgärtel, Bettina/Neysters, Silvia (Hg.), *Die Galerie der starken Frauen. Die Heldin in der französischen und italienischen Kunst des 17. Jahrhunderts*, Ausstellungskatalog, München 1995*
Bottineau, Yves, *Die Kunst des Barock*, Freiburg i.Br. 1986 (Orig.: *L'art baroque*)*
Briganti, Giuliano, *Pietro da Cortona o Della pittura barocca*, Florenz 1962
Bürger, Thomas (Bearb.), *Deutsche Drucke des Barock 1600-1720*. Katalog der Herzog August Bibliothek Wolfenbüttel, Abt. B, Bd. 8: *Biographien*, München 1984*
Buzzoni, Andrea (Hg.), *Torquato Tasso tra letteratura, musica, teatro e arti figurative*, Ausstellungskatalog, Bologna 1985
Careri, Giovanni, *Voli d'amore. Architettura, pittura e scultura nel »bel composto« di Bernini*, Rom/Bari 1991
Duwe, Gert/Roth, Leo (Hg.), *Kunst und Humanismus in den Niederlanden des 15. bis 17. Jahrhunderts*, Frankfurt a. M. 1995*
Foucault, Michel, *Die Ordnung der Dinge. Eine Archäologie der Humanwissenschaften*. Aus dem Französischen von Ulrich Köppen, Frankfurt a.M. 1974 (Orig.: *Les mots et les choses*, Paris 1966)
Haskell, Francis, *Maler und Auftraggeber. Kunst und Gesellschaft im italienischen Barock*. Aus dem Englischen von Alexander Sahm, Köln 1996 (Orig.: *Patrons and Painters. A Study in the Relations between Italian Art and Society in the Age of the Baroque*, New York 1971)
Lavin, Irving, *Bernin et l'art de la satire sociale*, Paris 1967
–, *Bernini and the Unity of Visual Arts*, New York/London 1980
Marin, Louis, *Le portrait du Roi*, Paris 1983
Morath, Wolfram, »›Das Minimum wirkt als ein Infinitum‹. Überlegungen zur Identität der holländischen Malerei des ›Goldenen Jahrhunderts‹«, in: *Amsterdam 1585-1672. Morgenröte des bürgerlichen Kapitalismus*, hg. von Bernd Wilczek, Baden-Baden 1993, S. 237-259*
North, Michael, *Kunst und Kommerz im Goldenen Zeitalter der Niederlande. Zur Sozialgeschichte der niederländischen Malerei des 17. Jahrhunderts*, Köln 1992*

Olbrich, Harald/Möbius, Helga, *Holländische Malerei des 17. Jahrhunderts*, Leipzig 1990*

Poussin, Nicolas, *Lettres et propos sur l'art*, Paris 1964

Schneider, Gerd, *Unbekannte Werke barocker Baukunst. Ansichten nach Entwürfen von Balthasar Neumann und Zeitgenossen*, Wiesbaden 1995*

Westermann, Mariet, *Von Rembrandt zu Vermeer. Niederländische Kunst des 17. Jahrhunderts*, Köln 1996*

Der Bürger

Bibliographische Notiz

Über den Bürger hat man mehr geredet, als daß man ihn im einzelnen studiert hätte. Neben Werner Sombarts Buch *Der Bourgeois* von 1913 (unveränd. Ndr. der Aufl. 1923: Berlin 1987), einem Klassiker der historischen Soziologie (und der antisemitischen Literatur), gibt es nur wenige Monographien über das Bürgertum der frühen Neuzeit. Grunddaten über diese soziale Klasse muß man daher aus einer Vielzahl von Allgemeinstudien zusammensuchen.

Amelang, James S., *Honored Citizens of Barcelona*, Princeton 1986

Ariès, Philippe/Duby, Georges (Hg.), *Geschichte des privaten Lebens*, Bd. 3: *Von der Renaissance zur Aufklärung*, Frankfurt a. M. 1991; 1993; 1995 (Orig.: *Histoire de la vie privée*, Bd. 3: *De la Renaissance aux Lumières*, Paris 1986)

Barber, Elinor G., *The Bourgeoisie in 18th-Century France*, Princeton 1955

Benedict, Philip, *Rouen during the Wars of Religion*, Cambridge 1981

Blumin, Stuart, *The Emergence of the Middle Class: Social Experience in the American City, 1760-1900*, Cambridge 1989

Braudel, Fernand, *Das Mittelmeer und die mediterrane Welt in der Epoche Philipps II.* Aus dem Französischen von Grete Osterwald und Günter Seib, 3 Bde., Frankfurt a. M. 1990; 1994 (Orig.: *La Méditerranée et le monde méditerranéen à l'époque de Philippe II*, überarb. Aufl., Paris 1966, Teil II, V. 2)

Burke, Peter, »Conspicuous Consumption in Seventeenth-Century Italy«, in: ders.: *The Historical Anthropology of Early Modern Italy*, Cambridge 1987, Kap. 10 (dt.: *Städtische Kultur in Italien zwischen Hochrenaissance und Barock. Eine historische Anthropologie*. Aus dem Englischen von Wolfgang Kaiser, Frankfurt a. M. 1996)

Clark, Peter/Slack, Paul A., *English Towns in Transition 1500-1700*, Oxford 1976

de Vries, J., *The Economy of Europe in an Age of Crisis, 1600-1750*, Cambridge 1976, Kap. 7

Deyon, Pierre, *Amiens, capitale provinciale. Étude sur la société urbaine au XVIe siècle*, Paris/Den Haag 1967

LITERATURHINWEISE 391

Di Corcia, Joseph: »Bourg, Bourgeois, Bourgeois de Paris from the Eleventh to the Eighteenth Century«, in: *Journal of Modern History* 50 (1978), S. 207-233

Driver, Clive/Berriedale-Johnson, Michelle, *Pepys at Table*, Berkeley 1984

DuPlessis, Robert S./Howell, Martha C., »Reconsidering the Early Modern Urban Economy. The Cases of Leiden and Lille«, in: *Past and Present* 94 (1982), S. 49-84

Farr, James R., *Hands of Honor: Artisans and their World in Dijon, 1550-1650*, Ithaca 1988

Friedrichs, Christopher R., *Urban Society in an Age of War: Nördlingen, 1580-1720*, Princeton 1979

Gerteis, Klaus, *Die deutschen Städte in der frühen Neuzeit. Zur Vorgeschichte der »bürgerlichen Welt«*, Darmstadt 1986, ²1994*

Goubert, Pierre, *L'Ancien Régime*, Paris 1969, Kap. 10

Hexter, Jack H., »The Myth of the Middle Class«, in: ders., *Reappraisals in History*, New York 1963

Hill, Christopher, *Collected Essays*, Amherst (Mass.) 1985-86, Bd. III

Horwitz, Henry, »The ›Mess of the Middle Class‹ Revisited«, in: *Continuity and Change* 2 (1987)

Huppert, George, *Les Bourgeois Gentilhommes*, Chicago 1977

Kamen, Henry, *The Iron Century*, New York 1972, Kap. 5

Mandrou, Robert, *Introduction à la France moderne*, Paris 1961

Manning, Brian, *The English People and the English Revolution*, London 1976

McDonogh, Gary W., *Good Families of Barcelona*, Princeton 1986

Mousnier, Roland, *Les institutions de France sous la monarchie absolue, 1598-1789*, Paris 1974, Bd. I, Kap. 6

Pepys, Samuel, *Diary*, hg. von Robert Latham und William Matthews, 11 Bde., London 1970-83

Pepys, Samuel, *The Illustrated Pepys*, hg. von Robert Latham und William Matthews, Berkeley 1983

Pepys, Samuel, *The Shorter Pepys*, hg. von Robert Latham und William Matthews, Berkeley 1985

Pernoud, Régine, *Histoire de la bourgeoisie en France*, II: *Les Temps Modernes*, Paris 1981

Peyps, Samuel, *Das geheime Tagebuch*, hg. von Anselm Schlösser, Frankfurt a. M. 1982

Price, J. L., *Culture and Society in the Dutch Republic during the 17th Century*, New York 1974

Roeck, Bernd, *Lebenswelt und Kultur des Bürgertums in der frühen Neuzeit*, München 1991*

Schama, Simon, *Überfluß und schöner Schein. Zur Kultur der Niederlande im Goldenen Zeitalter*. Aus dem Englischen von Elisabeth Nowak, München 1988 (Orig.: *The Embarrassment of Riches. An Interpretation of Dutch Culture in the Golden Age*, New York 1987; Berkeley 1988)

Schilling, Heinz/Diederiks, Herman (Hg.), *Bürgerliche Eliten in den Niederlanden und in Nordwestdeutschland. Studien zur Sozialgeschichte des Bürgertums im Mittelalter und in der Neuzeit*, Köln 1985*

Schrader, Fred E., *Die Formierung der bürgerlichen Gesellschaft 1550-1850*, Frankfurt a. M. 1996*

Schreiner, Klaus/Meier, Ulrich (Hg.), *Stadtregiment und Bürgerfreiheit. Handlungsspielräume in deutschen und italienischen Städten des Späten Mittelalters und der Frühen Neuzeit*, Göttingen 1994*

Sennett, Richard, *The Fall of Public Man*, New York 1977 (dt.: *Verfall und Ende des öffentlichen Lebens. Die Tyrannei der Intimität*, Frankfurt a. M. 1983, Sonderausg. 1996)

Soly, H[ugo], »The ›Betrayal‹ of the Sixteenth-Century Bourgeoisie: A Myth? Some Considerations of the Behavior Pattern of the Merchants of Antwerp in the Sixteenth Century«, in: *Acta Historiae Neerlandicae* 8 (1975), S. 31-49

Stearns, Peter N., »The Middle Class: Toward a Precise Definition«, in: *Comparative Studies in Society and History* 21 (1979), S. 377-396

Stevenson, Laura C., *Praise and Paradox: Merchants and Craftsmen in Elizabethan Popular Literature*, Cambridge 1984

Stone, Lawrence, »The Bourgeois Revolution of Seventeenth-Century England Revisited«, in: *Past and Present* 109 (1985), S. 44-54

Stone, Lawrence, *The Family, Sex and Marriage in England, 1500-1800*, New York 1977

Stoob, Heinz (Hg.), *Altständisches Bürgertum*, 2 Bde., Darmstadt 1978*

Taylor, George V., »Noncapitalist Wealth and the Origins of the French Revolution«, in: *American Historical Review* 72 (1966), S. 469-496

Vovelle, Michel/Roche, Daniel, »Bourgeois, rentiers, propriétaires«, in: *Actes du 84ᵉ Congrès National des Sciences Savantes, Section d'Histoire Moderne et Contemporaine*, Paris 1960

Walker, Mack, *German Home Towns. Community, State, and General Estate 1648-1871*, Ithaca 1981

Wallerstein, Immanuel, »The Bourgeois(ie) as Concept and Reality«, in: *New Left Review* 167 (1988)

Hausmutter und Landesfürstin

Baader, Renate, *Dames de lettres. Autorinnen des preziösen, hocharistokratischen und ›modernen‹ Salons (1649-1698)*, Stuttgart 1986

Baumgärtel, Bettina/Neysters, Silvia (Hg.), *Die Galerie der starken Frauen. Die Heldin in der französischen und italienischen Kunst des 17. Jahrhunderts*, Ausstellungskatalog, München 1995*

Buck, August (Hg.), *Europäische Hofkultur im 16. und 17. Jahrhundert. Kongreß des Wolfenbütteler Arbeitskreises für Renaissanceforschung und des Internationalen Arbeitskreises für Barockliteratur 1979*, 3 Bde., Hamburg 1981

Classen, Albrecht, »Elisabeth Charlotte von der Pfalz, Herzogin von Orléans«, in: *Archiv für Kulturgeschichte 77* (1995), S. 33-56*

Dekker, Rudolf M./van de Pol, Lotte, *Frauen in Männerkleidern. Weibliche Transvestiten und ihre Geschichte*. Aus dem Niederländischen von Maria Theresa Leuker, Berlin 1990 (Orig.: *Vrouwen in mannenkleren*, Amsterdam 1989)

Duby, Georges/Perrot Michelle (Hg.), *Geschichte der Frauen*, Bd. 3: *Frühe Neuzeit*, hg. von Arlette Farge und Natalie Zemon Davis, Frankfurt/New York 1994 (Orig.: *Storia delle donne in occidente*, Bd. 3: *Del rinascimento all'età moderna*, Rom/Bari 1991)

Dülmen, Richard van, *Kultur und Alltag in der frühen Neuzeit. 16. bis 18. Jahrhundert*, Bd. 1: *Das Haus und seine Menschen*, München 1990

Dürr, Renate, *Mägde in der Stadt. Das Beispiel Schwäbisch Hall in der Frühen Neuzeit*, Frankfurt/New York 1995

Elias, Norbert, *Die höfische Gesellschaft. Untersuchungen zur Soziologie des Königtums und der höfischen Aristokratie*, Darmstadt/Neuwied 1969; Frankfurt a. M. 1983

Falke, Jacob von, *Der französische Salon. Galanterie, Amüsement, Esprit im 17. Jahrhundert*, hg. von Ulrike Romm, Bonn 1977*

Findeisen, Jörg P., *Christine von Schweden*, Frankfurt a. M. 1992

Gibson, Wendy, *Women in Seventeenth-Century France*, Houndmills/London 1989

Gössmann, Elisabeth (Hg), *Archiv für philosophie- und theologiegeschichtliche Frauenforschung*, Bd. 1-6, München 1984-94

Gournay, Marie le Jars de, ›*Klage der Frauen*‹ und ›*Von der Gleichheit der Männer und der Frauen*‹. *Zwei Quellentexte*, übersetzt von Ulrike Sparr, hg. und eingeleitet von Claudia Opitz, Freiburg/Basel 1997 (in Vorbereitung)

Hierdeis, Irmgard, ›*Die Gleichheit der Geschlechter*‹ und ›*Die Erziehung der Frauen*‹ bei *Poullain de la Barre (1647-1723). Zur Modernität eines Vergessenen*, Frankfurt a. M. u. a. 1993

Hoffmann, Julius, *Die ›Hausväterliteratur‹ und die ›Predigten über den christlichen Hausstand‹. Lehre vom Hause und Bildung für das häusliche Leben im 16., 17. u. 18. Jahrhundert*, Weinheim 1959

Kleinau, Elke/Opitz, Claudia (Hg.), *Geschichte der Mädchen- und Frauenbildung*, Bd. 1: *Vom Mittelalter bis zur Aufklärung*, Frankfurt/New York 1996

Lebigre, Arlette, *Liselotte von der Pfalz. Eine Biographie*. Aus dem Französischen von Andrea Spingler, Hildesheim 1992 (Orig.: *La Princesse palatine*, Paris 1986)*

MacLean, Ian, *Woman Triumphant. Feminism in French Literature (1610-1625)*, Oxford 1977

Mattheier, Klaus J./Valentin, Paul (Hg.), *Pathos, Klatsch und Ehrlichkeit. Liselotte von der Pfalz am Hofe des Sonnenkönigs*, Tübingen 1990*

Möbius, Helga, *Die Frau im Barock*, Leipzig 1982

–, Olbrich, Harald, *Mit Tugend ist sie wohl geziert. Frauenleben im Barock*, Hamburg 1994*

Paas, Sigrun, *Liselotte von der Pfalz. Madame am Hofe des Sonnenkönigs*, Heidelberg 1996

Richardson, Lula MacDowell, *The Forerunners of Feminism in French Literature of the Renaissance from Christine de Pisan to Marie de Gournay*, Baltimore 1929

Schorn-Schütte, Luise, »Gefährtin und Mitregentin. Zur Sozialgeschichte der evangelischen Pfarrfrau in der Frühen Neuzeit«, in: Wunder, Heide/Vanja, Christina (Hg.), *Wandel der Geschlechterbeziehungen zu Beginn der Neuzeit*, Frankfurt a. M. 1991, S. 109-153*

Ulbrich, Claudia, »Unartige Weiber. Präsenz und Renitenz von Frauen im frühneuzeitlichen Deutschland«, in: Dülmen, Richard van (Hg.), *Arbeit, Frömmigkeit und Eigensinn*, Frankfurt a. M. 1990*

Ulbricht, Otto (Hg.), *Von Huren und Rabenmüttern. Weibliche Kriminalität in der Frühen Neuzeit*, Köln 1995*

Wunder, Heide, ›*Er ist die Sonn', sie ist der Mond‹. Frauen in der frühen Neuzeit*, München 1992

–, Vanja, Christina (Hg.), *Weiber, Menschen, Frauenzimmer. Frauen in der ländlichen Gesellschaft 1500-1800*, Göttingen 1996*

Zahn, Leopold, *Christine von Schweden. Königin des Barock*, Köln/Berlin 1953

Autorinnen und Autoren

James S. Amelang ist Professor für Stadtgeschichte an der Freien Universität von Madrid. Von ihm ist erschienen: *Honored Citizens of Barcelona: Patrician Culture and Class Relations 1490-1714* (1986).

Giovanni Careri lehrte Kunstgeschichte an der Universität von Rennes. Von ihm ist erschienen: *Voli d'amore. Architettura, pittura e scultura nel »bel composto« di Bernini* (1991).

Daniel Dessert lehrt Geschichte an der École Navale in Paris. Von ihm sind erschienen: *Argent, pouvoir et société au Grand Siècle* (1984), *Fouquet* (1987) und *Louis XIV prend le pouvoir. Naissance d'un mythe?* (1989).

Henry Kamen lehrt am Institut für Geschichte der Universität von Warwick. Er veröffentlichte unter anderem: *Die Spanische Inquisition* (1967), *The Iron Century: Social Change in Europe 1550-1660* (1971) und *Golden Age Spain* (1988).

Brian P. Levack lehrt Geschichte an der Universität von Texas. Er veröffentlichte *Hexenverfolgung. Die Geschichte der Hexenverfolgungen in Europa* (1995) und *The Formation of the British State: England, Scotland and the Union, 1603-1707* (1987).

Claudia Opitz ist seit 1994 Professorin für Neuere Geschichte am Historischen Seminar der Universität Basel; zuvor lehrte sie seit 1991 an der Universität Hamburg. Zu ihren wichtigsten Veröffentlichungen zählen: *Frauenalltag im Mittelalter. Biographien des 13. und 14. Jahrhunderts*

396   DER MENSCH DES BAROCK

(^{3}1990); *Evatöchter und Bräute Christi. Weiblicher Lebenszusammenhang und Frauenkultur im Mittelalter* (1990); *Militärreformen zwischen Bürokratisierung und Adelsreaktion. Das französische Kriegsministerium und seine Reformen im Offizierskorps 1760-1790* (1994); *Der Hexenstreit. Hexenverfolgung als Frauenverfolgung?* (Hg.; 1995); *Christine de Pizan, Der Schatz der Stadt der Frauen. Weibliche Lebensklugheit in der Welt des Spätmittelalters* (Hg.; 1996).

Geoffrey Parker lehrt am Institut für Geschichte der Universität von Illinois. Von ihm sind erschienen: *The Army of Flanders and the Spanish Road, 1567-1659* (1972); *Philip II* (1978) *Europe in Crisis, 1598-1648* (1979) und *Der Dreißigjährige Krieg* (1984).

Adriano Prosperi lehrt Neuere Geschichte an der Universität von Bologna. Er veröffentlichte unter anderem: *Tra evangelismo e controriforma: Gian Mateo Giberti (1495-1543)* (1969) und, zusammen mit Carlo Ginzburg, *Giochi di pazienza. Un seminario sul »Beneficio di Cristo«* (1975).

Mario Rosa unterrichtet Neuere Geschichte an der Scuola Normale Superiore von Pisa. Zu seinen Veröffentlichungen gehören: *Riformatori e ribelli nel '700 religioso italiano* (1969) und *Religione e società nel Mezzogiorno tra Cinque e Seicento* (1976).

Paolo Rossi lehrt Philosophiegeschichte an der Universität von Florenz. Er veröffentlichte unter anderem: *Francesco Bacone: dalla magia alla scienza* (1957), *Aspetti della rivoluzione scientifica* (1971) und *Clavis universalis. Arti della memoria e logica combinatoria da Lullo a Leibniz* (1983).

Rosario Villari ist Professor für Neuere Geschichte an der Universität von Rom »La Sapienza«. Von ihm sind unter anderem erschienen: *Ribelli e riformatori dal XVI al XVII secolo* (^{2}1983), *Il Sud nella storia d'Italia* (^{14}1988), *La rivolta antispagnola a Napoli. Le origini 1585-1647* (^{6}1987) und *Elogio della dissimulazione. La lotta politica nel Seicento* (1987).

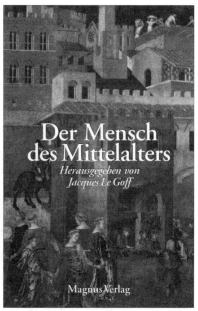

Andrea Giardina (Hg.)
**DER MENSCH
DER RÖMISCHEN ANTIKE**
429 Seiten · Gebunden, Schutzumschlag · 15,5 x 22,9 cm
ISBN 3-88400-401-8   früher € 29,90   **SA € 9,95**

Jaques Le Goff (Hg.)
**DER MENSCH
DES MITTELALTERS**
410 Seiten · Gebunden, Schutzumschlag · 15,5 x 22,9 cm
ISBN 3-88400-402-6   früher € 29,90   **SA € 9,95**

Eugenio Garin (Hg.)
**DER MENSCH
DER RENAISSANCE**
381 Seiten · Gebunden, Schutzumschlag · 15,5 x 22,9 cm
ISBN 3-88400-403-4   früher € 29,95   **SA € 9,95**

Michel Vovelle (Hg.)
**DER MENSCH
DER AUFKLÄRUNG**
381 Seiten · Gebunden, Schutzumschlag · 15,5 x 22,9 cm
ISBN 3-88400-404-2   früher € 29,95   **SA € 9,95**

Sergio Donadino *(Hg.)*
DER MENSCH DES ALTEN ÄGYPTEN
416 Seiten · Gebunden, Schutzumschlag · 15,5 x 22,9 cm
ISBN 3-88400-408-5   früher € 29,90   **SA € 9,95**

Die versammelten Beiträge namhafter Historiker und Historikerinnen zeichnen das facettenreiche Bild einer Gesellschaft, in der Bauern und Sklaven, Schreiber und Priester bis hin zum Gott-König Pharao ein sich in ihren Funktionen ergänzendes und hierarchisch gegliedertes Staatsgefüge bildeten. Zudem erhalten wir Einblicke in eine Welt, in der die Trennwand zwischen Alltag und Mythos, zwischen Diesseits und Jenseits so dünn war, dass gerade die Gräber des Alten Ägypten die ausdrucksvollsten Zeugnisse des an den Ufern des Nils pulsierenden Lebens jener Zeit offenbaren.

Magnus Verlag

François Furet *(Hg.)*
DER MENSCH DER ROMANTIK
336 Seiten · Gebunden, Schutzumschlag · 15,5 x 22,9 cm
ISBN 3-88400-406-9   früher € 29,90   **SA € 9,95**

Die Romantik war nicht mehr aristokratisch und noch nicht bürgerlich. In ihr verloren die traditionellen Hierarchien und Wertvorstellungen des »Ancien régime« zwar immer mehr an Geltung, andere Gesellschaftsformen begannen sich aber erst allmählich durchzusetzen. In den Abschnitten über den Bürger und den Arbeiter wird deutlich, wie unvollkommen die Ausformung neuer Gesellschaftsschichten in jener Epoche noch war. Das Kapitel über die Frau in der Romantik zeigt schließlich, wie hartnäckig überkommene Moralvorstellungen einer Veränderung der sozialen Landschaft im Weg standen – obwohl die Formulierung der Rechte der Frau in der Französischen Revolution bereits auf eine neue Mentalität hingewirkt hatte.

Magnus Verlag

Ute Frevert, Heinz-Gerhard Haupt *(Hg.)*
DER MENSCH DES 19. JAHRHUNDERT
386 Seiten · Gebunden, Schutzumschlag · 15,5 x 22,9 cm
ISBN 3-88400-407-7   früher € 29,90   **SA € 9,95**

Der Übergang von der Romantik zur Moderne – eine Zeit der großen Umbrüche. Die Gesellschaft muss sich rasch auf die fundamentalen Neuerungen der Industrialisierung einstellen. In unterhaltsamen Beiträgen wird der Mischung von Altem und Neuen nachgespürt. Dabei entsteht ein faszinierendes Bild des Menschen in seiner Epoche: Sein wirtschaftliches und politisches Leben, aber auch die Erfahrungen mit Geburt und Tod, mit Liebe und Sexualität, Gesundheit und Krankheit, Arbeit und Konsum, Religion und Wissenschaft sind Thema der Beiträge.

Magnus Verlag